격물치지를 말해 놓고 또 그 일에 대해 논한다면,
학자들로 하여금 지(知)와 행(行)을 나누어 보고
완급의 순서를 잃게 할 것이다.
그리하여 마침내 '천(天)'이니 '성(性)'이니 하는
거창한 명제만 들먹이며 몸은 아래에 있으면서
눈은 높은 영역을 엿보며 스스로를 가벼이 위대하다고 여겨
끝내 아무런 소득도 얻지 못하는 폐단이 생기지 않겠는가.
이는 오늘날 말학(末學)들이 깊이 경계해야 할 점이다.

윤휴, 『백호전서』 중

윤휴

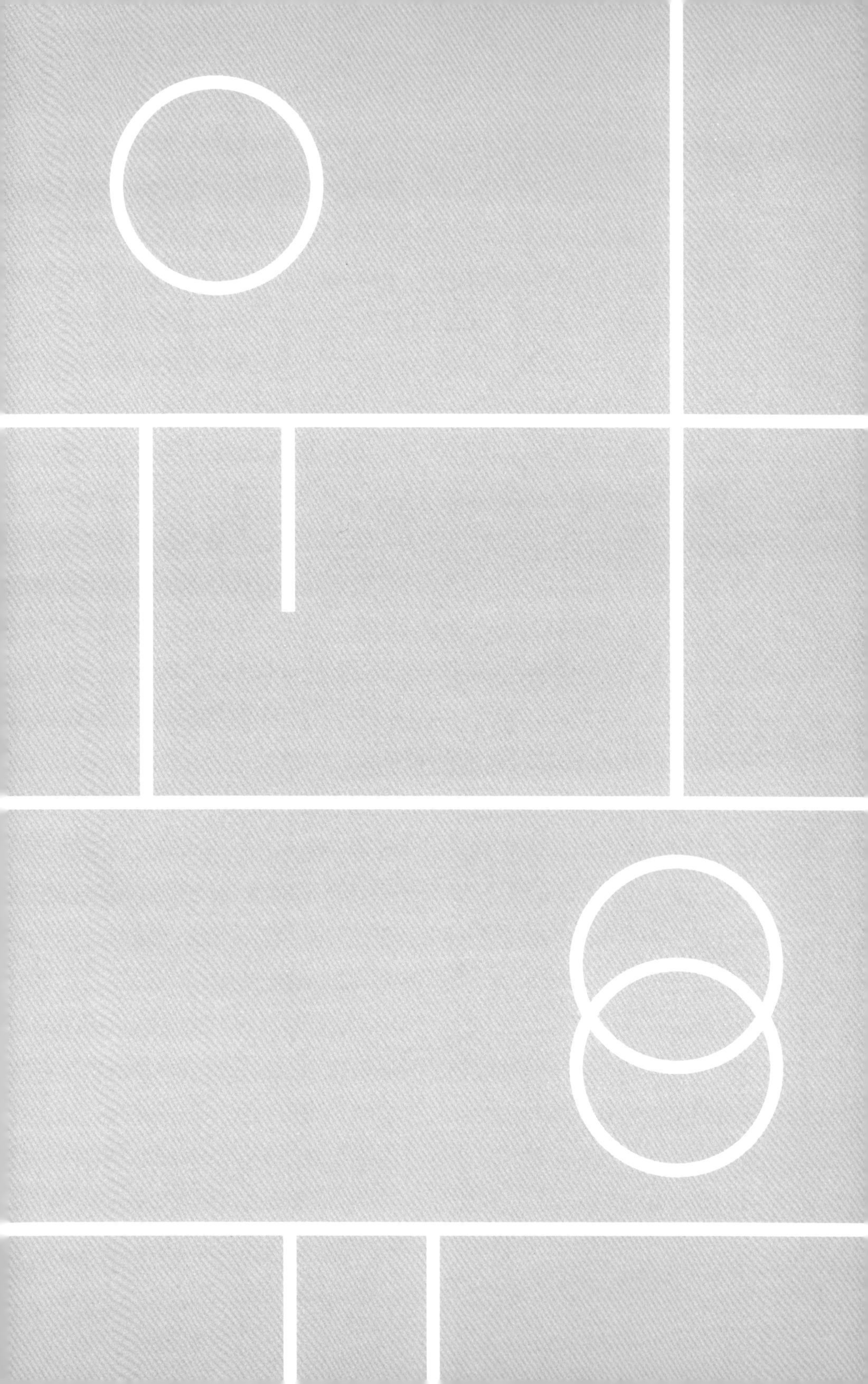

사유의
한국사

윤휴

정호훈 지음

한국학중앙연구원출판부

책머리에

인류의 긴 역사를 훑어보면 자기 공동체에서 위험한 존재로 낙인찍혀 오랫동안 배제되고 인정받지 못한 인물을 적지 않게 만날 수 있다. 17세기 조선의 학자 윤휴도 그런 부류에 속한다. 송시열을 필두로 그와 동시대를 살았던 서인계 비판자들은 그의 이름을 제대로 부르지도 않고 '흑수(黑水)'니 '적휴(賊鑴)'니 '사문난적(斯文亂賊)'이니 적대하며 배척했다. 마지막에 윤휴가 역적으로 처형당했지만 여기에는 그를 제거하려는 반대파의 계략에 몰린 측면도 있었다. 윤휴에 대한 배척은 조선의 생명이 끝날 즈음에 윤휴의 죄를 씻고 신원할 정도로 질기고 강경했다.

비판자들이 윤휴를 공격하고 배제함에 한결같이 거론했던 점은 그가 주희의 『중용장구』를 따르지 않고 독자적으로 주석을 달았다는 사실이었다. 그러면서도 이들은 윤휴가 『중용장구』를 비판했다는 그 점만 크게 부각하고 주석의 내용에 대해서는 함구했다. 윤휴가 공들여 저술한 『효경』과 『대학』의 주석 또한 거의 거론하지 않았다. 겉으로 보기에, 윤휴는 절대 존숭해야 할 주희와 그의 『중용』 해석을 인정하지 않은 무례하고 무도한 무뢰한이었다. 주자학의 가르침을 철저하게 실현할 때 조선이 문명을 제대로 유지해갈 수 있으리라 믿으며 분투했던 서인들에게 윤휴는 용납받을 자리가 없었다.

윤휴의 새로운 『중용』 해석은, 비판자들이 이야기하는바 위대한 성현의 견해를 따르지 않는 불손한 태도의 문제를 넘어서고 있었다. 이는 『효경』과 『대학』에 대한 윤휴의 주석에서도 마찬가지였다. 윤휴는 17세기 조선의 국가적 과제를 해결하기 위해 필요한 사상과 법제를 마련하기 위해서는 주자학에 근거하는 것만으로는 부족하며 오히려 이와는 다른 각도에서 그 논리와 방법을 찾아야 한다고 생각했다. 윤휴가 『중용』을 비롯한 여러 경전의 해석에 몰두한 사정은 여기에 있었다.

윤휴가 긴급하다고 여겼던 당대 조선의 과제는 부국강병의 국가를 만드는 일이었다. 당시의 조건 속에서 이 일은 북벌(北伐)을 통해 청나라를 공격하려는 움직임으로 표출되었다. 윤휴는 청나라가 조선을 침략하여 신하의 나라로 만드는 치욕을 안기고 명나라를 멸망시켜 문명의 질서를 파괴했으므로 군사력을 동원하여 응징하고 사라지게 만들어야 한다고 생각했다. 숙종 즉위 후 늦은 나이에 정계에 진출한 윤휴는 실제 다양한 법제를 마련하고 정책을 시행하며 복수설치(復讎雪恥)의 전쟁을 앞장서서 준비했다. 윤휴가 평생의 연구와 저술을 통해 세운 사유는 이러한 정치를 이끄는 힘이었다.

윤휴의 사상 활동은 그가 살았던 시기에 그다지 큰 지지를 받지 못했다. 그의 비판자들은 물론이고, 평소 그의 방대한 학습량과 식견, 치밀한 연구와 저술을 찬탄하고 높이던 사람들 혹은 당색을 같이했던 남인들도, 강대국 청나라와 직접 전쟁을 치를 수 있는 국가를 만들고 이를 실행하려는 그의 노력에 대해서는 동의하지 않았다. 그러한 국가를 세움을 목표로 삼는 사상에 대해서도 그들은 회의했다. 대부분의 조선인들에게 윤휴는 과격하고 급진적이었으며 위험했다.

윤휴는 17세기 치열한 정쟁과 사상 갈등의 중심부를 온몸으로 횡단했다. 그의 사유 경험과 정치 활동은 그 누구에 뒤지지 않을 정도로 다양하고 심대했다. 그의 삶을 추적하면 이 시기 조선이 직면했던 시대적 과제가 무엇인지 살필 수 있고, 역으로 여러 당파와 학파 사이에 일어났던 치열한 쟁투의 성격을 검토하면 그의 사상이 갖는 특성을 보다 풍부하게 파악할 수 있다. 그 어느 때보다 많은 학자와 사상가가 등장하여 활발하게 활동했던 이 시기 조선의 사정에 접근할 수 있는 통로 또한 마련할 수 있다.

윤휴를 연구하며 부딪혔던 큰 고민은 윤휴의 사상을 '자주성', '실천성'과 연관하여 이해하려는 기존 연구의 시각이었다. 주자학자들은 모화(慕華)적이거나 혹은 실천성이 약하다는 인식과 결부된 이러한 이해 방식은 17세기 조선에서 주자학의 추숭자들이 지녔던 실천성과 현실성을 간과하거나 인정하지 않는 데서 오는 경향이 강했다. 주자학 추숭자들이 보여주는 실천성은 실상 주자학 자체의 실천성 혹은 현실 지배력과도 연관이 있었다. 조선에서 주자학이 뿌리내리고 확산되는 과정은 이 사상이 조선인들을 사로잡는 힘을 얼마나 강하게 가졌던가를 유감없이 보여준다. 외국의 어떤 누구의 강제도 없이, 조선에서는 주자학의 사상, 주자학의 문화를 일상 속에 실천하며 살았다. 조선의 주자학은 조선인의 주체적 선택과 실천을 배제하고는 그 의의를 찾을 수 없다. 정치와 사회경제의 여러 조건이 주자학을 필요로 했기 때문이었다. 그렇다면 윤휴의 주자학에 대한 비판과 새로운 사유의 모색은 주자학에 내포된 실천성과는 성격을 달리하는 새로운 실천성을 세우기 위한 일이었을 것이다.

윤휴 사상이 가진 의미를 온전히 살피기 위해서는 무엇보다 이에 대한 설명이 필요했다. 이를 위해 필자는 윤휴의 경서 해석, 그리고 그에 대한 비판이 이 시기, 조선이 직면했던 국가적 과제의 해결을 둘러싼 여러 주체의 움직임과 어떻게 결합되어 있는가 하는 점을 집중 구명하는 방법을 택했다. 주자학을 절대화하거나 그 움직임을 반대하면서도 윤휴를 견제했던 사람들이 지녔던 국가상(國家像)은 윤휴가 만들어가고자 하는 그것과는 크게 달랐다. 대립과 갈등의 불기운은 그 지점에 숨어 있었고, 윤휴의 사상이 과격하고 위험하다고 생각한 사람들은 그 기운을 꺾고 철저하게 봉인하려 했다.

윤휴에 대한 필자의 관심과 연구는 대학원 진학 후 조선의 사상사가 당대의 여러 과제와 호흡하며 전개된다는 사실을 깨달으며 시작되었다. 그 맥락에서 그의 경서 해석이 양란 이후 국가재조(國家再造)를 위해 정치사상계가 펼친 노력의 한 갈래라는 역사성을 확인할 수 있었다. 그때 느꼈던 벅찬 마음은 지금도 생생하다. 하지만 윤휴의 사상을 충실히 해석하고 정리하는 일은 쉽지 않았다. 긴 시간의 공부를 거쳐 그간의 생각을 종합하는 저술을 모색하던 즈음에 다행스럽게도 한국학중앙연구원의 지원을 받아 이를 마무리할 수 있었다. 학문의 길로 이끈 김용섭, 김준석 두 분 선생님의 가르침을 이 연구가 얼마나 구현했는지 걱정이 앞서지만, 이제 묵은 과제를 매듭지었음을 작은 책자로 보고드리는 심정은 한량없다.

'사유의 한국사'를 집필하도록 배려해준 한국학중앙연구원과 긴 시간 난삽한 원고를 꼼꼼히 들여다보며 제대로 된 책을 만들도록 도와주신 한국학중앙연구원 출판부의 여러 선생님께 두루 고마운 마음을 전한다.

2025년 11월

정 호 훈

차 례

2부 경서 해석과 권위에의 도전

5장 경서와 권위에의 도전

6장 '효경관'과 정치

7장 『대학』 해석과 군주학의 수기치인론

8장 『중용』 해석과 정치 인식

3부 부국강병의 사상과 정책

9장 현실 인식과 정치이념

10장 정치구조 개혁과 국가권력 강화책

11장 사회경제 구조의 개혁과 부국강병의 제도 기반

4부 윤휴 사상의 계승과 평가

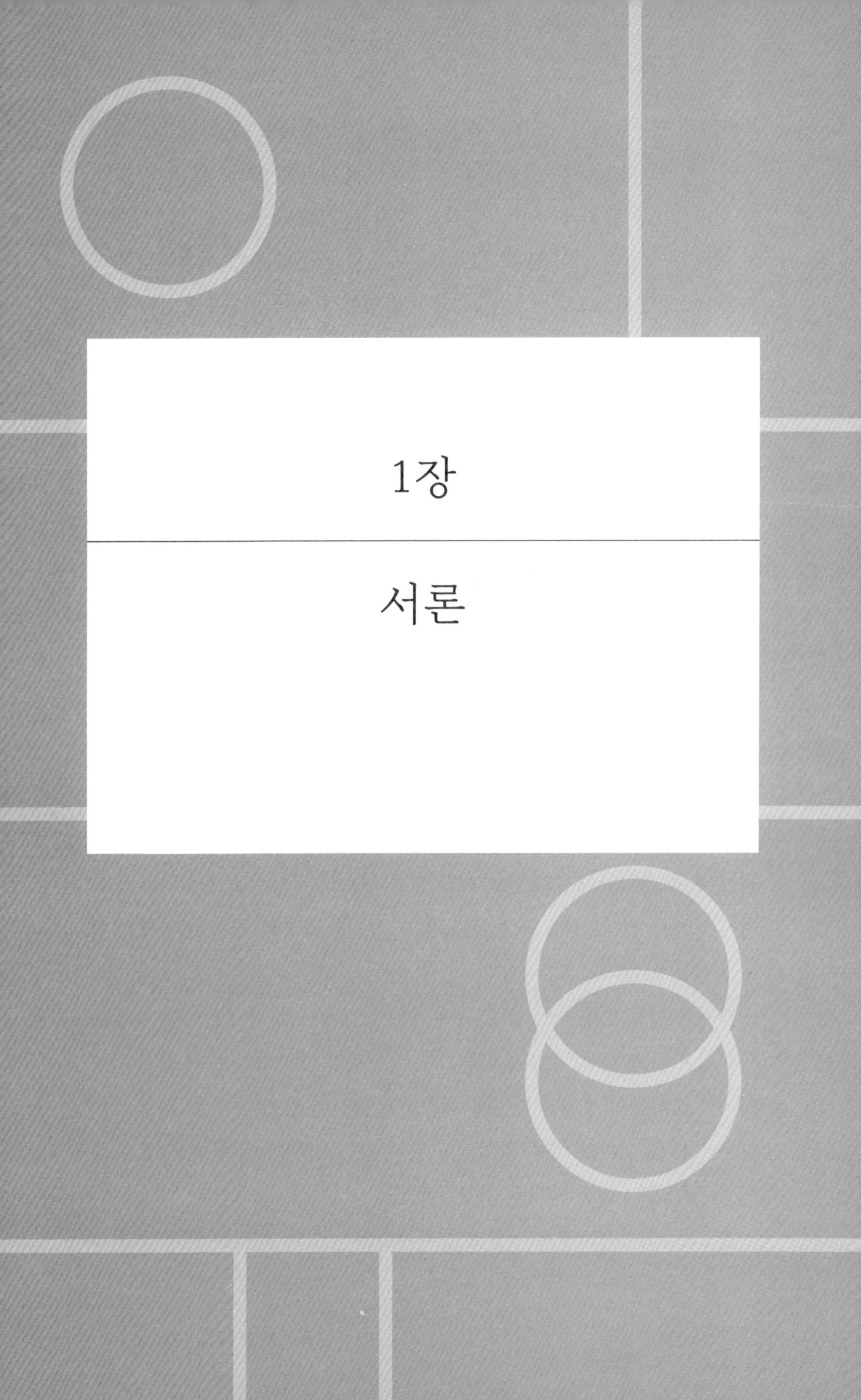

1장

서론

조선의 오랜 역사에서 사상으로나 정치에서 큰 업적을 쌓은 인물은 적지 않다. 그 주요한 인물의 한 사람으로 백호(白湖) 윤휴(尹鑴)를 꼽을 수 있다. 이 책에서는 윤휴의 생애와 사상을 정리하고, 이를 바탕으로 한국 사상사의 맥락에서 그의 위상을 위치 지우고자 한다. 학문으로는 서경덕계의 학통을 잇고, 정치적으로는 북인과 남인의 영향권 위에서 활동했던 윤휴는 주희의 학문을 벗어난 독자적인 학문 체계를 세우는 일에 평생 진력했다. 이를 뒷받침하는 학술 활동은 주희 사상의 중심을 이루는 『대학(大學)』, 『중용(中庸)』을 비롯, 『효경(孝經)』, 『서경(書經)』 등의 여러 경서에 대한 독자적인 해석이었다.

윤휴 학문과 사상은 16~17세기 서경덕계 학통과 북인계 정치권에서 자란 그의 학문·정치적 연원 위에서 형성되었다고 할 수 있다. 학업을 닦던 시기, 이황(李滉)이나 이이(李珥)의 학통과 달리 주자학의 학문적 세례를 덜 받았던 상황에서 그는 독자적인 사유체계를 세울 수 있는 방법과 힘을 마련했던 것으로 보인다.

여기에 더하여 주희의 학문만으로는 당시 조선이 처한 어려운 현실을 극복할 수 있는 정신과 방법론을 제대로 찾을 수 없다는 문제의식 또한 그의 사상 형성에 큰 영향을 미쳤다. 송시열(宋時烈)을 비롯한 일군의 학자들이 주희·주자학에서 조선을 이끌 힘을 얻으려는 노력을 강렬하게 펼치며 주자학을 절대화하고자 했던 노력[1]만큼이나 윤휴의 활동은 강력한 힘을 지니고 있었다.

주자학 일준주의(一遵主義)의 추구와는 상대적으로 거리를 두며 형성된 윤휴의 학문과 사상은, 주자학을 그대로 추종하지 않으려 했던 앞선 시기 일군의 학자들의 방법과 태도를 계승하는 측면이 강했다. 윤휴 사후 그의 학문은 18세기 이래 서울·경기권의 일부 남인들에게 수용되며 그들 사상의 형성에 적지 않은 영향을 미쳤다.

윤휴의 생애와 사상을 검토하고 체계화하는 일은 윤휴 개인에 대한 충실한 이해는 물론이거니와 17세기를 전후한 조선 사상계의 지형 또한 역동적으로 조감하는 작업이 된다. 윤휴는 조선 역사상 가장 창의적 사상가이면서 정치·사상계를 뒤흔든 인물에 속한다. 그는 생존 당시에 송시열을 비롯한 비판론자로부터 '사문난적(斯文亂賊)', '적휴(賊鑴)', '흑수(黑水)'와 같은 이름으로 거센 공격을 받다가 결국 역모 혐의로 처형당했고, 사후에도 위험한 인물로 낙인찍혀 오랜 동안 죄명을 벗지 못하다가 조선의 역사가 끝나는 시점에 이르러서야 정부로부터 관작(官爵) 회복의 조치를 받았다.

윤휴의 생애는 병자호란(1636~1637)을 전후하여 조선과 동아시아에 형성된 대전환의 상황에서 조선의 관인(官人)·유자층(儒者層)이 펼쳤던 대응의 일단을 보여준다. 윤휴는 조선이 청나라의 군사적 침략을 받아 굴복하고 결국 신복(臣服)하는 정치적 현실을 용납하지 못하고 이를 부국강병의 체제 구축을 통해 벗어나고자 하였다. 북벌(北伐)은 그러한 사고 위에서 나온 한 방책이었다. 그의 이러한 지향은 당시 조선에 형성되어 있던 조(朝)-청(淸) 관계를 현실적으로 인정해야 한다는 흐름, '존화양이(尊華攘夷)'·'숭명반청(崇明反淸)'의 기치 아래 조선의 사상적·문화적 독자성[중화주의]을 확보하려던 움직임[2]과 크게 구별되었다.

윤휴는 부국강병 체제의 구축, 북벌의 정당성을 '복수설치(復讎雪恥)'의 대의, 곧 조선을 침략한 원수 청에 대한 복수와 치욕의 설욕에서 구하고 이를 구현할 수 있는 방법을 전 생애에 걸쳐 모색하였다. 그가 벌인 정치·학문 활동은 부국강병의 국가를 가능하게 하는 정치·이념·군사적 기반을 마련하는 일에 집중되어 있었다.

윤휴가 주희의 학술을 비판하고 독자적인 체계를 세우려고 했던 바탕에도 이러한 요인이 작동하고 있었다. 그가 판단하기에 주자학의 학문론과 정치론으로는 조선이 안고 있는 국가적 과제를 구현할 수 있는 힘을 확보하기에는 부족했다. 윤휴의 처지에서 보자면, 학문의 방향과 방법이 새롭게 설정되고 이를 정치적으로 실현할 수 있는 수단과 틀이 또한 적절히 마련되어야 했다.

하지만 윤휴의 목표는 실현의 가능성 측면에서 보아 큰 문제를 안고 있었고, 준비 과정에서도 현실의 여러 관행과 질서, 이념·제도와 많이 충돌했다. 조선의 다수 구성원들은 그런 연유로 윤휴의 사상과 정책을 대단히 불편하게 생각하였다. 나아가서는 그가 정치적으로 심각한 위험을 초래할 것으로 여겨, 그를 제거하고 배제하며 현실에서의 영향력을 절멸하고자 했다.

윤휴의 생애와 사상에 대한 검토는 이런 측면에서 볼 때, 17세기 중후반 조선이 직면한 역사적 현실, 곧 중국 대륙의 정세가 명·청(明淸) 교체의 소용돌이에 휩싸이고 조선 또한 오랫동안 내려오던 조-명 관계를 조-청 관계로 재설정하는 상황에서 펼쳐졌던 정치·사상계의 급박한 움직임을, 이 시기 가장 영향력 있던 인물을 중심으로 자세하게 살펴보는 일이 된다.

1) 사상사적 위상과 연구 성과

그간 우리 학계에서는 한국사를 비롯해 철학, 한문학 등 다양한 분야의 연구자들이 참여하여 윤휴의 생애와 활동, 그의 사상을 검토해왔다. 그 결과로 그에 대한 이해가 적지 않게 축적되었다. 이 과정에서 그의 사상의 성격, 사상사적 위치에 대한 평가 또한 다양하게 이루어졌다. 연구자들은 그가 주자학의 영향을 받으면서도 그 사상을 온전히 그대로 추종하지 않은 이유에 주목하고, 그가 독자적으로 세운 사유체계의 특성을 나름의 논리로 개념화하고자 하였다.

윤휴의 사상사적 위상은 서경덕·북인계 학통의 전통 위에서 개성 있는 사상 체계를 마련한 점에서 구할 수 있다. 윤휴는 앞선 시기 선배들이 이룬 성과 위에서 17세기 조선이 안고 있던 현실 과제를 반영하며, 전 시기

나 당대 그 누구에게서도 찾을 수 없는 독자적인 사상을 마련했다.

사상 내적인 측면에서 윤휴의 개성은 예론, 정치론 등과 연관하여 검토할 수도 있지만, 무엇보다 조선에서 '경학(經學)'의 영역을 본격 개척한 선구자적 인물이라는 점을 주목할 수 있다. 윤휴는 평생 『효경』과 『내칙(內則)』, 『중용』과 『대학』, 『서경』, 『시경(詩經)』, 『주례(周禮)』와 같은 경전을 깊이 연구하여 전에 없던 성과를 풍부하게 남겼다. 특히 『효경』, 『중용』, 『대학』에 대해서는 주희가 세워두었던 해석을 떠나 독자적인 이해를 바탕으로 자신의 사유체계를 구축하고자 했다.

경전의 연구에 집중했던 윤휴의 활동은 주희의 성리설(性理說)을 기반으로 학문 체계를 세우려 했던 이황이나 이이와 같은 선배 학자들 그리고 그들의 영향을 받은 후배들과는 성격을 크게 달리하는 새로운 모습이었다. 해석의 방식이나 내용 면에서 독자적인 이해를 체계적으로 시도하고 이를 바탕으로 유학의 본령을 이해하려고 했다는 사실 그 자체만으로도 그의 사상사적 위치는 독보적이다. 그의 경학적 성과는 경서 연구에 많은 힘을 쏟았던 앞선 시기 혹은 동시대의 이언적(李彦迪)이나 노수신(盧守愼), 조익(趙翼), 박세당(朴世堂)과도 비교되는 특별한 면모가 있었다.

경전 해석을 바탕으로 새로운 학문 세계를 개척해나갔던 윤휴의 지향과 방법론은 그와 학문적 입지를 같이했던 18~19세기 남인계 학자들에게 어느 정도 영향을 미치고 또 계승·변주되는 측면이 있었다. 윤휴의 사상을 경유한다면, 이익(李瀷)과 그의 후학들, 그리고 정약용(丁若鏞)의 사상을 보다 새롭게 이해할 수 있는 시야를 확보할 것으로 여겨진다.

그간 다양한 주제와 영역에서 이루어진 윤휴 연구는 그의 학문·사상의 성격을 주자학과 연관하여 어떻게 이해해야 할 것인가 하는 점에 집중되어 있다. 윤휴가 주희와는 다른 견지에서 해석한 사상 관련 자료가 풍부하고 또 그 생각들이 당대에 적지 않은 파문을 낳았기에, 연구자들은 이 점을 크게 유의하며 연구를 진행했던 셈이다.

윤휴에 대해 근현대 한국 학계에서는 일반적으로 주자학에 비판적인 사상가 혹은 반(탈)주자학적인 사상가로 파악해왔다. 이 경우도, 초창기의 '자주적(自主的) 성격의 사상'을 세운 인물[3]이란 이해부터 '반(탈)주자학의 실천 지향'의 사상가,[4] 고학(古學)[5] 혹은 양명학(陽明學)의 영향을 받은 사상가[6]라는 평가로 분화되어 있다. 이들 연구는 대체로 윤휴의 사상이 이후 '실학(實學)'으로 계승되어나가는 점을 전망한다는 의식도 전제하고 있었다.

근래에는 '비주자학' 혹은 '반(탈)주자학'의 개념으로 윤휴의 사상을 이해하는 방식은 20세기 초반 일본 학계의 영향을 받은 데서 오는 오류이며, 실제로 윤휴는 주자학에 대한 이해의 폭과 깊이를 확장하려 했던 인물, 곧 주자학에 충실했던 사상가라고 파악하는 주장이 대두하기도 했다.[7] 윤휴의 『중용』에 대한 이해를 검토하여 그가 주자학의 틀 내에서 독자적인 시각으로 『중용』을 독해하였음을 밝힌 연구도 이러한 흐름에 속한다.[8]

이상의 여러 이해는 대체로 윤휴의 경서 해석에서 보이는 시대적 특징을 염두에 둔 접근이었다. 이와는 별도로, 윤휴 경서 해석의 기반이 되었던 근본 사상에 대해서도 주자학 혹은 반(탈)주자학의 견지에서 서로 다르게 파악하는 논점이 제시되었다. 윤휴의 사상은 인격천(人格天)으로서의 고대의 상제(上帝)를 인정하는 성격을 지녔다고 파악하기도 하고,[9] 성리학의 이기론(理氣論)을 기반으로 한 사유의 범위 내에 있되 이는 이황의 사상과 연관이 있다고 이해하기도 한다.[10]

윤휴 사상의 성격을 주자학 혹은 비주자학·반(탈)주자학과 연관하여 서로 다르게 이해하려는 연구의 흐름은, 개별 연구자의 연구력이 정밀해지고 시각과 방법이 다채로워지는 가운데 윤휴를 이해하는 상 또한 다양해진 결과로 보인다. 필자는 각각의 견해가 가지는 연구사적 맥락을 고려하며 윤휴의 생애와 사상의 이해에 이를 활용하려고 했다.

2) 구성과 주요 내용

그간 윤휴를 대상으로 한 연구는 생애와 학문적 연원, 예송(禮訟)과 예론(禮論), 북벌 의식과 정치사회 개혁 구상, 경서 해석과 경학(經學) 사상 등을 중심으로 이루어졌다.

윤휴의 생애와 관련해서는, 서경덕의 학통과 연결되는 점, 북인이면서 남인으로 활동했던 점, 북벌을 위한 체제 정비에 노력했던 사실 등이 밝혀졌다. 여기에 더하여 기존에 주목받지 못한 자료들을 활용하여 기호 지역의 학자들 특히 윤선거와의 교류, 윤휴와 문인들과의 관계 등을 새롭게 구명할 필요가 있다.

연구자들의 관심이 집중된 주제는 기해예송과 예론, 경서 해석과 경학 사상 두 분야였다. 예론의 경우, 윤휴 예론의 근거 및 특징을 송시열, 허목의 견해와 비교하여 충실히 해명한 것으로 판단된다. 다만, 윤휴의 예설이 장자삼년설(長子三年說)에서 참최삼년설(斬衰三年說)로 바뀌었다는 연구[11]의 경우, 자료 검토를 통해 이를 분명히 할 필요가 있을 것이다. 이와 더불어 윤휴가 자설(自說)의 근거로 삼았던 '가·국부동(家國不同)'의 의미가 경서 해석을 관통했던 그의 사유와 어떤 연관성을 갖는지 해명한다면 윤휴 예설의 성격이 더 뚜렷이 드러날 것으로 보인다.

윤휴 사상의 성격으로 제기된 두 견해, 곧 고대의 상제(上帝)·천(天)과 연관이 있다는 이해와 성리설의 이기론의 틀 내에 있다는 이해는 윤휴 사상을 파악함에 결정적인 의미를 갖는 문제로 판단된다. 후자의 견해에서는 윤휴가 강조한 사천(事天)·외천(畏天)의 '천(天)'은 성즉리(性卽理)의 '리(理)'와 동일함을 강조했다. 이 견해가 설득력을 얻기 위해서는 윤휴가 이야기한 '사천'의 '천'이 윤휴의 경서 해석에서 드러나는 천인감응론(天人感應論)의 관념과 조화롭게 설명되어야 할 것이다. 이 책에서 이 점을 집중적으로 유의해서 살폈다.

북벌을 표방하며 제안하고 또 실행에 옮겼던 여러 정책은 조선의 지배적 현실과 충돌하는 면이 있었고 결국 이것이 윤휴가 정치적으로 좌절하고 실패하게 되는 주된 요인으로 작용했다는 점이 그간의 연구에서 밝혀졌다. 그러면서도 기존의 연구는 윤휴가 독자적인 경서 해석을 바탕으로 구축한 사상과 북벌·부국강병의 체제를 만들려는 정치 활동 사이에 존재하는 상관성은 충분히 살피지 못한 것으로 판단된다. 이 점에 유의하며 윤휴의 사상과 정치 활동을 검토했다.

윤휴 사상의 성격을 충실히 파악하기 위해서는, 우선 병자호란을 경험하며 북벌이 가능한 부국강병의 국가를 구축하는 일을 조선의 최우선 과제로 여기고 이를 가능하게 하는 사유체계를 모색했던 윤휴의 노력에 대한 정밀한 파악이 이루어져야 한다. 그 바탕 위에서 17세기 조선의 현실을 온전히 결합하여 이해하고 그의 사상을 검토하는 일이 중요하다고 판단한다. 이럴 경우, 주자학 절대주의의 '실천'을 기반으로 조선의 과제를 풀려고 했던 송시열, 청과의 관계를 인정하고 용납하면서 조선을 경영하고자 했던 박세당이나 최석정(崔錫鼎)과 같은 인물들의 '실천'과 대비하여 윤휴 사상의 개성 혹은 특질을 파악할 수 있을 것이다.

윤휴의 사상에 대해 자주적인가 아닌가, 실천적인가 아닌가, 주자학의 틀 내에 있는가 아닌가 하는 점을 묻는 대신에, 윤휴 스스로 설정한 과제를 풀어가고자 함에 그가 기존의 사상을 어떻게 파악하고 또 어떤 방식으로 활용하려 했던가 하는 점도 주목할 수 있다. 그는 어떤 특정 사상에 얽매이기보다는 아주 다양한 사상 요소를 적극 활용하며 자신만의 독자적인 사유체계를 구축하고, 이것이 조선을 변화시키는 힘으로 작용하기를 기대했다. 필자는 왕성하고 창의적인 경서 해석의 성과를 남긴 윤휴의 사상은 17세기의 역사 맥락에서 검토할 때 그 의미가 보다 풍부하게 포착될 것으로 판단하고, 이 점을 드러내려고 노력했다.

집필의 전 구도는 윤휴의 생애와 정치·학문 활동, 다양한 사상 경험과 경학 사상, 정치 활동과 정치개혁론, 후대의 윤휴 사상 계승과 평가의 네 영역을 중심에 두고 설계했다. 윤휴는 자신이 세운 사상을 관료로서의 활동을 통하여 실현하고자 했고 또 정치 현안에서 얻은 문제의식과 지식을 자양분으로 삼아 사회경제 정책을 수립하고자 했다. 윤휴의 삶은 정치가와 사상가의 궤적이 상호 분리되지 않고 시종 여일했던 모습을 보여준다. 집필 과정에서 이러한 점이 잘 드러날 수 있도록 유의하였다.

본문은 모두 4부로 나누어 구성했다. 1부 〈생애와 정치·학문 활동〉에 대해 학문 사상의 형성·변화 과정, 정치 활동 등을 기준으로 세 시기로 대별하여 살폈다. 제1기는 출생에서 1660년 기해예송(己亥禮訟)까지, 제2기는 기해예송 이후 현종 말년까지 은거하며 저술 활동에 매진할 때까지, 제3기는 1674년(숙종 즉위)부터 1680년(숙종 6) 경술환국(庚戌換局)으로 사망할 때까지로 나눌 수 있다.

1기는 인조반정 이후 서인들의 정치적, 학문적 발언권이 확산되는 시간이었다. 윤휴 가계의 학문 전통, 윤휴의 사승 관계를 비롯한 전쟁 경험, 다채로운 독서와 학습, 권시(權諰)·윤선거(尹宣擧)·송시열 등 기호 지역의 젊은 학자들과의 교류 등을 살폈다. 서경덕 학통 및 북인과의 인연이 정국 변화 속에서 남인으로 확장되는 모습에 주목하였다. 이 책에서는 이를 북인계 남인[12] 윤휴의 탄생이란 측면에서 부각했다.

2기의 삶은 그가 산림(山林)으로서 정계에 진출하고 이와 연관하여 정치적인 발언을 본격적으로 하기 시작하는 상황과 연관하여 살필 수 있다. 기해예송에의 참여는 이러한 정치적 조건 위에서 이루어졌다. 윤휴는 이때 '참최삼년복(斬衰三年服)'을 제기했는데, 이 복제의 내용과 성격을 송시열의 기년복설(朞年服說), 허목의 자최삼년복설(齊衰三年服說)과 비교하여 밝혔다.

기해예송 이후 윤휴는 은거하며 저술에 매진하였다. 기해예송을 계기로 윤휴의 정치적·사상적 견해가 확실하게 드러나면서, 송시열 및 서인들과 극단적으로 대립하게 되는 과정, 그리고 『효경』과 『대학』, 『중용』 연구의 폭을 넓히며 독자적인 경학 체계를 세우는 모습 등을 정리했다.

3기의 시간은 윤휴의 생애에서 가장 역동적이었다. 산림으로서 관직에 진출했던 윤휴는 북벌의 수행과 자강의 구축을 자신이 해야 할 최고의 과제라 생각하고 여러 정책을 제시했다. 내수(內修)=외양(外攘)의 북벌과 정치 개혁의 논리를 비롯, 의정부 역할 강화책, 도체부(都體府) 설치 및 군사력 강화책, 북벌·자강을 이루기 위한 사회경제 정책 등을 살폈다.

2부 〈경서 해석과 권위에의 도전〉에서는 젊은 시절부터 윤휴가 경험했던 학문·사상 세계, 그리고 경서 해석을 통한 경학 연구의 성과와 성격을 살폈다.

윤휴가 남긴 경전 해석은 『대학』으로부터 『예기』, 『상서』에 이르기까지 사서·육경 대부분을 포괄하고 있다. 해석과 이해의 방식은 경서의 전 내용과 체계를 문제 삼아 독자적인 차제(次第) 설정을 하는 경우부터 부분적이고 축자적인 해석에 머물기까지 다양했는데, 윤휴는 이 과정에서 사친(事親)·사천(事天)의 사상을 견지하였다. 크게 세 양상으로 나누어 정리했다.

첫째, 『효경』에 대한 해석과 특징이다. 윤휴는 『효경』의 경전으로서의 의의가 『대학』, 『중용』에 버금간다고 보고 이 책의 의미를 밝힘에 많은 노력을 기울였다. 윤휴가 금·고문(今古文) 『효경』, 주희의 『효경간오(孝經刊誤)』를 참고하여 『효경장구고이(孝經章句考異)』를 재구성하고, 이로부터 효를 근본으로 삼는 정치의 원리를 제시하는 양상을 정리했다.

둘째, 『대학』과 『중용』에 대한 주석이다. 윤휴는 고본(古本) 『대학』을 바탕으로 『대학』의 성격을 이해하고, 『중용』은 33장 체재의 주희 『중용장구』와는 달리, 10장으로 체재를 재구성하고 그 의미를 천착하였다. 윤휴가 두 책에 대해, 고대 성인이 남긴 수기(修己)와 치인(治人)의 경험과 교훈을 체득하여 현실 정치에서 실현해야 함을 밝히는 경전으로 파악하고 이로부터 정치론과 학문론을 마련하는 점을 중점적으로 다루었다.

셋째, 육경에 대한 해석과 개성이다. 윤휴는 『주례』, 『예기』, 『서경』,

『시경』 등 여러 경전을 검토하고 그 결과를 짧은 '독서기' 형태로 남겼다. 앞의 『효경』, 『대학』, 『중용』에 대한 윤휴의 이해를 염두에 두고, 이들 책의 해석을 관통하는 특성을 살폈다. 특히 윤휴가 『서경』의 「홍범」편 해석을 통하여 밝히고자 한 군주상과 군주 정치, 『주례』 이해를 통해 확인하는 국가 체제를 검토했다. 육경의 해석에서 주목한 점은 젊은 시절 이루어진 『서경』의 「홍범」편과 『주례』 이해가 그의 사고의 원형을 이룬다는 사실이었다. 20대 학문 초기의 글에서 나타난 문제의식은 이후 여러 중요한 경서를 해석하면서도 여전히 발전적으로 계승되었던 것으로 보인다.

윤휴의 경서 해석에 대한 검토에서는 윤휴가 이들 경서의 해석을 통해 세계 속 인간의 삶의 방식을 어떻게 이해하려고 했던가 하는 점을 특히 유의했다. 윤휴가 주목했던 정치·학문론의 대원칙을 사공(事功)을 중시하는 군주상, '국가는 일가(一家)'라는 관념, 효치(孝治)의 정치론을 다루었다.

3부 〈부국강병의 사상과 정책〉에서는 윤휴의 경세론(經世論)을 살폈다. 윤휴의 경세적 사유는 '부국강병의 이념'과 연관하여 살필 수 있다. 윤휴가 관료로 재직하는 동안 내수=외양의 기치 아래 구상하고 추진했던 정책을 주로 검토했다. 정치적으로는 재상을 중심으로 한 관료제의 강화, 과거제의 혁파와 천거제 시행, 붕당정치의 해소와 같은 문제를 다루고, 사회경제적으로는 오가작통법(五家作統法)과 지패법(紙牌法), 호포법(戶布法) 시행론에 대해 살폈다. 제언(堤堰)의 설치와 보수, 각 농가의 잠상(蠶桑)의 의무적 실시, 환자[還上]의 폐지와 상평법(常平法)의 실시 등 농업 생산력을 높이고 농민의 사회적 재생산을 보장하기 위한 대책도 검토하였다.

4부 〈윤휴 사상의 계승과 평가〉에서는 후대의 윤휴 사상 계승 및 사상사적 평가를 주제로 다루었다. 1728년의 '무신란'을 계기로 윤휴의 후손에게서 가학(家學) 전통이 단절되는 양상, 서인 특히 노론들의 윤휴에 대한 공격의 고착화 현상, 성호학파(星湖學派) 내부에서의 윤휴에 대한 적극적 평가와 계승 노력 등을 검토했다.

윤휴의 사상은 18~19세기 조선의 사상계에서 배제되고 금기시되며 그렇게 널리 알려지지 않았다. 남인 일각에서 그의 저술 일부가 은밀하게 유통되는 모습을 확인할 수 있다. 이익, 권철신(權哲身), 정약용과 같은 기호 지역 남인-북인계 남인의 후학들이 윤휴의 예설(禮說), 대학설(大學說) 등을 평가하고 또 활용하면서 자신들의 사상을 키워나가는 면모를 구체적으로 살폈다.

윤휴의 사상에 대한 학술사적 평가 작업은 이 시기 펼쳐졌던 두 차원의 학술 활동을 염두에 두며 검토할 수 있다. 채제공(蔡濟恭)이 이황-정구(鄭逑)-허목(許穆)-이익으로 기호 지역 남인의 학통을 세우는 작업을 펼치는 한편에서 안정복의 제자 황덕길(黃德吉)은 남인과 북인의 학문적 연원 속에서 윤휴를 위치 지우고자 하였다. 남인 내부의 윤휴 평가 작업의 성과와 특성이 어떠한지, 이를 통해 윤휴의 학술사적 위상이 어떻게 정리되는지를 드러내 보였다.

20세기로 들어와 윤휴는 장지연 이래 조선 사상사의 계통 속에서 적극적으로 평가받아왔다. 사상사적 통사 체계 속에서 윤휴의 사상사적 위상이 설정되고 이해되는 양상을 20세기 학술사의 전통과 연관하여 검토했다.

1부

생애와 정치·학문 활동

2장

북인의 학문·정치 연원과 학술 교류

1

무반 전통의 탈각과 북인적 정치 성향

백호(白湖) 윤휴(尹鑴, 1617~1680)는 1617년(광해군 10), 아버지 윤효전(尹孝全, 호 沂川, 1563~1619)과 어머니 경주 김씨 사이에서 부친의 임소인 경주 관아에서 태어났다.[1] 당시 아버지 윤효전은 경주 부윤으로 근무하고 있었다.[2] 폐모(廢母) 논의가 일어나자 이에 반대했던 까닭으로 외직으로 좌천된 상태였다.[3] 윤휴가 태어날 때 마침 윤효전을 찾아왔던 정구(鄭逑)가 그의 탄생을 축하하여 두괴(斗魁)라는 아명을 지어주었다.[4] 윤휴가 태어날 당시 이미 6살 위의 형 윤영(尹鍈)이 있었지만 그가 서자였던 관계로 윤휴의 가내 지위는 첫아들인 셈이었다.

남원이 본관인 윤휴의 선조는 조선 초기 대대로 무반(武班) 관직을 지냈다. 8대조 윤감(尹堿)은 우군 중랑장(右軍中郎將), 7대조 윤온(尹韞)은 고산 현감을 역임했으며, 6대조 윤광은(尹匡殷)은 문종 때 무과로 출사했고,[5] 5대조 윤취(尹就)도 무과 공부를 하여 벼슬이 벽단[6]첨사(碧團僉使)에 이르렀다.[7] 조선 초기 윤휴의 가문은 무반의 문화와 기풍이 강했다고 할 것이다.

대변화가 일어난 시점은 고조 윤관(尹寬) 대였다. 삼휴당(三休堂)이란 호를 썼던 윤관은 무반가의 전통을 벗어나 사대부의 교양과 학식을 갖추려고 노력했고, 당대의 주요 가문들과 통혼하여 사회적 관계망을 넓혔다. 이런 요소는 훗날 그의 후손들의 삶을 규율하고 또 사회적으로 지지하는 기반으로 작용했다. 이정귀(李廷龜)가 작성한 그의 묘갈명은 윤관이 무반 가문의 문화를 바꾸기 위해 노력하는 모습을 압축해서 보여준다.

> 공은 무반의 집안[武家]에 태어나 스스로 분발하여 독서하고 사우(師友)를 얻어 의귀(依歸)하였으며, 조행(操行)을 닦아 평소에 늘 예법으로 자신을 지켰다. 일찍이 「자경(自警)」·「경구(警咎)」·「송심(訟心)」 세 잠(箴)을 지어 좌우(座右)에 걸어두니, 사람들이 많이 전송(傳誦)하였다. 지극한 효성으로 모친을 섬기는 것이 노년에 이를 때까지 한결같았으며, 봉제사(奉祭祀)와 거상(居喪)에는 정례(情禮)가 모두 극진하였다. 종족을 사랑으로 보살펴 가난하여 제사를 지낼 수 없는 사람이 있으면 그 신주(神主)를 자기 집으로 모셔와서 제사를 지내주었다. 지방관으로 있을 때는 반드시 아전은 단속하고 백성에게는 관대했기 때문에 이임한 뒤에 늘 백성들이 공을 잊지 않았다.[8]

윤관은 어릴 적 낭옹(浪翁) 이원(李黿)에게서 배웠다.[9] 이원은 김종직(金宗直)의 문인[10]으로 문장이 뛰어났으며, 1498년(연산군 4)의 '사화(士禍)'에 연루되어 유배 생활을 하다가 갑자사화 때 참형을 당한 인물이었다.[11] 윤관은 김종직계 학문의 영향권을 일찍부터 만났다고 할 수 있다.

자라면서 윤관은 조광조(趙光祖)에게 사사하여 기묘사림의 분위기를 접했다. 덕양(德陽) 기준(奇遵), 영천(靈川) 신잠(申潛), 죽창(竹窓) 안정(安珽) 등은 그가 교유했던 인물들이다.[12] 하지만 1519년(중종 14)에 '사화'가 일어났을 때에는 별다른 화를 입지 않았다. 그의 행적을 기록한 자료에는 그가 상중(喪中)이었으므로 화를 면하였다고 했지만,[13] 그는 아직 관직에 나가지 않은 상태였다. 정치적 탄압을 받을 나이는 아니었을 것이다. 기묘사화 후 윤관은 과거 공부를 그만두었다가 만년에 관로에 나아가 주현(州縣)의 수령을 역임하고 관직은 충익부 도사(忠翊府都事)에 이르렀다.

최명창(崔命昌) 딸과의 혼인은 윤관의 생활을 새롭게 하는 계기가 되었다. 최명창은 본관이 개성으로 아버지는 최철손(崔鐵孫)이다. 스승인 이원의 부인이 최철손의 딸이었던 인연으로 윤관은 최씨가와 혼인했던 것으로 보인다. 최명창은 1504년(연산군 10)에 과거에 급제한 뒤 중종대 예조참판을 지냈다. 기묘사림의 활동이 활발하던 1519년을 전후하여 중앙의 여러 요직을 거쳤다.[14] 그는 기묘사림과 보조를 완전히 맞추지는 않았지만 그들과 크게 대립하지는 않았던 것으로 여겨진다. '기묘사화'가 일어나자, 최명창은 조광조 등이 본래 마음이 사악하지 않으며 그들이 지치(至治)를 이루고자 했으나 그 방법이 '과중(過中)'함을 알지 못했던 흠이 있다고 평가하고 그러한 과중함을 억제할 수 있었다면 좋았을 것이라 아쉬워했다.[15] 이정귀는 이런 그를 두고, "최명창은 학식과 행의(行誼)로 기묘제현들 사이에 추중을 받았다"[16]고 했다.

최명창은 서울의 쌍계동에 송석정(松石亭)을 짓고 살아 송석선생(松石先生)으로 불리었다. 쌍계동은 서울의 동쪽에 있는 마을로 성균관과 가깝다. 이곳에 그가 일군 삶의 공간은 윤관과 그의 후손들에게 큰 힘이 되었다. 윤관은 쌍계동에 삼휴정사(三休精舍)를 짓고 살았고,[17] 그의 아들 윤호도 여러 건물을 짓고 거주했으며,[18] 윤휴 또한 훗날 이곳에 집을 새로 고쳐 짓고 살았다.[19] 쌍계동은 윤휴 가문이 오랫동안 터 잡고 가꾼 서울의 근거지였다고 할 수 있다.

윤관의 삶에서 특기할 인물은 사위 김귀영(金貴榮)이다. 좌의정까지 지내고 선조대 평난공신(平難功臣)이 되었던[20] 김귀영은 어릴 적 윤관에게 글을 배웠는데,[21] 윤관은 그가 명민한 것을 보고 사위로 삼았다.[22] 상주(尙州)를 본관으로 하여 누대 관료를 배출했던 김귀영의 가문은 그의 대에 이르러 크게 현달했다.[23] 김귀영의 아들 김개(金闓, 1582~1618)는 광해군대 북인으로 활동하다가 허균(許筠) 역모 사건에 연루되어 죽음을 당했다.[24] 김개는 허균과 정치적 의견을 같이한 대표적인 인물이었다. 김개에게 볼 수 있는 북인으로서의 정치적 성향이 향후 윤관의 후손들에게 나타나는 점은 유의할 만하다.

윤관의 가계, 그리고 그가 맺었던 통혼권은 〈표 1〉과 같이 간략하게 정리할 수 있다. 윤관이 최명창의 개성 최씨 가문, 김귀영의 상주 김씨 가문

표 1 | 윤관의 통혼권

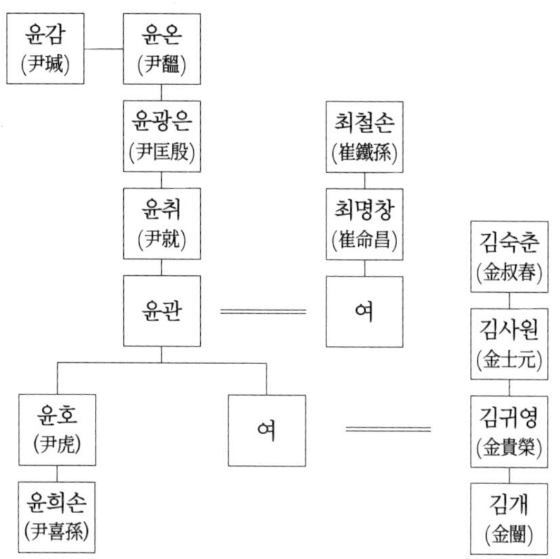

과 맺은 인연은 이 집안의 세력을 키우고 또 후손들이 의지하는 힘이 되었다.

고조 윤관이 윤휴에게 미친 영향은 적지 않았다. 윤휴가 24세 되던 해, 윤관이 스스로를 경계했던 글을 활용하며 '자경문(自警文)'을 지어 자신을 단속하고자 했던 데서 그 일단을 확인할 수 있다. 겉으로 보기에 단순한 내용인 듯싶지만, '내외 쌍수(內外雙修)'의 다짐과 노력을 읽을 수 있는 글이다.

> 광명하고 정대함은 군자의 덕이요
>
> 엄중하고 과묵함은 고인이 복응한 바로다
>
> 【이상의 두 구절은 나의 고조(高祖) 삼휴자(三休子)께서 스스로 경계한 말이다.】[25]

윤휴의 집안은 증조부와 조부 대에 그들이 요절하면서 형편이 매우 어려워졌다. 증조부 윤호(尹虎, 호 訥軒)는 성균 생원에 이르렀으나 29세로 별세하고,[26] 조부 윤희손(尹喜孫, 호 靜齋)은 33세에 세상을 떠났다.[27] 두 대나 연속해서 가장이 젊은 나이에 세상을 뜨는 불행이 이어졌다 하겠는데, 이 어려움 속에서 조부 윤희손은 유계(柳溪) 이준(李準, 宗室)과 이중호(李仲虎)에게 수학하며 학문을 가까이하는 가풍을 두텁게 유지할 수 있었다.[28] 특히 그가 김굉필(金宏弼)의 문인인 이중호에게 배운 점은 주목할 만하다. 김종직-김굉필계의 학문이 그의 집안에 미친 영향을 생각해보게 된다. 한편 윤휴의 증조모 옥천(沃川) 육씨(陸氏)는 충청도 유성(儒城)에서 세상을 떠났다.[29] 옥천 유씨가 남긴 유산이 유성에도 있었음을 짐작할 수 있다. 실제 윤휴는 젊은 시절 유성에서 거주했는데, 그것도 이 같은 인연 위에서의 일이었을 것이다.

아버지 윤효전[30] 대에 이르러서 집안 사정은 크게 달라졌다. 윤효전은 충청도 삼산현(三山縣: 보은)에 살던 김덕민(金德民)의 딸과 혼인하여 경주 김씨 가문과 인연을 맺었다. 김덕민은 관직으로 현달하거나 높은 학문 세계를 개척한 학자는 아니었지만, 오랫동안 내려온 가풍을 지키며 소탈한 삶을 영위했다. 거기에는 그의 부친 김가기(金可幾)의 스승이자 양부(養父)이던 대곡(大谷) 성운(成運)의 기풍도 크게 작용했다.

성운은 조식·서경덕 등과 교류하고 노장 사상의 영향을 많이 받은 인물로,[31] 세상과는 담을 쌓고 충청도 삼산에 은거하며 생활했다. 김가기를 아들처럼 가르쳤으며 그의 중형 성우(成遇)의 딸과 혼인하게 하고 후사를 부탁했다.[32] 김가기는 이후 유윤상(柳潤祥)의 딸과 다시 혼인하는데,[33] 유씨 부인의 소생이었던 김덕민은 성운의 언행을 정리하고 또 『대곡집(大谷集)』을 간행했다.[34]

김덕민의 사위가 되면서 윤효전은 고령 신씨(高靈申氏), 해주 오씨(海州吳氏) 가와도 인척 관계를 맺었다. 김덕민의 첫 부인은 선조대 도승지를 지

표 2 | 윤효전의 처가

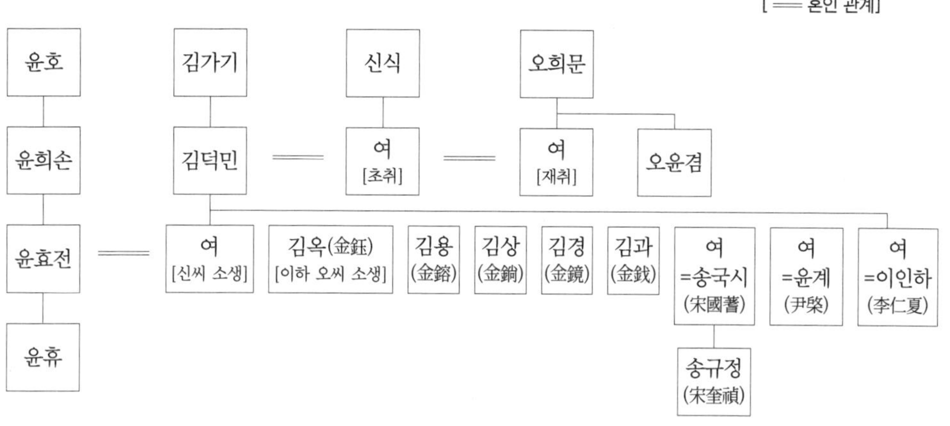

낸 신식(申湜)의 딸로 정유왜란 때 정절을 지키다 죽음을 당했다.[35] 그 첫 부인의 둘째 딸[소생]이 곧 윤효전과 결혼했다.[36] 김덕민의 두 번째 부인은 오희문(吳希文)의 딸로, 영의정까지 지낸 오윤겸(吳允謙)의 누이동생이었다.[37]

윤효전이 장인 김덕민으로부터 학문적으로나 정치적으로 어떠한 영향을 받았는지는 분명하지 않다. 그가 공주 유성에 살던 시절, 서기(徐起)에게서 배운 사실은 드러나지만[38] 김덕민에게 이런 점이 있었는지는 모호하다. 그렇다 할지라도 사위로서 윤효전은 김덕민에게 전해오는 가풍과 학문적 분위기를 접하며 적지 않은 변화를 겪었으리라 여겨진다.

김덕민은, 뒤에서 살피겠지만, 윤휴에게 엄청난 영향을 미친 존재였다. 윤효전 사후 후견인과 같은 역할을 했기 때문이다. 윤휴는 어릴 적 외가, 외가의 인척들로부터 적지 않은 도움을 받으며 성장했다.

선조대 후반, 윤효전은 왕자 사부(師傅),[39] 송화(松禾) 현감,[40] 영유(永柔) 현령,[41] 지평 등을 두루 역임했고, 광해군대에 이르러서는 북인(北人)의 주요 인물로 활동했다.[42] 관직은 대사헌에까지[43] 이르렀다. 이 시기 그의 정치적 입지를 굳힌 사건은 임해군(臨海君) 이진(李珒)의 역모사였다. 대단히 예민하고 파괴력이 컸던 이 일이 일어나자[44] 윤효전은 그의 처벌을 적극 주장하였으며,[45] 그 공을 인정받아 익사공신(翼社功臣)[46]이 되었다. 한편, 윤효전은 폐모 논쟁이 일어났을 때에는 크게 동조하지 않았다. 경주 부윤(府尹)이 되어 지방으로 나간 것은 이와 연관이 깊었다.[47] 광해군대 윤효전의 정치 활동, 특히 임해군 처벌에 앞섰던 일은 그와 그의 집안을 옥죄는 빌미가 되었다. 『광해군일기』 편찬자의 발언과 평가에서 볼 수 있듯, 서인 진영에서는 윤효전을 극단적으로 낮추어 보았다. '인조반정' 이후 서인 정부에서는 익사공신의 훈적(勳籍)을 삭제하고 윤효전의 관작을 박탈하였다.[48] 이때 동시에 공훈 삭탈을 처분받았던 인물은 허성(許筬), 김신원(金信元), 유희분(柳希奮), 최유원(崔有源) 등이다.

윤효전은 일찍부터 '유학(儒學)'으로 이름이 났었다.[49] 관직 진출 후에도 그 실력을 유감없이 드러내어, 선조대에 왕자 사부를 지냈고[50] 광해군대에 세자 강학관을 지냈다.[51] 1601년부터 행해진 『주역』 언해(諺解)의 교정 작업에도 참여했다.[52] 당시 과거에 급제하지 않은 신분[未出身]으로 이 일에 참여한 사람[53]은 한백겸(韓百謙), 홍가신(洪可臣), 정구(鄭逑), 장현광(張顯光) 등이었다.

윤효전의 학문적 자산은 서경덕계의 학통 속에서 만들어졌다. 서경덕의 학문을 계승한 큰 학자 민순(閔純)에게 수학하여 그 학문 세계를 익혔던 것이다.[54] 당시 민순에게서 배운 사람들이 적지 않았는데,[55] 윤효전 또한 그 일원이었다. 윤효전이 북인으로 활동하는 데는 이런 점도 작용했다. 서경덕의 제자들 가운데 일부는 서인의 당색을 지니기도 했지만 대부분은 북인으로 활동하고 있었다. 윤효전 또한 그러했다.

1619년(광해군 11), 경주 부윤으로 재직 중이던 윤효전이 세상을 떠나면서[56] 윤휴는 주로 어머니의 훈도, 외조부 김덕민과 외삼촌의 지원을 받으며 자랐다. 아버지가 세상을 떠날 때 윤휴의 나이는 세 살이었다. 윤휴는 어린 나이였지만 적장자, 승중자(承重子)로서의 자의식을 강하게 지니고 있었다. 이 과정에서 그는 선대에 만들어진 사회적 인연의 도움을 많이 받았다. 특히 외가가 맺고 있던 사회적 통혼망은 큰 도움이 되었다. 기억할 만한 인물로는 영의정을 지낸 오윤겸(吳允謙)이 있다. 오윤겸은 김덕민과 처남 매부 사이였다.[57] 윤휴의 처지에서 보자면, 오윤겸은 멀지 않은 인척이었다. 성장기 그에게서 듣고 배우는 일이 적지 않았다. 외삼촌인 김덕민의 아들들에게 오윤겸은 그들의 외조부였다. 외가와 가깝게 지냈던 윤휴는 그런 인연으로 오윤겸을 만나 『대학』에서 의문 나는 점을 질문하여 답을 듣고 또 근신하며 행동하라는 조언을 듣기도 했다.[58] 오윤겸의 사후에는 큰외삼촌 김옥(金鈺)이 작성한 오윤겸 가장(家狀)을 통해 그의 관력과 인품, 인조대의 비사(祕史) 등을 접하기도 했다.[59]

윤휴 스스로도 새로운 관계를 맺어갔다. 그 결정적인 일은 19세 되던 해 권첩(權怗) 딸과의 혼인이었다.[60] 권첩은 권근(權近)의 7세손으로, 광해군대에 영건도감(營建都監)의 일을 주관했고 인조대에는 황해도 감사, 형조참판까지 지냈다.[61] 인조반정 후에도 정치 활동을 계속했던 것으로 보면 당색이 특정 세력에 치우치지는 않았던 것으로 여겨진다. 이원익(李元翼), 오윤겸과 매우 친하게 지내는 사이였다.[62] 권첩은 4녀 1남을 두었는데, 윤휴는 넷째 딸과 결혼하여 모두 5남 3녀를 낳아 길렀다.

윤휴가 권첩의 사위가 된 사실은 당대 최고 명문가의 일원이 됨을 의미했다. 어찌 보면 윤휴의 혼인은 윗대 선조들의 그것보다 가문의 사회적 비중을 더함에 영향이 더 컸다. 무엇보다 윤휴는 동년배인 권첩의 아들 권준(權儁)과 형제와 같은 우애를 나눌 수 있었다. 손위 처형인 권준은 충청도에 거주하며 이 지역 젊은 학자들과 널리 교류하고 있었다. 특히 그가 윤황(尹煌)의 사위였던 점은 큰 이점이었다. 성혼의 사위였던 윤황은 그 인연에 힘입어 그가 거주했던 충청도 이산(尼山)에서 적지 않은 영향력을 행사했다. 윤휴는 훗날 권준을 매개로 윤선거(尹宣擧) 형제들과 깊이 사귈 수

표 3 | 윤휴 가문의 혼맥도

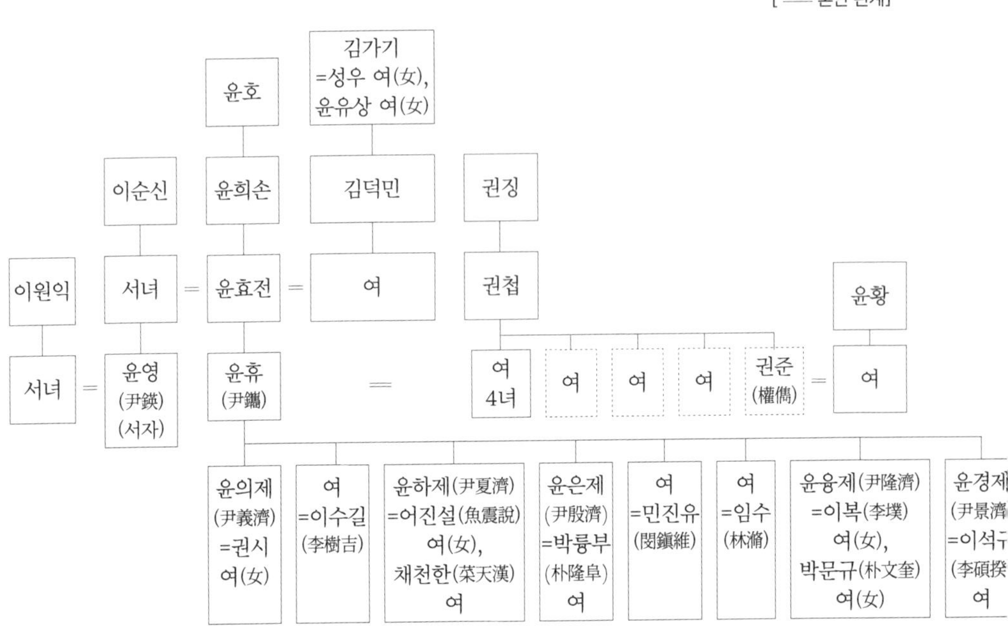

있었던 것으로 보인다.

윤휴는 또한 자녀의 혼인을 매개로도 관계망을 더욱 확장했다. 당대 학문으로나 정치적으로 명망이 있던 여러 인물들이 그와 혼맥으로 연결되었다. 첫째 아들 윤의제는 권시(權諰)의 둘째 딸과,[63] 다섯째 아들 윤경제는 이석규(李碩揆)의 딸과 결혼했다. 권시는 권득기(權得己)의 아들로 충청도 탄천 지역에서 세거하며 발신한 학자였고, 이석규는 이수광(李睟光)의 손자였다. 〈표 3〉은 윤휴를 둘러싼 친가, 외가, 처가의 혼맥도이다.

이상 살핀 대로 윤휴 가문은 오랜 내력을 지닌 명문가였다. 초기에는 무반가의 전통을 유지하다가 16세기 고조 윤관 대에 이르러 사대부의 학문을 충실히 익히고 실천하는 가문으로 변화하는 모습을 보인다. 학문적으로는 고조 윤관 이래 아버지 윤효전에 이르기까지 김종직에서 조광조로 이어지는 사림의 학문, 서경덕의 사상에 큰 영향을 받았고, 정치적으로는 아버지 윤효전 대에 이르러 북인의 정치 성향을 지니었다. 특히 윤효전이 이황이나 이이가 아니라 서경덕의 학문적 영향권 속에서 성장하고 북인의 주요 인물로 활동했던 사실은 학파와 정파 간 치열한 각축이 일어나던 시기, 그의 집안이 처한 위상을 이해함에 대단히 중요한 요소가 된다. 동서(東西) 분당, 동인의 남북(南北) 분당이 가속화되는 정쟁의 시기에 윤휴의 집안은 학문으로나 정치 성향으로나 매우 뚜렷한 색채를 지니게 되었다고 할 수 있다. 이러한 가문의 전통은 윤휴의 학문과 정치 활동을 밑받침하는 주요한 기반이 되었다.

2

박학의 학습 경험과 기호 지역 학자들과의 교류

1) 다양한 학문 연원과 학습 경험

윤휴의 생애는 학문 사상의 변화 과정, 정치 활동 등을 기준으로 세 시기로 대별할 수 있다. 제1기는 출생에서 1660년 기해예송까지, 제2기는 기해예송 이후 현종 말년까지, 제3기는 1675년(숙종 1)부터 1680년(숙종 6) 경신환국으로 사망할 때까지이다.

1기는 인조반정 이후 서인들의 정치적·학문적 발언권이 확산되는 시간이었는데, 윤휴는 이때 다양한 공부의 경험을 쌓고, 한편으로 권시, 윤선거, 송시열 등 기호 지역의 젊은 유학자들과도 교류하였다. 2기의 삶은 거의 전적으로 기해예송을 둘러싸고 펼쳐졌다. 윤휴는 송시열이 주도하는 복제설을 부정하고 이를 정치적으로 비판하며 독자적인 견해를 제시했다. 이 일로 인하여 윤휴는 송시열 및 서인들과 극단적으로 대립하게 된다. 이 시기 윤휴는 『효경』과 『대학』 연구에 집중하며 이들 경서에 대한 자신의 견해를 단단히 세웠다. 3기의 삶은 숙종 초반, 남인 정권하에서의 활발한 활동으로 정리할 수 있다. 이 시절 그는 남인의 한 중심을 이루며 그간의 포부를 정치적으로 구현하고자 노력했다. 이 절에서는 제1기의 삶을 정리하도록 한다.

윤휴 1기의 삶은 긴 시간 공부하며 지식을 축적하고 확대하는 생활로 집약하여 제시할 수 있다. 이 시기 그의 주 생활 무대는 대체로 서울, 경기도 여주, 공주의 유천(柳川), 그리고 외가가 있던 충청도 삼산(三山)이었다. 윤휴는 이 시절 여러 곳을 옮겨 다니며 스승과 동료들을 만나고 학습에 몰두하면서, 학문의 기초를 형성했다. 그의 학문은 특별한 사승 관계를 찾아보기 힘든 독자적인 성격을 지니고 있지만, 가학(家學) 혹은 그가 경험한 세 가지 학문 전통에 힘입으며 형성되었다.

먼저 거론할 수 있는 요소는 화담(花潭) 서경덕(徐敬德, 1489~1546)의 학문적 개성이다. 이는 아버지 윤효전을 통하여 그에게 이어졌다. 서경덕은 북송대 학자 소옹(邵雍)과 장재(張載)의 학문을 수용하여 기일원론(氣一元論)의 사상체계를 세움으로써, 이황·이이의 주자학 중심의 성리학 이해와는 다른 형태의 학문 체계를 확립했던 인물이다.[64] 여기에는 노장적(老莊的) 사유의 성격 또한 스며들어 있었다. 서경덕의 학문은 그가 살았던 송도를 중심으로 많은 학자들에게 영향을 미쳤으며, 그에게서 수업을 받은 인물로는 허엽(許曄), 민순(閔純), 박민헌(朴民獻), 박지화(朴枝華), 박순(朴淳), 홍이상(洪履祥), 홍인우(洪仁祐) 등을 들 수 있다.[65] 이 가운데 허엽, 박순 등은 동서 분당 초기, 동인과 서인계에서 강한 발언권을 행사했다. 허엽은 동인의 영수로 거론되었으며, 박순은 서인의 주요 인물이었다.

윤효전은 서경덕의 사상과 학문을 서경덕의 큰 제자인 민순과의 학습을 통해 계승하고 있었다.[66] 그는 평소 서경덕의 학통에 속하는 사실에 큰 자부심을 지니고 있었고 서경덕을 숭모했다. 서경덕의 생애와 학문을 중시하고 이를 널리 퍼뜨리려는 의식 또한 강하게 지니고 있었다. 서경덕의 문집 『화담집(花潭集)』을 중간(重刊)하려는 노력은 그 단적인 모습이었다. 『화담집』은 본래 서경덕 사후 허엽·박민헌 등의 제자들에 의해 편집되어 초간되었다.[67] 그러나 임진왜란이 일어나면서 서경덕의 문집과 글들이 멸실되자, 윤효전은 판목을 새로 새겨 문집을 재차 간행하려고 했다. 그가 이 책에 대해 갖는 경외감은 "화담 선생의 두 권으로 이루어진 문집은 다른 유자(儒者)들의 책 수십 권을 능가한다"[68]고 생각할 정도로 컸다. 하지만 그는 『화담집』을 간행하는 계획을 실행에 옮기지 못했다. 1601년 무렵, 이미 문집 간행을 위해 자료를 모으고 발문까지 써두었지만, 사정이 여의치 않았던 모양이다.[69] 재간본을 간행한 이는 홍이상의 아들 홍방(洪霶)이었다. 윤효전과 마찬가지로 서경덕의 문집이 훼손되어 보급되지 못하는 상황을 안타까워했던 홍방은 1605년 평안도 은산(殷山) 현감 시절 "공름(公廩)을 헐고 공장(工匠)을 모아" 이를 완성했다.[70] 홍이상 또한 서경덕의 학문적 후예였기에 홍방이 스스로 이 일을 했을 것이다.

윤휴는 서경덕 → 민순 → 윤효전으로 이어지는 가학의 흐름을 충분히 의식하고, 또 이를 계승하려는 마음을 가지고 있었다. 1652년(효종 3) 『화담집』을 재편집하여 간행하려고 했던 일은 그러한 사정을 보여준다. 그의 『화담집』 간행은 아버지가 못다 한 일을 이어 완수하려는 움직임이기도 했지만 한편으로는 서경덕계의 학문적 전통을 계승하려는 노력이기도 했다.[71] 윤휴는 서경덕의 후손, 뜻을 같이하는 사람들과 함께 이 일을 진행했다.

> 소자(小子)는 가끔 선생의 외증손 이숙유(李埱游) 군 및 여러 사우들과 함께 이 일을 언급할 때마다(문집이 널리 유포되지 않은 사실-필자 주) 서로 탄식을 해왔다. 그러다가 마침내 숭양서원에서 다시 문집 출판을 계획하고, 또 여러 유선(儒先)들의 초고 속에 흩어져 있는 선생의 유사나 흩어져 있는 기록[逸記]들을 찾아 모아서 하나의 소편(小篇)을 만들어 권말에 붙여서 영구히 전하기를 도모하는 바이다. … 권 중의 「도죽장부(桃竹杖賦)」 1편은 본디 문집 속에 실려 있지 않았는데, 송도의 노인 원외(員外) 조공(曺公)에게 얻었다. 이 노인은 나이가 80여 세인데, 자신이 어려서부터 이 글을 읽어 익혔으므로 늙어서도 항상 입에서 맴돈다고 말하고, 또 말하기를, "이 글은 선생이 지은 것으로 한때 회자되었었다"고 하였다. 이를 빌미로 또 널리 수색하여 그 등본(謄本) 및 발문(跋文) 한 통을 얻었으니, 이 발문은 곧 휴(鑴)의 선인이 스스로 저술하여

집에 갈무리해온 것이다.[72]

위의 증언에 따른다면, 윤휴가 주도하여 편찬한 『화담집』은 서경덕의 작품으로 알려진 「도죽장부」[73]를 개성의 노인으로부터 구술받아 새로 첨가한 점, 서경덕과 관련하여 조선 학자들이 남긴 여러 자료를 모아서 문집에 덧붙인 점, 아버지 윤효전이 지은 발문을 같이 수록한 점 등 이전의 간본과는 여러 점에서 면모를 달리했음을 보여준다. 서경덕이 남긴 글이 그렇게 많지 않은 상태에서, 새로운 편찬본은 서경덕의 학문 세계를 조선의 학자들에게 확장하여 보여주기에 적지 않은 도움이 될 수 있었다.[74]

성운(成運, 1497~1579)의 노장적 학문 세계 또한 학습기 윤휴에게 적지 않은 영향을 미쳤다. 이는 외조부 김덕민이 성운의 이성(異姓) 양자 김가기의 아들이었던 점과 연관이 있다.[75] 성운은 남명(南冥) 조식(曺植, 1501~1572)과 평생의 지기로 교류했던 인물로, 성리학을 충실히 익혔지만 한편으로는 노장 사상에 깊이 경도되어 있었다.[76] 중형(仲兄) 성우(成遇)가 1545년(명종 즉위)의 을사사화로 목숨을 잃은 후 충청도 삼산에 은거했던 성운은 아들이 생기지 않자 조카 사위 김가기를 아들 겸 제자로 키우고 후사(後事)를 부탁했다. 이성 양자인 셈이었는데, 그 아들이 김덕민이었다.[77]

김덕민은 성운의 유업을 잇고[78] 또 성운의 문집 『대곡집(大谷集)』을 간행했다. 『대곡집』은 김가기가 유근(柳根)의 서문을 받아 간행 준비를 다 해둔 상태에서 마무리 짓지 못했는데 김덕민이 이어서 완성했다.[79] 김덕민은 산림처사(山林處士) 성운의 생각과 행적을 충실히 익힌 인물인 셈이었다. 이렇게 보면 성우·성운의 학문 분위기가 김가기를 통하여 김덕민에게 연결되어 있었고, 윤휴에게 조식 학문이 영향을 미친 점도 이로써 생각할 수 있다.

김덕민은 인조대 용궁 현감을 지내는 등 몇 년간 외관직을 지낸 시간을 제외하고는 삼산에 있는 성운의 집을 지켰다. 아버지가 안 계신 상태에서 외가에서 자랐던 윤휴는 외조부로부터 자연스럽게 성운의 글과 행적을 접할 수 있었다.[80] 윤휴에게서 확인되는 노장 사상에 대한 관심은 그 한 장면이다. 이 시기 많은 학자들이 노장 사상을 접하고 그 영향 속에서 생활했듯이, 윤휴 또한 성운, 김덕민을 통해 이 사상의 기풍을 풍부하게 전달받고 있었다. 외조부 김덕민이 윤휴의 삶에 차지하는 비중은 적지 않았다.

먼저 『노자도덕경(老子道德經)』 주해[81]를 들 수 있다. 이 주해서는 현재 남아 있지 않아 그 실제 내용을 확인하기는 어렵지만 주해의 의미를 생각한다면, 윤휴가 이 책에 대해 가지고 있던 지식, 관심이 어느 정도였는지 상상할 수 있다. 유교 경전을 주석하며 독자적인 견해를 세우고자 했던 윤휴의 학문적 개성이 『노자도덕경』에도 여실히 반영되었다고 할 수 있다. 윤휴는 노자의 사상은 "미묘하고 심원하며 자연의 귀착점을 밝히고 화복의 근원을 구명하였으므로, 음미할 만한 깊이가 있다"고 평가했다.

황석공(黃石公)의 『삼략(三略)』에 대한 긍정적 평가도 윤휴가 노장 사상의 영향을 받은 면모를 보여준다. 『삼략』은 '황로의 말[黃老之言]' 곧 노장 사상을 기초로 편찬된 병가(兵家)의 서적으로 무경칠서(武經七書)의 하나였다. 윤휴는 이 책이 패도(覇道)를 담았는데 쇠망하는 세상을 위해 어쩔 수 없이 만들었다고 판단하고, 왕도(王道)와 그 지향이 다를 바 없다고까지 극찬하였다. "영웅의 마음을 갖고 백성의 뜻과 통하며, 뭇사람들과 이익을 같이 나누고 형세로 말미암아 권도를 쓴다면, 왕도와 패도를 다르게 여길 것이 없다"[82]는 것이 그의 생각이었다.

이수광(李睟光, 1563~1628) 가문의 영향 또한 염두에 둘 수 있다. 윤휴는 어린 시절 이수광의 둘째 아들 이민구(李敏求, 1589~1670)로부터 배웠고 이를 계기로 이수광의 집안과 깊은 교분을 맺을 수 있었다. 그가 이민구에게 배운 때는 어린 총각[丱角] 시절로 충청도로 옮겨 살기 전이었는데,[83] 이민구는 윤휴가 유일하게 스승으로 밝히는 인물이었다.[84] 윤휴가 이민구에게 배운 내용은 알려져 있지 않다. 다만 문장에 능했던 이민구[85]가 윤휴를 평

표 4 | 이수광의 아들과 손자녀

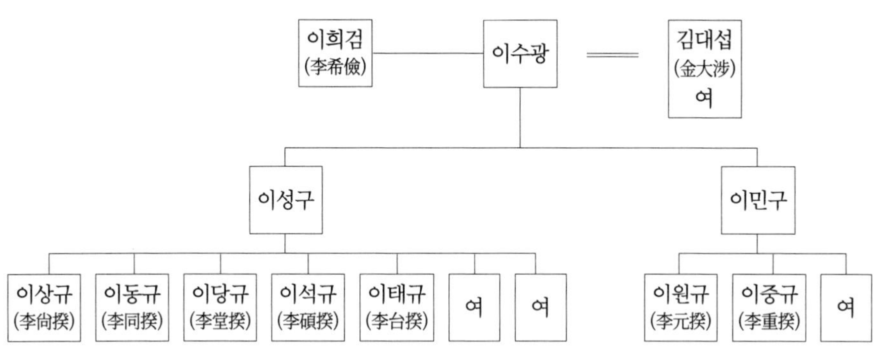

가하는 발언이 윤휴의 행장에 전해지고 있어, 두 사람 사이 오고 갔던 배움의 내용을 조금은 유추할 수 있다. 빼어난 문장 실력이 유가(儒家) 공부와 더해지면 어떤 경지를 보일지 알 수 없다는 발언이 인상적이다.

> 공이 젊었을 적에 동주(東州) 이민구 공에게 글을 배웠는데, 동주 공이 칭찬하기를, "윤휴의 문장은 모두가 서산(書算)을 펴놓고 읽을 만한 것이다. 하지만 유가의 문자는 문장가의 문장과 본시 다른 것인데 그는 현재 유가의 글을 공부하고 있으니 끝내 어떠한 경지에 이를 것인지 알 수 없다" 하였다.[86]

윤휴와 이수광 후손들과의 관계는 여러 모습으로 확인된다. 이수광의 손자인 이동규(李同揆)는 윤휴가 어릴 적부터 사귄 아주 가까운 친구로, 허물없이 마음을 주고받을 수 있을 정도로 정의가 두터웠다.[87] 현실 인식을 둘러싸고도 두 사람은 생각이 잘 통했다. 숙종 초반, 윤휴는 이동규를 천거하여[88] 그가 관직을 받도록 했고, 윤휴가 도체부(都體府)를 설치하고 북벌을 위한 준비를 하자고 주장할 때 이동규는 옆에서 이를 적극 도왔다.[89] 이동규 스스로 적극적인 북벌론자였다.[90] 효종 사후에 일어났던 예송(禮訟)에서도 이동규는 윤휴와 의견을 같이했다.[91] 실록 찬자는 이동규를 청남(淸南)의 영수 윤휴와 '사당(死黨)을 맺은'[92] 자, 심지어는 윤휴의 '응견(鷹犬)'[93]이라고 낮추어 보았다. 한편, 윤휴는 이수광의 증손녀 곧 이석규의 딸을 그의 막내아들 윤경제와 결혼시켰다.[94] 이동규, 이석규는 이수광의 장자 이성구(李聖求)의 둘째, 넷째 아들이다.[95]

윤휴가 이수광 가문의 여러 아들·손자들과 맺은 관계는 특별하다. 윤휴가 이들로부터 이 가문의 여러 사람이 개척한 독특한 학풍을 알게 모르게 접했을 가능성을 배제할 수 없다. 이수광은 『지봉유설』을 저술하여 박학의 학풍을 보이며 새로운 학문 세계를 개척한 인물이었고,[96] 이성구·이민구는 시문에 밝다고 이름이 났다. 이성구·이민구 형제는 또한 고위 관직을 역임하고 남인으로서의 정치색을 견지했다.

이와 같이 형성기 윤휴의 학문은 서경덕, 성운의 학적 전통과 연결된 가학(家學), 그리고 이민구의 가르침이 적지 않은 영향을 미쳤다. 이러한 학문 연원은 영남 남인이나 기호 서인과는 달리 주자학으로부터 상대적으로 자유로운 위치에서, 정치적으로 북인 혹은 북인계의 영향 속에 있던 인물들과 연관이 있었다.[97] 이 맥락에서 살피면 윤휴는 처음부터 정통 주자학과는 거리를 두면서 성장하며 자신의 학문 세계를 만든 셈이었다. 앞서 본 대로 윤휴에게서 확인되는 노장학에 대한 관심은 그가 서경덕계 학풍의 영향을 받은 흔적이기도 하고 또 성운의 학문 세계와 관련하여 그 연원을 이해할 수 있다. 가학에서의 북인과 경기 지역 남인의 학문 요소는 윤휴의 학문과 정치적 활동을 규정하는 기본 요인이었다.

윤휴의 학문 세계는 처음부터 당시 주자학자들이 추구하는 방향과는 다른 양상을 보였다. 젊은 시절, 윤휴의 독서는 대단히 폭이 넓었다. 『효경』, 『대학』, 『논어』, 『맹자』, 『중용』, 『시경』, 『서경』, '삼례', 『대역(大易)』, 『춘추』 등 유교 경전 전반과[98] 『공자가어(孔子家語)』[99]·『위료자(尉繚子)』[100] 등 진(秦)·한(漢)대의 고문헌을 아울렀다. 그러나 『성리대전(性理大全)』, 『심경

(心經)』, 『근사록(近思錄)』, 『주자대전(朱子大全)』, 『주자어류(朱子語類)』 등 주자학의 주요 문헌[101]에 대한 독서 경험은 약했던 것으로 보인다.

어린 시절, 윤휴는 당시의 학문 경향이나 풍토에 대해 많은 의문을 지니고 있었다. 16세 때 오윤겸[102]과의 대화에서 『대학』의 해석에 대해 의문을 표했다가 "군자가 무겁게 행동하지 않으면 위엄이 생기지 않고 학문 또한 단단해지지 않는다. 그러므로 덕을 기르는 데에는 기초가 있어야 멀리 나아가는 것을 기대할 수 있으니, 그대는 이에 힘쓰도록 하라"[103]라고 질책을 받은 사실은 하나의 사례이지만, 그가 어릴 때부터 일반적으로 통용되는 해석이나 견해를 그대로 따르지 않는 태도를 지니고 있었음을 보여준다. 『대학』의 해석을 두고 윤휴가 어떤 이야기를 했는지 분명하게 드러나지는 않지만, 뒷날 『대학』 해석에 그가 몰두하는[104] 것으로 본다면 오윤겸과의 대화에서 주희의 『대학장구』식 이해를 문제시했을 수도 있다.

젊은 시절 윤휴가 지니고 있었던 비판적인 공부 태도와 그 성격은 머릿속 탐구와 실천적 행동을 둘러싼 다음 발언에서도 엿볼 수 있다. 윤휴는 20대 초반, "공문(孔門)에서의 '인(仁)'에 대한 물음은 그것을 행하는 근거를 알고자 하는 것이었으나, 후세의 '인'에 대한 물음은 '인'이란 글자의 뜻을 알고자 함에 있으니, 마땅히 경계할 줄 알아야 할 것이다"[105]라 하여 공문(孔門)에서의 공부 방법이 후대에 제대로 계승되지 못하고 있다고 하여 크게 비판했다. 이는 아마도 그가 당시의 학문 풍토를 관념적 이론 구축에만 관심을 둘 뿐 실질적인 실천의 방도를 구하는 공부를 폐기한다고 보았기 때문일 것이다. 젊은 학자 윤휴의 패기만만한 생각을 엿볼 수 있는 태도이다.

2) 기호권 학자들과의 교류 및 경전 이해의 심화

성장기 윤휴가 오래 머물며 공부하고 실력을 축적했던 장소로 충청도의 삼산, 공주 유천을 꼽을 수 있다. 서울의 성동(城東)에 집이 있고 또 여주에 생활의 근거지가 있었지만, 윤휴는 28세에 여주 강변으로 이사할 때까지[106] 충청도에서 생활했다. 삼산에는 외가가 있었고 공주 유천에는 전대 선조가 살던 땅에 새로 지은 집이 있었다. 윤휴가 이들 지역에서 지낸 시간은 여러 의미를 지니지만, 무엇보다 그는 이곳에서 또래의 젊은 학자들과 긴밀히 교류하며 교분을 쌓고 또 생각을 키워나갈 수 있었다. 특히 혼인 후 모친을 모시고 거주한 공주의 유천은 여러 학자들을 만나기에 적합한 지리적 입지를 갖추고 있었다.

권시(權諰), 윤문거(尹文擧), 윤선거(尹宣擧), 권준(權儁), 송시열(宋時烈), 송준길(宋浚吉), 이유태(李惟泰), 유계(兪棨) 등이 이때 교류한 학자들이었다. 이들은 대체로 이이, 성혼, 박지계(朴知誡), 권득기(權得己) 등 서인계 선대 학자들의 학문적 영향을 받고 자란 신진 학자로, 윤휴와는 동년배이거나 10살 정도 연상이었다. 기호 지역 학자들과 사귀는 방식, 사정은 개별적으로 모두 달랐다. 이들 중 일부는 윤휴와 의견이 맞아 친하게 지내기도 하고, 일부는 윤휴에게 적대적이며 비판적 태도를 취하기도 했다. 물론 윤휴와의 사이가 비우호적이었다고 하더라도 뒷날 기해예송을 겪은 뒤에 나타나는 적대적 관계는 이 시절 아직 보이지 않았다. 젊은 윤휴에게 충청도 일대는 서울, 여주보다는 더 많은 경험을 했던 공간이었다.

충청도 지역에 학연이 거의 없던 윤휴가 이곳의 젊은 학자들과 폭넓은 인연을 맺게 되는 과정은 분명하지 않다. 일차적으로는 인척 관계를 통하여 교류하고 친분을 나누었음을 볼 수 있다. 송시열과의 만남은 이모부 송국시(宋國蓍)의 존재가 주목된다.[107] 송국시와 송시열은 같은 종인(宗人)으로 가까운 사이였다.[108] 이런 인연으로 송시열은 윤휴를 알게 되었던 모양이다. 송시열 스스로는 윤휴와 척분(戚分)이 있다고 했다.[109] 윤휴가 삼산에서 지내던 어린 시절, 송시열이 윤휴와 사흘간 지내며 대화를 나눈 뒤 자신의 30년 독서가 우습다고 송준길에게 한탄했다는 일화가 전하는[110] 것으로 보아, 두 사람의 교류는 늦어도 윤휴 나이 스무 살을 전후한 시점에 시작되었던 것으로 보인다.

여기에 송국시의 아들 곧 윤휴의 이종사촌인 송규정(宋奎禎)의 역할도 주목된다. 송규정은 송준길(宋浚吉)·송시열 두 사람의 문하생이 되어 배우고,[111] 황세정(黃世楨),[112] 윤증(尹拯)[113] 등과 교류했던 인물로, 평소 윤휴와 가깝게 지냈다.[114] 그는 특히 윤휴가 새로 글을 작성하면 누구보다 먼저 보여주는 사이였다. 송시열이 윤휴가 가진 생각이 궁금할 때[115] 그의 힘을 빌리기도 했다.

혼인을 매개한 교류 또한 중요한 통로가 되었다. 이 시기 양반 가문의 통혼권은, 이미 윤휴의 선대 가계를 살필 때에도 그 특성을 조금 엿볼 수 있었지만, 기존에는 누릴 수 없는 인맥을 쌓고 정보와 의견 교환을 하며 성장할 수 있는 중요한 토대였다. 윤휴 또한 그러했다.

이와 연관하여 고려하게 되는 일은 윤휴가 충청도에 자리 잡았던 권첩의 딸과 혼인[116]한 사실이다. 본래 장인인 권첩의 생활권은 서울, 광주(廣州)였는데 그의 사후 아들 권준이 공주로 이사를 하게 되면서 충청도는 처가의 주 생활 거점이 되었다. 권준이 이곳으로 옮겨온 시점은 병자호란이 일어나던 무렵이었다. 전란을 피해 이곳으로 내려와 터를 잡았던 것이다.[117] 윤휴보다 7살 연상으로 여동생과 윤휴의 혼인을 직접 주관했던[118] 권준은 윤휴와 마음을 주고받으며 서로 성장했으며 이 지역 학자들과 윤휴를 연결해주는 역할을 했다.

흥미롭게도 권준은 이미 혼맥을 통해 이곳의 유력 가문과 탄탄한 관계를 맺고 있었다. 윤황의 둘째 사위가 된 사실이 그것이다. 정묘·병자호란 때 척화(斥和)를 주장한 후 영동(永同)에서 유배 생활을 하다가 이산(尼山)에서 세상을 떠난[119] 윤황은 그 스스로 이 지역에 관료·학자로서의 모범을 보였거니와 성혼(成渾)의 사상을 충청권에 뿌리내리게 하는 데도 중요한 역할을 했다. 성혼의 둘째 사위였던 그는 성혼의 학문적 위상을 전승하는 문제를 늘 생각하고 있었고 이는 그의 여섯 아들에게 이어졌다. 윤선거가 성혼의 연보(年譜)를 이이 연보와 같이 작성한 것은 그 한 모습이었다.[120] 윤황의 여섯 아들은 모두 권준의 든든한 후원자가 될 수 있었다. 특히 권준은 나이가 같은 윤황의 여섯째 아들 윤선거와는 친구처럼 지냈다.[121]

윤휴가 충청권의 학자들과 사귐에 권준의 역할은 적지 않았다. 윤휴는 권준을 통해 윤선거와 즐겨 만났고, 윤선거 또한 권준을 통해 윤휴를 사귈 수 있었다.[122] 이들은 집안 대소사에 서로 힘을 보태었을 뿐만 아니라, 서로 간에 시를 주고받으며 속 깊은 감정을 나누었고,[123] 정치 현실의 어려운 점을 함께 고민하고 토론했다. 1660년 무렵 윤휴는 어린 아들들을 윤선거에게 맡겨 공부를 시키기도 했다.[124] 윤선거·권준·윤휴 이 세 사람은 혼인으로 연결된 형제 같은 사이이자 학문적 동지였다. 뒷날 송시열이 윤휴와 같은 '이단(異端)은 그 친구를 처벌한다'고 하며 윤선거에게 윤휴와의 관계를 끊으라고 요구하게 되는 데에는 윤휴와 윤선거 사이에 이러한 오랜 친분이 형성되어 있었기 때문이었다.

윤휴는 송시열과 교류하고 또 권준·윤선거와 알게 되면서 주변의 젊은 학자들과 자연스럽게 사귈 수 있었다. 그 만남은 개별 학자와의 교유로 이루어지는 것이었지만 다른 측면에서는 이 지역의 유력 학맥을 접하는 일이기도 했다. 송시열은 송준길, 이유태 등과 어깨를 같이하며 김장생(金長生)에서 김집(金集)으로 이어지는 충청권의 이이 학맥을 확장하고 있었고, 윤선거 또한 송시열·이유태 등과 학연으로 얽히는 가운데 가학(家學)을 통해 내려온 성혼 학문의 입지를 단단하게 굳히려 노력했다. 박지계·권득기의 학문을 계승하고 공주에 거주했던 권시[125] 또한 이들과 막역한 사이였다.[126] 전반적으로 보아 윤휴가 접하는 이 지역의 분위기는 서인적 학풍이면서도 그 내부에는 다채로운 요소가 자리 잡고 있었다. 윤휴에게 자신이 익혀온 가학적 성격과는 다른 이곳의 학문 여건은 새로운 경험이자 큰 자극이 되었을 것이다.

윤휴와 이들 기호 지역 학자들과의 교류를 확인할 수 있는 자료는 다양하다. 인조대 송시열이 윤휴, 권시, 송준길 등의 시에 화운하며 지은 시는 이들 20~30대 젊은 학자들의 정신세계를 일부 보여준다. 제목은 〈삼가 여러 현자의 시에 보운(步韻)하다〉이고 작성 시점은 1641년(인조 19)이다.[127] 병자호란 직후의 뒤숭숭한 상황에서 조선이 어떤 방향으로 나아가야 할 것인가 하는 점을 젊은 혈기로 고민하며 마음을 다잡아나가는 모습을 볼 수 있다. 송시열의 개성이 물씬 풍기는 시이지만, 그들 사이의 분위기 또한 짐작할 수 있다.

명보와 사성 그리고 희중은	明甫思誠與希仲
영보가 부르는 〈채미가〉를 들어보게[128]	請聞英甫唱采薇
황왕과 제패의 일[129] 배회하며 회상하니	徘徊帝伯皇王事
일월과 성신의 빛 환히 밝게 비추었네	照耀星辰日月輝
옛날엔 맹자 있어 사도(邪道) 물러갔는데	古有孟軻邪遁息
지금은 주자 없어 의론이 그릇되네	時無元晦議論非
창연히 공자 바라보매 이미 천년 지났거니	悵望闕里已千載
홀로 큰 뜻 품고 서서 뉘와 함께 돌아갈까	獨立嘐嘐誰與歸

두 번째[其二]

아, 슬프다 말세가 점점 어지러워져	吁嗟末路轉紛綸
군신과 부자 윤리 어두워져만 가는구나	晦却君臣父子倫
예악으로 다스린 백년 기자의 나라였고	禮樂百年箕子國
수레와 글 만 리까지 명나라 사람이었지	車書萬里大明人
이 마음을 물보다 맑게 할 수 있다면	此心倘可明於水
내 얼굴에 어떻게 티끌이 오르겠나	我面如何上得塵
몸 밖에 허다한 일 전혀 관여치 않으니	身外許多渾不管

창가에는 해 비치고 눈앞에는 봄빛일세　　窓前白日眼前春

세 번째[其三]

제현들의 논리가 모두 크게 뛰어나니　　諸賢談理皆超詣
터럭도 비교되어 그 속에 용납 안 되네　　箇裏難容毛有倫
운운하는 모든 물상 다른 물건 아니고　　云云庶象非他物
막막한 진원도 역시 티끌이라네　　莫莫眞源亦是塵
십이 회(會) 지나가면 개벽이 이뤄지고　　十二會去成闢闔
삼백 효(爻) 속에 하늘과 사람의 일 다 있네　　三百爻來盡天人
남아가 건곤의 일 마치고자 하거든　　男兒欲了乾坤事
맹자가 경춘에게 답한 글을 보게나　　請看鄒軻答景春

윤선거의 다음 시 또한 윤휴를 비롯, 기호 지역 학자들이 얽히며 살았던 모습을 잘 보여준다. 〈술 먹기를 멈춤[止酒]〉이라는 제목에서 볼 수 있듯이 시는 윤선거의 입지에서 술과 관련된 그의 경험을 반추하며 작성했지만, 시의 본문과 해설 속에 담겨 있는 여러 학자들의 교류상은 사실적이다. 윤휴도 그 일원으로서 자리 잡고 있었다. 1653년(효종 4)에 작성했다.

묵언은 유계(兪棨)에게 미치지 못하고　　勿言不及武
절도를 앎은 윤휴와 같지 않다　　知節不如希
권시의 주벽(酒癖)은 경계할 만하고　　可戒思誠癖
이유태를 그르치지 말라　　無令誤泰之

【유계는 술에 취해 흐트러지지 않는다. 취한 뒤에 더욱 침묵한다. 윤휴는 술을 잘 먹지만 절제에 능하여 송시열이 이를 칭찬한다. 권시는 주벽이 있어 늘 경계하므로, 시구로 표현했다. 내가 술에 취해 막말을 한 까닭에 이유태의 실언이 나왔다. 송준길이 편지를 보내어 이 사태를 엄하게 꾸짖고 송시열은 나에

게 술을 끊으라고 권면했다. 이에 두 번 절하고 기록한다.】[130]

젊은 시절, 윤휴와 충청도 지역 학자들과의 교류를 잘 보여주는 사례는 '이기심성론(理氣心性論)', '사단칠정설(四端七情說)'에 대한 의견의 교환이다. 이들 주제에 대한 해석과 이해는 16세기 후반 조선 학계에서 가장 뜨거운 논란 중의 하나였고, 이 과정에서 확립된 학설은 17세기 중반 학파의 징표로서 기능했다. 이황과 이이의 후학들은 각기 자파(自派) 두 학자의 견해를 좇으며 자신들의 입지를 세웠다. 윤휴는 22세 되던 해 '사단칠정인심도심(四端七情人心道心)'[131]에 대해 이황, 이이와는 다른 견지에서 독자적인 견해를 세우고 이를 장문의 논문으로 만들었다. 20세를 갓 넘긴 약관의 나이지만 윤휴가 이미 이 시기 학술계의 핵심을 꿰뚫고 있었음을 확인할 수 있다. 「사단칠정인심도심설」이란 제목의 이 글이 나온 후, 송시열, 송준길, 권시 등은 뜨거운 관심을 보이며 각자 의견을 피력했다.[132]

애초 윤휴와 기호 지역 학자들과의 의견 교환은 한자리에서 이루어지지 않고, 「사단칠정인심도심설」을 각자 돌려 읽고 논평하는 방식으로 이루어졌던 것으로 보인다. 자료의 흐름을 추적하면, 윤휴가 이 글을 작성한 뒤 권시에게 보여주고, 권시는 다시 이를 송시열의 요청에 따라 그에게 전달했음을 알 수 있다.[133] 송시열이 이 글을 구해 볼 수 있었던 때는 1640년 6월이었는데 송시열은 이 글의 존재를 애초 소문으로 알다가 권시를 통해 직접 볼 수 있었던 것이다. 권시는 원문을 전하면서 자신의 견해도 같이 붙여 보냈다.[134] 이후 송시열은 본인의 생각을 정리하고 또 문인이던 이상(李翔)에게 글을 보내어 그가 윤휴의 견해를 비판해주도록 부탁했다.[135] 이때 송시열이 정리해두었던 비판적 생각은 송준길이 가져가서 보았다.[136] 윤휴의 글이 짧은 시간에 송시열을 비롯한 학자들 사이에서 회자되고 논평이 이루어지는 상황이 전개되었다.

이 글에서 윤휴는 이황, 이이, 성혼의 성리설, 「사단칠정인심도심설」을 자기 식으로 비판하고 그들과는 다른 견해를 제시했다. 특히 '인심'과 '도심'에 대해 윤휴는 주희의 이해를 벗어나고자 했다.[137] 윤휴는 "일을 제어하는 가르침은 마음을 통제하는 이론보다 앞선다"[138]고 하여, 성인의 가르침은 심성의 도덕적 규제보다 외부의 실사(實事)를 제어함을 중심에 둔다는 입장을 견지하고 인심과 도심을 이원 대립적인 것으로 설정한 뒤 도심에 의한 인심의 제어를 수양(修養)의 기본으로 삼는 주희의 방법과는 사뭇 다른 태도를 보였다.[139] 비록 주자학의 세계관을 완전히 탈피한 것은 아니었지만,[140] 윤휴의 방식은 심성(心性)에서의 도덕성 확립을 우선으로 하는 주자학적 방법론[141]과는 달리 군주(君主) 또는 왕정(王政)의 적극적 사공(事功)의 실천을 중심으로 두는 학문을 추구하는 성격을 지니었다.[142] 비판론자들은 이러한 윤휴의 생각이 순자(荀子)의 성악설(性惡說)이나 오로지 '마음'에만 몰두하는 양명학(陽明學) 논리에 빠져 있다고 의심하기도 했다.[143]

윤휴가 작성한 「사단칠정인심도심설」은 작성 시점에서 약 2년여의 시간이 흐른 뒤 기호 지역의 학자들에게 두루 알려졌다. 젊은 나이에 사단칠정설에 대해 본인의 견해를 세우기가 쉬운 일이 아니었는데, 이 지역의 젊은 학자들은 윤휴의 글을 통해 이전에 볼 수 없던 새로운 성격의 사유를 접할 수 있었다. 이들이 이를 받아들이고 이해하는 방식은 서로 나뉘어졌다. 윤휴의 의견에 대해 송시열·송준길은 주로 반대하는 입장이었고, 권시는 옹호하고 인정하는 모습을 보였다.[144]

젊은 시절, 윤휴의 학문 활동은 기존의 견해를 벗어나 독창적인 견해를 세우는 노력으로 나타났다. 이러한 움직임은 꾸준한 공부와 사색의 결과였다. 공주 유천 시절의 공부 경험은 그의 사유가 더 깊어지고 넓어질 수 있는 토대가 되었던 것으로 보인다. 1638년, 윤휴는 이곳으로 이사한 후,[145] 유교 경전에 대한 학습을 통해 상제(上帝)와 인간의 교감을 논리화했던 천인감응론(天人感應論)에 깊이 빠져들었다.[146] 이 작업은 『예기(禮記)』, 『의례(儀禮)』, 『시경(詩經)』 등을 세심하게 검토함으로써 이루어지는데,[147] 윤휴는 인간의 사업과 도덕 행위가 상제의 명령임을 설명하는 이들 경전의 사상을 그대로 수용하고, 이를 믿었던 고인(古人)의 행위는 결코 '징험할 수 없는 이야기를 들어 내 마음을 속이고, 어두워 궁구할 수 없는 것을 가지고 천하·후세를 유혹'하는 것이 아니라고 확신하고 있었다.[148] 이때 그는 이기론에 바탕한 세계관에서의 경서 읽기를 넘어서는 경험을 축적하는 것으로 보인다.

윤휴는 이후 경전의 재해석을 통하여 독자적인 사유의 지평을 넓혀갔다. 「홍범설(洪範說)」(1642년, 26세), 「주례설(周禮說)」(1643년, 27세), 「중용설(中庸說)」(1644년, 28세) 등의 유교 경전에 대한 새로운 이해가 바로 그것이다.[149] 이들 세 저술은 윤휴가 가졌던 학문의 포부가 얼마나 큰지, 그리고 젊은 기운이 얼마나 날카로웠는지를 잘 보여준다. 「홍범」에 관해 윤휴는 채침(蔡沈)의 해석을 떠나서 자신만의 방식으로 이해하려고 했고,[150] 「주례설」에서는 덕성과 제도와의 관계를 고심하며 『주례』를 읽으려 했다. 『주례』의 경우, 선왕이 제도를 갖춘 것은 선왕이 덕성을 쌓고 수도(修道)한 조건 위에서 가능했으며, 역으로 선왕이 제도를 완비하고 정치로 실행하면 그 덕성이 풍부하게 갖추어지고 교화가 존엄해지며 왕도를 얻게 된다는 내용으로 경 전체의 의미를 파악했다. 윤휴가 보기에 『주례』는 군주의 도·덕을 제도·예법과 분리하지 않고 구성하는 특성을 지니고 있었다.[151] 무엇보다 그의 학문 태도와 자신감, 능력을 보여주는 글은 「중용설」[152]이었다.

윤휴는 『중용장구』와는 다른 방식으로 『중용』을 이해하고자 했다. 이를 위해 그는 『중용장구』의 33장 체재를 대신해 본문을 10장 28절로 나누었다.[153] 당대 최고의 권위를 가지고 학습되던 『중용장구』에 대한 과감한 도전이었다. 윤휴는 자신의 방식으로 독해한 『중용』을 서문, 본문의 편장 순서, 각 편장의 요지 등 세 요소를 갖춘 책자로 정리했다. 형태로 보자면 윤휴의 「중용설」은 『주자장구』에 들어 있는 세세한 주석은 뺀, 간략한 저술이었다. 윤휴는 그의 이러한 작업이 『중용』을 온전히 이해하기 위한 노력, '진실을 구하는 행위'라고 자부했다.

> 옛날 정숙자(程叔子, 정이)가 「중용해(中庸解)」를 썼다가 자기 마음에 만족스럽지 않다 하여 불태워버린 일이 있었으니, 옛 분들이 스스로 만족하지 않고 도(道)에 관하여 말을 가볍게 하지 않았던 것이 이와 같았다. … 그리고 회옹(晦翁, 주희)도 경서를 주석하면서 여러 사람들의 학설을 모아 절충하여 비로소 결론을 지었다. 그러나 그렇게 하고서도 늘 문인들과 강습을 하고 또 직접 몸으로 체험도 해보고 하다가 혹시 설명이 투철하지 못하거나, 견해가 아직 미흡하거나, 실행이 안 된다고 여겨지는 곳이 있으면 반드시 다시 수정하고 또 토론을 거쳐 다시 수정하고 임종할 때까지 그렇게 계속하였다. 그리고 항상 말하기를, "요즘 붕우들과 변론하고 질정하던 차에 내가 앞서 세웠던 견해[前說]가 온당치 못한 점이 있음을 비로소 알게 됐다"고 하였으니, 이렇게 고친 것이 한두 번이 아니었다. 취선구시(取善求是)를 위하여 잘못을 고치기를 꺼리지 않음이 또한 이와 같았는데, 바로 이 점이 내가 본받을 바이니 그렇게 하고자 노력한다.[154]

이와 같이 통설적인 학설·이념·학습 방법을 준용하지 않은 채, 새로운 사상을 수용하고 새로이 경전 주해를 내려고 했던 윤휴의 학문 태도는 당시 주자학의 영향력이 커지고 있던 학문 풍토 속에서는 사뭇 이질적이었다. 주위의 많은 사람들은 윤휴의 이러한 태도를 두고 망령스럽고 부끄러운 일이라고 비판했다.[155] 비판의 요지는, 경전에 담긴 성인의 종지(宗旨)를 학문이 성숙하지도 않은 상태에서 가벼이 바꿀 수 없다는 논리였다. 윤휴는 이를 두고 다음과 같은 말로 정당성을 부여하고 있었다.

> 천하의 의리(義理)는 끝이 없고, 성현의 말씀은 뜻이 깊다. 따라서 전인(前人)들이 대의(大義)를 밝혀놓으면 후인들이 이를 다시 연역(演繹)하여 이미 말해

놓은 것을 근거로 하여 아직 말하지 못한 것을 더욱 뚜렷이 밝히니, 이렇게 하여 문왕·무왕[文武]의 도가 땅에 떨어지지 않고 사람에게 있어 그 도가 갈수록 밝아지는 것이다.[156]

자신의 작업이 선인이 밝힌 바를 연역하여 미진한 내용을 보완하는 것이지만, 따지고 보면 그것은 '문무의 도[文武之道]'를 한층 더 밝히는 작업이라고 함이 그의 자부였다.

주희 사유의 결정체라고 일컫는 『중용장구』를 따르지 않는 윤휴의 태도와 움직임을 누구보다도 크게 문제 삼은 이는 송시열이었다. 1642년(인조 20), 윤휴의 「사단칠정인심도심설」을 비판하며 '같이 배울[共學] 수 없는 자'[157]라는 감정을 지녔던 송시열은, 1653년(효종 4) 무렵 윤휴의 '『중용장구』 개정본'의 존재를 알게 되자[158] 그를 비판하고 '이단'으로 단죄하였다.[159] 이와 함께 그의 견해에 동조하는 움직임에 대한 비판을 통하여 그의 견해가 확산되는 것을 막고자 했다.[160] 이때 윤휴의 『중용』 이해는 윤휴의 문인들뿐 아니라 여러 학자들에게 새로운 의미로서 인정받고 있었다. 심지어 송시열의 제자들조차도 윤휴의 견해에 관심을 기울였고,[161] 송시열의 집안 사람 송기호도 이 책을 구해 읽었다.[162] 송시열에게 윤휴의 『중용』 주석은 '주자를 망치고 후학을 오도하는 글[悖朱子, 誤後學之書]'로서 그 유통은 용납할 수 없는 일이었다.

송시열의 윤휴 비판은, 주자학만이 삼대 성인의 도를 올바로 계승, 천명한 학문이라는 주자학에서의 도통론(道統論)을 그대로 수용한 위에, 정통(正統)=정학(正學)은 주자학이라는 주자학 절대론의 사고 위에서 자연스럽게 나왔다고 할 수 있다. 송시열은 주자는 단순한 선유(先儒)·선배(先輩)가 아닌 성인(聖人)과 같은 존재이므로 그의 가르침은 선택의 여지가 없으며, 학문은 주자의 언설(言說)·주자의 저작(著作)을 통해서 배워야 함을 신념으로 가진 학자였다.

한편, 이 시기 윤휴의 생활은 정치 활동과는 거리가 멀었다. 그 요인으로는 여러 가지를 들 수 있다. 우선 21세 되던 해 겪은 병자호란의 경험과 과거의 포기를 꼽을 수 있다. 윤휴는 이 전쟁의 충격으로 이후 과거를 보지 않겠다고 결심했다.[163] 이미 19세 되던 해 어머니 경주 김씨의 명령에 따라 과거에 응시[164]할 정도로 과거에 관심이 있었지만, 병자호란을 겪으면서 생각이 완전히 바뀌었다.

윤휴 가문에 대한 인조대 서인 정권의 정치적 금고(禁錮)도 주요하게 작용했다. 대북(大北) 정권을 붕괴시키고 인조 정권을 세웠던 서인은, 1623년(인조 1) 윤휴의 아버지 윤효전이 광해군 때 받았던 공훈(功勳)을 감등하는 조치를 내려 북인으로서의 그의 정치적 지위를 단죄하였다.[165] 북인 대부분이 숙청되는 서인 주도하의 정국 속에서, 윤휴 집안은 북인계의 패륜적 후손이라는 치명적 결함을 안게 되었다. 중앙 정계로 편하게 나갈 수 있는 여건은 아니었던 셈이다.

윤휴의 정치적 활동이 활발하지 않았던 또 다른 요인으로 서인 산림계(山林係) 인물들이 이 시기 정국을 주도하고 있었던 점도 살필 수 있다. 김상헌, 김집, 송시열, 송준길을 중심한 서인들은 효종 즉위(1649) 후 중앙 정계에 적극 진출하자, 산림계 서인을 제외한 대부분의 세력을 소인(小人)으로 배척하는 배타성과 주자학의 정치론에 기반하여 정국을 운영하였다. 이들 서인들은 이이와 성혼의 문묘 종사 운동을 활발히 벌여 자파의 정통성을 강화하는 작업을 펼치며 세력을 결집했다. 이와 함께 효종의 북벌책에 적극 동조하면서도, 북벌은 내수(內修)를 전제로 가능하다는 논리로 정국을 이끌며 큰 변화를 도모하지 않았다.[166] 친명(親明) 반청(反淸), 복수(復讐) 설치(雪恥)의 기운이 궁궐은 물론이고 전 조정에 뻗치는 상황이었지만, 실제로 정치 현장은 선(先)내수-후(後)북벌의 기조 속에 운영되었다.

그러했기에 '북벌'에서 느낄 수 있는 긴박함과 변화의 역동성을 찾기가 쉽지 않은 실정이었다. '선내수'의 주요 과제로, 이들 서인들은, 송시열에게서 볼 수 있듯 주자학적 성학론(聖學論)에 따른 군주 수신(君主修身)을 일차적으로 강조하였다.[167] 효종대의 정국을 이끄는 주된 힘은 주자학-이이의 학설을 도통으로 세우고 이들의 사상을 중심으로 국가를 운영해야 한다는 기호 지역 서인의 이념이었다.

윤휴는 효종대 서인의 배타적 정국 운용을 비판하며 이러한 행위는 '떨쳐 일으킴[激揚]'의 허명일 뿐 실제로는 '나와 다른 자를 베는[伐異]' 분열책에 지나지 않는다고 보았다. 이와는 달리 붕당의 존재를 고려하지 않는 "나와 다른 사람이 병존하는" 통일적 정국 운영이 필요하며,[168] 군주의 학문도 『태극도설(太極圖說)』이나 『근사록(近思錄)』 등 성리서의 학습에 매달리지 말아야 한다고 생각했다. 왜냐하면 군주는 일반 민인[凡庶]과 달리 군주로서의 극(極)을 세워 정치를 이끄는 존재이기 때문이었다.[169]

윤휴는 효종 초 민정중(閔鼎重)이 윤선거와 함께 그를 천거하고[170] 또 북인이던 심지원(沈之遠)이 공부를 많이 하여 학문이 뛰어난 인재로 재차 그를 천거하여[171] 효종의 특용(特用) 명령을 받았지만[172] 이에 응하지 않았는데, 거기에는 자신이 관직에 나가 제대로 포부를 펼칠 상황이 아니라는 판단이 작용했으리라 여겨진다.

3장

기해예송의 예론과 경학 연구

1

기해예송 참여와 참최삼년설 주장

1659년(효종 10) 효종이 사망하고[1] 이로 인해 예송(禮訟)이 전개되면서 윤휴의 생애에 새로운 전기가 펼쳐졌다.[2] 이 사건은 자의대비(慈懿大妃)가 효종에 대해 복제를 어떻게 해야 할 것인가 하는 문제를 두고 시작되어 전후로 두 차례에 걸쳐 일어났다.[3] 서인(西人)과 남인(南人) 간의 당쟁과 더불어 진행된 이 예송은 종국에는 두 세력 간의 권력 교체로 귀결되었다. 상복을 둘러싼 이 갈등은 국왕 효종의 가계 계승 혹은 왕위 계승과 연관되어 있었으므로 실제로는 종법(宗法)의 적용과 깊이 얽혀 있었다. 그런 점에서 예송은 종법에 기초하여 움직여온 조선의 핵심 운영 원리에 대한 이해와 맞물려 있는 대사건이었다. 윤휴는 독자적인 예설을 제시, 이 정쟁의 한 축을 담당하며 깊숙이 개입했다.

복제를 둘러싼 논란은 효종이 세상을 떠나고 자의대비의 상복을 기년복(朞年服)으로 정하면서 시작되었다. 왕실 예법인 『오례의(五禮儀)』에는 복제가 상세히 규정되어 있기에 별다른 문제가 생길 일은 없었다. 그러나 모후(母后: 대비)가 아들을 위해 입는 상복 규정은 여기에 실려 있지 않았다. 그러므로 예법의 원칙과 역사적 사례를 검토하여 적절한 복제를 정해야 했다.[4] 여기에 더해 자의대비와 효종이 처한 현실적 요소도 고려해야 했다.

이 경우, 살펴야 할 상황은 크게 보아 두 가지였다. 첫째, 효종이 차자(次子)로서 왕위를 계승했다는 점이었다. 효종이 즉위하기 전, 국왕의 승계는 장자인 소현세자(昭顯世子)로 예정되어 있었다. 그러나 소현세자가 사망하면서 둘째 아들인 봉림대군(鳳林大君)이 세자가 되었고, 이 과정에서 소현세자의 장자인 석철(石鐵)은 원손(元孫)의 지위를 잃었다. 말하자면 효종의 왕위 계승은 복잡한 곡절 위에서 이루어졌는데, 종법상의 지위로 보자면 그는 애초 차자에서 종통을 이어 국왕이 된 존재였다. 그런 점에서 그는 국왕이면서, 보기에 따라서는 장자로서의 성격도 지니고 있었다.

또 하나는 자의대비가 장자인 소현세자의 상복을 이미 입은 상태에서 효종의 상복을 입어야 하는 점이었다. 이 경우, 효종을 장자로 보게 되면 자의대비는 장자복을 두 번씩이나 입는 상황이 벌어질 수 있었다.

이 조건 위에서 자의대비가 상복을 입는 방식은 적어도 세 가지가 나올 수 있었다. 국왕에 대한 상복, 둘째 아들[차자]에 대한 상복, 맏아들[장자]에 대한 상복이 그것이었다. 국왕에 대한 상복은 국왕과 어머니의 관계를 국왕과 신하의 관계로 치환할 때 고려할 수 있는 안이었다. 차자에 대한 상복은 국왕이란 존재의 특성을 고려하지 않고 가문 내 아들의 위계만을 따졌을 때 입을 수 있었다. 장자에 대한 상복은, 국왕은 왕실의 계통(繼統)을 이어 최고의 정치적 수장이 되었으므로 효종이 실제로는 장자의 위치에 있다는 인식 위에서 행할 수 있는 안이었다.

이와 같이 경우의 수가 다양했기에 이 사안에 대처하는 방식 또한 일률적이지 않았다. 그리고 그 방식을 결정하는 힘은 이러한 문제에 대해 가지고 있던 평소의 생각에 좌우되었다.

처음 기년복[1년복] 결정은 영돈녕부사 이경석(李景奭), 영의정 정태화(鄭太和), 연양 부원군(延陽府院君) 이시백(李時白), 좌의정 심지원(沈之源), 원평 부원군(原平府院君) 원두표(元斗杓), 완남 부원군(完南府院君) 이후원(李厚源) 등 대신들과 이조판서 송시열, 우참찬 송준길이 참여하는 자리에서 내려졌다.[5] 대신들은 '시왕(時王)의 제도를 상고한다면 기년복이 맞다'고 주장하고, 이조판서 송시열, 우참찬 송준길은 이들 대신들의 의견을 긍정하는 방식을 취하였다. 여기서 근거로 삼은 시왕의 규정은 『경국대전』에 실려 있는 것으로 '부모가 자식을 위해서는 장자와 차자를 가리지 않고 모두 기년복을 입는다는 규정'[6]이었다. 형식상 대신들이 결정을 이끌었지만 실제 논의를 주도한 인물은 송시열과 송준길이었다.[7]

이러한 기년복으로의 결정은 효종 사후 하루 만에 이루어졌다. 사안의 특성상 시간을 길게 들일 수 없었다. 그러나 그 과정에서 매우 복잡한 논의가 신료들 사이에 오고 갔다.[8] 뒷날 논란을 일으킬 수 있는 내용 또한 많이 거론되었다.

윤휴는 '군주를 위한 복으로서 참최삼년복'을 입어야 한다고 주장했다. 효종이 장자임과 동시에 군주라는 점을 고려하면 그렇게 해야 마땅하다는 것이 그의 생각이었다.

> 나의 생각에는 장자를 위하여 삼년복을 입는 것은 상하가 동일하다고 여긴다. 그리고 예경(禮經)에 "내종(內宗)과 외종(外宗)이 임금을 위하여 참최(斬衰)를 입는다"는 문구가 있는 것을 보았는데, 오늘의 복제에 있어 유념해야 할 부분이라고 생각했다. 나는 단지 삼년복을 입을 뿐만 아니라 참최복으로 올리려고 했던 것이다.[9]

윤휴에게 이번 상복은 장자를 위하여 입는 삼년복과 더불어 내·외종이 군주를 위하여 입는 참최복 두 가지를 결합하여 결정할 수밖에 없는 특별한 상황이 고려되었다. 핵심은 여기에는 자의대비와 효종을 군주[君]와 신하[臣]로 파악하는 의식이 가로놓여 있다는 점이었다.[10] 이 견해에 대해 송시열은 『의례주소(儀禮註疏)』의 「상복 참최장(喪服斬衰章)」에 실려 있는 가의(賈誼)의 주소를 근거로, 삼년복은 불가하다는 의견을 제시했다. 둘째 아들[次長子]이 승중(承重)하게 되면 그 복도 장자와 같이 삼년복을 입어야 하지만, 효종은 '서자(庶子)가 승중한 경우'에 해당하므로 삼년복이 아니라는 것이었다.

예문에 "천자로부터 사대부에 이르기까지 장자가 죽고 차장자가 후계자가 되면 그의 복도 장자와 같은 복을 입는다"고 하고서 그 아래에 또 4종의 설을 쓰고는, "서자가 승중한 경우에는 3년을 입지 않는다"고 하였습니다. 옛날 예문대로 말하자면 차장자 역시 서자인데, 위아래의 말이 이처럼 서로 모순이 되고 있으며 또 의거해 정정할 만한 선유(先儒)들의 정론(定論)도 없어서, 이것은 버리고 저것은 취할 수가 없습니다.[11]

송시열의 견해는 천자로부터 사대부에 이르기까지 승중의 원칙은 동일하다고 여기는 점, 효종은 둘째 아들로서 승중했으니 장자복을 입어야 하지만, '서자가 승중한 경우'에 해당하기에 삼년복을 입을 수 없다고 주장하는 점 등의 특징을 가지고 있었다. 이때 효종에게 적용된 '서자가 승중한 경우'에 대해 송시열은 '체이부정(體而不正)'의 측면에서 거론했다. 가의가 설명한 바 서자가 승중하는 경우는 모두 네 가지인데[12] 효종은 그중의 하나인 '체이부정'에 해당한다 함이었다. '체(體)'란 부자 관계, '부정(不正)'은 적서(嫡庶)와 연관된 표현으로, 송시열은 효종이 차자로서 장자인 소현세자의 아들이 있는데도 왕위에 올랐으니, 이것은 곧 '체이부정'에 속한다고 본 것이다. 이를 따른다면 효종은 인조의 적자이지만 가계 승중의 측면에서 보자면 특별한 조건 위에 있는 존재였다.

송시열의 견해는 효종의 왕위 계승을 소현세자 아들의 존재와도 결부시켜 생각함으로써 정치적으로 폭발할 수 있는 위험성도 안고 있었다. 인화성이 큰 생각이었다. 이때 이조판서로서 재직 중이었던 송시열이 가진 정치적 위치와 비중은 적지 않았기에 그의 의견이 드러내는 영향력은 대단했다. 조정의 대신들이 송시열의 견해를 내세우지 않고 국제(國制) 규정을 근거로 삼아 기년복으로 정했지만, 기년복제는 실상 송시열의 의견이 있었기에 힘을 얻어 구체화될 수 있었다. 송시열 또한 『대명률(大明律)』에도 이러한 규정이 있다[13]고 하여 대신들의 결정을 도왔다.

표 5 | 인조 - 효종의 계통도

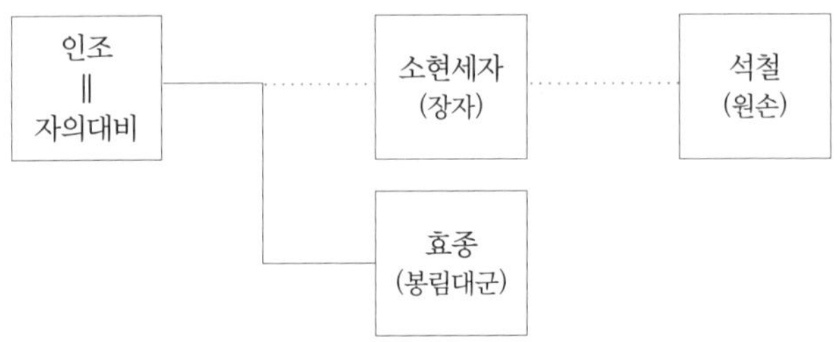

참최삼년복설과 기년복설은 효종의 종통에서의 지위를 어떻게 규정할 것인가 하는 판단과 연관되어 있었고, 또한 그것이 군주의 지위에 대한 인식과 얽혀 있었기에 단순한 의견 제시에 머무는 것이 아니었다. 논란이 크게 일어날 수밖에 없는 상황이었다. 현실의 기년복은 송시열의 '체이부정론'에 근거하여 결정되었으므로 비판의 초점은 여기에 집중되었다.

선두에 서서 이 문제를 집중 거론했던 인물은 허목(許穆)이었다. 1660년(현종 1), 연제(練祭)가 다가오던 시점에 장령 허목은 상소를 올려 기년복설을 비판하며 자최(齊衰)삼년복설을 주장했다.

> 소현이 이미 세상을 일찍 뜨고 효종이 인조의 둘째 장자로서 종묘를 이었으니, 대왕대비께서 효종을 위하여 자최 3년을 입어야 함은 예제로 보아 의심할 것이 없는 일인데, 지금 등급을 내려 기년 복제로 했습니다. 대체로 3년의 복은 아버지를 위하여 입는데 이는 아버지는 지극히 높기 때문이고, 임금을 위하여 입는데 이는 임금도 지극히 높기 때문이며, 장자를 위하여 입는데 그가 할아버지 아버지의 정통을 이을 사람이고 또 앞으로 자기를 대신하여 종묘를 맡을 사람이므로, 그것을 중히 여겨 그런 것입니다. 지금 효종으로 말하면 대왕대비에게는 이미 적자이고 또 조계(祚階)를 밟아 왕위에 올라 존엄한 '정체(正

體)'인데, 그의 복제에 있어서는 '체이부정'으로 3년을 입을 수 없는 자와 동등하게 되었으니, 이것은 어디에 근거를 두고 한 일인지 신으로서는 모를 일입니다.[14]

허목의 논점은 효종이 둘째 장자로서 종묘를 이었으니, 부모가 장자를 위하여 입는 삼년복을 입어야 한다는 것이었다. 더불어 효종은 대왕대비의 적자이고 또 왕위에 올랐기에 '정체'인데, 송시열이 그를 '서자'로 보아 '체이부정'을 제시하는 일은 타당하지 않다고 했다. 허목은 『의례주소』「상복 참최장」의 내용을 근거로 송시열이 내세운 '체이부정'의 서자를 첩자(妾子)로 이해하고,[15] 송시열의 주장을 전면 부정했다.

이와 같이 자의대비의 복제를 둘러싼 논의는 송시열, 윤휴, 허목의 견해 세 가지로 나타났는데, 각자는 입론의 근거로 자기 의견을 제시했고, 그 의견들은 나름의 타당성을 지니고 있었다. 그리고 그러한 차이는 당쟁으로 격화되며 당인들 상호 간에 첨예한 정치적 공격과 비판을 야기했다. 윤휴나 허목은 자의대비가 기년 복상을 중지하고 삼년복으로 갈아입기를 주장했고 송시열과 서인은 이를 막아야 했기에 그 정쟁의 알력은 실제 엄청났다.

세 계통의 견해는 서로 달랐지만, 그 대립의 성격을 살피면 두 층위에서 구분되는 요소가 있었다. 우선, 송시열과 허목의 견해는 『의례주소』「상복 참최장」에 실려 있는 가의의 주소를 인정할 것인가 부정할 것인가라는 측면에서 나뉘어졌다. 송시열은 가의의 4종설에 근거해서 '서자에 대해 입는 복'을 내세웠고, 허목은 가의의 견해를 채택하지 않았다. 송시열은 효종에 대해 '서자의 입지에서 종통을 이었으므로' 삼년복을 입을 수 없음을 거론했다. 여기서 그가 거론한 서자는 '적서(嫡庶)'의 '서(庶)'가 아니라, '중자(衆子)'로서의 '서자(庶子)'를 의미했다. 허목은 적자와 서자의 개념을 적용하여 적자인 효종을 서자로 거론하는 일은 있을 수 없으며, 차자로서 종통을 이었지만, 종통을 잇는 순간 장자가 되므로, 장자를 위해 입는 삼년복이 적합함을 내세웠다.

> 적자에서 적자로 이어지는 것을 정체라고 하고 삼년복을 입을 수 있습니다. 중자로서 계통을 이은 자도 마찬가지입니다. 서자를 세워 후사로 삼는 경우에 체이부정이라고 하여 삼년복을 입을 수 없는데 이는 첩자(妾子)이기 때문입니다.[16]

> 서자란 첩자를 말하는 것으로서 첩자는 종통을 계승하여 즉위했더라도 기년복을 입어야 하지만 적자는 둘째 이하 사람도 모두 삼년복을 입어야 한다.[17]

요컨대, 송시열과 허목의 관점은 종통을 이은 차자 효종의 지위를 장자로 인정해야 할 것인가, 아니면 이를 인정하지 않을 것인가 하는 점에서 대립 구도를 형성하고 있었다.

윤휴의 견해는 송시열·허목과 또 다른 측면에서 대비되었다. 윤휴는 효종에 대한 복제는 적(嫡)-서(庶), 장(長)-차(次)의 성격과 지위를 가지고 논할 사안이 아니라고 여겼다. 지존의 지위에 오른다면 적통(嫡統)과 종통(宗統)이 모두 그에게로 옮겨오므로, 그가 지니고 있던 적자와 서자, 장자와 차자(혹은 중자)의 위상은 아무런 문제가 되지 않는다는 것이 그의 주장이었다. 이 측면에서 윤휴는 송시열이나 허목의 논의가 사서인(士庶人)의 예(禮)를 가지고 국가의 전례(典禮)를 거론하는 문제를 가진다고 보았다.

> 나는 허목의 이 말도 또한 사서인 가(家)의 예를 말한 것이라고 생각합니다. 천자와 제후가 이미 종묘 사직의 중대한 것을 받고 부(父)와 조(祖)의 대를 계승하여 지존(至尊)의 지위에 올라 천하와 국가를 소유한 사람은 그보다 더 높은 사람이 없습니다. 예는 서민과 끊어졌고 적통이 그에게 있으며 종통이 그

에게로 바뀌었으니 적(嫡)과 서(庶)를 따질 것도 없습니다. 하물며 장자와 차자를 논할 것이 있겠습니까.[18]

지존의 지위에 오른 사람에 있어서는 또한 장유(長幼)를 적서(嫡庶)와 차등 지워 논해서는 안 된다. 그의 친족이 되는 사람, 그와 군신이 되는 사람은 모두 참최복을 입어야 한다고 한 것은 하늘에 해가 둘이 있을 수 없다는 뜻인 것이니, 이것이 어찌 성인(聖人)의 뜻이 아니며 유현(儒賢)들의 논설이 아니겠는가.[19]

윤휴의 견해가 송시열·허목과 차이 나는 결정적인 점은 여기에 있었다. 윤휴는 송시열이나 허목이 논의의 출발점으로 삼았던 『의례주소』 가의의 논의에 대해, "나는 가의의 주소 내용은 다만 사대부의 예를 말한 것이고, 또한 왕후가(王侯家)의 전중(傳重)하지 못한 자를 사대부에 견준 것으로써 천자·제후에게는 적용할 수 없는 것이라고 여긴다"[20]고 하여 이해의 입각점 자체를 달리하였다. '왕후가의 전중하지 못한 자'는 천자·제후가 되지 못한 존재를 이른다.

윤휴가 예송을 대하는 기본적인 원칙은 사가(私家)와 국가(國家)의 예는 다르다는 것이었다. 그가 보기에 복제를 둘러싼 현재의 논의는 사가의 예에 준하여 국가의 예를 판단하고 실행하고자 하는 점에서 심각한 문제를 안고 있었다.

사가와 국가의 예가 같지 않은 것[家國不同]은 예의 원칙이다. 그래서 『의례』 「상복장(喪服章)」에 "천자와 제후는 기년복 이하의 복을 입지 않고 대부(大夫)는 강등하고 사서인은 그대로 입는다"고 하고, 또 "사서인의 오복(五服)의 친족은 그 복의 등급이 있다"고 하였으며, 예경(禮經)에서는 "천왕(天王)의 복을 입는 사람은 모두 참최복을 입는다"고 하였다. 이것이 사가와 국가의 예가 같지 않은 뚜렷한 증거가 아니겠는가. 그런데 지금 논자들이 말하기를, "사가와

국가의 예가 아예 다르지 않다" 하니, 저들의 말은 어쩌면 그렇게도 생각이 없는 것일까.[21]

현종-숙종대 정국을 격변의 소용돌이로 몰아넣었던 전례 논쟁은 이와 같이 효종의 종법상 지위에 대한 이해가 일치하지 않은 데서 발단했다. 윤휴의 논의에서 드러난 대로, 이 문제는 국가와 사가의 종법 적용을 달리할 것인지, 아니면 국가와 사가를 구분하지 않고 동일하게 적용해야 할 것인가 하는, 종법의 원칙에 대한 견해와 연결되어 있었다. 윤휴는 가의의 4종설, 국제(國制)에 근거하여 진행된 복제에 대해 사서인의 예, 민간[委巷]의 예를 가지고 조정의 전례를 결정했다고 비판했다. 송시열이나 허목이 윤휴의 비판에는 동의하지 않았지만 그들의 주장에 그러한 요소가 있는 점은 분명했다. 송시열의 다음 항변은 그의 종법관이 분명하게 드러나는 주장이다.

> 상하대부(上下大夫)·사서(士庶)의 아들이 가통(家統)을 잇고 제사를 받드는 것과 천자와 제후가 대통(大統)을 전하고 나라를 전수 받는 것과는 다름이 없으니 이것이 바로 긴요한 지점입니다. 이 주소(가의의 4종설-필자 주)가 이와 같이 분명한데, 이제 의논하는 자는 오히려 사가와 국가가 동일하지 않다는 말을 하고 있으니 신은 감히 알지 못하는 바입니다.[22]

예송의 성격은 이러한 측면에서, 사가와 국가의 종통 계승을 동일한 차원에서 판단해야 할지 아니면 다른 차원에서 접근해야 할지를 둘러싸고 벌어진 논쟁이자 정쟁이었다고 할 수 있을 것이다. 윤휴는 기년복은 사서가의 복제이므로 제왕가에는 쓸 수 없으며, 그런 점에서 이 주장은 '종통과 적통을 둘로 나누어 군주를 낮추는[貳宗卑主]' 성격을 갖는다고 인식했다.

윤휴의 참최삼년복설과 송시열의 기년복설은 이들의 사상·학문 경향을 예민하게 반영하고 있었다. 송시열은 소현세자 상에 자의대비가 장자복(長子服)을 입었으므로 효종의 상에는 차자복(次子服)을 입어야 한다고 주장하였다. "종통을 둘로 하지 않으며, 참최복을 두 번 입지 않음[無二統不二斬]" 또는 '체이부정' 논리의 송시열설[23]은 군주와 사서는 그 신분을 불문하고 종법을 동일하게 적용받아야 한다는 사고에서 나온 것이었다.[24] 이는 학문과 수양은 군주와 사서를 가리지 않고 주자학적 위학 체계에 따라야 한다는 그의 성학론과 맥락을 같이하는 것이었다.

이에 반해 윤휴의 주장은 대통을 계승한 군주이면, 종법에서의 위치가 어떠하든 군주는 군주로서의 독자적인 위치가 인정되며,[25] 그런 점에서 사서가와 제왕가의 예(禮) 적용은 다를 수밖에 없다는[26] 군주의 독존적 지위를 인정하는 성격을 지니고 있었다.[27] 윤휴는 사가와 국가에서의 정통 계승 방식은 다르다는 '가국부동(家國不同)'의 원칙[28]을 들어 자신의 주장을 펼쳤다.

4대 봉사를 근간으로 하는 주자학적 종법이 거대한 흐름으로 자리 잡아가던 17세기 중후반[29]에 일어난 예송은, 국가와 사가의 예가 어떻게 다른지, 그리고 그 실행은 어떠해야 할지를 사회적으로나 정치적으로 고민하고 환기시키는 의미를 지니고 있었던 것으로 보인다. 주자학적 종법을 허용한다고 할 때 나타날 수 있는 양상으로는 국가와 사가의 예격(禮格) 차이를 그다지 크게 생각하지 않을 수도 있고, 사가와 국가의 예격이 비슷해지는 상황에서 다시 국가의 예격을 강화하고 제고하려는 문제의식이 나타날 수도 있었다. 송시열과 허목, 윤휴에게서 나타나는 이러한 견해 차이는 주자학적 종법이 전 사회적으로 확산되며 기정사실화되는 상황에서 필연적으로 대두하는 문제, 나아가 어떤 방식으로든 조정하고 극복해야 할 사안이기도 했다.

효종 사후 기년복으로 결정되고 여기에 맞추어 전례가 진행되었기에 복제를 둘러싼 논쟁은 어느 정도 진정되었다. 하지만 해를 지나 효종의 연제(練祭)가 다가오는 시점에 허목이 3년 복제로 새로 고치기를 주장하면서[30] 복제 논쟁은 정치적 문제로 비화하였다. 허목이 차지하는 비중이 적지 않았기에 그가 새로 제기한 문제는 정국을 흔들기에 충분했다. 이때의 삼년복 주장은 효종이 세상을 떠난 직후 복제를 정할 때와 비교하면 정치적 파장이 훨씬 강렬했다. 어찌 보면 실제 예송은 허목 상소 이후라고 보아도 좋을 정도로 서인과 남인 진영에서는 상대방을 향해 날선 공방을 이어갔다.

허목의 문제 제기에 동조하며 이를 증폭시킨 인물은 호군(護軍) 윤선도(尹善道)였다. 윤선도는 장문의 상소를 올려 송시열의 복제설이 종통과 적통을 둘로 분리하는 성격을 지니고 있고, 또 "위복(威福)을 아래에서는 만들고 있으나 위에서는 만들지 못하고 있으니 군주가 높지 못하다"[31]고 주장하며 그 잘못을 직접 겨냥했다. 이른바 '비주이종설(卑主貳宗說)'의 견해였다. 이때 윤선도는 송시열과 함께 송준길(宋浚吉) 또한 거론했다. "선왕조 시절부터 믿고 소중히 여겨 모든 것을 맡겼던 자로 두 송(宋)만 한 자가 없"는데, 그들의 복제설은 군주의 지위를 약화시키는 의도를 가지고 있다는 대단히 과격한 주장이었다.

송시열이 주장한바 "기년복제는 종통과 적통을 둘로 나누어 나라를 위태롭게 만든다"[32]는 그의 주장은 단지 예문 해석의 차이에 불과한 것처럼 보이는 복제에 대한 서로 다른 의견을 정치적인 문제로 전면화하는 계기가 되었다. 윤선도의 상소를 두고 대사간 이경억(李慶億), 사간 박세모(朴世模) 등이 "상복에 관한 논의가 서로 옳다 그르다 하고 있는 것은 그 목적이 예경에 맞도록 하여 가능하면 지당한 결과를 얻자는 것일 뿐이지, 종묘 사직의 편안함과 그렇지 아니함의 여부와 국조(國祚)의 연장·불연장이 거기에 털끝만큼이라도 무슨 관계가 있단 말인가?"[33]라고 한 것처럼, 상복에 관한 논의가 예문 해석의 문제일 뿐 정치적인 사안으로까지 비화될 성질의 것은 아닌 것처럼 보였지만, 사실은 그렇지 않았다.

서인들의 반발은 자연스러웠는데, 좌찬성이던 송준길은 관직을 내놓고 귀향했고, 회덕(懷德)에 내려가 있던 송시열 또한 대죄하였다. 서인들은 윤선도가 남곤·심정과 같은 마음을 먹고 사람을 '무고하는 상변(上變)의 글월',[34] '화변을 불러오는 상소'를 올렸다 하여 결국은 윤선도를 극률(極律)로 처형하자고 주장하기에 이르렀다.[35] 정국이 급박하게 돌아가고 많은 사람들이 위기의식을 느끼게 되는 상황이었다. 서인과 남인의 공방이 격화되는 상황에서 진선(進善) 권시(權諰)가 윤선도를 옹호하며 상소했고,[36] 윤선도는 함경도 삼수(三水)로 정배되는 처벌을 받았다.[37]

연제를 치르기 며칠 전, 극적인 상황이 연출되기도 했다. 우의정 원두표가 윤휴의 설을 전폭적으로 수용하며, 이유태·심광수(沈光洙)·허후(許厚)·윤선거·윤휴 등에게 의견을 구하여 복제를 새로 정하도록 하자고 제안[38]하였던 것이다. 이전의 논의를 되돌릴 수 있는 계기가 만들어진 셈이었다. 이때 도성에 있던 이유태·심광수·허후·윤휴 등은 현종의 판단에 따른다고 하여 자신들의 의견을 적극 개진하지 않았고, 이경석·정태화·심지원·정유성 등 대신들은 기존 결정을 그대로 따르자는 의견을 내었다.[39] 결국 연제는 기존 복제대로 행해졌다. 윤휴가 이때 자기 의견을 적극 주장하지 않은 사실을 두고 실록 찬자는 일시의 잘못된 의론을 깰 수 있는 기회를 놓쳤다고[40] 한탄했지만, 윤휴는 대세를 바꿀 상황이 아니라고 판단하여[41] 소극적으로 발언했던 것으로 보인다.

현종대 예송 정국은 연제가 끝난 후 각축의 기세가 가라앉았다. 일부 윤선도의 의견에 동조하는 조경(趙絅), 서필원(徐必遠), 홍우원(洪宇遠) 등의 의견이 지속해서 나오면서 갈등은 계속 이어졌으나, 국면을 되돌릴 상황은 아니었다. 복제를 둘러싼 서로 다른 견해와 이에 따른 정치적 대립은 일견 잠잠해진 듯싶었지만 언제 터질지 모르는 상태로 봉합되었다.

윤휴의 처지에서 이 사건은 그동안 자신이 쌓아두었던 정치적 견해를 직접 표출하는 계기가 되었다. 이미 그의 이름은 세상에 널리 알려져 있었지만, 그가 가진 사유의 성격이 어떠한지 그 실제의 모습이 분명히 드러나 있었던 것은 아니었다. 이제 온 나라 사대부들은 그가 주장한 참최삼년복설을 접하며, 그의 생각이 가진 특별함을 주목하게 되었다. 그의 복제설에 찬동하는 자는 그다지 많지 않았다. 그와 오래 사귀었던 친구 김극형(金克亨)이 "윤휴 아니면 이런 견해를 낼 사람이 없다"[42]고 칭찬하고, 권시가 "고인(古人)들이 이미 태후는 사천자(嗣天子)를 위해 삼년복을 입어야 함을 거론했다"[43]고 주장하며 그를 거드는 정도였다. 남인들은 대체로 허목의 견해를 따랐다.

반면 서인들 대부분은 극단의 비판과 부정적 태도를 보였다.[44] 특히 이들 가운데 일부는 윤선도, 권시로 이어지는 남인들의 정치적 공세를 윤휴가 배후에서 조종한 결과라고 보고,[45] 윤휴를 남곤(南袞)·심정(沈貞)과 같이 정치적 참화를 만들 인물로까지 공격하였다.[46] 송시열의 주장이 실제 '비주이종'의 내용을 갖는 것이라고 정리되면, 그 사태가 가져올 상황은 명약관화했다. 서인들은 이러한 사태 전개를 '화변을 만들어 서인을 일망타진할 계책'[47]이라고까지 극언했다. 서인들이 극단의 반응을 보이고 대응하는 것은 어찌 보면 절체절명의 위기감에서 오는 자연스런 행동이었다. 이제 기해예송(己亥禮訟)의 모든 결과는 윤휴로 귀결되는 듯한 양상이 펼쳐졌다.[48]

기해예송과 관련하여 윤휴가 송시열, 이유태 등에게 받는 공격은 쌍방 충돌의 당사자였으므로 그럴 수 있었다. 그런데 윤휴에 대한 반대론자들의 공세는 상상을 초월할 정도로 거셌다. 특히 윤선거의 아들 윤증의 윤휴에 대한 비판은 뼈아플 정도로 통렬했다. 윤선도의 상소 이후, 장인인 권시가 이를 옹호하는 상소를 올리자 이를 극구 저지하던 윤증은 이 사건이 결국은 '사화(士禍)'로 이어져나갈 것이라고 판단하고 있었다.[49] 무한한 화기(禍機)를 양성하며 확대되는 이 국면이 결국 아무 것도 아니었던 복제로부터 일어난다는 것이었다.[50] 윤증은 사정이 이러한데도 권시가 사태의 본질을 깨닫지 못하고 오히려 윤선도를 옹호하는 상소를 올렸으니, 이는 곧 사화의 움직임을 옆에서 도와주는 꼴이라 하였다. 비록 나라를 위하고 친구를 위하는 충심으로 상소하였지만 누구도 믿지 않을 것이라는 우려였다.

윤증은 이러한 사태는 누군가의 조종이 있기에 가능하다고 판단하고[51] 그 배후는 곧 윤휴라고 단정하였다.[52] 그리하여 그는 윤휴를 '간사한 자들의 괴수'[53]라 규정하였고 나아가 '남곤·심정과 같은 인물'[54]이라고까지 거론하였다.[55] 윤휴가 흉측한 마음을 품고 사화를 일으키려 한다는 것이 윤증의 판단이었다. 윤증은 이 생각을 본인만 간직했던 것이 아니라 공공연히 여러 사람들에게 거론하였고 마침내는 그와 교류까지 끊고 있었다. 여기에는 아버지 윤선거도 동조하였던 것으로 보인다.[56]

자의대비의 복제를 둘러싼 전례 논쟁은, 그 정쟁의 격렬함이나 논증의 복잡함에서 윤휴나 송시열 그 누구도 예상하지 못했던 일이었다. 그러나 의도하지 않은 시간에 갑작스레 일어난 전례 논쟁은 윤휴와 송시열이 가진 학문·사상 상의 경향, 종법에 대한 생각을 가감 없이 드러내는 계기가 되었다. 윤휴는 송시열이 사서가(士庶家)의 예제를 제왕가(帝王家)에 적용하려 한 점에서 문제가 있다고 여겼다. 윤휴의 논리에 따른다면 송시열의 생각은 '군주의 지위를 낮추어 보고 제왕가의 종통을 의심하는[卑主貳宗]' 성격을 지녔다. 윤휴는 군주야말로 지존의 존재이며 그 점에서 군주의 모친도 군주와는 군신 관계를 이룬다고 여겼다. 군주에 대한 복제는 신분 여하를 막론하고 지존(至尊)의 복제를 입어야 하며,[57] 설령 왕모(王母)라 할지라도 이를 벗어나지 못한다는 것이 그의 생각이었다.

처음 별것 아닌 듯 시작된 복제 논쟁은 '4종지설(四種之說)'에 근거하여 기년복을 고수하자고 했던 송시열을 비롯한 송준길·이유태·유계 등 서인과 윤휴의 참최삼년복설에 영향받아 '삼년설'의 옳음을 주장한 허목·윤선도 등 남인 간의 정파 간 투쟁으로 확대되었다. 이 과정에서 윤휴는 남인과 정치적으로 연계되면서 서인의 복제설을 이론적으로 압박하는 역할을 수행했다. 예송은 이제 단순히 복제를 둘러싼 의견 차이가 아니라, 그것이 각 학파·정파의 학문 경향·정치이념과 관련되어 있었으므로 체제 논쟁적 성격을 지니는 대립으로까지 증폭하고 있었다.[58] 기해예송 후 15년여의 시간이 흐른 뒤, 인조반정 이래 50여 년 동안 유지해온 서인 정권이 무너지고 소수파인 남인계가 정국의 주도권을 장악하는 대변동이 일어난 것은 기해예송의 중요한 귀결이었다.[59]

기해예송은 윤휴나 송시열에게나 그들의 사상 정립에 새로운 자극이 되었다. 이는 이들이 주자학 절대주의와 주자학을 비판하며 새로운 사상을 모색하던 흐름의 대표적인 인물이었으므로, 이들이 중심이 되어 이 시기 사상계의 구조를 재구축해나감에 몰두한다는 의미이기도 했다.

2

은거와 경학 연구 확대

효종 사후 벌어진 예송은 조선의 정치사상계를 극단의 대립 구도로 몰아넣는 일대 사건이었다. 윤휴는 이 과정에서 웬만한 학자들은 쉽게 동의하지 않는 독자적인 의견을 조선에 제시했고, 그 스스로 원한 상황은 아니었지만 정치적 대립의 중심에 들어섰다. 송시열을 비롯한 서인들은 윤휴를 '사화를 일으킬 사람', '남곤·심정과 같은 사람'이라고까지 몰아갔다. 중종대 조광조와 기묘사림을 정치적으로 파멸시킨 남곤과 심정이 지니는 역사적 성격을 생각해본다면, 윤휴에 대한 이러한 평가는 비판론자들이 그를 얼마나 부정적으로 인식했는지를 보여준다. 특히 기호 지역 서인들의 반발은 극단적이었다. 이미 송시열이 윤휴의 '사단칠정설', '중용설'에 대해 비판하며 그를 배척하고는 있었지만, 그 정도 수준은 아니었다. 이제 예전 기호 지역에서 서로 사귀고 학문적 견해를 나누었던 일들 그리고 그 시간은 아무런 의미도 없어졌다. 당시 윤휴와 교류했던 사람들 대부분은 그와 관계를 완전히 끊고 그를 배척했다.[60]

윤휴 역시 예송 이후 송시열과 등을 돌리고 그와 벗이 되려는 마음을 버렸다.[61] 세상이 그를 용납하지 않고 그 또한 이를 용인할 수 없는 상황이었다. 윤휴는 기해예송이 마무리되는 시점에 칩거하며 독서와 경서 연구에 몰두했다. 생활은 주로 서울의 쌍계와 여주를 오가며 영위했다. 성장기의 주된 공간이 충청도 삼산과 유천이었다면, 그의 장년기 활동 공간은 서울과 여주였다. 여주는 오래전부터 선조들의 무덤과 전장(田莊)이 자리 잡고 있던 지역으로, 윤휴는 28세 되던 해 공주에서 올라오며 이곳 금사면(金沙

面)의 남한강 변에 새로 집을 지어[62] 생활했다. 서울의 쌍계동에는 고조할아버지 삼휴자 윤관이 지었던 집을 1660년(현종 1)에 다시 고쳐 살았는데[63] 여기에 아버지 윤효전의 뜻을 기려 하헌(夏軒)이란 편액(扁額)을 걸었다. 윤효전은 예전에 '하(夏)의 문화를 활용하여 오랑캐의 문화를 바꾼다'는 의미로 '하리주인(夏里主人)'이란 호를 사용했었다.[64]

윤휴는 두 곳의 집을 오가며 생활했다. 현종 말년, 2차 예송이 일어나기까지 정치권에는 거의 관여하지 않고 지낸[65] 10년 넘는 동안 그가 보낸 시간은, '읽지 않은 책이 없고 궁구하지 않은 이치가 없다'고 할 정도로 독서와 토론, 연구, 집필로 치열하게 채워졌다.

> 천하의 서책을 모두 읽고 천하의 이치를 모두 연구하였다. 삼대(三代) 이후의 예악(禮樂)·형정(刑政)과 치란(治亂)·득실(得失)에 대해서 그 뜻을 연역하고 그 취지를 추구하였으며, 천문(天文)·지리(地理)·설시(揲蓍)·도검(韜鈐) 등의 서책까지도 연구하고 사색하였다. 그리고 의심스러운 내용 및 심오한 뜻, 전주(箋註)의 해석 중 서로 다른 부분에 대해서도 모두 토론하고 절충하여 학자들과 득실을 논하고 기탄없이 고치기도 하였다.[66]

방대하고도 치밀한 독서가 한 방향으로 치우치지 않고 여러 영역에 두루 미치고 있음이 주목된다. 도검(韜鈐) 곧 병법서를 읽고 연구했다는 사실도 기억할 만하다. 이러한 노력을 바탕으로 윤휴는 이전 20~30대 시절 행했던 경전 해석의 미진함을 보완하고 확대하거나 새로운 주석서를 쓸 수 있었다. 이때의 성과는 10여 년의 시간에 자기의 학설을 경학(經學)으로 보증하는 토대가 구축되었다고 할 수 있을 정도로 체계적이고 또 구체적이었다.[67]

46세 때 작성한 『효경장구고이(孝經章句考異)』[68]는 이 시기에 이룬 경학 연구의 첫 성과였다.[69] 이 저술은 한대의 금·고문 『효경』, 주희의 『효경간오(孝經刊誤)』 등 세 종류의 책을 절충하여 편찬했다. 『효경』에 대한 윤휴의 독자적 주석서라 할 수 있다. 당시 조선에서는 주희의 『효경간오』를 저본으로 원(元)대 동정(董鼎)이 보완한 『효경대의(孝經大義)』가 널리 읽히고 있었으므로,[70] 윤휴의 이 작업은 『효경』[71]에 대한 주희의 생각을 벗어난 지점에서 이루어졌다고 할 수 있을 것이다. 그것은 곧 『효경간오』를 따르지 않겠다는 의미이기도 했다.

『효경간오』는 주희가 57세 되던 해 완성했다.[72] 그의 연구가 무르익은 만년의 작품이라 할 수 있다. 주희는 『대학장구』나 『중용장구』에서 그러했듯이, 『효경』 또한 독자적으로 편제하여 경(經) 1장과 전(傳) 14장으로 재구성했다. 기존 금·고문 『효경』과는 많이 다른 체재였다. 주희의 인식에서 『효경』은 후대의 잡박한 내용이 많이 들어간 책이었다. 그리하여 그는 기존 『효경』에서 몇 내용은 과감하게 삭제하고, 중심이 되는 경과 이를 해설하는 전의 체재로 편장했다.

주희가 『효경간오』를 편찬한 것은 『효경』이 차지하는 경학사, 학설사상의 지위에 대한 고심에서 나온 것으로 보인다. 사서(四書)를 중심에 두고 체계화된 주희의 학문[73]에서 종래 『효경』이 차지했던 비중과 위상은 크게 낮아져 있었다. 한·당대 사상에서 『효경』은 중심 경전의 하나였다. 주희는 자신의 관점으로 『효경』을 재구성하는 방식을 통하여 『효경』 자체의 가치는 보존하면서도 지난 시간과는 거리를 두고자 했다고 할 것이다.

『효경』은 그 성립 연대를 둘러싸고 여러 이설(異說)이 제기되지만, 대체로 전국(戰國) 말~한 초기에 전체적인 틀이 갖추어진 것으로 인정되며,[74] 한대 유교 정치론의 핵심을 받치는 경전으로 중시되었다. 이 시기 활용된 『효경』의 유통본은 고문(古文)과 금문(今文)의 두 계통이 있었다. 또한 두 『효경』 간본에는 많은 주석이 있었지만, 전자의 고문 『효경』은 공안국(孔安國)의 해석본이 중심을 이루었고, 후자는 정현(鄭玄)의 해석본이 주가 되었다. 시기상 고문 『효경』은 전한(前漢) 시기, 금문 『효경』은 후한(後漢) 시기에 널리 읽혔다.

고문 『효경』과 금문 『효경』은 장절 구성에서 조금 달랐다. 고문 『효경』은 22장, 금문 『효경』은 18장 체재이다. 양자는 내용상으로는 그다지 큰 차이를 갖지는 않는데, 고문 『효경』에는 22자로 된 19장의 「규문장(閨門章)」이 더 추가되어 있다. 차이의 대부분은 장절(章節)의 편성과 관련되어 있다. 고문 『효경』의 「서인장(庶人章)」과 「효평장(孝平章)」이 금문 『효경』에서는 「서인장」으로, 고문 『효경』의 「성치장(聖治章)」, 「부모생적장(父母生積章)」, 「효우열장(孝憂劣章)」 등 세 장이 금문 『효경』에서는 「성치장」 한 장에 모두 들어 있다. 그러나 그 주석자 공안국과 정현의 생각이 달랐으므로, 금문본과 고문본이 전하는 내용상의 차이는 실제로 적지 않았다.

윤휴는 주희의 고증에서 금·고문 『효경』이 후인의 위찬(僞纂)으로 이루어진 내용이 일부 있다는 견해는 인정될 수 있다고 하여[75] 그 가치를 인정하면서도, 이를 이유로 금·고문 『효경』에서 제시된 주요 논리를 부정하거나 장절의 순서를 주희가 임의로 바꾼 것에 대해서는 추종하지 않았다. 성인의 대훈(大訓)과 경세(經世)의 규범[彛範]을 수록한 『효경』이 후유(後儒)가 가탁하여 만들 내용은 아니라는 인식이었다.[76] 윤휴는 이에 『효경간오』에서 편장의 표제(標題)를 삭제하고 전체 목차를 15장으로 나눈 의의를 인정하여 『효경』의 전 내용을 15장으로 재구성하되, 그 순서는 금·고문 『효경』의 편차에 따랐다.

윤휴의 『효경장구고이』는 『효경』의 체재를 경과 전으로 나눈 점에서는 주희를 추종했지만, 그 내용의 전개와 연관해서는 금·고문 『효경』의 방식을 따랐다고 할 수 있다. 『효경장구고이』는 그러한 인식과 태도의 산물이었다.[77]

윤휴가 『효경장구고이』를 공들여 편찬한 이유는 그가 『효경』을 육경(六經)의 이념을 결집한 경전으로 보았던 사실과 연관이 있다.

『효경』은 육경의 핵심을 모은 책이다. 그 말은 간이하고 그 도는 매우 크니, 실로 성인의 큰 가르침이다. 요순(堯舜)의 도(道)는 효제(孝弟)일 뿐이다. 마음에 근본하고 가정에서 행하며 신명(神明)과 통하고 사해(四海)에 빛나니, 육경의 가르침과 천하의 도가 이보다 큰 것이 없다. 천하 국가를 다스리는 자로서 요순을 본받고 선왕(先王)의 정치를 일으키고자 한다면 이 도를 버리고 어찌 가능하겠는가?[78]

효경은 … 실로 육경의 뗏목으로 성학(聖學)의 요체가 모두 모여 있는 책이니, 고인이 말한바 수신(修身), 제가(齊家), 치국(治國), 평천하(平天下)의 법[律令]이자 원칙[規矩]이다.[79]

『효경』이 '요순의 도는 효제'로 요약되는 육경의 이념·정신을 집약하고 있으며 또한 천하 국가를 경영함에 근거해야 할 필수적인 경전이라는 인식이었다. 윤휴의 이 생각은 다른 면에서 보자면, '천명(天命)과 심성(心性)의 담론'에 빠진 당대 학문의 문제를 『효경』을 통해서 벗어날 수 있다는 논리로도 연결되었다.

『효경』은 공문(孔門)에서 나온 것으로 육경과 병칭(竝稱)되고 있으니, 대체로 성인의 큰 교훈인 것이다. … 이 책에 대해, 임금이 존숭하여 권하는 일이나 학자들이 외고 익히는 일이 더 이상 전대(前代)처럼 성대하지 않은 것은 또 무슨 까닭인가? 나는 생각건대, 이 경전은 진실로 후인들이 함부로 증손(增損)을 가한 것이 있기는 하다. 그러나 해와 별[日星]처럼 밝은 성인의 말씀이 이미 인륜(人倫)을 강기(綱紀)하여 만세에 교훈을 남기기에 충분하다. 그런데도 학자들이 근본을 버리고 외형에만 치달아서, 오직 천명을 담론하고 심성을 지적하여 그것을 귀와 입에 올리며 지름길이라고 좇아갈 뿐이요, 이 경전에 대해서는 마치 무용지물처럼 여기어 마침내 폐기해버리니, 이 때문에 도가 쇠퇴해졌다.[80]

이와 같이 『효경』의 위상을 더없이 높이 평가한 윤휴의 태도는 사서(四書)를 중심에 두고 학문을 펼쳤던 주희의 사고와는 많이 달랐다. 조선 또한 주희의 영향을 크게 받았다. 『효경대의』를 간행하고 또 이를 한글로 번역한 『효경언해』가 유통되고는 있었지만, 학자들의 학습에서 『효경』이 중심에 놓이지는 않았다. 윤휴의 인식을 따른다면, 『효경』은 위로 군주로부터 아래로 온 백성에 이르기까지 익히고 실천해야 할 도덕을 지닌 책,[81] 유가(儒家)의 근본이 되는 경서였다. 『효경장구고이』는 그러한 생각을 구현할 수 있게 정리된 책이었다.

『효경』을 중시하여 『효경장구고이』를 편찬했던 윤휴는 『효경』의 정신을 확대한 책을 별도로 편집하였다. 『효경』과 관련되는 경전의 편목, 논설을 찬집한 『효경외전(孝經外傳)』, 『효경외전속편(孝經外傳續編)』이 그것이다.[82] 이들 두 편의 책은 그 작성 연대가 분명하지 않지만, 『효경장구고이』 완성 후 이어서 편찬했다고 할 수 있다.

『효경』에 대한 집중적인 연구 이후 윤휴가 공들인 저술은 1671년(현종 12), 55세 때 완성한 『대학고본별록(大學古本別錄)』이다. 윤휴는 51세 때 「대학설(大學說)」[83]을 쓰고 난 뒤 4년여의 시간을 들여 이 책을 마무리했다.[84] 그 비슷한 시점에 「대학후설(大學後說)」[85]도 집필했다. 「대학설」의 내용은 간단한 반면, 『대학고본별록』은 치밀한 『대학』 주석서였다. 「대학후설」은 『대학고본별록』의 의의를 몇 가지 항목으로 나누어 정리해두었다. 여러 편으로 이루어진 윤휴의 『대학』 주석은 긴 시간을 들인 성과였다고 할 수 있다.[86]

윤휴는 주희의 『대학장구』[87]를 떠나 고본(古本) 『대학』의 체재 위에서 『대학』을 이해하고자 했다. 그에 따르면, 본래 『대학』은 3강령 8조목의 경문(經文)이 앞에 나오고 그다음 성의장(誠意章)을 수장(首章)으로 하는 전문(傳文)이 배치되었다. 반면 주희가 『대학장구』에서 보완한[88] '격물치지장(格物致知章)'은 별도로 존재하지 않았다. 윤휴는 송대의 정이(程頤)·정호(程

題) 이후 주희의 개정본만이 맥락이 분명하여 천하에 없앨 수 없는 책이 되기에 충분하다고 『대학장구』를 긍정하면서도, 오히려 고본 『대학』에 입각하여 해석할 때 이 경전에 내포된 미의(微意)를 제대로 파악하고 경전으로 전수되는 성인의 근본 취지를 잃어버리지 않게 된다고 보았다.[89] 윤휴의 이러한 태도는 고본 『대학』을 중시하는 양명학의 입지와 유사한 면이 있었다.[90] 그렇다고 하여 그 해석이 양명학을 그대로 추종하는 것은 아니었다.

『대학고본별록』에서 윤휴가 고심하고 강조한 점은 격물치지(格物致知)에 대한 이해였다. 그는 이를 성의·정심·수신·제가·치국·평천하의 일을 '성경(誠敬)으로 감통(感通)하는' 행위로 이해하며, 『대학장구』와 같이 '모든 사건과 존재의 리(理)'를 밝히는 노력으로 보지 않았다. 굳이 주희가 그러했듯 '격물치지 보망전(補亡傳)'을 둘 필요가 없다는 것이 그의 생각이었다. 윤휴는 격물치지장을 별도로 설정하여 이를 설명하게 되면, 천(天)·성(性)과 같은 거창한 명제나 추구하게 되고 실제의 일은 제대로 하지 못하게 된다고 보았다.

> 격물치지에 관해 말을 해놓고 다시 실제의 일은 일대로 말을 하게 된다면, 학자들로 하여금 지(知)와 행(行)을 달리 보고 완급의 순서를 잃게 하여, 마침내 천(天)이니 성(性)이니 하는 거창한 명제나 들먹이며 몸은 아래에 있으면서 눈은 높은 데 둔 채 과대망상을 하다가 아무 소득을 얻지 못하는 폐단이 있을 수 있지 않겠는가.[91]

말하자면 고본 『대학』을 따른다면 '사물을 외면하고 이치만 찾아 고생만 하고 아무런 이익을 얻지 못하는' 사태를 피할 수 있다는 것이 윤휴의 판단이었다. 아마도 윤휴는 송·명대 학설사(學說史) 속 고본 『대학』의 위치를 익히 알고 있었을 것이다. 이미 조선에서도 여러 학자들이 16세기 후반

이래 고본『대학』에 관심을 기울이고 또 관련 자료를 집성한 책자도 편간되어 유통되고 있었으므로,[92] 윤휴의 작업은 조선 학계의 한 전통을 잇는 가운데 이루어지는 면이 있었다. 한편, 고본『대학』을 저본으로『대학』을 해석한 윤휴의 작업은 당대 학계에서 알려졌던 모양이다. 이단상(李端相)이 송준길에게 보낸 편지에서, 윤휴가『대학』을 마음대로 고쳐 자신의 학설을 세운다고 비판했던 일을 확인할 수 있다.[93]

1671년(현종 12), 55세 때 저술한『중용주자장구보록(中庸朱子章句補錄)』은 은거 시절 경서 연구의 백미라 할 수 있다. 20대 후반『중용』을 독자적으로 이해하고 그와 관련된 저술을 지었기에[94] 30여 년의 세월이 흐른 뒤 다시 작성한 이 책은 그 후속편이었다. 윤휴는 52세 되던 1668년에 이 책의 서문인「중용주자장구보록서(中庸朱子章句補錄序)」를 먼저 작성하고,[95] 3년 뒤인 55세 때 본문을 마무리했다.[96] 윤휴는『대학』과 마찬가지로 몇 년간의 작업을 거쳐『중용』 주석을 완성했다고 할 수 있다. 윤휴에게『대학고본별록』과『중용주자장구보록』을 함께 갈무리한 1671년은 그동안의 경서 연구를 풍성하게 수확하며 일단락하는 시간이었다.[97]

이 주석서에 대해 윤휴는 '주자장구보록'이라는 제목을 사용하여 자신의 작업이 주희의『중용장구』의 연장선에서 이루어짐을 보이려고 했다. 책의 형태로 보자면, 이 책은 장절을 나누고 각 장절의 구절 아래 자신의 해설을 다는 점에서,『중용장구』와 유사했다. 서문에서도 그는 이 책이 주희가 다 하지 못한 말과 뜻을 드러내는 것이라고 하여, 자신의 작업이 주희와 배치되는 것이 아님을 강조하였다.

> 주자의『장구』는 이미 그대로 완성된 글이기에 감히 내 소견대로 인용하고 분열하여 취사선택할 수 없었다. 뿐만 아니라 큰 줄거리는 이미 다 거론되었기에 지금은 다만 주자가 미처 드러내지 못한 여운(餘韻)과 유의(遺義)를 밝혀보려는 마음에서 나의 하잘것없는 견해를 대략 수록하여 이름을 '주자장구보록'이

라고 하고 이로써 전현(前賢)을 조술(祖述)한 내 뜻을 밝히는 한편 동지(同志)들과 함께 토론하고자 한다. 우리 동지들이 행여 나의 광간(狂簡: 뜻은 크나 소략함)을 이해하고 함께 득실을 그 역시 논해준다면, 실로 주자가 이른바 "천하의 공변된 의리를 모든 사람과 함께 의논한다"는 뜻이 될 것이다.[98]

윤휴는 자신의 견해대로 원문의 서차(序次)를 정하고 뜻풀이를 하였다. "천하의 의리(義理)는 끝이 없고, 성현의 말씀은 뜻이 깊다. 따라서 전인(前人)들이 대의(大義)를 밝혀놓으면 후인들이 이를 다시 연역(演繹)하여 이미 말해놓은 것을 활용하여 아직 말하지 못한 것을 더욱 발명하니, 이렇게 하여 문왕·무왕[文武]의 도가 땅에 떨어지지 않고 사람에게 있어 그 도가 갈수록 밝아지는 것"[99]이라는 점이 그의 자부이자 확신이었다.

윤휴는 20대 시절 하던 방식 그대로 『중용』의 본문을 10장(章) 28절(節)로 나누고, 본문의 구절마다 자신의 설명을 붙였다.[100] 예전의 「중용설」이 본문에 대한 주석 없이 독자적으로 장절을 나눈 뒤 그 위에 『중용』의 전 내용을 압축해서 정리한 형태였다면, 이제 이 작업은 '윤휴식' 『중용』 주석서라 불러도 좋을 수준의 틀을 갖추었다.[101] 주석의 내용에 대한 동의 여부와 상관없이, 주희의 『중용장구』를 대신해서 『중용』을 학습해도 무방하다고 할 정도의 체재와 내용을 이 책은 갖추었다. 윤휴를 두고 '사문(斯文)의 난적(亂賊)'이라고 불렀던 송시열의 관점에서 이 책을 본다면,[102] 윤휴는 어디로도 피해갈 수 없는 행동을 한 셈이었다.

이상 살핀 대로 윤휴는 기해예송 이후, 송시열을 비롯한 서인들의 극단적 공격 속에서 은거하며 경서 연구에 몰두하였다. 이를 통하여 그는 이미 젊은 시절에 틀을 잡아두었던 『중용』의 주석을 마무리했고, 『효경』과 『대학』에 대한 독자적인 해석을 마련했다. 당대 조선에서는 찾아볼 수 없던 경학사, 학설사의 새로운 성과가 출현한 셈이었는데,[103] 윤휴는 이 작업을 통하여 '천명과 심성의 고원한 내용만 논의하고 찾다가 아무런 소득도 얻지 못하는 학술의 문제'를 극복할 수 있는 방법을 얻을 수 있다고 생각했다.

그를 사문난적, 이단으로 배격하는 눈들이 주시하는 속에서 이루어진 이러한 작업은 실제로는 매우 위험한 일이었다. 송시열은 예송 이후 종래 그를 이단·사문난적으로 규정하고 배척했던 데서 한 걸음 더 나아가, 윤휴를 '이적(夷狄)', '맹수(猛獸)'와 같이 화를 불러들이는 적대적인 존재로까지 여기며 비판했다.[104] 이제 송시열에게서 윤휴는 단순한 주자학에 대한 비판자·변절자라는 수준을 넘어 궁극적으로 제거되어야 할 정치투쟁의 대상으로 바뀌었다. 윤휴와 그 동조자에 의한 서인의 패배는 송시열의 이념과 그를 뒷받침하는 현실의 소멸을 의미했고, 그런 점에서 이러한 사태가 일어나는 것을 저지하기 위해서는 윤휴와 그 이념을 현실에서 몰아내는 것이 절대 필요했다. 이를 위해 송시열이 채택한 최후의 방법은 윤휴의 이념이 확산하는 현실을 차단하는 한편으로 주희의 저작(著作)·언설(言說)에 대한 전반적 재검토 작업을 통해 주희의 진의(眞意)와 정설(定說)을 명확하게 하는 작업이었다. 전자는 '적휴(賊鑴)', '흑수(黑水)'와 같은 존재로서 윤휴를 규정해 그의 존재 자체를 지워버리는 방향으로, 후자는 『주자대전』과 『주자어류』에 대한 정리 작업으로 강화되어 나타났다.[105]

4장

관직 생활과 정치적 좌절

1
북벌의 공론화

1차 예송 이후 정치와는 거리를 둔 채 은거하며 독서와 경서 연구로 일관하던 윤휴에게 현종 말년과 숙종 초년은 큰 변화가 일어나는 시기였다. 1674년(현종 15) 말부터 숙종 즉위 초, 서인에서 남인으로의 정권 이동이 이루어지면서 남인 진영에서 그를 필요로 했고 그 또한 은거 생활을 벗어나 적극적으로 행동하고 발언하려고 결심했던 데서 오는 현상이었다. 이 무렵 윤휴의 행동으로 본다면, 그는 그간 가슴속 지니고 있던 생각을 펼칠 수 있는 절호의 시간이 이제 다가왔다고 판단했던 것으로 보인다.

이 시기 정치 변동을 촉발한 계기는 1674년 2월에 일어난 효종의 비 인선왕후(仁宣王后)의 사망[1]이었다. 아직 생존하고 있던 인조의 비 자의대비가 며느리 상에 어떤 복제를 입을 것인가 하는 점이 논란이 되었다. 애초 정부에서는 자의대비의 복제를 효종 사후에 입었던 기년복에 맞추어 대공복(大功服)으로 정했었다.[2] 효종을 위해 기년복을 입었으면 며느리에 대해서는 그보다 낮은 등급의 복으로 맞추어야 했다. 이에 남인들이 이는 '큰며느리'에게 걸맞은 복제가 아니므로 기년복을 입어야 한다고 주장[3]하게 되면서 문제가 확대되었다. 2차 예송의 전개였다.

논의가 이어지면서 현종은 남인의 예론을 따라 자의대비의 복제를 바꾸었다.[4] 정부의 공적 절차에 따라 한번 정해진 왕대비의 복제를 잘못되었다고 인정하고 다시 고쳐 입는 일이었기에 그것이 가져오는 파문은 엄청났다. 정치권에는 자연스럽게 현종 즉위년의 복제가 잘못이라는 인식이 확산되었고, 남인들의 대(對)서인 공격이 거세게 일어났다. 서인들이 힘을 잃기 시작하는 현상 또한 동반하여 나타났다. 이를테면 숙종 즉위 직후, 진주 유학 곽세건(郭世楗)이 현종의 지문(誌文)을 송시열에게 짓도록 한 국왕의 명령[5]은 적절하지 않으므로 다른 사람에게 부탁해야 한다[6]고 청원한 것은 그러한 사태 변화의 한 조짐이었다.[7]

윤휴의 정치적 움직임 또한 이때부터 본격화되었다. 복제를 둘러싼 논의가 한창 진행되던 현종 말년, 윤휴는 현실 정치에 깊숙이 개입하며 그간 지니고 있던 포부를 드러내 펼치기 시작했다. 현종이 세상을 뜨기 직전인 1674년 7월[8]에 올린 북벌 청원 상소는 그 신호탄이었다. 비밀 상소[密疏](이하 「갑인봉사소(甲寅封事疏)」)로 작성하여 올린 이 글에서 윤휴는 국제 정세상 이때가 청나라를 칠 수 있는 최적의 시기임으로 때를 놓치지 말고 군사를 일으켜야 함을 역설했다. 청나라를 반대하여 기병하거나 틈을 엿보는 오삼계(吳三桂)·정금(鄭錦)과 같은 세력이 중국 안팎으로 사방에서 기회를 노리고 있으니 조선이 앞장서서 군사를 일으킨다면 성공을 거둘 수 있으리라는 판단이었다.

> 지금 북쪽 소식을 자세히 알 수는 없지만, 그 추한 무리들이 점거하고 있은 지가 이미 오래되어 중국에서는 원망과 노여움이 일어나고 있고, 서쪽에서는 오삼계가 군사를 일으켰고, 남쪽에서는 공유덕(孔有德)이 연결을 취하고 있으며, 북쪽에서는 달자(韃子)가 기회를 노리고 있고, 동쪽에서는 정금이 엿보고 있습니다. 머리 깎인 유민(遺民)들이 숨을 죽이고 가슴을 치면서 고국에 대한 생각을 잊지 않고 회오리바람이 이는가 귀를 기울이고 있으니 천하대세를 알 만합니다. 우리는 지형이 서로 인접해 있고 또 가장 요충지대이며 천하의 뒤편에 위치하여 전성(全盛)을 누릴 수 있는 요건을 갖추고 있는데, 바로 이 시기에 누구보다 앞장서서 군사를 일으키고 격문을 돌려 그들 기를 꺾고 마음을 흥동시켜 천하의 걱정거리를 함께 걱정하고 천하의 의리를 붙잡아 세워야 합니다.[9]

현실 문제를 두고 오랜만에 작성하여 올린 상소이므로, 윤휴가 선택하여 발언할 수 있는 주제는 적지 않았을 것이다. 그럼에도 북벌을 청원하는 상소를 올린 사실은 무척 흥미롭다. 이미 오래전부터 윤휴는 북벌에 대한 강한 집념을 가지고 있었으므로, 이 상소가 그 연장선상에서 이루어지는 일임은 분명했다. 그러나 윤휴가 이 위험한 내용을 건의한 것은 단순히 그간 품어온 신념 때문만은 아니었다. 이 무렵 중국 대륙에서 일어나던 반청(反淸) 세력의 동향을 예의 주시하며 내린 판단이었다.

오삼계, 정금 등 반청 세력의 군사적 움직임은 어제오늘의 일이 아니었다. 이들은 사천(四川), 오늘날의 대만과 같은 지역을 거점으로 군사를 일으켜 오랜 시간 청나라를 전복하고자 했다. 청의 처지에서 보자면 이들은 골칫덩이였다. 이들 반청 세력의 뿌리가 뽑혀야 청의 중국 지배는 실질적으로 가능했다. 청에서는 이들을 군사적으로 억제하고 진압하면서 반청의식을 가진 조선 또한 예의 주시하고 있었다.

조선에서도 반청 세력의 움직임을 늘 주목해왔다. 중국으로 가는 사신들의 주된 업무 중의 하나가 이들의 움직임을 확인하는 일이었다. 1674년 무렵에는 이들 관련 정보가 연초부터 계속 이어졌다. 1674년 봄, 사은사 김수항(金壽恒)은 오삼계가 사신을 잡아두고 군사 반란을 일으켰다는 사실을 보고했고,[10] 그 뒤 조정에서는 오삼계가 남방에서 난을 일으키자 청나라가 조선을 의심하고 또 서북 지역 변경이 시끄러우므로 능력 있는 무신을 서로(西路)에 배치하자고 논의했다.[11] 이해 5월에도 고부사(告訃使)가 대원(大元)의 후손인 태극달자(太極㺚子), 오삼계, 정경(鄭經)[12]에 관한 소식을 가지고 왔다.[13]

사회 일각에서는 이러한 상황에 고무되어 전례 없는 기회가 왔다고 생각하기도 했다. 1674년 5월, 유생 나석좌(羅碩佐)·조현기(趙顯期) 등이 연속으로 올린 상소에서 이를 읽을 수 있다. 이들은 이 기회를 틈타 군사를 훈련하고 식량을 저축한다면 "크게는 청나라에 당한 고통을 복수(復讎)하고 그 치욕을 되갚을 수 있으며 작게는 나라를 편안히 하고 백성을 보호할 수 있다"[14]고 하여, 조선이 적극적인 군사 행동을 펼치기를 청원했다. "오삼계가 이미 남방을 차지하자, 몽고도 북경과 가까이하지 않고 있으니, 천하의 형세 변화가 눈앞에 바싹 다가왔다"는 것이 이들의 판단이었다.

1674년 7월에 올린 윤휴의 북벌 상소도 이와 유사한 움직임이었다. 윤휴는 조선으로 계속 유입된 이 시기 대륙의 심상치 않은 정세에 대한 정보를 접하며, 지금이야말로 군대를 일으킬 수 있는 시점이라고 판단했다. 근래 누구도 발언하지 못한, 누가 보더라도 조선의 군사적 행동이 초래할 위험을 느낄 수 있는 내용이었다. 처음 이 상소가 올라왔을 때, 현종도 그 주장에 놀랐거니와 신료들도 적지 않은 충격을 받았다. 정지화(鄭知和)는 현종 앞에서 윤휴의 상소는 나라에 큰일을 만들어낼 글이니 앞으로는 이런 내용은 받아들이지 않도록 해야 한다고 진언하기까지 했다.[15]

이 상소에서 윤휴가 제안한 방법은 구체적이고 또 동아시아 전역을 아우를 정도로 포괄적이었다. 그는 조선이 군사력을 강하게 갖추어 북쪽 요동의 군사 요충지로 진출하여 터를 잡고, 청나라에 반대하는 동아시아의 여러 세력을 결집하여 한꺼번에 움직이게 해야 한다고 제안했다.

> 우리나라는 세상이 다 아는 정예한 병력과 사방을 제어할 수 있는 화포(火砲)와 비환(飛丸)이 있습니다. 가려 뽑은 병사 만대(萬隊)와 무강(武剛)의 병거 천편(千偏)을 얻고 노성(老成)한 장수에게 은명(恩命)을 내려 북으로 연(燕)에 들어가는 길을 향하여 용맹하게 나아가게 하여 그들의 등을 치고 목을 누릅니다. 또 바닷길을 열어 정금과 합세하여 그들 뱃속을 흔들어놓도록 하고, 또 연주(燕州)·계주(薊州)·요하(遼河)·이북(迤北)·야춘(野春) 등의 여러 부족과 일본의 여러 섬나라들 그리고 청(靑)·제(齊)·회(淮)·절(浙) 지역에도 격문을 보내 서남 지방과 통하게 한 후 함께 원수로 여기고 있는 자들로 하여금 한꺼번에 일어나게 하면, 교활한 놈들의 마음을 서늘하게 만들고 동시에 천하 충

의(忠義)의 기운을 고취시킬 수 있습니다. … 우리는 어렵지 않게 의무려(醫無閭)에 자리 잡고 유주·심양(幽瀋)의 적들을 가볍게 몰아내어, 천하를 위하여 청명(請命)하고 제실(帝室)을 위하여 제 환공(齊桓公)·진 문공(晉文公) 같은 일을 하게 될 것입니다.[16]

윤휴의 정세 인식과 방략은 대담하면서도 긍정적이었다. 그는 국제 공조를 이룬다면, "우리가 어렵지 않게 의무려에 자리 잡고 유주·심양의 적들을 가볍게 몰아"낼 수 있으리라 기대했다. 의무려는 의무려산(醫無閭山)이 있는 요동의 요지이고 유주는 북경 지역이다. 청군을 제압하고 이 전쟁을 승리로 이끌려면 조선군이 어느 정도로 준비해야 할까, 가늠하기조차 쉽지 않다. 이로써 윤휴의 자신감이 어느 정도였는지를 알 수 있다. 윤휴의 북벌 상소는 '북벌'을 주장하는 내용 자체도 파격적이었거니와, 이로부터 윤휴는 은인자중하던 이전의 정태적 삶을 벗어나 현실 깊숙이 개입하기 시작했다. 1674년(숙종 즉위) 11월, 정부에서는 그를 사헌부 장령에 임명했고,[17] 그는 이듬해 이를 받아들였다.[18] 정치적 변신이었다.

군대를 일으켜 북벌을 해야 한다는 윤휴의 의지는 숙종 즉위 후에도 지속되었다. 1674년 11월,[19] 윤휴는 이 내용을 더 확대하여 책자소(冊子疏)로 만들어 재차 거론하고,[20] 이듬해 1월 초에 차본(箚本)[21]을 올려 다시 강조했다. 불과 몇 달 사이, 북벌을 주장하는 상소만 연이어 올린 셈이었는데 이를 계기로 윤휴는 정국의 핵으로 부상했다. 포의(布衣)로서의 삶을 벗어나 이제 소용돌이치는 정쟁(政爭)의 한복판으로 들어선 그가 정치적으로 주요한 역할을 하리라는 점은 누구나 예상할 수 있었다. 기해예송 이래 송시열과 서인이 가장 강력하게 배척하는 존재가 윤휴였기 때문이다. 그런데 실제 그를 둘러싸고 벌어지는 논쟁·논란은 그러한 예상을 훨씬 뛰어넘어 전개되었다. 조선이 감당하기 힘든 북벌을 정책 논의의 전면에 내세워 공론화했기 때문이다.[22]

1675년 1월 중순의 경연(經筵)에서는 전에 볼 수 없던 특별한 장면이 펼쳐졌다. 국왕과 신료들이 머리를 맞대고 윤휴가 바친 북벌 상소를 며칠간 자세히 검토했던 것이다. 첫째 날, 숙종은 북벌의 의미를 설명하는 윤휴의 차본을 들은 뒤, 그가 그 이전에 올렸던 「갑인봉사소」와 책자소를 다시 꺼내 오게 하여 이틀 동안 그 의미를 하나하나 살폈다. 즉위 직후, 북벌 상소를 처음 받았을 때 "윤휴의 상소는 곧 화(禍)를 도발하는 말이다"[23]라고 놀라 외쳤던 때와는 달랐다. 숙종은 사흘 연속 긴 시간을 들여[24] 윤휴의 상소문을 읽었다. 장문의 여러 상소문은 이해하기 어려운 내용이 많아, 이때의 독회(讀會)는 윤휴가 중간중간 구절을 해설하고, 입석(入席)한 영의정 허적(許積)이 질문하는 형식을 취하였다.[25] 윤휴는 이 자리에서 조선이 군사를 일으키면 중국인들이 내응하여 청이 무너질 것이며, 역대 중원의 어느 세력에게도 굴복당하지 않았던 한민족이 청에게 패배한 것은 우리 실책임을 강조했다.

'발을 떼자, 복부가 무너진다'라고 한 것에 대해서 영상이 말하기를, "무엇을 말한 것인가?" 하기에, 신이 아뢰기를, "저들이 떠돌이 민족으로서 중국을 차지하여 늘 불안한 마음을 지니고 있습니다. 그런데 우리나라의 일로 인하여 군사를 일으켜 동쪽으로 침범해 올 경우, 중국 사람이 필시 시기를 틈타 일어날 것이니, 이는 저들이 발을 떼는 즉시 복부가 먼저 무너지게 되는 것입니다. 이에 신은, '발을 떼자, 복부가 먼저 무너져 저들 스스로 구제하기에 여가가 없다'라고 한 것입니다. 그리고, '액액 만리(額額萬里)'란 말은, 한유(韓愈)의 평회서비(平淮西碑)에, '크나큰 채주(蔡州)의 성(城)이여, 그 지역이 천리이다'라고 하였는데, 액액은 작지 않다는 뜻이고, 원 세조(元世祖)의 말에, '조선은 만 리의 나라이다'라고 하였습니다. 수 양제(隋煬帝)가 백만의 군사를 거느리고 고구려를 쳤으나 을지문덕에게 패하여 돌아갔고, 당 태종은 천하를 평정하고서 직접 동정(東征)함에 곧바로 요동에 와서 안시성을 공격하였지만 이기지 못하고 돌아갔으며, 요(遼)나라는 고려를 쳤으나 강감찬에게 패하였고, 금(金)나라도 고려를 쳤지만 조충(趙沖)·김취려(金就礪)에게 패하였습니다. 그런데 병자년(丙子年)에 청인(淸人)만이 유독 우리에게 승리하였으니, 이는 전대(前代)에 없었던 일로서 실은 우리의 실책이었습니다. 우리가 미리 계책을 수립했더라면 어찌 갑자기 다른 사람들보다 못하였겠습니까" 하였다.[26]

윤휴의 북벌 상소는 그리하여 국왕이 그 내용을 샅샅이 기억하고 중앙의 주요 관료들이 공유했다. 누군가 올린 상소를 두고 국왕과 신료들이 모여 공동으로 검토하는 강독은 매우 드문 일이었다. 숙종이 윤휴의 상소를 세세하게 살핀 까닭은 윤휴의 요청이 강렬하기도 했겠거니와 이 책자가 던지는 무게감이 엄청났기 때문이었을 것이다.

연속해서 올린 북벌 상소로 말미암아 윤휴는 격변의 정치 상황에서 그의 존재감을 뚜렷하게 부각했다. 한편으로 이 일로 인해 그는 더없이 위험한 사람, 극히 비현실적인 사람으로 인식되는 위기를 맞이했다. 서인은 물론이고 그의 우군인 남인들도 대체로 그의 생각에 동조하지 않았다. 윤휴가 올린 책자소를 본 권대운(權大運)이 "형세(形勢)도 돌아보지 아니하고 큰소리치기를 좋아하는 자는 매우 옳지 아니합니다"[27]고 했던 반응은 이 시기 윤휴를 바라보는 일반적인 모습이었다. 당시 조선인에게 병자호란의 굴욕을 안겨준 청나라는 공포의 강국이었다. 그들이 중국 대륙을 장악하고 있는 현실이 그냥 만들어진 것이 아님을 이들은 익히 알고 있었다. 그런 청나라에 맞서 조선이 동아시아 전역이 얽혀드는 전쟁을 벌이는 일은 그 자체로 자기 파멸의 무모한 행위였다. 복수의 마음을 지녔다 하더라도 이를 행동으로 옮겨 전쟁을 벌이는 일은 쉽지 않았다. 그러기에 출사 후 윤휴의 정치 생활은 고난의 연속일 수밖에 없었다.

2
개혁 구상과 좌절

윤휴가 출사한 이후 정국은 대단히 복잡하게 전개되었다. 서인이 오랫동안 장악하고 있던 권력이 남인에게로 옮겨오는 과정이었기에 권력을 둘러싼 서인과 남인 간의 투쟁은 치열하기 그지없었다. 남인들은 짧은 시간 동안 온갖 노력을 다하여 서인을 제압하고 자신들의 의도대로 정국을 이끌려고 했다. 이때 남인들이 주의를 기울이고 역량을 쏟았던 사안은 크게 두 가지였다.

하나는 서인들에게서 예론의 책임을 묻는 일이었다. 2차 예송이 진행되면서 정치의 주도권을 행사할 수 있게 된 남인은 예송에 대한 정치적 공과를 분명히 하는 일에 역점을 두며 정국을 이끌었다. 전후 두 차례에 걸쳐 일어난 예송은 단지 행례 방식에 대한 문제가 원인이 된 것은 아니었다. 서인이 가진 힘을 무력화하고자 함에 예송의 시시비비를 따지는 일만큼 강력한 무기는 없었다. 그 주 대상은 물론 송시열이었다.

남인 정권의 송시열에 대한 처벌 주장은 여러 단계로 나타났다. 1675년(숙종 1)에 그를 멀리 유배했다가[28] 유배지를 옮긴 뒤[29] 다시 위리안치(圍籬安置)하였다.[30] 이어 1677년(숙종 3)에는 예론의 잘못을 종묘에 보고하자는 고묘론(告廟論)을 제기하였다.[31] 고묘론이 가져올 결과는 엄중했기에 남인과 서인의 대립은 격화되었고 그 사이에 만들어진 긴장감은 최고도로 치솟았다.

고묘 논의는 1677년 5월에 시작되어 해를 넘기며 이어졌다. 논의는 반대론과 찬성론으로 첨예하게 갈렸다. 고묘 논의에 대해 서인들이 반대한 것은 당연했거니와, 남인 내부에서도 강온의 의견 차이가 뚜렷이 노정되었다. 허적을 중심으로 하는 온건파는 고묘 반대를 주장하였고,[32] 반면 허목·이원정(李元禎) 등은 강경한 입장을 취하였다. 윤휴 또한 이에 동조했다.[33] 강경론자의 주장은 이원정에게서 볼 수 있는데, 그는 "대통이 어지러워졌다가 바로잡혔으므로 고묘"하는 것, "송시열의 죄를 알리려는 것이 아니라 종통을 이정(釐正)한 일을 알리려는 것"[34]이라고 하여, 고묘로 인해 송시열이 설령 죽는다 할지라도 송시열 때문에 전례(典禮)를 그만둘 수 없음을 강조했다.[35] 이원정의 발언은 국가에 큰일이 있으면 통상 고묘하던 전례를 상정한 것이었다.[36]

여기에 더하여, 윤휴가 공론화한 북벌론에 따른 정치적 개혁 또한 남인들이 추진한 중요한 사안이었다. 윤휴의 구상에 동조하는 사람들이 그렇게 많지 않았으므로 이를 위한 노력이 큰 성공을 거두지는 않았다. 하지만 남인들은 처음부터 그 실현을 둘러싸고 치열하게 논쟁하고, 일부 사안에 대해서는 법제를 새로 만들고 정책을 바꾸는 등의 노력을 기울였다. 서인들 가운데 몇몇 인물은 이에 협력하는 움직임을 보이기도 했다.

이들 두 사안은 상호 연계되며 정국의 변화를 만들어냈다. 그러나 남인들의 태도는 전일(專一)하지 않았다. 사안에 따라 의견이 분열되고 그 분화된 정치적 견해는 서로 다른 성격의 정치 세력을 결집시키는 힘으로 작동했다. 크게 보아 서인과의 관계에서는 대립각을 세우며 남인으로서의 동질성을 보였지만,[37] 그 내부에서는 적지 않은 분열과 갈등이 나타났다.

이 시기 남인은 청남(淸南)과 탁남(濁南)으로 나뉘어져 있었다. 이 모습이 구체화된 시점은, 실록에 따르면 1675년 4~6월 무렵[38]이었던 것으로 보인다. 실록의 찬자는 청남과 탁남을 다음과 같이 분류하고 있다. '괴수'니 '사냥개[鷹犬]'니 하는 경멸의 표현은 이 시기 상대 당파를 폄하할 때 늘 사용했다는 점을 유의하면서 아래 기사를 읽을 필요가 있다.

허목과 윤휴가 괴수(魁首)가 되고 오정창(吳挺昌)이 모주(謀主)가 되고, 오정위(吳挺緯)·오시수(吳始壽)·이무(李袤)·조사기(趙嗣基)·이수경(李壽慶)이 골자(骨子)가 되었으며, 장응일(張應一)·정지호(鄭之虎)·남천한(南天漢)·이서우(李瑞雨)·이태서(李台瑞)·남천택(南天澤)의 무리들이 매와 사냥개[鷹犬]의 구실을 하였다.[39]

허적(許積)·권대운(權大運)이 우두머리가 되고 민희(閔熙)·김휘(金徽)·민점(閔點)·목내선(睦來善)·심재(沈梓)·권대재(權大載)·이관징(移觀徵)·민종도(閔宗道)·이당규(李堂揆)·이우정(李宇鼎)·최문식(崔文湜) 등이 우익(羽翼)이 되었으며, 오시복(吳始復)·유명천(柳命天)·유명현(柳命賢)·권유(權愈)·목창명(睦昌明)·박신규(朴信圭)·김환(金奐)·민암(閔黯)·유하익(兪夏益)·윤계(尹堦)·권환(權瑍)·이항(李沆)·김해일(金海一)·안여석(安如石)·이덕주(李德周)·우창적(禹昌績)·김빈(金賓) 등이 조아(爪牙)가 되니, 달라붙는 자가 매우 많았다.[40]

탁남으로 분류된 인물들은 대체로 그들의 선조가 고위 관직을 지내 부귀를 누린 경우가 적었다. 반면 청남은 이들과는 반대였다. 청남과 탁남의 명칭 또한 이에 영향을 받았던 것으로 보인다. "윤휴 등은 스스로 청남으로 일컬었고, 허적과 권대운 등의 무리들은 선조(先朝)에 높은 벼슬을 한 자가 많았다 하여 이를 탁남이라 일렀다"고 한 노론의 언급은 이러한 사정을 잘 보여준다.[41] 한편, 청남에 속하는 인물들 중에는 선조가 북인으로 활동하는 경우가 많아, 청남은 북인과의 친연성이 높았다. 윤휴, 허목, 오정창, 이무, 조사기, 이수경, 남익훈, 이태서, 이서우 등의 아버지 혹은 할아버지는 모두 북인이었다.[42]

소용돌이치는 정국 속에서, 윤휴는 그 스스로 논쟁의 주역이 되어 정국 운영의 한 축을 담당하였다. 그는 조선 사회가 전반적으로 개혁되어야 한다고 생각했다. 정치이념, 정치 운영 방식, 정치 제도를 비롯하여 사회, 경제, 법제에 이르기까지 대대적인 변화가 필요하다는 것이 그의 판단이었다. 그러면서도 그가 가장 공력을 쏟았던 사안은 북벌·자강을 이루기 위한 내정 개혁이었다. 숙종대 윤휴의 정치 활동은 북벌·자강을 위한 내정 개혁을 추진하는 일로 일관했다고 해도 무방할 정도로, 그가 이 일에 기울인 열정과 관심은 대단했다. 병거(兵車)의 제작을 건의하고[43] 시제품을 만드는[44] 등 제대로 싸울 수 있는 무기를 마련하는 문제도 깊이 고민했지만, 내정 개혁에 비하면 이는 부차적이었다. 기존의 법제를 바꾸는 일이었기에 그의 제안은 많은 논란을 빚었고, 그 과정에서 적지 않은 변화가 일어났다. 이러한 움직임은 한편으로는 그의 정치 생명을 단축하는 계기로도 작용했다. 1680년(숙종 6) 초, 반(反)윤휴의 공격이 거세게 일어나고 그는 결국 역모 혐의에 연루되며 목숨을 잃었다.

윤휴는 내정 개혁의 과제로 이 시기 각 정파에 의해 분점된 병권(兵權)을 통합하여 군주가 그 권한을 통섭하는 일,[45] 정치·경제상의 적폐를 제거, 민인의 경제적 재생산을 보장하는 가운데 중앙 정부·향촌을 통일적으로 결합하여 군사력을 강화하는 정사(政事) 등이 선결되어야 한다고 인식했다. 이 시기 정치·사회 질서를 급격하게 변혁하는 대경장책이었는데, 이러할 때 군사력을 갖춘 강고한 국가체제가 만들어질 수 있다는 것이 그의 판단이었다.[46]

윤휴는 병권의 통합 방안으로 도체찰사부(都體察使府. 이하 '체부')의 설치를 시도했다. 북벌이 가능하려면 군권의 통합이 필요하며 체부가 이를 가능하게 할 것이라 여겼다. 체부는 군령(軍令)을 통일적으로 관장하는 기구로 효종대까지 잦은 병란(兵亂)으로 상설 상태였지만 현종대 이후로는 폐지되어 있었다.[47] 반면 어영청, 총융청 등의 중앙 군영은 인조대 이래 각 정파의 중요한 정치·경제적 기반으로 활용되었다.[48] 군사적 통합을 생각하는 측면에서 보자면, 이들 군영은 이 시기 정치적·군사적 분열을 제공하는 주요 원인이었다.[49]

윤휴가 체부의 설치를 제안한 시점은 1675년 9월이었다.[50] 그리하여 이동규·오정창·허적[51] 등의 도움으로 같은 해 11월에 설치가 결정되고 허적이 책임자인 도체찰사에 임명되었다.[52] 이후 체부는 훈련도감·어영청의 예속 문제[53]와 관련하여 김석주(金錫冑)가 혁파를 주장하는 등[54] 운영을 반대하면서 1677년 6월 무렵[55]에 해체되었다. 서인이었던 김석주는 김좌명(金佐明)의 아들로 현종비 명성왕후(明聖王后)와는 사촌간이었다. 권력의 핵심부에 있던 인물이라 할 수 있다. 그런 그가 체부 폐지를 주장한 데서 이 기구의 설치와 운영이 당파의 권력 유지에 중요한 역할을 했음을 알 수 있는데, 체부는 1678년 9월 이원정의 복설 주장을 거치며 이해 12월에 복설되었다. 윤휴 또한 여기에 힘을 보탰다.[56] 그러다가 1680년 4월, 이른바 '삼복(三福)의 변(變)'[57]이 터지고 체부가 역모의 중심 기관으로 지목당하면서 혁파되었다.[58]

병권의 통합을 명분으로 내걸고 시작한 체부의 설치는 실제 남인의 병권 장악과 연관이 있었다. 당시 병권은 훈련도감, 어영청, 총융청 등 중앙 군영에 집중되어 있었으므로 병권에 영향력을 발휘하기 위해서는 이들 중앙 군영을 장악해야 했다. 체부 혁파 이후 남인과 서인은 중앙 군영의 운영을 둘러싸고 치열한 갈등을 겪었다. 체부 혁파 후 복설까지의 과정은 다음과 같다.

이 무렵 병권 장악을 둘러싸고 갈등을 보이는 대표적인 사건이 김익훈(金益勳)의 어영대장 임명이었다. 1678년 3월, 국왕은 중비(中批)로 어영대장 이여발(李汝發)의 후임에 김익훈을 임명하였다. 이때 김익훈은 광주 부윤에 재직 중이었는데 사헌부에서 그의 파직을 청하고 있었고, 또 이날 허적이 남인인 이원정과 이우정을 어영대장으로 추천한다는 뜻을 진달하였는데도, 갑자기 김익훈을 임명했던 것이다.[59] 이때 김익훈의 임명은 김석주와 명성왕후의 논의에 따른 것이었다.[60]

하지만 김익훈의 어영대장 임명은 남인들의 반대로 철회되었다. 대신이 자리에는 김석주가 임명되었다. 이로써 총융대장은 숙종의 장인[國舅]인 김만기(金萬基), 병조판서와 어영대장은 김석주가 겸하게 되는데, 이로써 남인 정권 아래에서도 서인 외척들이 가진 힘이 어느 정도였는지 헤아릴 수 있다.

이후 서인들은 자신들이 장악하던 군사력을 보다 강화할 것을 시도하였다. 1678년 9월에는 김석주가 금려(禁旅)를 가설할 것을 요청하여 숙종의 허락을 받았다. 이때 이원정이 그 조치를 거두기를 청하는 한편으로[61] 체부를 다시 설치할 것을 요청하였다.[62] 금려를 설치하고 또 체부를 복설하면 비용이 많이 들어가므로, 체부를 회복시킨 뒤 여기에 금려 소속 군병을 예속시키면 비용 절감의 효과가 생기며 나아가 군문을 총통(摠統)할 수 있고 병정(兵政)을 청결(聽決)할 수 있다는 것이 그 주된 내용이었다. 이는 허적이 내세우기도 했던 논리였다. 체부 복설은 그해 12월 말, 이원정이 재차 요청하고[63] 윤휴가 강력히 뒷받침하여 현실화되었다.[64] 도체찰사에는 허적이 임명되었다.[65]

복설된 체부는 남인의 병권 장악을 가능하게 하는 기구적 토대였다. 군사력을 결집할 수 있는 강력한 도구이기도 했다. 윤휴는 복설 이후 이를 더 강화하고자 했다. 1679년 9월, 윤휴는 숙종에게 체찰부절목(體察府節目)을 논의하여 정하는 한편 부체찰사(副體察使) 및 찬획사(贊畫使)를 차출하고 국왕이 병권을 총관(摠管)하도록 요청했다.[66] 그러나 여기에 김석주가 부체찰사로 참여함으로써 윤휴의 구상에 제동이 걸렸다. 1679년 11월에 허적이 김석주, 윤휴, 이원정 세 사람을 부체찰사로 추천하자 숙종은 김석주를 지명함으로써 김석주에게 힘을 실어주었다.[67] 이후 이 난관을 타개하기 위해 허적이 부체찰사를 한 명 더 두기를 요청하고 그 자리에 윤휴를 추천했지만 숙종은 이를 거부했다. 반면에 김석주의 요청으로 이원정을 찬획사로 삼아 도체부에 참여하도록 했다.[68] 이때 김석주는 병조판서와 어영대장을 겸하고 있는 상태에서 또 부체찰사까지 맡으면 그 권한이 과중해진다고 윤휴가 비판한[69] 대로, 엄청난 권력을 쥐고 있었다. 그런 점에서 그는 서인의 권력 붕괴를 막는 보루와 같은 존재였다.

군사력을 강화하는 방법으로 윤휴는 향촌 사회의 최하부까지 공권력이 침투하도록 하여 향촌 사회와 민인을 통일적으로 파악하고, 부세제도의 이정(釐整)을 통해 민의 재생산 기반을 충실히 마련할 것을 구상했다. 무력과 경제력을 갖춘 강고한 국가체계를 확립하기 위해서는 그 기반이 되는 향촌 사회·민인이 가진 문제를 일차적으로 재정비해야 한다는 문제의식에서 나온 방안이었다.

오가통법(五家統法)과 지패법(紙牌法)은 이러한 구도 위에서 제시된 법안이었다. 윤휴는 1675년 1월 조정에 올린 '시무(時務) 9조'[70]에서 오가통법·지패법의 조속한 실시를 주장하고, 같은 해 9월 「오가통사목(五家統事目)」의 반포를 주도했다.[71] 지패법은 그보다 두 달 뒤인 11월에 시행하기로 결정했다.[72]

윤휴는 오가통법·지패법과 함께 호포법(戶布法)을 제안했다.[73] 이 시기 양민의 최대 질고인 군역(軍役)의 백골(白骨)·아약(兒弱)·도망자(逃亡者)에 대한 징포(徵布) 문제[74]는 이제까지 역을 지지 않고 있던 용병(冗兵)·유수자(遊手者)·사족(士族) 들에게 군포를 거둘 때[75] 해결할 수 있다는 방안이었다.

숙종 초반, 윤휴는 정국의 중심에 서서 정치를 이끌었다. 그가 제시한 북벌론, 북벌을 위한 내정 개혁 구상은 몇 년간 숙종을 비롯하여 신료들의 주된 화두가 되었다. 그가 제안한 구상 가운데 체부, 오가통법, 지패법 등은 실제 현실화되었다. 윤휴의 처지에서 보면 만족스럽지는 못한 수준이었지만, 그래도 이들 군사 기구와 법제는 적지 않은 사회 변화를 만들어내는 점에서 주목할 만한 의미를 지니고 있었다.

하지만 서인들에게 윤휴는 '눈엣가시'와 같은 존재였다. 숙종 즉위 후, 서인들로서는 남인의 공격을 받으며 정치적으로 대단히 압박받는 위치로 몰렸다. 그 공세의 중심에 윤휴가 있었다. 예론이 잘못된 것으로 정리되고,

송시열은 멀리 유배된 상태 그 자체로 치욕이었거니와 이로 말미암아 서인의 정치력을 유지할 수 있는 기반이 매우 약해졌다. 더군다나 체부를 설치하여 군권을 장악하고 기존의 질서를 흔드는 내정 개혁을 추진하면서, 북벌을 위한 사회적 긴장감도 고조되었다.[76] 이 국면에서 서인들은 잃어버린 권력을 되찾는 작업을 벌임과 동시에 윤휴 또한 제거하고자 했다. 이 움직임은 혁파했던 체부를 복설한 1678년 연말 이후 눈에 띄게 나타났다.

서인들의 윤휴 공격은 다양하게 이루어져, 그가 복창군 이정(李楨)·복선군 이남(李柟)과 친하게 지낸다고[77] 허물 삼거나 금송(禁松) 수천 그루를 무단으로 벌채하여 집을 지었다고 고발하기도 하고,[78] 송시열과 송준길의 문인인 송상민(宋尙敏)이 수만 자에 달하는 상소문을 올려 윤휴 예론의 잘못을 거론하기도 했다.[79]

결정적인 상황은 1680년(숙종 6) 3월 말, 환국(換局)이 일어나면서 펼쳐졌다. 환국은 이해 3월 28일 숙종이 "재앙과 변이(變異)가 거듭 이르고, 불안한 의심이 여러 가지가 있고, 거짓말이 떠들썩하니, 서울에 있는 친위병(親衛兵)을 거느릴 장수의 임명은 국가와 지극히 친하고, 직위가 높은 사람으로 하지 않을 수가 없다"고 비망기를 내리며 김만기를 훈련대장으로, 신여철(申汝哲)을 총융사로 임명하면서 시작되었다.[80] 이때 공조판서 유혁연(柳赫然)은 해임되었다. 다음 날 숙종은 철원에 귀양 가 있던 김수항을 해배하고, 이조판서 이원정의 관작을 삭탈하는 한편으로 문외출송(門外黜送)하며,[81] 남인 축출을 본격화하였다.

윤휴는 이 상황에서 예전에 숙종에게 '자전 곧 명성왕후의 동정(動靜)을 조관(照管)해야[82] 한다'고 건의했던 사실이 빌미가 되어 먼 변방으로 귀양 가는 처벌을 받았다.[83] 본래 윤휴가 이 말을 하게 된 시점은 1675년 3월, 명성왕후가 야대청(夜對廳)에 나와 대신과 비국의 여러 신하를 앞에 두고 복창군 이정과 복평군 이연(李㮒)을 처벌해야 한다[84]고 이야기를 한 뒤였다. 명성왕후와 서인이 연결되어 있으니, 서인을 통제하기 위해서는 명성왕후를 제어할 필요가 있다는 것이 윤휴의 판단이었다.[85] 야대청에서의 명성왕후의 행동은 홍우원이 '부인(婦人)은 안에서 위치를 바르게 하여 바깥의 일을 간섭하지 않는다'[86]는 내용으로 상소하여 지탄할 정도로 파격적이었는데, 명성황후가 이와 같이 하게 된 것은 궁궐에서 이정과 이연이 나인과 음란한 행동을 한 사실이 드러난 뒤, 그 행동을 두고 처벌 논의가 일다가 유야무야되자 이를 촉구하기 위해서였다. 이후 윤휴가 이 말을 숙종에게 한 사실이 알려지자[87] 판중추부사 김수항이 이 문제를 거론했다가[88] '모자(母子) 사이를 이간한다'는 혐의로 유배되었다.[89]

환국 후 변방으로 유배 당했던[90] 윤휴의 운명은 1680년 4월 5일 허견(許堅)과 복선군 이남의 역모 사건이 터지면서 돌이킬 수 없는 상황으로 내몰렸다. 정원로(鄭元老)·강만철(姜萬鐵)이란 인물의 고발[91]로 시작된 이 역모 사건의 주된 내용은 허적의 서자 허견이 이남과 논의,[92] 체부를 복설하여 군사 기반으로 삼고 정변을 일으켜 숙종을 몰아내려고 했다는 것이었다.

허견의 역모사를 빌미로 환국의 정세가 격화되고 남인 축출이 가속화되면서,[93] 서인들은 체부 설치를 주도했던 윤휴를 이 사건에 엮으려고 했다. 그러나 윤휴가 체부를 설치하자고 주장한 것은 그의 출사 초기부터 추진된 것이었기에 역모와는 상관이 없었다. 이에 서인들이 문제 삼았던 것은 1679년 4월에 올린 윤휴의 '비밀 상소[密疏]'였다.[94]

이 상소는 1679년 4월 '나라에 원한을 품은 몇 명이 역모를 꾀하려고 한다'는 익명서(匿名書)[95]가 나온 이후 작성된 것이었다. 윤휴는 비밀 상소에서 익명서에서 거론하는 인물들에게 군대를 거느리게 하지 말자고 했다. 그런데 환국 후, 익명서를 제작했던 이환(李煥)이 서인 재상들을 제거하기 위해 이태서와 모의하여 이 익명서를 작성했다고 자백하면서,[96] 이 일이 남인의 공작임을 밝혔다. 이에 숙종은 익명서를 걸던 날 이환이 윤휴의 집에서 자면서 이 일을 비밀히 의논했고 윤휴는 비밀 차자를 올려 익명서 속에 기록된 인물들을 다 죽이려 했다[97]고 하여, 윤휴를 국문하도록 하였다.

숙종이 익명서를 두고 이와 같은 판단을 내린 경로는 분명하지 않으나,[98] 이 무렵 숙종은 윤휴에 대해 극단적으로 배척하는 감정을 가지고 있었던 것으로 보인다. 여러 차례의 형신이 있었지만, 윤휴가 자백하지 않은 상태에서 숙종은 그에게 사형을 시행하도록 명령하였다.[99] 사형 집행은 대간이 아직 국문이 끝나지 않았다고 하여 문제를 제기하면서[100] 며칠 지체되었다. 그러다가 대간의 계문이 멈추면서 1680년 5월 20일 실행에 옮겨졌다.[101] 이때 윤휴 나이 63세였다.

김수항의 다음 발언은 윤휴 처벌이 어떤 맥락에서 이루어졌는지 분명하게 보여준다.

> 윤휴가 '조관(照管)'이라는 말을 하고 체찰부의 복설을 청한 것은 그 죄가 비록 무겁기는 하나, 곧바로 사죄(死罪)로 논단하기는 지나친 듯합니다. 비밀 차자에 있어서는 비록 죄는 다소 가벼우나 그 실정을 용서할 수 없으니, 이 일로써 형(刑)을 청한 것은 불가함을 보지 못하겠습니다.[102]

서인의 남인 공격은 역모를 내세우고 또 이와 관련하여 증거를 내세웠기에 숙종의 마음을 휘어잡기가 어렵지 않았다. 숙종은 허견과 복선군 이남을 역모 행위로 처벌하고 허적 또한 죽였다.[103] 이원정은 유배형을 받았다가 재차 국문 과정에서 죽었다.[104] 이리하여 서인은 다시 정권을 장악하고 남인은 퇴각했다. 윤휴는 불과 5년 남짓한 관직 생활 끝에 역모 혐의를 쓰고 생명을 잃었다. 서인들이 보기에 윤휴는 이 시기 가장 위험한 존재였다. 살려두면 생길 화단을 이들은 반역자로 몰아 미연에 방지하고자 했던 셈이다.

정부에서는 윤휴를 처벌한 후, 그가 주도하여 시행했던 오가통법·지패법을 중단하도록 했다.[105] 그의 다섯 아들도 모두 유배하는 조치를 내렸다.[106] 그리하여 윤의제(尹義濟)는 명천(明川), 윤하제(尹夏濟)는 평해(平海),

윤은제(尹殷濟)는 맹산(孟山), 윤융제(尹隆濟)는 영해(寧海), 윤경제(尹敬濟)는 진주(晉州) 등 남북의 먼 지역으로 유배되면서 멸문(滅門)에 버금가는 화를 당하는 상황이 펼쳐졌다. 이후 큰아들 윤의제는 배소에서 세상을 떠나고 다른 아들들은 해배되었다.[107]

윤휴 사후, 격변하는 조선의 정치는 그의 지위를 끊임없이 바꾸었다. 기사환국(己巳換局)으로 남인이 집권하면서 정부에서는 그를 신원했다. 아들 윤하제가 격쟁하여 억울함을 호소하고,[108] 정부에서는 이를 받아들여 죄가 날조되었다는 처분을 내렸다. 이후 남인 정권은 그의 역모 혐의를 벗겨줌과 동시에 영의정에 추증했다.[109] 죽음에서 돌아올 수 없었지만, 윤휴는 예전의 명예를 다시 회복한 셈이었다. 하지만 그 시간은 오래가지 않았다. 갑술환국(甲戌換局) 이후, 윤휴는 다시 죄인의 처지로 떨어졌다. 이후 상황은 변하지 않고 지속되었다. 오랜 시간, 악마와 같은 존재로 평가받던 윤휴는 조선의 생명이 다하는 시점에 이르러 복관되었다.[110]

2부

경서 해석과 권위에의 도전

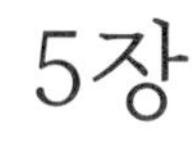

5장

경서와 권위에의 도전

1
윤휴 학문의 개성과 경서 해석의 원형

1) 경서에 대한 독자적 이해

윤휴의 사상은 특정 스승의 영향권 내에서 형성되지는 않았다. 그의 가계나 어린 시절의 교유 관계 등을 통해 본다면 그가 서경덕에서 연원하는 학문 경향, 비유교적 사유 세계 등에 영향을 받을 수 있었던 환경에서 자랐던 것은 분명하지만, 학문적 성취를 크게 이룬 학자의 친자(親炙)를 받지는 않았다. 이미 영남이나 경기·충청 지역에서 이황과 이이의 학파가 만들어지고 긴 시간 개척된 사승(師承) 관계를 통하여 학파 내부에서 학문적 개성을 만들어가는 모습과는 크게 다른 양상이었다. 이러한 조건은 윤휴가 공부하기 좋은 환경에서 주위의 도움을 받으며 충실하게 공부하는 데는 약점으로 작용했지만, 또 다른 면에서 보면 자유롭게 자신의 개성을 충분히 살리며 사유의 나래를 펼칠 수 있게 하는 여건이 되기도 했다.

윤휴의 학문과 사상 활동을 특징짓는 가장 중요한 요소는 경학(經學)에 대한 해박한 지식과 관련 저술이다. 이는 경서(經書)에 대한 충분한 독해와 의미 파악을 넘어서는 새로운 경서 해석, 경서 이해와 연결된다. 윤휴는 기존에 틀 잡혀 있는 경서의 해석을 그대로 따르는 대신 독자적인 방식으로 경서를 읽어 자신의 견해를 세우고 이를 바탕으로 세계와 인간을 이해하고 정치 운용의 원칙을 설정하였다.

조선 학자들이 접하던 경서의 세계는 중국 학술의 오랜 전통 위에서 확립된 것이기에 자신의 방식대로 그 의미를 새롭게 밝히는 작업은 쉬운 일이 아니었다. 아무나 할 수 있는 일도 아니었다. 경서를 읽는 과정에서 특정 구절에 대한 해석에 의문을 품고 자신만의 신선한 독해(讀解)를 제시하는 경우가 있기도 했지만,[1] 한 권의 경전 전부 혹은 경서 전반에 대한 해석 체계를 갖추는 일은 유별난 일이었다. 윤휴는 이 점에서 보면 특별하다고 할 정도의 경서 해석의 성과를 내고 있었다.

16세기 중엽에 이언적이 『대학』을 독자적으로 해석한 경험이 있고,[2] 그 뒤에 노수신이 송·명대 중국에서의 『대학』 해석을 둘러싼 여러 학자들의 견해를 모으고 또 그 책이 간행되어[3] 학계에 많은 관심을 불러일으키기도 했지만, 새로운 경서 해석을 위한 노력이 학계에 중요한 전통으로 자리 잡지는 못했다. 오히려 주희가 주석을 확정한 『대학장구』와 같은 책은 신명(神明)처럼 받들어야 할 책으로 인식되었기에, 주희와 견해를 달리하는 생각을 조금이라도 피력하고 저술을 짓는 일은 망령된 행동으로 지탄받았다.

> 후생 말학에게 주 부자(朱夫子)의 『대학장구』는 본래 신명처럼 받들어야 하는 책이니, 어찌 감히 신기한 의론을 멋대로 제기하여 마음과 뜻을 어지럽힐 수 있겠습니까. 그러나 주 부자 이전에 하남(河南)의 두 선생께서 개정한 것도 본래 각기 달랐고, 주 부자 이후 동괴(董槐)와 황진(黃震) 이하의 여러 학자들이 주장한 설들도 각기 달랐습니다. 우리 회재(晦齋, 이언적) 선생에 이르러서 또 『대학장구보유』를 지으셨고, 퇴도 선생과 율곡 선생은 본래 정론(定論)을 두셨는데 율곡 선생 역시 '청송(聽訟)' 일절로 '본말(本末)'을 해석하는 것은 온당치 않다는 말씀을 하셨습니다. 여기에서 의리가 무궁함을 볼 수 있습니다. 선유 가운데 이단의 책에 대해 그 설이 어떠한지 살펴본 분이 더러 있었습니다. … 윤희중(尹希仲, 희중은 윤휴의 자) 무리가 본서를 멋대로 개정하여 독자적으로 설을 세운 것에 비할 바가 아닙니다. 그러나 격물치지전(格物致知傳)과 관련한 여러 설을 뽑아서 기록한 것은 여전히 새로움을 추구하고 기이함을 좋아하는 일로 귀결될까 두렵습니다. 삼가 바라건대 대감께서 한번 보신 뒤 그 광

망함을 비웃으시고 이어 책 뒤에 몇 줄의 글을 써서 저를 깨우쳐주시면 어떻겠습니까?[4]

서인 학자 이단상이 송준길에게 보낸 편지의 일부이다. 작성 시점은 1666년 무렵이다. 송대 유자들과 왕양명 등 『대학』에 대한 여러 학자들의 견해를 묶은 『대학집람(大學輯覽)』이란 책을 편차하여 보여주며, 자신의 작업이 새로움을 추구하고 기이함을 추구하는 일이 아님을 변명하는 내용이다.[5] 그는 윤휴의 행동을 대비하며 자신을 변호했다. 윤휴가 살던 그 시점에 윤휴는 이전 시기 조선에서는 쉽게 볼 수 없던 매우 특화된 학문 영역의 개척자였다.

이의(理義)는 똑같은 인심(人心)에서 나온 것이지만 천하의 이치는 한 사람의 지혜로 두루 알 수 있는 것이 아니다. 그러므로 그 얻은 것을 넓히고 지닌 것을 발휘하여 적절한 단어를 찾고 생각을 깊이 해서 선왕(先王)의 도를 밝히고 이것을 천하와 함께 공유하는 것이 또 어찌 성현의 마음이며 학자의 일이 아니겠는가. 이것이 곧 예로부터 선각(先覺)들이 끊임없이 도술(道術)이 정립되지 못함을 두려워하여 천하의 근심을 혼자 안고서 감히 스스로 한가할 겨를이 없이 심지어 한밤중에라도 얻은 것이 있으면 바로 촛불을 밝히고 그 얻은 것을 기록했던 까닭이다. 중니(仲尼)가 육예(六藝)를 닦아서 도를 넓히고, 자사(子思)·맹자(孟子)가 선성(先聖)의 도를 진술하여 인심을 바르게 하였으니, 군자에게는 부득이함이 있는 것이다.[6]

경서 해석의 세계는 넓으며, 과거 선각들이 그러했듯이 자신 또한 경서의 깊은 의미를 드러낼 수 있다는 자신감 혹은 사명감을 읽을 수 있는 발언이다. 윤휴의 새로운 경서 해석 작업은 20대부터 시작하여 만년에 이르기까지 꾸준하게 이루어졌다. 그 주석 대상도 『대학』으로부터 『시경』, 『상서』에 이르기까지 주요 경전 대부분을 포괄하고 있다. 주해의 내용과 방식은 그러나 일률적이지 않아, 경전의 전 내용과 체계를 문제 삼아 독자적인 차제(次第) 설정을 하는 경우부터 부분적이고 축자적인 해석에 머물기까지 많은 차이를 보인다.[7] 그 해석 대상과 방식은 크게 세 범주로 나누어 살펴볼 수 있다.

첫째, 『효경』에 대한 표장이다. 윤휴는 『효경』의 경전으로서의 의의가 『대학』, 『중용』에 버금간다고 보고[8] 이의 내용과 외연을 확대하는 데 많은 노력을 기울였다. 그가 주석하고 또 편찬한 『효경장구고이(孝經章句考異)』, 『효경외전(孝經外傳)』, 『효경외전속편(孝經外傳續編)』 등 여러 편의 글은 그러한 작업의 성과였다.[9] 『효경장구고이』는 『효경』 자체에 대한 주석서이며,[10] 뒤의 두 편은 『효경』과 관련되는 경전의 편목(篇目), 논설(論說)을 모아 묶은 편찬서이다.[11]

윤휴는 『예기』의 한 편목인 「내칙(內則)」 또한 『효경』과 연관하여 중시하였는데, 그 결과 「내칙」에 대한 여러 주석을 모으고 또 「내칙」의 의미를 담고 있는 글들을 묶어 『내칙외전』으로 편찬하기도 했다.[12]

둘째, 주자학의 중심 경전을 대상으로 한 주해이다. 여기에는 『대학』의 『고본대학별록(古本大學別錄)』, 『대학전편대지안설(大學全篇大志按說)』, 『대학후설(大學後說)』,[13] 『중용』의 『장구차제(章句次第)』, 『분장대지(分章大志)』, 『주자장구보록(朱子章句補錄)』[14] 등 『대학』과 『중용』의 두 경전을 주석한 글이 있다.[15] 『대학』에 대해서는 고본(古本) 『대학』을 인정하여 이를 바탕으로 주해 작업을 펼쳤다. 『중용』의 경우에도 윤휴는 33장 체재의 주희 『중용장구』와는 달리, 10장으로 재구성하고 그 의미를 천착하였다.[16] 주자학을 경학적으로 보증하는 경전이 『대학장구』와 『중용장구』였던 점에서 윤휴의 이들 경전에 대한 독자적 이해는 그의 경학이 주자학을 전면적으로 문제 삼았음을 짐작하게 한다.

셋째, 오경에 대한 독서기(讀書記)이다. 『주례(周禮)』, 「홍범」, 『예기(禮

記)』, 『상서(尙書)』, 『시경(詩經)』, 『춘추(春秋)』 등을 읽고 연구하며 얻었던 생각을 정리해서 묶었다.[17] 편차의 방식을 보면 주해서라기보다는 '독서기'로 보는 게 적절하다. 앞의 『효경』, 『대학』 등의 해석이 체재와 내용에 대해 집중적인 천착을 가했다면 이들 경서의 독서기에서는 책 전체를 요약하거나 특정 편장의 주요 내용만을 해설했다.

『주례』에 대해서는 몇 가지 주제를 설정하여 전체 내용을 요약·정리하며 이 경전의 의미를 드러내고자 했으며, 『예기』는 18개 편장의 구절에 대한 자신의 생각을 담았다. 「홍범」은 「홍범경전통의(洪範經典通義)」란 이름으로 상세한 분석을 가했다.[18] 「홍범」과 연관하여 윤휴는 『중용』, 『대학』, 『효경』이 경(經)과 전(傳)의 순서를 반복해서 구성한 것과 표리를 이룬다고 이해하여 그 중요성을 높이는 한편으로,[19] 군주의 위상을 적극적인 사공(事功)의 주체와 관련하여 해석했다. 도덕의 표상으로 이해한 주자학에서의 군주상과는 다른 모습이었다.[20] 『상서』는 「요전(堯傳)」을 비롯한 26편의 중요 구절을 해석하고, 『시경』에 대해서는 한(漢)대의 모시(毛詩), 정현(鄭玄)의 주해(註解), 신씨(申氏)의 해석을 원용하여 주희의 『시경』 이해와는 다른 새로운 접근을 모색하였다. 주희가 『시경』을 두고 '성정(性情)의 올바름'을 얻는 데 필요한 교화서(敎化書)라고 보았던 것과는 다르게[21] 윤휴는 이 책의 성격을 위정자의 실정(失政)에 대한 비판과 풍자, 백성에 대한 교화를 담은 경전으로 이해했다.[22]

윤휴의 다양한 경서 해석의 규모와 성격을 정리하는 일은 윤휴의 학문과 사상 이해에 필수가 된다. 필자는 두 가지 점을 주목했다. 먼저, 그의 경서 연구의 원형이다. 윤휴는 초창기에는 「홍범」과 『주례』, 『중용』의 연구에 집중했다. 20대 후반에 이루어지는 이들 경서 해석은 그의 학문적 관심사가 무엇이었는지, 그의 학문적 재능이 어디에 있었는지를 알려준다. 경서에 대한 해석이 기존에 확립된 의견에 의문을 가지고 새로운 길과 방법을 찾는 행위이므로, 초창기 연구의 특성을 살피게 되면 윤휴의 학술을 객관적으로 평가할 수 있는 근거를 보다 풍부하게 확보할 수 있을 것이다. 윤휴는 「홍범」과 『중용』의 경우, 이후로도 연구를 진행하여 젊은 시절의 생각을 보완하였고 『주례』에 대해서는 「공고직장도설(公孤職掌圖說)」[23] 이란 저술을 통해 『주례』의 법제와 관료들의 세계를 세세하게 드러내고자 했다.[24]

윤휴가 경서를 이해한 또 다른 면모는 경전의 세계가 일관된 원리로 체계화되어 있다고 파악하고, 이를 따라 경서 해석을 집중한 점이다. 『효경』, 『대학』, 『중용』의 주석이 여기에 속한다. 이들 세 편의 주석은 당시 조선에서는 그 누구도 시도하지 않았던 독자적인 주석서의 형태를 띠는데, 여기에는 그러한 사정이 작용했기 때문이라고 할 수 있다. 윤휴는 유학에 대한 자신의 이해를 세우고 이를 이들 주요 경전을 통해 확인하려고 했던 것이다.

그리하여 그는 자신이 확인한 원리를 전면에 드러내며 이들 경전으로부터 세계의 구성과 운동 원리, 인간 사회의 운영 방법 등을 탐색하고 이론화하고자 하였다. 주자학의 세례를 크게 받았으며 그리하여 그것으로부터 완전히 벗어난 것은 아니었지만, 그의 해석은 주자학에서의 주된 명제와 논점을 문제 삼으며 그만의 새로운 내용을 담아내고 있었다.

윤휴 경학 사상의 성격과 그 역사적 의미는 그의 젊은 시절의 문제의식을 온전히 담고 있는 경서 해석, 그리고 사친학(事親學)과 사천학(事天學)을 담고 있는 경전을 중심으로 검토하고 탐색한다면 그 본령에 쉽게 다가갈 수 있을 것이다. 이를 위해 이 장에서는 젊은 시절 형성되는 윤휴 경서 해석의 원형적 특질, 그리고 그가 중요하게 여겼던 핵심 경전의 이해 방식과 성격을 집중해서 살필 것이다.

2)「홍범」 연구와 독자적 이해

윤휴의 경서 해석의 출발을 보이는 성과는 20대 후반에 이루어진 '홍범설(洪範說)'이다.[25] 이 글은 현재 「홍범경전통의(洪範經傳通義)」라는 이름으로 『백호전서』에 실려 전한다.[26] 윤휴가 학술 활동의 첫발을 새로운 「홍범」 이해로부터 내디뎠음은 의미심장하다. 「홍범」은 『서경』의 한 편목으로 편제되어 있을 뿐 독립된 경서는 아니었지만, 오랜 시간 중국 삼대의 정치론을 담고 있는 자료로 주목받아왔다. 윤휴가 자신의 경서 연구를 이 자료로부터 시작한 것은 당대 학문이 가진 문제를 뛰어넘어 새로운 해법을 찾음에 「홍범」이 크게 도움을 주리라고 생각했기 때문이다. 이후 윤휴는 20여 년의 시간이 흐른 뒤에 젊은 시절의 생각을 보완하는 글을 덧붙여 실었다. 이때가 1662년, 그의 나이 46세 때였다.[27]

1662년은 기해예송 이후 윤휴가 정치권과 거리를 두고 학문 연구에 몰두하던 시점이다. 윤휴는 이때 『효경』에 대한 연구와 주석을 마무리하며 『효경장구고이』를 완성하게 된다. 젊은 시절의 생각을 보완한 글과 윤휴가 집중했던 경서의 해석이 생각이 무르익은 시기에 함께 마무리되는 점이 공교롭다.[28] 「홍범경전통의」를 마무리한 후 윤휴는 이 저술이 『효경』의 내·외전과 짝을 이룬다고 했다.[29]

경서 해석 작업이 「홍범」 연구로부터 시작되고 또 사고의 난숙기에 이르기까지 그때의 이해를 보완하는 노력을 놓지 않은 점에서 「홍범」에 대한 윤휴의 생각, 즉 윤휴의 '홍범관'은 그의 사유의 원형을 이룬다고 할 수 있을 것이다. 그런 면에서 윤휴의 홍범관에 대한 분석은 윤휴의 경서에 대한 연구, 그리고 그와 연관하여 나타나는 새로운 정치론의 성격이 초기 어떤 내용과 성격으로 틀 잡히는지를 이해함에 많은 도움이 된다.[30]

「홍범」은 『서경』의 주서(周書)에 실린 한 편명이다. 우왕이 지은 글을 기자(箕子)가 주나라 무왕(武王)에게 제시하며 정리한 정치론을 담고 있어

표 6 | 「홍범」 구주의 구성과 내용

구주(九疇)	1	2	3	4	5	6	7	8	9
내용	오행(五行)	경용오사(敬用五事)	농용팔정(農用八政)	협용오기(協用五紀)	건용황극(建用皇極)	애용삼덕(乂用三德)	명용계의(明用稽疑)	염용서징(念用庶徵)	향용오복(嚮用五福) 위용육극(威用六極)

오랜 시간 중시되어왔다. 분량은 얼마 되지 않지만 유교 정치사상의 핵심적인 내용을 담고 있기 때문에, 그 자체로 독자성을 지니고 있었다. 윤휴는 기자가 무왕에게 신복(臣服)하지 않은 상태에서 「홍범」의 정치론을 무왕에게 알려주고 조선으로 떠났다고 이해했다. 여기에는 오행(五行)을 비롯, 오사(五事), 팔정(八政), 황극(皇極) 등 모두 아홉 범주에 걸쳐, 군주가 정치를 함에 필요한 요목들을 〈표 6〉과 같이 제시하고 있다.

「홍범」은 한(漢)대에 「홍범오행전(洪範五行傳)」이 성립한 데서 볼 수 있듯, 한·당의 사상에 적지 않은 영향을 미쳤다.[31] 송대에 들어와 「홍범」은 다시 새롭게 이해되기 시작하는데, 그 결정적 계기가 된 것은 주희의 「홍범」 이해였다. 주희 홍범관의 핵심을 담고 있는 글은 「황극변(皇極辨)」[32]인데, 주희는 이 글에서 황극과 「홍범」의 의미를 새롭게 해석하여 전통적인 홍범관을 넘어서는 이해 체계를 세웠다. 주희의 홍범관은 이후 그의 제자 채침이 이어 그의 『서집전(書集傳)』에 반영했다.

조선에서도 주자학이 본격적으로 활용되면서 「홍범」의 의미를 새롭게 주목하고 있었다. 그 이전 고려에서 「홍범오행전」의 영향을 많이 받았던 것과 달라진 모습이었다.[33] 특히 군주성학(君主聖學)에 대한 관심이 고조되고 그에 대한 이론적 천착이 심화되면서 「홍범」의 세계, 그 중에서도 특히 황극에 대한 해석이 확산되고 있었다. 권근은 「홍범」의 내용을 「홍범구주천인합일도(洪範九疇天人合一圖)」로 압축하여 이해하기도 했으며, 이황과 이이에 이르러서는 군주성학의 주요한 개념으로서 강조되었다. 특히 이이의 경우에는, 『성학집요(聖學輯要)』에서 '황극'의 의미를 크게 드러내어 강조하였다. 대체로 15~16세기 조선의 「홍범」 이해는 주희와 채침의 견해에 기준하여 이루어졌던 것으로 보인다.[34]

「홍범」에 대한 탐구가 본격적으로 행해진 것은 17세기에 들어와서였다. 「홍범」 자체에 대한 소논문이 자주 나타나고,[35] 나아가 「홍범」을 통하여 경세(經世)의 원리를 궁구하고 구체적인 법과 제도를 모색하는 모습을 볼 수 있다.[36] 별도로 「홍범」 자체를 연구 대상으로 하여, 이 시기 조선인들이 '범학(範學)'이라 부르는 경우까지 있었다.[37]

「홍범」을 해석하여 독자적인 주해를 내는 윤휴의 작업은 17세기 학계의 분위기와 궤를 같이하는 모습이라 할 것이다. 윤휴는 주희의 해석을 참고하고 근거로 하면서도, 자신만의 독자적인 견해 위에서 행했다. 이 점은 뒤에서 보겠지만, 『효경』이나 『대학』, 『중용』을 주석하면서, 주희의 견해를 일부 인정하면서도 자신만의 견해를 새롭게 제시하는 것과 유사한 모습이다.

윤휴는 「홍범오행전」에 대해 그 개성을 일부 인정하면서도 연원을 깊이 헤아려 치도(治道)를 드러내지 못한 점은 한계라고 인식했다. 한편 주희가 황극을 '대중(大中)'으로 이해하는 천년의 오류를 깨트리고 또 독공(篤恭)의 논리를 제시하는 공을 세웠다고 이해했다. 주희의 작업에 의해 그간의 잘못된 생각이 바로 잡혔다는 것이 윤휴의 판단이었다. 그러면서도 윤휴는 주희의 해석에 미진한 점이 있다고 보았으며 특히 그 제자 채침은 스승의 견해를 미루어 천명하지 못했다고도 생각했다.[38] 아직도 더 새롭게 해석해야 할 대목이 있다는 것이었다.[39]

윤휴의 「홍범」 이해는 다음 몇 가지 점으로 나누어 그 특성을 살필 수 있다. 첫째, 윤휴는 천인감응(天人感應), 천인상관(天人相關)의 관념 위에서 「홍범」을 이해하고자 했다. 군주가 벌이는 정치적 행위는 '하늘(天)'에 반영되고, '천'은 여러 징표를 통하여 그를 평가하는 존재라는 이해였다. 군주는 '하늘'과 직접적으로 대면하고 군주 정치는 하늘과 직접 소통하므로, 하늘과 사람은 직접적이고 감정적이며 물리적으로 소통하는 관계에 있었다. 윤휴는 '경용오사(敬用五事)'의 '경'에 대해 "천명을 두려워하고 인사를 닦는 것",[40] "하늘을 섬기고 상제에게 잔치를 베푸는 것"[41]으로 해석하고, '염용서징(念用庶徵)'의 '염(念)'을 "자기를 살피고 마음을 경계함을 이르는 것이니, 하늘의 위엄을 엄외하고 그 일을 바르게 함"[42]이라 하여 '하늘'과의 관계를 염두에 두며 해석했는데, 이 모두 그러한 관계를 고려한 이해였다. 여기서 '하늘'은 상제(上帝)의 다른 이름이었다.[43]

둘째, 윤휴는 「홍범」의 아홉 범주가 가진 의미를 '인간의 행위를 통해 하늘과 결합함[以人合天]', '마음으로 사업을 제어함[以心制事]'의 시각에서 이해했다. 윤휴는 「홍범」 첫머리의 '오행(五行)' 이하 '향용오복(嚮用五福) 위용육극(威用六極)'까지의 65자[44]에서 천지의 본수(本數)와 성인의 미의(微意)를 볼 수 있다고 파악한다. 성인의 미의란 성인이 언어를 통해 다하지 못한 숨어 있는 뜻이란 의미이다. 그러니까, 오행(五行), 오사(五事), 팔정(八政), 오기(五紀), 황극(皇極), 삼덕(三德), 계의(稽疑), 서징(庶徵), 복극(福極)의 9가지에 천하의 일이 모두 구비되어 있으며,[45] 경(敬), 농(農), 협(協), 건(建), 애(乂), 명(明), 염(念), 향(嚮), 위(威)는 성인이 행한바, 천도(天道), 인사(人事), 왕정(王政), 민시(民時), 인극(人極), 세변(世變), 귀신(鬼神), 기화(氣化), 휴상(休祥), 재화(災禍) 등에 대한 대응과 실천의 대원칙[46]이 된다는 이해였다. 말하자면, 윤휴에게서 「홍범」은 하늘과 인간의 세계를 동시에 포함하는 한편으로, 인간이 하늘의 일을 실행함에 어떤 방법을 써야 하는지 그 원칙을 담고 있는 글이었다. 윤휴는 이를 두고 「홍범」은 "오직 하늘이 사물을 제정하고 오직 성인이 하늘을 이어받으니, 인사로써 하늘과 합치하고 마음으로써 일을 제어함"[47]의 원리를 지녔다고 압축해서 정리했다.

여기서 주목할 점은, '인사로써 하늘과 합치하고 마음으로써 일을 제정함'이라는 견해이다. 윤휴는 '경용오사', '농용팔정' 이하 '향용오복, 위용육극'으로 이루어지는 구주(九疇)의 일은, 모두 군주가 행할 8가지 일과 그리고 그 일을 수행하는 마음 곧 심법(心法)으로 이루어져 있다고 파악한다. 그러니까, 65자로 이루어진 기자의 말에는, 군주 정치에 필요한 군주의 마음가짐, 그리고 그 구체적인 내용이 들어있다는 이야기였다. '경용오사'의 경우, 경(敬)은 군주의 마음, 오사(五事)는 그러한 마음을 쓰게 되는 대상이 된다. 이는 다른 범주에도 똑같이 적용된다. 윤휴가 파악한바, 구주의 내용은 〈표 7〉과 같다.

윤휴의 구주에 대한 이러한 해석은 앞서 이야기한 대로, 구주의 범주 하나 하나는 군주의 마음과 천지간의 사업이 합쳐져서 이루어졌다는 전제 위에서 이루어진 것인데, 사업을 행하는 군주의 마음을 강조하는 특징을 갖는다. 윤휴에게서 구주는 만사(萬事)요, '홍범'은 심법이었다.[48]

'홍범'을 심법이라고 파악하는 것은, 〈표 7〉에서도 볼 수 있듯, 실상은 채침, 그리고 주희의 이해 방식이었다. 요순의 도가 마음을 통하여 전수되며, 또한 마음을 통하여 그 동일한 경지를 밟을 수 있다는 주희의 언명대로, '심법' 논의는 주자학을 구성하는 주요 개념이었다.[49] 그런 점에서 「홍범」을 '심법'이라고 보는 윤휴의 생각은 이들과 그다지 차이가 없는 듯 보인다. 그러나 윤휴가 사천학적인 사고 위에서 군주 심법을 생각했다면 주희나 채침의 경우에는 리(理) 본체론(本體論)의 입장에서 군주 심법을 생각하고 있었다.[50] 그 차이가 작은 것이 아니었다.

셋째, 윤휴는 「홍범」의 구주를 크게 천도(天道), 왕정(王政), 군덕(君德), 민사(民事)의 네 층위로 나누어 이해했다. 또한 이 네 층위는 두 범주씩 상대하여 짝을 이루는데 각기 통기(統紀), 체용(體用), 경권(經權), 본말(本末)의 관계를 갖는다고 파악했다. 곧 천도는 오행(五行)과 오사(五事)가 통기(統紀)를, 왕정은 팔정(八政)과 오기(五紀)가 체용(體用)을, 군덕은 황극(皇極)과 삼덕(三德)이 경권(經權)을, 민사는 계의(稽疑)와 서징(庶徵)이 본말을 이룬다는 것이다. 이때 마지막의 오복육극(五福六極)은 팔주와는 성격을 달리하여

표 7 | 윤휴의 「홍범」 이해: 구주와 심법의 의미

구주	심법의 의미	채침의 해석
오행 (五行)	용을 말하지 아니함: 용 아닌 것이 없기 때문 不言用: 五行不言用 無適而非用也	不言用: 五行不言用 無適而非用也
경용오사 (敬用五事)	경: 천명을 경외하여 인사를 수명(修明)함 敬 所以畏天命而修人事者	敬 所以誠身也
농용팔정 (農用八政)	농: 이 마음을 근본으로 왕정을 행함 農 所以本此心而行王政者	農 所以厚生也
협용오기 (協用五紀)	협: 합하고 따름. 음양의 정(情)을 따라서 적절한 풍기(風氣)와 합치함 協 合也 順也 以順乎陰陽之情而合乎風氣之宜	協 所以合天也
건용황극 (建用皇極)	건: 세워서 바꾸지 않음. 음양에 근본하고 물칙에 따르고 민치(民治)를 베풀고 칠정(七政)을 가지런히 하여 가운데서 자리를 이루어 군중을 재제(宰制)하고 신명(神明)에 계모(稽謀)하고 천계(天戒)를 흠승(欽承)하고 명토(命討)를 엄숙히 하는 것 建 立而不易之謂 所以本陰陽循物則 敷民治齊七政 而成位乎中 而有以宰制群衆 稽謀神明 欽承天戒 肅將命討者	建 所以立極也
애용삼덕 (乂用三德)	애: 재화(宰化)하고 제치(制治)함을 이름. 권병(權柄)을 가지고 위복(威福)을 총합하여 시변(時變)에 상통하는 것 乂 宰化制治之謂 所以執持權柄 摠攬威福 以通夫時變者	乂 所以治民也
명용계의 (明用稽疑)	명: 성인이 마음을 씻고 재계하여 은밀한 데로 퇴장(退藏)하는 것. 인모(人謀)를 변별하고 귀신(鬼神)에 질정함 明 聖人持洗心齋戒 退藏於密者也 所以辨乎人謀 質諸鬼神	明 所以辨惑也
염용서징 (念用庶徵)	염: 자기를 반성하여 마음에 경계하는 것을 말함. 천위(天威)를 엄하게 하여 그 일을 바르게 하는 것이며, 화(禍)를 돌려서 복(福)으로 하고 난(亂)을 바꾸어 치세(治世)를 만들고 덕(德)이 재(災)를 이기고 요(妖)가 상(祥)으로 변하게 하는 기틀 念 省己警心之謂也 所以嚴天威而正厥事也 所以轉禍爲福 易亂爲治 德勝災妖變祥之機	念 所以省驗也
향용오복 (嚮用五福) 위용육극 (威用六極)	향: 향모(嚮慕)하여 이르게 하는 것 위: 외기(畏忌)하여 피하게 하는 것 복이 생기는 것은 바탕이 있고 참화가 발생하는 것은 연유가 있으며 명을 부여하는 것은 하늘이고 명을 제어하는 것은 임금 嚮 向慕而致之也 威 畏忌而避之也 福生有基 禍發有由 賦命有天 制命惟君	嚮 所以勸也 威 所以懲也

표 8 | 구주의 분류와 층위

구주(九疇)	천도(天道)		왕정(王政)		군덕(君德)		민사(民事)		천인감응(天人感應)
층위(관계)	통(統)	오행(五行)	체(體)	팔정(八政)	경(經)	황극(皇極)	본(本)	계의(稽疑)	오복(五福) 육극(六極)
	기(紀)	오사(五事)	용(用)	오기(五紀)	권(權)	삼덕(三德)	말(末)	서징(庶徵)	

천인감응의 도를 보여주는 위치에 있다고 파악한다.[51]

윤휴의 이러한 정리는, 「홍범」 구주에 정치의 근본과 그 내용, 그리고 정치의 주체가 질서 정연한 체계로 자리 잡고 있다고 그가 이해하고 있음을 보여준다. 여기서 정치의 주체와 연관하여 황극(皇極)과 삼덕(三德)을 군덕(君德)의 경(經)과 권(權)으로 이해하는 점을 주목할 수 있다.

윤휴의 「홍범」 이해에서 드러나는 네 번째 특징은 제5주 황극(皇極)에 대한 해석이다. 윤휴의 황극 이해는 독특하다. 황극은 우선 군주 스스로 자신의 몸에 세우는 것으로,[52] 세상 사람들에게 도덕의 표준으로서의 의미를 갖는다.[53] 이 점에서 황극은 최고의 정치적 수장인 군주 개인의 지위, 그리고 그가 갖추어야 할 덕목을 뜻한다.

윤휴에게서 황극은 또한 군주 개인에게 국한된 일일 뿐만 아니라, 「홍범」의 범주 전체를 실행하는 사업 혹은 그 주체로서 파악되었다. 이는 〈표 8〉에서 군덕의 범위에서 황극을 이해하는 것과는 양상을 달리한다. 윤휴는 황극을 체(體)와 용(用)으로 나누고, 그 체와 용에 의해 이륜(彝倫)이 확립되고 행해진다고 보았다. 이때 황극의 체는 오행, 오사, 팔정, 오기가 속하고 황극의 용은 삼덕, 계의, 서징, 오복·육극이 해당한다.[54] 그러니까 황극이란 오행에서 오복·육극에 이르는 여러 일들을 확립하고 실행하는 중심이 됨을 의미한다는 것이다.[55]

이러한 독해는 곧, 황극의 의미가 군주 개인의 학습과 도덕적 수양을 통하여 인륜의 준칙(準則), 표준을 세운다는 차원에 머무르는 것이 아니라,

이를 넘어 「홍범」에서 제시된바 하늘(天)-인간(人) 사이의 모든 일을 적극적으로 행하는 것, 그것을 확장시키는 일로서 파악하는 것이었다. 황극은 이제 '홍범' 전체의 사업을 세우고 실행하는 중심이 된다. 황극이 "팔류(八流)를 총괄하고 사방에 모습을 드러내며 핵심에서 알선(斡旋)하는 위치에 있다"는 표현은 이를 의미했다.[56]

윤휴는 이러한 황극 이해를 통하여, 인군(人君)이 천하에 극(極)을 세워 스스로 민인(民人)의 의표(儀表)가 됨과 동시에, 또한 천하의 사람들을 교육하고 양육하는 모든 방법을 실현하여, 군자는 군자대로 소인은 소인대로 자신의 역할을 다하며 그럼으로써 국가의 영속이 이루어지게 된다고 판단하고 있었다.

윤휴의 해석은, 주희의 황극에 대한 이해를 수용하면서도 동시에 이를 확장하는 의미를 지니고 있었다. 주희는 황극을 '대중(大中)'으로 보던 공안국(孔安國)의 해석을 변파(辨罷)하여 '황'을 군주로, '극'을 표준으로 해석했다. 이때의 표준은 물론 도덕의 준칙으로서의 표준을 의미했다.[57] 주희에게서 황극은 말하자면 도덕적 준칙·도덕적 표준으로서의 군주를 상징하는 범주로서 이해되었던 것이다. 윤휴는 이러한 주희의 견해는 천년의 잘못된 인식을 깨트린 획기적인 성취라고 인정하고 있었다. 윤휴가 황극을 군주와 연관하여 도덕적 표상으로 이해하는 점은 아마도 이 같은 측면을 긍정하는 일일 것이다.

그러나 윤휴는 여기서 한 걸음 더 다른 방향으로 나아가고 있었다. 황극이란 군주가 오행 이하의 팔주(八疇)를 실행하는 일이자 그 주체였다. 말하자면 윤휴에게서 황극은 도덕적 표상으로서의 군주를 가리킴과 동시에 군주가 하늘[天]-인간[人] 사이에 개입하고 그 관련된 모든 일을 행하는 존재 자체를 의미했다. 윤휴는 이로써 군주의 역할, 군주 정치의 폭이 매우 넓다는 점을 확인하고 있었다.

다섯째, 윤휴는 「홍범」의 구주는 오륜의 도를 실현하기 위한 구체적인 방법이고 수단이라고 파악했다. 오륜 질서란 복희 이래로 세상에 전해지고 실천되는 도의 실체로,[58] 「홍범」은 이러한 도를 어떻게 실현할 것인가를 알려준다는 이해였다.[59] 윤휴는 이것이 온전히 실행되어야 천도가 행해지고 인사(人事)가 확립된다고 생각했다.[60] 인도의 실현은 정치의 관건이었으며, 왕정의 대체였다.

윤휴는 이러한 중요한 의미를 갖는 오륜의 도가 제대로 실현되는 것은 구주의 법을 완전히 실행할 때 가능하다고 보았다. 구주는 천도(天道), 왕정(王政), 군덕(君德), 민사(民事) 등 군주가 정치를 펼침에 요청되는 대체(大體)를 모두 가지고 있기 때문이었다.[61] 이 점에서 홍범은 경세(經世)의 대법(大法)이었다. 그것은 이를테면 '홍범 구주'가 갖는 궁극적인 의미라 할 것이다. 다음은 그에 대한 설명이다.

> 이 도를 펼치려면 반드시 이 법을 행해야 한다. 이 법을 행하는 것은 본디 이 도를 펼치기 위한 것이다.[62]

> 법이 확립되어 도가 행해지고 도가 펼쳐져 법이 닦인다.[63]

이처럼 홍범의 법은 인도를 실행하는 수단이자 조건이었다. 법은 물론 구주를 의미한다.

'홍범 구주'가 도 곧 인륜의 실현을 가능하게 하는 수단이라는 이해는, '홍범 구주'의 범주 하나하나가 가진 의미를 적극적으로 평가한다는 의미가 된다. 또한 이들 제 범주의 기능을 유기적이며 총체적인 관계 속에서 적극적으로 활용하는 가운데 정치를 행한다는 의미가 된다. 윤휴에게서 「홍범」의 범주 하나하나는 인륜의 도를 펼침에 없어서는 안 될 중요한 요소였다.

이상 살핀 대로 윤휴의 「홍범」 이해는 주희의 견해를 활용하면서도 새로운 견지 위에서 행해졌다. 윤휴에게서 「홍범」은 오륜의 달도(達道)를 실현하기 위한 수단을 담고 있으며, 군주는 이러한 수단·방법으로서의 구주를 온전히 실천할 때, 자신의 직분을 다한다고 이해되었다. 그러니까, 윤휴는 오륜 질서로 제시된바 도의 진정한 실천과 이를 통한 이상사회의 실현은 군주가 천도에서 왕정, 세도에 이르기까지의 모든 일들을 적극적으로 수행할 때 가능하다고 보았던 것이다. 윤휴는 이를 그의 사유를 근본에서 지탱했던 천인상관(天人相關)의 세계관 위에서 정리하고 있었다.

이 같은 윤휴의 「홍범」 이해는, 하늘과의 관련 속에서 정치의 내용과 방법을 구하는 방향으로 진행되었다. 윤휴가 보기에 군주 정치는 인간과 자연, 그 전반과 연계되고 상호 영향을 주고받는 가운데 실현되는 일이었다. 하늘은 그 원칙을 제정하는 근거이며, 그를 실천하는 일은 인간의 몫이라 함이었다. 그것은 요컨대 천인감응의 정치라 할 것인데, 윤휴는 정치가 제대로 행해지면 상서로운 조짐을 하늘이 내려 보이고, 그 반대의 경우에 재이(災異)를 내려 견고(譴告)한다고 보았다.[64] 윤휴가 "정치는 왕의 행사가 위로 하늘에 감응하는 것이다"[65]라 했을 때, 그것은 군주 정치를 기본적으로 하늘과의 교통 속에서 이루어진다고 이해하는 일이었다.

정치의 근거를 하늘[天]에서 구하고 그 내용을 하늘과 인간[天人] 사이의 감응(感應)과 관련하여 구하는 윤휴의 방식은 종교적·신비적인 측면이 강하다 하겠다. 그러나 그의 이러한 시야는 군주 정치의 범위, 군주의 역할을 대단히 광대하게, 또한 무겁게 설정하는 일이었다.

> 인군(人君)이란 귀신의 주인이며 백성들이 의지하고 만물이 의뢰하여 자신을 완성하게 되는 존재이다. 임무는 크고 그 지위는 무거우며, 책임은 넓고 할 일은 많으니, 만기(萬機)가 모여드는 바이다.[66]

군주에 의해 주도되는 정치는 천지·자연의 이법(理法)과 귀신, 인간 세계를 주재(主宰)·통어(統御)하는 가운데 이루어지는 일이었다. 그런 면에서 군주와 군주정은 존재 자체로서 절대적·종교적인 실재와 연관되어 있었으며, 광대한 전제권(專制權)을 부여받고 있었다.

「홍범」에 대한 이러한 해석과 이해가 갖는 특성은 무엇일까? 무엇보다, 윤휴 해석의 특징은 군주의 역할을 보다 적극적으로 강조하여 그 권한을 강화하고자 하는 성격을 지니는 것으로 평가할 수 있다. 윤휴에게서 군주는 세계의 표준·준칙으로서 평가받을 수 있을 정도의 도덕성을 갖추어야 하는 인물이면서, 또한 그 가진 권한을 절대적인 권위로써 적극 실현하는 존재로 이해되었다.

윤휴는 군주가 자신의 역할을 제대로 하기 위해서는 '입극(立極)'하여 민인의 표준(標準)이 됨과 동시에 강력한 권세(權勢)·위복(威福)을 행하는 일이 동시적으로 행해져야 함을 「홍범」에서 설정하고 있다고 파악했다.[67] 그것은 곧 황극(皇極)을 경(經)으로, 삼덕(三德)을 권(權)으로 하여 위로는 경을 세우고 아래로는 권을 실행하는 일이었는데,[68] 여기서 권으로서의 삼덕을 행한다 함은 곧 권세·위복의 행사인 상벌을 강력하게 행사한다는 의미였다.[69] 윤휴는 「홍범」에서 거론하는 군주 정치를 두고 "위엄과 덕성이 함께 흐름[威德竝流]"[70]의 성격을 지닌다고 규정하였다. 군주가 자신의 역할을 제대로 하기 위해서는 덕과 위엄을 동시에 실행하는 정치를 행해야 함을 윤휴는 「홍범」의 이해를 통하여 이끌어내고 있었던 것이다. 이것은 '왕패병용(王覇並用)'의 측면에서 정치를 운영하고자 하는 모습을 연상하게도 한다.

'위덕병류(威德竝流)'의 정치론은, 군주를 두고 도덕의 표상·도덕의 준칙으로서만 그 지위와 역할을 강조하던 주희의 정치론에 비하면 큰 변화를 보인다. 주희는 군주는 도덕적 표상으로서, 천리(天理)를 군주 일신(一身)에 실현하는 존재여야 한다고 규정하고, 이를 달성할 수 있는 학문론을 제시하였다. 이른바 군주성학론(君主聖學論)이었다.[71] 삼대와 같은 사회를 실현함에 군주에게 요구되는 것은 도덕적인 완성이며, 군주는 오랜 학문적 연찬(硏鑽)을 통하여 이를 실현해야 한다는 것이었다. 이러한 주희의 군주론은 군주가 가진 무소불위의 권력을 공적으로 통제하고 제한할 수 있는 성격과 연관이 있었다. 이는 또 다른 면에서는 군주의 수기-치인의 문제를 지나치게 도덕 중심으로 풀어가려는 것이었는데, 구체적인 사업보다는 심성상 도덕의 확립을 통하여 문제를 풀려는 지향을 갖는 점에서 정태적(靜態的) 성격을 지니고 있었다. "군주의 한마음[一心]이 바르게 되면 모든 것이 바르게 되므로, 군주의 한마음을 바로잡는 일이 그 무엇보다 중요하다"[72]는 언명은 주희가 군주에게 시종일관 요구하는 명제였다. 주희의 이러한 지향은 남송 시기 대금항쟁(對金抗爭)의 의의를 복수설치론(復讐雪恥論)을 통해서 설명하면서도, 군주가 군사적인 일을 크게 벌이고 대규모의 사업을 행하는 것에는 반대하는 양상으로 나타나고 있었다.

윤휴는 주희가 설명하는 대로 도덕의 표상으로서의 군주의 역할을 상정하였다.[73] 그러면서도 여기에 머무르지 않고, 「홍범」에 표현된바 자연계와 인간계를 아우르는 모든 일을 군주가 능동적으로 두루 시행해야만 국가의 정상적인 운영이 가능하다고 보았던 것이다. 그것은 곧 군주의 적극적인 사공(事功), 적극적인 정치적 행위를 긍정하고 또 요구하는 태도라 할 것이다.

윤휴의 「홍범」 이해가 갖는 의미는 아마도 여기서 찾을 수 있을 것이다. 윤휴는 주자학에서 제시하는 바의 정태적 군주상을 넘어, 조선 국가가 풀어가야 할 제반의 과제에 보다 적극적으로 간여(干與)하고 이를 보다 능동적으로 해결할 수 있는 동태적 군주상을 확립하고자 했던 것이다. 여기에는 그의 북벌과 대경장(大更張)의 구상에서 확인할 수 있는 것처럼, 외적의 침입에 아무런 힘도 쓰지 못하고 속수무책으로 당할 수밖에 없는 현실, 사회경제의 생산 활동이 원활하게 이루어지지 못하여 민생 파탄과 민인의 생활 현장으로부터의 도망·유리(遊離)가 일상적으로 행해지는 현실을 적극적으로 넘어가는 데는, 군주 스스로 그 가진 절대의 권능을 확인하고 또 행사하는 것이 반드시 필요하다는 생각이 가로놓여 있었던 것으로 보인다.

윤휴는 젊은 시절 「홍범」 이해를 통하여 확립한 동태적 정치론을 지속적으로 견지하였다. 독자적인 경학 사상을 구축할 때도 그 같은 관점을 바탕으로 하였으며, 현실의 과제를 분석하거나 정치사회 개혁론을 구상할 때도 그 점을 벗어나지 않았다. 윤휴의 「홍범」 이해는, 비록 짧은 논문 형식을 취했지만, 주자학의 범위를 넘어 새로운 내용과 방법을 갖춘 정치론을 구축하겠다는 그의 야심 찬 포부를 그대로 담고 있었다.

2
『주례』 해석에 담긴 변화의 열망

초창기 윤휴의 경서에 대한 이해와 정리 작업의 또 다른 대상은 『주례』였다. 윤휴는 「홍범설」을 정리한 이듬해에 「주례설(周禮說)」을 저술했다.[74] 「홍범설」과 마찬가지로, 젊은 시절의 의욕과 개성을 담은 연구 성과라 할 수 있다.

「주례설」은 『주례』의 권차(卷次)에 따라 구절구절 주석을 가하는 방식을 취하지 않았다. 『주례』의 전 체계를 들어 새로운 구성을 구상하거나, 본문의 내용을 두고 세세히 고증하는 모습과는 거리가 멀다. 반면 경서의 전 내용을 몇 가지 핵심 되는 요소로 요약하여 정리하려고 했다. 그러니까, 장절(章節) 혹은 자구(字句)에 대한 훈고학적 해석이나 고증, 『주례』의 체재에 대한 새로운 이해와 같은 방식을 피하여 그 핵심 요소와 내용을 간추리며 전체의 성격을 조망하려는 모습을 보이고 있는 것이다. 경서의 해석과 이해를 생각하면 떠오르는 일반적인 형태를 「주례설」에서는 찾을 수 없다.

윤휴의 『주례』 독법과 그 특징은 다음과 같다. 우선, 윤휴는 전통적인 방식을 벗어나 『주례』를 이해했다. 『주례』를 주공(周公)이 완성하지 못했다거나, 혹은 6전으로 된 구성에서 「동관(冬官)」 한 편이 망실되었다는 종래의 여러 견해를 그는 인정하지 않았다.[75] 형식상 「동관」이 완전하지 않은 것처럼 보이지만 부분적으로 망실되고 착란(錯亂)이 일어났기 때문에 그렇게 보일 뿐이며, 처음부터 미완성은 아니었다는 것이다.[76]

윤휴는 그 근거를 「지관(地官)」 편에서 찾았다. 윤휴에 의하면, 「지관」 편에는 교도(敎導) 곧 사도(司徒)의 일과 토지(土地) 곧 사공(司空)의 일이 혼재되어 있었다. 사공의 일은 본래 「동관」과 연관이 있다. 말하자면 「지관」편에 「동관」의 내용이 같이 들어가 있음을 확연히 볼 수 있다는 것이었다. 윤휴는 이러한 일이 일어난 것은 주나라 말기에 제후들이 문적(文籍)을 없애고 또 진나라 때 경서를 불사르는 일을 겪으며 체재가 흐트러져 뒤섞이고 또 일부 내용이 빠졌기 때문이라고 보았다. 성인이 경전을 만듦에 불완전하게 작업했을 리가 없다는 점이 윤휴의 판단이었다.

윤휴가 보기에 『주례』에는 성인에 의해 천하의 이치와 왕정의 대체가 빠짐없이 정리되어 있었다. 윤휴는 오교(五教)의 세목과 정전법[井地], 궁실제도(宮室制度), 구혁(溝洫)의 법 등 결여된 사안은 『맹자』, 『고공기(考工記)』, 반고(班固)의 책 등에 자세히 소개되어 있으므로 이를 활용하면 그 내용을 보완할 수 있다고 생각하였다.[77]

윤휴는 『주례』가 성인이 제작한 경서이며 처음부터 6전(典)으로 편찬되어 있었음을 추호의 의심 없이 확신하고 있었다.[78] 이러한 이해 위에서 윤휴는 『주례』의 전 내용을 압축하여 그 핵심을 일목요연하게 드러내고자 했다. 복잡하기 그지없는 『주례』의 체재를 단순 명료하게 정리하고 있기에, 「주례설」을 통해서 윤휴의 주례관(周禮觀) 혹은 『주례』를 통하여 새우는 정치이념의 세세한 내용을 찾아내기는 쉽지 않지만, 그 압축과 정리에는 윤휴 자신의 독특한 이해가 가로놓여 있었다. 그러므로 비록 짧고 단순한 분량이라 할 지라도, 여기에는 윤휴의 주례관을 살필 수 있는 요소가 풍부하게 담겨있다고 할 수 있다.

윤휴는 우선, 백성의 직사(職事)가 하늘[天]로부터 모두 아홉 가지, 곧 9직(九職)으로 부여된 점을 거론했다.[79] 왕공(王公), 경대부(卿大夫), 학사(學士), 농부(農夫), 백공(百工), 상고(商賈), 부사의 아전[府史之吏], 조예의 무리[皂隸之徒], 병역을 지는 백성[兵役之民] 등이 그것이다. 위에서 도(道)를 논하여 경륜(經綸)하는 일, 조정에서 제도를 의정하여 정치를 행하는 일, 상서(庠序)에서 노래 부르며[歌誦] 지덕(至德)·효덕(孝德)·도예(道藝)의 삼덕(三

德)[80]을 완성하는 일, 들판에서 경작하여 구곡(九穀)을 생산하는 일, 공장에서 부지런히 여덟 재료[八材]를 다루고 가공하는 일, 시장에서 교역하며 오화(五貨)를 유통하는 일, 관부(官府)에서 분주히 일하며 4가지 업무에 종사하는 일, 가내(家內)에서 복역하며 신첩(臣妾)의 업무를 하는 일, 사방에서 적을 막으며 정벌(征伐)을 벌이는 일 등이 9직의 구체적인 직사(職事)였다.

흥미롭게도 윤휴가 정리한 9직은 『주례』에서 명시한 9직과는 구별된다. 『주례』에서 9직은 태재(太宰)의 직무로 규정되어 있고, 삼농(三農), 원포(園圃), 우형(虞衡), 수목(藪牧), 백공(百工), 상고(商賈), 빈부(嬪婦), 신첩(臣妾), 한민(閑民)이 여기에 속한다.[81] 이들 9직은 농·공·상의 직역과 천직(賤職)을 두루 포괄하나 정치나 학술, 교육을 담당하는 직사는 빠져 있다. 국왕으로부터 신첩의 천민에 이르기까지 사회 전 구성원을 포괄하는 윤휴의 9직 설정은 이에 비하면 그 범위가 획기적으로 확대되었다. 『주례』에 대한 새로운 독해라 할 수 있다.

윤휴는 이 같은 9직으로 구성된 인간 사회를 규율하는 규범으로 10륜(十倫)을 들었다. 부자(父子), 군신(君臣), 부부(夫婦), 형제(兄弟), 붕우(朋友), 친소(親疎), 귀천(貴賤), 남녀(男女), 장유(長幼), 빈주(賓主)의 10가지 관계를 통하여 규범이 형성되며, 이것이 곧 천하의 달도(達道)를 이룬다는 것이었다.[82] 여기에 필요한 덕성에 대해서는 지(知)·인(仁)·용(勇)·주경(主敬)·존성(存誠)의 다섯 가지로 보고 이를 달덕(達德)이라고 했다.[83]

윤휴는 이들 10종의 관계로부터 친(親), 의(義), 별(別), 윤(倫), 신(信), 체(體), 등(等), 예(禮), 서(序), 경(敬)의 10가지 덕목이 만들어진다고 이해했다. 곧 부자유친(父子有親), 군신유의(君臣有義), 부부유별(夫婦有別), 형제유륜(兄弟有倫), 붕우유신(朋友有信), 친소유체(親疎有體), 귀천유등(貴賤有等), 남녀유례(男女有禮), 장유유서(長幼有序), 빈주유경(賓主有敬)이 그것이었다. 통상적으로 거론되던 5륜의 관계에 친소, 귀천, 남녀, 빈주 등 일상에서 늘 접하고 실현되는 관계를 추려내고 그와 연관된 덕목을 찾아내는 모습을 확인할 수 있다. 10륜의 규범은 위계적 성격을 지니는 당대 사회의 여러 관계를 빈틈없이 촘촘하게 포괄하고 있어 훨씬 구체적이고 또 규정력이 강하게 느껴진다.

윤휴는 이어, 국가의 제도로 6경(卿)과 3공(公)·3고(孤)를 들었다. 6경은 천관(天官) 총재(冢宰), 지관(地官) 사도(司徒), 춘관(春官) 종백(宗伯), 하관(夏官) 사마(司馬), 추관(秋官) 사구(司寇), 동관(冬官) 사공(司空)이고, 3공·3고는 태사(太師), 태부(太傅), 태보(太保), 소사(少師), 소부(少傅), 소보(少保)로 나뉘는데, 윤휴가 압축한바, 6경의 임무는 〈표 9〉와 같이 정리된다.

윤휴는 이와 같이 갖추어진 왕제(王制)의 운용은 적절한 인재의 등용, 다양한 형벌의 시행을 통해 이루어진다고 파악하고 이를 두고 도를 닦아[修道] 제도를 실행하는 소이가 된다고 파악했다. 형벌과 수도를 연관지움을 주목하게 된다.

> 왕은 왼쪽에 보(輔)를, 오른쪽에 필(弼)을, 앞에 의(疑)를, 뒤에 승(承)을 두어서, 그 덕을 바르게 하여 천직(天職)을 다하고, 큰 도를 닦기에 힘써서 민극(民極)을 세우며, 오명(五命)【덕 있는 사람에게 작(爵)을 내리고, 능력 있는 사람에게 관(官)을 내리고, 공 있는 사람에게 녹(祿)을 내리며, 말이 우연히 선(善)에 들어맞음에 주는 것이 있고, 어진 행실이 있으면 벼슬자리에 있게 함】을 신중히 하여 덕이 있는 사람을 들어 쓰고, 육헌(六憲)【대형(大刑)은 갑병(甲兵)을 동원하여 행하고 중형(中刑)은 부월(斧鉞)을 사용하고 박형(薄刑)은 편복(鞭扑)을 사용하고 경전(輕典)은 폐출하는 것이고 중전(重典)은 유찬(流竄)하는 것이다】을 조심스럽게 시행하여 하늘의 토벌을 바르게 하니, 이것이 곧 도를 닦아서 제도를 행하는 소이이다.[84]

윤휴는 이와 더불어 예(禮)의 역할을 거론하여 도의 실행은 15가지 예를 통해서 가능하다고 정리했다.[85] 사천(事天)의 도를 밝히는 교사례(郊社禮),

표 9 | 『주례』 6경의 임무

6경	업무
총재(冢宰)	방치(邦治) 관장. 육전(六典)을 세우고 구경(九經)을 총괄하여 백관의 직무[百官之職]를 통할함
사도(司徒)	방교(邦教) 관장. 오전(五典)을 펴고 구훈(九訓)을 시행하여 구덕의 교화[九德之化]를 이룸
종백(宗伯)	방례(邦禮) 관장. 오질(五秩)을 밝히고 구의(九儀)의 순서를 세워 삼재(三才)의 위치를 질서 지움
사마(司馬)	방정(邦政) 관장. 육사(六師)를 감독하고 구법(九法)을 바루어 구융(九戎)의 위엄을 펼침
사구(司寇)	방형(邦刑) 관장. 삼전(三典)을 활용하고 구금(九禁)을 얽어 육극(六極)의 징토를 실행함
사공(司空)	방토(邦土) 관장. 이제(二制)를 잡고 구사(九事)를 가지런히 하여 구공(九功)의 펼침을 이룸

부자의 윤리[父子之親]를 밝히는 종묘례(宗廟禮), 군신의 윤리[君臣之義]를 밝히는 조정례(朝廷禮), 제후의 정치를 베푸는 방악례(方岳禮), 사방의 난리를 평정하는 사역례(使役禮), 천하의 근심에 대비하는 전수례(田狩禮), 근본에 힘쓰고 효를 두텁게 하는 경적례(耕籍禮), 덕을 높이고 풍속을 교화하기 위한 학교례(學教禮), 현능자를 높이고 대중을 권면하기 위한 빈흥례(賓興禮), 남녀를 혼인시키고 부부관계를 바르게 하는 관혼례(冠婚禮), 종족의 친목을 두터이 하고 형제간을 화합시키는 음식례(飮食禮), 붕우에게 은혜를 베풀고 빈객을 친애하는 사향례(射饗禮), 죽음을 애도하는 상황례(喪荒禮), 재화(災禍)의 고통을 나누는 여휼례(與恤禮), 기쁨과 복락을 같이하는 가경례(嘉慶禮)가 그것이다.

윤휴는 국정을 담당하는 관제로서 또 36관이 설치되었다고 정리했다.[86] 치관(治官), 교관(教官), 예관(禮官), 정관(政官), 형관(刑官), 사관(事官)의 여섯 영역에 걸쳐 모두 36관이 자리 잡는데, 윤휴는 이로써 비로소 왕제(王制)의 완성이 이루어졌다고 보았다.[87] 36관의 직무와 구체적인 관서는 〈표 10〉과 같다.[88]

표 10 | 『주례』 6관과 36속관

6관	의미와 역할	속관(36)
치관(治官)	치(治): 도화(道化)를 주재하고 재용(財用)을 절약함	왕궁(王宮)의 관속, 내치(內治)의 관속 전법(典法)의 관속, 부장(府藏)의 관속 선복(膳服)의 관속, 회계(會計)의 관속
교관(敎官)	교(敎): 만민(萬民)을 편안하게 하고 현능(賢能)한 사람을 예우함	향당(鄕黨)의 관속, 국자(國子)의 관속 전악(典樂)의 관속, 사시(司市)의 관속 창적(倉積)의 관속, 축목(畜牧)의 관속
예관(禮官)	예(禮): 신인(神人)을 다스리고 상하를 화합함	향사(享祀)의 관속, 상장(喪葬)의 관속 빈려(賓旅)의 관속, 전사(典祀)의 관속 복서(卜筮)의 관속, 관상(觀象)의 관속
정관(政官)	정(政): 백관(百官)을 바르게 하고 화란(禍亂)을 평정함	복어(僕馭)의 관속, 시위(侍衛)의 관속 수금(守禁)의 관속, 순경(巡警)의 관속 선갑(繕甲)의 관속, 목마(牧馬)의 관속
형관(刑官)	형(刑): 만민을 살펴 단속하고 도적을 제거함	청송(聽訟)의 관속, 금포(禁暴)의 관속 기간(幾奸)의 관속, 행인(行人)의 관속 형륙(刑戮)의 관속, 물해(物害)의 관속
사관(事官)	사(事): 백물(百物)을 기르고 만민을 살림	현수(縣遂)의 관속, 부공(賦貢)의 관속 산택(山澤)의 관속, 원유(園囿)의 관속 징렴(徵斂)의 관속, 공사(工事)의 관속

윤휴의 『주례』 독해와 정리는 이상과 같은 순서와 내용으로 이루어졌다. 윤휴는 『주례』의 전 내용을 9직, 10륜, 6경과 3공·3고, 15예(禮), 36관의 순으로 일목요연하게 압축했다. 윤휴는 이와 같은 내용을 갖춘 『주례』에 천하를 제대로 다스리고 왕도를 제대로 실행하는 원칙과 방법이 내재되어 있다고 파악했다.

윤휴는 『주례』의 구조에서 두 가지 측면을 읽어내고 있었다. 하나는 선왕의 정치가 이루어지는 과정을 군주가 덕을 갖춘 뒤 제도를 완비하는 것으로 파악했다. 곧 다음의 언급 그대로이다.

> 덕이 닦이면 도가 이루어지고 도가 이루어지면 제도가 밝아지고, 제도가 밝아지면 예에 상경(常經)이 있게 되고, 예에 상경이 있게 되면 도에 윤상(倫常)이

있게 되고, 도에 윤상이 있게 되면 관(官)에 질서가 있게 되고, 관에 질서가 있게 되면 제도가 완비됨이 있으니, 제도를 완비한 것을 덕이 성대하다고 한다.[89]

덕을 갖추는 것에서 출발하여 제도가 완비되는 과정을 일관되게 보여주는 경전이 『주례』라는 이해이다. 위의 언급에서 주목할 점은 제도를 완비하는 것을 두고 덕이 성대하다고 평가하는 점이다. 군주가 덕을 갖추는 것이 예제·법제를 만드는 과정에서 출발점이 되지만, 제도의 완비는 성대한 덕 그 자체가 된다. 통상 덕은 내재성의 측면에서 논의되었지만 윤휴는 이를 외재성(外在性)과 연관하여 이해했던 것이다.

윤휴는 동시에, 이러한 제도 완비와 덕성의 성대화 과정은 군주의 가르침을 높이고 민의 직분[民職]을 닦게 하여 왕도(王道) 정치를 가능하게 하는 조건이 된다고 이해했다.

덕이 성대하면 가르침[教]이 높아지고 가르침이 높아지면 백성의 직분이 닦이고 백성의 직분이 닦이면 천하가 다스려지고 천하가 다스려지면 왕도가 얻어지니, 왕도를 얻으면 성덕(聖德)이 순수하다. 이것을 '천하의 대기(大紀)'라고 한다.[90]

결국, 윤휴는 선왕이 제도를 갖춘 것은 선왕이 덕성을 쌓고 수도한 조건 위에서 가능했으며, 역으로 제도를 완비하고 실행하면 군주의 덕성이 풍부해지고 가르침이 존엄해지며 궁극에는 왕도를 얻게 된다는 내용으로 『주례』를 독해한 것이다. 윤휴는 『주례』로부터, 정치의 주체로서의 군주가 덕성을 쌓는 일과 제도를 갖추어 정치를 실행하는 일의 상관관계를 정리했으며, 군주의 덕성은 제도·예법과 분리된 것이 아니라 상호 연관된다고 파악했다.

윤휴의 이러한 『주례』 정리와 이해는, 『주례』의 체재, 『주례』의 구성에 따라 이룬 것이 아니었다. 『주례』는 천관(天官), 지관(地官), 춘관(春官), 하관(夏官), 추관(秋官), 동관(冬官)의 순으로 모두 6관 체제를 갖추었으며, 여기에 대단히 복잡하게 그 6관을 구성하고 움직이는 법제, 윤리 규범 등을 갖추고 있었다. 그러나 윤휴는 9직, 10륜, 6경과 3공·3고, 15례, 36관 등의 요소를 추출하여 그 복잡한 내용을 간단하게 정리했다. 자신의 관점에 서서 『주례』를 일관하는 핵심을 잡아내고자 했음을 볼 수 있다.

이와 더불어 윤휴는 『주례』로부터 왕도정치를 이루는 방식을 구체화시키고 있다. 왕제를 갖추고 실행함에 군주가 덕성을 기르고 도를 갖추는 것이 필요한 전제였지만, 다시 역으로 제도를 완비하는 것이 군주의 덕성을 풍부하게 하고 민직을 닦게 하며 천하를 다스리게 하는 일이 된다는 것이었다. 군주 정치에서 덕성을 갖추는 일과 제도를 마련하는 작업을 분리하여 파악하지 않는 모습을 볼 수 있다.

윤휴가 이와 같이 『주례』를 중시하고 『주례』의 의미를 압축하여, 창의력 넘치는 정치론을 포착하고 있었던 모습은 이 시기 학계의 사정으로 보자면 특별했다. 무엇보다 『주례』에 대한 관심과 연구가 약한 당시의 풍토 속에서 그의 연구는 그 자체로 이채롭고 독보적이었다.

『주례』는 조선에서 그렇게 널리 읽히는 책이 아니었다. 조선에서의 간행 역사도 짧았다. 건국 후 새로운 문물(文物)의 정비에 『주례』를 많이 참고했지만,[91] 학자들은 이를 필독서로서 활용하지는 않았다. 사대부 사이에서 이 책에 대한 독서가 어느 정도 확대된 계기는 15세기 말, 선산부사 김종직(金宗直)의 『주례』 간행이었던 것으로 보인다. 김종직은 경상도 관찰사 윤효손(尹孝孫)의 도움을 받아 짧은 시간 내에 이 일을 마무리할 수 있었다.[92] 이때 간행된 판본은 정현의 주를 단 『주례정의(周禮訂義)』를 저본으로 한 『찬도호주주례(纂圖互註周禮)』였다.[93] 책판이 만들어진 후 많은 사람들이 종이를 가져와 인쇄했다는 기록으로 보면,[94] 당대의 『주례』 독서에 이때의 간행이 어느 정도 기여했음은 분명하다.

『주례』에 대한 관심과 학문적 천착은 16세기 말에서 17세기 초에 이르러 조금씩 진전했다. 이수광의 『주례』에 대한 관심은 이때의 모습을 어느 정도 보여준다. 『지봉유설(芝峯類說)』에서 『서경』을 비롯한 여러 경전에 대한 경학사적 지식을 간단히 제시했던 이수광은, 『주례』에 대해서도 관련 조항을 두고 몇 가지 사항을 정리하였다.[95] 그러나 이수광은 그 이상 『주례』에 대해 깊이 들어가지 않았다.

이 시기 학자들의 독서 사례로는 조식의 제자인 최영경(崔永慶)이 정구(鄭逑) 등과 함께 『주례』 등 여러 책을 강독하는 모습을 들 수 있다.[96] 비록 『주례』에 대한 관심이 본격적인 연구로 나타나지는 않았다 할지라도, 경상도 지역에서 조식의 영향을 받은 사대부들에게서 『주례』에 대한 관심이 나타나는 점은 주목된다. 그렇다고 하더라도 16세기 말에서 17세기 초반에 이르는 시기에 『주례』가 양반 사대부들의 학습에서 그렇게 큰 영향을 미친 것은 아니었다.

『주례』를 읽고 연구하는 사정은 인조대 들어 정부에서 『주례』를 발간하여 보급하며 조금 확대되었다.[97] 『주례』 간행은 임진왜란을 거치며 파손되고 흩어진 문적(文籍)을 재정비하는 작업의 일환으로 이루졌다. 1648년(인조 26) 정부에서는 교서관(校書館)을 통해 김종직이 간행했던 판본을 저본으로 하여 목활자로 간행했다. 이때 간행을 맡았던 책임자는 교서관 제조 조경(趙絅)이었다.[98] 그는 『주례』를 두고 주희의 말을 빌려 '주공이 천리(天理)를 운용한 책'으로 이해하고 있었다.[99]

그렇다고 하더라도 『주례』에 대한 관심이 학계 전반에 활성화되는 것은 아니었던 것으로 보인다. 17세기 중엽, 이단상이 '복수설(復讎說)'의 자료를 『주례』에서 추려내거나[100] 『주례』 전수(傳授) 계통을 정리하는[101] 모습을 확인할 수 있는 정도이다.

요컨대, 『주례』를 읽고 이해하는 분위기가 그다지 활성화되지 않았던 환경에서 이루어진 젊은 시절 윤휴의 『주례』 연구는 누구에게 찾아볼 수 없을 정도로 독보적이고 예외적이었다.[102] 윤휴의 『주례』 연구는 여기서 멈추는 것은 아니었다. 그는 실질적으로는 이 연구를 통해 이 시기 학계의 주된 학술 방향에 대비되는 새로운 방법을 모색하려는 의도를 지니고 있었다.

윤휴의 『주례』 연구는 그의 학문적 관심이 멀리 삼대의 예제, 삼대의 사상에 구체적으로 미치고 있었음을 보여준다. 이 시기 학계의 주된 흐름이 삼대 사회를 이상사회로 설정하면서도 거기에 접근하는 방법을 두고는 일반적으로 심성론(心性論)에 근거하려고 했던 것과는 대비되는 모습이라 하겠다. 주자학에서 강조하는바, 유학의 주된 과제와 목표는 요순과 같은 성인의 경지를 획득하는 것, 요순 성인의 마음, 요순 성인의 덕성을 구비한 뒤에야 비로소 제대로 된 정치를 할 수 있다는 것이었다. 요순 성인의 마음과 덕성을 구비하는 방법을 모색하여 체계화된 것이 바로 심성론을 중심으로 정리된 학문 방법론이었다. 그러므로 이 같은 학문론에서는 삼대의 제도, 삼대의 예법에 대해서는 그다지 주목하지 않고 있었다. 예법의 성격 자체가 시간의 변화에 따라 더하고 빼며 손질하는[隨時損益] 성격을 지니고 있으므로, 과거의 예법을 회복한다는 것은 이미 시세상 맞지 않는 일이었거니와, 주자학에서는 치자(治者)의 성인화(聖人化), 치자의 도덕적 완성에서 삼대적(三代的) 이상을 실현하는 전제를 구하고 있었던 것이다.

여기에 비하면 『주례』의 가치에 주목하여, 과거의 제도에서 성대한 덕을 살피고 덕성에서 왕도의 실현을 읽어내는 윤휴의 태도는 삼대의 고제·고법의 실현 가능성을 염두에 둔 것이었다. 이것은 나아가 학문의 중심을 치자의 심성에서 도덕 표준을 구하는 데서가 아니라 고제·고법에 바탕한 제도에 두는 방식으로 전환한 것이었다. 윤휴는 『주례』 연구를 통해 학문의 지향, 학문 방법에서의 변화를 이끌어내고자 했다고 할 수 있다.

윤휴의 생각은 변함없이 견지되었다. 이후에도 윤휴는 삼대 사회의 법제, 삼대 사회의 예제가 비록 오랜 세월이 흘러 그 전모를 파악하기가 쉽지는 않지만, 삼대의 이상을 실현하기 위해서는 반드시 그 예제, 그 예법을 회복하고 실현해야 한다는 생각을 버리지 않고 있었다.[103]

윤휴는 이러한 생각은, 한편에서 본다면 시세에 맞지 않는 점이 있었으나, 달리는 현실의 제도를 개변하여 대변화·대개혁을 이루고자 하는 열망을 추동하는 원천이었다. 윤휴는 병농일치(兵農一致)의 토지제도, 병역제도 등을 실현할 수 있는 구체적인 법제를 구상하는 데까지는 나가지 못했지만, 지패법, 호포법을 비롯해, 부국강병의 국가를 이루는 데 필요한 제반 법제를 시행하고자 하였다.[104] 숙종 초반, 서인과 남인 사이에 펼쳐졌던 격렬한 정쟁의 한가운데는 윤휴의 이러한 생각이 크게 작용하고 있었다.

6장

'효경관'과 정치

1
윤휴의 『효경』 인식

1) 육경의 집약서 『효경』 연구

『효경』 주해는 윤휴의 경학에서 핵심을 이룬다. 윤휴는 그의 학문이 무르익던 50대 초반에 『효경』 관련 저술을 여러 편 완성했다. 『효경장구고이』, 『효경외전』(상·중·하), 『효경외전속편』(상·중·하) 등이 이때의 성과였다.[1] 구성이나 주석 방식은 각기 형태가 다르지만, 이들 여러 글이 보여주는 학술 세계는 이채롭고 특별하다. 이 글들을 통해 예송 이후 칩거하며 독서하고 연구하던 시절, 윤휴의 학문과 성취의 수준 또한 살필 수 있다.[2]

『효경장구고이』는 여러 자료를 참고하여 체재를 재구성하고 자신의 방식대로 주석을 단 『효경』 주석서이다.[3] 경학가(經學家)로서 윤휴의 면모를 확인할 수 있는 중요한 성과이다. 뒤의 두 편은 『효경』과 관련되는 경전·저술의 편목, 성리학자의 글을 모아서 엮었다. 『효경』의 세계를 강조하여 그 의미를 확장하려는 윤휴의 의도를 읽을 수 있다. '외전'이라고 이름을 붙인 이유도 이 때문일 것이다. 이들 '외전'의 저술은 윤휴 본인의 의견보다는 기존 주석을 더 많이 활용한 점이 특징이다. '외전'에 편제된 자료는 〈표 11〉과 같다.

『효경』에 대한 윤휴의 집중적인 관심과 주석 작업은 이 경전이 당시의 학문 풍토를 개선할 수 있는 내용을 지니고 있기 때문이라고 믿었던 사정과 연관이 있다. 윤휴가 보기에 그가 살던 17세기는 성인의 정신과 가르침[道]이 쇠퇴한 시대였다. 그는 이것이 '천명을 담론하고 심성에 몰입하며

표 11 | 『효경외전』과 『효경외전속편』

책편	내용	비고
『효경외전』 (상·중·하)	상: 『예기』「애공문인도(哀公問人道)」, 『서명(西銘)』, 『가어(家語)』「애공문정(哀公問政)」, 『맹자』「허행변(許行辨)」 중: 『예기』「대전(大傳)」, 『예기』「소기략(小記略)」, 『노론(魯論)』「요왈(堯曰)」 하: 『이아(爾雅)』「친속기(親屬記)」, 『관씨(管氏)』「제자직(弟子職)」, 명기편(名器篇)	·기존 주석 그대로 활용 ·『서명(西銘)』: 장재(張載)의 저술 ·『가어(家語)』: 일반적으로 위서(僞書)로 인식되었음 ·명기편(名器篇): 『예기』「곡례(曲禮)」 하편에서 발췌
『효경외전속편』 (상·중·하)	상: 『서경』「고요모(皐陶謨)」 중: 『맹자』「만장문(萬章問)」 하: 『논어』「미자(微子)」	·기존 주석 그대로 활용하여 자신의 견해를 붙임

[譚天命指心性]' 『효경』은 쓸모없는 물건쯤으로 여기는 당시의 학계 풍토에 기인했다고 판단했다. 학자들은 천명과 심성의 주제를 주요하게 여겨 이를 늘 입에 올리고 지름길을 찾아갔지만, 그것은 근본을 버리고 외물에 정신을 빼앗기는 행동이라는 것이 윤휴의 생각이었다.[4] 대안은 『효경』의 가치를 새롭게 찾아 복원하는 일이었다.

천명과 심성의 주제에 집중하며 『효경』을 대수롭지 않게 여기는 학계의 움직임에 대한 비판은 곧 주자학을 바탕으로 움직이던 당시 주류 학계에 대한 부정이었다. 윤휴가 이런 풍토로 말미암아 도가 쇠퇴했다고 진단하고 그 대안으로 『효경』을 거론한 점은 그의 학문 활동이 주자학이라는 거대한 사상 체계의 틀을 넘어서기 위한 담대한 도전 위에서 펼쳐지는 것임을 알려준다.

그가 보기에 『효경』은 유교의 근본을 제공하는 경전, 핵심 경전이었다. 윤휴는 『효경』이 육경의 이념·정신을 집약하고 있으며 또한 천하 국가를 경영함에 근거해야 할 필수적인 경전이라고 인식했다. 그가 파악한 육경의 정신은 '효제(孝悌)'였다.

> 『효경』은 육경의 회요(會要)이다. 그 말은 간이하고 그 도는 매우 크니, 실로 성인의 큰 가르침이다. 요순의 도는 효제일 뿐이다. 마음에 근본하고 가정에서 행하며 신명(神明)과 통하고 사해에 빛나니, 육경의 가르침과 천하의 도가 이보다 큰 것이 없다. 천하 국가를 다스리는 자로서 요순을 본받고 선왕의 정치를 일으키고자 한다면 이 도를 버리고 어찌 가능하겠는가?[5]

> 『효경』은 … 실로 육경의 뗏목이요 성학(聖學)의 총요(總要)이니, 고인이 말한 바 수신, 제가, 치국, 평천하의 율령(律令)·규구(規矩)이다.[6]

'요순의 도는 효제'[7]이며 『효경』이 이를 담고 있다는, 『효경』에 대한 극단적인 평가이다. 『효경』을 높이고 중시하는 마음을 읽을 수 있다. 윤휴가 보여주는 『효경』에 대한 관심과 연구는 당대의 학문 경향에 비추어 보면 이질적이었다. 17세기 무렵, 조선에서 『효경』의 경서로서의 위상은 매우 낮은 편이었다. 학습 과정에서 이 책을 읽는 사람들은 많지 않았다. 사대부 학습서로는 전·후기를 막론하고 사서, 삼경이 주로 읽혔다. 삼경의 독서는 오경까지 확대되기도 했다. 정부에서는 법적으로 사서, 삼경을 과거를 위한 필수 과목으로 지정하여[8] 이들 경전의 학습을 독려했으며, 선조와 광해군 정부에서는 사서와 삼경의 언해본(諺解本)을 편찬하여 이들 경전에 대한 표준 학습서를 마련하기까지 했다. 조선의 사대부들에게 경서 학습을 지배하는 문헌은 사서와 삼경(혹은 오경)이었다.

물론 『효경』의 학습이 배제되지는 않았다. 이 무렵 조선에서 유통된 『효경』은 원대 동정(董鼎)이 편집한 『효경대의(孝經大義)』가 중심을 이루었다.[9] 이 책은 주희가 편집한 『효경간오』를 저본으로 하여 편찬되었기에 주희식 『효경』이라고 할 수 있다. 『효경간오』는 한대에 그 틀이 잡혀 널리 읽히기 시작했던 금·고문 『효경』과는 편장의 체재나 본문의 구성에서 많이 달라져 이전 『효경』의 면모를 일신했다. 『효경』의 오랜 역사에서 『효경간오』의 출현은 일종의 분수령적 성격을 지닐 정도로 획기적인 사건이었다.

『효경간오』의 편찬이 갖는 의미가 적지 않지만, 이 책이 주희의 학문 체계에서 중심적인 역할을 했던 것은 아니었다. 대신 그 지위를 차지한 경전은 사서였다. 주희는 그가 평생 공력을 기울였던 사서와 마찬가지로 자기 방식으로 『효경』을 재정리하였으나, 이 경서를 통해 유교의 세계를 충실히 접할 수 있다고 생각하지 않았다. 『효경간오』가 편찬된 이후, 앞 시기 금·고문 『효경』이 지니던 경전으로서의 권위는 매우 약화되었던 것으로 보인다. 한 경전이 누리던 역사적 생명력이 이처럼 크게 바뀔 수 있을까 하는 생각이 들 정도로 송대에 『효경』의 위상 변모는 컸다. 이후, 원대 동정이 『효경간오』를 저본으로 『효경대의』를 간행하면서 주희가 재구성한 새로운 『효경』이 널리 보급되었지만, 이 간본은 예전 『효경』이 지니던 명성에는 미치지 못했다.

16세기 말~17세기 초, 조선의 『효경』 출판 및 독서·학습 상황[10]은 다음 두 사례가 잘 보여준다. 그 하나는 공권력을 활용한 『효경대의』의 잦은 출판과 보급이다. 중앙과 지방의 여러 기관에서는 이 무렵 다양한 방식으로 이 책을 간행했다. 1589년에는 『효경대의』를 저본으로 한 『효경언해』가 편찬·간행되었다. 이 일은 많은 사람들이 쉽게 읽고 이해할 수 있도록 하라는 선조의 명을 받아 진행되었는데, 그 과정에는 유성룡(柳成龍)이 참여했다.[11]

1604년, 평양에서 『효경대의』 15건을 활자로 인출하여 선조에게 올리는 일도 확인된다.[12] 이는 한문본 『효경대의』로 보인다.[13] 『효경대의』는 인조대 들어와 상당한 분량으로 간행되어 보급되었다. 1631년(인조 9)에는 『효경대의』를 인쇄하여 전국에 200건을 배포하고 400건을 반사(頒賜)하는 기록을 찾을 수 있다.[14]

1634년경, 김해의 신산서원(新山書院)에서 서원 재력을 동원하여 『효경대의』를 간행하는 모습도 보인다.[15] 신산서원은 조식(曺植)과 신계성(申季誠)을 향사하는 이 지역 조식 학통의 중심 공간이었다. 1631년 중앙에서의 『효경대의』 간행이 지방의 학술 공간으로 파급되는 상황을 잘 보여주는 사례라 하겠는데, 이 같은 일이 전국 차원에서 얼마나 나타나는지는 미지수다. 그 여부와 상관없이 이 시기 『효경』의 학습이 『효경대의』를 통해서 이루어지는 면모를 확인할 수 있다.

또 다른 사안은 사대부의 독서와 학습서로서 『효경』이 그다지 주목되지 않았던 사실이다. 당대 큰 영향을 미치던 이이가 『효경』을 필독서로 권하지 않았던 데서 이를 볼 수 있다. 이이는 자신이 지은 『격몽요결(擊蒙要訣)』에서 다른 책들과 달리 『효경』을 거론하지 않았다. 이이는 학습자에게 『소학(小學)』과 사서의 '오서(五書)', 그리고 오경(五經)을 반복해서 읽어 그 내용을 완전히 이해하고, 틈틈이 『근사록(近思錄)』, 『가례(家禮)』, 『심경(心經)』, 『이정전서(二程全書)』, 『주자대전(朱子大全)』과 같은 송대 학문의 주요 문헌을 섭렵하며, 남는 힘으로는 역사서를 공부하라고 권장했으나, 『효경』은 추천하지 않았다.[16] 주자학을 기반으로 공부를 해나가던 사대부들에게 『효경』이 어떠한 위치에 있었는지를 한눈에 확인할 수 있는 모습이라 할 것이다.[17]

이와 같이 이 시기 조선의 독서계에서 『효경』의 독서 양상은 복합적이었다. 중앙 정부와 지방 관계 기관에서 『효경』을 간행하고 보급하는 등의 움직임이 여러 차례 있었다. 그러나 이이와 같은 대학자의 독서 권장문에 『효경』은 빠져 있었다. 이후 이이의 학통 속에 있었던 사족들 또한 이이의 생각에 적지 않은 영향을 받았다. 이들에게 『효경』은 핵심 도서가 아니었다.[18]

이와 같이 조선의 독서인들이 『효경』을 만나는 일은 그렇게 일상적이지 않았으며, 설령 접한다고 하더라도 주희 『효경간오』의 경계 내에 있었다. 조선의 지식 세계에서 『효경』이 차지하던 비중은 크게 축소되어 있었던

셈이다. 이는 신라나 고려에서의 그것과는 비교가 안 될 정도였다.[19]

윤휴의 『효경장구고이』는 금·고문 『효경』,[20] 주희의 『효경간오』를 참고하여 독자적인 방식으로 체재를 재구성하고 여기에 주석을 달며 이루어졌다. 윤휴가 『효경』에 대해 지녔던 지식과 이해 방식은 기존에 통용되던 『효경』의 여러 특성을 흡수하여 이루어진 성과라 할 수 있다. 그런 만큼 『효경장구고이』의 세계는 복잡하고 개성이 넘친다. 윤휴 효경관을 충실히 살피기 위해서는 한대의 금·고문 『효경』과 주희 『효경간오』와의 차이 혹은 한대의 효경관이 『효경간오』에 이르러 변화하는 사정을 충분히 살필 필요가 있다. 그러할 때 윤휴의 의도와 목표, 학술의 성격이 온전히 살아날 것이다.[21]

2) 금·고문 『효경』과 주희의 『효경간오』

『효경』은 그 성립 연대를 둘러싸고 여러 이설이 제기되지만, 대체로 전국 말~한 초기에 전체적인 틀이 갖추어진 것으로 인정되며, 한대 유교 정치론의 핵심을 이루는 경전으로서 중시되었다. 이 시기에 유통된 『효경』의 판본은 고문(古文)과 금문(今文)의 두 계통이 있었다. 두 계통의 『효경』에는 많은 주석이 있었지만, 전자의 고문 『효경』은 공안국의 해석본이 중심을 이루었고, 후자는 정현의 해석본이 주가 되었다. 시간상 공안국 해석본인 고문 『효경』은 전한(前漢) 시기, 정현 해석의 금문 『효경』은 후한(後漢) 시기에 크게 유통되었음을 알 수 있다.

고문 『효경』과 금문 『효경』은 장절 구성에서 약간의 차이를 보인다. 〈표 12〉에서 보듯, 금문 『효경』은 18장, 고문 『효경』은 22장 체재이다. 양자는 내용상으로는 그다지 큰 차이를 갖지 않는다. 고문 『효경』에는 22자로 구성된 장[22]이 더 있다. 두 책에서 나타나는 차이의 대부분은 장절의 편성과 관련되어 있다. 고문 『효경』의 6장과 7장을 금문 『효경』에서는 6장

표 12 | 고문 『효경』과 금문 『효경』, 『효경간오』, 『효경장구고이』의 장절 구성 차이

판본 \ 순서	1	2	3	4	5	6	7	8	9	10	11	12
고문본	1장	2장	3장	4장	5장	6장	7장	8장	9장	10장	11장	12장
금문본	開宗名義章 第一	天子章 第二	諸侯章 第三	卿大夫章 第四	士章 第五	庶人章 第六		三才章 第七	孝治章 第八	聖治章 第九		紀孝行章 第十

판본 \ 순서	13	14	15	16	17	18	19	20	21	22	23
고문본	13장	14장	15장	16장	17장	18장	19장	20장	20장	21장	22장
금문본	五刑章 第十一	廣要道章 第十二	廣至道章 第十三	廣揚名章 第十四	없음	諫諍章 第十五			感應章 第十六	事君章 第十七	喪親章 第十八

서인장(庶人章)으로, 고문 『효경』의 10장, 11장 등 두 장을 금문 『효경』에서는 9장 성치장(聖治章)으로 통합했다. 고문 『효경』의 18·19·20장은 금문 『효경』 15장 간쟁장(諫諍章)으로 묶었다. 금문 『효경』에서는 서인장, 성치장 등 각 장별로 표제(標題)가 새로 달렸다. 이들 표제는 장의 주제를 담고 있어 학습자가 내용을 파악하기에 도움이 된다. 형태상 전한 시기의 간본과 후한 시기의 간본 사이에는 큰 변화가 없었다. 그러나 그 주석자 공안국과 정현의 생각이 달랐으므로, 고문본과 금문본이 전하는 내용상의 차이는 실제로 적은 것이 아니었다.

『효경』은 육조(六朝)와 당대(唐代)를 거치면서도 그 사회적 영향력을 크게 발휘했다. 여전히 유교 교육의 기본 경전으로 기능했고, 효의 원리와 실천론을 이들 사회에 제공하였다. 이 시기에도 많은 주석서가 나타났다. 대표적으로 당대(唐代)에는 금문과 고문 『효경』의 해석을 절충한 『어주효경(御註孝經)』(『석대효경(石臺孝經)』, 719)이 출현했고, 송대에 이르면 이전 시기의 해석을 종합 절충한 형병(邢昺)의 『효경정의(孝經正義)』가 나타났다. 『십삼경주소(十三經 註疏)』에 포함된 판본이 이것이다.[23]

한·당 사회를 관류하며 『효경』이 정치 사회적으로 발휘한 영향력은 대단했다. 그것은 그 성립 과정에서나 사회적 소구력의 측면에서 살필 때,

『효경』에는 한·당대 사회가 필요로 하는 정치 사회적 요소를 충족하는 무엇인가가 내재하고 있기 때문이었을 것이다.

금·고문 『효경』에서는 효를 '덕의 근본',[24] '천경지의(天經地義)'[25] 곧 천지의 중심 덕목으로 파악하여 그 의미를 극대화하였다. 그것은 『논어』, 『맹자』의 효 인식을 계승하는 측면을 가지면서도, 효의 의미를 우주론적 차원으로까지 확장한 모습이었다.[26]

『효경』에서 효를 설명하고 이해하는 방식은 다양했다. 우선, 효의 일반론이 제시되었다. 부모에게 물려받은 신체발부(身體髮膚)를 훼손하지 않고, 입신양명(立身揚名)하여 부모의 이름을 드러내는 것을 효의 처음과 끝[始終]이라고 했다. 이는 다른 면에서는 부모님을 섬기고 군주를 섬기며 입신(立身)하는 것으로 설명되기도 했다.[27]

『효경』은 이와 더불어 각 구성원의 정치적 지위와 신분에 따라 효의 실행 방식이 달라진다고 설명했다. 이는 실현해야 할 효의 내용을 사회적 존재 형태에 따라 살피는 것이기도 했는데, 서인(庶人)으로부터 천자(天子)에 이르기까지 모든 신분·계급에게는 자신에게 알맞은 효 실천의 내용과 범위가 서로 다르게 규정되었다. 천자의 경우에는 백성에 대한 덕교(德敎)의 실현, 제후(諸侯)는 사직과 민인(民人)의 보존, 경대부(卿大夫)는 종묘의 보수(保守), 사(士)는 그 녹위(祿位)와 제사의 유지, 서인(庶人)은 생업의 유지와 부모의 봉양이 곧 효였다.[28] 이러한 효 실천의 신분·계급별 분리 규정은 자식이 부모를 잘 섬기는 것이 효라는 일반적인 개념을 넘어선다. 『효경』의 효 이해가 갖는 특성이라고 할 수 있다.

이러한 규정에서 정치적 수장과 그의 통제를 받는 내부 피치(被治) 구성원의 효는 그 실현 양상이 달랐다. 정치적 수장의 측면에서는 효도를 실행하며 살면 자신의 지위가 위태롭게 되지 않아 선조로부터 내려온 현재의 정치적 책무를 유지할 수 있으니 그것이 곧 효도가 되는 것이었고,[29] 사(士)와 같은 지식인은 사친(事親)의 효도를 미루어 군주에게 충성하고 윗사람을 공손히 따르며[忠君事長] 자신과 일가를 온전히 지키는 것이 효도였으며,[30] 서인과 같은 생산 현장을 지키는 신분의 처지에서는 생업에 충실하고 경제력을 갖추며 부모를 봉양하여 가정을 유지하는 일이 곧 효도였다.[31]

신분과 정치적 지위에 따라 효의 모습을 달리 설명하는 『효경』의 방식은 서인으로부터 천하를 소유한 천자에 이르기까지 다양한 형태로 구성된 천하(天下), 일국(一國), 일가(一家)가 그물망처럼 얽혀 있는 정치 현실을 반영하고 있는 것으로 보인다. 『효경』에서 설명하는 효의 실천자 혹은 효의 대상자들은 수없이 많은 가정을 포괄하며 국가가 만들어지고 수없이 많은 국가가 천하를 구성하는 제국(帝國)의 정치 질서를 이끄는 주체들이었다. 그리하여 부모와 자식의 효도가 통용되는 공간은 일가 단위였지만 궁극에는 천자의 천하에 포섭되어 있었다.

『효경』의 이러한 효 이해와 규정은 일단은 효의 보편성을 강조하면서도 한편으로는 신분 계급의 분별성, 차별성을 부각하는 면모를 지녔다. 『효경』에서는 이러한 각각의 분한에 따른 효도가 충실히 구현되면, 상하 간에 화목하고 원망 없이 살게 된다고 보았다.[32] 천하의 평화와 안정도 이로부터 가능했다.[33]

또한 효의 실천을 위계적으로 제시하는 이러한 방식은 가족관계-혈연관계에서 이루어지는 효의 실천이 궁극적으로는 정치적인 성격을 지닌다는 인식과 연결되어 있었다. 그것은 곧 효의 실천을 사회적·정치적 측면에서 파악하고 강조하는 일이었다.

효를 정치적으로 규정하는 『효경』의 인식은 천자·제후·경대부 등 정치적 수장의 정치 세계를 '일가'의 차원에서 이해하는 특성을 지니었다. 『효경』 속에서 정치 단위의 규모와 성격은 달랐지만, 천하, 일국, 일가는 각기 독립된 하나의 가정[家]과 같았고, 천자·제후·경대부는 그 가정의 가부장(家父長)과 같은 존재였다. 물론 가정[家]과 국가[國]로 층층이 편제된 질서의 최상층에는 천하가 자리 잡았기에, 『효경』의 세계는 '천하 일가' 곧 '천하를 한 집안으로 여기는' 정치론이 펼쳐지는 공간의 의미를 지녔다.

가부장으로서 인식되는 부자 관계에는 '부자의 사랑과 군신의 의리'가 작동한다고 설명했다. "부자의 도는 천성(天性)이요 또 군신의 의리이다. 부모가 나를 낳아주셨으니 이보다 더한 이음[續]이 없고, 임금이자 어버이로서[君親] 나를 대하시니 후하기가 이보다 더할 데가 없다"[34]라 함이었다. 부자 관계와 군신 관계의 서로 다른 관계 영역을 부자 관계에서 동시에 파악하는 특별함을 볼 수 있다. 『효경』이 갖는 주요한 특성 중 하나이다.

『효경』의 효도는 정치 운영과 떼려야 뗄 수 없는 상관성을 지니고 있었다. 효도를 이야기할 때 정치를 배제할 수 없고, 정치의 운영을 이해할 때 효도를 떠날 수 없다는 것이 『효경』의 면모였다. 정치적 수장의 존재 조건, 권력의 정치적 실현 등이 모두 효도를 매개로 거론되고 또 실천되었다.

우선 정치적 수장 군주에게 효도는 '사랑과 존엄'을 기르는 행위였다.[35] 『효경』에서는 "어버이를 사랑하고 존엄히 여기는 마음이 있기에 타인을 미워하거나 거만하게 대하지 않으며, 교만하거나 절제 없이 살지 않을 수 있다"고 설명했다. 부모에게 드리는 사랑과 존대가 일상화되면서 이는 군주의 성정(性情)으로 굳어지게 마련이었고, 덕교는 이를 바탕으로 펼쳐졌다. 군주가 정치를 이끌어나감에 절대적으로 필요한 품성, 능력을 기름에 효도야말로 최선임을 『효경』은 강하게 드러내었다.

효도는 일상에서 다양한 형태로 실현되었으며 그 시간은 부모 생전만 아니라 사후도 포괄했다. 이를 통하여 다양한 품성의 체득이 또한 가능했다. "효자가 어버이 섬김에 있어 평상시에는 경(敬)을 다하고, 봉양하는 데는 즐거움[樂]을 다하고, 병이 들면 근심[憂]을 다하고, 상을 당하면 슬픔[哀]을 다하고, 제사를 모시게 되면 엄숙함[嚴]을 다한다. 이 다섯 가지가 갖추어져야 어버이를 섬긴다고 할 수 있다"[36]고 한 문장은 효도가 삶과 죽음의 시간을 넘어 전방위적으로 행해지는 것임을 적절히 묘사했다.

군주의 효도 행위에서 특별히 강조된 것은 '선조를 존엄하게 높이어 하늘에 배향하는 일[嚴父配天]'이었다. 금문 『효경』 '성치장'(고문 『효경』 10장)에서는 인간의 행위에서 효보다 위대한 것은 없으며, 그 위대함은 아버지를 존엄하게 높이어 하늘에 배향함으로 실현된다고 설명하였다.

> 천지의 생물 가운데 인간이 가장 귀하다. 인간의 행동에서 효보다 중대한 것은 없으며, 효에서 아버지를 존엄하게 높이는 것[嚴父]보다 큰 것이 없고, 아버지를 존엄하게 높이는 일은 하늘에 배향하는 것[配天]보다 중요한 것이 없으니, 주공(周公)이 그 일을 한 사람이었다. 옛날, 주공이 교사(郊祀)에서 후직(后稷)을 제사하여 하늘에 배향하고 명당(明堂)에서 문왕(文王)을 종사(宗祀)하여 상제(上帝)에게 배향하였다. 그래서 사해에서 그 직책에 따라 제사 지내려 왔다.[37]

후직은 주나라의 시조이고 문왕은 주나라 건국의 기틀을 다진 군주이다. 후손인 주공이 그들을 높이어 하늘에 배향하고 상제에게 배향했던 일을 두고, 『효경』에서는 최고의 효도를 실천했다고 거론했다. 일반적 의미에서 효도의 중요함을 강조하면서 그 증거를 주공의 후직(后稷) 배천(配天)과 문왕의 배상제(配上帝)에서 구하는 점이 특징이다. 정치 수장이 부모를 사랑하고 존대함은 일상의 실천이었지만, '아버지를 존엄하게 높이고 하늘에 배향하는[嚴父配天]' 특별한 상황에서는 부모를 섬기는 일과 하늘을 섬기는 일, 곧 사친(事親)과 사천(事天)이 동시에 구현되었다. 이는 효의 실천을 통해 군주의 덕성을 기르는 행위일 뿐만 아니라, 군주와 하늘·상제를 연결하는 일이기도 했다. 정치적 수장이 할 수 있는 최고의 효 행위는 제사를 통해 하늘을 만나는 그 시간에 이루어졌다.

이와 같이 『효경』에서 효도의 실천은 군주의 덕성을 기름에 대단히 중요했다. 애정과 공경[존대], 두 요소가 그 덕성의 축이 되었다.

효도를 정치에 활용하는 군주의 실천에서 가장 근본을 이루는 점은 그 스스로의 효도 행위였다. 『효경』에서는 군주의 효 실천이 사회 구성원들의 효심을 흥기(興起)시키고 그들이 인륜의 규범을 따르며 살 수 있게 하는 적극적인 행위로 설명하였다. 모든 사람이 효도하려는 마음을 가지고 있는데, 군주의 모범적 행위가 이를 이끌어낸다는 논리였다. 군주의 효 실천은 정치 안정의 토대였다. 그 실천이 만들어내는 정치의 효과는 거대했다.

공자가 말했다. "군자가 효도를 가르치는 것은 집집마다 찾아가서 날마다 보고 가르치는 것이 아니다. 효도를 가르치는 것은 천하의 모든 아버지들을 다 존경하도록 하기 위한 것이고, 공손을 가르치는 것은 천하의 모든 형들을 다 존경하도록 하기 위한 것이며, 신하 노릇을 가르치는 것은 세상의 모든 임금을 다 존경하도록 하기 위한 것이다. 『시경』에 이르기를, '개제(愷悌)한 군자여! 백성의 부모이다' 하였다. 지극한 덕이 있지 아니하고서야 그 누가 그렇게 큰 효과가 생기도록 백성들이 다 따르게 할 것인가?"[38]

『효경』에서는 여기서 한 걸음 더 나아가 군주의 효도를 활용한 정치 운영을 추구했다. 이는 곧 효치(孝治)라고 할 수 있는데, 효치가 실현되는 범위는 효도의 정치적 성격이 그러하듯이, 천하, 일국, 일가 단위로 세분되어 설명되었다.

공자가 이르기를, "옛날 명철한 왕이 천하를 효도로 다스리면서 감히 작은 나라의 신하 하나도 버리지를 않았는데, 하물며 공(公)·후(侯)·백(伯)·자(子)·남(男)을 버렸겠는가. 그러기 때문에 만국의 환심을 사고 자기 선왕(先王)을 섬길 수 있었다. 나라 다스리는 이는 감히 과부와 홀애비[鰥寡]도 업신여기지 않았는데, 하물며 사서(士庶)이겠는가. 그러기 때문에 백성들의 환심을 사서 자기 선군(先君)을 섬길 수 있었다. 집안을 다스리는 자는 감히 신첩(臣妾)에게도 마음을 잃지 않았는데, 하물며 처자이겠는가. 그러기 때문에 사람들의 환심을 사서 자기 어버이를 섬길 수 있었다.[39]

천하, 일국, 일가 상호 간의 정치적 범위 그리고 정치권력의 크기는 비교할 수 없을 정도로 차이가 난다. 그러나 『효경』에서는 효도를 통해 각 구성원들의 환심을 얻으면, 선대로부터 내려온 현재의 정치적 단위를 지킬 수 있다고 했다. 효의 정치와 구성원들의 환심을 얻는 일을 연결시키는 점이 특이하다. 효의 실천을 통해 얻은 애경(愛敬)의 마음을 미루어 구성원들의 마음을 얻을 수 있는 정치를 한다는 의미로 읽힌다. 이 설명은 정치의 치란(治亂)은 각 정치 단위 구성원들의 동의 여부와 밀접한 상관관계를 가지고 있다는 통찰을 전제하고 있는데, 『효경』은 그 매개 요소가 효임을 강조했다.

여러 정치 단위에서 이루어지는 정치를 효의 정치로 설명하는 이러한 태도는 정치 단위 각각의 위계성을 전제하면서도 또한 그 독립성을 긍정하는 요소를 지니고 있었다. 정치체 전체의 결합을 보자면 독립적이되 느슨했다.

이와 같이 『효경』은 효도가 정치에 기본이 됨을 설명하였다. 그것은 군주가 솔선수범하여 모범적으로 효도를 실행하면 온 국가의 구성원들이 자발적으로 효도를 실행한다거나, 천하-일국-일가의 운영에 효도를 활용하면 각 정치 단위 구성원들의 환심을 사게 되어 정치적 안정이 이루어진다는 점이 주된 내용이었다. 효도는 덕의 근본이며 동시에 군주의 정치가 효도와 밀접하게 연관되어 있다는 점이 강조되었다. 효도와 정치를 연계하여 설명하는 점에서 이는 효치론(孝治論)이라고 할 수 있을 것이다. 이러한 정치론은 가족 윤리로서의 효도를 공적인 구성체의 운영과 결합하여 이해하는 점에서 특별한 면모를 지니고 있었다.[40]

효도를 통한 정치는 궁극에서는 군주와 천지의 신명(神明)을 연결하는 움직임으로 설명되었다. 『효경』에서 설정한 인간의 삶과 정치는 인간 내부에서 이루어지는 듯하지만 실상은 그 범위를 훨씬 뛰어넘고 있었다. 인간과 천지의 신명은 효를 매개로 상호 감응한다는 것이 『효경』의 생각이었다.

> 공자가 이르기를, "옛날 명철한 임금은 아버지를 효성스럽게 섬겼는지라 하늘을 섬김이 환했고[明], 어머니를 효성으로 섬겼는지라 땅을 섬김이 밝았으며[察], 어른과 어린아이가 질서 정연했는지라 위아래가 잘 다스려졌으니, 하늘과 땅에 환하고 밝으면 신명이 드러난다. … 효제가 지극하면 신명과도 통하고 사해에 환하게 빛나 통하지 않은 곳이 없다. 『시경』에서 '동서남북 어느 지역 할 것 없이 심복(心服)하지 않는 이가 없다'고 했다."[41]

이 지점에 이르면 『효경』을 지배하는 세계 인식은 인간과 초자연의 힘인 신명과의 소통을 인정하는 천인감응적 사상의 성격을 지니고 있음을 알 수 있다. 세계 내에 존재하는 여러 정치 단위는 각각의 지위에 걸맞은 효를 실행하지만, 궁극에서 최고 수장(首長)의 정치를 통하여 천지의 신명에 포섭되는 존재였다. 이렇게 되면 인간의 삶과 정치는 신명의 세계와 강렬하게 결합하여 결코 분리될 수 없었다.

『효경』의 분량은 양적으로 얼마 되지 않았다. 그러나 그 담고 있는 공간은 인간의 삶의 현실이면서 동시에 신명의 세계를 포괄할 정도로 광활했다. 인간 행동의 기본 준칙은 자식의 부모에 대한 효도이며, 그러한 효도는 사회정치적인 크기와 성격을 지니고 있었다. 이러한 효도의 실천은 군주 정치를 매개로 천지신명과 소통하게 하는 근거가 되었다. 군주는 신성성(神聖性)을 지닌 존재였고 군주가 행사하는 권력은 상천(上天)의 초월적인 힘에 밑받침되었다. 인간은 신명의 세계 속에서 살아가는 존재였다. 신명의 세계는 초월적이서 쉽게 다가갈 수는 없었지만, 인간의 삶과 밀착

되어 있었다. 이 질서 속에서 『효경』의 인간 세상은 또한 '천하(天下)를 일가로 여기는' 정치로 작동했다. 천하, 국가, 일가의 수장은 가부장적인 존재로서, 부모와 자식의 가족 문화를 근간으로 내부 구성원들을 결속하고 이끄는 존재였다.

이러한 정치론을 갖춘 『효경』에 대하여 주희는 그 체재와 내용에서 전반적인 불신을 보였다.[42] 주희가 보기에 『효경』에는 공자와 증자가 나눈 대화가 그다지 많지 않으며, 여러 책에서 인용한 글이 잡박(雜駁)하게 뒤섞여 있었다. 『효경』은 성인의 말로만 이루어진 책이 아니라는 이해였다.[43] 이 같은 부정의 진단 위에서, 주희는 『효경』의 체재와 내용을 전면적으로 개조하여 새로운 체재, 새로운 의미를 담은 『효경간오』를 완성했다.

『효경간오』의 형식상, 체재상의 특징은 다음과 같이 정리할 수 있다. 주희는 『효경』의 전체 내용을 경(經)과 전(傳)의 이원 체제로 나누어 파악하고, 그 의미도 경과 전에 따라 이해하고자 했다. 경은 공자와 증자 사이에 있었던 문답을 증자의 제자들이 기록한 본문에 해당하고, 전은 그러한 경의 내용을 부연 해설하는 내용이되, 『좌전(左傳), 『국어(國語)』 등 여러 책에서 끌어와 구성한 것이었다.[44] 이렇게 보면 『효경』에서 성인의 생각을 담은 경의 분량은 극히 제한되고 축소된다. 경으로서의 가치와 권위도 크게 약화되었다.

그리하여 주희는 『효경』을 다시 경(經) 1장-전(傳) 14장 체재로 재구성했는데, 경은 금문 『효경』의 1~6장, 전은 나머지 12장에 해당한다고 파악했다. 아울러 전 14장의 순서는 장별 주제를 고려하여 재배열했다. 이와 더불어 금문 『효경』의 1~6장에 들어 있는 『시경』에서 인용한 시(詩), 삼재장(三才章: 금문본)의 '선왕견교(先王見教)' 이하 69자[45]와 성치장(聖治章: 금문본)의 '이순칙역(以順則逆)' 이하 92자[46]를 삭제해야 한다고 했다.

주희는 또한 문장 자체를 삭제하지는 않았지만, 금문 『효경』 성치장의 '엄부배천'의 내용은 적절하지 않다고 하여 이를 부정했다. 주희가 보기에

표 13 | 금문 『효경』('효경')과 『효경간오』('간오')의 체제 비교

효경		간오		효경		간오	
순서	장명(章名)	경/전	장차(章次)	순서	장명(章名)	경/전	장차(章次)
1	개종명의장(開宗明義章)	경(經)	1장(章)	10	기효행장(紀孝行章)	전	7장
2	천자장(天子章)			11	오형장(五刑章)	전	8장
3	제후장(諸侯章)			12	광요도장(廣要道章)	전	2장
4	경대부장(卿大夫章)			13	광지덕장(廣至德章)	전	수장(首章)
5	사장(士章)					전	10장
6	서인장(庶人章)			14	광양명장(廣揚名章)	전	11장
7	삼재장(三才章)	전(傳)	3장	15	간쟁장(諫諍章)	전	12장
8	효치장(孝治章)	전	4장	16	감응장(感應章)	전	13장
9	성치장(聖治章)	전	6징	17	사군장(事君章)	전	9장
		전	7장	18	상친장(喪親章)	전	14장

'엄부배천'은 무왕(武王)·주공(周公)에게는 성립할 수 있지만 일반 민인들에게는 적용할 수 없는 것이었다. 만일 이들에게 이러한 행동과 효를 연결해서 이야기한다면, 이는 반역을 꾀하는 마음[矜將之心]을 심어주어, 오히려 대불효(大不孝)를 저지르게 할 위험이 있는 내용이었다.[47] 주희의 이러한 판단은 『효경』 정치론의 주요한 근거를 근저에서 허무는 것으로 이해된다.

이와 같이 혹독한 비판과 부정을 거쳐 성립된 『효경간오』에서는 금·고문 『효경』에 비해 전체 편장이 간략해졌을 뿐만 아니라, 편목의 순서도 크게 수정되었고, 본문의 분량도 줄어들었다. 이 책은 이후 주자학에서의 『효경』 정본으로 활용되었다.[48] 한대의 『효경』과 『효경간오』의 편차를 비교하면 〈표 13〉과 같다.

『효경간오』가 만든 변화는 막대했다. 이 책의 출현은 궁극적으로 종래 『효경』이 갖던 정치적, 학문적 권위를 약화시키고 동시에 『효경』이 발휘하던 그 사회적, 정치적 기능도 무력하게 만드는 것으로 귀결되었다.[49] 『효경간오』에 의해 『효경』은 비록 '경과 전'으로 재정비되며 나름의 체계를

갖추었지만 이미 공자와 증자의 가르침으로서의 학문적 권위와는 많이 멀어져 있었다.[50]

주희의 경학 연구의 이력으로부터 보자면, 『효경간오』 편찬은 사서에 대한 주석 작업이 마무리된 뒤에 이루어졌다.[51] 주희는 사서를 통해 자신의 학문 체계를 세운 뒤 『효경』을 정리하였다. 『효경』이 성인의 언어와 행동을 담은 경전으로서의 모습을 제대로 갖추기를 바라는 마음으로 이 작업을 했던 것으로 보인다. 그렇다고 하여 그가 자신의 학문 체계 속으로 『효경』의 방법론과 문제의식을 적극 받아들이려 했던 것으로 보이지는 않는다. 주희의 정치론과 『효경』의 정치론은 배치되는 점이 적지 않았다.

이는 군주 수신론 혹은 군주성학론의 방식, '가천하 정치론'의 해체 혹은 공사(公私) 분리의 문제를 중심으로 살필 수 있다.

첫째, 『효경』의 정치론은 주희가 생각하는 군주 정치론과는 여러 면에서 달랐다. 주자학에서 정치 수장으로서의 군주는 성인의 능력을 갖추고 정치를 이끄는 존재로 정향(定向)되었다.[52] 주희가 보기에 현실의 군주는 애초 성인으로 태어난 존재가 아니었다. 그러므로 그는 군주가 성학(聖學) 학습을 통하여 이러한 과업을 수행할 수 있어야 한다고 보았다. 학계에서는 이를 통상 군주성학론으로 거론한다.

군주성학론이란, 군주는 도덕적 표상·준칙이 될 수 있는 덕성(德性)과 지적 능력을 갖춘 후에 성현이 규정한 바의 바른 정치를 할 수 있으므로 학습을 통하여 이를 완비할 수 있어야 한다는 논리로 체계화된 학문론을 의미한다.[53] 주희의 『대학장구』는 이를 체계화 하여 드러내는데, 주희는 삼대와 같은 이상 정치를 실행함에 군주에게 필요한 것은 그가 성인이 되는 것이며, 군주는 오랜 학문적 연찬(硏鑽)을 바탕으로 한 천리의 체인(體認)과 도덕 실천을 통하여 이 경지에 올라야 함을 강조했다.[54] 이러한 주희의 군주론은 군주의 수기·치인의 문제를 지나치게 심성상의 도덕성 확립과 성인화의 과제로 풀어가려는 특성을 지녔으며, 구체적인 사업보다는 이루기 힘든 목표를 설정하여 문제를 풀려는 지향을 갖는 점에서 정태적(靜態的) 이고 주지주의(主知主義)적인 성격을 지니고 있었다. 더불어 이러한 방식은 쉽게 도달하기 어려운 경계 앞에서 군주가 늘 좌절하고 위축되도록 만들기 쉽상이었다.

나아가 주희의 군주성학론은 군주의 학습과 실천에서 공적 원리인 천리(天理)를 심성상으로 내면화하는 것이 가장 중요하다는 점을 강조함으로써, 군주가 행사할 수 있는 무소불위의 권력을 군주 밖으로부터 통제하고 제어하려는 의도를 지니고 있었다. 천리를 따르지 않는 군주의 권력 행사는 '성학'의 원리에 따른다면 크게 잘못된 것으로 규정되었다. 군주에 대한 공론(公論)의 비판은 이로부터 피해갈 수 없는 일이 되었다.

『효경』의 정치론은 주자학에서 강조하는 군주성학론에 비추어본다면 많은 한계를 지니고 있었다. 주희의 입장에서 효의 실천을 통한 덕성의 완성은 근본적인 방식이 아니었으며 부분적인 행위에 불과했다. 나아가, 군주에게 필요한 것은 하늘[天]과의 관계 속에서 그 전제성, 절대성을 확보하는 것이 아니라, 도리(道理)·사리(事理)에 대한 완전한 학습을 통하여 정치를 이끌 능력과 소양을 갖추는 일이어야 했다. 주희가 파악하기에 군주에게는 범인의 공력을 초월하는 엄청난 노력과 지적 학습이 필요했는데, 『효경』의 정치론은 그것을 충족시키기에는 미약했다.

주희가 당면한 또 다른 과제는 『효경』의 '천하를 일가로 여기는 정치론'을 어떻게 해소할 것인가 하는 점과 맞물려 있었다. 천하, 국가를 하나의 가(家)로 파악하고, 그 정치적 수장인 군주를 가부장(家父長)과 같은 존재로 파악하는 논리로 체계화된 '천하 일가 정치론'은 가족관계, 혈연관계에서 이루어지는 규범의 실천을 주된 문제로 파악할 때, 정상적인 정치가 가능하다는 내용을 담고 있었다.

나아가서 『효경』의 정치론은 이러한 가족관계에서 이루어지는 규범을 직접적으로 국가의 공적인 관계에서 구현된다고 규정했다. 가족관계의 규범을 공적인 관계에서 형성되는 규범으로 등치하여 파악하는 방식이었다. 그것은 군주가 관여하는 공적인 요소, 국가가 갖는 공적인 요소가 가(家)·부(父)의 사적인 요소와 엄격하게 구분되지 않음을 의미하였다. 공·사 윤리 혹은 공·사 규범의 미분(未分)이었다. 다른 측면에서 본다면 이것은 충·효의 미분화 혹은 충·효의 혼융이기도 했다.[55]

주희는 충과 효의 관계, 공과 사의 관계를 엄격히 구분하고자 하였다. 충은 충으로서, 효는 효로서의 실행 영역이 명백히 분리되어야 하며, 이와 함께 공은 항상 사보다 우선한다는 것이 주희의 생각이었다.[56] 이러한 공·사 혹은 충·효의 구분은 일차적으로 공사·충효의 미분·혼효 위에서 그 당위성을 확보하고 있었던 군주의 정치적 행위를 제한하는 근거로써 활용되었다. 이런 점에서 볼 때 주희의 『효경간오』는 『효경』의 공·사 미분의 정치론을 벗어남에 중요한 의미를 지녔다고 할 수 있다.

'천하 일가 정치론'의 극복은 한편으로 관료제에 기반한 집권체제의 강화론과 맞물려 있었다.[57] 군현제적인 지방 지배의 공고화, 과거제의 확대 시행과 같은 작업은 국가 경영에서의 공적인 요소를 배가하기 위한 제도적 장치를 마련하는 일이었다. 실제 송대 사회로 접어들며 집권체제가 한층 더 힘을 얻게 되고 과거제에서의 공적인 엄격성이 강화되는 것은 시대적 추세였는데, 주희 역시 군현제의 보다 강고한 시행을 중시하여 중앙에서 지방의 최소 단위인 향(鄕)까지 직접 장악하는 지배체제를 지향하였으며, 과거제의 개혁을 통하여 집권체제를 관리할 소양과 포부를 지닌 적절한 인재를 선발할 것을 강조하였다.[58]

요컨대, 『효경』의 '천하 일가 정치론'을 문제 삼는 주희의 의식 속에는 공-사 관계론을 새로이 정립하고 이를 바탕으로 군주 정치의 운영 방식을 재규정하고자 하는 열망이 강하게 자리 잡고 있었다. 군주가 영위하는 공과 사의 영역을 엄격히 구분하여 공의 측면이 사의 측면보다 우위에 서야 함을 강조하거나 국가 경영에서 공적인 요소를 강화할 것을 주장하는 것은 모두 그러한 새로운 지향 위에서 일어나는 일이었다.

이상과 같이 이해하면, 주희의 『효경간오』 편찬은 그 내포하는 바가 다양했다. 정치적인 차원에서 살핀다면, 『효경』의 정치론은 생명력이 다했으므로 그와는 성격을 달리하는 새로운 정치론이 필요함을 천명하는 작업의 일환이었다고 할 수 있다. 그것은 전체적으로 군주 권력의 배경으로 작동하는 종교적 절대성을 약화·구속하며 집권체제의 운영에 공적인 요소를 강화하고자 하는 방향성을 지니고 있었다. 그러한 노력은 달리는 국가 경영에서의 전제적 군권의 자의적이며 사적인 행사를 통제하려는 의향과 움직임을 두드러지게 드러내는 면모이기도 했다. 그런 면에서 『효경간오』의 형성은 송대의 성리학이 사대부의 사회경제적 성장을 기초로 그들의 이해를 반영하고자 하는 지향 속에서 성립·발전하는 사정[59]과 궤를 같이한다고 할 수 있을 것이다. 『효경간오』는 『효경』에 집약된 한대의 정치론을 지양하고 새로이 사대부의 정치론을 펼치기 위한 노력을 충실히 담고 있는 책이었다.

2

『효경장구고이』와 효치의 정치론

1)『효경장구고이』의 구성과 해석의 방식

윤휴는 주희의 고증에서 금·고문 『효경』이 후인의 위찬(僞纂)으로 이루어진 부분이 있다는 견해는 인정될 수 있다고 하여[60] 그 논의를 받아들였다. 장절의 수를 줄여 간략하게 한 점도 긍정했다. 하지만 주희가 장절의 순서를 임의로 바꾼 것에 대해서는 추종하지 않았다. 『효경』의 본문은 성인의 대훈(大訓)과 경세(經世)의 이범(彝範)을 수록했으며, 이는 후유(後孺)가 가탁하여 만들 내용은 아니라는 것이 그의 판단이었다.[61]

윤휴는 이에 금·고문 『효경』과 『효경간오』를 절충하여 『효경』을 재구성했다. 『효경간오』에서 각 편장의 표제를 삭제하고 전체 목차를 경과 전의 15장으로 나눈 의의를 인정하여 『효경』의 전 내용을 15장으로 구성하되, 그 편제는 고문 『효경』의 순서에 따랐다. 물론 15장의 모든 내용에서 고문 『효경』에 빠진 글자는 금문 『효경』으로 보완했다.[62] 『효경간오』에서 삭제해야 한다고 한 구절에 대해서는 그 견해를 수긍하면서도, 삭제하는 대신에 해당 문장 앞에 둥근 기호로 표시하여 의심이 간다는 점을 드러내려고 했다.

정리된 경문은 통틀어 1,661자였다. 이 가운데 24자[63]는 고문 『효경』에서 결락되었으나 금문 『효경』을 이용하여 보완했고 163자는 『효경간오』에서 삭제해야 한다고 한 것이었다. 윤휴는 『효경간오』의 삭제자[64]는 자신의 『효경장구고이』에서는 그대로 살리되 본문의 해당 구절 아래에 그 사

표 14 | 고문 『효경』과 금문 『효경』, 『효경간오』, 『효경장구고이』의 장절 구성의 차이

순서 / 판본	1	2	3	4	5	6	7	8	9	10	11	12
고문본	1장	2장	3장	4장	5장	6장	7장	8장	9장	10장	11장	12장
금문본	개종명의장(開宗名義章) 제1	천자장(天子章) 제2	제후장(諸侯章) 제3	경대부장(卿大夫章) 제4	사장(士章) 제5	서인장(庶人章) 제6		삼재장(三才章) 제7	효치장(孝治章) 제8	성치장(聖治章) 제9		기효행장(紀孝行章) 제10
간오	경 1장							전 3장	전 4장	전 5장	전 6장	전 7장
고이	1장							2장	3장	4장	5장	6장

순서 / 판본	13	14	15	16	17	18	19	20	21	22	23
고문본	13장	14장	15장	16장	17장	18장	19장	20장	20장	21장	22장
금문본	오형장(五刑章) 제11	광요도장(廣要道章) 제12	광지도장(廣至道章) 제13	광양명장(廣揚名章) 제14	없음	간쟁장(諫諍章) 제15			감응장(感應章) 제16	사군장(事君章) 제17	상친장(喪親章) 제18
간오	전 9장	전 2장	전 수장	전 11장	전 12장	전 13장			전 10장	전 9장	전 14장
고이	7장	8장	9장	10장	11장	12장			13장	14장	15장

실을 적시해두었다.[65] 금문 『효경』에 있던 장의 표제를 삭제한 41자는 원문에서 협주(夾註)로 보이는 대신 『효경장구고이』의 목록에 적시했다.

윤휴는 『효경장구고이』의 구성과 관련하여, 각 장은 합리적·논리적으로 효의 성격을 설명하고 있다고 이해했다. 1장에서는 경의 전체 요지를 드러내고, 2장에서 7장까지는 1장의 내용을 순차적으로 설명한 전편(前篇)이라면 8장에서 15장까지는 경의 내용을 다시 역으로 설명한 후편(後篇)에 해당했다.[66] 윤휴는 『효경』에서 나타나는 이러한 구도는 『대학』에서 경문을 전(前)과 후(後)로 나눈 것과 비슷하다고 여겼다.

이와 함께 윤휴는 각 장의 요지와 1장의 본문을 다음과 같이 관련지었다.[67] 1장은 『효경』 1편의 전체 요지를 설명하는데 2장 이하에서는 1장의 주요 주제를 반복한다는 이해였다. 윤휴가 보기에 2장은 1장의 '지덕으로 천하를 이끎[至德順天下]', 3장은 '백성이 화목하게 지내며 상하 원망함이 없음[民用和睦 上下無怨]', 4장은 '효는 덕의 근본[孝德之本]', 5장은 '덕교가 생겨남[教之所由生]', 6장은 '천자에서 서인에 이르기까지 효의 시종이 없음[自天子至於庶人 孝無終始]', 7장은 '재앙이 반드시 미침[患必及之]', 8장은 '요도가 천하에 미침[要道及天下]', 9장은 '지덕으로 천하를 이끎[至德順天下]', 10장은 '사친·사군·입신·양명[事親事君立身揚名]', 11장은 '덕의 근본과 덕교의 형성[德之本 教由生]', 12장은 '부모를 현양함[顯父母]', 13장은 '천자·제후의 효[天子諸侯之孝]', 14장은 '경대부와 사의 효[卿大夫士之孝]', 15장은 '효의 시종[終始]'을 설명했다.

이와 같이 윤휴의 『효경장구고이』는 『효경』의 체제를 정리하여 15장으로 나눈 점에서는 주희를 긍정했으나 그 내용의 전개와 연관해서는 고문 『효경』의 방식을 따랐다. 결정적으로 15장의 전 내용을 경문으로 본 점에서 주희와는 달랐다.[68] 『효경장구고이』는 한대의 『효경』과 『효경간오』를 절충하면서도 경전으로서의 의미는 한대의 인식을 고수했다.[69]

『효경장구고이』는 이같이 주희의 고증을 인정한 위에 금·고문 『효경』에서 제시된 이념·정치사회 운영 원리를 재확인하고 학문의 핵심으로 높인 성과였다. 윤휴의 작업은 어느 한편의 입장만을 답습한 것이 아니라 자신의 관점에서 취사하고 참작한 재정리였다. 『효경외전』, 『효경외전속편』을 만든 것도 『효경』에서 확인한 이념을 재확인하고 확대하기 위한 것이었다.

윤휴가 『효경간오』의 체제를 따르지 않고, 한대 『효경』의 체제를 긍정한 것은 여기에서 제시한 정치론, 정치의 원칙을 긍정한다는 이야기였다. 그것은 곧 『효경』의 정치론을 자신의 정치론으로 적극 받아들임에 다름아니었다. 구체적으로는 효의 신분계급적 성격, '천하 일가' 정치론, 효 실천을 통한 군주 덕성의 배양 및 그것의 정치적 구현, 인간과 신명의 교섭과 같은 『효경』의 핵심적인 주제를 수용하고 인정한다는 의미였다.

이를테면, 윤휴가 효도와 정치와의 관계에 대해 "천자가 불효하면 사해(四海)를 보전할 수 없고, 제후가 불효하면 사직을 보전할 수 없고, 사서인이 불효하면 자기 육신도 보존할 수 없다"[70]고 파악하는 방식은, 『효경』에서 설명하는 효의 정치적 성격을 충실히 이해하고 자기 것으로 수용하는 모습이었다.

윤휴는 『효경』의 주석을 통하여 『효경』의 주장과 논리를 자신의 언어, 자신의 개념으로 소화하여 수용했다. 매우 적극적으로 『효경』의 세계에 접근하는 태도였다. 우선, 윤휴는 '조선(祖先)을 존엄하게 하고 하늘에 배향하는 논리'를 긍정했다. 이때 그 주체는 군주였다. 윤휴는 군주가 조상을 하늘에 배향하는 일은, 사람이 부모로부터 기(氣)를 품부 받아 태어난 것처럼 만물이 하늘[天]로부터 연원하기 때문에 가능한 일로 정의하고, 그 의미는 "근본에 보답하고 시초를 찾는 일로서, 자기를 이 세상에 있게 해 준 그 뿌리를 잊지 않으려는 것"이라고 파악했다.[71] 이러한 이해는 군주를 '하늘을 하늘로 삼고 어머니를 땅으로 삼는[父天母地]'[72] 존재로 인식한 데서 말미암은 것인데, 이는 군주를 하늘과 연결시킴으로써 그 절대성을 보증하는 사고이기도 했다.

윤휴는 효를 기반으로 한 정치 곧 효치(孝治)에 대해 『대학』의 혈구(絜矩)의 원리와 동일하다고 이해했다.

> 천하를 효도로 다스린다고 한 것은, 나의 늙은이를 늙은이로 대우하는 마음으로 남의 늙은이에게도 그렇게 한다는 것이다. 좋아하고 싫어하는 마음을 미루어 백성들과 함께하기 때문에 만국(萬國)의 환심을 사게 되는 것이니, 이것이 바로 『대학』에서 말한, 자기를 척도로 하여 남을 헤아리는 방법[絜矩之道]이다.[73]

부모에 대한 효도 행위를 통해 얻은 덕성과 마음을 정치 현실에서 세심하게 살펴 실천하게 되면, 이로써 구성원들의 환심을 산다는 내용이다. 효도를 활용한 정치를 『대학』의 '혈구'와 같은 차원에서 이해하는 이러한 태도는 윤휴가 『대학』 또한 『효경』과 비슷한 논리를 바탕으로 이해하고 있었음을 보여준다. 실제 윤휴는 『효경』과 『대학』이 같은 성격을 지니고 있으며, 『대학』도 이 점을 유의하며 해석하고 이해해야 한다고 생각했다.[74]

윤휴는 고문 『효경』의 제11장에서 부자 사이에 부모 자식 간의 천성(天性)과 더불어 군신의 의리가 공존한다고 설명하는 점에 대해 "천성이란 말은 자식의 어버이 사랑이 하늘의 명령이어서 마음에서 지워버릴 수가 없음을 의미한다. 부자의 사랑은 마음에서 우러나오는 것인데 거기에 존엄을 더 보태면 또 군신의 의리까지 생긴다는 것이다"[75]라고 해석했다.

『효경』 경문에서 "부자의 도는 천성이요 또 군신의 의리이다. 부모가 나를 낳아주셨으니 이보다 더한 이음[續]이 없고, 임금이자 어버이로서[君親] 나를 대하시니 후대(厚待)함이 이보다 더할 데가 없다"고 하여 부자 관계가 천성의 성격을 지니지만 거기에는 군신의 의리 또한 포함되어 있다고 설명했다. 부자 관계에 군신 의리까지 들어 있다는 내용을 받아들이기는 쉽지 않은 일이었는데, 윤휴는 천성의 요소에 존엄함이 더해지기 때문에 이것이 성립한다고 이해했다.

부모와 자식의 규범에 부모로서의 천성과 군신의 의리가 동시에 공존한다는 관념에 대해서는 '사(士)' 신분으로 그 대상을 좁혀서 보다 분명하게 설명하기도 했다.[76] 앞서 보았지만, 『효경』에서는 "효도로 임금을 섬기면 충성[忠]이 되고, 공경하는 마음으로 어른을 섬기면 공순[順]이 된다. 윗사람을 섬기면서 그 충성과 공순을 잃지 않아야 녹위(祿位)를 보전하고 제사를 지켜나갈 수 있으니, 이는 사(士)의 효도이다"[77]라고 하여, 효의 마음으로 충성을 다하고 공경하는 마음으로 윗 계급을 섬길 때 사의 효는 실현된다고 하였다.

윤휴는 이에 대해 '효와 충은 일체'라는 측면에서 이해했다. '배워서 그

지위를 얻은' 사(士)[78]라는 신분은 군주와 서인을 중간에서 결합하고 매개하는 결절점과 같은 존재였다. 사의 역할, 사에게 요구되는 책무는 막중했다. 사의 규범을 충효 일체로 집약하여 설명하는 인식은 사가 가지는 정치적 특성을 적절히 반영한 것으로 볼 수 있다. 윤휴는 이에 대해 "임금과 아버지는 하나로 결합되어 있으며 사랑과 존엄이 거기에서 생겨나니, 이는 근본이 동일하기 때문이다"[79]라고 해석하며 '효·충 일체'의 논리를 이해했다.

윤휴는 이와 함께 부자의 도리에 대해서 은혜[恩]와 의리[義]의 두 요소를 겸하고 있다는 점으로도 설명했다. 부자 사이에 은혜와 의리보다 크고 중요한 것은 없으며, 사랑과 존경도 먼저 이쪽에서 시작된 후 저쪽으로 넓혀져가는 것이므로, 은혜와 의리는 "가르침[敎]이 생겨나는 바탕이다"[80]라는 것이 그의 생각이었다. 통상 부자 관계는 은혜, 군신 관계는 의리를 갖추고 있다고 설명하는데,[81] 윤휴는 『효경』의 경문을 따라 부자의 도리를 은혜와 의리 두 요소를 겸하고 있는 것으로 파악했다.

효의 실천과 정치의 상관성에 대해서도 윤휴는 특별한 생각을 가졌다. 『효경』에서는 군주의 효 실천이 구성원들의 효를 불러일으킨다고 설명했다.

> 예란 공경일 뿐이다. 그러므로 그 아버지를 공경하면 자식들이 좋아하고, 자기 형을 공경하면 아우들이 좋아하고, 그 임금을 공경하면 신하들이 좋아하는 것이다. 이렇게 내가 공경한 사람은 하나인데 좋아하는 사람은 천만 명이 되어, 공경하는 이는 적고 좋아하는 이는 많으니, 이를 일러 요도(要道)라고 한다.[82]

> 군자가 효도를 가르치는 것은 집집마다 찾아가서 날마다 보고 가르치는 것이 아니다. 효도를 가르치는 것은 천하의 모든 아버지들을 다 공경하도록 하기 위한 것이고, 공손을 가르치는 것은 천하의 모든 형들을 다 공경하도록 하기 위

> 한 것이며, 신하 노릇을 가르치는 것은 세상의 모든 임금을 다 공경하도록 하기 위한 것이다.[83]

위의 글에서 설명되는 군주의 효 실천이, 군주가 국가 구성원들을 직접 대상으로 하여 효를 행하는지 아니면 군주가 자신의 부모를 대상으로 효를 행하는 것인지 분명하지 않다. 윤휴는 앞의 문장에 대해, 군주가 자기의 아버지를 존경하면 천하의 자식된 사람들이 흥기(興起)하여 그들의 아버지를 공경한다고 이해했다. 이는 '천자가 남의 아버지를 공경하면 그 사람의 아들이 좋아하는 것'이라고 한 옛 해석과는 다른 새로운 견해였다.

뒷 문장에 대해서는 "효(孝)·제(弟)·신(臣)은 모두 윗자리에 있는 사람의 입장에서 한 말이다. 자기가 자기 어버이께 효도하면 백성들 역시 각기 자기 어버이에게 효도할 것이므로 자기 아버지를 공경하는 것이 바로 천하의 모든 아버지들을 공경하는 길이라는 것이다. 이것이 이른바 가르침[敎]인 것이다"라고 해석했다. 군주가 천하 사람들에게 효도를 일으키도록 하는 방법은 일일이 그들을 찾아가 가르치는 것이 아니라 자기가 몸소 실행하여 모범을 보이면 천하의 백성들이 흥기하여 집안의 아버지에게 효도하고 공경하리라는 것이 윤휴의 해석이었다. 윤휴가 보기에 '몸으로 가르치면 천하 사람들이 좇기 마련'이었다.[84] 윤휴는 군주가 스스로 효도를 실천하면 억지로 강제하지 않아도 효도의 윤리가 확산된다고 믿었다.

윤휴의 『효경』 이해에서 가장 두드러진 점은 『효경』의 본문이 부모를 섬기는 일[事親]과 하늘을 섬기는 일[事天] 양자가 같은 맥락에서 계기적으로 설명된다고 본 점이다. 효를 실천하는 군주의 정치가 신명과 감응하고 교통한다고 설명하는 13장에 대해 윤휴는 "천자·제후의 효도를 거듭 말하여 하늘을 섬기는 것에까지 미친 내용"이라고 해석하고, 그 차원에서 '사천은 사친과 같다'고 파악했다.[85] 천지 신명을 섬김에 사친의 효 실천이 결합되어 있다는 『효경』의 구조를 확인했기에 나올 수 있는 견해였다.

이와는 반대로 '군자의 윗사람을 섬기는 일[事上]'을 거론한 14장에 대해서는 전체 내용이 경대부·사의 효를 거론한 것으로 이해하고, 이로부터 군주를 섬기는 일[事君]이 부모를 섬기는[事親] 소이가 된다고 파악했다.[86] 『효경』의 1장에서 설명한 대로, 경대부와 사의 성공적인 정치 행위가 효도였으므로, 그들 활동의 중심이 되는 '군주를 섬기는 일'은 곧 '부모를 섬기는 일'의 행위임을 윤휴는 포착했던 것이다.

이와 같이 윤휴는 『효경장구고이』를 통해 『효경』의 체재를 재구성하고 그 의미를 새롭게 드러내기 위한 주석 작업을 펼쳤다. 경전의 주석이란 복잡하고 미묘한 내용을 담고 있는 경전의 의미를 자기식으로 소화하고 이해하기 위한 적극적인 독서 행위이자 창조적인 사유 활동이었다. 윤휴는 『효경』에서 제시하는 효의 개념, 효 실행의 방식, 효와 국가사회 운영의 문제를 자신의 논리로 해석하여 받아들였다. 이 작업은 단순히 『효경』이라는 한 경전에 대해 지적 이해의 폭을 넓히고 자신의 호기심을 충족시키기 위해 진행된 것이 아니었다. 지적 자유로움을 획득하기 위해서도 아니었다.

'쇠퇴한 도'를 회복할 수 있는 힘을 이 경전을 통해 얻고자 하는 것이 그의 궁극 목표였다. 요순의 도인 효제를 담고 있는 경전, 육경의 모든 것이 집약되어 있는 최고의 경전이 『효경』이라고 인식했던 윤휴는 『효경』이 힘을 잃으면서 도가 '쇠퇴했다'고 판단했다. 그가 보기에 그와 같은 현상을 일으키는 주된 요인은 '천명과 심성'의 주제에 몰두하는 현재 학계의 풍토였다.[87] 그런 면에서 『효경』을 주석하고 『효경』의 가치를 확대하고자 한 윤휴의 노력은 엄청난 기획의 일환이었다. 그 성공 가능성 혹은 성취의 수준과는 별개로, 윤휴의 지향이 만들어내는 사상사적 의미는 당대 학계에 적지 않은 파문을 일으키며 큰 반향을 만들어낼 정도로 컸다.

2) 효치론의 정치 세계와 '국가 일가'의 관념

『효경』의 가치, 『효경』의 이념은 윤휴의 세계관과 정치의식을 지배했다. 윤휴는 『효경』을 통해 익힌 생각을 준거로 세계의 구성 방식, 운영 원리를 확인하고 정치의 방향을 모색하였다. 윤휴의 정치적 발언, 경서 연구와 해석은 윤휴가 『효경』에서 얻은 여러 생각과 맞물리며 펼쳐졌다. 『대학』이나 『중용』을 해석할 때 혹은 국가에 필요한 정책을 입안할 때, 윤휴의 사고는 『효경』의 자장(磁場)을 벗어나지 않았다.

『효경』에 대해 지녔던 독특한 관념을 윤휴는 언제부터 가지게 되었을까? 그의 『효경』에 대한 생각은 『효경』을 본격 연구하고 주석서를 만들어 내는 과정에서만 형성된 것은 아니었다. 윤휴가 남긴 많은 자료는 이미 윤휴가 수학기 젊은 시절에 『효경』의 세계를 받아들일 수 있는 사유 기반을 마련하고 있었음을 보여준다. 윤휴가 20세 초반과 후반에 작성한 「의상소(擬上疏)」,[88] 「홍범」과 『주례』에 관한 글 등에서는 곳곳에 하늘과 사람[天人] 사이의 감응을 전제한 생각이 맺혀 있었다. 『효경』을 지배하는 천인감응론과 공통점이 많은 사유였다. 이로써 보건대, 윤휴는 젊은 시절 공부하는 내내 이 문제에 집중했고, 50대에 이르러서는 『효경』의 주석서를 마련할 정도의 수준으로 생각을 키우고 있었다고 할 수 있다.

『효경』에 영향 받은 윤휴의 세계 인식, 정치적 사유는 효도를 기반으로 정치를 한다는 의미의 효치론으로 정리할 수 있다. 효치는 이미 『효경』에서 천하, 일국, 일가를 대상으로 한 효도 기반 정치로서 설명하기도 했지만, 그 실제의 모습은 국가를 일가로 여기는 정치이념이라고 할 수 있다. 이것은 국가를 하나의 가정-가족으로 생각하는 가운데 정치의 방법과 방향을 구하는 이념이었다. 여기서 국가는 천자 혹은 제후가 다스리는 정치 구성체를 가리킨다. "천하를 가진 자는 천하를 가로, 일국을 가진 자는 일국을 가로, 일가(一家)를 가진 자는 일가를 가로 삼는다"[89]라는 표현은 '국가는 일가'라는 관념을 반영한 대표적인 발언이다. 최소 단위의 일가나 천하의 일가나 '가'라는 점에서는 성격이 동일하다. "인자(仁者)는 중국을 일가로, 사해(四海)를 일가로 삼는다"[90]란 표현도 이와 유사하다.

이 같은 사유 속에서 천하, 국가의 최고 지위에 있는 존재는 가부장이었고, 구성원은 가족이었다. 가부장의 정치적 지위, 그 가부장권이 행사하는 규모는 달랐지만, 기본 성격은 정치 수장과 구성원을 부모와 자식의 관계로 의제(擬制)하는 점에서 동일했다.

가부장으로서의 지위를 가진 여러 존재에서 특히 천하-국가의 가부장은 국가권력의 최고 수장이라는 측면에서 유별난 성격을 지녔다. 이들은 가부장이자 군주였다. 그러므로 천하-국가의 군주와 민은 군주와 신민(臣民), 부모와 자식의 이중 관계로 파악되었다. 군주는 정치적 수장이되 동시에 민의 생존을 책임지는 가장 곧 부모이기도 했다. 인민은 그 가정의 자식이 될 터였다.[91] 이러한 사유에서 군주가 백성 아끼기를 자식 아끼듯 해야 함은 절대 필요했으며, 그런 점에서 군주가 인민의 부모라는 마음으로 정치를 실행하는 것은 군주에게 필요한 덕성을 얻어서 쌓아가는 중요한 일이었다.[92]

'국가는 일가'로 여기는 정치론에서 요구되는 윤리 덕목은 기본적으로 효제였다. 사회 전 성원의 관계를 가족의 혈연관계로 파악할 때, 가족 사이에서 이루어지는 효제의 마음이 중시됨은 자연스런 일이었다.

효제의 사회적 실천은 두 방식으로 이루어졌다. 하나는 군주에 의한 노력이었다. 군주가 효제를 다하면 그 스스로 군주와 가부장으로서의 지위에 걸맞은 덕성을 배양할 수 있다는 것이 『효경』이 제시하는 가르침이었다. 효치론에서는 효제의 공경과 사랑으로 키운 덕성은 군주의 정치 행위로 발현된다고 했다. 윤휴는 이를 두고 군주가 효덕을 미루어 널리 사랑을 펼치고 공경을 확대하는[博愛廣敬] 정치라고 했다.[93] 이 정치는 군주가 부모 섬김[事親]으로 획득·함양한 마음을 정교(政敎)에 미루어 '인민과 같이 하는' 성격을 지녔는데, 윤휴는 군주가 백성의 환심을 얻는 것은 이로써 가능해지게 된다고 여겼다.[94]

효제는 또한 일반 인민들의 생활을 규정했다. 그들은 가정에서 일상을 영위하며 효제의 윤리를 실천해야 할 주체였다. 이들의 효제 실천에서 중요한 전제는 군주의 솔선수범이었다. 군주가 그 스스로 효제를 실천하면 인민은 군주의 효제 행위에 감화받아 그 내부의 마음을 흥기시켜 효제를 실천하며 살아갈 수 있다고 이해했다. 효제는 강제 속에서가 아니라 자연스럽고 자율적으로 배양된다는 관념이었다.[95]

이와 같이 군주와 인민, 상호 간의 효제 실천을 기반으로 이루어지는 효치가 만들어내는 정치적 효과는 컸다. 이를 통하여 "각각 그 분수를 지켜 천하가 평온함"[96]에 이르는 안정을 얻거나, "인민은 화목하게 지내고 상하 원망함이 없음"[97]의 평화를 이룰 수 있었다.

효제의 실천이 만들어내는 정치적 상황이 이러하다면, 효제가 가지는 의미는 단순하지 않을 것이다. 윤휴는 효가 가진 가치를 극단적으로 평가했다. 그가 보기에 과거와 현재의 시간을 꿰뚫고 상하의 공간을 관통하며 도와 덕이 실체를 갖출 수 있게 하는 규범이 효였다. "과거와 현재에 실행되고, 상층과 하층에 두루 통용된다. 덕은 이것이 없으면 세워지지 않고 도는 이것이 없으면 실행되지 않는다"[98]고 함은 그 단적인 표현이었다.

효제는 인간이면 누구나 가지고 있었다. 윤휴는 문헌마다 효제를 다르게 표기했지만, 실상은 동일하다고 생각했다. 『대학』의 '명덕(明德)'을 두고 인민(人民)이 가진 '효제의 마음[孝弟之心]'으로 해석하는 것은 그 획기적인 이해였다.[99] 윤휴 이전 조선에서는 아직 이러한 해석이 나온 적이 없었다.

국가를 일가로 여기는 효치론은 윤리 규범상 적어도 다음 두 가지 측면에서 그 의미를 살필 수 있다. 하나는, 국가의 공적 질서에서 요구되는 규범과 사가(私家)의 사적인 질서에서 실현되는 규범을 일체화함으로써 양

규범 간의 충돌을 해소하며 동시에 군권(君權)의 일원적 지배 강화를 기대할 수 있는 점이었다. 그것은 달리는 충과 효를 일체화함으로써 충과 효 사이의 충돌을 해소하고, 충의 영역을 확장한다는 의미이기도 했다. 또한 부자 관계의 친친(親親)의 원리를 군신 관계의 존존(尊尊)의 원리와 통일한다는 의미이기도 했다.[100]

국가를 일가로 여기는 정치론이란 군주를 인민(人民)의 아버지로서, 그리고 인민은 그 자식으로 의제(擬制)하는 논리였으므로 여기에는 국가=가정에서의 효와 일가=가정에서의 효가 분리되지 않은 상태로 일체화되어 있었다. 사회적·정치적 관계의 공적인 영역에서 행해지는 규범과 부모 자식 간의 사적인 관계에서 행해지는 효를 분리하지 않고 하나로 인식하는 것이라 할 수 있다. 여기서 군민(君民) 간에 이루어지는 효도는 곧 충성과 동일했다. '충·효 일체'의 구조가 성립하여 작동한다고 할 수 있을 것이다.

여기서 유의하며 살필 수 있는 점은 사적인 부자간의 효가 공적인 군민 간에 이루어지는 효 속으로 자연스럽게 포섭되는 구조 속에서 작동하는 점이었다.[101] 만약 양자 간에 충돌이 있을 경우, 공적인 관계에서 이루어지는 효, 곧 충의 논리가 우위에 서는 것은 필연의 이치였다. 그런 점에서 이 같은 논리는 철저히 군주 혹은 공적 관계를 중심에 둔 사고였다. 군주는 충성과 효도의 양 규범을 동시에 규율하는 결절점이었다. '국가는 일가'의 정치론은 효도와 같은 친친의 규범을 앞세웠지만 실제로는 존존의 규범을 강화하는 이념으로 귀결되었다.

'국가를 일가'로 여기는 정치론은 또한 군주가 인민의 사회경제적 재생산을 적극적으로 보장하도록 강제하는 요소를 담고 있었다. '국가는 일가'의 의제 혈연에 기초한 정치론은, 분명하게 말하지는 않았지만, 부모가 부모로서의 역할을 제대로 하는 것은 자식을 충분히 양육할 때 가능하다는 점을 전제로 성립하였다. 하나의 가정이 건실하게 유지되려면 그 구성원들의 삶이 안정적으로 보장되어야 하듯이, 가정으로서의 국가 또한 국가 구성원의 삶이 무너지지 않고 단단하게 지속될 때 그 어떤 어려움과 위협에도 흔들리지 않고 생존할 수 있었다. 국가가 필요로 하는 노동력, 군사력, 경제적 재원은 모두 가족 곧 국가 구성원의 삶이 건강하고 또 삶의 현장에서 이탈하지 않을 때 충분히 확보할 수 있었다. 나아가 가정과 가족을 위협하는 외부의 요소를 단단하게 막아낼 수 있을 때 삶의 일상성이 지속될 수 있었다. 국가의 성패는 가장으로서의 군주 역할에 좌우되게 마련이었다.

그런 점에서 국가의 행위는 부모가 자식에게 은혜를 베푸는 것과 동일했다. 그 행위는 또 인민이 군주에 대하여 행하는 효도의 실천에 대응하는 부모의 책무이기도 했다. 이럴 경우 효는 은혜의 시행을 매개로 그 의미가 형성되며, 부모와 자식은 양육의 조건에 기초하여 그 관계를 형성하고 유지해 나간다고 할 것이다. 이와 같다면, '국가는 일가'의 이념 속에서 군민 양자의 관계는 일방적·무조건으로 맺어진다기보다는 양육 혹은 은혜의 시행이라는 군주·국가가 베풀어야 하는 조건 속에서 이루어지는 것이라 할 수 있다.[102]

이러한 사고는 확장되면 국가가 인민의 사회경제적 재생산을 정책적으로 적극 보장하고 인민은 그 정책에 보답하여 국가가 요청하는 임무에 온정성을 다하여 수행해야 한다는 규범으로까지 구체화될 수 있었다. 물론 그 반대로, 국가가 인민의 삶의 질을 향상하는 문제에 그다지 큰 관심을 기울이지 않을 수도 있었다. 가장은 인순고식(因循姑息)의 삶을 최고의 가치로 두고 안팎으로 큰일이 일어나지 않기를 기대하며 집안을 꾸릴 수도 있었다. 이 지점에서 국가가 인민을 보호하고 인민은 국가에 보답하는 방법을 구체적으로 어떻게 마련하는가 하는 점이 문제로 대두할 것이다. 국가가 이를 위한 제도와 정책을 적극적으로 마련하여 인민들에게 제공하고 그들의 헌신을 요구할 수도 있고, 기존의 관행에 따르며 현상 유지에 머물 수도 있을 것이다.

윤휴는 이와 연관하여 국가가 책임지고 민인에 대해 항산(恒産)의 여건을 충실히 마련하는 것이 필요하다고 생각하고 있었다. 그 구체적인 내용은 삼대(三代)의 성인이 구축했던 사회와 당대 조선에 대한 깊은 탐구 속에서 드러나게 되는데, 현실의 질서를 크게 바꾸는 파격성을 지니고 있었다. 윤휴는 이 과정에서 항심(恒心)은 항산 이후의 일이라는 인식을 자연스럽게 갖추었다.[103]

이와 같이 '국가를 일가'로 여기는 효치론의 이념은 군민 간에 행해지는 충성을 부자간에 행해지는 효도로 의제하는 구조 위에서 성립하고 있었다. 그것은 부자 관계, 친친 관계에서 이루어지는 사적인 영역의 효도를 신분 질서로 구축된 국가·사회의 공적인 영역으로까지 끌어올려 규범화하는 방식이었다. 그것은 그리하여 사적인 영역과 공적인 영역의 도덕 규범을 크게 구분하지 않고 일체화하는 일이었다. 효도가 곧 충성이 되고, 친친 관계가 곧 존존 관계로 이해되는 것은 자연스러운 일이었다. 이 점에서 '국가는 일가'의 이념은 가정·가족의 사적인 질서와 윤리를 국가·사회와 같은 공적인 질서와 체계로 통합하는 힘을 지닐 수 있었다. 결국, 이것은 국가와 군주를 중심으로 국가의 전 구성원을 일체화하는 치국(治國) 이념이라 할 것이다.[104] 강고하게 유지되는 신분·계급의 위계성을 전제로 하면서도 이 이념은 어떤 국면에서는 현실의 질서를 해체하며 새롭게 바꿀 수 있는 성격도 지니고 있었다. 왜냐하면 여기에는 군주와 국가가 우위에 서서 변화를 이끄는 힘이 내장되어 있기 때문이었다.

효치론에서 가장이자 군주인 국가의 수장이 갖는 권력과 권위의 힘은 하늘의 절대성·주재성으로부터 보증하였다. 이 관념에서는 군주를 '하늘의 아들[天子]'[105]로서 의정(擬定)하고 있었기 때문이다. 교사(郊祀)와 명당(明堂)의 배천례(配天禮)[106]는 이를 확인하는 의식이었다. 배천례란 군주의 조선(祖先)과 주재천(主宰天)을 결합하는 의식이었으므로, 현실의 군주 또한 주재천과 결합된 지고(至高)·지존(至尊)의 존재였다. 이를테면 군주가 "성의를 쌓고 공경을 다하여 상제와 만난다[積誠致敬, 以對越于上帝]"[107]고 했을 때의 그 행위는 군주가 그 누구도 누릴 수 없는 절대 초월의 신성(神聖)과 대면하는 존재임을 드러낸다. 군주를 두고 하늘을 대신하여 만물을 다스리는 만민의 부모로 파악하거나, 천지·자연의 귀신과 인간세계를 주재(主宰)·통어(統御)하는 존재로 설정하는 관념 또한 군주가 하늘과의 관계 속에서 그 지위를 확보하고 있다는 사유를 전제한 것이었다.

> 하늘이 백성을 낳은 후 군사(君師)를 두어 그들을 사목(司牧)했습니다. 그러므로 왕은 하늘[天]을 대신하여 만물을 다스리며 만민의 부모가 됩니다.[108]

> 인군(人君)은 귀신의 주인이자 백성들이 의지하는 존재이며 만물이 그에 의뢰하여 스스로를 완성하게 하는 자입니다. 임무는 크고 직책은 무거우며 책임은 넓고 할 일은 많으니 만기(萬機)가 모여드는 곳입니다.[109]

윤휴가 20세 무렵에 쓴 글에 나오는 이 내용은 윤휴가 지니고 있었던 사유의 틀 혹은 색채를 실감 나게 보여준다. '국가는 일가'의 효치론은 이런 생각이 싹을 틔워 성숙해진 결과로 이해해도 무방하다. 왕정(王政)에 대해 "정치라고 하는 것은 왕의 행사가 위로 하늘에 부응하는 것을 말한다"[110]라는 언명도 이러한 의미였다. 군주는 하늘과 만나며 존재 그 자체로 절대적이며 광대한 권한을 부여받고 있었다.

이상 살핀 대로 윤휴는 『효경』의 사상을 근거로 '천하는 일가'의 효치론을 마련하였다. 군주를 국가의 가부장이자 정치적 수장으로서 전제하고 성립한 효치론은 그가 정치를 이해하고 정치의 방향을 생각함에 주요한 준거가 되었다. 효치론은 당대 주류를 이루던 주자학의 정치론과는 많은 차이를 보였다. 그러기에 효치론이 전제하고 또 만들어내는 현실은 주자학을 익히고 그 사상의 가치를 따르려는 움직임과 충돌할 가능성이 컸다.

효치론에서 군주의 도덕성 확립은 사친·사천 행위를 통해 가능했다. 효를 실천하고 효심을 극대화할 때 덕성의 완성이 이루어질 수 있었기 때문이었다. 종묘 제례나 제천 의식, 군주의 부모에 대한 사랑, 가정을 이루는 국가의 온전한 보존을 위한 노력은 모두 이를 위한 효도의 실천이었다. 이러한 효도의 실천은 번쇄한 추론과 사변을 요구하지 않는 점에서 평이하고 명료했다.

나아가 군주의 수신과 정치는 늘 하늘과의 만남을 전제로 실행되었다. 윤휴는 "인군의 한몸은 천하 국가의 근본이다. 삼감은 또 수신의 근본이다. … 삼간다는 것은 공경하여 소홀히 하지 않음이다"[111]라고 하여 군주 수신의 근본을 공경으로 파악하고, 그 공경의 의미가 "천명을 두려워하고 인사를 수명함" 곧 하늘에 대한 외경에 있다고 이해하여, 군주의 수신을 하늘에 대한 외경과 분리하지 않았다.[112] 군주 수신이 하늘과의 직접적인 관계를 통하여 이루어진다는 의미에서였다. 이러한 효치론의 군주 수신론에는, 그러므로 신료가 개입할 여지가 없었다. 하늘과의 독자적인 만남으로 이루어지는 수신이었기 때문에, 군주 수신을 매개로 한 신료의 군주 제어·견제는 극히 제한적이었다. 군주는 '하늘을 대신하는 인간을 다스리는[代天理物]' 존재로서나, 그에 요구되는 덕성의 함양·수신에서나 신료 일반을 초월하는 절대적 지위를 보장받고 있었다. 주자학에서의 군주성학론과의 차이였다.

앞서 본 대로 주자학에서의 군주성학론은, 치국의 요체는 군주의 정심(正心) 곧 '군주의 마음을 바르게 함[正君心]'에 있으며, 이러한 정심·정군심(正君心)·격군심(格君心)은 심성에서의 천리의 체인과 도덕성의 확립을 통하여 가능하다는 구조를 갖춤으로써, 신료가 그들의 정치적 입장을 '정군심'으로 개진하며 관철해나갈 수 있는 근거를 가지고 있었다.[113] 주자학의 성학론은 수기(修己) 공부를 자신의 도리(道理)와 분한(分限)으로 공유해야 할 관인·유자들에 대해서보다 군주 일방의 우선 과제로 두는, 그리하여 신

료에 의한 군주 권력의 제약을 결과하게 하는 통로였다.[114]

한편, 효치론의 이러한 군주 수신론은 군주의 사공(事功)을 군주권의 필수조건으로 설정하는 것으로 귀결되었다. 군주의 자격과 임무를 궁리(窮理)를 통한 내면 심성에서의 천성 회복에서 구하는 주자학의 성학론은 신권 중심의 정치사회 운영론을 창출케 하는 전제였을 뿐 아니라, 군주의 실질적인 정국 운영을 극히 제한하는 특성을 가지고 있었다. '격물치지(格物致知)'를 통한 궁리의 학문 방법은 사사물물(事事物物)의 리(理)를 궁구하는 것으로 설명함에도 불구하고, 실제 정무(政務)의 집행에 필요한 법제(法制)·실사(實事)를 구하는 행위는 아니었다.[115] 군주를 존재의 보편 원리·인사의 지당한 규칙[當然之則]으로서의 천리에 종속시킴으로써 위정(爲政)의 주체로서의 군주에게 요구되는 정무에 관한 광범위한 지식의 획득과 그것의 집행을 가로막는 성격을 가지고 있었던 것이 주자학의 군주성학론이었다.

윤휴는 자신의 학술이 궁극에서는 정치 현실에서 되살아나야 한다고 여겼다. 실제 숙종대 초반, 정치적 포부를 발휘할 수 있는 위치에 서게 되자[116] 윤휴는 곧바로 그간 정리해 두었던 『효경』을 깔끔하게 정리하여 국왕에게 바치고 국가 운영에 참고할 수 있기를 청원했다.[117] 1675년(숙종 1) 6월 17일의 일이었다.[118] 이때 윤휴는 『서경』의 「무일(無逸)」·「입정(立政)」편의 내용을 담은 「무일입정도(無逸立政圖)」를 첨부하여 같이 바쳤다. 평생 갈고 닦은 생각을 펼치기에 숙종 초년이야말로 더없이 적절한 때라고 생각했던 윤휴가 이 글을 바치며 가졌던 기대는 적지 않았다. 윤휴의 『효경』 인식과 정치론은 이제 그 수용 여부와는 상관없이, 숙종대 초반의 정치학술계를 강타하며 일대 충격을 안기는 한 요소가 되었다.

7장

『대학』 해석과 군주학의 수기치인론

1

고본『대학』에 기초한 학문 방법 모색

윤휴의『대학』연구는 그의 학문 세계를 지탱하는 근간을 이룬다.[1] 그가 이 책에 대해 기울인 관심은『효경』,『중용』이상이었다. 그의 경학을 이해함에 이 책의 비중은 절대적이다. 하지만 윤휴에 대한 당대인의 관심 또는 비판에서『대학』주석은 비켜나 있었다. 이단상이『대학집람』을 편집한 후, 윤휴의『대학』이해를 망령된 행동이라 거론[2]한 적은 있었지만, 대부분의 학자들은 이러한 연구 자체를 모르고 있었다. 설령 알았다 하더라도 별달리 문제 삼지 않았다. 이는 송시열 또한 마찬가지였다.

윤휴가『대학』해석과 관련하여 작성한 글은『고본대학별록(古本大學別錄)』,『대학전편대지안설(大學全篇大旨按說)』,『대학후설(大學後說)』세 편이다.[3] 이 글들은 모두 윤휴가 50대에 작성하였는데,『효경』이나『중용』등의 해석에 비해 늦게 이루어진 편이다.[4] 이 사실에서 온 생애에 걸쳐 연찬한 그의 학문론, 정치론이 여기에 압축되어 있을 것임을 추측하게 되는데,『대학』이란 경전이 이 시기 사상에 차지하는 비중을 염두에 둔다면 윤휴의『대학』해석은 그의 학문의 중추를 세우는 일이었다.

윤휴의『대학』이해는 주희의『대학장구』를 부정하고 고본『대학』의 체제를 인정하는 가운데 성립하였다. 윤휴는 정호(程顥)·정이(程頤) 이후 주희의 개정본만이 맥락이 분명하여 천하에 없앨 수 없는 책이 되기에 충분하다고『대학장구』를 긍정하는 태도를 취하면서도, 오히려 고본『대학』의 체제에 입각한 해석이 경전에 내포된 미의(微意)를 제대로 파악하는 것이며 경전으로 전수되는 성인의 근본 취지를 잃어버리지 않는 일로 보았다.[5]

이런 점에서 『고본대학별록』을 비롯한 여러 논문은 얼핏 주희의 『대학』 해석을 보완하기 위해 만든 것으로 이해할 수 있으나, 실상은 주희의 견해를 인정하지 않는 가운데 새로운 성격의 학문체계를 모색하려는 노력의 소산이었다.

주지하다시피 주자학을 경학적으로 보증하는 것은 『대학』, 『중용』, 『논어』, 『맹자』의 사서였다. 주희는 사서에 대한 앞 시기 학자들의 주석을 자신의 성리론에 따라 통일적인 체제로 정리하고, 『대학』 → 『논어』 → 『맹자』 → 『중용』의 순으로 이루어지는 학습 체계를 확립했다. 이 가운데 주희가 특히 심혈을 기울인 책은 『대학』과 『중용』이었다. 주희는 선유들의 주석에 많이 의존했던 『논어』, 『맹자』와 달리 두 경전에 대해서는 전적으로 자기 의견을 가지고 새로이 분장·단구하고 주석을 붙였다. 앞의 두 책이 '집주(集註)'였음에 비해 뒤의 경우에는 '장구(章句)'로 명명된 것도 이 때문이었다. 주희는 『중용』의 해석을 통하여 우주·인성론을 확립하고, 『대학』의 해석을 통하여 우주·인성론과 도덕 실천론을 통일시킴으로서 이들 경전을 주자학 체계 내에서 가장 중요한 것으로 위치 지웠다. 그리하여 세상 사람들에게 『대학』은 '초학입덕지문(初學入德之門)', 곧 유교의 개략을 알 수 있는 경전으로서, 『중용』은 『대학』, 『논어』, 『맹자』 학습을 거친 후에 비로소 이해할 수 있는 천인합일(天人合一)의 리(理)를 담고 있는 책으로 인식되었다. 말하자면 두 책은 주자학의 시(始)와 종(終)이었다.[6]

주희는 고본 『대학』이 궐오(闕誤)·착간(錯簡)이 심해 구성이 완전하지 못하고 문의(文意)가 제대로 드러나지 않는다 하여 전체 목차를 재구성하고, 내용을 보충하여 경(經) 1장, 전(傳) 10장으로 된 『대학장구』를 완성했다. 삼강령(三綱領)·팔조목(八條目)을 제시한 경과 이를 순차적으로 설명한 전으로 된 체제였다. 이 책은 고본 『대학』에 비할 때 새로운 창작이라 할 정도로 변화가 컸는데, 가장 큰 특색은 강령의 '친민(親民)'을 '신민(新民)'으로 바꾸어 이해하고, '격물치지전(格物致知傳)'을 보완하여 제5장으로 설정한 점이었다.[7] 주희는 제5장 격물치지전은 없어진 내용을 보완했다고 하여 보망장(補亡章)이라 불렀다.

『대학장구』에서 『대학』의 체제를 완전히 바꾼 것은 주자학의 세계관, 정치론에 기초한 학문론의 체계를 세우기 위함이었다. 주희는 '친민(親民)'의 '친(親)'은 '신(新)'의 오자(誤字)라는 정자(程子)의 견해를 전적으로 수용하여 '친민'을 '신민'으로 바꾸었다. 이는 위정(爲政) 주체의 수기와 치인은 명덕의 확립을 기반으로, 구악(舊惡)에 물든 인민을 새롭게 하는 것, 곧 '신민'의 과정 속에서 가능하다는 생각에 근거한 것이었는데,[8] 주자학에서 군주와 민인의 관계 혹은 국가 공권력과 사회 구성원과의 관계를 어떻게 설정하고 있는지를 여기서 잘 알 수 있다.

격물치지전은 주희가 가장 공을 많이 들여 생각한 곳 중의 하나로, 여기에 주희 학문론의 정수가 응축되어 있었다. 주희는 『대학』 앞부분의 "대학지도(大學之道)"의 내용에 이어 나오는 "차위지본(此謂知本) 차위지지지야(此謂知之至也)"라는 문장에서 앞 구절은 연문(衍文)이며 뒷 구절은 격물치지전의 결론이나 이 앞에 따로 궐문(闕文)이 있다고 보아 격물치지전을 새로 보완하여 만들고 이를 전 5장으로 설정했다. 이후 주희의 의견을 추종하지 않는 논자들은 늘 새로운 격물치지전을 시비의 근거로 삼았으며, 주자학과는 다른 논의도 여기서 출발하고 있었다.

주희의 『대학』 이해가 이러하다면, 윤휴의 고본 『대학』을 긍정하는 태도는 주자학의 방법론, 학문론을 정면에서 문제 삼은 것이었음을 추측할 수 있겠다. 윤휴가 『대학』을 해석하는 특징은 먼저, 『대학』의 구조, 체계를 이해하는 측면과 관련하여 다음과 같이 정리할 수 있다.

첫째, 윤휴는 고본 『대학』의 착간설(錯簡說), 일실설(佚失說)을 인정하지 않았다. 고본 『대학』의 원 체제와 구성은 아무런 문제를 갖지 않으며, 주희의 『대학장구』에서 착간이라고 했던 내용은 모두 무리 없이 해석될 수 있다고 판단했다. 특히 주희가 문제로 삼았던 경문의 마지막 구절인 "차

위지본 차위지지지야"에 대해 윤휴는 전혀 궐락이 없는, 전체 경문을 총결하는 문장이라고 인정했다.[9]

둘째, 고본 『대학』의 구성에 대해서는, 주희의 '경전'설을 원용하여 그 성격과 순서를 정하였다. 주희는 고본 『대학』의 체계를 나름대로 재편하여 경 1장과 전 10장으로 재구성하였다. 윤휴도 고본 『대학』의 원 체제를 따르면서도 그 구성과 관련해서는 '경전'설을 따랐다. 그는 "대학지도(大學之道)"에서 "차위지본(此謂知本), 차위지지지야(此謂知之至也)"에 이르기까지는 경이며, 그 이하는 경의 강목(綱目)을 설명하는 전(傳)이 된다고 보았다. 이 경우 경문은 『대학장구』에서 경문을 3강령 8조목으로 설정하는 점과 동일했다. 곧 명명덕(明明德), 친민(親民), 지어지선(至於至善)의 세 주제는 강(綱), 경문의 목(目)은 격물(格物), 치지(致知), 성의(誠意), 정심(正心), 수신(修身), 제가(齊家), 치국(治國), 평천하(平天下)의 여덟 조목은 목(目)이 된다.

셋째, 전의 구성에 대해 윤휴는 모두 6장으로 이루어져 있으며, 성의, 명명덕·친민·지선, 정심, 수신, 제가, 치국에 관한 순으로 구성되어 있다고 파악했다. 이 같은 구성에서 보이는 특징은 먼저, 고본 『대학』에서는 원래 격물치지전이 설정되어 있지 않았다고 파악하는 점을 들 수 있다. 주희가 이 전이 일실되었다고 보고 보망장을 만든 것에 대비된다. 윤휴의 『대학』 이해의 개성이 가장 잘 드러나는 대목이다.

다음으로 '성의(誠意)'전이 전의 첫머리에 놓이며, 명명덕, 친민, 지어지선의 전은 그다음에 설정된다. 여러 전 가운데 '성의'전이 가장 중요하다는 의미인데, 이것이 전의 첫머리에 놓이는 이유를 윤휴는 정심·수신에서 치국·평천하에 이르기까지 모두 성의가 기본이 되기 때문이라고 보았다. 말하자면 성의는 전 학문 과정을 규정하는 기본이 되는 셈인데, 윤휴의 『대학』 이해에서 성의가 중심이 됨을 알 수 있다.

윤휴는 3강령을 설명하는 전은 한 장으로 묶어 파악하였다. 3강령의 전을 따로 일일이 설정했던 『대학장구』와 구별된다. 윤휴는 또한 '격물치지'

전과 마찬가지로 '평천하' 항목은 전이 설정되어 있지 않다고 이해했다. 윤휴는 이와 같이 순서상 처음과 끝에 놓여야 할 '격물치지'전과 '평천하'전을 별도로 두지 않은 데서 성인의 깊은 뜻을 엿볼 수 있다고 했다.

결국 이 같은 체제는 『대학장구』에 비할 때, 삼강령을 각기 설명하지 않고 하나의 절로 설명한 점, '격물치지'전과 '평천하'전이 없다고 본 점, 성의전을 전의 제일 첫머리에 둔 점 등에서 차이가 나는데, 이 가운데 핵심적인 사안은 '격물치지'전을 설정하지 않고 '성의'전을 전의 첫 장으로 둔 데 있었다. 윤휴는 격물치지전이 설정되지 않은 것은 성인이 '언설로 드러내지 않은 가르침[不言之教]'을 보인 것이며,[10] 성의전이 제일 첫머리에 오는 것은 성의가 학자가 가장 먼저 착수해야 할 일[11]이기 때문으로 판단했다. 『대학장구』와 윤휴의 『고본대학별록』의 체재를 비교하면 〈표 15〉와 같다.

요컨대, 윤휴가 파악하기에 고본 『대학』은 착간도 일실도 없이 원형을 온전하게 보존한 책이었다. 연문이나 궐문이 없는 것은 당연했으며, 새로이 내용을 보완할 필요도 없었다. 윤휴는 이같이 고본 『대학』의 원문 구조를 인정하면서도, 장절의 구성과 관련해서는 주희의 성과를 충분히 원용하여 경과 전으로 분리하여 이해했다. 그러나 고본 『대학』의 구조를 인정하는 데서 확인하듯, 윤휴는 격물치지전이 원래 설정되어 있지 않으며, 성의전이 전의 첫머리에 놓인다고 보았다. 『대학』의 위학 체계에서 격물치지보다는 성의가 중심이 되어야 한다는 생각이었다. 이 점이 윤휴의 『대학』 해석에서 드러난 가장 큰 특징이라 할 것이다. 여기서 그의 『대학』에 대한 접근 방식이 주자학보다는 고본 『대학』의 체제를 인정하는 양명학의 그것과 친연성이 더 큼을 짐작케 된다. 내용 검토는 별도로 해야겠지만, 『대학』 체계의 이해와 연관하여 윤휴는 양명학의 방식을 따르고 있었다.

널리 알려진 대로, 송·명대 성리학의 발전 과정에서 학설상의 이견이나 대립이 일어날 때 그 단초를 이루었고 또 논의의 핵심이 되었던 것은 『대

표 15 | 『대학장구』와 윤휴의 『고본대학별록』(고본별록) 비교

고본		고본별록		대학장구	
제1단	三綱領	제1절	경문: 三綱領, 八條目, 本末	경 1장	三綱領, 八條目, 本末
				전 5장	格物致知
제2단	誠意의 細論	제2절	전문: 誠意	전 6장	誠意
		제3절	전문: 明德 전문: 新民 전문: 至善 전문: 終始, 本末	전 3장	至於至善 해석의 말미
				전 수장	明明德
				전 2장	新民
				전 3장	至於至善
				전 4장	本末
제3단	正心 修身	제4절	전문: 正心 修身	전 7장	正心 修身
제4단	修身 齊家	제5절	전문: 修身 齊家	전 8장	修身 齊家
제5단	齊家 治國	제6절	전문: 齊家 治國	전 9장	齊家 治國
제6단	治國 平天下	제7절	전문: 治國	전 10장	治國 平天下

학』의 구성에 관한 문제였다. 『대학』은 '격물·치지'로부터 '치국평천하'에 이르기까지 치자(治者)의 학문론, 정치론을 수미일관하게 정리하고 있다는 인식은 이 시기 사상계가 일반적으로 동의·수용하고 있었으므로, 논의는 그 무엇보다 『대학』의 위학 체계를 어떻게 설정할 것인가 하는 문제를 중심으로 일어났던 것이다. 논의에서 중심이 되는 것은 위학 방법의 선후 관계 내지는 주종 관계에서 지적 탐구를 중요하게 여길 것인가, 내면의 덕성 함양을 주로 할 것인가의 문제였다. 『중용』의 '존덕성(尊德性)', '도문학(道問學)'의 방법론에서 무엇을 더 우선시 할 것인가와도 통하는 이 같은 이해상의 대립에서 주자학에서는 격물치지를 지적 탐구와 연관하여 중시하였고, 양명학에서는 성의를 보다 중심적인 방법으로 설정하였다. 주희가 『대학장구』에서 격물치지 보망전을 따로 설정하고 전 체제를 재구성한 일이나, 왕수인이 고본 『대학』의 본래 체제를 긍정하는 가운데 자신의 학설을

입론한 것도 모두 그러한 이해와 연관된 것이었다.[12] 두 사상 사이의 단절성 또는 계승성에 관한 논의는 차치하고라도, 이 같은 차이는 어쨌든 사상의 지향, 특성을 규정하는 결정적인 요인으로 작용했다. 형식상으로 말하면, 고본 『대학』을 경전으로서 인정하는가 그렇지 않은가가 주자학과 양명학을 나누는 분기점이었던 것이다.[13]

고본 『대학』의 체계에 기초해서 학문론을 구축하고자 했던 윤휴의 입장은 일단은 주자학적이라기보다는 양명학적이라 할 수 있겠다. 그의 격물치지나 성의에 대한 해석, 전 위학 구조로 보아서는 반드시 양명학을 추종했다고 할 수 있는 것은 아니지만,[14] 대체적인 방향은 양명학의 성격과 유사했다. 이것은 윤휴의 경서 해석이 주자학의 학문론, 세계관을 근본적으로 문제 삼아 이루어졌으며 그 방향은, 그 일치 여부와는 별도로, 주자학의 폐단 또는 주자학의 한계를 비판하며 나온 사유와 맥락을 같이하고 있었음을 보여주는 것이라 하겠다. 이 점은 『대학』의 내용에 대한 해석과 연관하여 보다 자세히 살필 수 있다.

2
사천학의 학문론과 예법주의

『대학장구』의 체계를 부정하여 고본 『대학』을 성립 당시의 구조를 온전히 갖춘 책이라 파악하는 윤휴의 태도는 실상 주자학의 학문론을 근저에서 부정하고, 독자적인 사유체계를 세우려는 노력의 일환이었다. 이 과정에서 윤휴는 고본 『대학』에서 강조하는 방법과 지향을 활용하고 있었다.

주자학의 학문론은 이기심성론에 기초하여 성립하였다. 그 주된 특징은, 외부 객관 세계에 대한 지식을 인식 주체의 심성에서의 덕성 확립을 위한 전제로 여기고, 이것의 추구를 핵심으로 설정하는 점에 있었다. 객관 세계에 대한 지식을 심성에서 도덕성으로 환원시키는 구조였는데, 여기서 객관 세계에 대한 지식을 얻는다는 것은 절대의 리(理)를 획득한다는 의미였다.[15] 주희는 이 같은 과정을 거칠 때 인욕(人欲)을 제거하고 천리(天理)를 회복할 수 있다고 여겼다. 어떠한 악에도 물들지 않은 선천의 덕성을 회복할 수 있는 것도 이 같은 지식의 획득이 완벽히 이루어질 때 가능하다는 것이었다.[16]

주희가 『대학장구』에서 격물치지전을 설정하고 그것의 의미를 강조한 것도 이러한 인식론 위에서 나왔다.[17] 주희는 경문의 '치지재격물(致知在格物)'을 '격물을 통하여 치지가 이루어진다'고 하여 격물이 치지에 우선한다고 이해하고 격물을 '사물의 리를 궁지(窮知)하는 것'으로 규정했다. 이럴 경우 치지는 사사물물(事事物物)에 내재하는 리를 완벽히 인식하는 것으로 이해된다.[18] 지천(知天), 지인(知人), 사친(事親), 수신(修身)의 모든 일은 격물치지의 귀결이었다.[19] 삼강령의 하나로 제시되는 '명덕을 밝히는 일'은 격물을 통하여 사사물물의 리를 궁진(窮盡)할 때 가능한 일이었다. "천리를 보존하고 인욕을 막음[存天理遏人欲]"의 목표도 여기서 완성되며, 천인합일도 이로써 가능해진다는 것이었다.

결국 주자학의 인식론, 학문론은 외부의 사사물물에 대한 완벽한 지식의 추구를 일차적인 과제로 설정하고 이를 다시 심성상에서의 인욕 제거, 천리 회복을 위한 근거로 활용하는 데 그 초점이 있었다. 심성 내부에 선천적으로 존재하는 잠재된 천리는 이 과정에서 외부의 정리(定理)와 일치하게 되고 수양 주체는 결국은 완벽한 도덕인의 면모를 지니게 되어 있었다. 이것은 곧 2단계에 걸쳐 이루어지는 지식 획득과 도덕성 확보의 과정이라 할 수 있다.[20] 여기서 외부의 정리란 모든 존재를 규율하고 근거 짓는, 초월성을 지닌 절대의 리였으므로, 격물·치지의 과정을 거치며 인간의 심성상에서 천리를 확보하고 도덕성을 확립한다고 생각하는 것은 초월적인 리 개념에 인간을 규율한다는 태도였다. 주자학이 주지주의적인 성격을 지닌다거나 행(行)보다 지(知)의 획득을 우선시한다고 하는 것도 모두 이와 연관된 평가였는데, 그 실상은 인간의 자유로운 감정과 정신을 절대리로써 구속하고 통제하고자 함이었다. 인욕에 대한 부단한 외적 강제도 이러한 학문론과 연관되어 이루어진 것이었다.

윤휴는 주희의 이러한 방법론은 외부의 리, 정리를 중시함으로써 주체가 가진 능동성, 진실성, 자율성을 잃게 하며, 명덕·친민과 관련해서 풀어야 할 눈앞의 급선무보다는 만물에 헛되이 마음을 더 허비하게 하는 폐단을 가져온다고 보고 있었다. "하늘을 담론하고 성을 이야기하는 일[談天說性]"도 이러한 데서 나오는 폐단이라 생각했다.[21] 윤휴는 주자학이 가진 특성을 적절히 파악하면서, 이를 극복해야 할 방향을 적극 모색하고 있었던 셈이다. 윤휴는 자신의 해석이 성인의 본래 마음을 따르는 것이며, 이 해석을 통하여 주자학의 폐단을 극복할 수 있다고 확신하고 있었다.

윤휴는 '격물(格物)'을 정의하여, '명덕(明德)·신민(新民)에 관한 사항을 정의(精意) 감통(感通)'하는 일로 파악하였다. '물'을 명덕·신민의 일[事]로, '격'을 '정의 감통'으로 보는 점이 새롭다. 윤휴는 '정의 감통'은 '성경(誠敬) 감통'과도 통한다고 했다. 이때의 '격'이란, 학문하는 처음에 성경과 사변(思辨)의 공력(功力)을 기울여 물리(物理)를 마음속에 감통하는 것으로, 마치 제사를 지낼 때 신명과 '격(格)'하는 것과 동일한 성격을 지니고 있는 것으로 이해되었다.[22] 윤휴는 『시경』과 『서경』에서 언급되는 '격'도 이 의미와 상통한다고 보았다.[23] '격'은 이를테면, 천인감통(天人感通), 신인교제(神人交際)라 할 때의 '감통'과 같은 의미라 할 것이다.

치지(致知)는 이 같은 격물 과정 속에서 이루어지는데, 구체적으로는 시비지심(是非之心) 혹은 양지(良知)를 확충하는 일로 이해되었다. 양지란 맹자가 말한바 "사려하는 바 없이도 아는 것[所不慮而知者]", 곧 선천의 지적 능력을 의미하였다.[24]

윤휴가 이같이 격물·치지론을 설정하는 데는 다음과 같은 점이 전제되어 있었다. 우선 '치지'와 '격물'을 한 가지 일로 파악하는 점이다. 윤휴는 양자를 선후 관계가 아니라 동시적인 차원에서 파악했다. 격물 이후에 치지가 형성되는 것이 아니라, 격물하면 곧 치지가 되고, 치지는 곧 격물에서 이루어지는 관계에 있다는 것이었다. 그가 보기에, 경의 본문에서 '치지재격물(致知在格物)'이라 하여, 여타 조목과 달리 양자 관계를 '선(先)'으로 연결하여 표현하지 않는 이유도 여기에 있었다.[25]

윤휴는 이러한 격물·치지는 명덕·친민의 전 영역을 대상으로 이루어진다고 이해했다. 『대학』에서 이야기하는 '성의·정심·수신·제가·치국·평천하'의 일은 모두 격물·치지의 대상이라 함이었다. 그런데 『대학장구』에서와 같이 별도로 격물치지전을 설정하게 되면, 공부하는 이는 '격물'과 '명덕·친민의 일'을 익히는 것을 두 가지 사실로 여겨, 마침내 지(知)와 행(行)을 구별해서 보고 급하게 해야 할 것과 천천히 해야 할 것[緩急]의 순서를 잃어버리며 '하늘을 담론하고 성을 이야기함[談天說性]'으로써 끝내는 아무것도 얻지 못하게 되는 폐해가 생긴다고 여겼다.[26] 그가 보기에 고본 『대학』에서 격물치지전이 본래 따로 설정되지 않는 이유는 바로 여기에 있었다.

요컨대, 윤휴에게서 격물을 통하여 '명덕·친민의 일'을 감통한다는 것은 주체가 가진 양지(良知)를 확충하며 이루어지는 일이었다. 그것은 곧 주체의 내적인 지식-선천의 지적 능력을 배양하는 일, 달리는 주체의 본원(本原)을 함양하는 일이었다.[27] 여기서 명덕의 개념도, '중리(衆理)를 갖추고 만사에 대응하는'[28] 인식 주체로 보는 주희의 이해와는 많이 달라질 것은 자명한데, 윤휴는 명덕을 '효제의 마음'이라 이해했다.[29]

이 같은 윤휴의 해석은 『대학장구』의 인식론·실천론에 비하여 여러모로 다른 특성, 의미를 지니고 있었다. 첫째, 인식 실천의 과정에서 중심이 되는 것은 선천의 지적 능력, 양지의 함양에 있다고 보는 점이다. 윤휴는 이것이 다음의 두 가지 방법, 곧 학문·공부를 통한 지식의 습득과 신독(愼獨), 근독(謹獨)의 계신공구(戒愼恐懼)를 통하여 이룰 수 있다고 보았다.

학문을 통한 지식의 습득이란 기본적으로 격물의 영역에 속하는 일이었다.[30] '격이란 바로 학문의 일[格者正學問之事]'[31]이라 함이었다. '격'은 곧 지식의 획득, 확장과 연관된 일인데, 그러면서도 이것은 본원의 함양, 곧 선천의 지적 능력을 배양하는 일과 무관하게 이루어지는 것은 아니었다.[32] '격'이란 본시 '자기를 반성하여 존양(存養)·성찰(省察)하고 참으로 힘을 오랫동안 쌓아감[反己存省, 眞積力久]'의 의미를 지니고 있었다.[33]

한편, 성(誠)·경(敬)에 기반한 수양은 양지의 배양에서 중심이 되는 사항이었다. 윤휴는 신독, 근독의 '계신공구'와 같은 일을 통해서 양지의 배양이 본격적으로 이루어진다고 이해했다. 신독이란 마음 속에 자리 잡은 양지를 살피는 일인데, 인간의 마음[心]은 선악이 절로 드러나 사려 하지 않아도 그 호오(好惡)를 알 수 있는 능력을 가지고 있으므로, 선악의 의사(意思)를 잘 판단하고 적절히 통제한다면 선천의 양지가 함양된다는 것이었다. '천리를 보존하고 인욕을 막음[存天理遏人欲]'의 명제도 여기서 실현 가능했다. 그것은 본심이 가진 선천의 덕성을 속이지 않고 확충하는 일이었다.[34] 신독은 성의의 구체적인 방법으로 전문(傳文)에서 제시되고 있었다.

윤휴는 신독을 기초로 이루어지는 성의는 정심(正心)의 시초이고 또 '수신·제가·치국·평천하'의 방법을 근본에서 규정한다고 보았다. 더불어 격물치지도 여기에서 벗어나지 않는다고 파악했다.[35] 말하자면 윤휴가 보기에 성의는 배움과 실천의 기초가 되는 셈이었는데, 고본 『대학』에서 성의전을 전(傳)의 첫머리에 두고, 격물치지전을 따로 설정하지 않는 이유도 여기에 있었다.

둘째, 격물의 대상, 곧 인식의 대상을 명덕과 친민을 실현할 수 있는 구체적인 일로 한정하며, 이에 대한 탐구와 지식의 획득을 마음[心] 내부의 리를 확립하기 위한 근거로 활용하지 않는 점이다. 이렇게 되면 자연, 배우는 이는 내면의 덕성을 함양하여 도덕성을 갖춤과 '명덕·친민의 일'에 관한 지식을 확보함을 분리하여 이해하게 될 터였다. 선천의 도덕성을 갖추는 일은 양지의 확충을 통하여 이루어지므로, 객관 세계에 대한 지식의 확보가 도덕성 확립의 전제가 되는 것은 아니었다. 그러므로 명덕·친민의 일을 탐구하여 얻는 지식은 이제 사사물물에 존재하는 정리(定理)를 탐색하고 궁구하여 획득하는 것이 아니라 명덕·친민에 관한 일 그 자체로 한정될 것이었다. 여기서 지식의 획득과 축적이 절대 리의 추구로부터 벗어나, 말 그대로 명덕·신민의 실무(實務)·실사(實事)를 대상으로 이루어짐을 알 수 있다. 지식 획득의 목표와 방법의 변환이 이루어지고 있는 것이다.

셋째, 주체가 외부의 절대 리에 종속, 규정당하는 측면이 약화되는 점이다. 양지의 확충을 치지와 연관하여 이해하는 점은 다른 의미로는 도덕성·실천성의 근거를 외부의 정리에서 구하지 않고 주체가 가진 내적인 덕성으로부터 구하는 일이었다. 이것은 주체가 외부의 정리에 규정당하지 않고, 내적인 독자적 판단에 따라 행동할 수 있는 자유를 확보한다는 말이 된다. 양지의 확충으로 귀결되는 성의를 중시하는 일은 곧, 개별 주체의 영역을 벗어나 존재하는 절대 리가 가진 절대의 규정성을 일각에서 무너뜨리는 일이 된다고 하겠다.

넷째, 주자학에 비하여 주체의 감성적 자각과 온 정성을 다한 실천을 강조하는 측면이 강했던 윤휴의 사유에는 주자학이 가진 무거운 인간관을 벗어날 요소가 내재되어 있었다. 주희의 인간 파악은, 주체의 기질적 요소를 끊임없이 통제하고 규율하며 부정하는 가운데 선천 본연의 덕성을 회복할 수 있다는 그의 수양관과 연관하여 극히 엄중하게 이해되고 있었다.

이와 같이 윤휴의 『대학』 이해와 해석은 주자학의 학문론을 핵심에서 문제 삼아 이루어진 것이었다. 그것은 왕양명과 그 후학의 주자학 비판이 그러하듯이, 외부의 정리에 대한 구명과 이해로부터 도덕성 확보의 근거를 구하는 것이 아니라, 본래 가진 선천적 도덕성, 곧 양지를 함양하는 일을 중점 추구하고, '담천설성(談天說性)'의 고원하고도 형이상학적인 문제가 아닌 명덕·친민의 인간사 일반에 관한 사항을 탐구하려는 태도를 근본으로 하고 있었다. 윤휴의 방법은 형태상 양명학의 그것과 유사했다.

특히 윤휴가 효제를 명덕으로 이해하고, 효제의 실천을 학문 활동에서 가장 중요한 것으로 설정하며, 『효경』을 강조하였던 점은[36] 양명학의 핵심과도 상통하는 점이 있다. 왕양명은 양지를 효제로 이해하고 있었고, 왕간(王艮)이나 나여방(羅汝芳)과 같은 태주학파(泰州學派)의 후학도 이를 계승하여 효·효제를 강조하였다.[37]

그러나 윤휴의 학문론은 이처럼 양명학의 방법과 지향을 적극 원용하는 양상을 보이지만, 그 실제 내용에서는 윤휴만의 독자성을 강하게 지니고 있었다. 『대학』의 학문론과 관련하여, 사천학(事天學)과 예법주의(禮法主義)를 결합시키는 데서 이를 확인할 수 있다. 윤휴의 학문을 양명학으로 이야기할 수 없는 요소를 이 지점에서 발견할 수 있다.

윤휴는 성의·신독을 기초로 하는 자신의 학문을 사천의 개념과 논리로 규정하고 있었다. 『대학』과 『중용』의 성격을 '사천'의 학문으로 설명하는 다음의 언술은 그 선명한 표현이다.

> 『중용』은 하늘을 섬기는 도리[事天의 도]를 설명했으며 『대학』은 그 조목이다. … 하늘을 섬기는 도리는, 일상생활에 근본하여 계구신독(戒懼愼獨)하며 천지가 제자리를 잡고 만물이 양육되게 하는 것이다.[38]

『중용』과 『대학』의 두 경전은 표리 관계에 있으며 상호 부족한 내용을 보완하는 역할을 한다고 이해하고 있었던 윤휴는,[39] 이와 같이 사천의 개념을 매개로 두 경전의 성격을 파악했던 것이다.

여기서 윤휴가 사용했던 사천이란, 수양 주체가 천명으로부터 결코 떠날 수 없음을 알고 수련하는 일, 곧 천명의 본성을 회복하고자 하는 일이었으며, 계신공구의 자세와 태도는 그 구체적 방도였다.[40] 이와 같이 계신공구의 태도를 사천의 개념으로 설명하는 것은 우선, 이러한 수양이 기본적으로 하늘[天]을 대상으로 경건하게 종교적 자세를 취하면서 이루어지는 것이라고 이해되었다. "첫째도 하느님, 둘째도 하느님 하면서 마음 졸이고 공경하기를 마치 하느님이 좌우에 계신 듯이"[41] 하는 자세가 여기에 해당한다 할 것인데, 앞서 보았듯 '격(格)'을 '천인감통', '신인교제'와 연관하여 '성의의 감통'으로 이해하는 것도 바로 여기서 나오고 있었다.

또한 사천의 개념으로 수양론의 성격을 규정하는 데에는, 사천의 주체를 군주와 연관하여 이해하는 특별한 사정이 얽혀 있었다. 윤휴는 군주에 대해, 사천의 작업을 통하여 천명을 이해하고, 『대학』과 『중용』의 수신·평천하, 치중화(致中和)·만물위육(萬物位育)의 과업을 수행해나가는 존재로 파악하고 있었다.[42] 말하자면 사천은 군주라는 존재와 분리해서는 성립하지 않는 개념으로, 그것의 실제 실천은 군주가 계신공구의 노력을 바탕으로 자신에게 주어진 고유의 책무를 수행하는 일 그 자체였다. 윤휴의 경전 해석이 양명학의 모습을 보이면서도, 그와는 성격을 달리하는 측면이 여기에 있다 할 것이다. 이 점에서 그의 사유는 사천학으로 부를 수 있다.

윤휴의 사천학 학문론은, 정리하면 천명, 윤리, 도덕규범의 실현 주체로 군주를 설정하는 특성을 갖는다 할 것인데, 이 같은 바탕 위에서 윤휴는 천명으로 표상되는바 윤리·도덕규범이 전 사회적으로 실행되는 데에는 예법 규범의 실천이 전제된다고 파악했다. 예법이란 달도(達道)[43]의 다른 이름으로, 달도의 실천을 통하여 천명·성(性)·대본(大本)의 실현이 이루어진다 함이었다.[44]

이와 같이 달도·예법의 실천이 성·천명 실현을 위한 전제가 된다고 파악하는 것은 도덕성의 실현 방도를 개개인의 심성 내부에서가 아니라 외재(外在)의 규범과 연관하여 구한다는 의미였다. "심덕은 인륜을 밝힘에 존재한다[心德在乎明人倫]"[45]라거나 또는 "윤기를 이름 짓고 예를 가지런히 하는 것은 마음에 있는 중(中)을 부지하기 위한 것[名倫齊禮, 所以扶持人心之中也]"[46]이라는 언명대로, 인심에 내재된 도덕성은 인륜의 실천, 곧 예의 외적인 규범으로 규율, 발현되는 것이었다.

여기서 도덕성 실현의 방도로 예법을 강조하는 것은 도덕적 완성과 그에 바탕한 윤리규범·사회질서 확립의 입각점을 개인 차원에서가 아니라 국가 또는 국가로 대표되는 공권력의 범주에서 설정하고 있음을 확인할 수 있다.[47] 예법이란 곧 국가권력의 다른 표현이었기 때문이다. 그것은 곧 "정치가 이루어져 도가 행해진다[政成而道行]"[48]는 인식이기도 했다. 때문에 다음의 언급도 가능하게 된다.

> 안민(安民)이란 먼저 오전(五典: 오륜)의 가르침으로 이끌고 이어서 오례(五禮)의 제도로 가지런히 하는 것이니, 이에 이 백성은 항상 천리 속에서 행동하게 될 것이다. 이것을 온전히 하여 덕으로 삼으면 이에 상을 내리고 이것에 어긋나 죄를 지으면 이에 형벌을 내린다. 정사(政事)라는 것은 형벌과 포상에 근거

하여 치민(治民)의 일을 거행하는 것을 말한다.[49]

예법을 매개로 이루어지는 사천학의 체계는 본질적으로 종교적 성향을 지니고 있었다. 이는 하늘을 인격적으로 이해하고 그 힘에 의지하려는, 중국 고대 사상에서의 천인감응론과 유사한 면모였다. 윤휴는 한대(漢代) 혹은 선진(先秦) 사상에 많은 관심을 가지고 있었는데, 이도 그의 사유에 나타나는 종교성과 깊은 연관이 있을 것이다.[50] 이같이 본다면, 사천학은 정리(定理)의 객관적인 이법(理法)을 체인하고 실천한다는 논리를 주된 내용으로 하는 주자학과 달리, 내재의 하늘[天]에 인간이 심정(心情)으로 다가가는 것을 설정하는 사유체계라 할 것이다.[51] 윤휴의 경학을 지탱하고 특징지우는 요소를 꼽는다 당연 이러한 측면을 주목할 수 있다.

윤휴의 사천학적인 방식의 학문론은 아마도 북인계 남인의 학문 전통 속에서 이루어진 것이라 할 수 있을 것이다. 윤휴의 선배였던 한백겸이나 이수광, 혹은 허균 등은 명대의 다양한 학문 조류를 왕성하게 소화하고 있었는데, 이들은 그 결과로 이미 주희의 학문·정치론과는 성격을 달리하는, 외재의 예법을 중시하는 학문체계를 확립하고 있었다.[52] 윤휴의 작업은 그러한 전통을 계승하는 가운데 양명학의 방법론을 적극 참조하며 이를 독자적인 경서 해석으로까지 진전시키고 있었던 것이다.

3
군주학 체계와 고제·고법의 정치이념

1) 이원적 『대학』 이해와 군주학 체계

학문의 성격이 바뀐다면, 자연 정치의 방식, 정치 주체의 성격도 달라질 것임을 예상할 수 있다. 유가의 사상에서 학문의 목적을 사회·국가를 경리하기 위한 방향을 설정하고, 그를 학습하는 수양 주체의 능력을 기르는 데 두고 있었으므로 학문론은 기본적으로 정치론이었다. 위정의 주체, 위정의 핵심은 무엇이며, 권력의 권원은 어디에서 연원하는가 하는 정치적인 문제는 학문론의 주된 주제이기도 했다. 실제 윤휴는 주자학과는 다른 방식으로, 학문의 주체, 학문의 실현 방식을 모색하고 있었다.

주희는 『대학』을 삼대 시절, 대인(大人) 곧 성인이 '대학'이라는 학궁(學宮)에서 공부할 때 익히던 내용을 담은 책이었다고 그 성립을 이해하고 있었다. 주희에 의하면, 이때 이 책의 내용을 익힌 대상에는 군주의 원자(元子)와 중자(衆子), 공경대부(公卿大夫)·원사(元士)의 적자, 서민(庶民)의 준수자(俊秀者)가 포함되어 있었으며, 『대학』에는 『소학』에서 제시하는 바의 '생활상의 기본 예절[灑掃應對之節]'을 익힌 후, 15세 이상의 대인이 되면 익히는 고급 수준의 학문이 실려 있었다고 한다. 말하자면 『대학』은 군주, 공경대부의 귀족, 서민 등 신분의 고하를 막론하고, '대학'이라는 학궁에서 일정 연령에 오른 사람들이 배우는 책이라는 의미를 지니고 있다는 것이 주희의 이해였다.[53]

윤휴는 『대학』이 대인, 곧 성인을 위한 학습서인 것을 부정했다. '대학'

이란 이름은 '학문의 도(道)'가 크다는 데서 나온 것이지, 대인의 학궁인 '대학'에서 배우는 책이기 때문에 이 같은 명칭이 붙은 것은 아니라는 것이 그의 이해였다. 곧 "『대학』의 도란 학문의 크기가 큼을 말한 것이니, 「학기(學記)」에 나오는 '대학의 법'이 이것이다"[54]라 함이었다. 오히려 『대학』은 나이에 따른 '소학', '대학'의 범위를 넘어 '소학'과 '대학'의 학문체계를 아우르고 통관하는 성학(聖學)의 총론서로서의 성격을 지니고 있었다.[55]

윤휴가 보기에 삼대 시기, 소학과 대학 두 학궁에서의 교육과 학습은 이 책과는 무관하게 이루어지고 있었다. 윤휴는 '소학'은 "생활상의 기본 예절과 기본적인 학습[掃灑應對, 誦習訓詁之事]"을, '대학'은 "군신(君臣)의 의리, 조정(朝廷)의 예제, 백성 대하는 도리, 정사하는 체계 등 천하 국가에 시행할 수 있는 대본대원(大本大原)과 대경 대례(大經大禮)" 등 위정에 필요한 대체를 익히는 곳으로 이해했다.[56] 그 가진 성격으로 보아, 대학이란 학궁에서 굳이 이 책을 배울 필요는 없었다는 것이었다.

윤휴의 이러한 『대학』 이해는 주희에 비해, 이 책을 배우는 대상의 범위를 크게 축소하는 것으로 이해된다. 윤휴에게서 이 책은 일반적인 대인, 성인이 일상적으로 익힐 수 있는 것이 아니었다. 그렇다면 그는 『대학』 이념의 실현자를 누구로 생각하고 있었을까?

『대학』 전반에 대한 인식을 통해 본다면, 윤휴는 이 책에서 제시하는바 성학의 주체를 군주 혹은 군주 정치 그 자체로 설정하고 있었다. 이를테면, 명덕(明德)과 친민(親民)의 양 강령을 중심으로 제시되는 『대학』의 목표와 방법이, "옛 성왕이 행하던 것으로서 후왕(後王)이 마땅히 본받아야 할 사항"[57]이라 이해하는 것은 그가 『대학』의 규정을 따라 군주가 학문의 주체임을 긍정하는 모습이었다. 또한 책 이름 『대학』에서 '대(大)'의 의미를 "『대학』의 도는 그 준덕(峻德)을 밝혀서 사방을 밝게 하고 상하를 감통하게[格] 하는 것이므로, '대'라고 이름한 것이다"[58]라고 해석하는 것 역시

『대학』 학문론의 주체가 군주·군주 정치임을 상정하고 있는 것이라 할 것이다. 준덕, 곧 명덕을 밝혀서 사방에 밝게 비추고 상하를 감통하게 할 수 있는 존재는 다름 아닌 군주였기 때문이다. 윤휴는 『대학후설(大學後說)』에서 격물로부터 평천하에 이르기까지의 수기·치인과 관련한 요목을 군주에게 초점을 맞추어 구체적으로 설정하고 있었는데,[59] 이도 또한 『대학』이 군주·군주 정치의 학문이라 여긴 데서 온 일이었다. 군주는 곧 군주의 정치를 수행하는 국가를 의미하기도 했다.

『대학』의 학습 주체를 주희와 달리 군주·군주 정치로 설정한 것은 적지 않은 의미를 지니고 있었다. 이는 앞질러 말한다면, 『대학』의 학문체계를 독립된 군주학(君主學)으로서 이해하는 일이었다. 말하자면, 윤휴의 『대학』 이해는 주자학에서 성학을 군주·사대부학으로 일원적으로, 군주와 사대부 구별 없이 성취할 수 있는 것이라 여기던 사고를 벗어나,[60] 군주학과 사대부학으로 학문의 영역을 분리시키고 성학의 주체를 군주에게로 한정시킨, '군주학'의 독립화라고도 할 수 있었다.

주희의 학문론은 군주를 비롯한 치자(治者) 그리고 서민의 학문이 동일한 성격을 지니고 있다는 데서 출발하고 있었다. 『대학』의 학습 주체를 성인(成人) 일반에서 구하는 이해 방식은 '격물치지'의 학문이 누구에게나 필요하며, 또 이를 성취할 수 있다는 관점에서 나온 것이었다. "학문을 통하여 성인(聖人)이 될 수 있다"는 성리학의 근본 명제에 기반한 사유였다. 주희는 『대학』에서 제시하는 수기치인론이 군주에게 적용되는 방법론이라는 것을 인정하는 한편으로 이를 학문의 일반론으로서도 설정하고 있었다. 이러한 생각은 세계 운영의 주체를 사대부 계층으로 상정하고 있는 그의 세계관·정치론으로부터 연원하는 것이었다.

윤휴의 『대학』 이해는 요컨대 군주·사대부를 통합한 학문론에서 군주와 사대부 학문으로의 분리를 염두에 둔 것이었다. 여기서 성학의 주체는 군주가 되는 셈인데, 이럴 경우 여타의 신분 계급과 성학의 학습은 별다른 관계가 없다는 것이 윤휴의 이해였다. 실제 윤휴는 경연에서 군주의 학습과 관련하여, 군주의 학문은 그 규모나 내용에서 사서(士庶)의 그것과 구별하여 이루어져야 할 것을 강조하기도 하였다.[61] 성학의 주체를 달리하게 된다면, 이 변화는 교육체계 전반에도 영향을 미쳐 각급 학교에서의 학습 내용, 성격도 달라지기 마련이었다. 『대학』이 군주 성학과 관련된 것이므로, 소학이나 대학과 같은 학궁에서 군이 이 책을 가지고 학습할 필요가 없게 되는 것이다.

요컨대, 윤휴의 성학에 대한 이해, 그 학문 과정에 대한 인식은 학문의 분화를 상정하는 일이었다. 그것은 이를테면 군주학[聖學]과 일반학으로의 분화로 명명할 수 있을 터인데, 소학과 대학 두 학궁의 학습 공간에서는 일반 민인의 교육-전문 관료들의 지식을 함양하는 데 필요한 교육을 담당했을 뿐이었다. 이곳에서의 학습은 성학과는 상관이 없었다.[62]

이럴 경우, 그러한 분화가 갖는 의미는 적은 것이 아니었다. 우선 위정(爲政) 담당자-관료들의 학습 내용은 그들에게 요구되는 전문적인 지식과 능력을 함양하는 것으로 한정하게 될 터였다. 성학에의 책무는 그들에게 주어진 것이 아니기 때문에, 학습은 실제 실사(實事), 실무(實務)를 익히는 데 집중하게 될 터였다. 심성론적인 경향을 갖는 주자학에서의 학습·수양이 비현실적, 비실무적이라고 비판받는 상황을 고려한다면, 이 같은 분화는 학문의 전문화·실용화를 불러일으키면서 그 수준을 한 단계 더 끌어올리는 계기가 되리라 예상할 수 있다.[63]

더불어, 군주학의 성립은 세계 운영의 주체는 군주임을 확인하는 데서 나온 것인데, 이것은 학문적으로 군주 지위의 독존성(獨尊性), 군권(君權)의 절대성을 보증하는 근거가 된다고 할 것이다. 주자학의 군신공치(君臣共治)의 정치론이 군주와 신민 일반을 구별하지 않는 학문론과 밀접히 연관되는 점을 염두에 둘 때, 윤휴의 군주학은 정치·사회 운영의 절대 주체로서 군주를 인정하는 것임을 짐작해볼 수 있다. 17세기 들어 군권과 신권의 길항과 대립이 격화되는 상황 속에서 치열하게 전개되었던 군권 강화를 둘러싼 이론 작업이 윤휴의 경우, 이와 같은 경서 해석으로까지 진전되고 있음을 확인할 수 있겠다.

군주학으로 드러나는 군권 강화 의식은 군주의 폭력적 전제성을 옹호하는 것으로 보일 수 있다. 하지만 윤휴에게 이것은 군주가 이끄는 국가의 권력을 보다 강고하게 만들자는 생각과 맞통하였다. 군권 강화란 군주정의 강화, 국가 공권의 강화에 다름 아니었다. 윤휴는 실제 군권과 국가의 공권(公權)을 강화하고 이를 바탕으로 조선이 닥친 위기와 모순을 타개해나갈 수 있다고 인식하고 있었다. 양란을 전후한 시기 조선 사회에 요구되었던 국가 개조와 재건의 과제를 해결한다고 할 때, 사족·양반 사대부가 주도하는 방식으로는 그를 적절히 실행할 수 없으며, 강화된 군주권으로 신료·사대부 일반이 가진 제 특권을 제한하는 가운데 위기를 해소하는 방식이 타당하다는 것이었다. 윤휴는 예송에서 참최삼년설을 제기하여 종법의 질서와 연계하며 군주의 지위를 극단적으로 강조했으며, 호포법·오가작통법 등의 정책을 실행하며 부국강병을 추구하였다.[64]

윤휴의 생각과 행동은, 그가 북벌의 실천을 직접 내세움으로써 여타 남인계 관료·정론가들과는 현실 인식에서 불일치하는 면모를 드러내기도 했지만, 남인 일반이 가진 군권 강화론의 사유를 공유하는 점이 있었다. 그런 점에서 『대학』을 군주학으로서 이해하는 일은 군권·군주정 강화론의 경학 기반을 마련하는 작업의 한 양상이라 할 수 있을 것이다. 윤휴는 그의 군주권 강화론-국가권력 강화론의 경학적 근거의 하나로 『대학』을 주목하고 그 독자적인 이해 체계를 세우려 했던 것이다.[65]

2) 국가의 인민 보호와 고제·고법 시행론

고본 『대학』에서 제시하는바 학문·위정의 주체가 군주라는 전제 위에서 군주학의 확립을 도모했던 윤휴의 생각은, 치세와 위정의 주체로서 군주의 위상과 역할을 새로이 규정하는 면모를 지니고 있었다. 새로운 학문론은 새로운 정치론으로 이어지고 있었다. 17세기 후반의 조선 사회의 상황과 연관하여 살핀다면, 그것은 상징적인 형태로나마 절대적인 지위와 권한을 부여받는 군주의 힘을 적극 활용하여 새로운 정치를 펼쳐나갈 방도를 어떻게 모색할 것인가 하는 의도와도 연관되어 있었다. 국가의 개조와 재건을 둘러싼 하나의 논리와 방법이 이와 같이 구체화되고 있었다 할 것이다.

윤휴는 『대학』의 해석에서 정치의 대원칙과 방향을 천하 혹은 국가를 하나의 가정-가족으로 생각하는 논리, 곧 '천하 일가론'의 견지에서 설정하고 있었다. 이에 의하면, 군주는 천지를 부모로 섬기며, 이른바 중국을 일가로, 사해(四海)를 일가로 삼는 존재였다.[66] "천하를 가진 자는 천하를 집으로 삼고, 일국을 가진 자는 일국을 집으로 삼으며, 일가를 가진 자는 일가를 집으로 삼는다"[67]라는 말 그대로였다. 이 같은 생각 속에서는 군주와 민은 군주와 신민의 관계이면서 부모와 자식의 관계로 유비될 것이었다. 이 경우, 군주는 정치적 수장임에도 민의 생존을 책임지는 부모로서 파악되며, 군신·군민의 정치적 관계는 의제(擬制) 혈연관계를 이루게 된다. 군주는 국가라는 가(家)의 가부장이며, 민은 그 가의 자식이 될 터였다. 그러므로 군주가 백성 아끼기를 자식 아끼듯 해야 하는 것은 필수 전제였고,[68] 그가 백성의 부모라는 마음을 가지는 것은 덕을 쌓는 중요한 행위였다.

'천하 일가론'으로 설정하는 정치의 세계에서 요구되는 윤리 덕목은 기본적으로 두 가지였다. 하나는 효제의 마음이었다. 사회 전 성원의 관계를 가족의 혈연관계로 파악할 때, 가족 사이에 이루어지는 효제의 마음이 중시됨은 자연스러운 일이었다. 앞서 본 대로, 윤휴는 효제를 명덕으로 이해하여 이것이 수기와 치인의 전 과정을 관통하는 핵심적인 덕목이라 이해했다. 명덕은 "영명(靈明)하게 통찰하고 만리(萬理)를 관섭하는 인심(人心)"이면서도 한편으로는 효제의 마음이라는 것이었다.

윤휴가 보기에, 이러한 효제는 누구에게나 선천적으로 부여된 덕성이었다. 그런 점에서 효제의 실천은 '명덕'을 밝히는 일을 의미했다. 윤휴는 이러한 효제의 사회적 실현은, 군주가 솔선수범하여 효제를 실천하면 일반 민인들이 이를 본받아 자신이 가진 효제를 실천하는 데서 이루어진다고 보았다. 민인의 효제란, 군주의 효제 행위에 감화 받아 이루어진 자연스럽고 자율적인 행위란 이해였다. 윤휴가 『효경』의 경전으로서의 역할을 중시하여, 주희와는 다른 방식으로 『효경』의 의미를 천착하고 『효경』 관련 글을 편집하였던 것도 효제가 갖는 의미를 중시하고 이를 적극적으로 펼치고자 한 의도에서 온 일이었다.

효제는 이미 공자가 모든 행동의 근본으로 규정한 바 있던 유가 최고의 윤리 덕목이었다.[69] 그러나 후대 유학이 발전하는 과정에서 효제의 의미와 가치는 다양하게 변화하였는데, 송·명대에 이르러 효제의 비중은 사유체계에 따라 확연한 차이를 드러내고 있었다. 주자학에서 효제는 『소학』의 핵심 덕목으로서, 유교 학습의 기초 항목으로 강조되었지만, 사상 전 체계로 본다면 하위의 부차적인 개념이었다. 그러나 양명학에 이르러 효제는 그 의미가 재강조되었으며, 왕간이나 나여방과 같은 양명 후학들도 효제를 바탕으로 자신의 학문 세계를 펼치고 있었다. 특히 이들은 명덕을 효제로 이해하는 독특한 시각을 지니고 있었다. 주자학과 양명학에서 이와 같이 효제를 달리 평가하는 것은, 주자학이 사회적 관계를 혈연관계로서가 아니라 명분적·상하적으로 파악하려고 했고 양명학에서는 사회관계를 혈연관계를 중심으로 파악하려고 했던 사정과 연관되어 있었던 것으로 여겨진다.[70]

한편, '천하 일가'의 의제 혈연에 기초한 정치론에서는 효제와 더불어 '은혜(恩惠)'가 주요 덕목으로 강조되었다. 전통의 사고에서 부모가 부모로서의 역할을 제대로 하는 것은 자식을 충분히 양육하는 것을 전제로 했다. 이것은 다른 측면에서는 부모가 자식에게 은혜를 베푸는 행위였다. 앞의 효제가 자식이 행하는 효도 행위라면, 양육을 통한 은혜의 시행은 부모의 책무였다. 이럴 경우, 효제는 은혜의 시행을 매개로 그 의미가 형성되는 것이라 할 것이며, 부모와 자식은 양육의 조건에 기초하여 그 관계를 형성, 유지해나간다고 할 것이다. 이와 같다면, '천하 일가'의 이념 속에서 군-민 양자 관계는 일방적, 무조건으로 맺어진다기보다는 '양육' 혹은 '은혜의 시행'이라는 조건 속에서 이루어지는 것이라 할 수 있을 것이다.[71]

'천하 일가론'을 설정하고, 군주와 민인의 효제 실천에서 정치의 근거를 모색하는 윤휴의 방식은, 학문론의 성격 변화가 그러하듯이, 여러 면에서 주자학의 치국론, 치국 방식을 크게 벗어나고 있었다.

그 첫 번째로 들 수 있는 점은 위로부터 이루어지는 규범주의적 교화론에서의 탈피이다. 잘 알려진 대로 주자학에서는 정치의 요체를 위로부터의 규범의 확립과 그를 통한 교화의 실천에 두었는데, 그 과정은 위정자의 피치자(被治者)에 대한 엄격한 통제, 교도를 통하여 이루어지는 것으로 설정되었다. 이를테면, 『대학장구』에서 '친민(親民)'을 '신민(新民)'으로 바꾼 것은 그러한 이해를 잘 드러내는 대목이라 할 것이다. 신민은 위정자가 여러 악에 물든 민인을 도덕적 인간으로 새롭게 진작시키고 변화시키는 일을 지칭하였다.[72] 이러한 이해는 백성 혹은 피지배층을 항상 교화시켜야 할 피주체, 구악(舊惡)에 물들어 있는 존재로 파악하는 인간관에서 비롯하는 것이었다. 더불어 이 같은 시각에는 권력 중심부로부터의 명분 질서, 상하 질서의 통일적 유지와 파악을 중시하는 측면도 내재되어 있었다.

'치국', '평천하'는 이와 같은 '신민화(新民化)'의 경로 속에서 이루어지는 일이었다. 주희의 해석으로는, 모든 사람을 도덕적으로 국가 질서·사회 질서에 통합하는 것이 치국·평천하의 실현이었다. 달리 말해 국가가 한 사람도 놓치지 않고 국가의 법과 도덕체계로 장악하고 포섭할 때 평천하가 이루어진다는 것이었다. 개인의 도덕과 사회 국가의 질서는 이 같은 과정을 거치며 확립될 터인데, 주희는 평천하의 효과로, 도덕과 법 규범으로부터 한 명의 일탈자도 존재하지 않는 상태, 곧 군주가 "한 사람도 놓치지 않는"[73] 결과가 일어난다고 이해하고 있었다.

『대학』의 '치국평천하'장에서 제시하는 '혈구지도(絜矩之道)'도 같은 맥락으로 이해되었다. 주희는 '혈구'란 "구(矩)로써 재어 방정(方正)하게 하는 것"이라 하여, 치인의 모든 대상이 도덕적으로 비슷한 경지에 이르도록 위로부터 강제하고 견인하는 것이라 파악하였다.[74] '구(矩)'란 외적 규범이요, 방정하게 되는 것은 그 효과였던 것이다. 요컨대, 주희의 치국·평천하론은 상하 질서의 엄격한 수립, 유지를 기초로 치국과 평천하가 이루어진다는 내용으로 이루어져 있으며, 그 점에서 상하주의, 계층주의를 강고하게 견지하고 있었다.

명덕을 효제로 설정하는 윤휴는 정치의 역할을 주희와는 다른 방식으로 상정했다. 윤휴는 치국이 평천하의 전제가 된다고 함은 명덕을 천하에 밝히는 데서 가능하다는 의미를 지닌다고 이해하고, 이를 다음과 같이 풀었다. 곧, 군주가 모든 사람이 효제의 마음을 가졌다는 것을 알고, 이러한 효제의 마음을 준거로 백성들에게 공평히 베풀어서 각각 그 가진 소원을 얻을 수 있게 하면 천하에 명덕을 밝힐 수 있으며, 평천하를 이룰 수 있다고 함이었다.

> 백성은 모두 효제의 마음을 지니고 있으니, 이른바 명덕이다. 위에서 행하면 아래에서 응하니, 이른바 '그 아버지를 공경하면 아들이 기뻐하고, 그 형을 공경하면 그 동생이 기뻐한다'는 것이 이것이다. 군자가 그들이 이 마음을 같이 가지고 있는 것을 알고 이 마음을 헤아려 한결같이 고르게 베풀어 각각 그 원

하는 것을 얻게 하면, 이것을 일러 '천하에 명덕을 밝히는 것'이라 한다.[75]

강제적인 힘에 의해서가 아니라, 민의 자발성과 자율성을 기대하는 태도와 방식이었다. 윤휴는 '혈구지도'의 의미도 이와 연관한다고 이해했다. 그가 보기에 '혈구지도'란, 『논어』에서 제시하는바, 충서(忠恕)와 연관되어 있었다.[76] 여기에는 위로부터의 강제, 조정을 통하여 변화를 만들기보다는 치자와 피치자, 군주와 민 상호 간에 그 처한 처지와 입장을 헤아려 관계를 풀어간다는 합의가 담겨 있었다.

둘째, 앞의 사항과 직접 연관되는 것인데, 민의 사회적 재생산을 국가가 적극 보장한다는 이념을 강조하고 있는 점이다. 윤휴는 백성에 대한 교화가 원활하게 이루어지고, 민인들이 그 교화에 적극 참여할 수 있는 조건으로 국가에서 항산(恒産)의 여건을 적극 마련해주는 것이 필요하다고 생각하였다. 항산 이후에 항심(恒心)이 이루어진다는 사고였다. 이 점은 '치국평천하'장의 다음 구절에 대한 해석에서 극명히 나타난다.

是故君子先愼乎德, 有德此有人, 有人此有土, 有土此有財, 有財此有用.[77]

이 구절은 '혈구지도'를 설명한 문장 다음에 나온다. 위정자의 국가 경영의 경로를 다루고 있다. 최종 단계로 '용(用)'을 언급했다. 주희의 『대학장구』에서는 '용'에 대해 '재(財)'와 연결하여 재물의 활용 정도로 해석하였다.[78] 국가의 재정 운용이란 의미와 연관된 이해였다.

윤휴는 이를 민인의 경제적인 안정이 이루어진 연후에 재상자(在上者)의 교화, 재하자(在下者)의 도덕적 흥기가 이루어지는 일인 것으로 해석했다. 군주가 백성의 부모라는 마음을 가지고 백성 보기를 자식과 같이 대하면, 백성도 부모와 같이 군주를 대한다는 전제 위에서였다.

덕이란 백성의 부모로서 갖는 마음이다. 군주가 백성을 자식처럼 여기면 백성은 군주를 부모처럼 본다. 이른바 '유덕차유인(有德此有人)'이다. '용(用)'은 '사(事)'와 같은 의미니, 창름(倉廩)이 꽉 차고 의식이 풍족한 연후에, 위에 있는 사람이 노인을 노인으로 공경하고 연장자를 연장자로 섬기는 교화를 미루어나갈 수 있고, 아래 사람은 효제를 일으키는 마음을 얻을 수 있으니, 이것이 이른바 '사(事)'이다.79

결국 윤휴의 효제론에 기초한 치국 구상은 국가의 경제 안정책과 도덕 교화책이 동시적으로 수행되어야 함을 강조하는 내용을 지니고 있었으며, 도덕 교화책도 국가의 위로부터의 일방적 강제와 통제보다는 민의 자율·자발성을 기대하는 측면이 강했다. 도덕 교화를 모든 것의 중심에 두되 규범주의적 교화론을 펴는 주자학과는 성격을 달리한다고 하겠다. 국가가 민의 경제적 안정책을 도모한다는 사고는, 아마도 국가가 부모와 같은 위치에서 부모의 마음을 가지고 민에게 경제적 시혜를 베푼다는 의미일 것이다. 중국 고대 사상에서 덕의 의미를 시혜, 은혜, 사랑과 연관하여 이해하기도 했었는데, 여기서도 그와 유사하게 민에 대한 경제적 안정책의 마련이라는 측면에서 덕을 이해하고 있는 점을 확인할 수 있다.80

이러한 이해는 한편으로는 민의 사회적 성장을 보다 강하게 의식한 요소도 있었다. 민인이란 굳이 외부적인 강제가 없이도 자발적인 의지와 노력으로 사회의 질서, 곧 오륜으로 표상되는 사회 질서를 지켜나갈 수 있는 존재라는 것이 『대학』의 해석에서 견지했던 윤휴의 생각이었다. 여기에는 외적 규정과 강제에 제한받고 교도(敎導)되는, 수동적·피동적 존재로부터 그 선천의 능력을 자율적 능동적으로 실현할 수 있는 존재로 이해하는 인간관의 전환이 전제되어 있다고도 할 것이다.

윤휴는 이러한 일이 이루어지면, 민인은 그 은혜에 보답하여 자신이 가진 능력을 최대로 발휘하여 그 직분과 임무를 다할 수 있을 것이라 여기고 있었다. 어쩌면 '천하 일가'의 정치론이 갖는 의미가 여기에 있을는지도 모르겠다. 정치 사회적인 모순이 격화되고 격렬한 변화가 일어나는 가운데 나타나는 민의 동요와 국가 질서의 붕괴와 같은 위기적 상황을 타개해가는 데는 엄격하게 위로부터의 명분 질서, 기강을 세우는 일을 강조하는 것보다 민의 경제적 안정을 도모함과 동시에 그들의 자발적 충성과 복종을 이끌어내는 것이 더 필요했을지도 모르겠다.

요컨대, 윤휴는 『대학』의 '해석'을 통하여 군주·국가가 인민을 경제적으로 적극 보호할 것을 강조하는 한편으로 그 바탕 위에서 민인이 자율적이고 자발적으로 도덕을 실천할 수 있다는 점을 강조하였다. 이 같은 이해는 군주·국가가 가진 인민 보호의 기능을 민의 재생산과 연관하여 보다 적극적으로 강조한 측면을 지녔다 할 것이다. 윤휴에 의하면 '평천하'란, 일반 민인이 그 생활이 안정되고 그 원하는 것을 얻을 수 있으며, 그 가진 도덕성을 최대로 실현할 수 있는 사회로 이루어짐을 의미했다. "한결같이 고르게 베풀어 이 세상 그 누구도 자기 자리를 얻지 못할 사람이 없는"[81] 사회가 바로 그 모습이었다. 『대학』에서 제시하는바, 군주의 명덕을 밝히고 인민의 명덕을 밝히는 것은 이로부터 가능할 일이었다.[82]

윤휴의 이러한 정치론은 국가의 민인에 대한 시혜와 보호 속에 백성들의 온전한 삶의 유지가 이루어지는 도덕 공동체적인 이상사회를 지향하고 있음을 보여준다 하겠다.[83] 이러한 사회의 실현은 실상은 윤휴가 살고 있던 당대 사회의 현실을 그대로 추인하는 가운데서는 쉽지 않은 일이었다. 전란의 여파로 신분제와 지주제의 모순이 격화되며 생활 기반의 파탄이 일어나던 현실에서, 일반 민인들이 자신의 직분과 지위를 지키며 온전한 삶을 이루는 일이란 불가능했던 것이다. 국가체제의 보호나 민인의 정상적인 생활을 보장하기 위해서는 비상한 개혁이 필요했던 것인데, 윤휴는 이러한 사회를 실현하기 위해서는 고대 사회의 고제·고법을 적극 실현해야 할 것이라 보았다. "고대의 명덕을 밝힌 자의 일을 본받아 따른다"라

함이었다.[84]

고제·고법에 관심을 기울이고 이를 원용하여 변법책을 마련하려는 태도는 이 시기 북인계 남인들에게 일반적이었다. 허목이나 유형원(柳馨遠)의 정치론은 그 대표적인 경우였다.[85] 윤휴가 주목한 고제·고법은 대체로 『주례』나 서한(西漢)의 제도와 법이었다. 『대학후설』이나 『만필(漫筆)』, 「공고직장도설」 등에서 그 대체를 살필 수 있다. 윤휴는 그 구체적인 방안까지는 적극 마련하지 않았지만, 병농합일(兵農合一), 문무합일(文武合一), 과거제 혁파와 공거제(貢擧制) 시행, 향촌 사회·향촌민에 대한 국가의 제일적(齊一的) 장악 등과 같은 원칙에 입각하여 제반 법제가 마련되고 실행되어야 할 것으로 생각하였다.[86] 군주권 혹은 국가의 공권을 강화하고 이를 바탕으로 전 인민을 통일적으로 포괄하며 경제적 재생산을 보장하는, 그러한 사회를 전망한 구상이었다.

『중용』 해석과 정치 인식

1

주희의 『중용장구』에서 벗어나기

1) 분장(分章) 방식의 개성

윤휴의 『중용』에 대한 견해, 주희의 『중용장구』를 벗어나는 독자적인 주석은 오랜 시간 여러 단계를 거치며 성립했다.[1] 처음 『중용』에 대한 생각의 틀을 잡은 시점은 「중용설」을 지은 28세 때였다.[2] 이때의 작업은 형태상 비교적 간단했다. 윤휴는 『중용장구』의 33장 체재를 대신해 본문을 10장(章) 28절(節)로 나누고[3] 각 장의 주제와 요지를 밝혀 글을 완성했다. 『중용장구』에서는 장과 절을 구분하지 않았으나, 윤휴는 장의 수를 줄이는 한편으로 각 장 내에 적절한 수의 절을 두었다.

「중용설」은 구절구절에 대한 주석의 형태가 아니었기 때문에 이를 통해 『중용』 이해의 특질을 세세하게 추출하기는 힘들다. 우회하여, 윤휴가 각 장의 요지를 파악하는 방식에서 『중용』 이해의 개성을 찾을 필요가 있다. 윤휴는 1장에서 『중용』의 핵심이 제시되고, 2장부터 7장까지는 1장에서 나열된 주요한 주제가 순차적으로 배치되며, 8장에서 10장까지는 1장에서 거론한 '수도(修道)', '솔성(率性)', '천명(天命)'이 설명된다고 보았다. 『중용』의 구성은 그렇게 복잡하지 않다는 판단에서 나온 인식으로 보인다.

「중용설」은 『중용장구』와 같이 『중용』 전 문장에 대해 자세하게 주석을 달고 그 의미를 살피는 방식과는 형태를 달리했다. 본격적인 주석서라기보다는 『중용』에 대한 의견을 담아 정리해낸 글의 느낌을 준다. 송시열이 처음 보고 문제를 제기했던 대상이 이 글이다. 송시열은 조카 송기후(宋

표 16 | 「중용설」의 분장 대지

장	10장의 대지	28절의 주제	10장의 요지
1	천명(天命)	天命	天人之道 學問之功 聖神之能事
2	중용(中庸)	中庸 不行 知驅 天下 索隱	論天命之性
3	비은(費隱)	費隱 遠人 素位	論道不可離
4	행원(行遠)	行遠 鬼神 大孝	論莫見乎隱
5	문왕(文王)	文王 武王 哀公	論大本達道
6	박학(博學)	博學 自誠 前知	論致中和
7	자성(自成)	自成 至誠 天地	論天地位萬物育
8	성인(聖人)	聖人 自用 三重	復推本聖人之道 以申修道之事·致中和天地位
9	중니(仲尼)	仲尼 至聖 至誠	言仲尼之德 以明率性之說·中和體用之妙
10	상경(尙絅)	尙絅	因尙絅之義 而發君子戒愼之義 以極乎天命之理 一編之大義 終

基厚)의 집에서 이 글을 처음 보았다고 한다. 『중용장구』와 체재가 다르므로 그는 이상하다고 생각했고, 이후 윤선거에게 지속적으로 이 글의 문제를 제기했다.

두 번째는 「중용도설(中庸圖說)」이다. 그의 나이 40세에 작성했다.[4] 「중용설」을 지은 지 12년 만에 나온 성과이다. 「중용설」을 바탕으로 간단하게 『중용』의 요지를 그림과 글로 압축해서 정리했다. 『중용』의 주제와 핵심을 선명하게 드러내는 특징을 가지고 있다.

세 번째는 『중용주자장구보록(中庸朱子章句補錄)』(이하 『중용보록』)이다. 1671년(현종 12), 55세 때 저술했다. 20대 후반에 작성한 「중용설」 이후[5] 30여 년의 세월이 흐른 뒤의 성과이다.[6] 「중용설」의 후속편으로 봐도 좋다. 제목으로 보면 『중용장구』의 체재를 염두에 두며 이 책을 집필한 것으로 여겨지지만, 실제로는 주희의 『중용』 이해와는 많이 다르다. 은거 시절, 경서 연구의 백미라 할 수 있다.

이 주석서의 집필은 윤휴 52세 되던 1668년(현종 9)에 처음 시작되었다.

이 책의 서문인 「중용주자장구보록서(中庸朱子章句補錄序)」가 이때 작성되었다.[7] 완성은 3년 뒤인 55세 때 이루어졌다. 적지 않은 공력을 쏟은 성과라 할 수 있다.[8] 『대학고본별록』도 같은 해에 마무리했다. 윤휴는 『대학』과 마찬가지로 몇 년간의 작업을 거쳐 『중용』 주석을 완성했다고 할 수 있다. 윤휴에게 『대학고본별록』과 『중용보록』을 함께 마무리한 1671년(현종 12)은 그동안의 경서 연구를 풍성하게 수확하며 일단락하는 시간이었다.[9]

윤휴의 『중용』 연구는 젊은 시절의 첫 저술에서 틀 잡힌 뒤 장년의 마지막 주석서에 이르러 완숙해진 모습을 보여준다. 각 시절의 연구를 살펴보면 적지 않은 변화가 나타나지만, 『중용』을 이해하는 큰 틀은 유지했던 것으로 보인다. 가장 두드러지게 나타나는 점은 전체 구성을 10장 28절로 나눈 사실이다. 윤휴는 「중용설」을 지었던 초기에 제기한 방식을 『중용보록』에서도 그대로 견지했다.

10장 28절로 이루어진 분장, 분절의 성격은 어떠할까? 이 점은 『중용보록』에서 뚜렷이 살필 수 있다. 「중용설」은 요지를 드러내며 전체를 개관하는 형태로 『중용』을 이해했기 때문에 윤휴가 가졌던 구체적이고 세밀한 생각은 읽기 어렵다. 『중용보록』에서 윤휴는 초창기의 생각을 계승하면서 그 내용을 더 발전시켰다. 그 스스로는 젊은 시절의 이해에 비해 진보가 이루어진 점이 적다고 발언했지만, 표현이 한층 풍부해지고 전달하려는 주장이 분명해졌다.

윤휴의 분장, 분절 방식은 그렇게 복잡하지 않다. 윤휴는 『중용』의 1장에서 『중용』의 핵심 내용이 제시되고, 이하에서는 여기서 나온 주요 주제가 순차적으로 설명된다고 보았다. 1장은 '천명지위성(天命之謂性)'에서 시작하여 '천지위만물육(天地位萬物育)'까지 이어져 끝나는 단락이다. 『중용장구』에서도 이 단락은 1장으로 파악되었다. 윤휴는 첫 장에서 다루는 주제가 6가지라고 파악했다. 〈표 17〉의 1장에서 ㉮~㉳의 구절이 여기에 해당한다. '성·도·교(性道敎)'와 학자의 준칙, '도를 떠날 수 없음[道不可離]', '은미한 것보다 뚜렷하고 환한 것은 없음[莫見于隱莫顯于微]', '대본달도(大本達道)', '치중화(致中和)', '천지가 자리 잡고 만물이 자람[天地位萬物育]'으로 간추릴 수 있다. 윤휴가 보기에 2장에서 7장까지는 이들 주제가 제시되고, 8장부터 10장까지는 수도의 가르침[修道之敎], 솔성의 도[率性之道], 천명의 성[天命之性]이 거론되었다고 한다. 8장 이하의 서술은 1장 첫머리에 나오는 내용을 역순으로 배치한 모습을 보인다.

『중용』은 주요 내용이 반복되며 확장되는 구조 속에서 일관되게 연결되는 구성을 갖추었다는[10] 이러한 인식은 『중용』이 담고 있는 난해한 수준의 이론과 담론을 일목요연하게 드러내기에 적합한 방식으로 여겨진다. 독자의 처지에서 보자면, 『중용』에서 거론하는 성인의 가르침은 『중용』의 문장과 언어로 설명되기에 『중용』을 벗어나지 않고 이해할 수 있는 장점이 있었다. 윤휴가 이해한 각 장의 구성 방식은 〈표 17〉과 같다.

『중용』의 장절 구성에 대한 이러한 이해 방식은 『중용장구』에 크게 비교된다. 전체를 33장으로 구성한 『중용장구』에서 주희는 1장에서 『중용』의 핵심 내용이 제시된다고 이해했다. 1장과 뒤에 나오는 총 32장과의 연관성이 문제가 되는데, 주희는 1장의 내용이 이후의 장에서 다시 거론된다고 보면서도, 후반부에서는 천도(天道)와 인도(人道)의 주제가 반복된다고 파악했다. 천도, 인도라는 추상적인 이해가 주목을 끈다. 1장과 이후의 장이 내용상 하나의 맥락으로 연결된다고 본 윤휴의 시각과 큰 차이를 보이는 대목이다.

『중용보록』의 1개 장은 『중용장구』의 여러 장에 대응했다. 『중용장구』에서 간단한 단락의 글로도 장을 구분했던 방식[11]과는 구분된다. 이를테면 『중용보록』의 2장과 3장은 각기 『중용장구』의 2~11장, 12~14장에 해당했다.

장절을 구성하면서 윤휴는 대체로 『중용장구』에서 설정한 장의 문단

표 17 | 윤휴의 『중용』 분장

장(절)	내 용	각 장의 요지
1	㉮ 天命之謂性, 率性之謂道, 修道之謂教. ㉯ 道也者, 不可須臾離也, 可離非道也. 是故君子戒愼乎其所不睹, 恐懼乎其所不聞. ㉰ 莫見乎隱, 莫顯乎微, 故君子愼其獨也. ㉱ 喜怒哀樂之未發, 謂之中, 發而皆中節, 謂之和. 中也者, 天下之大本也, 和也者, 天下之達道也. ㉲ 致中和 ㉳ 天地位焉, 萬物育焉.	성인 사천(事天)의 도와 군자 체도(體道)의 일을 총론함[總論聖人事天之道·君子體道之事]
2 (5)	'仲尼曰-民鮮能久矣', '子曰-其斯以爲舜乎', '子曰-不失之矣', '子曰-强哉矯', '子曰索隱- 聖者能之'	㉮ 1장의 '성·도·교(性道教)'를 논하고 학자의 준칙을 제시함[論首章性道教而示學者之準則者]
3 (3)	'君子之道-察乎天地', '子曰道不遠人- 胡不慥慥爾', '君子素其位-求諸其身'	㉯ 도는 떠날 수 없음을 논함[論道不可離]
4 (3)	'君子之道-其順矣乎', '子曰鬼神-如此夫', '子曰舜其大孝-必受命'	㉰ 숨은 것보다 드러남이 없고 미묘한 것보다 뚜렷한 것이 없음을 논함[論莫見于隱·莫顯于微]
5 (3)	'子曰無憂者-子述之', '武王纘太王-如示諸掌乎', '哀公問政-固執之者也'	㉱ '대본달도(大本達道)'를 논함[論大本達道]
6 (3)	'博學之-雖柔必强', '自誠明-爲能化', '至誠之道- 至誠如神'	㉲ '치중화(致中和)'를 논함[論致中和]
7 (3)	'誠者自成-時措之宜也', '故至誠-無爲而成', '天地之道-純亦不已'	㉳ 천지가 자리 잡고 만물을 양육함을 논함[論天地位萬物育]
8 (3)	'大哉聖人-其此之謂與', '子曰愚而好-吾從周', '王天下-天下者也'	㉲-㉳ '치중화위육(致中和位育)'의 의미를 다시 거론하여 '수도의 가르침'에 대해 논함[復申致中和位育之義 以論修道之教者]
9 (3)	'仲尼祖述-所以爲大也', '唯天下至聖-故曰配天', '唯天下至誠-其孰能知之'	㉱ 중화(中和)의 덕을 바탕으로 '솔성(率性)의 도'를 논함[因中和之德 以論率性之道者]
10 (1)	'詩曰尙絅-無聲無臭至矣'	㉰ 계신공구의 의미를 바탕으로 '천명의 성'을 논함[因戒愼恐懼之義 以論天命之性者]

*㉮~㉳는 필자가 임의로 표기함

을 나누지 않고 받아들였다. 하지만 일부 장에서는 『중용장구』에서 장으로 설정한 문단을 나누어서 자신이 생각하는 새로운 장절로 삼기도 했다.

표 18 | 윤휴의 『중용』 분장과 주희 『중용장구』의 분장

윤휴의 분장 - 10장 28절			주희의 분장 - 33장	
장	장의 요지	절	장	『중용장구』의 주희 주
1	總論聖人事天之道 君子體道之事	天命-萬物育焉	1장	자사(子思)의 기술(記述)
2	論首章性道教而示學者之準則者	仲尼曰-民鮮能久矣	2-3장	-『중용』을 논함[論中庸] -자사가 공자의 말을 인용하여 수장(首章)의 뜻 마무리
		子曰-其斯以爲舜乎	4-6장	
		子曰人皆曰-不失之矣	7-8장	
		子曰天下國家-强哉矯	9-10장	
		子曰索隱-聖者能之	11장	
3	論道不可離	君子之道-察乎天地	12장	-자사의 말, 수장의 '도불가리(道不可離)'의 의미 풀이. 이하 8장은 공자의 여러 말을 인용하여 위의 구절 풀이
		子曰道不遠人- 胡不慥慥爾	13장	
		君子素其位-求諸其身	14장	
4	論莫見于隱莫顯于微	君子之道-其順矣乎	15장	
		子曰鬼神-如此夫	16장	
		子曰舜其大孝-必受命	17장	
5	論大本達道	子曰無憂者-子述之	18장 일부	
		武王纘太王- 如示諸掌乎	18장 일부, 19장	
		哀公問政-固執之者也	20장 일부	
6	論致中和	博學之-雖柔必强	20장 일부	
		自誠明-爲能化	21장	이하는 자사의 말로 앞 장의 천도·인도의 의미를 이어 입언(立言)
			22장	천도(天道)
			23장	인도(人道)
		至誠之道-至誠如神	24장	천도
7	論天地位萬物育	誠者自成-時措之宜也	25장	인도
		故至誠-無爲而成	26장 일부	천도
		天地之道-純亦不已	26장 일부	천도
8	復申致中和位育之義 以論修道之教者	大哉聖人-其此之謂與	27장	인도
		子曰愚而好-吾從周	28장	인도
		王天下-天下者也	29장	인도

윤휴의 분장 - 10장 28절			주희의 분장 - 33장	
장	장의 요지	절	장	『중용장구』의 주희 주
9	因中和之德 以論率性之道者	仲尼祖述-所以爲大也	30장	천도
		唯天下至聖-故曰配天	31장	천도
		唯天下至誠-其孰能知之	32장	천도
10	因戒愼恐懼之義 以論天命之性者	詩曰尙絅-無聲無臭至矣	33장	일편의 요지

*음영: 윤휴의『장구보록』에서『중용장구』의 문단을 나눈 절

『중용장구』의 18장을 5장의 1절과 2절, 20장을 5장의 3절과 6장의 1절, 26장을 7장의 2절과 3절로 나눈 경우가 그러하다. 주희가 동일한 성격으로 보아 같은 장으로 묶어 이해했던 문단을 윤휴는 달리 볼 수 있는 측면이 있다고 하며 체재를 새롭게 세웠던 것이다.

특히 20장의 변화는 의미가 깊다.[12] 주희는 '애공문정(哀公問政)-고집지자야(固執之者也)'의 문단[13]과 '박학지(博學之)-수유필강(雖柔必强)'의 문단[14]을 하나의 장으로 이해했지만, 윤휴는 이를 각기 5장과 6장으로 분속시켰다. 내용상 '대본달도'와 '치중화'의 두 주제가 『중용장구』에서 한 장으로 묶여 있으니 적절하지 않다는 판단이었다. 윤휴는 5장은 '대본달도', 6장은 '치중화'를 다룬다고 생각했다. 윤휴의 『중용』 분장과 주희의 『중용장구』의 분장을 비교하면 〈표 18〉과 같다.

이와 같이 윤휴는 젊은 시절에 세운 10장 28절의 견해를 나이 들어서도 변함없이 유지하며 『중용』을 이해했다. 이러한 장절 구성 방식은 『중용』의 핵심 주제가 선두에서 제시되고 이하의 장절에서 그것이 반복해서 변주된다는 인식과 연관되어 있었다. 그러기에 독자로서는 겉으로 보이는 『중용』의 복잡하고 다양한 내용을 일관된 맥락 위에서 파악할 수 있었다. 천·지·인(天地人)을 아우르는 한편으로 심성과 도덕 규범, 정치와 윤리의 문제를 평이하지 않은 언어와 논리로 설명하는 『중용』의 문제의식을 따라

잡는 일은 쉽지 않았다. 윤휴는 이러한 방식에 기초하여 이를 포착하려고 했던 것으로 보인다.

2) 연문과 구두의 재조정

장절 구성의 방식으로 보자면 윤휴는 확실히 『중용장구』의 틀을 벗어나고 있었다. 윤휴는 『중용』의 문장을 읽고 이해하는 과정에서도 주희와는 다른 시선으로 접근했다. 우선, 주희의 『중용장구』에서 정리된 문장을 따르지 않은 점이 눈에 띈다. 『중용장구』에서 중복해서 서술되었다고 판단한 문장이 1곳, 연문(衍文)으로 보았던 곳이 1곳이다. 모두 20장에 나오는데 전자는 20장의 한 구절,[15] 후자는 20장 내의 '자왈(子曰)' 문구이다. 윤휴는 중복되었다고 본 곳은 그대로 따랐다.[16] 반면 연문이라고 했던 '자왈'에 대해 윤휴는 주희와 판단을 달리했다.

『중용장구』에서 연문이라고 지칭했던 문구는 20장 내의 대화 중에 나온다. 20장은 '애공문정(哀公問政)'으로 시작되는데, 노나라 왕 애공(哀公)과 공자 사이에 있었던 정치에 관한 문답을 담고 있다. 천하의 달도(達道), 천하의 달덕(達德),[17] 지(知)와 행(行)의 다양한 층위[18]에 대한 설명이 나온 뒤, 아래의 구절이 이어진다.

> 자왈(子曰), "배움을 좋아함은 지(知)에 가깝고 힘써 실행함은 인(仁)에 가까우며 부끄러움을 아는 것은 용(勇)에 가깝다."[19]

문맥으로 보아 '자왈(子曰)'의 등장은 자연스럽지 않다. 뜻밖의 어구라 독자가 혼란을 느낄 수 있는 상황이다. 주희는 20장의 이 내용이 『공자가어(孔子家語)』에도 좀 더 자세하게 나오는데, 자사가 번문(繁文)을 정리하여 『중용』으로 편입하는 과정에서 삭제해야 할 문장에 있던 '자왈'을 그대로

두고 실었다고 보았다.[20] 자사의 불충분한 삭제 때문에 생긴 연문이라는 것이 주희의 생각이었다.[21]

윤휴는 이 구절이 『공자가어』의 공자와 애공 사이의 대화 도중 화제가 전환되는 과정에서 왔다는 점을 거론하면서, 『중용』의 편찬자가 '자왈'이라고 붙여 그 구절이 '공자가 다시 한 말'임을 드러내었다고 했다.[22] 그러므로 연문으로 볼 필요가 없다는 것이 윤휴의 판단이었다. 독자로서는 애공과 공자 사이에 오고 가던 대화가 있었음을 인지해야 '자왈'을 어색하지 않은 어구로 읽을 수 있는데, 윤휴는 주희와 똑같이 이 문장이 『공자가어』에 실려 있는 대화와 연관이 있다는 사실을 인정하면서도 '자왈'을 연문으로 보지 않았던 것이다. 문맥 속에서 보자면 '자왈'은 자연스러운 표현이라는 것이 윤휴의 판단이었다.

구두 방식에서도 윤휴는 두 곳에서 『중용장구』를 따르지 않았다. 구두를 정하는 일은 본문의 내용 이해와 직접 관련되므로, 이는 단순한 사안은 아니었다. 먼저 거론할 수 있는 문장은 『중용』 초반부의 "자왈중용기지의호(子曰, 中庸其至矣乎), 민선능구의(民鮮能久矣)"이다. 13자로 이루어진 짧은 길이의 이 문장은 『중용장구』에서 3장에 해당하는데, 주희는 '민선능구(民鮮能久)'를 '민선능(民鮮能), 구(久)'로 떼어서 읽었다. '(『중용』에) 능한 사람이 적은 지가 오래되었다'라고 이해할 수 있다. 주희는 이 구절이 "세교(世敎)가 쇠퇴하여 사람들이 흥기하지 않는다. 그래서 (『중용』에) 능한 이가 적은 지가 이미 오래되었다"[23]는 의미를 지닌다고 풀이했다. 『중용』에 능한 이가 늘어나고 줄어듦이 세교와 연관이 있다는 주희의 인식을 엿볼 수 있다.[24]

이에 대해 윤휴는 정자(程子)의 말을 빌려, '사람들이 오래도록 그 도를 행하는 것이 드물다'는 의미로 보았다.[25] 이는 '민선능구'로 구두하고 이해한 결과이다. 정자는 중용에 대해, "중용의 덕은 잠시도 떠나서는 안 됨에도 오래도록 그 길을 가는 백성이 적다"[26]고 한 적이 있었다. 윤휴의 해석은 '중용'의 실현 여부는 오랜 지속적 행동에 달려 있다는 판단과 맞물려 있다.[27] 윤휴는 『중용』 찬자의 이러한 의도는 이 문장의 아래 문단에서도 확인된다고 했다. 곧 아래 문단에서는 '맛을 잘 알지 못함'에 대해 '선능지미(鮮能知味)'로 표현했는데, '민선능구(民鮮能久)' 또한 동일한 구조를 가지고 있으므로, 해석 또한 같은 방식으로 해야 한다는 것이었다.

『중용장구』 7장에 대해서도 윤휴는 다르게 읽고 해석했다. 『중용장구』의 7장의 원문은 다음과 같다. ㉮와 ㉯ 두 문장이 합쳐져서 7장을 이루었다.

> 子曰: ㉮ 人皆曰予知驅而納諸罟擭陷阱之中而莫之知辟也 ㉯ 人皆曰予知擇乎中庸而不能期月守也

주희는 이에 대해, "㉮ 재앙을 알면서도 피할 줄을 모르고, ㉯ 중용을 택하면서도 한 달[期月]을 지키지 못하니, 모두 지혜롭다 할 수 없다"[28]는 의미로 주해하였다. '여지(予知)'와 '구이납저고확함정지중이막능지피야(驅而納諸罟擭陷阱之中而莫之知辟也)', '여지(予知)'와 '택호중용이불능기월수야(擇乎中庸而不能期月守也)'를 서로 분리해서 이해하는 방식이었다. 이럴 경우, '여지(予知)'는 이하의 구절과는 상관없이 '나는 지혜롭다'가 된다.

조선에서도 이러한 읽기가 통용되었다. 『중용언해』에는 "子이 曰人皆曰予知ᄅᆞ대, 驅而納諸罟擭陷阱之中而莫之知辟也하며, 人皆曰予知ᄅᆞ대 擇乎中庸而不能期月守也이니라"[29]고 구결을 붙였다. '여지(予知)'를 독립 구절로 보고 '나는 지혜롭다'로 번역하는 모습이었다.

윤휴는 구(驅)와 용(庸)에서 구두하는 것이 적절하며, 문장에 나오는 지(知)는 모두 같은 의미라고 보았다.[30] 이럴 경우, 문장의 구두는 다음과 같다.

子曰: ㉮ 人皆曰: '予知驅', 而納諸罟擭陷阱之中而莫之知辟也.; ㉯ 人皆曰: '予知擇乎中庸', 而不能期月守也.

윤휴는 ㉮에 대해서는 '나는 구(驅)에 대해 알지만'으로, ㉯에 대해서는 '나는 『중용』을 택할 줄을 알지만'으로 읽었다. ㉮의 구(驅)는 사냥하면서 말을 몰아 달린다는 뜻으로, 윤휴는 『주역』에 "왕이 세 방향에서 몬다[王用三驅]"고 한 것이나, 『시경』의 "말 몰기를 법대로 한다[不失其馳]"에서 그 용례를 찾을 수 있다고 했다. 이를 따르게 되면 본문은, 사냥할 때 말을 모는 자가 자기 스스로는 피할 줄 안다고 하지마는, 그러나 말 몰기를 법대로 하지 않고 오직 짐승을 몰아 잡을 마음만 갖고 있으면 반드시 짐승을 잡기 위한 그물이나 함정에 빠지고 만다는 의미가 된다.[31] ㉯ 또한 ㉮와 같은 문장 구조여서, '중용을 택하다'는 구절을 '알다'의 목적어로 읽어야 의미가 제대로 파악된다는 것이 윤휴의 생각이었다.

문장의 중복 혹은 연문에 대한 판단, 구두 방식에 대한 적절한 의견은 경서나 『소학』과 같은 책의 주석 작업에서 중요한 사안 중의 하나였다. 문장 이해에 가장 기본이 되기 때문에 주석가들은 이 문제를 늘 염두에 두었다. 윤휴 또한 『중용』의 주석에서 이 점을 유의하고 있었고, 몇 사안에서 주희와는 다른 방식으로 읽고 주석을 달았다.

2
군자의 ‘사천’ 의식과 ‘법후왕’의 역사 인식

1) ‘수도지위교’: 군자의 사천과 복성

윤휴의 『중용』 해석은 형식의 측면에서 살핀다면 주희의 33장 체계를 부정하면서 성립했다. 독자성이 강한 체계였다. 그렇다면 그의 『중용』 해석을 내용 면에서 살핀다면 그것은 어떤 특징을 지닐까?

윤휴의 『중용』 해석은 몇 가지 점에서 유의할 만하다. 윤휴는 주희와는 전혀 다르게 『중용』의 원문을 읽고 해석했다. 그 핵심을 이루는 점은 『중용』 첫머리에 나오는 ‘수도지위교(修道之謂敎)’에 대한 이해이다. 이 명제는 바로 앞에 나오는 ‘천명지위성(天命之謂性)’, ‘솔성지위도(率性之謂道)’의 천명, 성, 도를 전제하고 있다. 윤휴는 이에 대해 ‘만물의 도(道)를 근거로 군자가 자신을 다스리고 나아가 남을 다스리는 일’[32]로 보았다. 이는 『중용』 내의 용어로는 ‘계신(戒愼)·공구(恐懼)’와 연관하여 설명되었는데, 윤휴는 “계신과 공구는 군자가 하늘을 두려워하는 마음[畏天之心]이요 도를 닦는 일이니, 이른바 교(敎)이다”[33]고 했다.

‘수도지위교’에 대한 윤휴의 해석은 다음과 같이 정리할 수 있다. 수도의 주체는 군자이고 수도의 구체 행동은 계신·공구 곧 하늘을 두려워하는 마음으로 ‘보이지 않는 것을 조심하고 들리지 않는 것을 두려워하는’[34] 일이었다. 여기서 수도 행위는 군자가 자기를 다스리고 또 만인을 다스리는 일 곧 가르침을 펼치는 일이 된다. 이러한 사유 방식은 구조화해보면 ‘군자(君子)-수도(修道)-만인(萬人)-가르침’의 틀을 갖추고 있다고 할 수 있다.

이 지점에서 '수도지위교'는 군자를 위한 언명이 된다. 군자는 『중용』 원문에 자주 등장하는 존재인데, 윤휴는 군자에 대해 "하늘을 두려워하고 도(道)를 따라 천하에 가르침을 세우는 자"[35]라고 정의했다. 천하에 가르침을 세우는 자는 군주와 같이 정치적 수장의 모습을 띨 수도 있고, 학문이나 도덕에서 만인의 모범이 되는 우뚝 뛰어난 현자일 수도 있다. 그 지위가 어떠하든, 군자는 하늘이 내린 본성 그리고 본성에 따라 세워진 도가 존재하는 상태에서, 천하인을 대상으로 가르침을 펼치는 존재였다.

윤휴의 이러한 이해는 『중용장구』의 해석과 크게 비교된다. 주희는 '수도지위교'에 대해 성인이 인물이 실행해야 할 것을 품절(品節)하여 천하에 본받아야 할 법으로 만든 것을 교(敎)라고 하고, 거기에는 예·악·형·정(禮樂刑政)과 같은 규범이 있다고 보았다. 품절은 존비(尊卑)·고하(高下)의 등급에 따라 한계와 분수를 짓는 것을 말한다.

> 수(修)는 품절함이다. 본성과 도가 비록 같으나 기품이 혹 다르기 때문에 통함[通]과 미치지 못함[不及]의 차이가 없지 않다. 그러므로 성인이 사람[人物]이 마땅히 행해야 할 것에 근거하여 품절하고 천하에 법이 되게 했으니 이를 일러 교(敎)라 한다. 예·악·형·정과 같은 것이 여기에 속한다.[36]

주희 해석의 특징은 '수도지위교'의 주체가 성인이며, 그 내용은 인간의 기품 차이에 맞추어 인간이 행해야 할 것을 품절하여 천하에 제시한다고 보는 점이다. 품절의 결과물은 예·악·형·정과 같이 천하인이 따라야 할 규범이었다.

이 같은 해석에서 품절의 주인공은 성인이었지만, 성인은 별도로 '수도'를 할 필요가 없는 존재였다. 실제 행동하는 존재는 가르침의 대상인 천하인이었다. 천하인은 그들의 기품에 따라 예·악·형·정의 세계와 만나게 된다는 것이 주희의 생각이었다. '수도지위교'의 가르침은 결국 성인이 천하인에게 그들의 기품에 따라 예·악·형·정과 같은 규범을 제시하는 일이었다. 이 경우, 실제 행동의 대상인 천하인은 기품의 변화를 위해 노력하고 예·악·형·정의 여러 층위의 규범은 그 변화를 이끄는 표준이 된다.

'수도지위교'에 대한 주희와 윤휴의 해석 차이는 적지 않다. 주희에게 가르침은 천하인을 대상으로 한 예·악·형·정과 같은 객관적인 규범을 의미했다. 그리고 그 객관적인 규범은 성인의 제작을 거쳤기 때문에 개인의 사사로운 의견과 권력, 권위가 개입할 여지가 없었다. 독자 입장에서는 그 규범의 절대성, 공정성을 따르는 것이 과제였다. 예·악·형·정의 가르침은 그 앞에 선 천하인의 기품에 맞추어 실행되도록 설계되었다.

윤휴에게 그 행위의 주체는 군자였다. '하늘을 두려워하는 마음'으로 자신을 다스리고 또 타인을 다스리는 것이 곧 가르침[教]을 베푸는 일이었다. 이것은 주희의 해석과 같이 성인의 여러 층위에 걸친 객관적인 예·악·형·정 규범의 제시와는 거리가 멀었다. 윤휴는 모든 문제를 군자 차원으로 한정하여 해결하고자 했다. 군자에게 주어진 책무가 적지 않았고 그 행동 반경 또한 상상할 수 없을 정도로 넓었다.

이 측면에서 보자면, 주희에게서 '수도지위교'의 가르침은 성인의 예·악·형·정이 중심이 되므로 현실의 군주 혹은 군자의 존재는 부차적이었다. 성인의 예·악·형·정을 실현하고 실천함에 그들의 역할은 상당히 중요했지만, 그렇다고 하여 그들이 '수도'의 주체로는 인정받지 못했다. 반면 윤휴에게서 군자는 '수도지위교' 실현의 주인공이었다. 이 점에서 군자는 '성을 명령한 하늘'과 '성에 따라 만들어진 도'와 더불어 세계를 만들고 유지하는 구성 요소의 하나였다. 윤휴가 "군자는 하늘을 두려워하고 도를 따라 천하에 가르침을 세우는 자"라고 했을 때, 거기에는 『중용』 첫머리의 성·도·교(性道教)의 한 축을 담당하는 존재가 곧 군자라는 의식이 들어 있었다. 이러한 인식의 특성은 정자(程子)의 표현을 빌리면, "수도지위교는

전적으로 인간의 일”인 셈이었다.[37]

정리하자면, 주희에게서 성·도·교를 축으로 구성된 『중용』의 세계는 인간을 넘어 자리 잡고 있었다. 교(敎)의 주체가 성인이지만, 그 성인은 일반인과는 명백히 구별되는 존재였다. 반면 윤휴에게서 그 세계는 인간을 넘어 존재하는 성(性)과 도(道), 그리고 인간이 수도하며 구현해야 할 교(敎)로 구성되어 있었다. 주희는 『중용』의 세계를 범인이 관여하지 못하는 경지로 보았지만, 윤휴는 군자가 그 한 축을 담당할 수 있다고 생각했다.

‘수도지위교’에 대한 주희와 윤휴의 서로 다른 해석은 『중용』 본문을 이해하는 방식에서도 차이를 드러내었다. ‘수도지위교’의 명제가 『중용』의 첫머리에 나오는 까닭에 『중용』의 본문에서는 이 문제가 어떤 방식으로든 거론되기 마련이었다. 주희와 윤휴의 해석이 다른 만큼 그 표현에 대한 파악도 다르게 나타났다.

주희의 해석에서는 수장의 ‘수도(修道)’와 『중용』 본문의 여러 내용과의 관계가 긴밀하게 거론되지 않았다. 성인이 사람[人物]이 행해야 할 것을 품절하여 교를 실천한다는 설명은 『중용』 본문에서 찾기 어렵다. 주희 스스로도 『중용장구』 33장의 해석에서 이 점을 드러내어 밝히지 않았다.

수도의 주체를 군자로 이해한 윤휴는 『중용』의 본문에서 이 내용이 지속적으로 반복해서 설명된다고 보았다. 1장의 결론인 ‘치중화(致中和), 천지위(天地位), 만물육(萬物育)’은 ‘수도’의 궁극적 공효(功效)[38]로 이해되었다. 8장 또한 ‘수도’와 연관하여 설명되었다. 8장은 “대재성인(大哉聖人)-기차지위여(其此之謂與)” 이하 “왕천하(王天下)-천하자야(天下者也)”를 포괄하는데 『중용장구』에서는 27장에서 29장에 해당한다. 윤휴는 이 장이 성인의 도에 근본하여 ‘수도’에 관한 일을 거론했다고 했다.

> 이상 제8장에서는 ‘치중화(致中和) 천지위만물육[位育]’의 뜻을 되풀이하면서 ‘수도(修道)의 교(敎)’에 관해 논하였다. 즉, “만물을 발육하여 그 높고 크기가

하늘에 닿음"은 '천지위만물육'을 말한 것이고, "덕성을 높이고 문학을 말미암는 것"은 '치중화하여 수도하는' 방도이다. 공자가 "주(周)나라를 따르겠다"고 한 것은 이와 같이 하며 아랫자리에 있었던 것이고, 삼왕(三王)이 군주로서 천하를 다스렸던 것은 이와 같이 하며 윗자리에 있었던 것이다. 이는 또 시대에 따라 적절히 세상에 대처하면서 모든 사람들을 선하게 교화하고 자신의 이름을 보전하여 천하에 가르침을 확립시키는 방도이기도 하다.[39]

'수도지위교'에 대한 해석의 차이가 만들어내는 결과는 적지 않았다. 본래 송대 학문에서의 '수도지위교'에 대한 해석은 한대 유학에서의 이해 방식과는 달리 진행되었다. 한대에는 대체로 '군주가 교화를 베풂'의 의미로 이 명제를 이해했다. 교화 혹은 교육의 주체로서 군주를 부각하는 방식이었다. 송대의 여러 학자들은 '교'를 '군자의 극기복례의 학(學)'이라고 이해했다. 주희도 처음에는 이 견해를 지지하고 자신의 해석으로도 정립했다.[40] 그러나 최종적으로 주희는 '수도지위교'가 '성인의 품절'을 의미한다고 기존 견해를 바꾸었다.[41] 인간의 차등적인 기품과 연관 관계를 맺는 예·악·형·정이 천명으로서의 성(性)과 솔성으로서의 도(道)와 마찬가지로 객관적 존재로 자리 잡게 되면서, '수도지위교' 또한 현실의 군주를 대상으로 그에게만 국한되는 일과는 거리가 멀어졌다.

주희가 생각을 전환한 것은 아마도 『중용』의 가르침이 군주를 포함하여 모든 사람을 대상으로 한 것임을 확인했기 때문일 것이다. 그의 기존 해석대로라면 '수도지위교'는 군주에게만 치우쳐 있었다. 이와 같은 사고는 모든 존재는 기품의 과·불급을 극복하여 성인이 되어야 하며, 이는 군주도 예외가 아니라는 주자학의 명제와 연결 되어 있었다.

이런 점을 고려한다면 윤휴의 해석은 주희가 생각을 전환했던 애초의 그 지점에 머물러 있다고 볼 수 있는 요소가 있다. 한대 방식의 해석은 벗어났지만, 주희가 문제 삼았던 점은 그다지 깊이 받아들이지 않았다고 할 수 있는 것이다. 그러나 역으로 윤휴가 주희의 그러한 관점 자체를 수용하지 않은 측면을 주목할 수 있다. 윤휴는 『중용』을 통해 주희와는 다른 이야기를 하려고 했던 것이다. 송대 학자들의 견해를 충분히 고려하되 자신의 관점 위에서 새로운 해석을 찾으려는 것이 윤휴의 태도였다. 이 지점에서 윤휴가 '수도지위교'의 대상과 주체를 다시 군주로 한정지움으로써, 군주의 존재와 위상, 역할을 재정위하고자 하는 의도를 가지고 있었다고 상정해 볼 수 있다.

윤휴의 『중용』 해석에서 출발점은 여기에 있었다. 윤휴는 『중용』의 사유가 '천명지위성(天命之謂性)', '솔성지위도(率性之謂道)'의 천명·성·도를 전제하여 성립했지만, 이 경전의 이념과 지향을 실제 실현하기 위한 주체와 방도는 '수도지위교'에서 제시된다고 보고 있었다. 윤휴는 천명과 성, 도에 대해서는 "하늘의 명(命)에 근본하여 나면서부터 받는 이치가 있고, 사람의 천성을 따름에 가야 하는 길이 있다"[42]는 정도로만 설명했을 뿐, 이들 개념에 대해서는 거의 관심을 기울이지 않았다. 하늘은 절대의 명령으로 인간의 천성에 내재되어 있고 인간이 준행해야 할 도는 천성을 따라 성인이 예·악·형·정으로 객관적으로 마련하고 있었으므로, 이들 예·악·형·정의 규범은 인간이 간여할 수 있는 영역 밖에 자리 잡고 있었다. 인간에게 주어진 과제는 하늘이 내린 천성, 그리고 성에 따라 성인이 마련한 도를 실행하며 사는 일이었다.[43]

『중용』 1장의 '수도지위교'에 대한 윤휴의 해석은 그런 점에서 인간이 실행할 수 있는 일을 구체적으로 찾는 윤휴의 사유를 담고 있다고 할 수 있다. 그렇다면 '만물의 도를 근거로 군자가 자신을 다스리고 나아가 남을 다스리는 일'[44]이라는 의미로 '수도지위교'를 설명할 때 그 구체적인 방법과 목표는 무엇이었을까?

윤휴는 이를 인간이 품부 받은 본성을 회복하는 일, 곧 '복성(復性)'으로 설정했다. 이러한 이해는 인간이 본래 하늘이 부여한 성을 가지고 태어났으나, 품부 받은 기질 때문에 이를 온전히 실행하지 못한다는 인식과 연관이 있었다. 본질에서는 인간은 기질로 인해 본래의 성을 구현하기 어려운 존재였다. 그러므로 본래 품부 받은 본성을 다시 회복하는 일이 인간에게 주어진 최대의 과제였다. 다음 몇 자료는 윤휴의 『중용』 주석에 나오는 해당 발언이다.

『서경』에 이르기를, "하늘이 백성들에게 충(衷)을 내려 그것이 그대로 인간의 천성이 되었다" 했으니, 이것이 바로 중용을 말하는 것이며, 동시에 천명의 정미한 본체가 그런 것이다. 다만 지(知)와 우(愚), 현(賢)과 불초(不肖)의 다름이 있는 것은 바로 과불급(過不及)의 차이 때문이며 이것이 도(道)가 밝혀지지 못하고 행해지지 못하는 까닭이다.[45]

대체로 하늘이 내려준 천성은 본래 순수하고 정미한 것이지만 기질의 변화에 따라 그 품부 받은 것이 고를 수 없다. 그래서 군자가 반드시 도를 닦아 천성을 밝히고 극기복례(克己復禮)하여 천명의 바름을 잃지 않는 것이다.[46]

'죽어도 변치 않는다'는 것은 위무(威武)로도 그의 지조를 빼앗을 수 없다는 것이다. 이는 모두 중용의 도로서 군자가 덕의(德義)에 나아가는 용기요, 치우친 기질을 바로잡는 것이다. 그러므로 '강재교(强哉矯)'라고 한 것이다. 정자가 이르기를, "극기(克己)가 가장 어렵기 때문에 '중용은 불가능하다'고 했다" 했는데 이 경지에 이르면 사사로움을 극복하고 천성을 회복하여[克己復性] 기질을 변화시킬 수 있게 되어 중용이 나에게 있게 된다.[47]

이와 같이 기질의 장벽을 넘어 천성을 회복하는 일은 결국 '하늘이 명한 천성'의 처음으로 돌아가는 일이었다. 수도의 목표를 천성의 회복에 두는 관점에 선다면, 그 방법이 문제가 될 것이다. 윤휴는 이를 다음과 같이 설명했다.

우선, 수도의 태도 혹은 마음가짐이다. 윤휴는 그 노력을 '하늘을 섬김[事天]', '하늘을 두려워함[畏天]', '하늘을 두려워하는 마음'으로 표현했다. 여기서 윤휴가 거론하는 하늘은 '본성을 명령한 존재'인 그 하늘이었다. 윤휴는 하늘을 섬기고 하늘을 두려워하는 태도로 계구(戒懼)·신독(愼獨)을 들었다.

> 계구니 신독이니 하는 것은 군자가 하늘을 두려워하여[畏天] 도를 닦고, 공경을 도타이 하며 정성[誠]을 다하고, 본원(本原)에 힘쓰고 기미(幾微)를 살피는 것을 말하였다.[48]

> 도를 떠날 수 없는 것은 하늘의 명이기 때문이다. 잠깐 눈 깜빡할 사이나 아무리 작은 일에도 하늘의 명이 없는 것이 없기 때문에 그래서 잠시도 떠날 수 없는 것이다. 군자는 도가 떠날 수 없는 것임을 알고 닦으니, 이는 하늘을 섬기는 것[事天]이다. 계신과 공구는 군자가 하늘을 두려워하는[畏天] 마음이요 도를 닦는 일이니, 이른바 '교(敎)'이다. 부도(不睹)와 불문(不聞)은 남이 보지도 듣지도 못한다는 것으로 천명이 있는 곳이다. 군자의 흠경(欽敬) 공부는 보지도 듣지도 못하는 데서부터 시작하니, 동정(動靜)을 겸하고 본원을 구극(究極)하여 본연의 천리를 보존하여 잠시도 끊어짐이 없게 하는 것이다.[49]

사천·외천은 윤휴의 『중용』 주석에 나타나는 독특한 용어이다. 주희 『중용장구』에서는 이러한 표현이 등장하지 않는다. 도의 불가리성(不可離性)을 거론하는 내용에 대해, 주희는 도란 일용사물(日用事物)에서 당연히 행해야 할 리(理)로써 마음에 갖추어져 있으므로 늘 떠날 수 없다고 보고, 이 때문에 항상 공경하고 두려워하여 보고 듣지 않더라도 소홀히 하지 않아 천리의 본연을 보존한다고 했다.

윤휴가 사천·외천의 용어로 '수도지위교'를 설명하는 방식은 이기론의 논리로 하늘[천], 천명을 이해하는 주희의 『중용장구』에 비해 하늘, 천명의 실체를 인격을 가진 존재, 항상 인간이 두려워해야 할 존재로 인식하는 모습이라 할 수 있다. 주자학에서 하늘은 리와 기(氣)로써 만물을 화생(化生)하는 존재로 그 성격이 규정되며 인격성이 탈각되어 있었다.[50] 반면 윤휴에게서는 오히려 그 인격성이 강하게 부각되어 있었다고 할 수 있다. 천인감응의 요소로 충만한 사고임을 확인할 수 있다. 『효경』, 『대학』과 같은 경서에서도 확인할 수 있는 인격적 하늘의 존재는 실제 윤휴 사고의 기반이었다.[51]

사천·외천의 태도로 행한 수도(修道)의 귀결은 '치중화(致中和)'였다. 윤휴는 계구·신독의 공부를 통해 '치중화'에 이르게 되면, 천리가 마음속에 빽빽이 들어차고 감통하여 천명이 행해지는 경지에 이른다고 보았다. '천지가 자리 잡고 만물이 자라는[天地位萬物育]' 공효는 이로부터 가능했다.

> 치(致)는 극단으로 미루고[推極] 확충한다는 뜻인데, 수도로써 말한 것이다. '계구·신독'이 그 일이다. 계구·신독의 공부는 고요함[靜]에서 시작하여 움직임[動]에 이르고, 은미함[微]을 쌓아 현저함[顯]에 이르는데, 그렇게 하여 고요히 움직이지 않는 가운데 온갖 이치가 삼연(森然)히 갖추어져 있고 감응하여 통함에 천명이 행하는 경지에 이르면, 내 마음이 어우러지고[和] 기운이 어우러지고 천지의 어우러짐이 이루어져, 법(法)이 이로 말미암아 세워지고 명(命)이 이로부터 나오게 된다. 이는 도를 닦는 공부의 궁극의 경지이다.[52]

윤휴에게서 복성은 본래 인간이 가진 놀라운 능력을 다시금 되찾는다는 의미를 가지고 있었다. 인의예지로 이야기되는 도덕성의 복원도 중요한 요소였지만, 윤휴는 이를 확장하여 '치중화'로까지 이해했던 것이다.

한편 극기와 복성의 과정은 『중용』 본문에 나오는 박학(博學), 심문(審

問), 신사(愼思), 명변(明辨), 독행(篤行)의 노력을 동반하는 것으로 이해했다. 이 다섯 가지 요소는 『중용장구』에서는 '정성스럽게 함[誠之者]'의 다섯 요목 중의 하나로 이해하였는데,[53] 윤휴는 이를 바꾸어 『중용』의 6장[54]에 배치하고, 본래 인간이 가진 천성을 드러내기 위해 필요한 노력으로 부각했다.[55] 윤휴는 이를 통해 '치중화'가 이루어진다고 보았다. '치중화'는 복성의 결과였다.

> 만물의 조화가 여기에서 나오므로 중(中)이라고 했으니, 중이란 없는 것이 없고 치우침이 없다는 뜻이다. 천하가 다 가는 길이므로 화(和)라고 했으니, 화란 맞지 않음이 없고 어그러짐이 없다는 뜻이다. 이것에 밝음을 명(明)이라 하고, 이것에 진실함을 성(誠)이라 한다. 박학·심문은 이것을 알아 명을 이루는 것이고, 독행·강지는 이것을 실천하여 성(誠)을 간직하는 것이다. 성(誠)이 지극하면 성(性)을 극진히 하고 물(物)을 극진히 하여 천지에 참여할 수 있고, 명이 지극하면 과거를 간직하고 미래를 알아서 귀신과 짝할 수 있다. 이는 모두 군자가 기질을 변화시키는[變化氣質] 공부요 근본을 세우고 한쪽으로부터 극진히 해나가는[立本致曲] 방법이다.[56]

> 중화(中和)란 성정의 본체로서 이치가 충만해 있고 모든 조화가 행해진다. 다만 기품과 물욕에 의해 가려지고 얽매이게 되니, 널리 배움은 그 가려진 것을 벗겨 원초의 밝음을 되찾기 위한 것이고, 독실하게 행함은 얽매임을 제거하고 성(誠)을 온전히 하기 위한 것이다. '곡능유성(曲能有誠)'은 정성의 지극함이니, 자기를 극진히 하고 만물을 극진히 하여 천지와 같아질 수 있다는 것이고, '성즉명의(誠則明矣)'는 밝음이 극에 달함이니, 은미한 것도 드러난 것도 다 알게 되어 귀신과 똑같아진다는 것이다. 이는 군자가 도에 들어가는 길이요 마음을 다하고 천성을 되찾는 일이다.[57]

첫째 자료는 「중용설」, 두 번째는 『중용주자장구보록』에 실려 있다. 젊었을 때의 생각이 나이 들어서도 그대로 지속되었음을 알 수 있는데, 후자에서는 박학(博學), 심문(審問), 신사(愼思), 명변(明辨), 독행(篤行)의 다섯 가지를 앎[知]과 실행[行]으로 압축하고 그 결과가 밝음[明]과 진실함[誠]으로 귀결된다고 했다. 그 복성은 놀라운 변화를 만들어내어 군자가 여기에 이르면 귀신과 같을 정도로 신령스럽게 바뀌었다.[58]

윤휴는 이를 두고 수위(修爲)를 통하여 성인의 경지에 이르는 것으로까지 이해했다.[59] '수도지위교'라 했을 때, 그 주체인 군자의 궁극의 경지는 곧 처음의 본성을 회복하여 성인의 수준에 이르는 것이었다.

윤휴에게서 수도의 목표와 결과는 분명했다. 그는 앎[知]과 실행[行]의 공력을 통해 기질을 변화시키고 궁극에는 진실과 밝음에 이를 수 있다고 보았다.[60] 진실과 밝음은 곧 천명을 받은 그 처음 상태였다.

2) '법후왕'의 역사 인식: 변통적 역사 이해와 삼대 중시의 복고 의식

윤휴의 『중용』 이해에서 드러나는 또 다른 특징은 변통론적 역사 인식이다. '후왕을 본받는다'는 '법후왕(法後王)' 의식이 그것인데, 윤휴는 『중용』을 해석하며 '법후왕'의 논리를 적극 활용했다. 이 점은 삼대의 정치를 거론하는 곳에서 확인된다.

> 정(政)은 자기 몸을 닦고 남을 바르게 함을 말한다. 여기에서 요순을 말하지 않고 문무(文武)를 말한 것은 **후왕(後王)을 본받는다**는 뜻이다. '사람이 있어야 정사가 실현된다'는 말은 그만한 사람이 있어야 그만한 정사가 실현된다는 의미이다.[61]

인용문은 『중용장구』 20장의 '애공(哀公) 문정(問政)' 문단의 첫 구절[62]에 대한 윤휴의 주석이다.[63] 원문은 노나라 군주 애공이 정치에 대해 묻자 공자가 "문왕(文王)과 무왕(武王)의 정치는 방책(方策)에 실려 있다. 그 사람이 존재하면 정치가 움직이고 그 사람이 없어지면 정치는 멈춘다"라고 답하는 내용을 담고 있다. 문왕과 무왕의 정치를 방책에서 찾을 수 있다는 점, 사람에 따라 정치가 결정된다는 점, 두 가지가 공자가 발언한 주 내용이다.

윤휴의 주석에서 의미 있는 점은 '요순을 말하지 않고 문왕과 무왕을 말한 것은 후왕을 본받는 것'이라는 언급이다. 이에 따르면 후왕은 문왕과 무왕이다. 윤휴의 말 속에는 공자가 정치를 거론하면서 성왕의 표본인 요순이 아니라 주(周)나라의 문왕과 무왕을 언급한 것은 '후왕을 본받으려 한 의식이 있었기 때문이다'는 뜻이 숨어 있다.

문왕과 무왕을 후왕과 연관하여 파악하는 윤휴의 해석은 주희의 『중용장구』에는 나타나지 않는다. 주희는 "문왕과 무왕의 정치"를 다룬 구절의 의미를 "방(方)은 판(版)이고 책(策)은 목간[簡]이다. 임금이 있고 신하가 있으면 정치가 있다"[64]고 하여, 공자가 문왕과 무왕을 거론한 점에 대해서는 별다른 관심을 보이지 않았다. 반면, 능력을 갖춘 인물과 정치의 상관성에 초점을 맞추어 일반적인 차원에서 정치를 해석했다.

『중용』의 텍스트에는 고대 성인의 말과 행적, 그들이 이룬 문명과 정치가 다양한 형태로 배치되어 있다. 찬자(撰者)에게 역사적 감각과 견해가 풍부했던 점은 물론이거니와 독자의 처지에서 『중용』을 제대로 독해하려면 역사에 대한 안목은 반드시 갖추어야 할 요소였다. 윤휴는 이와 관련하여 '법후왕'의 인식으로 역사를 이해하고 있었다. 그렇다면, '후왕을 본받음'의 시각으로 『중용』의 시간을 살피는 의미는 무엇일까? 윤휴는 이를 '삼중(三重)'의 해석에서 분명히 했다.

'삼중'은 『중용장구』 29장에 나온다.[65] 이 장에서는 천하를 다스리는 군주가 이 '삼중'을 실천하면 정치에 허물이 없을 것이라 하고, 이와 연관하여 백성들이 군주를 따르지 않는 상황으로 위[上]와 아래[下]의 문제를 거론했다. 이어 군자가 이를 풀어가는 방법을 제시했다. 다음과 같은 내용이다.

> 천하의 임금이 되었을 때 '삼중'을 두면, 다스림에 허물이 적을 것이다. 위[上]는 비록 좋더라도 징험할 수 없다. 징험할 수 없으면 믿을 수 없고 믿을 수 없으면 인민이 따르지 않는다. 아래[下]는 좋더라도 존귀하지 않다. 존귀하지 않으면 믿을 수 없으니, 믿을 수 없으면 인민은 따르지 않는다.
> 그러므로 군자의 도는 자신의 몸에 근본하여 여러 백성들에게 징험하며, 삼왕(三王)에게 상고해도 틀리지 않으며, 천지에 세워도 어그러지지 않으며, 귀신에게 질정(質正)해도 의심이 없으며, 백세에 성인을 기다려도 의혹되지 않는 것이다. 귀신에게 질정하여도 의심이 없음은 하늘을 아는 것이요 백세에 성인을 기다려도 의혹되지 않음은 사람을 아는 것이다.[66]

위의 문장에서 '삼중'을 두면 천하를 다스림에 허물을 줄일 수 있다는 의미, '위'와 '아래'의 사정이 가리키는 것의 의미를 파악하기가 어렵다. 특별한 설명이 없다.

삼중의 경우, 윤휴는 하·은·주(夏殷周)의 예를 시대에 따라 그 시대에 맞게 저울질하여 천하에 정치를 폈던 것[67]이라고 풀이했다. '중(重)'은 동중서가 말한 '숭상'의 의미를 활용하여 이해했다.[68] 동중서는 "하나라는 충(忠)을 숭상하고, 은나라는 경(敬)을 숭상하며, 주나라는 문(文)을 숭상한다[夏尙忠, 殷尙敬, 周尙文]"라고 하여 삼대에는 나라별로 중시한 것이 달랐다고 언급한 바 있다. 말하자면 삼중은 하·은·주 삼대가 숭상하는 예가 서로 다름을 의미하는데, 그 예는 각기 시대적으로 최선의 결과물인 셈이었다.

윤휴는 천하를 다스리는 자가 선왕의 법을 지키면서 동시에 시간에 따라 달라지는 그 나라의 숭상하는 요소에 근거하여 세상의 변화에 대응하면, 풍기(風氣)의 교화에 적절하고 시조(時措)의 적의함에 합치하게 될 것이라 보았다. 그 결과는 선왕이 세웠던 경세보민(經世保民)의 뜻을 거의 잃지 않을 것이라는 것이었다.[69]

'위'와 '아래'는, 『중용』 원문에 따르면 인민이 따르지 않는 약점을 노정하는 어떤 요소였다. 위와 아래에 대한 해석 또한 그 약점을 살펴야 하는데 윤휴는 이를 다음과 같이 거론했다.

> 위[上]는 삼왕 이전 헌원(軒轅)·복희(伏羲) 같은 이들을 말하고, 아래[下]는 삼왕 이후 오패[五伯] 같은 이들을 말한다. '징험이 없음[無徵]'은 세대가 멀고 전장(典章)이 갖추어져 있지 않아 보고 들을 길이 없다는 말이고, '존귀하지 않음[不尊]'이란 세대도 후세인 데다 혹 진선(盡善)하지 않아 인민들이 심복하지 않는다는 말이다. '비록 좋더라도 존귀하지 않다'고 한 것은 가령 군자가 제 환공(齊桓公)·진 문공(晉文公)의 공로를 크게 여기고 관중(管仲)의 인(仁)을 좋게 평가하면서도 한편으로는 그들 그릇이 작다고 하고 덕이 비루하다고 한 것과 같은 것이다.[70]

윤휴가 보기에 '위'는 헌원·복희와 같은 삼왕 이전의 군주, '아래'는 삼왕 이후 오패 이후의 군주를 의미했다. 이로써 삼왕 이전은 시간이 멀리 떨어지고 전장(典章)이 갖추어져 있지 않아 보고 들을 것이 없으며, 삼왕 이후 오패의 군주는 '비록 좋은 점이 있더라도 존귀하지 않아', 인민들이 복종하지 않는다는 이해가 가능했다. 윤휴의 해석대로라면 『중용』에서는 삼중을 제시하여, 하·은·주 삼왕의 정치를 모범으로 제시했다고 할 것이다. 천하를 다스리기 위해서는 삼중이 절대 필요하다[71]는 것이 윤휴의 해석이었다.

흥미로운 점은 윤휴가 삼중의 변화, 상과 하의 역사 또한 '후왕'의 개념과 연관하여 파악하는 시각이었다. 윤휴는 백왕(百王)의 도가 '후왕'에게 존재하며 그것은 문왕과 무왕의 도라고 이해했다.

> 도가 삼대보다 지나친 것을 탕(蕩)이라고 하고, 법이 후왕(後王)과 달리 된 것을 불아(不雅)라고 한다. 『예기』에도 이르기를, "법(法)이 복희(伏羲) 때 시작되었고, 요·순 시절에 높아졌고, 삼왕 시절에 갖추어졌다" 하고, 또 이르기를, "백왕의 도가 후왕에게 존재하고 있으니, 문왕과 무왕의 도가 복희와 같다"고도 했다.[72]

삼대를 중심에 두고 그 앞과 뒷 시기를 평가하는 해석이다. 주석문에서 '탕(蕩)'과 '불아(不雅)'라는 평가를 유의하게 된다. 후왕은 문맥상 삼대의 왕이되 문왕과 무왕을 가리킨다. '문왕과 무왕의 도가 전설상의 복희와 같다'는 표현은 복희의 시간과 도를 전장(典章) 법도(法度)가 분명한 문왕과 무왕에게서 구체적으로 찾을 수 있음을 이야기하는 것일 것이다.

이상 살핀 내용을 종합하면, 윤휴는 '삼중', '상'과 '하'와 같은 『중용』의 용어를 복희나 요순이 아니라 하·은·주의 삼대 특히 문왕·무왕과 연관하여 이해했고, 공자는 '법후왕'의 의식 속에서 문왕·무왕의 정치를 거론했다는 것이 된다. 이러한 사고는 통상 요순을 도와 정치의 모범으로 삼는 의식과는 크게 동떨어져 있다.

윤휴의 삼중에 대한 파악 방식은 주희와 크게 다르다. 주희는 삼중에 대해 '의례(議禮), 제도(制度), 고문(考文)'의 세 가지로 보고, 이는 오직 천자만이 실행할 수 있으며 이를 통하여 여러 국(國)과 가(家)에는 정사와 가속(家俗)이 통일되어 허물이 적게 될 것이라 해석했다.[73] 주희에게 삼중은 천자가 천하를 운영함에 필요한 예제와 규범 등을 마련하고 이를 통해 여러 국과 가의 다양한 정치체들을 통일적으로 운영함을 의미했다. 국가 경영의 일반론에 기초한 해석이면서, 천자를 중심으로 하는 통일국가의 운영을 염두에 둔 이해라는 점도 생각해볼 수 있다.

인민이 따르지 않는 '위'와 '아래'의 경우, 주희는 기준점을 달리하여 해석했다. '위'는 하나라·상나라의 예와 같이 비록 뛰어나나 고구할 수 없는 '시왕(時王) 이전'의 예를 가리키고, '아래'는 공자와 같이 예에 밝은 성인이 존위(尊位)에 자리 잡지 못함을 가리킨다는 것이 주희의 생각이었다.[74] 원문의 '징험할 것이 없음[無徵]'과 '존귀하지 않음[不尊]'을 하나는 시간으로, 하나는 인물로 파악하는 방식이었다.

『중용』에서 설명된 문무(文武)의 정치 그리고 삼중에 대한 이해는 윤휴와 주희가 가지고 있었던 역사 인식 혹은 군주 정치에 대한 접근 방식이 적지 않게 달랐음을 보여준다. 주희는 시간의 변화에 따라 문명이 전개되는 점에 대해서는 그다지 관심을 기울이지 않았다. 국가를 만들고 운영함에 필요한 제도와 규범을 천자가 마련하여 통일적인 정치 운영을 한다는 점을 강조하며 삼중을 파악했다.

윤휴는 이와 달리 전장 제도가 갖추어지지 않은 헌원·복희의 시대에서 삼왕을 거쳐 오패의 시대로 변화해가는 문명의 시간 흐름을 중시했다. 문명의 기준은 삼왕의 시대, 그중에도 문왕·무왕의 시간이었지만, 이 같은 인식에는 정치는 과거 문명의 우월한 요소는 지키면서도 시대의 변화에 적극 대응하며 이루어져야 한다는 의식이 내포되어 있었다.

윤휴는 『중용』에 나오는 고대 문명의 변화를 역사적 흐름 속에서 파악하되, 문명의 중심은 하·은·주의 삼대, 삼왕에서 구하였다. 이와 더불어 삼왕의 문명은 주의 문왕과 무왕이 모범이 된다고 이해했다. 윤휴는 이들을 '후왕'으로 명명하고 정치는 그들 후왕을 본받아야 한다고 여겼다. 후왕의 문명은 선왕의 도를 온존하고 있지만, 선왕에게는 없는 요소를 갖추고 있으므로, 군주 정치는 이를 적극 추구해야 한다는 것이었다. 이를 두고 '후왕을 본받음' 곧 '법후왕' 의식이라 부를 수 있을 것이다.

윤휴의 『중용』 이해에서 두 가지를 생각하게 된다. 첫째, 순자(荀子)의 영향을 받은 점이다. '법후왕'의 사고는 순자 특유의 논리이다. 맹자가 선왕을 본받는다는 의미로 '법선왕(法先王)'을 주창한 것과 대비된다. 앞서 살핀 '애공 문정'과 '삼중'에 대한 윤휴 주석에 나오는 표현은 모두 『순자』「왕제(王制)·유효(儒效)」 편에 나온다.[75] 유학사(儒學史)에서 『순자』가 배척되던 점을 생각하면 윤휴의 이러한 모습은 특이하다.

『순자』에서 '법후왕'의 '후왕'은 누구를 가리키는지 명시적으로 이야기되지 않았다. 다양한 해석이 가능했는데 많은 사람들이 당대의 국왕 곧 '시왕(時王)'으로 파악했으나,[76] 윤휴는 삼대의 왕, 좁혀서는 문왕과 무왕 곧 주나라의 왕으로 보았다. 윤휴의 생각으로는 『중용』의 찬자는 정치의 모범을 주나라에서 구하고 있었다.

윤휴의 순자 이해와 그 사상의 수용은 특별한 면이 있다. 윤휴의 사고 속에 맹자는 늘 상수였다. 그러나 역사 인식, 정치의 이해와 연관해서는 윤휴는 순자의 영향을 많이 받았다. 『중용』 해석에서의 '법후왕론(法後王論)' 적용은 그 한 모습이거니와 윤휴는 『순자』「대략(大略)」[77]편에 대해 주석을 남기기도 하고, 순자가 제시한 '군주는 배이고 인민은 물'이라는 논리를 국왕 숙종에게 진언하기도 했다.[78]

그가 순자를 받아들이고 이해하는 양상은 양면성을 가진다. 그는 순자의 인성론, 곧 성악설은 부정했으나, 순자가 공자의 '미언대의(微言大義)'를 "거의 받아들인 점이 있는" 인물이라고 적극 긍정했다. 순자의 학문은 "인의에 바탕을 두고 예악을 찬술하였으며, 넉넉하게 성현의 가르침으로 자신을 단속하지 않은 것이 없는" 성격을 지니므로, 비록 성(性)과 선(善)을 악(惡)·위(僞)로 이해하고 자사(子思)·맹자의 학문을 "천하를 곤란하게 하는" 요인인 것으로 비판한 결점은 있으나, 이 때문에 그 학문의 전체를 버릴 수가 없다는 인식이었다.[79]

윤휴의 순자 사상 수용과 그 사상을 바탕으로 한 『중용』 속 인간 문명의 변화에 대한 해석은 능동적이며 적극적으로 현실 변화에 대응하려는 이 사상의 역사 인식을 충분히 긍정했기 때문으로 보인다. 순자는 역사의 특질을 국가별 예법의 형성과 새로운 변통의 연속에서 구했다. 여기에는 역사의 변화와 발전을 긍정하는 의식, 그리고 현실의 당면 과제를 적극 해결하려는 의지가 자리잡고 았었다. 윤휴가 삼대 이전-삼대-삼대 이후로 시간을 구분하여 문명의 변화를 살피고 이를 『중용』 해석에 적용한 데에는, 물론 가치의 기준을 삼대와 문왕·무왕에게 두어 반드시 시간적 역사 발전론을 견지한 것은 아니었지만, 과거와 현재를 아우르며 역사의 난관을 적극 헤쳐 나가려는 의식을 강하게 지니고 있었기 때문임을 생각하게 된다.

윤휴가 순자의 사유를 기반으로 『중용』 속 문왕과 무왕의 정치를 해석한 점은 맹자의 '법요순(法堯舜: 요순을 본받음)'의 사상[80]을 떠올리게 된다. 맹자의 사유에서 요순은 항상 '무위(無爲)의 정치',[81] 도심(道心)과 인심(人心)을 둘러싼 16자 심법(心法),[82] '사람을 차마 해치지 못하는 마음[不忍人之心]의 인정(仁政)'[83]과 연관하여 유교적 가르침의 표본으로 인정되었다. 『맹자』에서도 이 점은 늘 강조되었다. 그러나 이러한 정치론은 절대 표준의 도와 도덕의 정치를 거론하는 장점이 있었지만, 현실의 변화에 적극적으로—무력까지 동원하며—대응하는 능동성은 부족했다. 윤휴의 '법후왕'의 『중용』 해석에서 그에게 그러한 점을 벗어나려는 의도가 있었음을 감지한다.

둘째, 삼대 존숭 의식이다. '법후왕'의 역사 인식은 삼대의 문명을 모범으로 높이고 있었다. 그 삼대는 한편으로는 문왕과 무왕의 후왕에게 집약되고 있었으므로, 존주(尊周) 의식과도 상통했다. 윤휴가 숙종에게 국가 운영에 참조하라고 올린 「공고직장도설」에서 "왕자(王者)의 일은 주나라가 천하를 다스리는 도를 계승하는 것"[84]이라고 언명한 것은, 주나라의 문명을 적극적으로 평가하고 17세기 조선의 현실에도 참조할 수 있음을 강렬하게 표현한 것으로 보인다. 요컨대, 삼대를 높이는 의식은 곧 주나라 문명의 존숭 의식과 상통했다.

윤휴의 삼대 존숭 의식은 삼대의 고제(古制)·고법(古法)이 왕정 시행의 제도적 근거가 되어야 한다는 생각의 기반이었다. 윤휴는 나라를 다스림에 필요한 예법의 구체적인 근거를 삼대에서 구하였다.

유자라면 누구나 삼대의 이상 정치를 운위(云謂)하고 그를 지향하게 마련이었으나 삼대의 이상정치를 실현하는 방법에서는 학문의 성격·방법론에 규정되어 견해가 반드시 일치하지는 않았다. 주자학의 경우에는, 삼대의 세계에서는 도(道)가 완전히 실현되었으나 그 이후의 세계는 도가 붕괴된 사회라고 인식하여, 삼대 사회로의 복귀를 강하게 지향하면서도 그 실현의 가능성을 군주를 비롯한 통치자의 도덕적 완성 여부에서 구하고 있었다.[85] 삼대의 고제를 현실의 국가를 운영하는 근간으로서가 아니라 이념적 지표로서 설정할 뿐이었으며, 이 점에서 삼대의 법제는 삼대 사회의 이상을 실현하는 데는 부차적·상대적인 근거에 지나지 않았다. 주자학에서 기준하는 삼대 사회와 그 이해의 기저는 도덕적으로 그 사회를 어떻게 실현할 것인가의 문제였다. 그러므로 주자학의 지향은, 삼대의 법제와 현실의 법제가 반드시 일치하지 않은 점에서, 사회경제적 현실 구조를 그대로 인정하는 현실주의적 논리이기도 했다. 이를테면, 주희의 '정전제(井田制) 난행설(難行說)'은 송대 지주전호제(地主佃戶制) 경제 구조를 인정한 가운데서 나온 것이었다.[86] 주자학의 현실주의적 성격은 삼대에 대한 이해와도 밀접히 관련되어 있었던 것이다.[87]

윤휴는 그러나 주자학의 이 같은 입장과는 달리 삼대와 같은 사회를 이루기 위해 필요한 것은 삼대의 고법·고제를 참고, 준용하는 것이라고 보았다.[88] 강렬한 삼대 복고(復古) 의식이었다. 윤휴는 삼대의 법을 건방(建邦), 설관(設官), 분민(分民), 경야(經野), 명형(明刑), 제군(制軍)의 6분야로 압축하고,[89] 이것은 성인의 도를 배우기 위한 '규구준승(規矩準繩)'과 같은 도구, 또는 필수 전제라고 여겼다.[90] 실행 과정에서 '시대에 맞게 손질할 것은 손질하여 세상의 변천에 맞추어나가는'[91] 융통성을 가져야 하지만, 삼대의 법을 절대 기준으로 삼아야 함을 윤휴는 버리지 않았다. 고제를 본받지 않고 옛 성인의 사회를 회복할 수 있다는 논자들의 논리는 실천을 포기하고 전대(前代)의 성인이 되겠다는 것과 같은 것이었으며,[92] 주(秦) 이후 이들 법제의 파괴 위에 성립한 제도를 잉습하여 '한때의 구차한 정치[一時苟簡之治]'를 일삼는 군주나, 삼대 법제를 '밝히고 익히지' 않는 학자·관료의 실재는 개탄스러운 일이었다.[93]

한편 윤휴에게서 삼대 존숭 의식은 삼대의 법제가 하늘을 섬기는 방법이라는 사고와도 연결되어 있었다. 윤휴는 삼대의 정치, 삼대 성인의 예·악·형·정이 군주가 '상제를 보좌하고 섬기는[佐事上帝]' 방법이라고 생각했다.[94] 이 점에서 살피면, 삼대의 제도가 왕정의 절대 근거이자 지향으로 인식되는 것은 보다 근원적인 성격을 지니고 있었다. 이를테면 삼대의 예악(禮樂)·제도(制度)는 하늘을 대신하여 성인이 제작한 경세보민의 전범(典範)[95]이었으며, 하늘의 명령을 실현할 수 있는 매개였다.

그러한 점에서 삼대 정치의 붕괴는 천인질서(天人秩序)의 붕괴이자 모든 재앙의 근본이었다. 예컨대, 정전제(井田制), 헌원제(軒轅制), 빈흥제(賓興制), 봉건제(封建制), 육형제(肉刑制)와 같은 삼대 법의 붕괴는 하늘이 인간에게 의뢰하고 인주(人主)가 '상제(上帝)를 섬기는' 제도적 근거의 소멸일 뿐만 아니라, 국가 질서를 근본적으로 혼동케 하는 원인이었다.[96] 삼대 법제를 실시해야 하는 당위성은 여기서 나오고 있었다.[97]

윤휴에게 『중용』은 그의 사유 중심을 구성하는 경전이었다. 윤휴는 젊었을 적 주희의 『중용장구』와는 다른 방식으로 『중용』을 연구하고 평생 그 생각을 키웠다. 그의 연구가 갖는 학문적 성취의 수준은 차치하더라도, 주희와는 다른 방식으로 이 책을 해석하고 이해하려던 것은 분명했다. 그가 정리한 주석의 구체적인 내용은 『중용장구』와는 크게 달랐다. 그는 '수도와 가르침'의 주체를 천명을 가진 군자에게서 구하고, 『중용』의 체제가 그 수도의 방법과 수도의 궁극 목표를 실현하는 과정을 설명하는 형태로 구성되었다고 이해했다. 주희가 '수도지위교'를 군자의 '극기복례의 학문'

중심으로 생각했다가 성인의 '예·악·형·정의 품절'로 최종적으로 바꾸어 이해한 것과는 큰 차이였다.[98]

이와 더불어 윤휴는 『중용』에서 언급되는 정치와 문명의 변화에 대해 변통의 시각에서 포착하는 한편으로, 하·은·주 삼대 좁혀서는 문왕과 무왕의 시간을 부각시켰다. 이때의 예제와 정제, 정치의 모든 요소를 모범으로 삼아 구현하는 것이 중요한 과제라는 것이 『중용』의 주된 내용임을 확인하는 모습이었다.

『중용』에 대한 이러한 이해는 그가 삼대의 고제·고법에 근거하여 현실 정치의 변화를 모색하고 그 과정에서 군주의 역할이 중요하다고 내세우는 논리의 바탕이 되었다. 윤휴에게서 보이는 정치적 사고, 이를테면 군주가 이끄는 정치의 능동적이며 동태적인 움직임을 중시하고 삼대로의 복고를 강렬하게 내세우는 모습은 모두 이러한 인식과 연관이 있었다.

윤휴는 삼대 성왕이 만든 제도에 기반하여 현실의 변화에 적절히 대응하는 것, 그것이 자신이 살던 조선을 되살리는 최선의 길이라고 여겼다. 그런 면에서 그의 생각은 얼핏 복고의 모습을 보이지만, 현실의 변화와 사회경제적 개조를 강렬하게 추진하는 힘이기도 했다. 이 점은 현실의 급격한 변화를 구하지 않는 사고와는 전면적으로 배치되는 측면이 있었다. 여러 세력 사이에 정치적인 충돌과 대립이 일어날 소지도 여기에 숨어 있었다.

이상 살핀 대로, 윤휴의 『중용』 해석은 긴 시간을 투자하여 이루어졌다. 초기 『중용』에 대해 갖던 관념은 마무리되는 시점에 이르도록 크게 바뀌지는 않았다. 그러나 그 구체적인 내용은 뒤로 갈수록 정밀해지고 풍부해졌다. 윤휴는 『중용』 본문을 자신의 방식대로 나누고 전 구절에 대해 하나하나 주석을 가하였다. 경학가로서 윤휴의 진면목을 드러내는 성과가 『중용』 주석이었다. 윤휴에게 이 저술은 『중용장구』에 대한 전면적이고 과감한 도전이었다. 그로서는 『중용』에 대해 주희가 빠트린 요소를 보완한다기보다는 『중용장구』와는 성격을 달리하는 새로운 주석을 마련하겠다는 의지가 강했다. 이는 따지고 보면, 『중용장구』에 자리 잡고 있는 주자학의 사유를 벗어나 새로운 대안을 모색하겠다는 열망에서 온 것이었다.

윤휴의 『중용』 주해는 장절의 구성, 연문·구두 방식에 대한 이해 등에서 『중용장구』와 구별되는 점이 많았다. 여러 내용 중에서도 가장 중요한 사안은 『중용』의 핵심 명제인 '수도지위교'의 주체와 수도의 의미를 다르게 설정하는 점이었다.

주희는 사람이 가야 할 길을 성인이 품절하여 천하에 법으로 삼은 것을 '가르침[教]'이라고 하고, 품절한 실체를 예·악·형·정과 같은 것이라고 했다. 이러한 해석의 경우, '가르침'의 주체는 성인이되 그 가르침을 받아 살아가는 행동의 주체는 모든 인간이었다. 하늘로부터 똑같이 성을 품부받았지만 기품이 서로 다른 개별 인간은 그 수준에 따라 예·악·형·정의 규범을 접하게 되어 있었다. 자연, 학습과 실천에서 기품의 수준을 높이게 되면 폭력성이 강한 규범의 압박을 벗어날 여지가 컸다.

윤휴는 이에 비해 군자가 '하늘을 두려워하고 도를 따라 천하에 가르침을 세우는 일'이라고 이해하고, 이를 담당할 군자는 복성(復性)을 위한 수도를 수행해야 한다고 생각했다. 수도의 방법은 계신·공구와 같은 사천·외천의 행위였으며, 그 궁극에서 '천지가 자리 잡고 만물이 자라는' 정치를 할 수 있게 된다고 여겼다. 이러한 사고에서 가르침을 세우는 주체는 현실에 존재하는 군자였다. 군자는 그 함의가 포괄적이지만, 정치의 수장인 군주와 다름없는 존재였다. 윤휴의 해석에서 '수도지위교'의 내용이 이러하다면 천하인은 '수도'와는 거리가 멀었다. 수도는 이들의 임무, 책임이 아니었다.

『중용장구』와 윤휴의 '수도지위교'에 대한 해석의 차이는 결국, 기품의 변화를 이끌어 본래의 성(性)을 회복하는 주인공은 누구인가 하는 이해에서 서로 다른 결과를 낳았다. 주희의 해석으로는 모든 구성원들에게 기품의 변화를 위한 과업이 부과되었다. 그들에게 『중용』의 ‘존덕성(尊德性) 도문학(道問學)’의 지행(知行)을 위한 노력이 모두 필요했다. 반면, 윤휴의 경우 그 일은 정치적 수장인 군주의 몫이었다. 일반 구성원들에게 『중용장구』식의 방법은 그다지 의미가 없었다. 윤휴는 전 사회적 존재에게서 이루어지는 기품 변화, 본래 가지고 있는 도덕성의 회복이 사회를 안정적이고 평화롭게 만들어가는 조건이라고 여기지 않았다.

윤휴는 이상적인 정치, 이상적인 사회는 고대 성인이 제정한 고제·고법을 복원하고 그에 따라 살면 가능해진다고 보았다. 공자가 애공(哀公)의 정치란 무엇인가라는 물음에 ‘문무(文武)의 정치는 방책(方冊)에 있다’고 대답한 것에 대해, 윤휴는 이것이 정치는 ‘후왕’의 정치를 본받아야 한다는 ‘법후왕’의 논리라고 해석했다. 삼대의 정치, 특히 문왕·무왕의 주대 정치를 이상시하고 이를 복원하는 것이 군주 정치의 중요한 과제임을 제시하는 인식이었다.

결국 『중용』을 해석하며, 윤휴는 『중용』에서의 가르침은 군주를 비롯한 개개인이 도덕적 변화가 중요하므로 모든 구성원은 그 실현을 위해 노력해야 한다는 점을 제시하는 것이 아니라, 군주가 적극적으로 변화하는 한편으로 삼대의 예법을 복원하여 국가를 경영하도록 노력해야 함을 알려주는 것이라고 이해했다. 그리고 그러한 정치는 하늘[天]과 인간이 상호 감응하고 교통하는 질서를 원활하게 구현하는 길이라고 여겼다.

『중용』에서 보이는 윤휴의 생각은 「홍범」, 『주례』, 『효경』, 『대학』에 대한 해석에서도 일관했다고 말할 수 있다. 각 개별 경전에 대한 해석은 다루고 있는 내용과 강조하는 주안점에서 차이가 있었다. 「홍범」에서는 왕정(王政)의 규모와 범위가 하늘과 인간을 포괄함을 이야기했고, 『주례』는 삼대 법제의 규모와 성격, 내용이 구체적으로 어떠한가를 제시했으며, 『효경』은 정치적 구성체가 일가(一家)와 같은 성격을 지니고 있으므로 모든 구성원은 효제의 마음을 실천해야 함을 드러내었고, 『대학』은 군주학의 수기·치인의 방법론이 무엇인지를 구체적으로 거론했다.

하지만, 기본 구도는 동일했다. 인간은 하늘과의 감응과 소통 속에서 살아가며, 정치의 수장인 군주는 하늘을 대면하고 하늘과 인간을 가교하는 책임을 지고 있는 존재로 규정되었다. 군주는 항시 하늘과 만나는 점에서 신성성(神聖性)·엄존성(嚴尊性)과 가까이 있었고, 하늘과 인간을 포괄하는 정치를 해야 했기에 만나는 대상은 광범하고 해야 할 업무는 막중했다. 군주는 수기와 치인의 과제를 꿰뚫고 신명과 소통할 수 있는 신령의 능력을 갖추어야 했다.

경전에서 거론하는 수기와 치인, 지(知)와 행(行)의 여러 방법과 과제는 그 대상이 천인감응의 질서와 정치를 책임지고 있는 군주였다. 그런 점에서 경전에서 제기하는 학문은 '군주학(君主學)'이었다. 이 학문의 높은 세계에 올라 이를 향유하고 실천하는 일은 일반 신분·계급 속의 인물들이 추구해야 할 목표는 아니었다. 군주를 돕고 군주 정치의 일원으로 참가하기에 '군주학'의 내용을 연구하고 이해하며 확장하는 노력을 이들이 한다고 하더라도 이 학문 세계는 그들과는 관련이 없었다. 사회 모든 구성원에게—이론적으로—성인화(聖人化)의 가능성을 모색하여 그 책무를 부여하고 그에 맞추어 경서를 이해하고자 했던 주희의 방식과는 크게 달랐던 것이다.

송시열이 윤휴의 『중용』 개주(改註)를 그토록 문제 삼았던 것은 『중용』 개주의 개성, 나아가 윤휴의 근본 사고의 방향을 보았기 때문이었다. 오랜 시간 주자학의 세계를 만들기 위한 고투를 거쳐 도달한 17세기 조선 사상계, 특히 이이의 학문에 연원한 기호 지역 서인-노론계의 사유에 견주어 본다면 윤휴의 사유 세계는 매우 이질적이었다. 그 이질성은 단지 생각의 차이로만 이야기할 상황은 아니었다. 그것이 권력과 결합하며 전면화한다면 사대부가 중심을 이루는 질서를 압박하고 변형할 정치가 실행될 가능성이 컸다. 윤휴는 권력의 최고 중심에서 정치를 통해 자신의 사유를 실현하고자 했고, 그 시간은 실제 몇 년간 현실화했었다.

평생 산림으로 지내다가 짧은 시기 정치가의 삶을 살았던 윤휴에게 경학과 정치는 분리되어 있지 않았다. 그 대척점에 서 있던 송시열의 기호 주자학파와는 대립할 수밖에 없었다. 겉으로 보기에 윤휴의 새로운 『중용』 주석은 주희 해석을 부정하고 주자학의 학문 권위에 도전하는 행위였지만 실제로는 기존의 정치 구조, 사회 질서를 뒤흔들 요소를 지니고 있었다. 송시열이 자신이 가진 모든 힘을 동원해 윤휴를 저지하고 현실로부터 그의 생각을 몰아내어 자리잡지 못하도록 했던 것은 그가 누리던 세계를 지키기 위한 치열한 싸움의 일환이었다. 송시열이 윤휴의 『중용』 이해를 문제 삼는 움직임은 작은 일인 듯싶어도 따지고 보면 주자학 이데올로그의 처지에서는 피할 수 없는 필연의 과정이었다.

3부

부국강병의 사상과 정책

9장

현실 인식과 정치이념

1
왕정의 성격과 적극적 사공론

윤휴는 자신이 살던 17세기 조선의 현실에 절망적이었다. 병자호란에서 청에게 굴복하고 그 나라에 치욕적으로 신복(臣服)하는 사태, 그러한 상황을 만들어낸 조선의 정치 역량은 도저히 긍정하기 힘들었다. 이를 극복할 수 있는 힘을 만들고 체제를 갖추는 것이 절실한 과제였는데, 그가 보기에 그 일은 그렇게 쉽지 않았다. 특히 기존의 정치와 사상, 기존의 국가 운영 방식으로는 불가능하다고 여겼다. 이에 윤휴는 그 대안을 적극 모색했고, 그 노력이 독자적인 경전 주석이었다. 윤휴는 이를 통해 조선을 새롭게 바꾸어갈 수 있는 사유와 방법을 찾을 수 있다고 확신했다.

「홍범」을 비롯 『효경』, 『중용』, 『대학』 등의 독자적인 경전 주석에서 윤휴가 확인한 점도 그 골격을 추려보면 이와 같은 문제의식을 반영하고 있었다. 경전 연구와 주석은 세계를 이해하는 근거, 국가와 사회를 운영하는 이념과 방법을 모색하는 지적 탐구 활동이었다. 윤휴는 독자적이고 창의적인 경전 이해를 통해 조선을 이끌어나가는 데 필요한 정치론을 자기 방식으로 마련했다.

윤휴는 이들 경전은 일관된 원리하에 체계화되어 있다고 파악하였다. 그리하여 그는 자신의 독자적인 관점과 방법에 따라 이들 경전으로부터 세계의 구성과 운동 원리, 인간 사회의 운영 방법 등을 탐색하고 이론화하고자 하였다. 주자학의 세례를 적지 않게 받았고, 그 사유 방식으로부터 완전히 벗어난 것은 아니었지만, 그의 해석은 주자학에서의 주된 명제, 논점을 문제 삼으며 그만의 새로운 내용을 담아내고 있었다. 윤휴가 견지한 것은 사천(事天)·사친학(事親學)의 관점이었다.

> 『효경』은 부모 섬김[事親]의 도를 펼치니, 『내칙』은 그 절문(節文)이다. 『중용』은 하늘 섬김[事天]의 도를 이야기하니, 『대학』은 그 조목(條目)이다.[1]

이는 그 집약된 표현이었다. 『효경』은 『내칙』과 더불어 '부모 섬김[事親]의 도(道)'를, 『중용』과 『대학』은 '하늘 섬김[事天]의 도'를 담은 책이라는 이해였다. 여기서 '부모 섬김'과 '하늘 섬김'은 유교의 핵심 원리이되, '부모를 섬김은 하늘을 섬김과 같고 하늘을 섬김은 부모를 섬김과 같다'[2] 고 언명할 수 있는 관계를 지녔으므로, 『효경』과 『중용』, 『대학』은 인간과 세계를 규율하는 하나의 원리를 다르게 표현했을 뿐이며 기본적으로는 그 성격이 동일한 셈이었다.[3]

윤휴가 『효경』, 『중용』, 『대학』의 세계를 사친·사천의 학문과 연관하여 해석한 것은, 주자학과 같이 리(理) 본체론에서가 아니라 천인감응의 세계관에 기초하여 이들 경서를 이해한다는 것이었다.[4] 고대 중국에서 발달한 천인감응론은 세계의 운영은 주재성(主宰性)을 강하게 갖는 하늘[天] 혹은 상제(上帝)를 중심으로 이루어지며, 인간 사회의 정치는 이러한 하늘과 소통하는 가운데 이루어진다는 논리로 체계화되어 있었다.[5] 기(氣)를 매개하여, 천인(天人) 사이를 상호 연결 지우는, 종교적 성향이 강한 사고였다.

이 같은 사상에서 인간은 하늘에 구속되며, 하늘의 명령을 실행하며 살아가는 존재로 파악되었다. 동시에 하늘과 인간 사회를 매개하는 정치적인 존재는 군주로 설정되었다. 군주는 천지의 기운을 온전히 타고 태어나 하늘을 대신하여 인간 사회를 다스리는 존재로, 항상 하늘과의 교감 속에서 하늘의 명령을 적절히 수행해야만 했다. 군주와 하늘 섬김은 불가분의 관계에 있었다. 사천과 사친이란 곧 군주와 하늘과의 관계 속에서 운위되는 개념이었다. 주자학은 리 본체론의 시각에서 이 같은 천인감응론의 틀

을 벗어나고자 하는 성격을 지니고 있었다.[6]

윤휴가 사친·사천학의 관점에서 『효경』과 『중용』, 『대학』 등의 성격을 이해한 것은 요컨대, 천인감응론의 세계관에 근거한 것이었다. 자연 이 같은 이해는 주자학의 천인합일론(天人合一論)과는 성격을 달리했다. 윤휴는 이러한 사고를 기반으로 개성 있는 정치론을 펼쳤다. 핵심되는 내용을 정리하면 다음과 같다.

윤휴는 경서에서 제시하는바, 하늘과 인간의 관계를 매개하는 사업은 왕정(王政)이며 그 중심에 있는 존재는 군주라고 이해했다. 정치의 성격에 관한 시각이다.

> 인군(人君)이란 자는 귀신의 주인이자 백성들이 의지하는 존재이며 만물이 그에 의뢰하여 스스로를 완성하게 하는 자이다. 임무는 크고 직책은 무거우며 책임은 넓고 할 일은 많으니 만기(萬機)가 모여드는 곳이다.[7]

> 하늘이 백성을 낳은 후 군사(君師)를 두어 그들을 사목(司牧)했다. 그러므로 왕은 하늘을 대신하여 만물을 다스리며 만민의 부모가 된다.[8]

군주는 천지·자연과 인간 세계를 주재·통어하는 존재, 하늘을 대신하여 만물을 다스리는 만물의 부모라는 인식이 주목된다. 윤휴의 사고 속에서 왕정(王政)은 하늘과 인간의 폭넓은 관계망을 범위로 설정되어 있었고, 군주는 존재 자체로 절대적이며, 지고·지존의 하늘을 대면하여 그로부터 광대한 권한을 부여받고 있었다.[9]

왕정이 "정치는 왕이 실행하는 일이 위로 하늘과 감응하는 것이다"[10]라고 이해됨도 이러한 의미였다. 그것은 곧 천인감응의 정치라 할 것인데, 정치가 제대로 행해지면 하늘이 상서로운 조짐을 내려 보이고, 그 반대의 경우에는 재이(災異)를 내려 견고(譴告)한다고 윤휴는 파악했다.[11] 왕정은 기본적으로 하늘과의 교통 속에서 이루어지는 일이므로 그 포괄하는 범위는 광대하고 또 복잡했다.

왕정은 또 다른 면에서는 인간이 상제를 보좌하여 섬기는 일이었는데, 윤휴는 그 정치는 성인이 제정한 예·악·형·정을 통하여 이루어진다고 생각했다. 하늘이 정치를 하는 것은 불가능했기에 인간이 이를 대신하는 것이지만, 그 방법은 예·악·형·정을 마련하여 운용한다는 것이었다. 정전제, 봉건제와 같은 삼대의 고제·고법이 그것이었다.

> 하늘이 정치를 할 수 없다. 성인이 그 까닭을 알고 예·악·형·정을 만들었는데 대법(大法) 삼백(三百), 곡례(曲禮) 삼천(三千)이 그것으로 어느 것 하나 이 도리를 붙들어 세워 조화를 알선(斡旋)하지 않는 것이 없다. … 정전제가 무너지니 국가의 근본이 흔들리고, 빈흥의 제도가 폐기되니 현자의 대우가 어지러워지고, 헌원(軒轅)의 제도가 파괴되니 이적(夷狄)이 횡행하고, 봉건의 제도가 행해지지 않으니 성주(聖主)가 나오지 않고 간신이 국명(國命)을 도적질하며, 육형(肉刑)의 제도가 행해지지 않으니 천토(天討)가 엄하지 않고 세민(細民)이 무엄해졌다. 이것은 모두 하늘이 인간에 의뢰한 것이며 인군이 상제를 보좌하여 섬기는 방법이다.[12]

위에서 거론한 정전제 이하 육형제의 여섯 가지 법은 윤휴가 파악한 삼대의 핵심 법제였다.[13] 윤휴는 이러한 법제가 붕괴되면서 정상적인 국가 운영과 문명의 유지가 힘들어졌다고 인식했다. 그것은 곧 하늘이 인간에게 의뢰한 정치의 실패, 천인 질서의 붕괴였다. 그러한 점에서 새로운 질서와 정치의 복원은 삼대 법과 밀접한 관계에 놓여 있었다.

윤휴가 하늘과 인간, 왕정과 예·악·형·정, 삼대의 고법에 대해 갖는 이러한 관념은 그가 인간의 역사를 파악하고 조선의 현실을 진단하며 새로운 변화를 도모할 때 사유의 근원이 되었다. 인간이 하늘을 섬기는 도구이자 수단이었던 고대의 법이 실행되지 못하는 것은 하늘을 섬기는 일을 제대로 하지 못하는 것에 다름 아니었다. 고대의 법제를 다시 연구하고 실행할 수 있도록 노력해야 할 당위성은 여기서 나오고 있었다. 역사 흐름 속에서 사라지고 바뀐 그 법제를 다시 회복하는 일은 쉽지 않은 일이 분명했다. 기존에 존재하던 것이 사라지고 새로운 것이 대두하는 데에는 필연의 사정이 있었다. 하지만 윤휴는 군주 정치에서 주목하고 실현해야 할 사안은 이를 벗어나지 않는다고 생각했다.

요컨대 윤휴가 이해하기에 『대학』, 『중용』, 『효경』 등의 경서에서 제시하는 수기와 치인의 원칙과 방법은 하늘과 군주와의 관계 속에서 마련되었으며, 왕정(王政)과 그 주체로서의 군주는 하늘과 인간의 관계를 매개하는 존재였다. 이때 하늘이란 종교적 절대성을 갖는 주재적 존재로서 한편으로는 상제(上帝)로도 표현되었는데, 수기와 치인은 모두 하늘에 대해 외경하는 자세를 가지고 하늘이 정한 질서·제도, 이를테면 정전제와 같은 삼대의 고제·고법을 실현하는 가운데 이루어진다고 함이 그 내용이었다.

왕정의 수장인 군주의 역할, 군주의 책무는 이 점에서 출발했다. 윤휴는 군주에게 필요한 최대 명제는 인욕(人欲)을 극복하고 본원의 덕성을 회복하는 일이라 여겼다. 하늘이 천성을 부여했지만 기질(氣質)로 인해 그것을 온전히 갖추지 못하고 있으므로, 각고의 노력을 통해 이를 회복해야 한다고 생각했다. 하늘이 내린 엄중한 명령인 천성을 찾아서 회복할 때, 천지의 만물을 관장하는 군주로서의 능력을 갖추게 되고 이로부터 자신의 역할을 온전히 할 수 있다는 인식이었다.

이를 위해 윤휴는 수신의 방법을 몇 가지로 나누어 이해했다. 우선, 군신·부자의 오륜으로 대표되는 바의 달도의 실천을 통하여 덕성을 쌓는 방법이었다.[14] 오륜의 규범을 충실히 시행하게 되면, 그것이 오래 행해지는 과정에서 자연 인덕(仁德)의 덕성이 온축되고, 그리하여 만인의 도덕적 표상으로 변화할 수 있게 된다는 것이었다.

여기서 오륜의 달도를 실천하는 일 가운데서도 가장 중요한 일은, 부모를 섬기는 행위 곧 부모에 대한 온전한 효의 실천이었다. 윤휴는 효의 실천이야말로 덕성을 쌓음에 가장 중요한 방법이 된다고 생각하고 이의 준행을 강조하였다. 그것은 이를테면, "덕은 이것이 없으면 세워지지 않고 도는 이것이 없으면 실행되지 않는다"[15]라는 대로, 덕성을 세우고 도를 실행함에 결정적인 관건이 되는 일이었다.

군주가 효를 실천하는 일은 달리는 하늘을 섬기는[事天] 행위이기도 했다. 하늘을 섬기는 행위로는 조상에게 제사 지내는 일이 가장 중요했으며, 조상 제사는 군주의 시조를 배천(配天)하는 가운데 이루어졌다.[16] 그러므로 부모 섬김이란 궁극적으로 배천의 하늘 섬김과 연결되어 있었다.

수신의 방법으로 윤휴는 '계신·공구' 혹은 '신독'의 수양법을 중시하였다.[17] 그것은 공경의 태도를 견지하며 마음속으로 인욕과 천리를 구분하여 장차 인욕이 싹트는 것을 막아내고 천리는 북돋우는 일이었는데,[18] 윤휴는 이를 오래 시행하면 결국은 기질의 변화가 이루어지고 본원을 회복하여 하늘과 감통할 능력을 갖추게 된다고 보았다.[19] 그것은 심성에 선천적으로 내재한 도덕성, 양지(良知)의 '시비를 가리는 마음[是非之心]'을 확충한다는 의미이기도 했다.[20] 덕성과 지적 능력의 배양이 동시에 이루어지는 것이 신독의 수양법이었다. 윤휴는 이러한 방법을 외천(畏天)·사천(事天)의 행위라고 생각했다. 그것은 공경의 자세를 유지하는 가운데 항상 하늘[天]·상제를 대면하는 태도였다.[21]

이와 같이 사천·사친학의 체계 속에서 윤휴는 위정 주체에게 요구되는 수기·수신의 방법을 신독의 행위와 달도의 실천에서 구했다. 그것은 일상의 생활 속에서 그리고 자신의 일상적 마음 위에서 도덕성의 회복을 구하는, 비근하고도 평이한 방법이었다. 『효경』이나 『중용』, 『대학』에서 주자와는 다른 체계, 다른 방식으로 해석을 하게 되는 것도 바로 이 같은 점 때문이었다.

그런데 이같이 하늘과의 관계를 통하여 군주의 덕성을 확립하고 지적 능력을 확대해나가는 일은 군주의 고유한 위상을 군주 스스로 확인하는 방법이었다. "군주의 한 몸은 천하·국가의 근본이고 삼감[愼]이란 한 단어는 수신의 근본이다. … 삼감은 공경하여 소홀히 하지 않음이다"[22]라 하여 군주 수신의 근본을 공경으로 파악하고, 그 공경의 의미가 '하늘에 대한 외경과 인사를 수명(修明)함[畏天命而修人事]'에 있다고 이해한 것이나, 『중용』의 '대본(大本)·달도(達道)'를 사천·사친 행위를 통해서 확립할 수 있다고 이해함도[23] 군주 수신이 하늘과의 직접적인 관계를 통하여 이루어진다는 의미에서였다.

군주에게 주어진 또 다른 책무는 하늘과 인간을 가교하는 왕정을 구현할 수 있는 수단을 적절히 찾아서 실행하는 일이었다. 그것은 곧 국가 운영에 필요한 제도와 법제를 마련하는 일이었다. 윤휴가 보기에 이에 적합한 것은 삼대의 고제·고법이었으므로 이를 깊이 연구하여 그 내용을 확실하게 이해하고 또 실행할 수 있는 법제를 구체적으로 마련하는 일이 절대 필요했다. 그것은 곧 후왕(後王)에게 주어진 길이었다.[24] 삼대의 고제·고법은 최고의 법이었지만 영속하지 못하고 다 붕괴하거나 생명력을 잃어 사라졌기 때문이었다.

> 옛날 선왕들이 천하를 다스림에 그 대략의 방법이 여섯 가지가 있는데, 첫째 제후들의 나라를 봉하는 것[建邦], 둘째 6관 설치[設官], 셋째 사민(四民)의 분리[分民], 넷째 농지 구획[經野], 다섯째 오형(五刑)을 밝힘[明刑], 여섯째 군병의 통제[制軍]로, 이 여섯 방법이 큰 기강이 되었다. 그런데 진(秦)나라 때 서적을 불태워 학문을 없앤 이후로 이 여섯 방법이 모두 없어졌다. 오늘날에 이르기까지 역대 임금들이 그 시대에 따라 제도를 설치하여 그 시대의 구차스러운 정치를 시행했을 뿐이고, 학사(學士) 및 대부(大夫)들도 이 여섯 방법을 강론하거나 전습(傳習)하여 후대에 전하는 사람이 없었다. 그리고 어떤 사람은 말하

기를 "옛날 제도를 꼭 본받지 않아도 옛날 정치를 회복할 수 있다"고 하는데, 그렇다면 옛날 선왕들이 천하를 다스렸던 제도가 애초에 국가의 치란(治亂)과 흥망(興亡)의 운수에 아무런 관계가 없고, 군자(君子)가 학문을 수행함에 세도(世道)를 부지하고 인심을 선하게 하는 일에 대해 급급히 할 필요가 없다는 것인가.[25]

거기에다 오랜 시간이 흘러 인간이 바뀌고 사회가 변화하였기 때문에 옛 내용 그대로 적용할 수도 없었다. 과거를 충분히 이해하면서도 현재에 적용할 수 있는 예법을 마련하는 일은 중요한 과제였다.[26] 군주의 학문과 지적 활동은 요컨대 이 문제를 중심에 두고 이루어져야 했다. 군주를 보좌하며 국가를 경영하는 신하의 일 또한 여기에 집중되어야 했다.

이와 같이 군주가 추구해야 할 내용은 천명의 덕성을 온전히 회복하는 일, 상제를 섬기는 옛 법을 확인하고 이를 오늘날에 실현할 수 있는 적절한 방법을 찾는 일이었다. 군주가 갖추어야 할 자질과 책무는 이를 통해 마련하고 추진할 수 있었다. 이 과업은 그 성격상 매우 특별한 면모를 지니었다. 왕정의 수장인 군주로서는 하늘·상제를 늘 대면하며 교감하고, 하늘과 인간 사이의 광대한 문제를 대상으로 포괄하여 살피고 파악해야 하며, 덕성과 지식의 양 영역에서의 자기 성장이 동시에 추구되어야 했다.

이러한 사고는 주희가 강조하듯, 도덕의 표준으로서의 군주상과는 많이 달랐다. 주희는 군주의 일심(一心)에 정치의 성패가 결정된다고 이해하며, 군주의 도덕 수양을 적극 강조하는 성학론[27]을 마련하고 군주에게 강제했다. "군주의 한 마음[一心]이 바르게 되면 모든 것이 바르게 되므로, 군주의 한 마음을 바로잡는 일이 그 무엇보다 중요하다"[28]는 언명은 주희가 군주에게 시종일관 요구하는 명제였다.

인간 사회의 운영을 직접적으로 하늘과의 관계 속에서 풀어간다는 사고에서 주체로써 중시되는 존재는 그 사회 구성원 개개인이 아니라, 왕정과 그를 대표하는 정치 수장 군주였다. 그것은 주자학에서 사회 구성원 개개인의 도덕적 완성과 성인화(聖人化)에서 이상사회 실현의 토대를 설정하는 것과 대비된다. 여기서 윤휴의 정치적 사유는 군주를 중심으로 문제를 풀어가는 '군주학'으로서의 성격을 가지며, 또한 국가 중심적 이념과 깊은 연관이 있다고 할 수 있다.[29]

사회 구성원의 도덕성 실현도 군주가 마련한 예법·형정의 실천을 중심으로 이루어진다는 논리도 이러한 사고에서 기인했다. 윤휴는 천명으로 표상되는바 윤리·도덕 규범이 전 사회적으로 실행되는 데는 예법의 외재규범의 실천이 전제된다고 판단했다. 예법이란 달도[30]의 다른 표현인바, 달도의 실천을 통하여 천명·대본(大本)의 실현이 이루어진다 함이었다.[31]

예법·달도의 실현이 천명 실현을 위한 전제가 된다고 파악하는 것은 개별 사회 구성원들이 외재(外在)의 규범을 충실히 실천하며 본래 가진 도덕성 회복의 단서를 구한다는 의미였다. "심덕(心德)은 인륜을 밝힘에 있다"[32]라거나 또는 "윤리를 정하고 예를 고르게 함은 마음 속 중(中)을 붙들어 유지하기 위함이다"[33]라는 바대로, 인간의 마음에 내재된 도덕성은 인륜의 실천, 곧 예의 외적인 규범으로 규율, 발현되는 것이었다.

이렇게 살피면 윤휴는 도덕적 완성과 그에 바탕한 윤리 규범·사회 질서 확립의 입각점을 개개인의 성인화(聖人化) 차원에서가 아니라 국가 또는 국가로 대표되는 공권(公權)의 범주에서 설정하고 있었음을 알 수 있다. 예법이란 곧 국가권력의 다른 표현이었기 때문이다. "정치가 이루어져 도가 실행된다"[34]는 인식도 이와 같은 의미일 것이다. 때문에 다음의 언급도 가능하게 된다.

> 안민(安民)이란 먼저 오전(五典: 오륜)의 가르침으로 이끌고 이어서 오례(五禮)의 제도로 가지런히 하는 것이니, 이에 이 백성은 항상 천리 속에서 행동하게 될 것이다. 이것을 온전히 하여 덕성으로 삼으면 이에 상을 내리고 이것에 어

긋나 죄를 지으면 이에 형벌을 내린다. 정사(政事)라는 것은 형상(刑賞)에 근거하여 치민(治民)의 일을 거론하는 것을 말한다.[35]

윤휴의 사상에서 왕정과 군주의 존재에 대한 이해는 특별했다. 인간의 오랜 역사가 진행되는 동안 군주는 하늘·상제를 대신하여 정치를 펼치는 존재였다. 지고(至高)·지존(至尊)의 하늘을 상대하였기에 그 스스로 존엄했고 지위가 높았다. 군주가 실행하는 정치와 그 구체적인 수단인 예·악·형·정은 하늘이 인간에게 의뢰한 것으로, 상제를 도와 섬기는 매개였다. 그러나 삼대의 그 정치와 군주는 후대로 오면서 붕괴하고 사라졌다.

후대의 군주는 부단한 수기의 노력과 연구, 학술 활동을 통해 하늘을 대신하여 인간 사회를 다스릴 수 있는 자질을 갖추고, 상제를 제대로 섬길 수 있는 예법을 마련하여 실행해야 했다. 고대의 사회로 돌아갈 수 있는 길은 그것이 유일했다. 후대의 군주에게 주어진 임무로서는 쉽지 않았지만, 반드시 이루어야 할 과제였다.

물론 그 과제를 실현하는 일은 군주 혼자만의 힘으로는 불가능한 일이었다. 신료들의 절대적인 도움이 필요했다. 군주로서는 그들에게 길을 제시하는 한편으로 그들의 역량을 최대한 끌어모아 고대의 선왕(先王), 선성(先聖)이 제시했던 왕정의 틀과 원칙을 다시 살피며 이를 구체화할 수 있는 능력을 발휘해야 했다. 이 점에서 제대로 된 왕정은 군주 개인의 한계와 경계를 넘어설 때 가능했다.

윤휴가 『대학후설』에서 '격물치지의 방도[格致之方]'에서 '치국평천하의 길[治國平天下之道]'에 이르기까지 삼대의 제도 중 중요한 요목들을 제시하기도 하고,[36] 「공고직장도설」에서는 『주례』의 제도와 정치 방법론을 근거로 고제·고법을 정리하여 군주 개혁정치의 지침으로 삼고자 한 일도 이러한 노력의 하나일 것이다.[37]

윤휴의 왕정론은 몇 가지 면에서 특성을 지니고 있었다. 왕정과 군주는 하늘을 대신하여 정치를 수행하는 존재였다. 왕정으로 구현되는 정치에는 늘 하늘이 전제되어 있었고 왕정의 수장인 군주는 지고지존의 하늘을 대면했다. 왕정과 군주는 존재 자체로 특별한 권위와 위엄을 지니고 있었다.

왕정의 모범은 성인이 제정한 삼대의 예법에 그 원형이 내재하고 있었다. 이 예법은 상제를 섬기는 수단이었으므로 지선의 성격을 지니었다. 그러나 삼대의 예법은 붕괴하여 사라졌으므로 이를 현재화하기 위해서는 부단히 연구하여 그 실체를 재구성하고 현실에 적용할 수 있는 절목을 찾아야 했다. 그것은 현재의 왕정과 군주에게 주어진 긴급한 과제였다.

국가의 개별 구성원들에게 필요한 일은 왕정이 마련한 예법의 실천이었다. 국가의 구성원들은 이를 통해 본래 가진 도덕성을 회복할 수 있으며, 국가와 사회의 안정과 정상적인 운영 또한 그 기반 위에서 가능했다.

왕정의 성격과 형태가 이러하기에, 삼대의 예법을 찾고 실행하기 위한 노력은 군주와 정부를 추동하는 주된 요소였다. 삼대의 예법은 현실에 존재하지 않았고 또 현실과는 배치되는 요소가 많았으므로 군주와 조정은 끊임없이 적합한 형태를 결단하여 마련하고 사공(事功)을 벌여야 했다.

이상 살핀 대로, 윤휴는 초월·주재적 하늘 혹은 상제를 설정한 가운데 경전을 이해하고 이로부터 인간과 인간 사회의 존재 방식을 설정하고자 했다. 이는 리 본체론에 근거한 주자학의 천인합일론과는 구별되는 천인감응의 사고였는데, 윤휴는 이를 바탕으로 군주와 왕정의 근거와 범위, 군주의 역할, 국가와 구성원의 관계 등등을 천착했다. 대체로, 군주가 독존적으로 하늘·상제와 대면하는 가운데 독자적으로 수기·수신을 실천하며, 하늘과의 관계망 속에서 정치를 실현해야 한다는 생각이었다.[38] 이러한 사고는 고대적 사유에 가까웠지만, 또 한편으로는 왕정의 적극적 행사, 강력한 군권의 행사를 추구하는 측면이 강했다.

이러한 모습은 주자학의 인치·덕치의 정치론을 벗어나 삼대의 이상적인 예법의 실천을 추구하고, 시간의 변화에 능동적으로 대응하고자 하는 면모를 지니고 있었다. 주희의 정치론은 군주의 수기·치인의 문제를 지식의 완성에 기초하여 풀어가려는 성격이 강했다. 구체적인 사업보다는 지식의 완성 그리고 이를 통한 도덕성의 확립을 통하여 문제를 풀려는 지향을 갖는 점에서 정태적이었다. 주희의 이러한 지향은, 남송 시기 대금항쟁(對金抗爭)의 의의를 복수설치론(復讐雪恥論)을 통해서 설명하면서도, 군주가 군사적인 일을 크게 벌이고 대규모의 사업을 행하는 것에는 반대하는 양상으로 나타나고 있었다.

윤휴의 군주론은 주희가 설명하는바, 이러한 도덕의 표상으로서의 역할을 인정하였다.[39] 윤휴는 그러면서도 여기에 머무르지 않고 하늘과 인간 세계를 아우르는 모든 일을 군주가 적극적으로 시행해야만 국가의 정상적인 운영이 가능하다고 보았던 것이다. 그것은 곧 군주의 활발한 사공(事功), 적극적인 정치적 행위를 긍정하고 또 요구하는 태도라 할 것이다. 조선의 현실에 적용한다면, 이는 국가가 해결해야 할 제반의 과제에 대해 문·무 양 방면에 걸쳐 전방위적으로 간여하고 이를 보다 능동적으로 해결할 수 있는 동태적 군주를 추구하는 일이라 할 수 있을 것이다.

2

대경장 실현의 방법론과 내수·외양론

윤휴의 정치이념은 현실 정치 운영의 원리를 삼대의 고제와 고법에서 이끌어 내고 있었다. 윤휴는 당시 주자학자들처럼 삼대 사회를 단순히 도덕적으로 지향해야 할 이념적 표상이라거나 현실 사회와는 거리가 먼 이상 사회로만 인식하지 않고, 실제 삼대 사회의 법제를 원용하여 현실을 운영해야만 한다는 강렬한 삼대의 복고의식(復活意識)을 견지했다.[40] 군주권·국가권력 강화론과 맞물린 이러한 의식은 양란 후 위기에 직면한 조선 사회에 대한 현실 개혁의 논리, 국가 재조 방략(方略)의 이념적 근거로서, 부분적인 개량이 아닌, 삼대의 고제를 전범으로 한 대경장(大更張)을 통하여, 당시 조선 사회가 직면한 정치 사회적 위기를 극복해야 한다는 입장에서 나온 것이었다.

그러나 이러한 지향은 당대 현실의 정치, 사회, 경제 질서를 근본적으로 변혁하는 데서 현실화될 수 있는 것이었으므로, 단시일에 한꺼번에 이루어질 성질은 아니었다. 필요한 모든 계획을 짜고 법도 만들고 기율도 세우며, '선왕을 본받으며 차례차례 행한다[法先王, 次第而行之]'[41] 하는 바대로 단계적으로 이루어가야 할 과제였다. 뿐만 아니라 이를 위해서는 대경장 과정에 필연적으로 등장하기 마련인 반대와 저항을 무력화할 수 있는 주체, 정치체제의 마련이 무엇보다 선결되어야만 했다.

숙종 초반 남인 정권의 정론가(政論家), 경략가(經略家)로서 중앙 정계에 직접 참가하고 있던 윤휴의 활동은 정치적으로 이를 직접 해결해가는 구체적인 과정이었다. 그는 당시 조선 사회가 처해 있던 현실과 관련하여 반청북벌(反淸北伐)의 부국강병책으로 그 방법을 마련하고 있었다. 구체적 현실 속에서 대경장의 단서를 모색하는 일이었다.

1674년(현종 15), 「갑인봉사소(甲寅奉事疏)」를 통해 북벌의 필요성을 제기한 이래,[42] 윤휴는 숙종조 정계 활동 기간 동안 끊임없이 이의 실현을 위해 노력하였다. 비록 허적이나 권대운 등 당시 남인계 동료 정론가·관인들로부터 오활한 비현실적인 주장이며, 재정 소요가 크다는 이유를 든 반대로[43] 현실화되지 못했지만, 그는 이 일을 조선이 반드시 실현해야 할 핵심적 과제로 꼽고 있었다.

반청북벌론은 화이관(華夷觀)과 군신의리론(君臣義理論)에 기반하여 마련된, 조선을 침입했던 청나라에 보복하자는 의식에서 나온 이 시기 유자들의 공통된 정치이념이었다. 군신 관계를 맺는 것으로 결말났던 만주족에게 당한 굴욕은 신분과 계층, 당색과 학연을 초월한 조선 사회 전체의 공분(共憤)으로, 군사적으로 청에 대해 복수설치(復讐雪恥)하자는 주장은 누구도 이의를 붙일 수 없는 국시(國是)이자 시대사조였다.[44]

윤휴의 대명(對明)·대청(對淸) 의식도 이 시기 유자·지식인들의 일반적인 사고, 곧 화이관과 군신의리론에서 벗어나지 않았다. 예컨대 명나라와 조선의 관계는 아래 언급대로 군신의 관계에 있다는 것이 윤휴의 인식이었다.

> 신이 들은 바로는 삼강(三綱)은 천지간의 원리와 법칙이요, 사람의 도리도 그것이 기준이 된다고 하였습니다. 크게는 천지요, 그다음으로 군신인데 군신 사이의 의리는 마치 부자 사이의 천성과도 같아서 천지 사이 어디에서나 공통되니, 중화라고 더 많고 오랑캐라고 더 적은 것도 아니며, 옛날에는 있었고 지금 와서는 없어진 것도 아닙니다. 그것을 잘 다스리면 치세(治世)가 되고 그것이 어지러워지면 난세(亂世)가 되며, 그것을 가지고 있으면 사람이고 그것을 잃어

버리면 오랑캐가 됩니다. 지난날 우리나라와 명나라와의 관계는 마치 지금 조정 신하들과 성상의 관계와 같습니다. 지금 우리의 삼강이 땅에 떨어졌고 인간의 도리가 제대로 서 있지 않으며, 금수가 사람을 잡아먹고 사설(邪說)이 거침없이 나돌고 있습니다.[45]

삼강(三綱)이 천지의 대강(大綱)이므로, 이러한 관계를 지키는 것이야말로 인간이 인간인 이유, 국가가 국가인 까닭을 유지하는 길이었다.[46] 더구나 중국은 임진왜란 때 막대한 자금과 군사를 보조하여[47] 실로 '국가를 재조(再造)'하게끔 한 부모와 같은 은혜가 있으므로, 이를 망각하는 것은 부자간의 의리를 끊는 폐륜이었다.[48] 윤휴는 철저하게 의리명분론(義理名分論)에 입각한 화이관을 지니고, 이에 맞추어 정세를 파악하고 있었다. 청과 조선과의 새로운 복속(服屬) 관계는 국가를 유지하는 근본 질서, 강상의리를 붕괴시키는 일이었으며, 그런 점에서 청과의 관계를 단절하고 청에 복수설치하는 일은 강상 의리, 도리에 합당한 국제질서를 확립함에 필수 전제였다.[49] 윤휴가 그토록 북벌을 주장한 이유의 일단은 여기에 있었다.

그러나 윤휴의 북벌론은 의리명분론에 기초한 북벌 그 자체에만 목적이 있는 것이 아니었다. 보다 중심적인 문제는 외적의 침략과 간섭으로부터 자주(自主), 자강(自强)을 어떻게 확보할 것인가 하는 점이었다. 임진왜란과 병자호란은 종래의 화이관적 국제질서를 근본에서 붕괴시켰을 뿐만 아니라 조선의 정치, 경제 질서를 전면적으로 파괴하였다. 따라서 북벌 수행은 바로 전쟁을 통해 파괴된 사회적 생산력의 복구와 이를 가능케 하는 체제의 정비와 직결되는 일이었다. 더구나 병자호란 이후의 조선 현실은, 국가기강이 극도로 이완되어 왕령(王令)이 제대로 시행되지 않을 뿐만 아니라 나아가 변방에서 준동하는 이적(夷敵)을 막을 책략을 가지고 있지 못할 정도로 허약한 상태였다.

> 그런데 불행하게도 화란이 거듭 닥치고 국사가 크게 잘못되어 정령(政令)은 비뚤어지고 백성들은 실망에 실망을 거듭했습니다. 큰 난리 끝이었는데도 이상적인 정치가 실현되지 않았습니다. 왕의 권위가 떨치지 못해 기강은 날이 갈수록 해이해졌으며, 성상이 이미 해태를 느껴 뿌리가 흔들렸으며, 말길이 꽉 막혀 귀와 눈은 가리어졌으며, 현자·능자가 기용되지 않아 나라는 비어 있는 상태였으며, 변방에 늘 소요가 일어나도 막아낼 방법이 없었습니다.[50]

그런 점에서 무엇보다도 시급한 일은 '자강을 생각'[51]하고 그 자강의 기틀을 마련하는 일이었다. 말하자면 외적의 침입에 대처할 능력을 기르는 일은 사직·종사를 보존하기 위한 필수적인 일이었다. 더구나 당시의 정세를 '현재 북쪽 오랑캐는 흉심을 드러내니 나라가 날로 놀라워한다[方今北虜呈兇, 疆埸日駭]'[52]라는 위기감 속에서 파악하는 한 북벌책(北伐策)은 실질적인 자주·자강의 방도였다.

청과의 관계 단절 및 정벌의 실행은 국가로서의 자존(自尊)과 자기 정체성을 확립하는 데도 필수적인 일이었다. 호란(胡亂)을 계기로 군신 관계를 맺은 이후 청이 조선에 벌이는 횡포는 조선의 자존심을 짓밟고 경제적으로 큰 부담을 안기고 있었다.

> 지금 우리는 북쪽 나라를 섬기면서 피폐(皮幣)와 금보(金寶)로 저들 배를 양껏 채워주고 있을 뿐만 아니라 비록 재상 지위에 있는 관료라도 저들은 죽이고 싶으면 죽이고, 잡아가고 싶으면 잡아가고, 금고(禁錮)시키고 싶으면 금고도 시키고, 가두고 싶으면 가두기도 합니다. 일개 사신, 심지어 우리를 배반하고 그쪽으로 간 무리들까지도 모두가 우리 조정을 업신여기고 우리 관리들을 모욕하고 있으며 그들에게 예리한 칼을 주어 저들 마음대로 베도록 하고 금은 비단을 송두리째 맡겨 저들 멋대로 삼켰다 뱉었다 하게 하고 있습니다.[53]

금은보화의 막대한 재화를 요구할 뿐만 아니라 조정의 관료들을 일개 사신이 능욕하는 등 청의 조선에 대한 태도는 국가 간에 지켜야 할 상궤를 벗어나 있었다. '오랑캐 상국(上國)'의 사신에게 당하는 국가적 치욕을 윤휴는 그 누구보다도 분노하였다.

윤휴는 역사상 조선을 복속했던 강대국이 어느 나라든 상관없이, 설령 명(明)이라 할지라도 조선 국가의 정체성을 위협하는 일을 벌일 경우, 이를 거부하는 것이 의(義)를 지키는 일이라고 보았다. 태종대 명나라 사신 황엄(黃儼)이 자신이 가지고 있던 동불(銅佛)에 태종으로 하여금 절할 것을 청(請)하고 하륜(河崙)·조영무(趙英茂) 등이 이를 따르도록 한 것에 대해[54] 태종이 이들을 위급한 상황에서 군주를 지키지 못하는 신하라 꾸짖고 따르지 않은 일을 들어, 윤휴는 태종의 행동이 오늘날 반드시 본받아야 할 일이라 하고, 이러한 정신을 청과의 관계를 단절하기 위한 한 명분으로 내세웠다.[55] 청과의 관계 단절은 외적의 침입으로부터 조선을 안전하게 지키는 일이자 국가로서의 체모를 확립하고 민생을 안정시키는 결정적인 관건이었다.

이 맥락에서 한민족의 오랜 역사는 되돌이켜볼 만한 점이 있었다. 윤휴는 부국강병과 그를 통한 자주성을 지키는 일이 한민족 역사 속에 확립된 모범적 전통임을 강조했다. 수(隋)나 당(唐)과 같이 중국의 한족이 세운 여러 나라에서 강한 군사력을 가지고 침략해도 막아낸 과거의 경험이 그러했다. 그에 비해 얼마 되지 않은 '오랑캐'에게 항복하여 맹약을 해야 했던 사실은 이해할 수 없는 일로 관료나 지식인들이라면 반드시 그 원인을 따져 묻고 고민해야 했다.

> 수나라는 부강하였는데도 군병이 살수(薩水)에서 몰살당하였고, 당 태종은 뛰어난 무략을 지녔는데도 안시성(安市城) 싸움에 지혜가 미치지 못하였으니, 중국이 우리나라에 대해서는 실로 어떻게 할 수 없었다. 그런데 한쪽 모퉁이의

> 하찮은 오랑캐가 적은 군사를 모아 곧바로 성 밑에까지 쳐들어와 끝내 항복의 맹약을 받는 지경에 이르렀으니, 이것은 또한 무슨 까닭이던가. 학사(學士) 및 대부(大夫)들은 이 까닭에 대해서 깊이 생각해보아야 할 것이다.[56]

윤휴는 아마도 한민족이 소멸하지 않고 긴 세월 고유한 역사와 문화를 유지해왔던 힘에 대해 굉장한 자부심을 가지고 있었을 것이다. 청에게 굴복하여 군-신 관계를 맺기로 한 맹약은 그 오랜 전통과 자존심을 송두리째 무너뜨리는 일이었다. 그러기에 그 상태를 극복하는 일은 절체절명의 의미를 지니었다.

윤휴에게서 반청북벌론은 단지 이적(夷狄)으로부터 당한 국가적 치욕을 설욕하는 의리(義理)의 차원에서 한 걸음 더 나아가, 국가의 존망(存亡)에 관련된 '이해(利害)'의 문제, 민족적 정체성의 문제로까지 확대된 것이었다.[57] 대개혁의 필요성은 이러한 인식 속에서 마련되고 있었다. 자주 자강의 기틀을 마련하는 데는 조선 사회에 대한 외적의 항상적인 군사 위협을 제거하는 일이 가장 중요하며, 이를 위해서는 내수(內修), 즉 국내의 정치 사회 구조의 제반 모순을 제거하는 개혁이 무엇보다 급선무여야 했기 때문이었다. '크게 일을 벌일 군주는 반드시 대경장의 일을 행한다[大有爲之君, 必有大更張之事]'[58]라 함은 그러한 의미였다.

윤휴는 이를 내수(內修)·외양(外攘) 일치론(一致論)으로 정리하고 있었다. 외양과 내수는 분리될 수 없는 하나의 일이며, 이 점에서 외양은 내수를 위한 전제라는 주장이었다.

> 오늘날의 사정은 전쟁을 하는 일과 나라를 수비하는 일을 한 계책으로 삼아야 하고, 내수와 외양을 합하여 하나의 일로 해야 합니다. … 외양이 곧바로 내수가 된다는 것을 알아야만 오늘날 해야 할 일을 얘기할 수가 있습니다.[59]

말하자면 그에게 있어 북벌을 통한 자주·자강의 실현과 내수는 상호 분리된 것이 아니었다. 자주·자강을 위해서는 북벌이 필요하며, 북벌은 내수를 전제로 하는 상보적인 관계라는 것이 그의 생각이었다. 그런 까닭에 내수 곧 적폐(積弊)를 제거하고 민인이 가진 힘을 강화하며 군정(軍政)을 통기(統紀)하는 일[60]은 북벌을 가능하게 하는 국내적 조건의 축적이자, 외양의 북벌을 통해 보다 가속화, 공고화될 일이었다.

윤휴는 이러한 사고와 정책이 요순의 정치를 기약하고 문무를 본받는 정책, 곧 '요순의 정치를 기약하며 법은 삼왕을 본받는다[治期堯舜, 法則三王]'[61]라고 정의하고, 그의 경학에서 도출된 법후왕론[62]에 근거하여 그 정당성을 부여했다. 그의 북벌론이 단순한 명분론의 차원에서 제기된 것이 아니며, 허황된 현실 인식에서 나온 것이 아닌 이유도 여기에 있었다. 반청북벌론·대경장책은 그의 현실 인식의 총체적 결론이자 적극적 사공의 필요성을 구조화한 정치이념의 결절점이었다.

내수와 외양을 동일한 차원에서 파악, 대경장의 당위(當爲)를 여기서 구했던 윤휴의 북벌론은 외양 곧 북벌을 위한 군사적 행동보다 내수를 중시하는 이 시기 유자(儒者)·관인(官人)들의 사고와는 정반대의 성격을 가지고 있었다. 숙종 초 청남으로서 동일한 정치적 계보에 있던 허목이 그의 북벌책을 비판하는 근거였던 '보민(保民)' 논리와도 달랐거니와,[63] 강렬한 북벌론자였던 서인계 주자학 절대주의자들의 북벌론과도 일치하지 않았다.

허목은 숙종 즉위 후 정부에서 벌이는 내정 개혁, 특히 군사력을 강화하기 위한 여러 방안[64]이 많은 문제를 낳고 있음을 걱정하며 그 추진을 비판했다. 허목은 실제 법제화하며 실행하고 있는 정책이 백성을 보호하지 못하고 있다고 판단했기에 그 정책이 목표로 하고 있는 대계(大計) 자체를 근본에서 회의하고 있었다.

중외(中外)에 일이 많아 도안(都案), 오가작통(五家作統), 지패(紙牌), 요충지에

성을 쌓는 일이 동시에 이루어지고 있어 백성들이 그 명령을 감당하지 못해서 사방이 소란합니다. 비록 좋은 법과 아름다운 정사라고 하더라도 백성이 흩어지면 근심스러운데, 더구나 법에 앞서 폐단이 생겨서 항간에 원망하는 소리가 가득합니다. 처음 시작할 때 신중히 하지 않아서 말리기에 이미 늦어버렸습니다. … 전하께서 처음 즉위하셨을 때 깊은 산골의 무지한 백성들도 한껏 기뻐하며 태평성대를 기대할 수 있을 것이라고 여기지 않은 사람이 없었는데, 지금은 인심이 흩어져 아침에 저녁을 보장하지 못하고, 국법을 원수같이 여기고 있습니다. 이런 인심과 이런 국세(國勢)로 망령되게 천하에 없는 공을 세우려고 하여 국가의 큰 근심을 돌아보지 않는다면 장차 사람을 죽이고 나라를 망치면서도 경계하지 않을 자가 있을 것이니, 신은 대계(大計)가 반드시 이래야 하는지 모르겠습니다.[65]

송시열의 경우, 명조(明朝)와 조선을 군신-부자의 관계로 파악하고 그러한 관계의 단절을 강상 의리의 붕괴로 인식하여 북벌의 필요성을 강력히 제기하면서도, 그 실천 방법에서는 선내수(先內修)·선양민(先養民), 후외양(後外攘)을 내세워 군비 확장과 같은 정책에는 반대하고 있었다. 더욱이 그 내수·양민의 방법에서도 구체적인 사회경제 정책으로 제시하기보다는 군주의 윤리 도덕적 규제, 혹은 군주 도덕성의 완벽성 구현을 가장 핵심적인 것으로 설정하는 소극성을 보였다.[66] 어찌보면 주장과 실천의 괴리를 보이는, 무기력한 체념론·현실긍정론으로도 인식될 수 있는 모습이었다.[67] 윤휴의 정치 생활이 이들과 대립할 수밖에 없었던 데에는 이러한 북벌을 실현하는 방법, 곧 국가의 재건을 둘러싼 방략의 차이에 말미암은 점이 크게 작용했다.

이상에서 살핀 대로, 윤휴의 현실 인식은 자주, 자강의 강력한 국가를 만드는 것이 급선무라는 데서 출발하고 있었으며, 이는 외양과 내수를 동일 차원에서 추진해야 한다는 대경장의 방법론으로 귀결되었다. 이 시기 유자·정론가들의 대부분이 북벌과 개혁의 당위성을 인식하고 있었음에도 '선내수 후외양'의 논리로 이에 신중하게 또는 소극적으로 대처했다면, 윤휴는 보다 적극적으로 내정 개혁과 북벌 수행을 동시에 추진해야 한다고 생각했다.

윤휴의 내수·외양의 정치적 실행은 그가 생각하던 국가 권력 강화론의 현실화 과정이었다. 그에게 정치 행위와 정치 이념의 두 요소는 분리되지 않았다. 윤휴는 정치·사회의 변화와 군사 행동은 군주를 중심으로 하는 일사불란한 정치·사회체제의 구축을 통하여 가능하다고 보고, 군권 또는 군주로 대표되는 국가권력을 강화하는 일에 사고의 초점을 집중하였다. 대경장, 북벌의 시행과 국가권력 강화론은 단일한 사유 구조 속에 있었다고 할 수 있다.

문제는 외양[북벌]=내수를 추동할 수 있는 구체적인 정치세력, 체제를 어떻게 마련하느냐에 달려 있었다. 윤휴의 정치사회 개혁 방안은 이러한 점을 중심으로 그 단서를 모색하고 있었다.

10장

정치구조 개혁과 국가권력 강화책

1

의정부의 강화와 간관제 혁파론

1) 붕당 인식과 파붕당론

윤휴가 파악한 이 시기 정치개혁 최대의 과제는 붕당(朋黨) 정치구조[1]의 혁파였다. 관료 개인에 대한 시시비비(是是非非)나 정사(正邪) 여부를 가리는 일보다 각 당의 당의(黨議)를 중시하는 정국 운영은 망국(亡國)의 근원이며, 그 폐해는 홍수·맹수의 재해보다 더 크다는, 붕당망국론(朋黨亡國論)에 연원한 사고였다.[2]

붕당은 16세기 중반, 학연(學淵)·문지(門地)·지연(地緣) 등의 정치적·경제적 여러 요인을 기반으로 형성되었던 사족층 내부의 정치 집단으로, 조선 후기의 정치를 규정했던 기본 요소였다. 서로 다른 현실 인식과 정국 운영 방식으로 인해 항존하던 붕당 간의 대립과 갈등은 17세기 들면서 강화되다가 서인 산림계(山林系)[3]가 정계에 진출했던 효종·현종 연간에는 최고조에 달하고 있었다.

주자학의 정치사회 운영 원리에 따를 때 제반의 사회적 모순을 해결할 수 있다는 주자학 절대주의를 견지했던 서인 산림은 효종 초반 정국의 주도권을 쥐면서, 각 붕당이나 붕당 내의 이질적 집단의 대립을 완화시키고 정국 안정을 기한다는 조용책(調用策)에 근거한 인조대의 정국 운영 방식을 부정하고, 정치 쇄신과 국가 중흥을 위해서는 군자당(君子黨)의 창출과 이들에 의한 정국 주도가 필수라는 주자학의 '붕당론(朋黨論)'을 기반으로 정국을 운영하고 있었다.[4] 그리하여 자파(自派)만 군자이며 다른 정치세력은 소인이라는 인식 위에 섰던 이들의 정치 활동은 서인 내부의 공신(功臣)·외척(外戚)과 남·북인의 정치 활동을 봉쇄·소외시키는 결과로, 또한 주희의 정치사회 운영론을 확산하는 것으로 귀결되고 있었다.

결국 17세기 중반의 서인 주도하의 정국 운영은 정치적·사상적으로 여타 세력·정치이념을 배제하는 일당(一黨) 전국(專局)의 현상을 노정하고 있었던 셈이며, 이는 집권층 내부의 심각한 분열이었다. 17세기 국가적 위기, 사회적 동요는 이러한 정치적 분열 속에서 보다 과속화되어갔으며, 그리고 그것은 사회의 변동·진전에 반하여 집권 세력의 현실 대응력이 상대적으로 약화·경직되고 있었음을 의미하는 것이기도 했다. 따라서 대경장을 통한 자강을 이루고자 한다면 이러한 분열상은 무엇보다 먼저 극복되어야 할 일이었다.

이 시기 정치개혁을 논하는 정론가들은 누구나 이러한 붕당이 갖는 폐해를 인식하고 그 대책을 거론하고 있었다. 그러나 그 해결 방식에서는 앞서 살핀 서인계와 같이 붕당의 존재를 긍정하는 가운데 군자당(君子黨), 곧 자당(自黨)에 의한 정국 주도를 통하여 그 폐단을 극복한다는 경우와, 유형원이 주장한 바대로 붕당 정치구조를 밑받침하는 제도의 혁파와 개혁을 통하여 붕당의 존재를 원천적으로 소멸시키고자 하는 입장[5] 등 의견이 합일되지는 않는 실정이었다.

붕당에 의한 정국 운영을 없애는 방법으로서 윤휴가 구상했던 것은 당쟁을 가능하게 하는 제도 자체를 혁파하는 일이었다. 윤휴는 붕당의 폐단을 제거하는 방법으로 관학 학생이나 초야 유생들의 연명상소에 대해 부화뇌동하여 당론을 형성한다는 이유를 들어 금지해야 한다고 주장하기도 했지만,[6] 근본적으로 다음과 같은 방식을 실행하는 것이 필요하다고 보았다.

임금이 눈앞에 있는 신하들에 대해서 단지 사악(邪惡)한 자와 정직한 자를 분별해야만 하고 입으로 붕당이란 말을 하지 않으며 가슴속에 붕당을 제거하려는 생각을 갖지 않을 경우 붕당을 절반쯤 제거하게 되고, 간관의 제도를 혁파하고 총재(冢宰)의 직임을 회복시킬 경우 또한 나머지 절반의 수를 제거하게 될 것이다.[7]

임금이 붕당을 제거하려는 생각을 갖지 않는 것, 간관제를 혁파하고 의정부 총재의 직무를 복원하는 일 두 가지를 거론했다. 여기서 의정부 총재의 복원은 비변사의 혁파와 맞물린 사안이었다.[8] 당파가 형성되어 작동하는 현실에서 최고 수장인 군주는 어떻게 대처해야 하는가 하는 점, 당파를 움직이는 제도를 확인하고 그 활동의 기제를 어떻게 멈출 것인가 하는 점을 고민한 대안이었다.

전자는 군주가 중립을 지켜야 한다는 점을 전제하고 있었다. 윤휴는 군주의 당인(黨人) 축출을 통한 붕당 혁파는 오히려 붕당의 폐해를 더욱 심하게 할 뿐이라는 이유로 이를 극력 반대했다. 그가 보기에 만약 군주가 붕당을 혁파하겠다는 정치적 결단을 내리고 당인을 축출하는 일을 추진할 경우에는, 이미 서로 대립적인 당이 존재하는 이상, 이는 한편의 당의 존재를 인정하는 일이 되며 군주도 그 당여(黨與)를 면하지 못하게 되기 때문이었다.[9] 이 점에서 살피면 윤휴의 붕당 혁파 구상은 실제 삼사(三司)를 중심으로 한 언관(言官)의 활동을 봉쇄하고, 비변사 중심의 중앙 정치구조를 혁파하는 문제로 집약되었다.

2) 의정부의 강화와 간관제 혁파 구상

붕당의 폐단을 극복함에 의정부의 기능 회복이 갖는 의미는 종래 비변사(備邊司) 중심의 정치체제에서 나타나는 정치적 현상을 제거하는 일이기도 했다. 그것은 첫째, 군약신강(君弱臣强)의 군신 관계를 혁파하고 군주권을 강화하는 일이었다. 1555년(명종 5) 을묘왜변(乙卯倭變)을 계기로 변방의 군사 임무[邊務]를 맡아 임시 권설기구(權設機構)로 창설되었다가 이 시기 들어와 '국정을 오로지 주관[專主國政]'[10]하는 정부의 중추로 자리 잡게 된 비변사는 '당상합좌(堂上合座)'의 원칙을 기반으로 정국을 운영함으로써 당의(黨議)를 내세운 신료 일반의 이해를 철저히 대변하는 역할을 수행하고 있었다.[11] 더군다나 당상합좌의 의사 결정 방식은 다수당의 논의 주도와 맞물려 돌아가는 구조였기에 당파의 영향을 강하게 받게 되어 있었다.

여기에다 비변사는 이 시기 군약신강의 군신 관계를 반영하여, 군주의 정무(政務) 참여를 배제하며 독단하고 있었다. 윤휴가 1677년(숙종 3) 12월에 올린 상소에서 강력히 비판했던 대로 모든 결정의 주체는 군주가 아니라 비변사였다.

> 그런데 만약 임금이 스스로 주관하지 못하고 묘당(廟堂)에게만 위임하여, 묘당이 옳다고 하면 시행하고 옳지 않다고 하면 시행하지 못할 경우, 이것은 갓과 옷의 위치가 뒤바뀌고 위와 아래의 위치가 거꾸로 된 것과 같아 위복(威福)의 권한이 임금에게 있지 아니하여, 집안이 해롭고 나라에 재앙이 생기는 데에 이르지 않겠습니까.[12]

묘당은 비변사를 가리킨다. 윤휴가 보기에 당시의 정치 현실은 상하의 지위가 도치되고 위복의 권한이 군주에게 있지 않아 집안과 나라[家國]를 위태롭게 하는 상황이었는데, 이는 비변사로 말미암아 생기고 있었던 것이다. 군주란 구래의 관행(慣行)과 식례(式例)를 초월하여 정책을 결정하고 추진할 수 있는 절대성을 가지고 있다고 생각했던[13] 윤휴에게서 비변사 혁파는 군약신강의 정치 질서를 타파하여 군주를 중심으로 하는 통일적 정치체제를 만들기 위한 일차적 과제였다. 대변통(大變通)의 주재자로서의 군주권은 이러한 가운데서 확립 가능한 일이었다.[14]

두 번째는 의정부의 기능 회복은 이 기관이 갖던 서사정령권(庶事政令權)을 복구하여 관료체계의 통일을 이루고 중앙 정부의 실무적 권한을 강화하는 일이었다. 그것은 곧 당시의 위기에 군신이 합심하여 적극적으로 대응할 수 있는 체제를 재구축하는 일이었다.

윤휴가 보기에 비변사가 전권을 장악한 중앙 정부의 국가 운영은 그다지 효율적이지 않았다. 당시 국왕은 한 달에 세 번 비변사의 주요 직임과 모임을 갖고 현안을 논의하고 결정했다. 필요하면 국왕은 때로 근신(近臣)을 소대(召對)하여 만남을 갖기도 했다. 그러나 이러한 운영 방식은 국가의 시급한 업무를 처리하기에는 적지 않은 장애가 되었다. 특히나 숙종 초년의 당시 상황에서는 그러했다.

> 비국(備局)의 신하를 한 달에 세 번 인견(引見)하고 근신을 간혹 소대하는 것으로는 문무(文武)의 공렬을 선양하고 큰 교화의 근본을 넓히지 못할 듯싶습니다. 더구나 지금 어려운 상황이 펼쳐지고 산천이 고갈된 이때에 군신 상하가 일찍 일어나고 밤늦게 자며 입술이 타고 얼굴이 수척해지며 밤낮으로 노력하더라도 제대로 극복할 수 있을까 염려되는 데이겠습니까. 그런데 유유범범(悠悠泛泛)하게 옛 습관을 그대로 따르며 그럭저럭 세월만 보내어 나랏일은 세월이 갈수록 그르쳐지고 있으니, 위욕(危辱)의 경지에서 벗어나고 난망(亂亡)의 전철(前轍)을 밟지 않으려고 하더라도 또한 어려운 것입니다.[15]

의정부의 회복은 재상의 역할을 새롭게 확인하는 일이었다. 윤휴는 당시의 대신에 해당하던[16] 재상의 성격에 대해 다음과 같이 규정했다.

> 재상은 일인(一人: 임금)을 보좌하고 만백성을 다스리는 자로서 옛사람이 이르기를, “위로 천자를 보좌하여 음양(陰陽)을 다스리고 사시(四時)를 순조롭게 하며, 아래로 만물의 편안한 삶을 이루어주고, 밖으로 사방의 이적을 무마

하고, 안으로 백성들을 친애하여 따르게 하며, 경대부 및 백관들로 하여금 각자 자기의 직무를 수행하게 한다"고 했으니, 어찌 소홀히 대처할 수 있겠습니까?[17]

재상은 전제 군주를 보좌하여 만물을 다스리고 정무를 관장하는 존재였다. '군주의 아래, 만인의 위[一人之下 萬人之上]'에 자리 잡고 정무를 실질적으로 장악하여 국가의 공권이 통일적으로 작동하도록 하는 최고 권력인 셈이었다. 윤휴는 이러한 재상이 필요한 것은 군주가 만기(萬機)를 혼자서 처리하기는 힘들며 반드시 누군가에게 의탁해야 하기 때문이라고 보았다. 천하에 보상(輔相)은 폐기할 수 없는 일이었다.[18]

윤휴는 이러한 재상상이 실현되기 위해서는 조선 초기의 삼공육경제(三公六卿制)가 복원될 필요가 있다고 보았다. 이 시기 의정부 운영은 삼공(三公)이 육경(六卿)을 겸하고 육경은 삼공의 통섭(統攝)을 받는, 재상의 서사정령권(庶事政令權)이 최고로 강화된 구조 하에 이루어지고 있다는 것이 윤휴의 판단이었다.[19]

우리 조종조(祖宗朝)에서는 삼공이 육경을 겸임한 경우가 많이 있었으며, 혹 일이 급하고 어려울 경우에는 한 재상이 정원(政院)에 있으면서 출납하는 권한을 맡기도 하였습니다. 대개 권한을 서로 빼앗고 정체(政體)를 서로 뒤섞은 것은 부득불 그렇게 하지 않을 수 없었던 것입니다. 여기에서 옛날 성왕(聖王)들이 관직을 설치한 뜻을 뒷사람들이 바꾸어서는 안 되는 점이 있음을 알 수가 있습니다. 지금 만약 옛날의 제도를 준행하여 오늘날에 마땅하게 하고자 한다면 다시금 우리 조종조에서 삼공이 육경을 겸임하고 육경이 삼공의 직을 겸하여 맡아보게 했던 제도를 회복하여야 하며, 정부(政府)의 동벽(東壁)과 서벽(西壁) 역시 육경이 겸임하게 하여야 합니다.[20]

이 구상에서 재상은 육조의 실무를 실질적으로 관장하는 최고 관료였다. 윤휴의 이러한 재상관은 『주례』의 공고제(公孤制)와 연관이 깊었다.[21] 윤휴가 보기에 『주례』의 재상은 군주를 보좌·보필하는 존재로, 도를 논의함[論道]을 주 임무로 하기에 직명(職名)을 가진 것은 아니었으나, 실제 육경의 직사(職事)를 겸함으로써 정무를 관장하는 일을 맡았다. 곧 도를 논하고 사무를 처리함[論道·治事]에 재상 본령의 역할이 있었다.

윤휴는 삼대의 군주 정치가 도(道)와 사공(事功)이 분리되지 않은 채로 구현될 수 있었던 것은 재상의 이러한 역할에 의해 가능했다고 보았다. 곧 '일은 반드시 도로써 규율하고 도는 일로써 실행된다'[22] 함이었다. 그런데 여기서 이야기되는 '도'란 삼대의 법제에 내포된 기본 원리를 의미했으므로,[23] 재상을 성격과 역할을 규정하는 것은 삼대의 고제·고법에 내재된 도인 셈이었다. 후대에 이르러 삼대의 정치가 시행되지 않는 원인도 여기에 있었다. 윤휴는 『주례』에서 제시한 재상의 역할이 파괴되어 결국에는 단순한 계관(鷄冠)으로 전락해버린 것이 그러한 사태의 주된 요인이라고 생각했다.[24]

요컨대, 윤휴의 재상관(宰相觀)과 의정부 복구론은 재상을 중심으로 중앙 관료 구조를 재구성하고 또 정병(政柄)을 단일화함으로써, 당론(黨論)에 좌우되지 않은 상태로 일사불란한 정책 결정과 집행을 가능하게 하는 정치제도를 지향한 것이었다.[25] 그것은 곧 군주-재상-의정부로 이어지는 단일 정치구조를 형성함을 의미했던바, 이는 이 시기 당파 간의 각축 속에 이루어지는 정치 운영을 군주권, 삼대의 도와 법제로 규제·조정하고, 나아가 재상이 이들 법제를 실무적으로 집행할 수 있는 제도적 근거를 마련하자는 방안이었다. 비상한 시기에 필요한 정부의 신속한 정책 대응을 효율적으로 할 수 있는 체제도 이로써 갖추어야 한다는 의견이기도 했다.

간관제의 문제는 여러 가지로 지적되었다. 우선 언로(言路)를 협애화시켜 군주의 광범위한 여론 수렴과 올바른 정책 결정을 불가능하게 하는 폐단을 만들어내었다. 발언권을 특정 기구로 제한함으로써 '천하 사람 입에 재갈을 물리기'[26] 때문이었다. 이 문제를 여러 차례 고민했던 윤휴는 이런 이유로 간관제를 진(秦)나라의 이사(李斯)·상앙(商鞅)이 실행했던 '분서(焚書)·멸족(滅族)'의 행위와 다를 게 없다[27]고 극언하기까지 했다. 이 측면에서 간관제는 군주권을 견제하여 약화시키는 근본 원인이기도 했다. 이를테면 간관이 '국명을 마음대로 붙들어 잡고[橫執國命]', '군주의 형세가 더욱 고립되는[主勢益孤]' 현상은 간관제로 말미암아 일어나는 폐단이었다.[28]

간관제의 또 다른 폐단은 대신의 권한을 약화시켜[29] 그 정무 기능을 마비시키는 일이었다.[30] 앞서 살핀 대로 윤휴는 대신, 곧 재상을 중심으로 정치 구조가 개편되어야 한다는 방안을 가지고 있었는바, 이러한 재상권을 약화시키는 기본 요인을 간관제에서 구했던 것이다. 그런데 재상권의 약화란, 송나라의 역사에서도 이미 나타나고 있었던 것이지만 간관제에 의한 국론의 분열을 의미했다.

> 대체로 송나라 태종이 처음으로 사간(司諫)·정언(正言) 등의 관직을 설치하여 가법(家法)을 변경하였고, 인종이 또한 간관의 인원수를 증가시켜 그들의 세력을 더 키워주고는 그들로 하여금 재상 및 국론을 동요시키게 하였다. 이에 간관의 기세는 날로 방자하게 되고 대신들의 권력은 날로 가벼워졌다.[31]

결국, 붕당의 형성과 활동에 중심적인 역할을 했던 간관제가 갖는 폐단은 군주권(君主權)·대신권(大臣權)을 견제, 제한함으로써 중앙 권력의 원활한 집행을 방해하고, 여론을 옹색시킴에 있다는 것이 윤휴의 판단이었다. 이 시기 대간과 언론(言論)이 표면상으론 청의(淸議)·공론(公論)을 내세우면서도 실상은 학연·당파적 이해관계에 집착한 나머지 오히려 신료군 내부의 분열과 대립을 조장하고, 그럼으로써 정무(政務)의 지체, 변통·이정책의 폐치(廢置)를 초래하고 있었던 현실을 감안하면,[32] 윤휴의 간관제 혁파 주장이 갖는 의미는 자명했다.

간관제는 많은 폐단을 불러일으킴에도, 군주를 비판하고 공론을 제기하며 이를 정책으로 반영하게 하는 순기능이 있었다. 그런 점에서 간관제의 역할을 함부로 부정하는 일은 많은 문제를 만들 가능성이 컸다. 윤휴는 자신의 간관제에 대한 비판과 부정이 신료의 군주에 대한 비판을 원천적으로 봉쇄하고자 하는 의도에서 나온 것은 아니라고 주장했다. 오히려 만민이 군주와 정부에 대해 그 의견을 개진하고 모든 관리가 조정에서 이를 의논하는 일은 고대의 선왕이 제시한, 정치 운영의 필수적인 방법임을 강조했다.[33] 윤휴의 간관제 혁파론은 단지 현행 간관(諫官) 제도가 소수인에게 독점됨으로써 오는 여론의 옹체·당파에 기반한 정국 운영을 피해, 군주를 정점으로 하는 일원적 정치구조를 실현하고자 하는 의도 속에 구상된 것이었다.

윤휴는 간관제를 대체할 수 있는 방안을 여러 가지로 강구했다. 간언(諫言)은 근본에서는 권력을 견제하거나 새로운 변화를 만들기 위해 관련된 내용을 담은 여론을 전달하는 수단이었다. 그러므로 이는 관료제 내부에서만 실행될 성질의 것이 아니었다. 윤휴의 간관제 대안에는 이에 대한 고려가 깊이 자리 잡고 있었다. 윤휴는 기존 간언제의 울타리를 넘어 여론이 다층면으로 오고 갈 수 있는 방법을 생각했다.[34]

첫째, 특별히 간관을 두지 않고 모든 관료가 자유롭게 군주의 과실과 정치 운영의 제반 사안에 대해 간언을 하게 할 수 있었다. 둘째, 요순이 설치해 운용했던 것과 같이 '비방의 나무[誹謗之木]'나 '선한 말을 아뢰는 깃발[進善之旌]'[35]을 설치하여 민인의 여론을 수렴하는 방식도 그 하나였다. 셋째, 지방의 여론을 수렴하는 방법으로는 『주례(周禮)』에 실려 있는 외사(外事)를 담당하는 관원과 한대(漢代)의 자사제(刺史制)와 마찬가지로 외사를 주관하는 관청 곧 외사대아문(外事大衙門)을 설치하여 각 군현에서 일어나는 일들을 전문적으로 주관하게 하는 것도 가능했다.

윤휴는 실제 이러한 방안을 정책 대안으로 제시하지는 않았다. 역사 지식과 경험에 기초한 머리속 의견이었다. 그러나 이 구상을 구체화한 법령을 마련하고 기구를 설치하여 운용한다면 예전의 제도에서는 찾을 수 없는 권력 견제 혹은 여론 수렴이 이루어지는 것을 기대할 수 있었다.

이상에서 살핀 대로 윤휴의 붕당 혁파론은 간관제 혁파와 국초의 의정부 복원의 제도 개혁책과 결합하여 제기되고 있었다. 언관의 재상·군주권 견제를 봉쇄하고 재상을 중심으로 한 중앙 정무의 기능을 최대화한다는 방안이었다. 군권·국가권력 강화의 이념적 모색과 함께 제시된 이러한 정치제도 개혁론은 실상 이 시기 군권과 신권, 신권 상호 간의 대항 관계 속에서 전개되는 집권(集權) 관료제 내부의 모순 타개를 군권의 강화와 신권의 통일이라는 방향에서 구하는 방안이었다.[36] 그리고 이는 이 시기 서인·노론의 정치운영론[37]이 의정부·재상권의 강화, 언로의 개방을 요구하되, 송시열의 군주 성학론(聖學論)과 세도정치론(世道政治論)에서 보듯이 신권의 군권 견제, 혹은 군주의 신임을 배경으로 한 특정 정치인이나 정파의 정치 주도권 장악을 위한 것이었던 데 비하면, 군주권을 정점으로 신권 내부의 분열과 갈등을 해소, 정치구조를 일원화함으로써 이 시기의 위기 국면을 타개하려는 특성을 가지고 있었다.

2
과거제 혁파와 천거제 시행론

간관제를 혁파하고 의정부를 복원한다는 윤휴의 중앙정치구조 개혁책은 궁극적으로 붕당에 기반하여 작동하는 붕당정치 구조를 타파, 신권(臣權) 내부의 분열·대립을 지양하고 군주권을 정점으로 하는 단일한 정치체계를 수립하여 이 시기 정치 경제적 위기를 타개하기 위한 강력한 권력 기반을 마련하자는 방안이었다. 윤휴는 이러한 제도 개혁과 함께, 과거제를 통한 관리 충원 방식을 폐지하고 천거제(薦擧制)를 새로이 실행하자는 방안을 구상하였다. 이는 단적으로 붕당정치 구조 타파를 위한 또 다른 제도 개혁책이자 윤휴가 생각했던 대경장을 추진할 세력을 새로운 방식으로 확보하기 위한 대책이었다.[38]

관료·관리의 필요성은 천하사의 운용(運用)과 만기(萬機)의 관리가 군주 혼자만의 힘으로 불가능한 데서 제기되는 것이었다. 군주의 정치를 보좌하고 또한 군주권을 실행할 수 있는 존재가 이들 관료였다.[39] 그러나 윤휴가 보기에 과거제와 같은 당시의 관료 선발 방식은 이러한 기대를 충족시킬 수 있는 방법이 아니었다. 당시의 정폐를 제거하고 '선왕의 정치'를 복원하는 데 과거제의 혁파는 필수적인 전제였다.

> 제대로 된 정치에 이르는 길은 인재를 얻는 것이 중요하고, 정사를 하는 데 있어서는 폐단을 혁파하는 것이 급선무입니다. 성상께서 참으로 선왕의 도를 다시 회복할 뜻이 있다면 지금 당장 이 일부터 뜯어고쳐야 합니다.[40]

윤휴는 정치의 두 축으로 인재를 얻는 일[得人]과 폐단의 혁파[革弊]를 제시하고, 제대로 된 정치를 위해서는 무엇보다 능력 있는 사람을 얻는 것이 필요하다고 보았다. 경장(更張)의 대변화도 인재를 얻는 데서 가능했다.

윤휴는 인재를 제대로 얻기 위해서는 그 육성과 등용이 적절해야 하는데, 이것이 성공적으로 이루어진다면 세도의 만회가 가능하고, 또한 하·은·주 삼대의 세계가 단지 역사상의 아름다운 시기로만 남지 않고 현실에서 구현될 수 있으리라고 생각했다.[41]

윤휴가 보기에 이 시기 과거제는 '재주가 뛰어난 준걸(俊傑)'과 같은 인재를 얻을 수 없게 하고 '예교(禮教)'를 날로 붕괴시켜 결국에는 천하를 어지럽히고 무너트리는 폐단의 근원이었다.

> 저의 어리석은 견해로 본다면 (과거제도가 시행된) 수나라·당나라 이래로 인재가 날로 손상을 입고 예교(禮教)가 날로 무너졌으며 천하가 날로 혼란스러운 지경으로 들어가도 구할 수 없게 된 것은 다른 이유 때문이 아닙니다.[42]

문제점은 여러 가지로 지적되었다. 먼저 분경(奔競)의 풍습을 열어 학자·사대부로 하여금 예의염치를 잃게 하는 폐단,[43] 『시경』·『서경』·『예기』·『악기』와 같은 경전에 나타난 선왕의 경훈(經訓)과 성현의 가르침을 단순히 재주를 팔기 위한 도구로 만들어버림으로써 대도(大道)가 날로 어두워지고 '수신(修身)하고 정무를 익히는 법'을 알지 못하도록 하는 점 등이 있었다.[44] 말하자면 도덕을 파괴하고, 경전의 가르침을 제대로 익히지 못하게 하며, 비실용적·비실무적 풍조와 경향을 낳는 제도가 과거제였다. 윤휴가 보기에 이는 이 제도가 사장(詞章)과 명경(明經)을 통하여[45] 인재와 관료를 선발하는 데서 오는 필연적인 폐단이었다.

윤휴는 사장은 본시 사람의 심술(心術)과 정신(精神)을 병들게 하고 좀먹게 하는 작은 기술[小技]일 뿐, '마음을 다스리고 몸을 닦는 일[治心修身]'과

'현실에서 해야 할 세상사[時務世事]에 대한 강구(講求)'를 통하여 유속(流俗)을 바로잡고 천하의 중임을 맡을 수 있는 자질을 기르게 하는 학문의 대상은 아니라고 생각했다.[46]

뿐만 아니라 육경(六經)과 『논어』·『맹자』의 대의(大義)를 밝히는 것을 주목적으로 한 '명경'은 사장 시험보다 그 폐단이 더 컸다.

> 명경의 학문은 애초에 자신을 닦고 실상을 힘쓰며 옛것을 배우고 가정에서 효도하는 뜻이 없는데도 듣고서 말하고 외우고 익히는 데에 정신과 정력을 다 써야 하는 것으로서, 늙어 죽을 때까지 온 마음을 기울이고 뜻을 쏟지 않을 경우 잘할 수 없는 것인데 어느 여가에 효제와 충신을 수행하고 심신을 수양하여 천하의 정당한 도리를 강구할 수 있겠는가. 이리하여 세상에 명경의 학문을 공부하는 자들을 보건대, 대부분 어리석고 정신이 혼란하여 쓸모없는 자들로 몰골은 앙상하게 말랐다. 이들이 오경(五經)을 다 읽었더라도 몇 줄의 문안 편지도 쓸 줄 모르는 자가 있고, 신기하고 허황된 변론을 늘어놓으면서도 산수 계산도 할 줄 모르는 자가 있는데, 이것은 심술(心術)이 먼저 나빠져서 정신도 따라서 병들게 되어 실로 천하에 버려진 인재가 되었기 때문이다. 이리하여 사부(詞賦)의 선발은 본시 배우(俳優)와 같이 겉만 화려한 존재를 뽑는 것이면서도 간혹 훌륭한 인재를 얻게 되지만, 명경의 폐단은 공자·맹자의 서적을 이용하여 자신의 재능을 파는 자료로나 삼고, 입으로는 요순의 술(術)을 말하면서 몸은 쓸모있는 재주도 갖추지 못하니 또한 추악한 것이 아니겠는가.[47]

과거의 명경을 대비한 학습은 결국 평생 목숨을 다할 때까지 송습(誦習)에만 전심(專心)하게 함으로써 학자·사대부로 하여금 효제충신의 덕을 쌓고 천하의 '올바른 이치[正理]'를 강구하도록 하지는 못한다고 보았다. 그 결과로, 비록 오경을 다 읽고, '하늘의 일을 의론하고 용을 정교하게 조각[談天雕龍]'하더라도 세상일을 제대로 알지 못하게 되는 것은 이러한 명경에서 오는 폐단이었다.[48] 윤휴가 판단하건대 과거만 좇아 경전을 대하고 사장만 익힌 학자·사대부들에게 '하늘이 부여한 정치[天工]'를 감당하고 '경세제민[經濟]의 사업'을 맡을 역량을 기대하는 것은 불가능했다.[49] 단언컨대 과거제는 '홍도(鴻都)·악가(樂賈)[50]의 무리'를 얻을 뿐이며 '뛰어난 재주를 가진 큰 그릇[長才大器]'은 결코 수용할 수 없는 제도였다.[51]

과거제의 또 다른 폐단은 학자·사대부를 문약(文弱)하게 하고 사회적으로 무(武)를 천시(淺視)하는 경향을 조장함으로써 국방력을 약화하는 데 있었다. 윤휴는 사(士)는 문과 무의 덕목을 겸비해야 하는데,[52] 당나라에서 과거제 실시 이후 문과와 무과로 시험 영역이 분리됨으로써 '상문(尙文)'의 풍조가 생겨났으며, 이 때문에 무임(武任)은 '거친 무부[麤人武夫]'의 일일 뿐 사대부는 여기에 관여하지 않는다는 인식이 고착되었다고 보았다.[53] '문을 숭상하고 무는 천시하는' 숭문천무(崇文賤武) 풍토의 근원이 과거제에 있다는 인식이었다.

윤휴는 이러한 문과 무의 분리와 무인 천시의 풍조는, 이를테면 고려 정중부(鄭仲夫)의 무신란(武臣亂)이 무신을 천시·홀대한 데서 일어난 것과 마찬가지로 문신과 무신 사이의 대립을 불러일으키는 요인이 된다고 보았다.[54]

나아가 이러한 사태는 비상시 국가의 생명을 위태롭게 하는 원인이 된다고 판단했다. 군사적인 일은 국가의 대사(大事)이며 장수(將帥)는 삼군(三軍)을 통령하는 존재이므로 『예기』와 『악경』, 『시경』, 『서경』 등의 경전에 밝아 천하를 경륜할 능력을 갖춘 사람이 이를 담당해야 하나, 과거제를 시행한 이래로 '포악하고 우둔하고 완고하여 의리가 없는 무부(武夫)'나 혹은 '번장(番將), 채수(債帥), 환관(宦官)'에게 그 권한이 돌아가게 됨으로써 이러한 역할을 제대로 하지 못하게 되었다는 것이었다.[55]

요컨대 윤휴에게서 과거제는 비실용적·비현실적 학문을 조장하며, 또한 '문은 높이고 무는 천시하는' 문무 분리를 초래함으로써 국방력을 약화시키는 제도적 기반이었다. 과거제를 통해 얻는 인물은 문사(文詞)에 밝은 관인(官人)일 뿐 문(文)과 무(武), 재주[才]와 덕성[德]을 온전히 겸비한 능력자는 아니었다.

과거제가 창안된 이후로 이 제도가 만들어낸 폐단을 이상과 같이 정리하는 윤휴의 생각은 문치(文治)의 경향이 강화되어가는 조선 현실에 대한 전면적인 비판과 부정의 성격을 지니고 있었다. 윤휴의 과거제에 대한 인식은 문명사적 넓이의 검토와 맞물려 있기에 보다 근본적이고 격렬했다. 상문(尙文)의 풍조에 익숙하고 그로부터 권력의 힘을 얻는 것이 의미 있다고 생각하는 사람들과는 정면으로 충돌할 수 있는 소지도 강했다. 그의 생각에 동조하는 사람이 많이 나오기도 했지만, 이를 거부하고 비판하는 시각 또한 만만치 않았다.

> 삼대 이전에는 성현만 있고 호걸이 없었으며, 삼대 이후에는 호걸만 있고 성현이 없었는데, 오늘날에 와서는 학사만 있고 호걸이 없으니, 이것은 왕자(王者)의 시대가 떨어져 패자(霸者)의 시대가 되고 패자의 시대가 떨어져 이적(夷狄)의 시대가 되었기 때문이다. 나는 "이 세상에 과거제도를 폐지할 경우 한두 명의 성현이 나올 것이고, 조정에서 오랑캐와의 화의(和議)를 단절할 경우 아홉 내지 열 명의 호걸이 나올 것이다"라고 말한다.[56]

이상이 과거제가 인재의 능력·자질과 관련하여 갖는 폐단이라면, 과거제의 또 다른 폐단은 '전법(銓法)의 불선(不善)'에서 오는 관인 등용에 대한 일부 가문의 독점적 장악이었다. 윤휴는 여대림(呂大臨)·왕응린(王應麟)의 말을 빌려 중국 역대의 인재 선발 방법을 정리한 후, 수(隋)나라 이후로 '씨족(氏族)'을 중시하는 풍습이 정착되고 이로 인해 인심이 경박해졌을 뿐만 아니라 '형세(形勢)'가 여기서 결정된다고 이해하여,[57] 인재 등용의 편협함, 나아가 이들의 정국 주도와 관련 지어 과거제의 문제를 지적했다. 과거제가 시행된 수나라 이후 인재(人才)·예교(禮敎)가 날로 손상·붕괴되며 천하가 대혼돈의 지경에 빠진 것은 바로 이러한 '씨족을 중시하는 풍속'과 관련된다는 이해였다.[58]

'씨족'이 인재의 등용에 개입한다는 것은 관료의 선발에 혈연적 친분 혹은 혈연의 요소가 크게 작동한다는 의미일 것이다. 그렇다면 중국의 오랜 역사에서 발견할 수 있는 인재의 등용에 씨족·혈족이 개입하는 폐단을 조선에서도 그대로 적용하여 찾아낼 수 있을까?

윤휴의 이러한 비판적 인식은 실상 이 시기 붕당정치의 전개에 의한 특정 정파의 배타적 정국 운영과 밀접한 관계에 있었다. 유형원의 지적대로,[59] 과거 급제는 대부분 경화(京華) 형세가(形勢家)의 자제들이 차지하고, 향곡(鄕曲)의 재주 있는 인물들은 학문에 뜻을 잃거나 이익을 탐하고 요행만을 일삼는 폐습을 보이던 이 시기 관인 등용의 실상은, 문벌·학연·지연과 결합한 특정 당파의 정국 운영으로부터 말미암는 현상이었다. 관직을 둘러싸고 벌어지는 정파 간의 대립과 항쟁도 '학교에서 배양하고, 과거로 선발하며, 자격으로 제한하고, 인재 선발 부서에서 주관하는'[60] 바의 관료 채용 구조 속에서 보다 첨예화될 수 있는 일이었다. 그런 점에서 윤휴의 과거제 혁파론은, '붕당 혁파론'에 입각한 통일적 중앙 정부 개편책과 마찬가지의, 인재 등용에서의 붕당 혁파책이었다.

윤휴의 과거제 개혁은 그가 정부에 나아간 이후 꾸준히 마련되었다. 윤휴에게서 관료의 실무 능력은 이 시기 자강의 국가체제를 마련함에 무엇보다 중요한 사항이었다. 세무(世務)와 경술(經術)은 분리되어서는 안 되며,[61] 내직(內職)이나 외방(外方)을 담당하는 관료는 모두 조정의 전장(典章)과 민사(民事), 문과 무에 능히 숙달해야만 했다. 1675년(숙종 1) 7월의 '외관으로 문관과 무관을 교대로 차임하는 법[文武交差之法]' 실시 주장은 이와 같은 관료의 능력을 기르기 위한 방안의 하나로 제시되었다.[62] 성리학이 단지 구이(口耳)의 고폐(痼弊)로 떨어져버리는[63] 이 시기 학문 풍토·경향을 지양하여 새로운 학문 방법론을 세우려고 했던 윤휴에게 과거제 폐단의 해소는 절실한 일이었다. 이 시기 국가적 위기를 부국강병의 자강책으로 극복한다고 할 때 이러한 학문 풍토를 개선하는 것은 선결적 과제였다.

윤휴는 1675년, 문무 관료의 적자와 서자로 총부(摠府)를 구성하여 이들에게 『대학』·『효경』, 그리고 『손자(孫子)』 등의 병서(兵書)를 가르치자는 과거제 혁파안을 제시하고,[64] 무과제도를 개선하여 무예 기술과 함께 강서(講書)도 포함하여 시험을 치르도록 하자고 제안하였다.[65] 또한 이해 9월에 성균관 좨주(祭酒)가 된 후, 성균관 유생들에게 『시경』·『서경』·『예기』 등의 유교 경전과 궁술(弓術), 마술(馬術), 활쏘기 등 문무 양과의 과목을 아울러 가르침으로써[66] 새로운 학문 방법을 실천하기도 했다. 그러나 윤휴는 이를 넘어 인재 선발의 방법을 근본적으로 개혁한 '영원히 갈 규칙[永世之則]'[67]을 강구해야 한다고 보았다.

윤휴가 제시한 대안은 주대(周代)나 한대(漢代)의 선거법(選擧法)을 원용한 향거리선제(鄕擧里選制)였다. 이 제도는 주대에 향촌에서 사대부의 후사(後嗣)와 지역의 탁월한 능력을 가진 자를 뽑아 성현의 경전과 충성·신의·검약 등의 덕목을 가르친 후 향촌과 중앙의 관료로 쓰는 방법, 한대에 효렴(孝廉)의 뛰어난 능력자를 중앙에 천거하여 쓴 방법과 성격이 동일했다.[68] 그러므로 생원(生員)·진사시(進士試)의 과거를 거치지 않더라도 재능만 있으면 이런 인물은 향촌에서의 천거[鄕薦]를 통해 수용이 가능했다.[69]

그런데 윤휴에게서 이와 같이 주대나 한대처럼 향촌에서 인재를 직접 길러 관료로 선발한다는 방안은 단순한 인재 등용의 차원을 넘어 중앙 정부의 향촌 대책, 사회신분 정책과 관련하여 특별한 의미를 지니고 있었다.

우선, 천거제는 중앙과 향촌 사회를 정치적으로 결합하는 매개의 역할을 했다. 주대의 향정(鄕政)과 한대의 지방제도는 향촌의 능력자에게 향직(鄕職)을 부여함과 동시에 필요한 인재는 이들 가운데서 발탁하여 중앙 조정에서 이용할 수 있도록 운영되고 있었다. 이를테면, 다음과 같은 방식이었다.

> 주나라의 향정은 인재를 등용하고 직책을 맡기는 데 있어 매우 신중하였다. 대체로 조정에서 일을 수행하게 하면서 향관(鄕官)의 지위에 제수했고, 또한 인재들을 향에서 기르고 뛰어난 자를 조정에 선발해 보내는 것이었으니, 이것이 이른바 "고을에 나가서는 책임자가 되게 하고 조정에 들어와서는 정치를 하게 한다"고 한 그것이다. 한나라 때에도 향(鄕)의 삼로(三老)와 군(郡)의 장리(長吏) 및 연사(掾史), 좌사(佐史) 등을 두었는데, 또한 이들을 모두 높은 자리에 서용(署用)하여 조정의 고위 관료로 수용하기까지 하였다.[70]

말하자면 주나라나 한나라의 경우 향정과 인재 선발은 통일적인 방식으로, 그리고 중앙과 향촌의 정치는 '향수(鄕遂)에서 시작하여 조정에 이름'[71]의 원칙하에 운영되고 있었다. 지방에 능력자가 있다면 중앙에서 발탁하여 활용하는 제도였다. 그런 점에서 이 제도가 가진 장점은 '정치가 아래로부터 시작하고 조정에서는 실무에 밝은 사람이 많아지게 됨'[72]에 있었다. 국가 차원에서 중앙과 지방에 필요한 인재를 적절하게 얻을 뿐만 아니라 향촌 사회에서의 정치가 중앙과 분리되지 않고 진행되는 방식이었다.[73]

부국강병의 국가체제를 구축하기 위해서 윤휴가 가장 문제로 삼았던 현실 과제는 향촌 사회와 민인을 중앙 정부가 어떻게 장악하여 통치하는가 하는 점이었다.[74] 곧 왕권·왕통의 강화와 중앙 정치력의 집중을 통해서 고법·고제에 기반한 대경장을 실현하기 위해서는 향촌 사회가 그러한 개혁 구상을 구체화하는 실질적인 공간이 되어야 한다는 인식이었다. 여기에는 여러 이유가 있었으나 무엇보다 이곳이 이 시기 사족층으로 이루어진 향촌 사회 유력자들이 경제적·신분적 능력과 특권을 기반으로 국가가 필요로 하는 제반 임무를 벗어나 생활하던 현장이기 때문이다. 국가가 이들을 권력 체계 내로 끌어들여 그 가진 힘을 활용하는 것은 향촌을 기저로 하는 국가의 자강에 절실한 문제였다. 그런 점에서 향정을 통해 향촌 사회 유력자들의 지위를 보장하고, 이들에게 향촌 정치의 임무를 맡기는 것은 이들을 통일적 체계 속에 끌어들일 수 있는 효율적 방안이었다.[75]

한편 윤휴에게서 이 같은 방법을 활용한 인재의 등용은, 그 저변에 고착화된 신분제적 원칙을 어느 정도 넘어서는 사고가 놓여 있었다. 과거제에서의 인재 등용은 소수의 가문 중심으로 이루어지는 제한적인 것이었을 뿐만 아니라, 국가가 필요로 하는 세무(世務)에 능한 인물을 수습하지 못한다는 한계를 가지고 있었다. 이 시기 신분제 사회 질서에 조응하는 관인 선발 방법이기도 했던 과거제는 결국 관리의 헌신과 실무 능력이 필요한 강력한 국가의 형성에는 그다지 유용하지 않은 점이 있었다. 그런 까닭에 과거제를 혁파하고 관리를 충원한다고 할 때 이는 신분제 질서와 무관한 방법으로 이루어질 수도 있었다.

1678년(숙종 4) 9월, 윤휴가 올린 비밀 상소에서 제시한 한 방안은 그 극명한 의견이었다. 윤휴는 귀천에 구애받지 않고 능력에 따라 인재를 수용하자는 파격 안을 숙종에게 제시했다.

> 하급 관료에 침체되어 있거나 초야에 묻혀 있거나 군사의 무리[武伍]에 끼어 있거나 비천한 데에서 나온 자라 하더라도 조정 및 지방의 수령들로 하여금 아는 사람을 모두 천거하여 신분의 귀천을 따지지 말고 재능에 따라 조용(調用)하여 각자 재능을 드러내어 온갖 공적을 이루게 하고 인재를 빠뜨리는 탄식이 생기지 않게 하소서. 옛사람이 말하기를, "삼신(三辰: 日·月·星辰)이 궤도(軌道)대로 운행하지 않을 경우 선비를 발탁하여 재상을 삼고, 사방의 오랑캐가 순종하지 않을 경우 병졸을 선발하여 장수로 삼는다"고 하였는데, 이 말은 바로 오늘날의 일에 대해서 한 말입니다.[76]

이 상소는 정금과 오삼계가 수군으로 황해를 둘러치고 산동(山東)에 나타날 것이라는 소문을 듣고, 그들이 우리를 침략하여 청나라의 왼팔을 자르고 천하를 아우르는 형세를 펼칠 것이라 우려한 끝에 나왔다.[77] 말하자면 이는 중국 대륙의 반청 세력이 조선을 침략한다는, 예전에 없던 새로운 형태의 전쟁 위기에 대한 대응책으로 제시된 것이었다. 윤휴가 늘 가지고 있던 생각이 당시의 정세 인식 속에서 구체화한 것으로 볼 수 있다. 이 같은 방책이 조정의 검토를 거쳐 현실화될 가능성은 거의 없었다.[78] 기존의 인재 등용의 원칙과 관행과는 맞지 않기에 여러 사람의 동의를 얻기는 기대하기 어려웠다. 그럼에도 윤휴는 자신의 신념을 버리지 않았다. 이 방식으로 인재를 등용한다면 새로운 기풍이 지방과 중앙 곳곳에서 만들어지는 양상을 목도할 수 있었겠지만, 그 벽은 단단하고 높았다.

이상에서 살핀 대로 과거제를 혁파하고 대신 향거리선제를 통해 관리를 선발하자는 윤휴의 사고는 17세기 중·후반의 역사적 상황에서 기존의 인재 양성 및 선발 방식을 근본적으로 혁신하지 않으면 대경장은 불가능하다는 판단에서 나온 것이었다. 이 점에서 그의 과거제 혁파론은 전국의 현능자(賢能者)를 포괄하여 새로운 변화를 이루기 위한 토대를 마련한다는 점에서 매우 중요한 의미를 가지고 있었다. 윤휴가 목표했던바, 삼대의 법제를 회복하고 부강한 나라를 만드는 데 반드시 필요한 전제는 그를 추진해갈 정치적 기반을 공고히 하는 일이었으며, 이는 구체적으로 실무에 능한 인재를 확보하는 문제였다.[79] 과거제 혁파는 이러한 문제를 해소할 수 있는 핵심적 방안이었다.[80]

11장

사회경제 구조의 개혁과 부국강병의 제도 기반

1
대민·대향촌 통제책

윤휴는 절대적 전제 군주와 실무적 재상·관료로 구성된 관료제의 정착을 통하여 강고한 국가체제의 구축을 모색했다. 그는 이 일이 향촌 사회의 최하부까지 침투하는 공권력에 의한 향촌 사회·민인의 제일적(齊一的) 파악과 지배, 부세제도의 이정(釐整)을 통한 민인의 재생산 기반의 보장이 선결될 때 가능한 것으로 보고 있었다. 무력(武力)과 경제력을 갖춘 강고한 국가체계를 확립하기 위해서는 그 기반이 되는 향촌 사회와 민인이 가진 문제를 일차적으로 재정비한다는,[1] 국가의 재정·부세제도·군사제도에서 나타난 모순을 주요 과제로 삼는 방안이었다.

오가통법(五家統法)과 지패법(紙牌法)은 이러한 구도하에 제시된 법안이었다. 윤휴는 1675년(숙종 1) 1월에 조정에 올린 「시무 9조(時務九條)」[2]에서 오가통법·지패법의 조속한 실시를 주장했으며, 같은 해 9월 이 법안을 반영한 「오가통사목(五家統事目)」의 반포를 주도하였다.[3]

법 시행의 필요성을 제기한 뒤 해를 넘기지 않고 사목(事目)이 제정된 사실은 이 법의 필요성을 당시 중앙 정부의 실력자들이 크게 공감했음을 보여준다. 물론 윤휴의 의견이 온전히 「오가통사목」의 규정에 반영된 것은 아니었다. 윤휴의 애초 생각은 『관자(管子)』를 참고하여 마련된 것이었는데, 허적, 김석주, 유혁연 등과의 논의 속에서 어느 정도 가감되었다.[4] 이때 제정된 「오가통사목」은 모두 21조로 구성되었다. 오가통의 편제 방식, 면리제와 오가통의 관계, 지패(紙牌) 작성법과 패용 원칙, 오가통제 운영의 방식 등 향촌의 민인들을 일일이 파악하고 통제함에 필요한 규정을 세세히 갖추고 있었다고 할 수 있다.

그런데 실상 「오가통사목」에서 정리된 이들 법은, 비록 호패법(號牌法)이 지패법[5]으로 바뀌는 변화가 있었지만, 이 시기 양역(良役)을 확보하고 군액(軍額)을 보충하는 방법으로 광해군과 인조 이래 이미 논의되고 시행되었던 제도였다. 윤휴의 제안은 종래의 향촌 정책 및 군역 확보 정책과 동일한 맥락에 서 있었던 셈이었다.[6]

> 『관자』의 「내정(內政)」 편에서는 토착민과 유민(流民), 도성의 안과 밖을 불문하고 한결같이 이 법으로 관속(管束)하였습니다. … 실제로 이사를 하고 싶어 하는 자는 관가에서 허락하는 공문을 받은 뒤, 새로운 통(統)에 편제하여 예전과 같이 도망하여 몰래 숨는 폐단이 생기지 않도록 한다면 상하 간에 서로 맞물리는 형세가 생길 것이고 백성들은 두려워 조심하게 될 것입니다. 그렇게 한다면 역군(役軍) 및 군병을 뽑을 때 하고 싶은 대로 하더라도 혼란스럽지 않을 것이니, 이것이 바로 백성과 군병을 다스리는 근본이 되는 것입니다.[7]

오가통법의 경우 위 내용과 같이 도성 내외의 토착민과 유민을 불문하고 이로 관속, '도망하여 몸을 숨기는 폐단'을 방지하고 '역역(力役)에 동원하고 군인으로 차정(差定)'하기 위함이 일차적 목적이었다. 민호(民戶)를 정확히 파악하여 이전의 '누정(漏丁)', '누적(漏籍)'의 폐단을 제거할 수 있는 방법으로서의 오가통법이었다. 그런 점에서 오가통법은 별도의 호적 작성을 대체할 수 있는 기능도 갖고 있었다.[8]

윤휴가 제안했던 오가통법과 지패법은 종래의 법제와는 다른 몇 가지 원칙하에 제시되고 사목으로 정해졌다. 먼저, 향촌 사회의 지배층이었던 사족층을 군현제-면리제-오가통제로 이어지는 공적 권력체계로 포섭하고 재편제하여 향촌 사회에서 이들이 누리는 역할을 국가가 수렴하고자 한 점이었다. 이것은 그들이 지니던 사회적 특권과 지배력을 마음대로 행사하지 못하게 제한한다는 의미이기도 했다.

이를테면 오가통제를 하부 조직으로 하는 면리제의 운영 주체인 도윤(都尹)·부윤(副尹)의 면임(面壬)으로 향촌 내부 사족(士族)을 임용해야 한다는 방안이 그러했다.

> 통(統)이 있고 이(里)가 있으면 본면(本面)에 속하게 하는데, 면에는 도윤·부윤을 각기 한 사람씩 둔다.[9]

> 지금 군읍(郡邑) 가운데 향품(鄕品)은 진실로 선택하기가 어렵거니와, 이른바 이정(里正)까지도 또 매양 서얼(庶孼)과 천류(賤類)로써 차정(差定)하기 때문에, 수령이 뽑아서 맡기려고 하면 사람들이 대부분 피하려고 하니, 이 뒤로 이정과 면윤은 반드시 모두 한 고을에서 지위와 명망이 있는 자로써 정한다. 비록 일찍이 문무(文武)의 음직(蔭職)을 지낸 자라도 차임할 수 있으며, 만약 피하기를 꾀하는 자가 있으면 도배(徒配)의 율(律)로 논한다.[10]

조선에서 면임·이정은 통상 양민층에게 맡기고 있었다. 그런 점에서 문무과의 음직을 지낸 자, 곧 사족도 차임할 수 있다는 이 방안이 가져올 변화는 적지 않았다. 면임·이정의 사족층 임명은 신분제와 경제력에 기반하여 향촌 사회를 장악하고 있던 이 시기 재지 세력의 사회 경제적 지위를 인정하여 그 힘을 활용하면서도, 국가권력 체계로부터 일탈되어 있던 이들 사족을 적극적으로 관속, 제어할 수 있는 방법이기도 했다. 조세 징수, 역역 징발 등 수령의 지휘를 받아 임무를 수행함으로써 이들은 실제 관임화(官任化)될 수밖에 없었다. 국가의 원활한 향촌 장악 또한 이로써 수월해질 수 있었다.[11]

「오가통사목」에 포함된 '향약(鄕約)'의 규정도, 종래 민인의 교화, 지배와 관련하여 이들 사족이 향촌 사회에서 행하던 역할을 국가가 수렴하고

담당해야 한다는 사고의 반영이었다.[12]

> 통리(統里)의 백성은 서로 보호하고 서로 살펴서 혼상(婚喪)에 서로 돕고 환난(患難)에 서로 구휼하며, 착한 일은 서로 권면하고 악한 일은 서로 고계(告戒)하며, 송사를 그치고 다툼을 없애며, 신의(信義)를 강구하고 화목하도록 노력하여 선량한 백성이 되도록 힘쓴다. 만약 불효하고 부제(不悌)하거나, 주인을 배반하고 사람을 죽이거나, 풍속을 손상하고 도적이 되는 등의 일은 반드시 면리에 보고하고 본현(本縣)에 알리도록 하여 경중(輕重)에 따라 징계하고 다스리는 바탕을 삼게 한다.[13]

오가통법은 조선의 전 국민을 국가에서 온전히 파악하고자 하는 것이 큰 목적이었다. 오가통의 편제에서 누락되거나 빠져나가는 사람이 없도록 하는 것은 그런 점에서 대단히 중요했다. 이와 연관하여 사목에서는 특별한 규정을 두었다. 곧 오가통에 등록된 사람은 법적으로 보호하되, 여기서 빠진 사람은 송사에서 심리를 받지 못하게 하고 죽임을 당해도 법적으로 아무런 조치도 받지 못하게 하는 규정이었다.

> 무릇 성명을 통패(統牌)에 기재하지 아니한 자는 곧 민수(民數)에 있지 아니한 사람이므로, 송사(訟事)에 심리(審理)를 받지 못하고 죽임을 당하여도 살인죄가 없게 된다.[14]

많은 논란을 불러 일으킬 내용이지만, 이로부터 이 시기 조선의 민인을 국가권력 속으로 강력하게 끌어들이고자 한 의도를 알 수 있다. 오가통 시행을 통해서 국가의 사회 구성원 파악의 수준이 한층 더 높아지고 역으로 국가권력의 성격 또한 변해가는 점을 살피게 된다.

오가통법의 이 같은 원칙은 국가 재조, 국가 개혁의 물적 토대의 확립을 보장하는 현실적인 방책인 강력한 군주권을 정점으로 하는 국가체제의 수립을 위해 민인과 토지에 대한 공적 지배력을 회복하는 것이 급선무라는 윤휴의 현실 인식과 관련된 것으로 보인다.

한편 이러한 사고는 이 시기 신분제에 관한 그의 인식과도 맞물려 있었다. 윤휴는 신분제 자체를 혁파하자는 방안은 구상하지 않고 있었으나, 사족·민인의 신분을 바라보는 시각은 이 시기 일반적 신분관과는 다른 점이 있었다. 사족의 경우, 이들은 일반 서민에 비해 그 도덕성이 뒤떨어졌으며,[15] 일정한 국역 부담을 져야 하는 한편 공권력으로 규제되어야 할 존재로 파악되었다. 1675년(숙종 1) 1월 총부(摠府)를 설치하여 양반 관로의 자제들에게 군역을 지우자는 법안은, '우리나라의 사족은 그 수가 얼마인지 알 수 없다. 그러므로 이 법으로 그들을 관속하고자 함', 곧 헤아릴 수 없이 많은 사족을 관리하고 통제하기 위해 제안한 것이었다.[16]

시무소(時務疏)에서 밝힌 이 안은[17] 총부를 설치한 후, 경외(京外) 대소 신료의 자제(子弟)와 출신(出身)·미출신자(未出身者)를 그 적서(嫡庶) 여부와 관계없이 포괄하여 관리하고 그중 얼마를 뽑아 문무를 아우르는 교육[18]을 시킨다는 것이 주요 내용이었다. 그리고 이들에게 경사(京師)의 숙위(宿衛) 임무를 부과하되, 일부 우수한 자는 낭료(郎僚)로 선발하여 훈련도감의 군사 수백 인을 분담하여 통수(統帥)하도록 하면 오위제(五衛制)를 점차로 회복하고 군사력을 크게 강화할 수 있다고 하였다. 이 같은 양반 자제의 군역 충정은 이때 경연 논의에 참가했던 허적의 말대로 대경장책(大更張策)이었다.[19] 신분제 질서를 뒤흔든다는 점에서, 과거제를 혁파하고 그 대안으로 제시된 복안이라는 점에서 그러했다.[20]

한편, 윤휴는 국가의 민인 통제·규율에서 신분제 원리가 전면에 나서서는 안 된다는 생각을 가지고 있었다. 윤휴는 오가통법과 함께 '제민편호(齊民編戶)'의 방법으로 지패법 시행을 주장하였다. 이렇게 하면 호패법의 폐단을 방지할 수 있다는 생각에서 나온 방안이었다. 이는 실제 「오가통사목」에 포함되었다. 윤휴가 정치의 전면에 나선 이후, 그의 구상은 곡절을 겪으면서도 현실화가 이루어지고 있었던 셈이다. 하지만 당시 정론가들 대부분은 지패법보다 호패법이 더 효율적이라는 인식에서 지패법을 호패법으로 바꾸자고 제안하여 1677년(숙종 3) 3월부터 이를 시행하도록 했다.[21] 윤휴의 주장으로 지패법이 시행된 지 약 1년 6개월 만의 일로, 호패법은 민인의 실수(實數)를 남김없이 파악할 뿐만 아니라 귀천(貴賤)의 구별을 명확히 할 수 있다는 것이 그 이유였다.[22] 각 신분별로 차등을 두어 호패를 만들어 패용하면 이를 누구나 쉽게 확인할 수 있으며, 그런 점에서 신분을 벗어난 피역 행위를 쉽게 적발할 수 있다는 것이 호패법 시행론자들이 제기하는 장점이었다.

그러나 윤휴는 이러한 호패법에서 비록 그러한 효과를 확인할 수 있다 할지라도 이것은 신분이 노출되는 것을 수치스럽게 생각하는 '사람들의 감정[人心物情]'을 무시한 처사이며, 종래에는 민인의 반대로 폐지될 것이라 하여 그 시행을 반대하였다. 광해군 정부에서 사대부에게만 이를 시행했다가 수개월 만에 폐지한 일이나, 정묘호란(丁卯胡亂) 때 안주성(安州城)을 지키던 군사들이 호패를 불사르고 도망가 결국에는 서북 지방의 방어가 실패한 것도 이렇듯 인정(人情)을 무시한 호패로부터 비롯된 일이었다는 주장이었다.[23]

요컨대 윤휴의 신분관, 특히 사족에 대한 인식과 대책은 당대 일반적인 생각과는 성격을 달리하는 점이 강했다. 윤휴는 신분제 질서와 그 질서 속에서의 사족의 존재를 인정하면서도 그들이 누리는 특권적 지위·신분은 공권력 체계 속에서 일정하게 제한해야 한다고 생각했다. 그리고 이는 국가가 보다 우위에서 이들을 제어, 통섭할 수 있다라는 국가 중심적 사고로부터 연원한 것이었다.[24]

오가통법과 지패법이 가진 또 다른 특성은 대민(對民) 통제 차원을 넘어, 민인의 재생산을 보장하는 법제를 목표로 한 점에 있었다. 오가통법·지패법은 단순한 민수(民數)의 파악과 통제를 위한 '편민동호법(編民同戶法)'에 그치는 것이 아니라 '민인을 편하게 하는 정치[便民之政]'[25]의 근거가 되어야 한다고 함이 윤휴의 지향이었다. 이를테면, 다음과 같은 것이다.

> 당초 오가통·지패[統牌]의 제도를 세운 것은 단지 백성의 수만을 알고자 한 것뿐만은 아니었습니다. 장차 이 제도를 통하여 백성들의 질고를 제거하고 그들의 부역을 균평하게 하여, 부담을 치우치게 많이 지고 부담을 치우치게 덜 지는 근심이 생기지 않도록 하기 위해서였습니다.[26]

> 국가에서 오가통법을 세워서 시행하는 것은 조종의 성헌(成憲)을 준행하기 위해서입니다. 지패의 제도는 선왕의 유의(遺意)를 조술하기 위해서인데, 이 제도를 설립하여 행하는 것은 본디 부역을 균평하게 하고, 농사일에 힘쓰고 무예를 닦도록 하며, 백성들의 번다한 고통을 제거하고, 오래도록 백성을 보호하기 위해서였습니다.[27]

오가통법·지패법은 '부역을 고르게 하고[平賦均役]', '농사일에 힘쓰고 무예를 닦기 위한[務農講武]' 제도를 전제했다. 말하자면, 윤휴의 오가통법·지패법은 정확한 민수의 파악과 이에 기초한 양정(良丁) 확보를 도모하는 동시에 부세불균(賦稅不均)의 현실을 해소하고 균평한 부역을 실현하기 위한 법제로서 구상된 것이었다. 이 시기 대다수의 관인·정론가들이 오가통법·호패법을 민수를 파악하고 궐액(闕額: 빠진 인원)을 충정하는 제도로서만 이해하고 또한 실제 그렇게 시행하고 있었던 것에 비하면 차이가 컸다.[28] 이렇게 보면 소농민(小農民)의 생활 보장을 전제로 법을 구상하는 윤휴의 특성이 이들 법제에도 관통하고 있음을 알 수 있다. 그렇다면 실제 이를 구현할 수 있는 구체적인 방법이 문제가 될 것이다.[29] 호포법(戶布法)은 이와 긴밀히 결합된 법제 구상이었다.

2
호포법의 시행과 농업 경제의 안정화 대책

오가통법과 지패법이 갖는 의미를 보다 완벽하게 실현하기 위해 윤휴가 제시했던 균평한 부역의 방안은 호포법(戶布法)이었다.[30] 이 시기 양민의 최대 질고인 군역의 백골(白骨)·아약(兒弱)·도망(逃亡)의 징포 문제[31]는 이제까지 역을 지지 않고 있던 용병(冗兵)·유수자(遊手者)·사족에게 군포를 거둘 때[32] 해결할 수 있다는 방안이었다. 군역의 문제는 신역(身役)의 편중, 근본적으로는 부세가 균평하지 않은 데서 오는 것이며,[33] 그런 점에서 필요한 것은 한정수괄(閑丁搜括)이나 세초(歲抄)와 같은 한시적이고 임시방편적인 궐액의 충정(充定) 방식을 지양하고, 보다 근본적인 대책으로 이제까지 양역 부담을 지지 않던 행민(倖民)·호우(豪佑)에게 신포를 거두는 항구적인 법제를 제정하는 일이었다.[34] 호포법이 시행된다면 '백성들의 역 부담을 고르게 하고 국가의 경비를 넉넉하게'[35] 하는 과제를 충족할 수 있었다. '농사일에 힘쓰고 무예를 익히는[務農講武]', 내수=외양의 물적 기초를 마련하는 일도 이로써 가능했다. 윤휴는 이러한 입장에서 호포법 반대론자들의 한정수괄을 통한 현실 대응을 강력히 비판했다.[36]

오가통법, 지패법, 호포법의 동시 실행론으로 나타난 윤휴의 대민·대향촌(對鄕村) 정책은 '백성의 생산을 고르게 하고 국가 재정을 풍족하게' 하는바, 국가 개조의 물적 토대를 마련하기 위한 것이었다. 그리고 이와 같은 동시 실행론은 이 시기 군역제의 운영이 신분제적 원리 위에서 총액제(摠額制) 형태로 운영되며 광범위한 문제점을 낳고 있던 현실을 고려할 때,[37] 신분적 특권층을 용인하지 않는 선에서 그 해결책을 구했음을 의미했다. 이는 면역의 특권을 갖는 토호(土豪)·행민(倖民)으로 표현되는 이들 사족층이 노비(奴婢)·전호(佃戶)를 사적으로 지배하며 향촌 사회의 유력자로 살아가던 현실을 염두에 둔다면, 향촌 사회에서의 이들의 역할을 어느 정도 제한하는 방안이기도 했다.[38]

그런 점에서 이러한 개혁안은, 이 시기 대부분의 남·서인 관료 혹은 정론가들이 새롭게 재편되던 면리제(面里制)의 하부 단위로서 오가통법·지패법의 필요성과 기능을 인정하고 향촌 사회와 민인의 최심층까지 국가의 권력을 침투시켜 이들을 파악하고자 했던 것에 머무르고 또 한정수괄을 통해 군역의 문제를 해결하고자 했던 사정에 비할 때,[39] 소농민의 생계 보장을 적극적으로 추진하는 한편 향촌 사회의 공권력 밖에 존재하던 여러 힘을 국가가 수렴하여 일원화를 도모하는 특질을 가지고 있었다.

윤휴는 호포법과 더불어 사적 권력의 민인 지배와 조세 장악을 철폐하는 방법으로 여러 아문(衙門)과 군문(軍門), 궁가(宮家)의 둔전(屯田) 혁파를 제안했다.[40] 임진왜란 이후 무주진전(無主陳田)·광한지(廣閑地) 등을 대상으로 한 봉건 지주층의 토지집중책의 결과로 확대일로에 있었던 이들 궁둔전은 대개 지주전호제 형태로 운영되면서, 면세의 혜택을 받을 뿐만 아니라 피역민(避役民)이 들어가 숨어 사는 곳[投屬處]으로서 기능하고 있었다.[41] 그런 점에서 이들에 대한 공적인 지배의 회복은 양민 확보와 국가 재정의 부족함을 극복하기 위한 중요한 과제였다. 인조대 이래 활발했던 궁방·둔전의 혁파 논의는 이 같은 사정과 깊은 관련을 가지고 있었다.[42] 윤휴의 혁파론은 이전 시기의 문제의식을 계승한 셈이었다.

> 지금 우리나라의 산림천택[山澤], 염철(鹽鐵), 어채(漁採)의 지역은 모두가 여러 궁가(宮家) 및 각 아문(衙門)이 절수(折受)하는 것이 되어 국가에서 간여하지 못합니다. 그리고 둔전 장처(庄處)가 있는 곳의 인민과 토지는 모두 이들이 분할 점유하고 있습니다. 오늘날 국가의 자원이 빈약하고 재정의 경비가 부족

하며 온갖 일이 거행되지 못하는 것은 바로 이에 연유하는 것입니다.[43]

> 여러 군문과 각 아문이 둔전 및 시장(柴場)의 명목으로 분할받은 산림천택(山林川澤)을 주·현(州縣)에 소속시키지 않고 별장(別將)을 차송(差送)하여 관리합니다. 그런데 신역을 도피한 백성들이 서로 이끌고 가서 소속되니, 간혹 수령들이 그들을 출역(出役)시킬 경우 각 아문의 견책이 뒤따라 이릅니다.[44]

이 시기 국가가 관여하지 못할 뿐만 아니라 양역을 피하고자 하는 양민들의 투속지로 되어 수령의 명령까지도 통하지 않는 궁방·둔전의 폐단에 대한 적절한 지적이었다.

윤휴는 이러한 궁방·둔전을 혁파하는 방법으로 ① 궁가와 아문에서 절수 점거하고 있는 토지와 민인은 모두 수령이 관장하는 것으로 돌리고 지부(地部: 호조)에서 관할하며, ② 각종의 절수처는 모두 민인에게 경작하여 먹고 살게 허락하되 평상의 법식에 따라 수세하고, ③ 호조에서는 여기서 수세한 것을 전례대로 각 궁가와 아문에 나누어 지급하는 방안을 제시했다.[45] 사유화되어 있는 궁방전과 둔전의 토지와 인민을 각 궁방·아문·군문을 대신하여 중앙 정부에서 관리하게 하는 방안이었다.

이러한 가운데서도 윤휴는 여러 군문의 둔전 경영을 궁방전·둔전 혁파의 핵심 문제로 삼았다.

> 둔전을 혁파하게 되면 수령은 그 정치를 제대로 행할 수 있게 되고, 서민들은 그 살고 있는 곳에서 안착할 것이며, 여러 군문에서 사병(私兵)을 심어 사사로이 재산을 불리는 우환을 막을 수 있을 것입니다.[46]

둔전의 혁파는 수령의 행정력 복원, 민인의 안정된 토지 경영 등과 같은 결과로 나타나기도 하겠지만, 여러 군문에서 '자기 군병을 심고 사사로이 재산을 늘리는' 문제를 막는 방법이기도 했다. 이는 당시의 정치 상황 속에서 군문의 역할과 연관할 때 매우 중요한 의미를 가진다. 인조반정과 병자호란을 계기로 새로 창설되고 또 증설된 각 군영은 이 시기 특정 정치세력의 중요한 기반으로 기능하고 있었다.[47] 그러므로 군권(君權)의 강화, 권력체계의 일원화를 과제로 삼는 처지에서 군영은 당연히 혁파하거나 조정해야 할 대상이었다. 손쉽게 접근할 수 없는 난제이기도 했다.[48]

숙종 초반의 남인 정권하, 군문 둔전의 혁파가 여러 군문의 사적 권력을 해체함에 결정적인 중요성을 가진다는 생각은 남인 당로자들 중에서도 많이 지니고 있었다. 이 시기 군문의 병권은 여전히 서인들이 지고 있었기 때문이다. 허목의 다음 발언도 그 가운데 하나이다.

> 전조(前朝: 고려)가 망한 것은 가병(家兵)이 강성하고 나라 안의 둔전이 열읍(列邑)에 가득 퍼져 있어서 그 폐단을 감당하지 못해서였습니다. 우리 태조께서 처음 사방을 평정하실 때 열읍의 둔전을 모두 혁파하고 음죽(陰竹)의 둔전 한 곳만을 남겨놓았습니다. 지금의 둔전은 그 폐해가 망한 고려 말의 폐단보다도 심하니, 이는 이미 망한 고려의 전철을 밟는 것입니다.[49]

> 군문의 둔전에 관한 누적된 폐단은 이미 수십 년이 되었는데, 나라 안의 비옥한 토지를 차지하고 둔졸(屯卒)은 강성합니다. 군문은 중요한 기관이기 때문에 군읍(郡邑)들이 감히 건드리지 못하여 다른 나라 사람과 다름이 없으니 매우 놀랍습니다. … 개괄해서 논한다면 둔전이 온 나라에 퍼져 있는데 이는 군량과 상관이 없고, 많은 재화를 쌓아두고 무익하게 재물을 탐하여 전세(田稅)는 날로 줄어들고 양민들은 견디지 못하니, 관부의 정치가 주객이 뒤바뀌었습니다. 이른바 나라가 무너져 백성이 뿔뿔이 흩어진다는 것이 이것입니다.[50]

요컨대, 윤휴의 둔전 혁파론은 양민(良民)을 확보하고, 중앙 정부의 재정

난을 극복하기 위한 대책으로서 제기되었다. 이와 아울러 군문의 사적 권력기관으로서의 성격을 약화시키고자 하는 의도 또한 가지고 있었다.

한편 윤휴는 민의 항산(恒産)·항업(恒業)의 확립 방안과 관련하여, 농업 생산력을 증대하고 생산 관계를 보조할 수단을 국가에서 지원해야 할 것을 강구했다. 국가의 적극적 사공(事功)을 중시하는 입장의 발로였다.

윤휴는 토지제도로서 정전제를 이상적인 것으로 생각하였다. 또한 기전제(箕田制)의 의미를 삼대의 예법을 실현할 수 있는 근거로 인정하고[51] 토지공전제(土地公田制)를 이상적인 것으로 받아들이고 있었다. 그러나 그 실현을 위한 구체적 방법을 모색하는 단계에까지 나아가지는 않았다. 반면 국가의 개입과 노력에 의한 농업 생산력의 적극적 증대를 주요한 현안으로 설정하고 있었다.

윤휴는 농정(農政)의 기반을 견고히 하기 위해서는 제언(堤堰)을 수축하여 수리(水利)를 일으킬 필요가 있다고 제언하였다.[52] 안정된 농수 공급에 수리 시설을 제대로 갖추는 것은 절대 필요한 일이었다. 제언을 수축해야 할 이유는 일차적으로 여기에 있었다. 이와 더불어 윤휴는 외방 제언의 붕괴처 수리를 통하여 진휼(賑恤)의 효과까지 거둘 수 있을 것으로 기대했다.[53] 대규모 토목공사를 통하여 가난한 사람들을 불러 모으고 그들에게 노동의 대가로 품삯을 지급하게 되면 실질적으로 생계에 도움을 줄 수 있다는 생각이었다. 일종의 빈민 구제책인데, 공권이 적극적으로 나서 경제 행위를 시행하고 이로부터 향촌민들의 경제적 어려움을 풀어나갈 수 있다는 능동적 방안이었다.

윤휴는 경작지 확보 대책으로 진전(陳田)의 기경(起耕)을 장려하였다. 그 방법의 하나로서, 진폐전(陳廢田)을 기경할 경우 2년에 한하여 면세(免稅)하는 안을 제시하여 숙종의 동의를 받아냈다.[54] 이와 함께 대산거수(大山巨藪)를 제외한 보통의 '산등성이와 언덕'에는 화전(火田) 경작을 허락하여 민인들이 경작하며 사는 땅으로 삼을 수 있도록 제안하였다.[55] 또한 농가 경제의 향상을 위해 뽕나무 기르기와 양잠(養蠶)을 적극 장려하였다. 뽕나무 기르기의 경우 수령의 책임하에 가호(家戶)를 대소로 나누어 그루 수를 헤아려 심게 하고, 법대로 하지 않은 자는 벌책을 가하도록 했다.[56]

한편 환자(還上)를 폐지하고 상평법(常平法) 실시를 주장했다.[57] 환자는 '향현(鄕縣)의 부호(富戶)가 장리(長利)를 놓는 일'[58]과 같은 폐법이므로 폐지하고, 대신 경창(京倉)에 비축된 전년도의 상평곡(常平穀)과 주현의 여분 곡식을 자본으로 삼아 백성을 대상으로 매매하는 방법을 실행한다는 내용이었다.

윤휴의 사회경제정책은 향촌 사회·민인에 대한 제일적 지배·장악과 민인의 경제적 재생산의 보장을 목표로 구상·발의된 것이었다. 이는 이 시기 국가 재조의 과제와 방법을 일차적으로 국가권력의 강화를 통한 자강의 구축이라는 형태에서 설정했던 윤휴의 현실 인식과 정치이념이 향촌 사회와 향촌민을 대상으로 발현된 것이었다고 할 수 있는데, 오가통법, 지패법, 호포법, 상평법 등은 그 구체적인 방책이었다. 윤휴는 이들 법제를 통해 사회 구성원들의 항산·항업을 보장하는 한편으로 전 신분계층을 국가의 공권력 체계 속에 포섭하고자 했다.

윤휴는 이 시기 양반 사대부층이 가진 특권과 그들이 향촌 사회에서 행사하는 민인에 대한 지배력을 국가 공권력으로 어느 정도 제어함으로써 그 사회경제적 실력을 일부 제한하고 또 민인들이 넉넉하게 살 수 있는 여건을 보장하여 그들이 국가 정책에 적극 동조하게 할 수 있다고 생각했다. 부국강병은 이러한 방식으로 가능하다는 것이었는데 이는 앞에서 살핀 절대 군주권에 기초한 중앙 정부의 권력 강화책과 맞물리는 방안이었다. 그런 점에서 이는 토지개혁·신분제 개혁을 전면화하지 않은 상태에서 국가가 추진할 수 있는 높은 수준의 개혁안이었다.

윤휴는 이러한 개혁책이 궁극에서는 사회경제적 대변화를 이룰 수 있는 현실 역량을 마련하는 일이라고 여겼던 것으로 판단된다. 이를테면 호포법을 시행하게 되면 군제(軍制)·노비제의 개혁도 가능할 것으로 생각하였다. 1677년(숙종 3) 12월, 숙종과 만나 호포법의 실시 여부를 논하는 중에 윤휴는 '도감(都監)을 설치하여 호포법을 시행하면 군병과 공사천(公私賤)의 제도를 모두 변통할 수 있을 것'[59]이라 하여, 호포법과 연계하여 이들 법제를 크게 고칠 수 있음을 시사했다. 동석했던 허적, 김석주, 오시수 등이 지적한 바와 같이, 이는 어린이와 약자, 그리고 죽은 사람에게 양역을 부과하는 '아약물고(兒弱物故)'의 폐단을 고치는 차원을 넘어선, 국가 제도 전반에 관련된 변통책이었다. 수많은 반대가 일어나는 것은 누구나 예상할 수 있는 일인데 그런 점에서 결코 실행할 수 없는 방안이었다.[60]

윤휴는 또한 오가통법·지패법이 온전히 실행되면, 장차 주대(周代)의 정리(井里), 맹자가 말한 경계(經界), 『관자(管子)』의 내정(內政) 이념을 실현할 수 있는 것으로 인식했다.[61] 정전제의 이상이 이들 제도 실행을 매개로 현실화될 수 있을 것이라는 기대였다.

윤휴에게서 정전제는 '생민(生民)의 근본'[62]이며, '군병과 농민이 합치된[合兵農]' 부병제(府兵制)를 실현할 수 있는 제도[63]이자, 삼대의 예법을 확인할 수 있는 근거로[64] 인식되었다. 그러므로 현재의 정전제가 실행되지 않는 현실은 혁파해야 할 '폐정(弊政)'의 하나였다.[65] 그런 점에서 앞서 서술한 정치개혁론과 더불어, 오가통법 등 대민·대향촌 정책을 통해 군권을 정점으로 하는 강력한 권력체계를 수립하려 한 점과 연관 짓는다면, 윤휴의 기대는 이들 법제가 전면적 사회경제 개혁을 추진함에 필요한 제도적 기반으로 기능해야 한다는 사고와 무관하지 않았을 것이다. 요컨대, 윤휴의 사회경제 정책과 개혁안은 부세제도를 통하여 이루어지는 민의 고통과 그에 따른 '반란[作變]'[66]의 현실을 완화, 해소함으로써 '민심(民心)'을 안정시키려 함[67]에 일차적 목표를 두고 제기된 것이었으며, 궁극적으로는 토지개혁을 비롯한 총체적 사회경제 구조의 개조를 전망했다 할 것이다.

4부

윤휴 사상의 계승과 평가

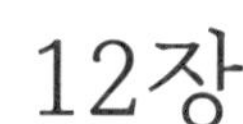

12장

후손들의 몰락과 서인의 폄하 작업

1
'무신란'의 여파

1689년(숙종 15) '기사환국'으로 세워진 남인 정권에서는 윤휴를 복관하고 영의정에 추증하는 조치를 취했다. 환국이 일어나고 아들 윤하제가 억울한 사정을 풀어달라는 격쟁(擊錚)[1]을 한 이후에 나온 변화였다. 하지만 1694년(숙종 20), '갑술환국'으로 서인 정권이 들어서면서 상황은 급변하여 윤휴는 다시 죄인의 처지로 되돌아갔다. 후손들에게 그의 관작을 회복하고 죄적(罪籍)에 실린 이름을 지우는 신원은 새로운 과제가 되었다. 이후로 남인들의 독자적인 권력 장악이 이루어진 적이 없었기에 윤휴가 처했던 역사적 평가가 뒤바뀔 환경은 만들어지지 않았다. 갑술환국 이후 윤휴의 사회 정치적 지위는 다시 회복되지 못했다.

1728년 3월 중순에 일어난 이인좌(李麟佐)의 반란은 윤휴의 후손들이 조선에서 사회적으로나 정치적으로 완전히 힘을 잃게 만들었다. 어찌 보면 이 사건으로 회복 불능 상태에 빠졌다고 할 정도로 윤휴와 그의 가문은 큰 타격을 입었다. 윤휴를 옹호하고 지원하던 세력은 정치권에서 거의 배제되었으며, 윤휴의 후손과 그의 학술을 의미 있게 생각하는 일부 인물들을 중심으로 그의 사상이 명맥을 이어갔다.

이인좌의 반란은 조선이란 국가의 생명을 근저에서 흔들 정도로 위협적이었다. 반란 세력은 내응외원(內應外援)의 전략을 짜고 전국 각지에서 세력을 규합하였으며,[2] 당쟁 과정에서 배제되거나 죽음을 당한 유력 가문의 후예들이 대거 참가했다. 멀리 경상도 안음(安陰)에 살던 정온(鄭蘊)의 후손 정희량(鄭希亮)도 그중의 한 명으로, 반란의 기획에 처음부터 깊숙이 개입했다.[3] 현직에 있던 태인현감 박필현(朴弼顯)도 반군을 이끌고 전주 삼천에 이르렀다가 궤멸하며 도주하였다.[4] 조선의 근간을 이루던 양반들의 대거 참여로 이루어진 반역은 영조의 한탄대로 개벽 이래 처음 있는 대사건이었다.[5] 이들의 거센 움직임은 이인좌가 서울을 목표로 북상(北上)하다가 경기도 안성 지역에서 관군에게 저지당하면서 힘을 잃었고[6] 결국 실패로 마무리되었다.[7]

무신란은 오랜 시간 누적된 정치 사회적 모순이 총체적으로 표출된 대파국의 사건이었다. '국가를 원망하여 난리를 생각하는[怨國思亂]'[8] 일부 무리의 모의와 행동은 전 계층·신분에 항존하던 뇌관을 터뜨린 데 불과했다. 반란이 일어나기 몇 년 전, 조정에는 이미 국가와 민인의 분리를 살핀 의견이 나오고 있었다.

> 점점 국가는 국가, 민(民)은 민일 뿐 막연히 서로 간섭하지 않게 되는 상황에 이르게 되니, 백성이 어찌 실망하여 난리(亂離)를 생각하지 않을 것인가?[9]

재빠른 군사적 대응을 통하여 반란의 확산을 차단, 진압한 영조와 정부는 그 같은 사태의 재발을 방지하기 위한 군사·치안 대책을 여러모로 강구하는 한편으로[10] 정치적 수습책을 모색하였다. 이 과정에서 최우선의 과제로 부각된 것은 당쟁의 종식이었다. 국왕 영조의 진단이 그러했다. 반란을 진압한 직후 영조는 이 사건이 당쟁으로부터 왔음을 명확히 했다.

> 그 연유한 바를 추구하건대, 바로 두 가지가 있으니, 그 하나는 조정에서 오직 붕비(朋比)만을 일삼아 오직 재능 있는 자의 등용을 생각하지 않고 도리어 색목(色目)만을 추중(推重), 권장하는 데 있다. 그 사람의 마음이 바르지 못하고 재능이 없어도 소매를 떨치고 앞장서서 당설(黨說)을 장황하게 말하는 자는 급급히 권장해 등용하기를 오직 미치지 못할 것같이 하니, 비루하고 하찮은

무리와 불령한 무리가 분분하게 섞여 나와 중요하고 현달한 관직을 거치지 않음이 없으나, 만약 직책을 지키는 데 조심하고 색목에 들지 않으면 무능하다고 지목하여 천거해 쓰지 않았다. 심한 경우 그 사람은 비록 쓸 만하더라도 단지 색목만을 논하고 그 재능을 취하지 않아 당로(當路)한 자는 현사(賢邪)의 구별에 어둡고 물러가 숨은 사람은 스스로 반성할 줄을 모른 채 도리어 무료(無聊)함이 생겨 위로는 천화(天和)를 해치고 아래로는 인심을 상하게 하였다. 심지어는 공격할 즈음에 그 말이 위에 저촉되어도 스스로 깨닫지 못하고 음흉하고 불궤(不軌)한 계책으로 그 말을 부연(敷演)하고 흉언을 첨가해 세상을 미혹시키고 백성을 속임이 이와 같이 극도에 이르렀다. 그러나 더욱 절통한 것은 적도 가운데 들어가 국옥(鞫獄)에 갇힌 자들이 모두 유명한 사대부요 세가(世家)의 대족(大族)인 것이다. 이 어찌 기한(飢寒)에 몰려서이겠는가? 바로 당화(黨禍)가 빚어낸 것이니, 이는 당의(黨議)의 소치(所致)인 것이다.

또 하나는 해마다 연달아 기근이 들어 백성들은 죽을 지경에 처해 있는데도 구제해 살릴 생각을 하지 않고 오직 당벌(黨伐)만을 일삼는 것으로, 불쌍한 우리 백성들이 조정이 있음을 모른 지 오래되었다. 그들이 와해(瓦解)되어 적도에게 투입한 것은 그들의 죄가 아니요 실로 조정의 허물이니, 이 역시 당의의 소치이다. 이것이 바로 이른바 하나도 붕당이요, 둘도 붕당이라는 것이다. 아! 병이(秉彛)의 마음은 사람마다 같은 것이거늘, 우리 동국(東國)의 신하들은 무슨 심장(心腸)을 가졌길래 이와 같이 지극히 흉악한 일을 한단 말인가?[11]

윤휴의 가문과 후손이 반란으로 큰 해를 입게 된 직접적인 계기는 반란의 주동자 이인좌와의 관계 때문이었다. 이인좌는 윤휴의 손녀사위가 된다. 윤휴의 막내아들 윤경제의 딸이 그와 결혼했다. 변란이 일어나자 정부에서는 그와 그의 아들 윤상정(尹尙靖) 등을 국청으로 잡아와 심문한 뒤, 절도로 정배했다. 1728년 2월에 거주하던 공주에서 경상도 칠곡으로 이사 간 것을 빌미로 그들의 참여를 의심했던 것이다.[12] 실록의 찬자는 윤경제의 정배 사실을 적으며 그가 '역적 윤휴[賊鑴]'의 아들임을 명기했다. 윤경제는 1679년(숙종 5) 식년시에 진사로 합격[13]했지만 이듬해 '옥사(獄事)'[14]가 일어나며 변방으로 유배되는 등 곡절을 겪었다. '기사환국' 후 음사로 별검(別檢)을 지냈다. 윤휴 사후, 윤경제는 둘째 윤하제와 함께 집안을 건사하고 유지함에 중요한 역할을 했던 것으로 보인다.[15] 윤경제가 이인좌를 사위로 맞아들이는 과정은 전혀 알려져 있지 않다. 이 시기의 통혼은 통상 집안 사이의 교류, 정치적인 인연 등을 매개로 이루어지므로 윤경제와 이인좌의 집안 사이에 세교가 있었으리라 짐작할 뿐이다.[16] 실상 이인좌의 선대는 남인에서 큰 힘을 발휘하는 주요 가문에 속했다.

이인좌는 세종의 아들 임영대군(臨瀛大君)의 후손으로 태어났다. 선파(璿派)의 일원으로 집안 형편이 유복한 편이었다. 하지만 그의 집안은 남인으로 활동하던 조부 이운징(李雲徵)과 그의 형 이의징(李義徵)이 갑술환국 이후 곤경에 빠지면서 정치적으로 아무런 일도 할 수 없는 폐고(廢固)의 상태에 놓여 있었다.

이운징은 1676년(숙종 2) 말, 이조참판 이무(李袤)의 천거[17]를 받아 관직생활을 시작한 이후 여러 차례 곡절을 겪었다. 1680년 남인이 권력을 잃을 때 북방으로 유배되었고, 1694년(숙종 20) 전라도 감사로 재직 중 서인 정권이 다시 세워지면서 재차 파직되고 유배되었다.[18] '명의(名義)를 범하는 극악한 죄'를 저질렀다는 이유로 긴 세월 죄가 풀리지 않다가 1710년에 해배되었다.[19] 1717년(숙종 43) 그가 세상을 떠나자 정부에서는 숙종의 명으로 조제(弔祭)·치부(致賻) 등 으레 행할 은전(恩典)을 시행하지 않았다.[20] 그가 1689년의 남인 정권에서 중죄를 저질렀다는 것이 그 이유였다.

이의징에게 씌워진 죄는 더 가혹하고 무거웠다. 어영대장,[21] 훈련대장,[22] 공조판서 등을 역임하며 병권을 장악하고 요직에 올랐던[23] 이의징은 갑술환국 후 역모 혐의로 처형되었다.[24] 이의징은 이 시기 서인이 배척하여 죽인 남인 가운데 정치적 비중이 매우 큰 인물에 속했다.

이런 정치 역정에서 살필 수 있듯, 숙종대 남인 권력의 주요한 위치에 있던 이운징·이의징의 가문은 남-서 정쟁의 한 복판에서 파란만장한 곡절을 겪으며 한순간에 역적의 집안으로 전락했다. 그들 후손의 삶 또한 상상하기 어려울만큼 파국 상태에 빠졌다. 큰 변화가 일어나지 않는 한, 이들의 앞날은 기대할 것이 없어졌다. 정치적인 고난이 큰 만큼 서인에 대한 불만도 늘어났을 것이다.

장인 윤경제, 처조부 윤휴가 겪은 어려움과 정치적 압박 또한 이인좌는 온전히 보고 있었다. 갑술환국이 일어나면서 윤하제·윤경제 등 윤휴의 두 아들은 관직에서 모두 물러났다. 기사환국 후의 남인 정권에서 이들은 음사(蔭仕)로 출사한 상태였는데, 서인 정권으로 정국이 바뀌면서 윤하제는 아주 먼 변방으로의 정배 처벌[25]을 받았다. 윤경제의 행적은 구체적으로 잡히지 않는데, 무신란이 일어나기 직전 공주에서 경상도 칠곡으로 이사를 했다는 기록[26]으로 보아선, 공주를 근거지로 삼아 살았던 것으로 보인다.

본가나 처가 양쪽의 사정으로 아무런 일도 할 수 없는 막막함 속에서 이인좌의 삶은 극한으로 몰려 있었던 것으로 여겨진다. 1726년(영조 2), 유학(幼學) 이인좌는 과장(科場)에 함부로 들어간 죄로 '원변(遠邊) 충군(充軍)'의 처벌을 받고 전라도 부안으로 정배되었다. 외떨어진 부안에서 군인 신분으로 살아야 하는 벌이었다. 이때 그는 정해진 날에 그곳으로 가지 않고 있다가 잡혀서 엄한 형신(刑訊)을 받는 일탈의 모습을 보였다.[27] 과장에 침입하여 난동을 부린 행위는 분명하지는 않지만, 과거(科擧)로 영달할 수 없는 처지에서 나온 것으로 짐작된다. 정치적으로 위험한 인물의 손자가 과거를 치르고 이를 통과하는 일은 불가능했던 것이다. 이후 변란이 일어나기까지 그의 행적은 자세히 드러나지 않았으나 여러 사람을 만나 반란을 준비한 사실은 분명하다. 이인좌는 무장 봉기와 새로운 정부 수립으로 돌파구를 찾으려 했던 것으로 여겨진다.

경상도와 충청도 등지에 살던[28] 이인좌는 소론과 남인 등 반영조 세력을 규합하여 기병하고 영조의 타도를 외쳤다. 노론과 영조, 그리고 그들을 중심으로 하는 집권 세력에 대한 반감은 하루이틀 축적된 것이 아니었기에 반란의 폭발력은 대단했다. 이인좌 부대가 가진 힘은 막강하여 봉기 직후 청주를 함락하여 공권을 접수한 뒤[29] 파죽지세로 서울로 진격했고, 경상도의 합천과 거창에서 거병한 정희량의 반란 세력 또한 관아를 장악하며 기세를 떨쳤다.[30] 그러나 전국 각지의 반란 세력은 관군에 저지당하면서 결국은 힘을 잃었다. 안성까지 진격했던 이인좌는 이곳에서 체포되어[31] 서울로 압송되었다가 조사를 받은 뒤 참수형을 당했다.[32]

이인좌의 반란이 일어난 후 윤휴의 후손들이 받은 피해와 압박은 엄청났다. 정부에서는 반란 직후부터 이들 후손들을 체포하고 조사한 뒤 처벌하였다. 이들에게 참가했으리라는 혐의가 씌워지고 또 연좌제의 폭력이 덮쳤다.

역적의 가족으로서 직접 처벌 받은 이는 이인좌의 부인 윤자정(尹紫貞)이었다. 윤자정은 거주하던 경상도에서 청주로 잡혀 와 엄한 신문을 받은 뒤 교수형[絞刑]을 당하였다. 정부에서는 중앙에서 도사(都事)가 내려간 뒤 지방관과 함께 형을 집행하는 절차를 밟도록 했다.[33] 글에 능하다고 평가받을 정도였던 윤자정[34]의 심문 조서에 따르면, 이인좌는 전국에 살던 남인과 소론의 명망가들과 소통하며 반란을 준비했던 것으로 보인다.[35]

윤휴의 아들과 손자, 증손자들도 대거 절도(絶島) 정배(定配)의 처벌을 받았다. 이들은 이인좌와 가족도 아니고 혈연관계도 아니었기 때문에 연좌제의 적용 대상이 아니었다. 법외(法外)의 처벌을 받은 셈이었다. 이들에 대한 처벌 논의는 1728년 4월 9일경에 처음 나온다. 이인좌가 윤경제의 사위라는 사실이 밝혀지고, 반란 세력이 봉기하기 직전 여주에 살던 윤휴의 후손이 문경으로 이사를 했다는 사실이 알려지면서였다.[36] 대사간 송인명의 건의에 따른 조치였는데, 이를 촉발한 직접 계기는 윤휴의 손자 윤상정이 역모의 사실을 알고 있었다는 혐의였다.

윤휴의 손자 윤상정(尹相定)이란 자가 평소 여주에 살다가 이번 변란이 일어난 초기에 문경으로 가서 병란을 피한다고 하면서 그대로 괴산에 머물렀으니, 역적 박필현이 군병을 모았을 때의 정황을 윤상정도 알고 있었습니다. 이는 직접 윤상정에게 들었습니다.[37]

조세추(曺世樞)[38]란 인물의 심문 조서에서 나온 말이다. 윤상정[39]이 이 사실을 알았다면, 가담했다는 혐의를 받을 수 있는 상황이었다. 정부에서는 송인명의 의견대로 1728년 4월 24일, '역적 윤휴'의 손자들을 절도에 나누어 유배하는 조치를 내렸다.[40] 반란이 일어난 후 한 달쯤 지난 시점이었다. 이 당시 후손들은 대부분 한성부와 경기도에 흩어져 살고 있었는데, 의금부에서 한성부와 경기 감영에 공문을 보내 그들의 명단을 확보하고 그 거주지에서 이들을 검거했다. 이때 잡힌 손자와 증손자는 다음과 같다.

역적 윤휴의 자손을 낱낱이 조사해서 절도로 이배하도록 명을 내렸습니다. 그래서 한성부와 경기 감영에 공문을 보내 장적을 조사하여 작성한 성책을 수정하여 올려보내게 하였습니다.

역적 윤휴의 손자 윤상정(尹相鼎), 윤상정의 아들 윤시휘(尹始輝)·윤지휘(尹趾輝)는 전라도 강진현(康津縣) 고금도(古今島)로, 윤재휘(尹載輝)·윤계휘(尹啓輝)·윤대휘(尹大輝)는 강진현 신지도(薪智島)로, 윤휴의 손자 윤상항(尹相恒), 윤상항의 아들 윤창휘(尹昌輝)·윤발휘(尹發輝)는 경상도 남해현(南海縣)으로, 윤휴의 손자 윤상승(尹相昇), 윤상승의 아들 윤산휘(尹山輝)·윤국휘(尹國輝), 조카 아들 윤정휘(尹廷輝)는 진도군(珍島郡)으로 모두 정배해야 합니다.

이상의 죄인들이 모두 여주목(驪州牧)의 감옥에 갇혀 있으니, 규례대로 본부의 나장을 보내어 각 배소로 압송하게 하였습니다. 이 가운데 윤상정의 아들 윤세휘는 현재 국문을 받는 죄수이니 결론이 나기를 기다려서 거행하겠습니다. 서질(庶姪) 윤징휘(尹徵輝)와 윤성휘(尹成輝)는 달아났다고 하니, 해당 도와 해당 읍에 분부하여 각별히 체포하도록 한 뒤에 거행하는 것이 어떻겠습니까?[41]

이들과 별도로 처벌을 받은 또 다른 인물은 윤휴의 아들 윤경제와 그 아들 윤상정(尹相靖) 등 4부자였다. 윤경제는 반란이 일어나기 직전인 1728년 2월에 본래 살고 있던 공주에서 경상도 칠곡으로 이사를 한 상태였다.[42] 그는 사위 이인좌가 반란을 주도하고, 경기도 양성(陽城)에서 군사를 모아 기병했던 인척인 이호(李昈)[43]를 칠곡 집에 숨겨준 사실로 인해 반란 처음부터 주목을 받았다.[44] 더군다나 1728년 2월에 공주에서 경상도 칠곡으로 이사를 한 사실이 알려져[45] 반란을 미리 알았을 것이라는 의심을 받았다. 결국 여러 차례 심한 심문을 받았으나 그는 끝내 승복하지 않았으며, 그의 세 아들과 함께 절도 정배되었다.[46]

특별히 참여한 혐의가 없음에도 특정 인물의 자손 혹은 족당을 묶어서 절도로 정배한 정부의 조치는 윤휴만을 대상으로 하지는 않았다. 영조와 정부에서는 이 일을 이의징, 민암(閔黯)[47]의 족당들에게도 동일하게 적용했다.[48] 변란이 일어나자 정부에서는 윤휴, 민암, 이의징 세 사람을 반란의 동인을 제공한 주역으로 지목하고 이들 세 가문을 단속하고 처벌하고자 했다. 이 과정에서 14세 미만의 어린아이도 가리지 않고 처벌하는 무리한 일이 벌어졌다. 그리하여 절도 정배 후 정부에서는 14세 이하는 석방하고, 남아 있는 후손들은 바다나 육지로 나누어 배치하도록 하며, 유배 지역의 관장으로 하여금 엄격하게 관리하도록 하였다.

민가(閔哥)와 윤가(尹哥)는 참으로 난형난제인 자들이다. 윤가 일족을 한 섬에다 안치시킨 것은 또한 우려스러운 점이 많으니, 민가의 사례에 의거하여 14세 이하는 석방시키라. 그 나머지는 모두 민가의 예에 의거하여 바다나 육지로 나누어 정배한다면 그들에게는 양이(量移: 섬이나 변방 지역으로 귀양 간

죄인을 내지(內地)나 서울 가까운 곳으로 옮기던 일)가 될 것이고 또 뒷날의 걱정도 없게 될 것이다. 민암·윤경제의 족류(族類)들과 이인좌의 족당(族黨)들을 정배한 곳의 관장(官長)에게 분부하여 그들을 착실하게 점고(點考)하도록 하라.[49]

이인좌의 난이 일어나면서 윤휴의 후손들이 받은 고초는 상상을 초월했다. 윤경제는 1729년 6월, 남해에서 제주도로 이배되던 도중 71세의 나이로 강진에서 세상을 떠났다.[50] 심한 심문과 물설고 낯설은 유배지에서의 삶을 노구가 견디기는 힘들었을 것이다. 시간이 지나면서 이들에 대한 정부의 조치는 조금씩 변하기도 했다. 정부에서는 1732년경 절도로 유배되었던 사람들 중 일부의 유배지를 바꾸기도 하고,[51] 4부자(父子)는 한 고을에 같이 모으기도[52] 했다. 1735년(영조 11)에 이르러서는 정부에서 윤휴의 후손들을 한꺼번에 정배한 것은 법외의 형벌이었으므로 석방하라는 조치를 내려 풀려날 수 있었다.[53] 이때 이인좌의 족당, 민암의 후손들도 풀려나거나 감형되는 조치를 받았다.

하지만 이때 이루어진 윤휴 후손의 방면 조치에서 윤경제의 세 아들은 제외되었다. 좌의정 김재로(金在魯), 우의정 송인명(宋寅明) 등이 윤경제와 세 아들은 역모에 가담했다고 굳게 믿고 석방을 반대했기 때문이었다. 역적들의 공초에 그들의 이름이 여러 차례 나온 것으로 보아 역모 동참의 흔적이 뚜렷하므로 풀어줄 수 없다는 것이었다.[54] 이후 이들은 석방 여부를 결정하는 논의에서 계속 제외되었으며, 결국 윤경제의 아들들은 방면되지 못했다.[55] 윤경제는 유배 도중 세상을 떠났으므로 논의 대상은 아니었지만 역모에 참여한 혐의는 벗지 못했다. 그리하여 정부에서는 이들이 죽은 뒤에도 죄안에서 풀지 않았다. 참혹한 세월이었다. 1864년(고종 1), 정부는 귀양 중 풀려나지 못하고 죽은 사람의 이름을 죄안에서 삭제하며 윤경제와 윤상정(尹相靖), 윤상덕(尹相德), 윤상헌(尹相憲)도 포함시켰다.[56]

1728년의 반란을 윤휴의 손녀사위인 이인좌가 주도하여 일으킨 사실은 놀랍다. 이인좌의 처지로서는 할아버지-아버지대에 누적되어 오던 불만과 분노, 그리고 아무런 일도 할 수 없는 절망의 처지에서 그와 같이 목숨을 건 행동을 했을 것이다. 처조부인 윤휴가 처했던 정치사상적인 여건의 영향 또한 받지 않았다고 볼 수 없을 것이다.

이미 윤휴 스스로가 서인의 위정(爲政) 세력에게 반역자로 낙인찍혀 있었거니와, 반영조 반노론의 반란 세력이 무장 봉기한 상황에서는 그 반역자로서의 혐의는 더 강화될 수밖에 없었다. 반란에 참여한 여러 가문 가운데 윤휴를 비롯해 세 가문만 혹독한 조치를 내려 윤휴의 아들, 손자, 증손자를 절도 정배한 것은 그러한 상황의 반증이었다. 윤휴의 후손들은 윤휴가 뒤집어쓴 '반적(叛賊)'의 굴레를 전혀 벗지도 못한 상태에서 다시 위험분자로서 처벌되고 감시되는 극악한 상태에 놓이게 되었다고 할 수 있다.

이후 윤휴의 후손들은 세상에 몸을 거의 드러내지 않았다. 종손은 여주 종가(宗家)에서 가문을 힘들게 지키고 있었으나,[57] 후손들이 사회적으로나 정치적으로 현달할 여건이 마련되지는 않았다. 윤휴의 후손이 살아가던 모습은 경상도 칠곡으로 내려갔던 윤경제의 자손들 중에서 일부 확인된다. 그가 칠곡으로 내려간 사정은 분명하지 않다. 하지만 그곳은 윤경제의 동서인 이담명(李聃命) 가문이 오래전부터 세거하고 있어[58] 든든한 배후가 될 수 있었던 것으로 추정된다. 윤경제, 이담명은 모두 이석규의 사위[59]로 선대부터 내려온 인연을 잇고 있었다. 윤경제의 후손 중 한 사람은 이담명의 현손(玄孫)인 이만운(李萬運)에게서 글을 배우기도 했다.[60]

윤경제와 세 아들은 절도 정배 이후 살아서 돌아오지 못했으나,[61] 후손들은 가문의 전통과 명예를 생각하며 지역 지식인으로 뿌리를 내리고 살아갔다. 그렇다 하더라도 후손들이 윤휴의 사상을 가학의 형태로 계승 혹은 확대해나간다는 기대는 하기 힘들었다. 18~19세기 윤휴의 사상은 철저하게 봉쇄된 상태로 깊숙이 가라앉아 그 실체를 드러내기 어려운 형편이었다.

이러한 상황에서 윤휴 문집의 정리가 이루어진 점은 주목을 요한다. 그 시기는 특정할 수 없지만, 윤휴 사후 후손들은 윤휴가 남긴 원고를 편집하여 문집으로 묶었다. 기록상 문집에 관한 이야기는 두 사실이 확인된다. 하나는 윤휴 행장의 증언으로, 유문(遺文) 40권이 집에 간직되어 있다고 했다.[62] 행장이 작성된 시점은 1693년 이후 1711년 이전으로 추정되므로[63] 유문 40여 권 역시 이즈음의 상황을 반영한다고 할 수 있다.

또 다른 기록은 윤경제의 현손인 윤종호(尹宗鎬)의 묘음기(墓陰記)[64]에 나온다. 허전(許傳)이 작성한 이글에는 윤종호가 "윤휴의 문집이 당인(黨人)의 무훼로 인해 간행되지 못한 것을 아프게 여겨 자료를 수집하여 책질(冊秩)을 갖춘 뒤 집에 보관하고 있다"[65]는 내용이 적혀 있다. 문집의 이름이나 권질의 수는 확인되지 않지만, 간행을 염두에 두고 체재를 잡은 상태였으리라 추정된다. 윤종호는 1800년에 태어나 1873년에 세상을 떠났으므로, 그의 문집 편찬은 윤휴 사후 시간이 많이 흐른 뒤였다.

한편 이러한 기록과는 대비되는 실물로 『하헌집(夏軒集)』(이하 '편집본')이 존재한다. 전체 불분권(不分卷) 24책 체재로 구성되어 있고, 깔끔한 서체로 정서한 필사본이다.[66] 일부 두주(頭註) 형식으로 수정 보완하는 내용이 실려 있고 채 손질하지 못한 점도 눈에 띄지만, 전반적으로 교정이 마무리된 형태를 보인다. 윤휴가 남긴 글 전부를 포괄하지 않고,[67] 또 행장이 실려 있지 않은 점이 특징이다. 문집으로 간행하기 직전의 매우 정돈된 필사본으로 평가할 수 있을 것이다.

이 '편집본'이 편찬된 시점은 분명하지 않다. 부록으로 실린 연보의 기사가 '숙종 15년 3월, 영의정으로 추증하고 승지를 보내어 제사를 지내는[68] 내용'으로 마무리되고 있는 것으로 보아, 기사환국 이후에 이 작업이 진행된 것으로 추정할 수 있다.

『하헌집』이 앞의 두 기록과 어떤 연관이 있는지 아니면 또 다른 제3의 편찬본인지 분명하지 않다.[69] 이 '편집본'이 공간되기 위해서는 많은 보완이 필요했을 것이다. 흩어져 있는 자료를 더 모아 완정된 체계를 갖추어야 했다. 거기에 소요될 물력과 시간도 간단하지 않았다. '사문난적'의 굴레가 풀리지 않은 상황이라 간행하고자 했더라도 여의찮았을 것이다. 그러나 이렇게 정리된 원고는 윤휴의 생각을 알리는 데 적지 않은 역할을 했으리라 여겨진다. 18세기 성호학파의 여러 인물들 중에는 윤휴의 글을 읽거나 혹은 그 생각에 동의하는 자가 많이 나타났는데,[70] 거기에는 『하헌집』 혹은 그 필사본의 매개 과정이 있었음에 틀림없다. 19세기 중엽, 허전은 『사의(士儀)』를 지으며 『하헌집』을 활용하기도 했는데,[71] 그 『하헌집』 또한 이 '편집본'과 연관이 있을 것으로 추정된다.

2
'사문난적' 굳히기

송시열과 서인들이 가지는 윤휴에 대한 적대감, 윤휴를 배척하는 마음은 기해예송 이후, 윤휴가 '화변(禍變)을 만들어 서인을 일망타진할 계책'[72]을 가졌던 인물이라고 극언할 정도로 심각했다. 서인들이 극단의 반응을 보이고 대응한 것은 어찌 보면 절체절명의 위기감에서 오는 자연스러운 행동이었다. 숙종 즉위 후의 정국은 '송시열과 서인들이 예론을 잘못 적용하여 종통을 둘로 나누는 오류를 범했다'는 사실을 증명하며 그에 대한 정치적 책임을 묻는 방향으로 흘러갔고, 서인들은 이를 필사적으로 막아내려 했던 것이다. 남인의 고묘론(告廟論) 제기[73]와 서인들의 반대는 그 극점에 있는 사건이었다.[74] 서인들은 그러한 정국의 중심에 윤휴가 있다고 생각하고 그에게 공격과 비판을 집중했다. 이리하여 윤휴는 기해예송이 불러온 파국의 정점에서 피해갈 수 없는 상태에 놓였다.

윤휴의 죽음은 그러한 적대감이 만들어낸 정치의 비극적 종결이었다. 서인들은 그 윤휴가 죽은 뒤, 그가 만들어낼 금수와 홍수보다 더 심한 국가적 위기가 사라질 수 있다고 환호했다. 정국은 급변하며 남인들은 퇴각했고 서인들은 권력을 장악하고 자신들의 의도대로 조선의 정치를 이끌었다. 물론 그 과정이 순조롭지만은 않았다. 국면 국면 사안에 따라 격렬한 정쟁이 펼쳐졌다.

윤휴가 죽고 그에 동조하던 세력들, 남인의 힘이 약화되었다고 하여 윤휴가 만들어둔 새로운 사상 활동, 정치 운영의 분위기가 곧장 사라지는 것은 아니었다. 주자학의 세계를 벗어나려고 했던 윤휴의 노력, 그리고 그 속에서 만들어졌던 윤휴의 지적 세계는 다양한 방식으로 변주되며 그 모습을 유지하고 있었다. 서인들에게는 여전히 굉장한 위험이 도사리고 있었던 셈이다. 이 상황에서 송시열과 그를 옹호하고 따르는 세력들은 윤휴의 생각, 윤휴가 세워놓은 방법을 배제·부정하여 주자학의 체계를 공고히 하고, 자신들이 주자학의 정통을 구현하는 학파의 적통임을 국가로부터 공인받고자 했다.

이러한 노력을 중심에서 이끈 인물은 송시열이었다. 그가 이 일에 집중한 시간은 1680년 이래, 세상을 떠나기 전 10여 년간이었다.[75] 그다지 긴 시간이 아니었는데, 송시열은 그 어느 때보다 많은 일을 이 시기에 벌였다. 그 가운데서도 송시열이 힘을 쏟은 일은 크게 보아 두 가지였다. 윤휴의 생각과 이념이 확산되는 것을 저지하는 일, 주희에 대한 도전을 차단하기 위한 방벽을 문헌상으로 구축(構築)하는 일이었다.

윤휴 사후, 송시열은 그의 학문이 가진 위험을 지속적으로 거론하며 그의 존재를 지워나갔다. 그가 보기에 윤휴의 잘못된 학문을 따르는 무리들이 상존했고 그런 까닭으로 윤휴는 여전히 나쁜 영향력을 행사하고 있었다. 송시열은 윤휴를 다음과 같이 규정하며 그를 배제하는 논리를 마련했다. 곧 윤휴는 '주자를 부정하고 훼손'했으며 주희로부터 연원하는 조선 학술의 전통을 파괴하는 인물이었다.

> 주자가 아니었다면 요순·주공·공자의 도가 천하 후세에 밝아지지 못했을 것입니다. 우리나라는 문충공(文忠公) 정몽주(鄭夢周)로부터 주자의 학문을 존신(尊信)했었고, 조선조에 와서는 유현(儒賢)이 배출되어 존경하며 행하고 익히지 않을 수가 없었는데, 문순공(文純公) 이황과 문성공(文成公) 이이에 이르러서는 또한 더 뛰어나게 되었습니다. 불행히도 윤휴란 사람이 당초부터 이황·이이의 말을 배척하고 문간공(文簡公) 성혼은 들어서 말하지 않았으며, 자신의 견해를 저술하여 신에게 보냈기에 신이 깜짝 놀라며 책망하니, 앙천대소

(仰天大笑)하며 신더러 무엇을 알겠느냐고 했었습니다. 이미 주자의 주설(註說)을 옳지 않다 하여 반드시 자기의 소견대로 바꾸어놓았고, 『중용장구』의 주를 없애고 자신이 새로 주(註)를 만들어 그의 무리들에게 주었습니다.[76]

말하자면 송시열에게 윤휴는 주희의 배반자, 조선 학술사의 파괴자였다. 그가 불러올 위험은 금수와 홍수가 끼치는 것보다 더 컸다. 그러므로 그를 몰아내고 그를 옹호하는 무리의 힘을 꺾는 것은 당대 최고의 과제였다.

흥미롭게도 송시열은 이 시기 윤휴에 대한 공격의 칼날을 서인 내부로도 돌렸다. 남인과 북인은 이미 적대적 존재였거니와, 송시열은 의외로 서인 내부에 윤휴와 같이 위험한 인물들이 다수 자리 잡고 있다고 판단하고 이들과 치열하게 싸웠다. 이들은 서인의 전통 위에서 활동하고 있었음으로 그들을 몰아내고 억제하는 움직임은 훨씬 과격하고 힘들었다. 그 첫머리에 드는 인물은 윤선거와 그의 아들 윤증이었다.

윤휴를 높인 일은 윤(尹: 윤선거)이 처음부터 끝까지 미혹에 빠져 고개를 돌리지 않은 때문일세. 대저 윤휴의 흉패(凶悖)로 못하는 짓이 없었는데, 그 근원은 주자를 업신여기고 훼손한 데 있네. 이미 주자를 업신여기고 훼손했다면 이는 오도(吾道)의 큰 적(賊)인데 소위 유생이란 자가 어찌 감히 힘써 배척하지 않을 수 있겠는가. 이 때문에 내가 윤휴를 여지없이 공격한 것인데, 그가 죽은 뒤에 그 무리가 그의 일을 계속 이어 지켜가고 있으니, 이는 사실 윤의 죄일세. 아무리 용서하고 싶어도 용서할 수 없네.[77]

위 자료에서 '윤'은 윤선거를 말한다. 주희를 업신여기고 훼손한 윤휴의 일을 그가 죽은 뒤에도 그의 무리가 계속 이어가고 있으니, 이는 그를 옹호했던 윤선거의 잘못이라는 내용이다. 윤선거가 이미 세상을 떠난 상태에서 나온 이 발언은 윤선거 생전, 그가 윤휴를 옹호하는 당여(黨與)라고 압박했던 비판[78]의 논리를 재차 반복한 성격을 지녔는데, 송시열의 이 주장은 실상 윤증과의 전면전을 바탕에서 지탱하는 힘이었다.

'회니시비(懷尼是非)'[79]로 통칭되는 송시열과 윤증의 갈등은 1684년(숙종 10)에 윤증이 작성했던 '신유의서(辛酉擬書)'[80]가 공개되면서 전면적으로 펼쳐졌다. 서인 내부의 노론, 소론의 분립을 결정 지우는 희대의 이 사건이 벌어지게 된 데에는 다양한 요인이 작용했다. 오랜 시간 송시열과 윤선거 사이에 축적된 불만과 갈등은 그 중에서도 결정적이었다. 송시열은 윤증이 주희를 공격한 윤휴를 편들고 그것은 또 그의 무리들이 성인 공자를 모욕하고 훼손하는 일로도 이어진다고 하여, 윤증에 대한 공세를 윤휴와의 관계 속에서 극단적으로 밀어붙였다.

> 윤증이 죽을힘을 다하여 주자(朱子)를 공격한 적휴(賊鑴)를 편들고 그 무리들은 또 공자를 모욕하는 음사(淫辭)로 제목을 삼아 많은 선비들에게 시험을 보였으니, 세도(世道)와 국세(國勢)가 어디까지 갈는지 모르겠네.[81]

> 오늘날의 일이 이렇게 극한에 이른 것은 대개 주자를 모욕적으로 훼손한 윤휴를 지척(指斥)한 데서 발원하여 점차 확대되어 이 지경에 도달한 것입니다. 임금을 죽인 역적은 누구나 죽여도 된다고 하였으나 공자도 진항(陳恒: 제나라 임금인 간공을 살해한 대부)을 토죄(討罪)하지 못하였으니, 이는 시세(時勢)가 그러하였기 때문입니다. 지금 나는 자신과 시세를 헤아리지 못하고 망령되이 만에 하나라도 세도(世道)를 부지하려 하다가 도리어 하늘을 찌를 기세를 도발하였습니다. 심지어 대사성(大司成)이 감히 '장주(莊周)가 공성(孔聖)을 모욕한 일'을 제목으로 삼아 대성전(大成殿) 아래에서 많은 선비에게 시험을 보이기까지 하였습니다. 이는 공성의 귀하신 신명을 꾸짖어 달아나게 하려는 처사이니, 놀라고 분개한 마음을 견딜 수 있겠습니까.[82]

여기서 거론하는 내용은 1688년(숙종 14), 대사성 박태손(朴泰遜)이 성균관에서 시험을 보며 어부(漁父)가 공자의 물음에 답변한 『장자(莊子)』의 내용을 시제(試題)로 내걸었다가 추고 당한 일[83]과 연관되어 있다. 당시 이를 문제 삼아 많은 사람들이 '장주(莊周)가 공자를 업신여긴 말'로 시제를 내었다고 비판하였는데, 송시열은 이 일의 유래는 결국 윤휴라고 강조했다. 박태손은 윤휴와 어떤 관계도 없는 인물이었다.[84] 그럼에도 송시열은 이 문제를 윤휴와 결부시켰다. 박태손은 윤휴의 당여자(黨與者)인 윤선거를 가장 존모하는 인물로, 그러기에 그의 공자를 업신여기는 행동은 윤휴에게서 연원한다는 것이 송시열의 주장이었다.[85] 윤휴 학문의 활동성을 묶어두기에, 조선에서 일어나는 사상 상의 모든 문제는 윤휴가 근원임을 끊임없이 제기하는 송시열의 이 방식은 매우 강렬한 힘을 가지고 있었다.[86]

송시열은 이와 더불어 주희의 저작(著作)·언설(言說)에 대한 전반적 재검토 작업을 통해 주희의 진의(眞意)와 정설(定說)을 명확하게 하려고 했다. 『주자대전차의(朱子大全箚疑)』, 『주자언론동이고(朱子言論同異考)』는 그러한 노력의 성과이다.[87] 앞의 책은 1689년(숙종 15), 송시열 생전에 편찬이 거의 마무리된 뒤 권상하(權尙夏)·김창협(金昌協) 등의 보완을 거쳐 간행되었고, 뒤의 책은 생전에 틀은 잡았으나 마무리하지 못하여 한원진(韓元震)이 이어받아 완성했다.[88] 송시열은 『주자대전차의』가 윤휴에 의해 더럽혀진 『주자대전』의 참된 의미를 드러낼 수 있으리라 기대했다.

> 아, 근래 사문(斯文)의 재액(災厄)이 극심하여, 『주자대전』의 문자가 앞서 흑수(黑水: 윤휴를 말함)에 의해 더럽혀졌지만 세상 사람이 괴이하게 여기지 않았으며 도리어 따르는 자도 있었다. 이는 세상 사람이 모르기 때문에 좋아하지 않고, 좋아하지 않기 때문에 모두 괴이한 말에 어지러워지기 때문이다. 만일 이 글이 끝내 울타리 밖에 버려진 물건이 되지만 않는다면, 어찌 이 글로 인해 그 문로(門路)를 깨쳐서, 종묘의 아름다움과 백관의 부화(富華)함을 모두

구경할 이가 생기지 않겠는가.[89]

이와 같이 윤휴 사후에도 송시열에 의한 윤휴 평가의 기준이 만들어지고 이에 동조하는 사람들의 단죄는 움직일 여지 없이 확고부동하게 이루어졌다. 이 무렵 송시열은 윤휴를 주로 '적휴(賊鑴)', '흑수(黑水)'로 불렀다.[90] 예전에 쓰던 여윤(驪尹)과 같은 호칭에 비하면 혐오와 적대의 의미가 훨씬 강화된 표현이었다.

송시열의 윤휴 비판을 바탕에서 가능하게 했던 힘은 주자학의 절대주의화 의식이었다. 주희는 단순한 선유(先儒)·선배(先輩)가 아닌 성인(聖人)과 같은 존재이므로 그의 가르침은 선택의 여지가 없으며, 학문은 주희의 언설과 저작을 통해서 배워야 한다는 것이 그의 신념이었다. 그런 점에서 주자학을 벗어나는 노력, 윤휴와 같이 『중용』의 주해를 새로 내는 행위는 그 '위대한 인물, 위대한 사상'에 대한 거대한 반역 행위였다.

송시열의 기획이 가진 힘은 엄청났다. 송시열의 사후에도 기성의 인물들만이 아니라 신진의 인재들이 송시열의 생각을 받아들이며 주희의 학술에 비판적인 활동을 배격하는 모습을 다양한 형태로 발견할 수 있다. 1703년(숙종 29), 성균관 유생 홍계적(洪啟迪) 등이 박세당이 지은 『사변록(思辨錄)』을 비판하며 올린 상소의 한 구절이다.

> 하늘이 끝내 우리 사문(斯文)을 돌보지 않아 주자 이후에 아직 주자가 나타나지 않았습니다. 잠깐 비린내 나는 호원(胡元)을 떨쳐내자마자 또 진헌장(陳獻章)·왕수인(王守仁)의 무리가 나타나 다른 소리를 크게 내질렀으나 또한 아직 경서의 주석을 싹 쓸어버렸다는 이야기는 듣지 못했습니다. 불행하게도 적휴(賊鑴)가 동국의 문명이 바뀌는 틈 속에 태어났는데, 악한 기운의 씨앗으로서 만악(萬惡)을 갖추어 마침내 감히 주자를 능욕하며 깔아뭉개고 『중용』의 내용을 크게 왜곡하였는데, 그것은 끝내 홍수와 맹수의 화변이 경전의 주석을

쓸어버리고 그치는 일에 멈추지 않았습니다. 지금 박세당은 이를 경계 삼지 않고 그 전철을 그대로 밟아 성현의 문에 반역을 가하는 일을 스스로 만들었습니다.[91]

동국의 문명이 바뀌는 틈이란 표현은 조선이 명과 맺던 관계가 '오랑캐'의 나라 청에 의해 대체되던 사실과 연관이 있는데, 이 말에는 단순히 명에서 청으로의 교체가 아니라 이 땅에 '문명' 차원의 대전환과 격동이 벌어지고 있었다는 안타까운 마음이 내재되어 있었다. 이 사태가 지니는 파괴력이 그만큼 컸음을 드러내는 표현이기도 하다. 홍계적의 말대로, 주희가 중시했던 사서(四書) 가운데서도 가장 큰 비중을 차지했던 『중용』에 대해, 주희의 주석과 상관없이 독자적인 주석을 남긴 학자는 찾기 힘들었다. 윤휴는 그 어디에도 찾을 수 없는 특별한 존재였다. 조선의 주류 주자학 진영에서는 그런 그를 절대 용서하지 않았다. 박세당을 겨냥한 홍계적의 상소는 윤휴라는 거악(巨惡)의 표본이 있었으므로 작성하기가 더없이 쉬웠다. 『사변록』을 작성한 박세당의 행위는 윤휴의 전철을 그대로 밟고 있기에 윤휴의 죄악을 결코 벗어나지 못한다 함이었다.

송시열의 인식과 노력은 서인-노론의 학술 행위를 추동하는 힘이 되었다. 주자학으로 조선의 현재와 미래를 완성한다는 송시열의 기획은, 18~19세기 조선의 사회 변화에 따라 곡절을 겪고 또 크고 작은 도전을 받기도 했지만, 일종의 시대정신이었다. 윤휴에 대한 공격은 이러한 기획을 실현하기 위한 최선의 방법으로 정착했다. 정치와 사상의 여러 측면에서, 윤휴는 늘 문제의 근원으로 지목되었다. 그리하여 서인과 남인의 갈등, 남인들의 정치적 공세에 대해 서인들 그리고 송시열이 그 근원을 윤휴에서 구하는 것은 상례가 되었다.

우선 꼽을 수 있는 사례는 이이와 성혼의 문묘 출향(黜享)에 대한 반응이다. 이들 두 학자는 1682년(숙종 8)에 문묘에 배향되었다가,[92] 1689년(숙종 15)에 출향되었다. 1694년(숙종 20)의 갑술환국으로 두 학자의 문묘 종사는 다시 복원되지만, 이 사건이 던진 파장은 어마어마했다. 서인과 남인 사이에 벌어진 권력 투쟁의 정점이 두 학자의 출향이었기 때문이다. 이 사태에 대해 송시열은 윤휴에게 그 책임을 전가했다. 송시열은 문제의 근원을 멀리서 구하지 아니했다. 두 학자의 배향과 출향, 이를 따라 이루어지는 정국의 변화, 윤휴에게 모든 책임을 묻는 송시열의 생각은 전혀 상관이 없는 듯하지만 기묘하게 연결되어 있었다.

두 학자의 문묘 종사(從祀)는 인조대부터 시도된 서인들의 오랜 염원이었다. 그러나 이 일은 남인들의 반대에 가로막혀 쉽게 뜻을 이루지 못했다.[93] 결실을 맺은 시점은 1680년(숙종 6)의 환국을 통해 남인의 정치력을 거의 소멸시키고 난 뒤였다.[94] 송시열이 주도한 이 작업은 기존 문묘에 배향한 중국 학자들을 출향하고[95] 또 새롭게 승무(陞廡)하는 일과 맞물려 시행되었다.[96] 한편으로는 기존 배위(配位)를 출향하고 한편으로는 새로운 인물의 승무를 병행하며 급격한 변화를 만드는 가운데 승무의 대상으로 이이와 성혼 또한 포함시켰던 것이다.[97] 이 같은 방식의 문묘 정비는 이 시기 서인들이 가지고 있었던 중국 학술사에 대한 정리 작업과 동시에 진행된 것이지만, 어찌 보면 이이와 성혼 두 사람만 대상으로 삼아 추진하면 맞닥트리게 될 거대한 저항을 이들은 이와 같은 방식으로 피해가려 하지 않았을까 하는 생각도 든다.[98]

두 학자의 문묘 종사는 그들을 '일대(一代)의 유종(儒宗)이자 백세(百世)의 사표(師表)'[99]로 국가가 공인하는 일이었다. 이는 두 사람의 명예에 그치는 것이 아니라 그들의 학문적 지위와 권위를 지식 권력의 최정점에 세우는 바탕이기도 했다. 궁극에서 이 일은 '유도(儒道)의 표장과 문치(文治)의 증식'을 가능하게 하는[100] 근거로 인식되고 있었다. 그러기에 서인들은 이 일을 오래전부터 추진해왔고[101] 드디어 그 숙원이 풀린 것이다. 서인들의 기쁨과 자부심은 더할 나위 없을 정도로 컸다.[102]

그런데 남인과 서인의 정권 교체가 이루어지면서 이이와 성혼의 문묘 출향이 결정되었다. 1689년(숙종 15) 3월 중순의 일이었다.[103] 기사환국 후 정권을 잡은 남인들이 1680년(숙종 6) 이후 서인들에 의해 이루어진 정치적 변화를 모두 원점으로 돌리려 했던 노력의 한 결과였다.

남인들은 서인이 만들어둔 권력 체계를 허무는 방법으로 보사공신(保社功臣)[104]을 삭훈(削勳)[105]하는 조치와 함께 이 일을 추진했다.[106] 비슷한 시기에 송시열 또한 사사(賜死)하였다.[107] 서인의 권력 구심을 이루는 여러 요소를 한꺼번에 빠른 속도로 무너뜨리려는 것이 그들의 전략이었다. 그 과정에서 남인과 서인 사이에 만들어진 갈등의 강도는 상상할 수 없을 정도로 증폭되었다. 한편이 갖는 절망감과 적대감의 반대편에는 그에 맞먹는 승리와 성공의 희열이 자리 잡고 있었다.[108]

이이와 성혼의 문묘 출향에 대해 송시열은 이 일의 근원이 윤휴라고 거론하고, 그를 도운 자들이 죄를 나누어 받아야 한다고 주장했다. 이때 그가 윤휴를 부르던 이름은 '여간(驪奸)' 곧 '간악한 윤휴'였다.

> 경원(慶元: 남송 영종의 연호) 정사년에 회옹 선생(晦翁先生: 주희)이 멀리 귀양 가는 서산(西山) 채원정(蔡元定)을 송별하고 어떤 사람에게 보낸 편지에서 "근일에 새로 세운 학교를 고쳐서 다시 승방(僧坊)으로 만드는 일이 일어났는데, 공자의 소상(塑像)이 부서져 헐리고 허리가 끊어지고 팔이 부러져서 마음이 매우 아픕니다. 저 성현들도 그런 화액(禍厄)을 면치 못하는데 하물며 우리들이야 말할 것이 있겠소" 하였다. 근자에 양현(兩賢: 이이와 성혼)을 문묘에서 내쫓아서 위판(位版)이 땅속에 파묻혔으니 슬프고 아픈 마음이 어찌 경원 때보다 못하다 하겠는가. 그것은 실로 여간이 근원이 되는데 그 여간을 도와준 자가 그 죄를 나누어 받는 것이 마땅할 것이다.[109]

문묘 출향 조치가 일어나고 얼마 지나지 않아 송시열은 사사되었기에 이 발언이 나온 시점은 송시열이 세상을 떠나기 얼마 전일 것이다. 윤휴를 절대 용서하지 말라는, 서인-노론들에게 내리는 마지막 유언처럼 느껴진다.

이이와 성혼의 문묘 종사에 대한 비판과 반대 의견은 이미 인조대부터 형성되어 있었다.[110] 이를 주도한 세력은 남인이었다. 이후로 당쟁이 격화하면서 남인들의 반대는 더 강화되었다. 이황의 학문에 연원하거나 아니면 서울·경기 지역의 북인계 남인들은 이들의 문묘 종사를 쉽게 받아들이려 하지 않았다. 문묘 종사가 만들어내는 학술 권력의 힘을 이들은 익히 알고 있었다. 하지만 이 일에 윤휴는 전혀 간여하지 않았다. 윤휴가 그 근원이라는 인식은 윤휴에 대해 송시열이 오래 지니고 있던 적대감의 한 편린이었다.

송시열이 판단하고 있던 윤휴의 위험성은 따지고 보면 서인들이 구축하려던 사상과 정치의 공간을 긴 시간 유지하려던 열망과도 통하는 것이었다. 누군가 견고한 성벽에 틈을 내고 그것을 허무는 일은 용납할 수 없었다. 각고의 노력 끝에 성취한 이이와 성혼의 문묘 종사가 실패로 귀착되는 일은 그러한 기대와 노력의 한 축이 무너지는 신호였고, 그 유래를 거슬러 오르면 바로 조선 학술의 오랜 권위를 부정하던 윤휴의 활발한 활동이 있었다. 송시열은 윤휴의 사상 활동에 대해 그들이 구축해놓은 공고한 세계에 거대한 균열을 내는 행위라고 생각하고 있었고, 그 부정의 힘이 남인에 의한 이이와 성혼의 문묘 출향으로 귀결되었다고 결론을 내렸던 것이다.

송시열이 지녔던 이러한 생각은 1728년 이인좌의 반란이 일어나면서 서인 학통 내에서 한 단계 더 강화된 형태로 틀을 잡았다. 윤휴의 학문은 필연적으로 국가 사직의 위기를 만들게 된다는 인식이 그것이었다. 이는 황경원(黃景源, 1709~1787)에게서 살필 수 있다. 이재(李縡)의 문인으로 이천보(李天輔), 오원(吳瑗) 등과 교유했던 황경원은 18세기 서인-노론의 정치의식을 누구보다 강하게 지니고 있었다.[111] 황경원은 이인좌 반란 후 10여 년이 흐른 시점에 안음현의 향교 기문(記文)에서 이와 같은 생각을 밝혔다.

앞서 본 대로 이 사태로 말미암아 윤휴의 후손들은 가혹한 처벌을 받았다. 윤휴의 아들과 손자들은, 그들 가운데 반란에 직접 참여한 사람이 확인되지 않은 상태에서, 절도 정배의 처벌을 받으며 곤욕을 치렀다. 이 가운데는 죽어서도 죄를 벗지 못하는 사람도 있었다. 이는 당시 신료들이 밝힌 대로 법외의 처벌이었고 정치적 성격이 강한 대응이었다. 영조와 권력 핵심부에 있던 인물들이 지니고 있던 윤휴에 대한 의구심과 적대감이 이러한 방식으로 표출된 것이었다.

황경원의 글은 이와는 맥락을 같이하면서도 차원을 달리하는 의미를 지니고 있었다. 황경원은 '군자는 세 가지 두려움을 가져야 한다'[112]는 공자의 말을 근거로, 윤휴를 비롯해 중국과 조선에서 주희의 경서 해석을 따르지 않는 인물들의 사상 활동을 평가했다. 공자가 이야기한 세 가지 두려움은 '천명을 두려워함[畏天命], 대인을 두려워함[畏大人], 성인을 두려워함[畏聖人]'이었다. 그가 보기에 주희의 학술을 비판하여 다른 견해를 제기하는 것은 공자가 세운 가르침을 어기는 일이었다. 공자-맹자로 이어지는 학문의 계통을 이은 이가 주희였기에 그에 대한 비판과 새로운 견해의 수립은 곧 천명과 대인과 성인을 두려워하지 않는 행위에 다름 아니었다.[113]

중국에서 그러한 행위를 벌인 인물은 왕양명(王陽明)이었다. 황경원의 생각으로는, 주희가 정리해놓은 『대학장구』의 체계와 해석을 부정한 왕양명은 오만하게 스스로를 높여 성인을 업신여기고 두려워하지 않는 인물이었다. 송나라 말기의 유학자들 가운데 주희에게 반기를 든 사람이 적지 않았지만 왕양명처럼 치우치고 비뚤어진 사람은 없었다. 그리하여 황경원은 왕수인의 학문이 다음과 같은 모습으로 귀결되었다고 했다.

> 아, 왕씨가 문공(文公: 주희)을 헐뜯으면서 홍수나 맹수라고 하였으니 성인을

업신여긴 것이 심하였도다. 그리하여 그의 학문은 세 번 전승되어 도석(陶奭)에 이르러서는 백마산(白馬山)에서 강학하며 인과설(因果說)을 만들게 되었다. 그의 제자 안산농(顔山農: 안균)과 하심은(何心隱: 양여원) 같은 자들은 도적의 무리에 들어갔으니 대개 왕씨가 성인을 업신여김으로 말미암아 세상이 그 화를 받은 것이다.[114]

도석은 도석령(陶奭齡)을 가리키는데, 왕양명의 학문을 전수받은 3세대 학자로 평가받는다.[115] 그의 제자인 안산농과 하심은[116]이 도적이 되어 세상을 어지럽혔는데, 이는 그 뿌리인 왕양명으로부터 말미암은 참화라는 이야기이다. 안산농과 하심은이 도적이 되어 활동한 일은 조선인들에게는 많이 알려져 있었고 또 이것은 확대되어 학문의 원류(源頭)를 변별하고 말류(末流)의 폐단을 살핌에 주목해야 할 사례로서 주목되기도 했는데,[117] 황경원은 왕양명의 잘못으로 세상이 화를 입었다는 논리를 이와 같이 펼쳤다.

조선에서 왕양명에 비견되는 인물은 윤휴였다. 황경원은 조선에서 주희를 종주로 삼은 지 300년이 되어 왕양명의 견해도 아무런 해를 끼치지 못했는데, 윤휴가 왕양명보다 더 치우친 태도로 『중용』에 새로운 주석을 내어 학자들에게 전하니, 이는 의심할 여지 없이 성인을 업신여기는 마음이라고 진단했다.[118] 이인좌, 정희량의 반란은 그 필연의 결과였다.

금상이 보위에 오른 지 4년 되는 해에 이인좌가 청주에서 반란을 일으키고 정희량이 안의에서 반란을 일으켰으니 모두 윤휴의 당이었다. 『중용』에 별도로 새로운 주석을 낸 것은 처음에는 성인을 업신여기는 정도에 불과한 것이었으나 종국(宗國: 조선)이 그 재앙을 받은 것은 어째서인가? 성인을 업신여기면서 상제를 업신여기지 않는 자가 없기 때문이고, 상제를 업신여기면서 대인을 업신여기지 않는 자 또한 없기 때문이다.[119]

성인을 업신여기면 상제를 업신여기고 상제를 업신여기면 대인을 업신여기는 것인데, 그 귀결이 곧 나라가 멸망의 지경에 이르는 참화이며, 윤휴의 행동이 그의 당류인 이인좌와 정희량의 반란을 불러왔다는 논리이다.

이인좌와 정희량이 반란을 일으키게 된 요인이 한두 가지가 아니었고 또 이들의 사상 혹은 정치적 목표에 윤휴가 얼마나 영향을 미쳤는지는 분명하지 않다. 황경원의 생각은 모략에 가까운 주장이었다. 그럼에도 그가 이와 같이 강변할 수 있었던 것은 윤휴의 생각이 주자학을 기반으로 세워놓은 강고한 세계를 무너뜨릴 수 있다고 판단했기 때문이었다. 황경원은 주자학과 서인-노론의 선배 세대가 만들어놓은 질서를 한 치 빈틈없이 유지해가는 것이야말로 가장 중요한 과제라 생각했다. 그에게서 이인좌·정희량이 반란을 일으켜 조선에 위협을 가하는 일이나 윤휴가 주자학의 질서를 따르지 않으려는 일은 모두, 조선의 국가 운명에 위해가 된다는 점에서 동일한 것이었다.

이인좌와 정희량을 윤휴의 당(黨)으로 거론하며 그 위험성을 주창한 황경원의 안음현 향교 기문[120]은 예전의 향교를 복원하면서 그 사정과 의미를 기리기 위해 작성되었다. 글을 쓴 연도는 확실하지 않지만 이인좌 반란 이후 10여 년이 지난 1738년쯤이다.

안음현은 영조가 정희량이 반란을 일으킨 곳이라고 하여 1728년 7월에 혁파했다가[121] 1736년(영조 12) 1월에 다시 설치했다.[122] 안음현의 향교도 이때 함께 복원했는데, 황경원이 이에 이 글을 작성했던 것이다. 황경원의 글이 안음현의 사람들에게 그렇게 적실했던가 하는 의구심이 들지만 실제로는 이 시기 서인들이 지니던 생각을 충실히 담아 결코 경거망동하지 말라고 이 지역 사족에게 내린 강한 경고였다.

윤휴의 『중용』 개주에 대한 서인의 비판적 평가는 19세기 중엽에 이르면 학술사적 차원에서 정리되는 모습을 보였다. 서인계 이규경(李圭景)이 그 주인공이다. 『오주연문장전산고(五洲衍文長箋散稿)』에서 경학사를 서술하던 이규경은 윤휴의 『중용』 주석에 대해, 이설(異說)을 내고 주희를 배반하며 분란을 일으킨 사례라고 혹평했다.

> 『중용』—『예기』 27편에 실려 있었는데 별도로 뽑아서 단행본으로 만들었다—은 이미 주자의 집주가 있으니, 후세 선비들은 마땅히 그의 훈고를 따를 뿐, 다른 의견을 내세워 '경전을 배반하는[畔經]' 죄를 지어서는 안 된다. 그러나 후세 선비들이 많은 이설을 내세워 분경(紛更)이 끊이지 않는 것은 무슨 일인가? 우리나라의 윤휴가 가장 심한 자이다.[123]

이 지점에서 살피면 주자학을 비판하는 학술에 대한 이규경의 태도는 앞선 시기 서인-노론의 모습과 별 차이가 없다. 그런데 흥미롭게도 이규경은 청대 학자 안계(安溪) 이광지(李光地)와 목당(穆堂) 이불(李紱)의 『중용』 저술을 길게 소개했다. 이들의 저술이 『중용장구』의 본주(本註)를 벗어나지 않고 주희의 견해에 해를 끼치지 않으므로 『중용』 이해에 참고할 만하다는 것이 소개의 이유였다.

> 중원(中原)의 거유(巨儒)인 안계 이광지의 『중용편(中庸篇)』이 있는데, 그 뜻이 주자의 본주에서 벗어나지 않으므로 『중용』을 읽는 이가 참고할 만하며, 또 목당 이불의 『중용장절고(中庸章節考)』가 있는데, 그 설도 주자의 집주(集註)에 해를 끼치지 않아 참고할 만하다.[124]

이 가운데도 이규경이 소개한 이불의 『중용장절고』는 『중용장구』에서는 볼 수 없는 점이 적지 않았다. 특히 6대단(大段) 33장으로 편장한 방식에 대해 이불은 "『중용』은 본래 1편의 문자가 아닌데도 억지로 주견을 내세워 6대단으로 분류하였고 또 33장으로 세분하여 후세의 훈고(訓詁)·강장(講章)하는 이들의 소견과 거의 비슷하니 역시 『중용』의 본의에 적합하다고 할 수 없다"[125]고 평가하고 독자적으로 5장으로 편장하였다.[126] 이규경의 말대로 이불의 견해가 주희의 집주를 전면 부정하는 정도는 아니었지만, 그가 주희의 『중용장구』에 사로잡히지 않았던 점은 분명했다.

이광지와 이불은 청대 학문 성과를 보여주는 학자로, 조선에서도 이들의 책이 소개되어 여러 사람들이 그들의 생각을 접할 수 있었다. 두 사람은 성향을 약간 달리했는데 이광지는 주자학자였고 이불은 육상산과 왕양명의 영향을 받은 점이 있었다. 그런 까닭에 이불에 대한 조선 학계의 평가는 호의적이지 않았다. 이불이 편찬한 『주자만년전론(朱子晩年全論)』에 대해 정조대에 편찬된 『규장총목(奎章叢目)』의 찬자는 주희의 말을 빌려 "이 참화(慘禍)가 언제 끝날지 알 수 없다"[127]고 비판했다. 주희와 육상산의 견해는 처음에는 달랐으나 그들의 만년에는 합치했다는 주장이 왕양명을 거쳐 이불에 이르러 지속되는 것을 이 책으로 확인한 조선 학자들의 비판이었다. 어떤 측면에서 보자면, 이불의 폐해는 이만저만한 것이 아닌 셈이었다. 말하자면 이광지와 이불의 학문 성향은 달랐고, 이불의 학문은 비판적으로 볼 만한 소지가 있었다. 그럼에도 이규경은 이들에 대해 그렇게 적대적인 태도를 보이지 않았다. 이는 이규경이 근본적으로 주희의 해석에서 한 걸음도 나아가서는 안 된다고 여기는 주자학 절대주의의 태도를 지니지 않았기 때문이었다.

이광지와 이불의 견해에는 예리한 시각에서 오는 풍부한 해석이 들어있었다. 독자의 처지에서는 주자학을 더 다채롭게 이해할 수 있는 생각을 이들로부터 얻을 수 있었다. 주자학과 다른 목소리를 낸다고 하여 배격한다면 오히려 그들로부터 어떤 지적인 자극과 도움도 받지 못할 것은 자명했다.

이규경은 윤휴의 새로운 주석을 비판하면서도 청대의 새로운 연구 성과를 담은 저술에는 호의적이고 긍정적인 반응을 보였다. 일면적으로 송대의 학술-주자학의 세계에 갇혀 사는 것과 비교하면 그에게는 사유의 숨통을 틔워갈 수 있는 융통성이 어느 정도 있었다. 윤휴의 『중용』 주석에 대한 이규경의 평가는 모호한 경계에 있는 셈이었다.

이규경의 학술 태도는 청대의 출판물을 대량으로 접하고 청 문물의 수용에 열린 마음을 지녔던 조부 이덕무(李德懋)의 모습과 유사하다.[128] 가학의 전통을 느끼게 하는 점이 있다. 아마도 그가 가파르게 윤휴를 배척하고 적대하려는 마음이 적었던 것도 이러한 요인에 영향 받은 점이 있었기 때문일 수 있다.

이규경이 윤휴의 『중용』 개주를 직접 보았는지는 미지수다. 그가 윤휴를 '경전을 배반한 인물'이라고 발언하는 점으로 미루어볼 때 실제 윤휴의 글을 읽었을 가능성도 있다. 그러나 윤휴의 주석을 직접 이야기하지 않는 것으로 보면, 전해 내려오는 이야기로 저와 같은 판단을 했을 가능성도 배제할 수 없다.

『중용』의 주를 새롭게 지은 윤휴에 대한 이규경의 비판적 평가는 서인의 전통적 사고를 그대로 계승하면서도 중국 경학사의 흐름 위에서 살핀 점에서 훨씬 엄중했고 무게감이 있었다. 그러나 그의 표현은 송시열이나 황경원·홍계적 등이 지니고 있던 정치적 극언을 벗어나 비교적 온건했다. 이런 온건함은 아마도 조부 이덕무의 성향과도 연관이 있을 수 있다. 여기서 더 나아간다면 이덕무가 윤휴에 대해 가졌던 또 다른 모습도 볼 수 있다.

이덕무는 인구에 회자되는 윤휴의 시를 자신의 시 비평집 『청비록(淸脾錄)』[129]에 수록했다. 사람이 나쁘다고 그 좋은 시를 버릴 수가 없다는 것이 그의 생각이었다.

> 윤휴 역시 패란의 무리이나, "구름 걷힌 만국에서 함께 달을 보고, 꽃 핀 수많은 촌락에서 함께 봄을 누리네"라는 시구는 매우 장하고 화려하니, 사람이 나쁘다고 하여 좋은 시까지 없애서는 안 된다.[130]

이덕무가 장려하다고 높게 평가한 윤휴의 위 시는 17세기 당시에도 수작으로 알려졌던 모양이다. 윤휴의 후손들은 그의 죽음에 주도적인 역할을 한 사람으로 민정중을 꼽았는데,[131] 실상 민정중은 한때 윤휴와 매우 친하게 지낸 사이였다. 어떤 사람이 그가 윤휴와 그토록 친하게 지낸 이유를 묻자, 민정중은 위의 시구를 거론하면서 이런 시를 짓는 사람과 어찌 친하게 지내지 않을 수 있겠는가 했다고 한다.[132]

이덕무·이규경의 조손(祖孫)에게서 볼 수 있는 윤휴에 대한 비판과 긍정의 발언을 보면, 서인들에게 흔히 볼 수 있는 적대의 언어는 매우 약해져 있음을 알 수 있다. '경전을 배반한 인물'이라는 엄중한 평가는 여전했지만 '적휴', '맹수와 홍수보다 더한 화를 불러오는 인물'이라는 지칭은 나타나지 않는다. 물론 이는 그들이 서인-노론계의 정통 학통 내에서 성장하지 않았고 또 정치의 전면에 서 있던 인물이 아니기에 볼 수 있는 현상일 수 있다. 그렇다 하더라도 이들이 보여주는 모습은 달라진 시대의 분위기를 어느 정도 반영하는 점이 있었다.

17~18세기, 서인-노론이 조선 사상계의 가장 위험한 인물로 평가하던 윤휴는 그렇다면 19세기 말이 되면 어떻게 인식되었을까. 그에 대한 부정 의식은 여전했지만, 그 내용에서는 예전과는 전혀 다른 이야기가 나오기도 했다. 곧 윤휴가 송시열의 견해가 정당함을 알면서도 그에게서 받은 공격에 복수하기 위해 의도적으로 삼년설을 내세우고 또 송시열의 기년설에 대해 '군주를 낮추고 종통을 둘로 나누는 주장'이라고 거론했다는 내용이다.

> 기해년 방례(邦禮)에서 기년이 타당하다는 점은 윤휴의 학식으로 충분히 알았을 것이다. 하지만 그는 '주자를 배반하였다'고 하여 우옹(尤翁: 송시열)에게 배척을 받았기 때문에 참화를 일으키고자 하는 마음이 깊었다. 이에 이를 빌미로 삼년설을 주장하고 '군주를 낮추고 종통을 둘로 나누었다'는 설을 주창

> 했다. 허상(許相: 허목)은 본래 문사(文士)여서 예의 의미를 알지 못했으며 믿고 의지하는 자는 오직 윤휴였다. 그래서 윤휴의 견해가 한번 나오자 그를 따라 화답하고 응견(鷹犬)이 됨을 달게 여겼으며 마침내 그 평생을 그르쳤으나, 그는 이를 알지 못했다. 애석하고 애석하도다.[133]

이항로(李恒老)·홍직필(洪直弼)에게 배우고 주위에 많은 영향력을 행사했던 김평묵(金平默)이 1885년에 쓴 편지글이다. 제자 윤석봉(尹錫鳳)이 윤휴와 허목이 삼년설을 주장한 이유가 실제 그가 옳다고 여겨서 그런 것인지 아니면 기년설의 의미를 알면서도 싸워 이기고자 하는 마음 때문에 그랬는지 알고 싶다고 질문하자,[134] 김평묵은 이와 같이 답변했다. 윤휴를 소인배의 우두머리이자 이단의 괴수로 보던[135] 윤석봉으로선 사태를 매우 단순하게 느끼고 있었던 모양이다. 김평묵의 답변 또한 극도로 왜곡되어, 없는 사실을 실재하는 것처럼 바꾸었다.[136] 송시열과 다른 예설을 펼친 사실이 윤휴의 사상과 결부된 신념에서 온 것이 아니라 참화를 꾸미려는 그의 소인배의 마음에서 나왔다는 사제 사이의 대화는 윤휴에 대한 멸시가 어디까지 갈 수 있었던가, 사실이 얼마만큼 왜곡되어 전승되는가를 보이는 상징적인 모습이라 할 것이다.

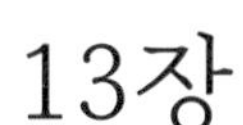

13장

한국 사상사 속 윤휴

1
남인의 윤휴 평가

서인들이 윤휴에 대해 가졌던 극단적인 비판과 부정의식을 남인에게서 찾는 일은 쉽지 않다. 18~19세기 남인 내 소수 인물들이 그의 글을 구해 읽고 그의 사상을 살폈다. 그 가운데서 깊은 영향을 받아 윤휴의 사유를 자양으로 삼아 자신의 학술 세계를 세운 인물도 나타났다. 대체로 경기·충청 지역을 근거지로 살았던 남인들에게서 윤휴의 사상을 접하는 모습을 볼 수 있다. 특히 '성호학파' 인물들이 그러했다. 북인계와 깊은 연관을 갖는 성호학파의 학문 성향, 정치적 배경, 가문의 내력과 같은 요소[1]가 윤휴를 읽고 이해하려는 태도를 가짐에 어느 정도 영향을 주었을 것이다.

윤휴의 글이 읽히는 경로, 방식은 뚜렷하지 않다. 그의 사후에 문집이 공간(公刊)되지 않았기 때문에 그가 남긴 글과 자료에 관심을 가진 사람들이 이를 보고자 하더라도 그 전모를 접하는 일은 쉽지 않았다. 그렇다 해도 그의 글이 완전히 가장(家藏) 상태로 묶여 있었던 것은 아니었다. 윤휴가 살아서 활동하던 시절에 적지 않은 저술과 글이 유통되고 또 논란이 되었기 때문에 그의 사상을 담고 있는 핵심 자료는 많은 사람들이 접했을 가능성이 크다. 사단칠정·인심도심설에 관한 글,[2] 경서 해석과 관련하여 허목과 주고받은 편지,[3] 예송 당시 윤휴가 작성한 예론,[4] 「중용설」을 비롯한 『중용』 관련 저술, 윤휴가 숙종에게 읽고 정무에 참고하도록 올린 『효경장구고이』,[5] 「공고직장도설」[6] 등이 거기에 해당했다.

미완의 형태이긴 하나 후손가에서 소장하고 있던 『하헌집』과 같은 형태의 편집본도 윤휴의 글이 유통됨에 도움이 되었을 것이다. 편집본이 있다면 필사해서 구해 보는 것은 그렇게 어렵지 않은 일이었다. 윤휴의 문집이 아직 공간되지 않았다 하더라도 관심을 가진 사람들은 마음만 먹으면 이들 자료를 구해서 읽었던 것으로 보인다.

18세기 성호학파 내에서 윤휴의 글이 읽히고 유통되는 모습의 일단은 안정복(安鼎福)에게서 확인할 수 있다. 안정복은 윤휴에 대해 그다지 많은 이야기를 남기지 않았다. 그의 글에서 윤휴에 대한 평가나 그로부터 영향을 받은 면모를 찾기가 쉽지 않다. 하지만 그가 남긴 자료는 당시 남인 학자들이 윤휴의 글을 구해 읽고 또 필사해두는 모습을 잘 보여준다. 안정복은 『조선성리설(朝鮮性理說)』[7]이란 책에 윤휴의 글을 차록(箚錄)하여 실어두었다. 『조선성리설』은 정도전의 『불씨잡변(佛氏雜辨)』을 비롯해 이익의 『사칠신편(四七新編)』 등을 모아서 세 권으로 엮었는데 윤휴의 글은 제3권의 절반을 차지한다.

안정복이 필사한 윤휴의 글은 「심의제고(深衣制考)」,[8] 「대학후설(大學後說)」 그리고 『만필(漫筆)』의 여러 글[9]—시설(詩說), 설시설(揲蓍說), 예잡설(禮雜說), 주례동관설(周禮冬官說), 효경설(孝經說), 선거잡설(選擧雜說), 경국제설(經國諸說), 간관설(諫官說), 환관설(宦官說), 형옥설(刑獄說), 기타 『만필』의 일부 내용—, 『효경외전』(상·중·하) 등이다.

필사의 방식은 글마다 조금씩 다르다. 「심의제고」나 「대학후록」은 전문 그대로 실었다. 『만필』에서 차록한 글은 안정복이 글 주제에 맞추어 임의로 제목을 붙인 듯하다. 이는 '만필' 형식의 글이 대체로 소제목을 달지 않는 일반적인 양상, 오늘날 남아 있는 윤휴 문집의 『만필』에 제목이 없는 것으로 유추할 수 있다. 『효경외전』(상·중·하)은 『효경외전』에 포함된 글의 제목만 간단하게 소개하고, 말미에는 '효경외전천론(孝經外傳淺論)'이라는 이름으로 자신의 의견을 짤막하게 붙여두었다. 『효경외전』에는 상_『예기』 「애공문인도(哀公問人道)」, 『서명(西銘)』, 『가어(家語)』 「애공문정(哀公問政)」, 『맹자』 「허행변(許行辨)」, 중_『예기』 「대전(大傳)」, 『예기』 「소기략(小

記略)」,『노론(魯論)』「요왈(堯曰)」, 하_『이아(爾雅)』「친속기(親屬記)」,『관씨(管氏)』「제자직(弟子職)」,「명기편(名器篇)」 순으로 실려 있는데 안정복은 상·중·하를 표기하지 않은 채 빠짐없이 소개했다.

안정복이 이 글들을 차록한 시기는 분명하지 않다. 차록 대상으로 삼았던 원고가 윤휴의 후손가에서 정리하여 편찬해둔 편집본인지, 다른 사람이 원본을 보고 필사해두었던 필사물인지도 확인되지 않는다. 그 내용으로 보자면, 생각보다 많은 글을 안정복이 읽었음을 알 수 있다.「심의제고」,「대학후설」,『효경외전』 등은 윤휴가 20대 초반에 작성했던「인심도심사단칠정설」 등에 비해 당시로서는 그렇게 널리 알려진 편이 아니었다.「중용설」이나『중용주자장구보록』 등의 저술이 수록되지 않은 점도 흥미롭다. 안정복이 보고도 차록하지 않았거나, 그가 차록 대상으로 삼았던 자료에 이들 글이 실려 있지 않았을 수도 있다.

『만필』은 다양한 내용 가운데 관심 가는 내용 중심으로 뽑은 듯하다. 대체로 관료 임용제도 등을 중심으로 차록한 점을 보면,『동사강목』 집필에 몰두했던 그의 학문적 성향이 반영된 것으로도 보인다. 역사서에 제도의 변화를 기록하는 것은 필수였거니와 안정복은 이 문제를 특히 중시했다.[10]

안정복은 윤휴에 대해 특별한 판단의 표현을 남기지 않았다.『조선성리설』에 실린 글들도 별다른 평가 없이, 중요한 구절에 방점을 찍는 방식으로 읽었을 뿐이다. 분명 윤휴에 관한 이야기를 많이 들었을 것이고 그가 남긴 글을 읽었음에도 현재 남아 있는 자료로는 안정복이 그에 대해 언급하는 대목은 찾기 힘들다. 다만 17세기 인물인 한기(韓垐)의 행장을 작성하며 윤휴와 허목의 삶에 대비하여 한기의 은거를 평가하는 대목에서 안정복은 윤휴에 대한 생각의 일단을 내비쳤다.

> 숙묘조(肅廟朝) 갑인년(1674)에서 을묘년(1675) 사이에 당론이 횡행하여 서로 간에 마구 공격하였으며, 나이 어린 임금이 왕위에 올라 있고 귀척(貴戚)들이

조정에 가득 차 있었으니, 도가 융성하지 못하고 시기가 좋지 못하였다고 할 만하다. 그런데 시골에 살던 미천한 신하를 하루아침에 그 사이에다 놓아 혼이 빠지게 한다면, 이것은 마땅히 군자가 눈을 밝게 뜨고 자세하게 살펴야 할 지점이다. 그로부터 얼마 지나지 않아서 금사(金沙)의 재학(才學)으로서도 마침내 목숨을 잃었으며, 연로(漣老)의 숙덕(宿德)으로서도 궁색함을 면치 못하였으니, 나아가고 물러남이 어려운 것이 이와 같은 것이다. 그런데 공은 그런 시대를 살면서 조정에서 부르는 명령이 여러 차례 내려왔으나, 세속을 버린 채 은거하여 마침내 한 시대의 완인(完人)이 되었으니, 어찌 현명하지 않은가.[11]

'금사'는 여주 남한강 변의 금사리에 살았던 윤휴를, '연로'는 연천에 살았던 허목을 가리킨다. 윤휴를 재학으로 평가하는 점이 눈에 띈다. 한기의 생애를 빌려, 윤휴의 그 아까운 재주를 제대로 보존하지 못했던 삶을 안타까워하면서도 또 현명하지 못했음을 질책하는 듯하다. 한기는 윤휴와 친하게 지냈던[12] 인물로 윤휴가 여러 차례 출사를 권유했지만[13] 이를 거절하며 생애를 마칠 때까지 은거했었다.[14]

윤휴에 대해 성호학파의 학자들 가운데 관심을 가진 사람이 적지 않았다. 안정복은 그의 글을 읽고 어떤 태도도 드러내지 않았지만, 의외로 많은 인물이 그의 생각을 받아들이고 영향을 받았음을 확인할 수 있다.

윤휴의 학설을 높이 산 학자로는 권철신(權哲身)[15]이 있다. 이익의 말년 제자로 성호학파 내에서 신망이 높았던 권철신은 안정복과 친하게 지냈고 학문적인 토론을 활발히 하던 사이였다. 그의 동생 권일신(權日身)이 안정복의 사위[16]가 될 정도로 두 집안 사이의 교유는 활발했다.

권철신과 안정복의 학문 성향은 많이 달랐다. 천주학과 양명학에 대해 권철신이 적극적으로 관심을 기울이고 그 요소를 많이 받아들였다면 안정복은 이에 대해 보수적으로 접근했다.[17] 안정복은 천주학이 사회적으로 문제가 되면서 천주학을 비판하는 글을 작성하기도 했다.[18] 가까이에서 사위

권일신이 천주학에 연루되어 큰 곤욕을 치르고 1792년(정조 16)에 죽임을 당하면서 그러한 생각은 더 강화되었던 것으로 보인다. 그러했기에 권철신과 안정복 두 사람은 조선 후기 정치와 학술상의 현안을 이해하는 방식도 달랐다. 윤휴에 대한 태도에서도 이는 선명히 드러났다.

권철신은 이미 젊은 시절 윤휴의 학문과 사상을 흠모하며 이황과 이익 사이의 큰 학자로 평가했다.[19] 이는 조선 사상사 속에서 윤휴의 위상을 본격적으로 거론하기 시작하는 한 모습이다. 정약전(丁若銓)이 권철신에게 들었다는 다음 이야기는 매우 중요하다. 정약용의 기록에 나온다.

> 공이 젊었을 때 하헌(夏軒: 윤휴)을 사모하여 "퇴계 이후로는 하헌의 학이 본말이 있고, 하헌 이후로는 성호의 학이 지난 시절의 학문을 잇고 미래에 올 학자들을 개도(開導)하였다"고 한다. 이는 나의 중씨(仲氏: 정약전)가 들은 말이다. 그런데 공의 말년에는 이와 같은 말을 하지 않았다. 내가 들은 바로는, 공이 하헌을 오활(迂闊)하게 여겼으나 하헌의 『만필』 1권은 매우 좋다고 감탄하였으며, 기해예설(己亥禮說)에 대해서는 참최설을 옳게 여겼다.[20]

정약전은 권철신에게서 배웠으므로[21] 위 이야기가 근거 없지는 않을 것이다. 조선 학술사에서 이황과 윤휴, 이익 세 사람의 학문만을 인정하는 발언을 담고 있다. 이황, 윤휴, 이익 상호 간의 계승 문제에 대해서는 언급하지 않았지만, 권철신은 이황, 이익과 더불어 윤휴를 언급하고 그 윤휴의 학문이 본말을 갖추었다고 평가했다. 물론 정약전에게 들었다며 이 사실을 기록한 정약용은 권철신의 생각을 많이 축소했다. 곧 권철신이 만년에 가서는 저와 같은 말을 하지 않았다 함이었다. 정약용은 또한 권철신이 자신에게는 윤휴의 생각이 오활하다고 이야기했다고 하여 정약전의 전언 역시 인정하지 않으려 했다. 정약용에게 윤휴에 대한 권철신의 호의적 평가는 윤휴의 『만필』과 그의 참최설 정도로 축소되어 있었다.

그렇다 하더라도 젊은 시절, 권철신이 지니고 있던 조선 학술사의 인식은 흥미롭다. 권철신이 이황과 이익을 높이는 것은 그가 성호학파의 일원이자 이익의 제자인 데서 오는 자연스런 모습이었다. 18세기 성호학파에서는 이황의 학문을 높게 평가하고 정리하며 그 학술을 자신들의 사유 기반으로 삼으려는 노력을 활발하게 펼쳤다. 이익이 이황과 이황 문인들의 글과 발언을 윤동규·안정복 등과 함께 모아 『이자수어(李子粹語)』[22]로 편찬한 사실, 이익이 『이선생예설유편(李先生禮說類編)』[23]을 편찬한 사실, 『사칠신편(四七新編)』을 지어 이황의 성리설을 새롭게 이해하며 계승하려는 점 등은 모두 그러한 작업의 일환이었다.

그런데 권철신이 윤휴를 이황 이후의 '본말을 갖춘 학자'로 평가하는 모습은 일반적이지 않았다. 성호학파 내부의 학통 인식은 18세기 말 채제공(蔡濟恭)이 정리한 흐름 곧 퇴계(退溪) 이황 → 한강(寒岡) 정구 → 미수(眉叟) 허목 → 성호 이익으로 이어지는 계통이 지배적이었던 것으로 보인다.

> 다만 생각건대, 우리의 도에는 통서(統緖)가 있으니, 퇴계는 우리 동방의 부자(夫子)이다. 그 도를 한강에게 전하고 한강은 그 도를 미수에게 전하고, 선생은 미수에게 사숙(私淑)한 분이다. 미수에게 배워서 퇴계의 학문을 접했으니, 뒷날의 학자들은 사문(斯文)이 적통과 적통으로 서로 이어져 속일 수 있는 점이 없음을 안 연후에 나아갈 바를 헤매지 않게 될 것이다.[24]

여기서 이익이 허목을 사숙하고 허목을 매개로 이황의 학문을 받았다는 채제공의 판단은 이황으로부터 길을 찾으려던 이익의 노력을 잘 포착한 결과로 보인다. 이러한 학통 인식은 17~18세기의 복잡한 상황에서 만들어진 정치적 위험성을 매끄럽게 처리하며 넘어서기에 적합한 점이 있었다고 할 수 있는데, 성호학파 내부에서 이는 서로 공유되며 단단하게 자리 잡았다. 황덕길(黃德吉)은 안정복의 행장에서 이익이 이황의 학문을 익혔고 또 이황이 왕양명의 학문을 배척했듯이 이익 또한 서학(西學)을 물리쳤다고 하며[25] 이황과 이익을 연결 지웠고, 그의 문인인 허전(許傳)은 그들 내부에서 형성되고 확산되는 이 같은 도통 인식의 움직임을 충실히 드러내었다.[26] 이들에게서 윤휴의 학술을 거론하는 일은 쉽지 않은 형편이었다. 그런 점에서 권철신이 이황과 이익 사이에 윤휴를 위치 지운 사실은 간단치 않은 사건이었다.

'윤휴의 학문이 본말을 갖추었다'라는 권철신의 인식은 윤휴의 저술을 독서한 결과일 것이다. 그는 윤휴가 『만필』에서 거론하는 내용에 탄복을 금치 못했고 윤휴의 참회설을 긍정했다.[27] 더 나아가 『대학』에 대한 이해도 윤휴의 견해를 많이 따랐던 것으로 보인다.

권철신은 『대학』에 대해 고본(古本)에 착간이 없다고 평가하고 명덕(明德)을 효·제·자(孝悌慈)로 이해했다. 또한 '격물(格物)'은 '물유본말(物有本末)'에 나오는 '물(物)'을 격(格)하는 것이고, '치지(致知)'는 '지소선후(知所先後)'에 나오는 '지(知)'를 치(致)하는 것이라 했다. 이는 그가 남긴 『대학설(大學說)』 1권에 담겨 전해졌다.[28]

권철신의 『대학』 이해는 윤휴와 거의 일치한다. 윤휴는 고본 『대학』이 착간과 일실이 없어 완전하다고 인식했고,[29] 명덕을 효제(孝悌)[30]로 보았다. '격물'의 '물' 또한 '물유본말'의 '물'로 이해했다.[31] 왕수인의 『대학』 이해와 유사하면서도 그와는 다른 내용을 갖춘 이러한 인식은 윤휴 특유의 학술적 성취였다. 권철신 또한 윤휴의 『대학』에 대한 견해를 긍정하며 수용했던 것으로 보인다.

학문의 방법과 목표 또한 권철신은 윤휴와 유사했다. 윤휴는 '하늘을 담론하고 천성에 관한 논의를 펼치는[談天說性]' 학문 풍토를 비판하고 지양하려 했다.[32] 권철신 또한 '담론(談論)에 빠져 이기(理氣)와 정성(情性)만을 논할 뿐 실행에 소홀한 후세의 학문과 달리', '효제 충신(孝弟忠信)을 한결같이 종지(宗旨)로 삼아 부모에게 순종하고 그 뜻을 봉양하며, 친구와 형제를 한 몸처럼 아끼는 데에 힘을 쏟았다'[33]는 평가를 받았다.

권철신과 같이 윤휴를 높게 받들었던 인물로는 이헌길(李獻吉)[34]이 있었다. 그는 학문으로나 정치적으로 특별히 알려지지는 않았는데, 장천(長川) 이철환(李嘉煥)[35]을 종유(從游)하여 널리 많은 책을 보았고, 『두진방(痘疹方)』에 정통하여 의술을 적극 펼쳤다고 한다. 정약용은 그가 윤휴를 흠모하여 조광조에 견주었다고 전한다.

> 전인(前人) 가운데 유독 윤휴를 흠모하여 일찍이 말하기를 "백호(白湖: 윤휴의 호)는 덕을 이룬 정암(靜庵: 조광조의 호)이고, 정암은 덕을 이루지 못한 백호이다"고 하였다. 이것은 대개 고론(古論)에 있던 것이나 군자는 그렇게 여기지 않는다.[36]

이기양(李基讓)[37]의 사례는 윤휴의 '대학설'이 성호학파 내부에 널리 알려졌던 사실을 잘 보여준다. 그는 이익의 문인이자 당질(堂姪)인 이병휴(李秉休)에게 배우고 이철환과 교유하였으며, 안정복·권철신 등과 학문을 강마했다.[38] 그의 두 아들 가운데 맏이는 권철신의 사위가 되고 작은 아들은 이가환(李家煥)의 딸과 결혼했다. 18세기 말, 성호학파의 주요 인물이라 할 수 있다.

다음 인용문은 채제공이 정약용에게 한 말이다. 이기양이 윤휴의 '대학설'을 인정하던 모습에 대한 간접 증언이다. 정약용이 『대학』에 대한 정조의 책문(策問)에 '명덕'을 '효·제·자'로 여기는 답안을 작성한 적이 있었다. 이에 대해 정조가 1등 평가를 내리자 채제공이 이를 2등으로 낮추었다. 이후 채제공이 정약용에게 그 이유를 설명하면서 이 사실을 거론했다.

> 내가 일찍이 『대학』의 책문에 효·제·자를 명덕의 응험이라 하였더니, 상께서는 나의 대책(對策)을 제1등으로 삼고자 하셨으나 번옹(樊翁: 채제공)이 나의

대책을 낮추어 제2등으로 정하였다. 며칠 뒤 번옹이 나에게, "여강(驪江: 윤휴)이 일찍이 명덕을 효·제·자라 하였는데, 사흥(士興: 이기양) 역시 여강의 뜻을 따랐다. 그대의 대책도 필시 이들의 설을 취한 것인 듯하므로 내가 제2등으로 낮춘 것이다"라고 하였다.[39]

채제공이 1등에서 2등으로 점수를 낮춘 것은 윤휴가 빌미가 되어 정약용이 공격을 받을 상황을 염려했기 때문일 것이다. 정약용은 이 자리에서 자신도 윤휴의 견해를 받아들였을 것이라는 채제공의 발언에 아무런 대답을 하지 않았는데,[40] 성호학파의 인물들에게서 윤휴가 고본 『대학』을 인정하고 명덕을 효제로 이해했던 점은 널리 알려져 있었던 사실임이 분명하다. 정약용 역시 예외는 아니었다.

흥미롭게도 정약용은 윤휴에 대해서는 그다지 높이 평가하지 않았다. 성호학파의 내부 사정을 속속들이 알아 윤휴와 그 후학들과의 학문적 관계를 정리하면서도 정작 본인은 윤휴와 거리를 두었다.[41] 정약용은 앞서 본 대로 윤휴를 조광조와 견주어 보는 이헌길의 발언에 자기는 그렇게 생각하지 않는다고 했다. 또 윤휴의 문장에 대해 이기양이 극찬하며 '구천 현녀(九天玄女)가 옥을 부수고 구슬을 찧어 옥과 구슬의 가루가 온 공중 가득히 날리는 것과 같다'라고 한 평가에 대해 '윤휴의 문장 역시 세상에 널리 통용되는 평범한 성격을 지니어[菽粟之文] 이런 기미(氣味)가 전혀 없다'[42]고 하며 동의하지 않았다. 기해예송의 참최설에 대해서도 정약용은 부정했다.[43] 특히 자의대비와 효종의 관계를 '신모설(臣母說)'에 근거하여 거론하는 점을 크게 문제 삼았다.

다만 『대학』의 명덕을 효제로 보는 윤휴의 방식에 대해 정약용은 다른 사람의 말을 빌려 그 사실을 밝혔다.[44] 그는 『대학』을 이해하며 명덕을 효·제·자(孝悌慈)로 해석했다. 이는 윤휴 그리고 그를 인정하던 18세기 성호학파의 일부 인물들의 생각을 계승하는 모습으로 보인다.

이상 살핀 대로 18세기 후반, 성호학파 내부에서의 윤휴 저술의 독서와 평가 작업은 조용하게 이루어지면서도 수용 방식에서 뚜렷하게 나뉘는 특징을 보였다. 안정복과 같이 그의 저술을 열심히 읽고 차록(箚錄)하며 관심을 기울이는 수준에서 윤휴를 접하는 모습이 있고, 권철신이나 이헌길, 이기양처럼 그의 학술을 적극적으로 평가하던 움직임도 있었다. 후자의 모습은 대체로 잘 드러나지 않았던, 윤휴와 그의 사상에 대한 지지이자 수용이었다. 이들 중 일부는 천주교에 깊이 경도되어 죽음을 당하기도 했는데, 권철신이 이황과 이익 사이에 윤휴를 위치 지우던 의식은 그 가운데서도 가장 특별한 면모였다. 이는 채제공이 윤휴를 배제한 채 이황 학문의 계승에 허목이 중요하게 역할을 했다고 이야기하던 양상과는 많이 달랐다.

성호학파 내부에서 형성된 18세기 윤휴 긍정과 수용의 움직임은 19세기 전반에 이르면 윤휴의 위상을 조선의 학술사 속에서 정리하는 방식으로도 귀결되었다. 이 일의 주인공은 안정복의 제자인 황덕길[45]이었다. 황덕길은 1810년에 마무리한 『도학원류찬언속(道學源流纂言續)』(이하 『속찬언』)[46]에서 윤휴의 학술과 사상을 소개했다. 기자(箕子) 이래 조선 후기의 학자들에 이르기까지 '도학'의 흐름을 총 5편으로 나누어 구성[47]한 이 책은 중국 학술의 흐름을 정리한 『도학원류찬언』의 속편이다.[48] 『속찬언』에서 황덕길은 조선의 사상사를 이황을 중심에 두고 정리했다. 황덕길은 이황에 대해 '이자(李子)'로 표제를 삼고 중간중간 이황을 언급할 때는 '이자'라 하여, 철저하게 이황을 높이는 모습을 보인다. 19세기 남인판 사상사 저술의 하나라 할 수 있다.

윤휴는 『속찬언』의 제5편 하(下)에서 다루었다. 이제까지 조선 학술사의 계통을 정리한 책에서 윤휴를 평가한 적은 없었으므로 황덕길의 작업은 그 자체로 매우 이채로웠다. 이 편장에 실린 인물은 모두 20명으로 허후(許厚), 윤정우(尹挺宇), 황종해(黃宗海), 강학년(姜鶴年), 이정호(李挺豪), 심대부(沈大孚), 허목(許穆), 조경(趙絅), 홍우원(洪宇遠), 윤선도(尹善道), 윤휴,

권시(權諰), 유형원(柳馨遠), 정시한(丁時翰), 신무(愼懋), 성이심(成以心), 정동직(鄭東稷), 이식(李拭), 이익(李瀷),[49] 안정복(安鼎福)[50] 순으로 배치되었다.

이들 20명의 수록 인물은 대체로 17세기에 활동했으며 개개인의 삶에서 관직 생활의 비중은 적은 편이다. 18세기의 학자는 이식, 이익, 안정복 등 얼마 되지 않는다. 이들 가운데 허후, 윤정우, 황종해, 강학년, 이정호,[51] 신무,[52] 성이심, 정동직, 이식 등은 그간 크게 알려지지 않았던 학자들이다. 황덕길은 수록된 인물들의 사승 관계가 뚜렷하게 확인될 경우 이를 적어 두었다. 정구(鄭逑)의 문인 4명, 민순(閔純)의 문인 1명, 박지화(朴枝華)의 문인 1명, 박지계의 문인 1명, 허목의 문인 1명, 정시한의 문인 1명으로 파악된다.[53]

당색으로는 대체로 북인과 연관이 있는 북인계 남인이거나 서울·경기 지역에서 활동했던 남인에 속한다. 기호 지역에 살았던 남인 권시는 물론 예외이긴 하다. 영남 지역의 남인들과는 구별되는 학자들이라 할 수 있다. 학술에서 드러낼 만한 뚜렷한 성과는 있으나 정치적인 이유 등으로 제대로 평가받지 못하는 인물들에 대한 황덕길의 관심과 애정을 느낄 수 있다.

다루는 인물의 표제는 '유반계(柳磻溪)'와 같이 성과 호로써 제시하고 그 아래에 이름, 자, 본관, 관직, 사승 관계를 밝혔다. 인물별 설명은 본인의 저술이나 발언에서 발췌하거나 타인의 평가를 활용했다. 이황의 평가가 있는 경우, '이자왈(李子曰)' 형식으로 서술했다. 이익이 본격 추진하여 세운 '이자(李子)' 개념이 황덕길의 서술에서 강하게 관철되는 모습이 확인된다. 조선 유학의 중심을 이황에게서 구하는 주된 징표인 '이자' 개념은 이익 학술 활동의 한 면을 구성하는 주요한 요소이거니와 이를 활용하여 조선 학술사를 정리하는 황덕길의 의식도 흥미롭다.

황덕길은 윤휴에 대해 윤휴의 글과 발언 두 편, 허목과 윤선거의 평가로 본문을 구성했다. 윤휴 본인의 글과 발언은 모두 두 가지이다. 그 하나는 '인을 구하기 위해서는[求仁]' 부득불 '공경함을 유지해야 하지만[持敬]',

'공경함을 유지하는 것으로써 인을 구하면' 공부의 방향을 잃어버린다는 언명이다.[54] 윤휴의 글 『만필 하(下)』에 실려 있는 내용이다.[55]

또 다른 문장은 윤휴가 본인의 경전 연구가 가진 의미를 스스로 밝히는 내용을 담고 있다. 곧 자신의 경전 저술은 주희의 견해와 다른 이견을 세우기 위해서가 아니라 공부하면서 가진 의문을 기록한 것이며, 송시열이 자신을 이단으로 배척하지만, 의문을 품지 않고 주희의 견해만을 따른다면 그를 매일 존신한다 한들 그로부터 실제 얻는 것은 없다고 함이었다.[56] 이 발언의 출처는 명확하지 않은데 당론서(黨論書)일 가능성이 크다.

허목의 의견은 허목이 윤휴에게 보낸 편지에서 발췌[57]했다. 윤휴의 독서기(讀書記) 여러 편은 그 견해의 수준이 대단히 높지만, '겸약(謙約)이 부족하고 근후(謹厚)함이 부족한 것이 흠'이라고 지적했다.[58] 윤선거의 발언은 송시열의 윤휴 공격에 대한 잘못을 거론한 것이었다. 송시열이 윤휴가 주희를 의심하는 잘못을 저지른다고 큰 소리로 꾸짖고 끝내 그를 이단으로 견주었는데, 노재(魯齋) 왕백(王栢)[59]이 이미 그런 적이 있음에도 윤휴를 공격하는 것은 무엇 때문인가라는 내용[60]이다. 윤선거의 주장은 그의 일기에 적힌 글과 동일하다.[61]

황덕길이 윤휴 편을 작성하며 활용한 글의 출처는 『만필』뿐이다. 그가 읽은 윤휴의 글이 얼마나 되는지 궁금해진다. 이와는 별도로, 황덕길은 윤휴 편장에서 윤휴의 지향과 목표, 그의 학문의 장점과 단점을 적절히 드러내었다. 학문의 진보에 필요한 태도는 기존의 권위를 묵수하는 것이 아니라 끊임없이 의심하며 실제 자기 견해를 찾는 것이 필요하다는 윤휴의 생각을 밝히고자 한 의도를 읽을 수 있다. 이와 더불어 황덕길은 송시열의 '이단' 공격의 부당함에 대해 윤선거의 말을 빌려 강도 높은 반론을 제시하려고 했다. 송시열이 윤휴의 '당여(黨與)'라 하여 윤선거를 공격했던[62] 상황을 역이용하여 윤선거의 발언으로 윤휴를 옹호하고자 하는 모습이다.

『속찬언』에서 황덕길은 윤휴의 글을 읽고 영향을 받은 인물에 대해서는 언급하지 않았다. 이것은 그가 윤휴 생각을 높게 평가했던 인물들의 글이나 그들의 발언을 접할 기회가 없었거나, 정치적 상황을 고려하며 의도적으로 배제했기 때문일 수 있다. 그러나 윤휴를 배척하거나 비판하지 않고 남인-북인계 남인 학자들의 무리에서 다룬 점은 의미심장하다. 윤휴의 사상은 충분히 주목하고 음미할 수 있는 내용을 지니고 있음을 황덕길은 드러내려고 했다.

황덕길의 조선 학술사 정리는 조선 도학의 전통이 이황을 거치고 이익에 이르며 크게 발전했다는 18세기 이익 후학들의 일반적 인식에 기반하여 이루어졌다고 할 수 있다. 이병휴(李秉休)·윤동규(尹東奎)는 이익의 행장에서 이익이 이황의 학문을 높이고 실천하는 면모를 크게 기렸다.[63] 이익은 "동방의 학문은 퇴계 이 선생보다 성대한 분은 없다"고 발언하며 이황을 높게 평가하였고, 또 작게는 일상의 습관에서 이황을 따르고 크게는 『이자수언』과 『예설유편(禮說類編)』을 편찬하여 이황을 존모하는 마음을 몸소 실천하였다는 것이 그들의 증언이었다.

채제공은 이익이 이황의 학문을 사숙하여 그의 사상을 익혔다고 하여 이익 학문의 뿌리를 이황에게서 찾을 수 있다고 보았고,[64] 황덕길은 그의 스승 안정복이 이황의 도(道)와 이익의 학문을 전하고 드러내는 역할을 했다고 하며[65] 자신이 속한 학파의 사상사적 위상이 이황과 이익, 안정복의 활동 위에서 세워진다고 인식했다. 황덕길이 활동하던 시기에 이르면, 경기·충청 지역을 중심으로 활동했던 성호학파의 여러 학자들은 자신들의 학문적 정체성을 이와 같이 확보하고 그 자장 위에서 여러 인연을 가진 학자들의 활동을 평가하고 이해하려고 했다.

황덕길이 평생 간직했던 목표도 이런 의식 위에서 나왔다. 황덕길은 이익이 남긴 글을 하나로 모아 통일된 체재로 묶으려는 작업을 기획하고 실행했으며, 편찬본의 교정을 채 마무리하지 못하고 세상을 떴다.[66] 황덕길에게 이익은 사문(斯文)의 종장이었다. 그와 같은 인식 속에서도 황덕길은,

윤휴를 성호학파 학맥의 중심에 두지는 않았지만, 배제하거나 저평가하지 않았다. 윤휴가 가진 사상과 사유의 가치를 그가 조선 학술사에서 드러내는 모습은, 그 스스로의 판단이면서 동시에 성호학파 내부에서의 의견이기도 했을 것이다.

2

근·현대 한국 학술계가 바라본 윤휴

근대 사회로 들어오며 윤휴는 별다른 장벽 없이 한국 사상사의 주요 인물로 평가받기 시작했다. 윤휴를 새로운 시각과 방법으로 읽고 검토하며 그의 사상사적 위상을 새롭게 확인할 수 있는 여건이 마련되었기 때문에 학계는 윤휴 연구에 많은 힘을 기울였다. 조선이 망한 뒤라 오랫동안 윤휴를 악마화하고 '사문난적'으로 재단했던 조선 주류 사상계의 금제(禁制)는 거의 풀린 상태였고 그에 대한 접근과 이해는 훨씬 자유로워졌다. 이 과정에서 윤휴의 역사상은 20세기 한국 사회의 필요성에 따라 세워진 역사 방법론과 역사 인식의 세례를 크게 받으며 틀을 갖추었다. 조선 후기 역사에서 주자학에 대한 비판적 태도를 가진 이로, 또 학술의 측면에서 특정 학파의 집단적 공격을 받은 인물로 윤휴만 한 학자가 없었기에, 그에 대한 학계의 관심은 지대했다. 윤휴는 조선에서의 억압적 평가를 벗어나되 20세기적 규정성이 크게 작동하는 현실 속에서 조선의 대표적 인물 가운데 하나로 자리매김되기 시작했다.

오랜 시간 지속된 윤휴에 대한 조선의 정치적 압박과 구속이 끝난 시점은 실상 조선 멸망 직전이었다. 나라의 생명이 거의 다하는 종말의 시간에 조선 정부는 윤휴를 정치적으로 복권했다. 이제 긴 한국사 속 과거의 한 왕조로 변해가면서, 조선은 그 자신의 태내에서 산출했던 반역과 적대의 인물들 또한 대부분 역사의 공간 속으로 자유롭게 방면했다. 윤휴 또한 거기에 포함되었다.

복권을 위한 첫 번째 조치가 1908년(순종 1) 2월의 죄명 없애기[蕩滌]

였다. 정부에서는 민암(閔黯), 신치운(申致雲), 유수원(柳壽垣) 등 38명과 더불어 죄적(罪籍)에 이름이 남아 있는 윤휴의 죄를 지웠다.[67] 죄명을 지울 대상자에는 명종대 인물 윤원형(尹元衡)도 들어 있었지만 대체로 조선 후기의 반역 움직임에 참가하거나 연루되었던 인물들이었다. 민암은 기사환국 후 인현왕후 폐출을 주도했다는 이유로 사사된 뒤 다시 역률이 더해졌고,[68] 신치운과 유수원은 1755년(영조 31)에 일어난 '을해옥사'에 연루되어[69] 처형당했었다.

이어 두 달 뒤에는 이조판서·성균관좨주로 관작을 회복시키는 두 번째 조치가 내려졌다. 이때 한효순(韓孝純) 등 76명의 관작 복원도 동시에 이루어졌다.[70] 조선으로서는 가장 극악한 존재로 꼽을 수 있는 무리들을 대거 풀어준 셈이지만 후손들로서는 절실하게 원했던 신원(伸怨)을 이로써 조금이나마 실현했다.

윤휴에 대한 사상사·학술사적 평가는 일제 때 저술된 장지연의 『조선유교연원(朝鮮儒敎淵源)』에서 최초의 모습을 확인할 수 있다.[71] 이 책은 신라 설총부터 조선 말까지 활동했던 유학자를 추려서 그들의 저술, 생각, 활동을 정리한 일종의 사상사였다. 1910년대 후반, 『매일신문』에 연재되었던 글들을 그의 사후에 묶어서 간행했다.[72] 신문이란 신매체를 이용하여 연재의 방식으로 사상사를 정리한 점만으로도 조선을 벗어난 시대성을 느낄 수 있다. 『조선유교연원』에서는 목차를 별도로 구성하지 않았다. 신라 이래 시간의 흐름에 따라 유학자들의 활동을 정리했으며, 책 말미에 총론 상·중·하를 두어 왕조별 유교의 흐름을 정리했다. 맨 마지막에는 '유교자변(儒敎者辨)'을 두어 유교의 대의를 밝히고 유교의 성쇠가 시대의 변동과 연관이 있음을 밝혔다.

책의 성격, 그리고 장지연의 한국 유교 사상사 이해의 방법과 틀을 보여주는 곳은 총론이다. 이곳에는 유학의 흐름을 연원에 초점을 두고 정리했다. 정몽주 이전은 그런 사실이 약했으므로 내용도 소략하다. 총론의 말미에서 장지원은 조선의 유교는 중엽 이전에는 사화(士禍)로 참벌(斬伐)되는 참화를 당했고, 중엽 이후에는 붕당의 피해를 입었으며, 근세에는 묶인 나무와 불 없는 탄처럼 불이 꺼지고 있으니, 회복하여 살아날 날이 있을지 모르겠다며 비관했다.

장지연은 윤휴에 대해 17세기의 학자들과 함께 소개했다.[73] 바로 앞에는 포저(浦渚) 조익(趙翼), 뒤에는 탄옹(炭翁) 권시(權諰)를 다루었다. 장지연은 본인의 의견 없이 자료를 통해 윤휴를 소개했다. 다른 학자들에 비해 분량이 많고 언급하는 자료도 적지 않다.

장지연이 인용한 자료에는 윤휴에 대한 극단적인 평이 없다. 정치적인 상황을 기록한 자료는 당론서에서 발췌한 남극관(南克寬)의 발언인데, 이마저도 윤휴가 신문을 받으며 죽는 과정을 간단히 서술한 정도이다. 허목, 송시열이 윤휴를 언급하는 내용에서도 그에 대한 비판은 볼 수 없다. 조선에서 윤휴를 극단적으로 이해하고 평가하던 모습이 서술에서 나타나지 않는다. 이 점이 이 책의 가장 큰 특징 중 하나이다. 윤휴의 사상적 근원이나 주요 교류 인물, 그의 사후 학술 영향 등에 대해서는 언급하지 않았다.

장지연은 흥미롭게도 윤휴가 주석한 『대학』과 『중용』을 소개했다. 구체적인 자료를 들어서 윤휴의 사상을 거론하는 방식인데, 이로써 보면 그가 윤휴의 핵심 경학 저술을 읽었다는 이야기가 된다. 다만, 그의 『대학』 이해의 특징인 고본 『대학』 연구와 명덕효제설(明德孝悌說)에 대해서는 언급이 없다. 윤휴 후손가에서 비장하던 자료는 접하지 못했을 가능성도 배제할 수 없다. 장지연이 소개한 경학 관련 자료들은 그 출처가 명시되지 않아 실제 그가 어떻게 구해볼 수 있었는지는 미지수다.

이와 더불어 장지연이 소개하고 있는 『중용』 저술의 경우, 현재 남아 있는 자료에서는 전혀 볼 수 없는 내용이 들어 있어 독자를 곤혹스럽게 한다. 장지연은 윤휴가 '중용서설(中庸序說)'이라는 이름의 글에서 "태극(太極)은 기(氣)이고 기는 성(性)을 생산한다"[74]고 했다고 인용하고 있는데, 이는 현재 남아 있는 자료에서는 볼 수 없다.[75] '태극은 리(理)'로 이해하는[76] 주희와는 완전히 상반되는 내용이다.

이 자료의 성격에 대해서는 두 가지 점을 생각해볼 수 있다. 하나는 장지연이 소개한 자료가 윤휴의 글이 아닐 가능성이다. 또 다른 여지는 '중용서설(中庸序說)'이 윤휴의 저술이긴 하지만, 중간에 모종의 이유로 사라졌을 수도 있다는 점이다. 만일 인용문이 윤휴의 글이라면, 이는 윤휴가 서경덕의 유기론(唯氣論)의 사유를 충실히 계승한 증거이다. 어느 경우든, 이 자료를 가지고 윤휴의 사상을 평가하는 일은 현재로서는 무리다.

장지연이 언급한 윤휴 자료의 혼란스러운 점은 그가 소개하는 윤휴의 저술에도 있다. 장지연은 윤휴를 마무리하며 그의 저술을 간단히 언급했다. 『논어괘해(論語註[77]解)』, 『맹자원안침폄(孟子源安針砭)』의 경전 주석서가 있고 『존요록(尊堯錄)』을 저술했으며 유고(遺稿) 몇 권이 있다고 했다.[78] 여기에 나오는 책들은 현재까지 알려지지도 않았고 실물도 보이지 않는다. 지금까지 편찬·간행된 그의 여러 문집, 행장 등에는 일체 이와 관련된 사실을 확인할 수 없다. 장지연이 이런 정보를 어떻게 얻었는지, 다른 학자의 저술이 잘못 섞였는지, 밝혀야 할 점이 많다.

근대 한국 학계에서 윤휴의 평가는 장지연 이후 시간을 더 기다려야 했다. 1940년대 말과 1950년대 말에 간행된 두 권의 사상사 서적에서 윤휴가 검토되고 있음을 확인할 수 있다. 1948년에 출판된 현상윤의 『조선유학사(朝鮮儒學史)』, 1959년에 나온 이병도의 『자료한국유학사초고(資料韓國儒學史草藁)』[79]가 그것이다. 두 책 모두 대학의 강의 교재로 만들어진 점, 유학사를 집중 조명한 점이 특징이다. 전자는 고려대학교의 조선 사상사 강의를 계기[80]로 마련되었고, 이병도의 책은 서울대 사학과에서 유인본(油印本)으로 제작하여 사용했다. 해방 후 대학 교육이 본격화되면서 한국 사상사 전반을 아우르는 교재가 필요했고, 앞의 두 책은 그 수요를 반영한 결과물인 셈이다. 두 저술은 불모지 한국 사상사학계에서는 신선한 충격이었다. 하지만 학계의 사상사 연구가 충분하지 않은 상태에서 긴급하게 편찬되었기에 담고 있는 내용이나 방법론은 여러모로 부실했다. 그럼에도 이들이 시도한 사상사의 체계와 주요 인물과 학파, 학설에 대한 평가는 뒷날의 연구를 심화시키는 촉매 역할을 했다.

현상윤은 『조선유학사』를 서론과 결론을 포함해 모두 17장으로 구성하고 살폈다. 다룬 시간은 '나려 시대의 유학'부터 '근세 이래의 일반 유학계'에 이르기까지 천 년을 넘었다. 이 가운데 윤휴는 제9장 '당쟁 시대의 유학'에서 한 절을 할애하여 다루고, 또 '당쟁 시대의 저명한 제유(諸儒)'란 절에서도 언급했다. 두 절에서 제목과 내용을 달리하여 다룬 점에서 윤휴에 대한 관심이 적지 않았음을 이해할 수 있거니와, 앞의 절에서는 '윤백호의 경전 주해'란 제목을 붙여 경서 해석을 중심으로 서술했다.

현상윤은 윤휴의 경전 주해에 대해 두 가지 측면에서 접근했다. 우선 그의 신중하지 못한 학문 태도를 언급하였다. 현상윤은 송시열이 윤휴를 사문난적으로 배척한 데에는 이러한 점이 주요하게 작용한 것으로 판단했다.

> 이것에 대하여는 백호도 한갓 재학(才學)을 믿고 또 경솔하여 경전의 주해를 함부로 비평하고 또 자기의 견해를 고집하여, 선현(先賢)에 대한 예경(禮敬)과 학문에 대한 겸허(謙虛)의 태도가 부족하였다. 『유교연원(儒敎淵源)』에 의하면 백호가 일찍이 경연(經筵)에서 진언하여 "경전 주해는 매우 호한(浩汗)하다. 인주는 만기(萬機)를 총람하는 자리인데 두루 다 읽을 수는 없다. 간요한 경문에만 온 마음을 기울이는 것이 낫다"라 하고 … 이것만 보아도 백호의 근신(勤愼)하지 못한 태도를 짐작할 수 있다.[81]

그러면서도 현상윤은 윤휴의 경전 주해 수준을 높이 평가하였다.

> 그 입언(立言)이 고명하고 해석이 참신하여 독자로 하여금 일견(一見)에 누구

나 그 굉박(宏博)에 놀라게 하고 그 위대(偉大)에 탄복케 하는 감이 있는 것은 또한 불무(不誣)의 사실이다.[82]

현상윤의 윤휴 경전 주해에 대한 인식은 결국 긍정적이었다고 할 수 있다. 이 맥락에서 현상윤은 송시열이 윤휴를 사문난적으로 공격하고 배척한 점을 두 가지로 파악했다.[83] 첫째, 그에 대한 강력한 배척·적대에는 정치적 이유가 작동했다고 보았다. 젊은 시절 송시열은 윤휴의 학문을 높이 평가하고 경의를 표할 정도였으나 정적(政敵), 당적(黨敵), 학문의 적(敵)이 되면서 경전 주해를 공격의 빌미로 삼았다 함이다. 둘째, 윤휴의 경전 주해에 대한 당쟁의 감정으로 말미암아 사상의 자유를 억압하고 봉쇄하게 되었다고 판단했다.

요컨대, 현상윤의 윤휴와 송시열의 대립에 대한 판단과 해석은 정치적 이유로 인해 경전의 주해를 두고 사문난적으로 부르게 된다는 점, 그리고 그 압박과 구속은 사상의 자유에 대한 억압이라는 점으로 집약할 수 있다. 여기서 주목하게 되는 점은 윤휴의 경전 주해가 가진 특징은 무엇이었는지, 송시열이 그의 새로운 『중용』 주석을 문제 삼았을 때, 실제 논란이 될 수 있는 내용은 무엇이었는지와 같은 분석은 빠져 있는 점이다. 아마도 현상윤은 윤휴의 자료를 직접 보고 분석하지는 않은 것으로 보인다.[84] 이미 윤휴의 『백호독서기』가 공개된 적은 있지만, 구하는 것이 쉽지 않았을 수 있다.

이와 같은 현상윤의 인식은 여러 측면에서 특징을 가진다. 우선, 송시열의 윤휴 경학에 대한 비판을 '정치적인 차원'에서 이해하려고 하는 점이다. 송시열의 사상적 특질과 윤휴의 경전 주해가 부딛혀 일어날 수 있는 충돌, 사상과 사상 간의 갈등과 대립에 대해 검토하고 이를 바탕으로 두 사람의 갈등이 갖는 사상사적 의미를 밝히는 것이 합당한데, 현상윤은 이에 대해서는 별다른 의견을 제시하지 않았다.

사상의 자유와 억압의 차원에서 윤휴의 경전 주해에 대한 송시열의 압박과 공격을 파악하는 점도 주목할 만하다. 윤휴와 송시열의 경전 주해를 둘러싼 갈등은 17세기 후반을 넘어서며 사회 일각에서 사상의 경화(更化) 현상이 일어나고 그에 따라 학술상의 다양한 의견, 사유가 통제되는 상황을 잘 보여주는 현상이라 할 수 있다. '사상의 자유'라는 측면에서 이를 이해하는 현상윤의 시각은 사태의 동력을 잘 포착했다고 할 수 있다. 그러나 역으로 사상과 사상 사이의 갈등과 정치적 억압이 일어나게 되는 의미를 단지 '자유스러운 사상 활동'의 한 측면 만으로 파악하는 것이 적절한가라는 생각도 든다.[85] 사상사의 경험으로 보자면, 다양한 요인에 의해 사상과 사상의 갈등이 일어나고 그것이 정치적인 충돌로 전화되는 양상은 흔히 목격된다. 두 사람이 서로 잘 지내다가 갈등을 할 시점에 이르러서 사상상(上)의 문제가 크게 대두했을 수도 있다.

현상윤이 『조선유학사』에서 윤휴를 서술하고 역사적 성격을 평가한 점은 윤휴에 대한 연구가 아직 충분하지 않은 학계의 수준을 감안한다면 대단히 앞선 모습으로 보인다.

한국 사상사 속 윤휴에 대한 이병도의 평가는 앞선 연구들에 비해 특별히 구별되는 점이 있다. 특히 역사상의 여러 요소를 고려하며 사상사의 시기 구분을 엄밀하게 하고 윤휴의 위상을 설정하려고 한 점, 윤휴의 저술에 대한 다양한 접근과 이해를 시도한 점을 꼽을 수 있다.

이병도는 한국 사상사의 시기를 상대(上代) 조선, 신라 통일 시대, 고려 시대, 조선 시대의 유학으로 나누고, 시대별 변천을 염두에 두며 사상사의 주제와 성격을 다루었다. 이때 이병도는 순 한문을 이용했다. 검토의 중심은 유학이고 서술어는 한문인 점이 특징이다. 제목에 '자료'를 달았지만, 온전히 자료만으로 책을 구성하지는 않았다.

조선의 유학은 모두 4시기로 나누어 살폈다. 제1기 유학은 과도기 유학, 제2기 유학은 사화기 유학, 제3기 유학은 당파와 당파 분열 시대의 유학, 제4기 유학은 호락논쟁(湖洛論爭)과 고증학(考證學) 발흥 시대의 유학으로 명명했다. 제4기 유학의 마지막은 전우(田愚)와 곽종석(郭鍾錫)을 다루었다. 본문을 정리한 뒤, '성해응(成海應)과 그의 학풍', '정약용(丁若鏞)과 그의 학술'을 부록으로 붙였다.

정치사와 학술사의 변화를 고려한 시대 구분과 서술이 주된 특징이다. 제1기부터 제3기까지는 이 형태를 유지하다가 제4기에서는 '호락논쟁 및 고증학'으로 특정 학술과 사상을 드러내었다. 윤휴는 제3기의 4절 '남인학파: 퇴계학파 및 기타'에서 다루었다. 제3기의 1절은 '퇴율(退栗) 시대의 유학', 2절은 '당파와 학파의 관계', 3절은 '서인학파와 그 당론'이다. 윤휴를 남인 퇴계학파와 연관하여 다룬 점이 눈에 들어온다.

이러한 인식은 윤휴가 남인으로 활동하였기에 자연스럽다. 이병도는 여기서 더 나아가 윤휴가 가끔 허목에게 학문에 대해 질문하여 배웠으므로 그의 문인으로 보아도 좋다고 판단했다.[86] 이병도는 다양한 자료를 활용하며 윤휴를 서술했다. 대체로 허목이나 송시열, 윤선거 등의 문집에서 인용하고 있는 것으로 보면, 『백호독서기』나 윤휴 문집은 충실히 살피지 않은 듯하다. 『백호독서기』는 유인판(油印板)이 있다는 언급은 하면서도 실제 내용 분석을 하지는 않았다. 윤휴가 조선 학술사와 당쟁사에서 일으킨 파문이 적지 않다[87]고 했지만 그 실제 내용은 구체적으로 제시되지 않았다고 할 수 있다. 윤휴 사상의 핵심에 접근하는 작업이 제한적이었음을 알 수 있다.

장지연에서 현상윤·이병도까지 이루어진 윤휴 연구의 시간은 얼마 되지 않았다. 하지만 그 짧은 기간에 이루어진 학계의 시각과 판단의 변화는 경이로울 정도였다. 한편 윤휴에 대한 연구와 체계화, 역사적 평가가 이루어지는 사이에 윤휴의 자료가 정리되어 소개되는 일도 동반하여 일어났다. 아직 체계적이고 공개적으로 그의 글을 묶은 문헌이 나오지 않았던 상황에서 이 작업은 윤휴의 사상과 생각을 이해할 수 있는 기본적인 토대를 사회적 차원에서 마련하는 계기가 되었다.

1927년, 진주에서 『백호집』이 목활자로 간행되었다.[88] 일반적인 문집 체재에 맞추어 윤휴가 남긴 자료를 싣고, 연보는 별도로 간행했다. 『대학』, 『중용』, 『효경』 주석 등 경전 해석의 성과는 모두 빠졌다.

『백호집』의 간행은 가장(家藏) 원고를 바탕으로, 성주에 살던 김우옹(金宇顒)의 후손 김대림(金大林), 함안의 학자 이태문(李泰文) 등이 주도하여 간행했다. 대체로 조선 후기 경상우도[89] 지역에 거주했던 북인계 인물들의 후예로 추정된다. 후손으로는 8세손 윤신환(尹臣煥)이 간여했다. 이 과정에서 영·호남의 많은 유학자들이 교정을 맡는 등 문집 간행에 참여했다.[90] 물력을 모으고 의지를 거두어, 오랫동안 제대로 평가받지 못하던 윤휴의 글과 사유를 공간했다는 점에서 『백호집』 간행은 학술사적으로 큰 족적을 남긴 사건이라고 할 수 있다.

이 판본은 윤휴의 글을 세상에 본격적으로 알린 점에서 중요한 의미를 가진다. 관심을 가진 이라면 예전보다 훨씬 쉽게 윤휴의 생각을 접할 수 있었다. 그러나 교정이 부정확하여 오탈자가 많은 점, 원문의 많은 내용을 절략(節略)하여 수록한 점 등 약점도 적지 않았다. 특히 후자의 원문을 잘라내고 온전히 싣지 않은 점은 큰 문제로 볼 수 있다. 예를 들어 제29권에 실린 「백록동규석의(白鹿洞規釋義)」는 '백록동서원 학규', 방효유(方孝孺)의 '4잠(箴)', '학규통론(學規通論)', '유의잡잠(幼儀雜箴)', '면학시(勉學詩)'로 구성되어 있지만, 실제로는 이들 글 외에 주희의 감흥시(感興詩) 20편도 같이 담겨 있었다.[91] 주희의 시는 문집을 간행하면서 빼버린 것이었다. 『백호집』만을 보게 되면 이 저술 전체의 성격을 이해하는 것이 온전해지지 못하게 된다.

『백호집』을 간행한 지 8년 뒤에는 『백호독서기(白湖讀書記)』가 서울에서 간행되었다. 등사본(謄寫本)인 점으로 보아 출판 여건이 어려웠음을 짐작하게 한다.[92] 목판본 혹은 신연활자본(新鉛活字本)으로 간행되었더라면 보급과 유통이 훨씬 수월했을 것이다. 10권 3책 분량으로 구성되었다. 권수(卷首)에는 윤휴의 자서(自序), 홍승균의 서(序), 백호 약력(白湖略歷), 목록(目錄)이 차례대로 실려 있다. 권1에는 『중용(中庸)』, 『중용분장대지(中庸分章大旨)』, 『중용주자장구보록(中庸朱子章句補錄)』, 권2에는 『대학고본별록(大學古本別錄)』, 권3에는 『효경장구고이(孝經章句考異)』, 권4에는 『효경외전(孝經外傳)』, 권5에는 『효경외속편(孝經外續編)』, 권6에는 『고시경고(古詩經攷)』, 『독상서(讀尙書)』, 『홍범경전통의(洪範經傳通義)』, 권7에는 『주례』, 『예기』, 『독춘추(讀春秋)』, 권8~10에는 『내측외기(內則外記)』 상·중·하(上中下)가 실려 있다.

『백호독서기』는 윤휴 경서 해석의 핵심 내용을 확인할 수 자료를 대부분 모았기에 윤휴 사상의 전모를 파악할 수 있는 좋은 자료가 된다. 『중용』 신주(新註) 등 말로만 전해지던 '사문난적'의 실체를 확인할 수 있는 점에서 이 책의 출간은 획기적인 의미를 갖는다. 그러나 보급의 한계로 얼마나 많은 사람들이 이 자료를 접할 수 있었는지는 미지수다. 현상윤이나 이병도도 이들 독서기를 직접 분석했다는 증거는 보이지 않는다.

일제시기에 간행된 윤휴의 저술을 통해 한국 학계에서는 윤휴의 사상을 읽을 수 있는 기회를 더 많이 누릴 수 있게 되었다. 조선 후기에 편집된 『하헌집』이나 윤휴의 예설 등이 필사본으로 유통되고 있었으므로 윤휴의 글을 읽을 수 있는 계기가 완전히 봉쇄되었던 것은 아니지만, 이들 책이 나옴으로 인해 윤휴의 사유 세계로 갈 수 있는 길은 훨씬 넓어졌고 많은 사람들이 이를 경험할 수 있게 되었다.

윤휴 사상에 대한 현대적 평가는 1961년과 1962년, 한우근에 의해 본격화되었다. 경상도에 살고 있던 후손을 통하여 윤휴의 자료를 직접 접했던 한우근은 윤휴의 일생과 정치 활동, 그의 경세론과 정치개혁 구상 등을 정리하고 두 해에 걸쳐 학계에 소개했다.[93] 한국사 전공자에 의한 최초이자 전면적인 이 연구를 통해 윤휴의 역사적 위상과 사실이 많이 드러났다. 이 연구는 또한 향후 학계에서의 윤휴 연구를 촉발하는 계기도 되었다. 하지만 한우근은 윤휴의 경학을 비롯한 기본 사상을 다루지 않아 많은 점을 공백으로 남겨두었다. '사문난적'으로 평가받았던 『중용』의 새로운 주석에 대한 검토 또한 뒷 시기 연구를 기대해야 했다.

윤휴의 삶과 사상에 대한 새로운 연구는 1970~1980년대 이후로 본격화되었다.[94] 이병도는 『한국유학사』[95]에서 '자주적(自主的) 사상의 태동'이라는 제목으로 그의 활동과 사상을 다루었다. 조선의 주자학 일변도의 사상이 '비자주적'이라는 판단과 평가[96]를 전제한 윤휴 인식으로 볼 수 있는데, 전체 한국 사상사-유학사의 지평 위에서 그의 위치를 살핀 점에서 의미 있는 작업이라 할 수 있다.

이병도의 윤휴 연구는 1980년대 이전의 판단에 비해 많이 진전했다. 독서기의 『중용』과 『대학』을 직접 분석한 서술이 확인된다. 『중용』과 『대학』에 대해 이병도는 '천인합일'의 관점을 견지한 해석이라고 서술했다.[97]

이병도는 이 시기 학계에서 '실학파, 반주자학적 학자'가 나타나는 현상을 전제하며 윤휴를 파악했다. 이와 관련된 인물로는 유형원, 정제두를 거론하면서 이병도는 그 선배로 윤휴와 박세당이 있다고 서술했다. 아직 '실학', '반주자학'으로 이름 붙이기는 부족하지만 그 선하(先河)로서 그들을 이해할 수 있다는 인식으로 느껴진다.

> 과거의 허무성(虛無性), 진부성(陳腐性), 고루성(固陋性)에 대한 반성적이고 자각적인 사조가 싹트기 시작한 것은 당시의 상황으로 보아 당연한 현상이 아닐 수 없다. 즉 소위 실학파와 반주자학적 학자가 이즈음에 일어나기 시작한 것은 결코 우연한 일이 아니었다. 실학파의 비조로는 누구보다도 반계 유형원을 꼽고, 양명학에 침잠했던 학자로는 하곡 정제두가 있지만 그들보다 선배로서 노골적으로 주자의 학설을 비판하고 자기의 견해를 주장했던 백호 윤휴와 서계 박세당의 존재를 잊을 수가 없다. … 학문의 자유를 부르짖고 구각(舊殼)을 탈피하려는 진보적인 그 태도와 사상은 매우 귀한 것이라고 하겠다.[98]

위 글에서 '과거의 허무성(虛無性), 진부성(陳腐性), 고루성(固陋性)에 대한 반성적 사조'가 싹트고, 주희의 학설을 비판하고 자기의 견해를 주장한 윤휴와 박세당의 활동은 '학문의 자유'를 부르짖고 '구각을 탈피하려는 진보적인 태도'라는 인식을 유의할 수 있다. 조선 사상의 역사를 시대적 조건, 그 조건과 결합된 치열한 사상 활동으로 파악하기보다 무기력함과 비발전의 질곡 속에서 헤어나지 못했다는 비판과 부정의 시선으로 이해하면서, 윤휴는 그 어둠을 밝히는 한 빛으로 높이는 모습을 볼 수 있다. 그 빛은 '자유'와 '진보'이다. 자유를 적용한 이해 방식은 현상윤의 그것과 유사하다.

이병도의 『한국유학사』를 전후한 시기, 한국 학계에서의 윤휴 연구는 다양한 주제를 통하여 그의 사상을 살피고 역사적 위치를 검토했다. 대체로 이병도의 '자주적 성격의 사상'이라는 관점과 결합하여 주자학에 비판적인 사상가 혹은 반(탈)주자학적인 사상가로서 그를 파악했다. 특히 실천지향성이 크게 주목되었다.[99] 주희의 사상이 고답적 관념적이며 지식을 중시하는 경향이 강하다는 인식과 대비되는 이해 방식이었다. 이러한 이해는 자연스럽게 윤휴의 사상이 현실에서의 실용적, 실제적 적용에 우월하다는 인식과 연결되어, 윤휴 사상과 '실학(實學)'과의 연관성을 살피는 연구 성과가 다수 산출되었다.

근래에는 '비주자학' 혹은 '반(탈)주자학'의 개념으로 윤휴의 사상을 이해하는 방식에 대한 강한 비판이 대두했다.[100] 윤휴의 사상을 주자학과 대치되는 측면에서 파악하는 시각은 20세기 초반 일본 학계의 영향을 받은 데서 오는 오류이며, 실제로 윤휴는 주자학에 대한 이해의 폭과 깊이를 확장하려 했던 인물 곧 주자학에 충실했던 사상가라는 것이 그 비판의 요지였다. 이러한 판단에는 송시열이 윤휴를 '사문난적'으로 비판한 것은 정치적 차원에서 일어난 일이지 윤휴의 사상이 반주자학의 성격을 지녔기 때문은 아니라는 인식도 내재하고 있는 것으로 보인다. 현상윤에서 비롯된,

송시열과 윤휴의 대립은 사상적인 문제라기보다는 정치적인 요소가 더 크게 작용했다는 이해 방식과 일맥상통하는 점도 느껴진다.

이러한 형태의 윤휴 이해는 향후에도 반향을 일으키며 확대될 것으로 보인다. 윤휴의 『중용』 해석에서 그의 독자적인 성격을 볼 수 있지만 크게 보면 주자학의 틀을 벗어나지 않았다는 연구도 그러한 움직임의 일환으로 이해된다.[101]

근현대 한국 학계의 윤휴 사상에 대한 연구는 여러 층위에 걸쳐 풍부하게 이루어졌다. 사상사의 측면에서는 반(탈)주자학의 성격을 갖는가 그렇지 아니한가 하는 점이 논점의 핵심을 이루는 것으로 보인다. 전자의 시각이 1960년대 이래 조선 후기의 사상사를 주자학과 실학의 대립 구도 속에서 파악하는 연구 경향과 연결이 된다면, 후자의 비판적 접근은 학계의 통설적, 주류적 움직임에 대한 반발과 비판, 새로운 길 찾기의 시도로 이해된다.

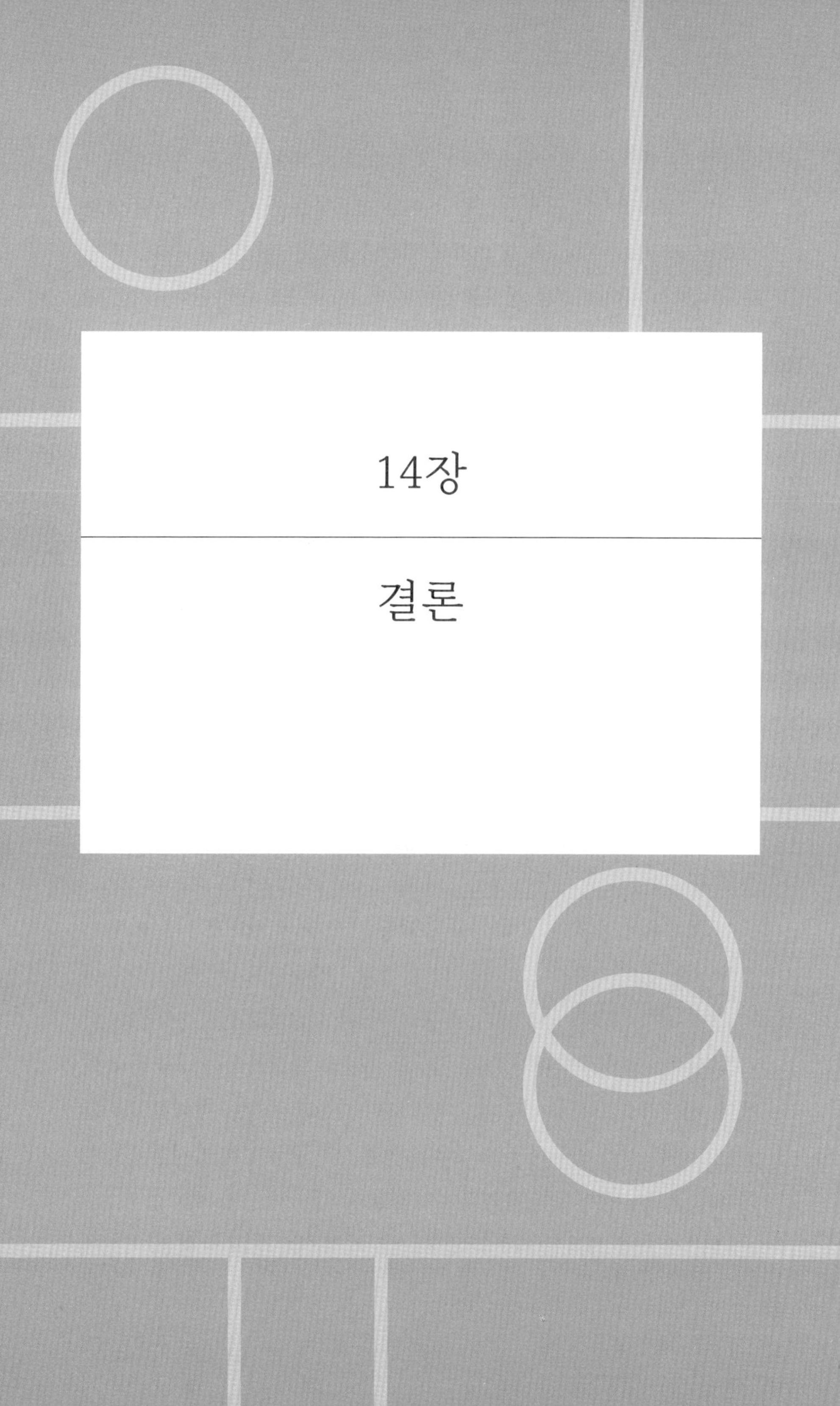

14장

결론

조선 역사에서 17세기는 거대한 변곡점을 이룬 시기였다. 앞선 세기의 막바지에 일어났던 임진왜란, 뒤이어 조선을 덮친 병자호란을 겪으며 과거를 잡혀 있던 질서가 크게 무너졌고 이를 회복하는 과정에서 엄청난 변화가 일어났기 때문이다. 이 두 차례의 전란이 불러온 파괴력은 나라를 제대로 유지하는 것이 어려울 정도로 강렬했다. 특히 이때의 국가적 위기는 국내 문제에 국한되지 않고 동아시아 국제 질서 속 조선의 새로운 관계 설정과 연관되어 있었기에 그 범위와 규모가 상상을 초월할 정도였다.

조선 정부와 정치사상계는 이의 수습을 놓고 한 세기 내내 부단한 노력을 기울였으며 그 결과로 이전에는 볼 수 없던 새로운 면모의 국가를 만들 수 있었다. 전쟁은 단순한 파괴를 넘어 쇠퇴한 조선에 새 생명을 불어넣는 힘으로 작용했다.

17세기 초반에 태어났던 윤휴의 생애는 이 같은 시대적 과제를 온전히 안으며 펼쳐졌다. 윤휴는 주자학으로는 이 시기 조선이 당면한 문제를 풀 수 없다고 생각하여 그와는 다른 성격의 사유로부터 그 해법을 찾으려 했으며, 특별 채용을 거쳐 조정에 나온 뒤에는 새로운 법제와 정책을 실천하며 평생 세워 두었던 계획을 실현하고자 했다. 사문난적으로 낙인찍히고 역모 혐의로 죽임을 당한 그의 한 평생은 그 누구보다도 치열했기에 그만큼 비극적이었다.

이 책에서는 윤휴의 생애와 사상 활동을 크게 네 형태로 나누어 탐색했다. 처음에는 학문과 정치 활동의 일생을 시간순으로 정리했고, 다음에는 그의 경학 세계를 검토했다. 이를 이어 현실 인식과 정치개혁론을, 마지막으로는 조선의 학계가 그의 사상을 계승하고 평가하는 모습을 확인했다. 전반적으로 사상사의 위상에서 그의 학문과 사상이 어떠한 평가를 받는가 하는 점을 염두에 두고 내용을 살폈는데, 근현대 한국 사상사 학계에서의 연구와 평가 또한 유의해서 정리했다.

1부에서 다룬 내용은 가문의 전통, 성장기의 학습과 교유 활동, 기해예송과 경서 연구 성과, 관직 생활과 정치 활동 등이다. 윤휴 가문은 오랜 내력을 갖는 명문가였다. 초기에는 무반가의 전통을 유지하다가 16세기 고조 윤관 대에 이르러 성리학을 충실히 익히고 실천하는 가문으로 변화하는 모습을 보인다. 이후 윤휴의 선대가 경험한 학술과 정치의 세계는 여느 집안에서는 쉽게 찾을 수 없는 개성을 가지게 된다.

학문적으로는 고조 윤관 이래 아버지 윤효전에 이르기까지 김종직에서 조광조로 이어지는 지치주의 학문, 서경덕의 사상에 영향을 받았고, 정치적으로는 아버지 대에 이르러 북인의 정치 성향을 지니었다. 특히 윤효전이 이황이나 이이가 아니라 서경덕의 학문적 영향권 속에서 성장하고 북인의 주요 인물로 활동했던 사실은 학파와 정파 간 치열한 각축이 일어나던 시기, 그의 집안이 처한 위상을 이해함에 중요한 요소가 된다. 동서 분당, 동인의 남북 분당이 가속화되는 정쟁의 시기에 윤휴의 집안은 학문으로나 정치 성향으로 보아 매우 뚜렷한 색채를 지니었다고 할 수 있다. 이러한 가문의 전통은 윤휴의 학문과 정치 활동을 밑받침하는 주요한 기반이 되었다.

윤휴의 생애는 학문·사상의 변화 과정, 정치 활동 등을 기준으로 세 시기로 대별할 수 있다. 제1기는 출생에서 1660년(현종 1) 기해예송까지, 제2기는 기해예송 이후 현종 말년까지, 제3기는 1675년(숙종 1)부터 1680년(숙종 6) 경술환국으로 사망할 때까지이다.

1기는 '인조반정' 이후 서인들의 정치적·학문적 발언권이 확산되는 시간이었는데, 윤휴는 이때 외조부 김덕민의 도움으로 다양한 공부를 경험하고 또 조식·성운의 학문 세계도 접했다. 조식과 성운 학문과의 만남은 윤휴가 주자학의 방법과 목표에 대해 회의하며 새로운 길을 찾게하는 한 계기가 되었던 것으로 여겨진다. 이와 더불어 윤휴는 권시, 윤선거, 송시열, 송준길, 이유태, 유계 등 기호 지역의 젊은 유학자들과도 교류하였다.

젊은 시절 기호 지역에서의 성장은 충청도의 삼산에 외가가 있었고 또 공주 유천에 선대의 전장과 집이 있었던 사정과 연관이 있다. 또한 그의 처가가 충청도에 있었던 점도 작용했다.

기호 지역 학자들과 사귀는 방식, 사정은 개별적으로 달랐다. 이들 중 일부는 윤휴와 의견이 맞아 친하게 지내기도 하고, 일부는 비판하고 배격하는 태도를 취하기도 했다. 물론 윤휴와의 사이가 비우호적이었다고 하더라도, 그들은 뒷날 기해예송을 겪은 뒤에 보이는 적대와 혐오의 감정을 아직 드러내지 않았다. 젊은 윤휴에게 충청도 일대는 서울, 여주의 연고지보다 더 많은 세계를 겪게 한 공간이었다.

2기의 삶은 거의 전적으로 기해예송을 둘러싸고 펼쳐졌다. 1659년(효종 10), 효종 사망 후 자의대비(慈懿大妃)의 복제를 두고 일어난 이 갈등은 국왕 효종의 가계 계승 혹은 왕위 계승과 연관되어 있었으므로 실제로는 종법(宗法)의 적용과 깊이 얽혀 있었다. 그런 점에서 예송은 종법에 기초하여 움직여온 조선의 권력 운영에 대한 실천과 맞물려 있는 대사건이었다. 송시열을 비롯 서인들이 기년설(期年說)을 주장한 데 비해 윤휴는 이와는 다른 참최삼년설(斬衰三年說)을 제시, 이 논쟁의 한 축을 담당하며 깊숙이 개입했다. 이후 이 대립은 서인과 남인의 치열한 정쟁으로 확산되고 윤휴의 정치적 사유 또한 뚜렷이 드러났다. 예송이 전개되면서 윤휴의 생애는 새로운 전기를 맞이했다.

자의대비의 복제를 둘러싼 전례 논쟁은, 그 다툼의 격렬함이나 논증의 치밀함에서 윤휴나 송시열 그 누구도 상상하지 못했던 일이었다. 그러나 의도하지 않은 시간에 갑작스레 일어난 전례 논쟁은 윤휴와 송시열이 가진 학문·사상상의 경향, 종법에 대한 생각을 가감 없이 드러내는 계기가 되었다.

윤휴는 군주야말로 지존(至尊)의 존재이며 그 점에서 군주의 모친도 군주와는 군신 관계를 이룬다고 여겼다. 군주에 대한 복제는 신분 여하를 막론하고 지존을 대상으로 한 복제를 입어야 하며, 설령 왕모라 할지라도 이를 벗어나지 못한다는 것이 그의 생각이었다. 윤휴는 송시열이 사서가(士庶家)의 예제를 제왕가(帝王家)에 적용하려 한 점에서 문제가 있다고 여겼다. 윤휴의 논리에 따른다면 송시열의 생각은 국가와 사가(私家)를 동일시하며 종법을 적용하고 '군주의 지위를 낮추어 보고 제왕가의 종통을 분리시키는[卑主貳宗]' 성격을 지녔다. 윤휴의 예설을 견인한 사유는 가국부동론(家國不同論)이었다.

이때의 논쟁이 송시열의 주장대로 마무리되자 윤휴는 은거하여 『효경』과 『대학』 등 경전 연구에 집중했다. 현종 말년, 2차 예송이 일어나기까지 정치와는 담쌓고 지낸 10여 년 동안 그가 보낸 시간은, "읽지 않은 책이 없고 궁구하지 않은 이치가 없다"고 할 정도로 독서와 토론, 연구, 집필로 치열하게 채워졌다.

은거 기간, 윤휴는 젊은 시절에 틀 잡아두었던 『중용』의 주석을 마무리했고, 『효경』과 『대학』에 대한 독자적인 해석을 마련했다. 당대 조선에서는 찾아볼 수 없던 경학사, 학술사의 새로운 성과가 출현한 셈이었는데, 윤휴는 이로부터 '천명(天命)과 심성(心性)의 고원한 내용만 논의하고 찾다가 아무런 소득도 얻지 못하는 학술의 문제'를 극복할 수 있는 방법을 얻을 수 있다고 생각했다.

3기의 삶은 숙종 초반, 남인 정권하에서의 활발한 활동으로 정리할 수 있다. 이 시절 윤휴는 소용돌이치는 정국 속에서, 그 스스로 논쟁의 주역이 되며 정치 운영의 한 축을 담당하였다. 그는 이 시기 북벌·자강을 이루기 위한 내정 개혁에 집중했다. 정치이념, 정치 운영 방식, 정치제도를 비롯하여 사회경제의 여러 법제에 이르기까지 대대적인 변화가 필요하다는 것이 그의 판단이었다. 내정 개혁은 기존의 법제를 바꾸는 일이었기에 그의 제안은 많은 논란을 빚었고, 그 과정에서 적지 않은 변화가 일어났다.

윤휴는 숙종 초반, 정국의 중심에 서서 정치를 이끌었다. 그가 제시한 북벌론, 북벌을 위한 내정 개혁 구상은 몇 년간 숙종을 비롯하여 신료들의 주된 화두가 되었다. 그가 제안한 구상 가운데 체부(體府) 설치, 오가통법과 지패법 시행 등은 실제 현실화되었다. 윤휴의 처지에서 보면 만족스럽지 못한 수준이었지만, 그래도 이들 군사 기구와 법제는 적지 않은 사회 변화를 만들어내는 점에서 주목할 만한 의미를 지니고 있었다.

하지만 서인들에게 윤휴는 '눈엣가시'와 같은 존재였다. 숙종 즉위 후, 서인들로서는 남인의 공격을 받으며 정치적으로 대단히 압박받는 위치로 몰렸다. 그 공세의 중심에 윤휴가 있었다. 예론이 잘못된 것으로 정리되고, 송시열은 멀리 유배되었으며 이로 말미암아 서인의 정치력을 유지할 수 있는 기반이 매우 약해졌다. 더군다나 체부를 설치하여 군권을 장악하고 기존의 질서를 흔드는 내정 개혁을 추진하면서 사회적 긴장감도 고조되었다. 이 국면에서 서인들은 잃어버린 권력을 되찾는 작업을 벌임과 동시에 윤휴 또한 제거하고자 했다.

윤휴는 6년도 채 못되는 관직 생활 끝에 역모 혐의를 쓰고 생명을 잃었다. 서인들이 보기에 윤휴는 이 시기 가장 위험한 존재였다. 살려두면 생길 화단(禍端)을 이들은 역모의 반역자로 몰아 미연에 방지하고자 했던 셈이다.

2부에서는 윤휴의 경서 해석 전반을 검토했다. 특히 유의해서 살핀 점은 그의 경서 해석의 원형을 이루는 젊은 시절의 『서경』의 「홍범」 편과 『주례』에 대한 이해 방식, 경전의 전 내용을 대상으로 독자적인 주석을 남긴 『효경』, 『대학』, 『중용』에 대한 해석의 성격이었다. 이들 경전에 대한 연구와 주석 작업은 젊은 시절에 시작하여 노년까지 꾸준히 이어졌다. 어떤 경서는 젊은 나이에 시작한 작업을 중·장년에 다시 이어 심화시키기도 했다.

경전 해석은 당연한 이야기이지만 개별성을 지니고 있었다. 각 경전의 성격이 달랐기 때문이다. 『서경』의 「홍범」 편에서는 왕정(王政)의 규모와 범위가 하늘과 인간을 포괄하며 그 실행은 구주(九疇)의 아홉 내용으로 펼쳐진다는 점을 살폈고, 『주례』에 대해서는 삼대(三代) 법제의 규모와 성격, 내용이 구체적으로 어떠한가를 정리했다.

윤휴의 「홍범」 해석에서 보이는 특징의 하나는 군주의 역할을 보다 적극적으로 강조하는 점이었다. 윤휴는 군주가 자신의 역할을 제대로 하기 위해서는 '입극(立極)'하여 민인의 표준(標準)이 됨과 동시에 강력한 권세(權勢)·위복(威福)의 실행을 병행하여 행해야 함을 「홍범」에서 설정하고 있다고 이해했다. 윤휴는 「홍범」에서 거론하는 군주 정치를 두고 "위엄과 덕성이 같이 흐름[威德竝流]"의 성격을 지닌다고 규정하였다.

윤휴의 『주례』 연구는 그의 학문적 관심이 멀리 삼대의 예제, 삼대의 사상에 구체적으로 미치고 있었음을 보여준다. 이러한 태도는 또한 삼대의 고제(古制)·고법(古法)의 실현 가능성을 염두에 둔 것이었다. 이 시기 학계의 주된 흐름이 삼대 사회를 이상사회로 설정하면서도 거기에 접근하는 방법을 두고는 심성론에 근거하려고 했던 것과는 대비되는 모습이었다. 이것은 나아가 학문의 중심을 치자(治者)의 심성에서 도덕 표준을 구하는 데서가 아니라 고제·고법에 바탕한 제도에 두는 방식으로 전환한 것이었다. 윤휴는 『주례』 연구를 통해 학문의 지향, 학문 방법에서의 변화를 이끌어 내고자 했다고 할 수 있다.

『효경』에서는 효치론(孝治論)의 의미를 부각했다. 이 정치론에 따르면 천하·국가로부터 사가에 이르기까지의 정치 구성체는 여러 겹의 가(家)로 구성되지만 궁극에서는 일가(一家)로 포괄되는 성격을 지니고 있으며, 각 가의 수장과 구성원 사이에는 가장과 가족 구성원의 관계가 작동한다고 이해되었다. 또한 구성원들은 효제(孝悌)의 가족 윤리를 실천하며 화목과 통일을 이루고, 가장으로서의 정치 수장은 일가를 안정적으로 유지해야 할 책임을 졌다.

『대학』에서는 고본 『대학』을 긍정하여 군주학의 수기·치인의 방법론이 무엇인지를 이해하고자 했다. 윤휴는 『대학』이 신분 구별 없이 성인(成

人)이면 배우는 교재가 아니고 정치 운영을 위해 익힐 책도 아니라고 이해했다. '대학'과 '소학'의 학문 체계를 통관하는 성학(聖學)의 총론서가 『대학』이었다. 『대학』을 대인이 익힐 내용을 담고 있는 책으로 이해했던 주희의 인식과는 성격을 달리하는 윤휴식의 재규정이었다. 윤휴는 또한 『대학장구』의 격물치지 해석이 '하늘을 담론하고 천성에 관한 논의를 펼치는[談天說性]' 고원한 논의로 학습자를 이끄는 폐단이 있다고 판단하고 이를 따르지 않았다. 이것은 사사물물의 리를 완전히 이해할 때 격물치지가 이루어지고 성인의 경지에 다다를 수 있다는 주자학의 학문 방법과 목표를 긍정하지 않는 이해 방식이었다.

윤휴의 『중용』 주해는 장절의 구성, 연문·구두 방식에 대한 이해 등에서 『중용장구』와 구별되는 점이 많았다. 여러 내용 중에서도 가장 중요한 사안은 『중용』의 첫머리에 제시된 성(性)·도(道)·교(敎)에 대한 『중용장구』의 해석을 따르지 않은 점이었다. 이는 '수도지위교(修道之謂敎)'의 주체와 수도의 의미를 다르게 설정하는 데서 분명히 드러났다.

주희는 사람이 가야 할 길을 성인이 품절(品節)하여 천하에 법으로 삼은 것을 두고 '가르침[敎]'이라고 규정하고, 품절의 실체는 예·악·형·정과 같은 것이라고 했다. 이러한 해석의 경우, '가르침'의 주체는 성인이되 그 가르침을 받아 살아가는 행동의 주체는 모든 인간이었다. 여기에는 하늘로부터 똑같이 성을 품부 받았지만 기품이 서로 다른 개별 인간은 그 수준에 따라 예·악·형·정의 규범을 접하고 또 변화하게 된다는 생각이 내재되어 있었다.

윤휴는 이에 비해 '수도지교'는 '군자가 하늘을 두려워하고 도를 따라 천하에 가르침을 세우는 일'이라고 이해하고, 이를 담당할 군자는 복성(復性)을 위한 수도를 수행해야 한다고 생각했다. 수도의 방법은 계신(戒愼)·공구(恐懼)와 같은 사천(事天)·외천(畏天)의 행위였으며, 그 궁극에 이르러 '천지가 자리 잡고 만물이 자라는' 정치를 할 수 있게 된다고 여겼다. 이러한 사고에서 가르침을 세우는 주체는 현실에 존재하는 '군자'였다. 군자는 그 함의가 포괄적이지만, 정치의 수장인 군주와 다름없는 존재였다. 윤휴는 '군자'의 존재와 역할을 중심에 두고 『중용』을 해석했다고 할 것이다.

『중용장구』와 윤휴의 '수도지위교'에 대한 해석의 차이는 결국, 기품의 변화를 이끌어 자기 변화를 만들어나가는 주체는 누구인가 하는 이해에서 서로 다른 결과를 낳았다. 주희의 해석으로는 사회 모든 구성원들에게 기품의 변화를 위한 노력이 부과되었다. 『중용』의 '존덕성(尊德性) 도문학(道問學)'의 지행(知行)을 위한 노력은 그들 모두에게 필요했다. 반면, 윤휴의 경우 그 일은 '군자'에게로 집중되었다. 군자의 현실적 존재 양태는 다양할 수 있었지만, 천지와 인간을 아우르며 권력의 정점에 서 있는 군주와 거리가 그다지 멀지 않았다. 이러한 해석 위에서 보자면, 성인의 예·악·형·정의 품절을 가르침[敎]으로 내세우는 『중용장구』식의 방법은 그다지 의미가 없었다.

윤휴는 인류 문명과 정치에 대해서도 특별한 관점으로 『중용』을 해석했다. 그는 제도적 실체가 분명하지 않은 요순과 그 이전 시대의 도법(道法)이 정치의 기준이 되어서는 안 되며 또한 군주는 현실 변화에 능동적으로 대응해야 한다는 관점에서 정치를 이해했다. 이 과정에서 그는 이상적인 정치, 이상적인 사회는 고대 성인이 제정한 고제·고법을 복원하고 그에 따라 살면 가능해진다고 보았다.

공자가 애공(哀公)의 정치란 무엇인가라는 물음에 "문무(文武)의 정치는 방책(方冊)에 있다"고 대답한 것에 대한 해석은 이를 잘 보여준다. 윤휴는 공자의 대답에 대해, '후왕(後王)'의 정치를 본받아야 한다는 '법후왕(法後王)'의 논리에서 나온 것이라고 해석했다. 순자의 사유를 원용한 이러한 인식은 까마득한 시기의 요순(堯舜)을 중심에 두고 문명과 정치의 이상을 구하는 방식을 벗어나되 패도(覇道)의 정치에 빠지지 않으려는 의지와 맞닿아 있었다.

『중용』을 해석하며, 윤휴는 『중용』에서의 가르침은 위정자를 비롯한 개개인의 도덕적 변화를 중시하여 그 실현을 위해 노력해야 한다는 것이 아니라, 권력의 중심에 있는 군자가 적극적으로 변화하고 그렇게 변한 군자는 삼대의 예법을 복원하여 국가를 이끌도록 노력해야 함을 알려주는 것이라고 이해했다. 그리고 그러한 정치는 하늘[天]과 인간이 상호 감응하고 교통하는 질서를 원활하게 구현하는 길이라고 여겼다.

이 같은 사고에서 『중용』의 군자는 항시 하늘과 만나는 존재였기에 신성성(神聖性)·엄존성(嚴尊性)과 가까이 있었다. 또한 그는 하늘과 인간을 포괄하는 정치를 하기에 만나는 대상은 광범하고, 해야 할 업무는 막중했다. 말하자면 『중용』에서 제시하는 군자는 수기와 치인의 과제를 꿰뚫고 신명(神明)과 소통할 수 있는 신령(神靈)의 능력을 갖추어야 했다.

『주자중용장구보록』에 보이는 윤휴의 생각은 「홍범」, 『주례』, 『효경』, 『대학』에 대한 해석에서도 일관했다고 말할 수 있다. 개별 경전에 대한 주석은 다루고 있는 내용, 강조하는 주안점에서 차이가 있었지만, 기본 구도는 동일했다. 인간은 하늘과의 감응과 소통 속에서 살아가며, 정치의 수장인 군주는 하늘을 대면하고 하늘과 인간을 가교하는 책임을 지고 있는 존재로 규정되었다. 그러기에 군주의 지위와 책임, 군주가 갖추어야 할 자질, 군주가 실행하는 정치는 모두 이 범위 안에서 모색되었다.

경전에서 거론하는 수기와 치인, 지(知)와 행(行)의 여러 방법과 과제를 수행하는 주체는 천인감응의 질서와 정치를 책임지고 있는 군주였다. 그런 점에서 여러 경전에서 제기하는 학문은 '군주학(君主學)'이었다. 군주의 학문은 일반 신분·계급 속의 인물들이 추구해야 할 목표는 아니었다. 군주를 돕고 군주 정치의 일원으로 참가하기에 '군주학'의 내용을 연구하고 이해하며 확장하는 노력을 이들이 한다고 하더라도 그것이 그들의 목표는 아니었다. 사회 모든 구성원에게—이론적으로—성인화(聖人化)의 책무를 부여하고 그에 맞추어 경서를 이해하고자 했던 주희의 방식과는 크게 달랐던 것이다.

송시열의 윤휴 비판은 『중용』 개주(改註)에 집중되어 있었다. 이는 그가 윤휴의 다른 경전 해석을 접하지 못한 사정과 연관이 있기도 하겠지만 『중용』 개주의 비중이 워낙 심대했기 때문일 수도 있다. 『중용』 개주에는 윤휴 사고의 근본이 정리되어 있었고, 이는 송시열이 받아들일 수 없는 성격을 갖고 있었다. 그것은 윤휴가 파악한바 '사천(事天)'의 학문이었다.

오랜 시간 주자학의 세계를 만들기 위한 고투를 거쳐 도달한 17세기 조선 사상계, 특히 이이 학문에 연원한 기호 지역 서인-노론계의 사유에 견주어본다면 윤휴의 사상은 매우 이질적이었다. 그 이질성은 단지 생각의 차이로만 이야기할 성격은 아니었다. 사대부가 중심을 이루는 질서를 압박하고 변형할 수 있는 정치를 구현할 동력을 이러한 사유는 내장하고 있었다. '북벌'이 국시로 내세워지던 시점에 그 가능성은 더 커졌다. 윤휴는 권력의 최고 중심에서 급진 정치를 통해 자신의 사유를 실현하고자 했고, 그 시간은 실제 몇 년간 현실 속에서 지속되었다.

윤휴는 삼대 성왕이 만든 제도에 기반하여 현실의 변화에 적절히 대응하는 것, 그것이 자신이 살던 조선을 되살리는 최선의 길이라고 여겼다. 그런 면에서 그의 생각은 얼핏 복고(復古)의 모습을 보이지만, 실상은 현실의 변화와 사회경제상의 개조를 강렬하게 추진하는 힘이기도 했다. 이 점은 현실의 급격한 변화를 구하지 않는 사고와는 전면적으로 배치되는 측면이 있었다. 정치적인 충돌과 대립이 일어날 소지도 여기에 숨어 있었다.

3부에서는 윤휴가 지니고 있었던 정치이념, 내수와 북벌을 분리하지 않는 내수(內修)=외양(外攘)의 일치 관념, 내정 개혁 구상을 논의했다.

윤휴는 그가 경서 해석에서 얻은 세계와 인간에 대한 이해 위에서 정치이념을 마련했다. 윤휴는 초월·주재적 하늘 혹은 상제(上帝)를 설정한 가운데 경전을 이해하고 이로부터 인간과 인간 사회의 존재 방식을 설정하고자 했다. 이는 리(理) 본체론에 근거한 주자학의 천인합일론과는 구별되는 천인감응의 사고였는데, 윤휴는 이를 바탕으로 군주와 왕정의 근거와 범위, 군주의 역할, 국가와 구성원의 관계 등등을 모색했다. 대체로, 군주가 독존적으로 하늘·상제와 대면하는 가운데 독자적으로 수기·수신을 실천하며, 하늘과의 관계망 속에서 정치를 실현해야 한다는 생각을 그가 가지고 있었던 것으로 정리할 수 있다. 이러한 사고는 고대적 사유에 가까웠지만, 또 한편으로는 왕정의 적극적 행사, 강력한 군권의 행사를 추구하는 면모가 강했다.

윤휴의 정치론은 주자학의 인치·덕치의 정치론을 벗어나 삼대의 이상적인 예법의 실천을 추구하고, 시간의 변화에 능동적으로 대응하고자 하는 그러한 면모를 지니고 있었다. 주희의 정치론은 군주의 수기·치인의 과제를 심성상의 도덕적 완성에 기초한 성인화를 중심으로 풀어가려는 성격이 강했다. 구체적인 사업보다는 모든 노력을 성인화의 여부로 집중하고 이를 통하여 정치를 실행하는 지향을 갖는 점에서 정태적이었다.

윤휴는 주희가 설명하는바, 군주가 도덕의 표상이어야 함을 인정하였다. 그러면서도 그는 여기에 머무르지 않고 하늘과 인간 세계를 아우르는 정치를 군주가 적극적으로 시행해야만 국가의 정상적인 운영이 가능하다고 보았다. 그것은 곧, 군주의 적극적인 사공(事功), 적극적인 정치적 행위를 긍정하고 또 요구하는 태도라 할 것이다. 조선의 현실에 적용한다면, 이는 국가가 지니고 있는 제반의 과제에 군주가 보다 적극적으로 간여하고 이를 보다 능동적으로 해결하려는 동태적 군주상(君主像)이라 할 수 있다.

윤휴는 17세기 중·후반 조선 사회 최대의 과제가 자강(自强)의 국가체제를 마련하는 데 있으며, 이는 철저한 내수와 결합된 북벌 곧 외양을 통해 가능하다고 보고 있었다. 이를 위해 그는 대경장(大更張)의 내정 개혁을 제기했다. '선내수 후외양'의 논리 속에 자강을 위한 개혁방안을 강구하던 정론가들과는 정반대의 시각이었다.

윤휴는 대경장의 방법을 세 방향에서 마련하고 있었다. 하나는 군주로 대표되는 국가권력의 절대성을 이념적으로 보증하는 일이었다. 이는 '천하 일가'의 효치론과 같이 군주권을 절대적 하늘의 권위하에서 보장하여, 신권에 의해 제한되어 있던 이 시기 군주권을 강화함으로써 '부국강병'의 경장책을 펼 수 있는 정치적 기반을 확보하기 위한 방법이었다. 군주를 개혁 주체로 설정하는, 이 시기 주자학 절대주의자들의 정치사회 운영론과는 다른 형태를 지닌 것이었다.

두 번째는 붕당 정치구조를 혁파하여 집권 관료제 내부의 모순을 해소하고자 했다. 이는 중앙 권력기구를 강화함으로써 대경장의 제도적 기반을 마련하고, 동시에 과거제 혁파를 통하여 새로운 성격의 관료 충원을 모색하는 방안이었다.

세 번째는 면리제(面里制)와 같은 국가 공권력 체계를 전면 재정비하여 향촌 사회·민을 제일(齊一), 일원적(一元的)으로 장악하고자 했다. 국가를 움직이는 기반을 지방의 하부 단위로부터 정비하며 확대하는 방안이었다.

이 세 방안에서 첫째 사안이 이념의 측면에서 구상된 것이라면, 뒤의 두 가지는 이를 제도상으로 보장하는 개혁책이었다. 군주권과 국가권력의 강화를 전망하는 사고가 여기에는 자리 잡고 있었다. 윤휴는 대경장의 개혁책을 모색하며 끊임없이 삼대의 복고의식(復古意識)을 드러냈었다. 내정 개혁은 삼대의 고제(古制)를 전범으로 시행해야 하며 조선의 위기는 이로부터 극복할 수 있다는 것이었다.

그러나 이러한 지향은 당대 현실의 정치, 사회, 경제 질서를 크게 변혁하는 데서 현실화될 수 있는 것이었으므로, 단시일에 한꺼번에 이루어질 성질은 아니었다. '선왕을 본받으며 차례차례 행한다' 하는 바대로 단계적으로 이루어가야 할 과제였다. 뿐만 아니라 이를 위해서는 대경장 과정에 필연적으로 등장하기 마련인 반대와 저항을 무력화할 수 있는 주체, 정치체제의 마련이 무엇보다 선결되어야만 했다.

숙종 초반 남인 정권의 정론가(政論家), 경략가(經略家)로서 중앙 정계에 직접 참가하고 있던 윤휴의 활동은 정치적으로 이를 직접 해결해가는 과정이었다. 그는 당시 조선 사회가 처해 있던 현실과도 관련하여, 반청북벌(反清北伐)의 부국강병책으로 그 방법을 마련하고 있었다. 구체적 현실 속에서 대경장의 단서를 모색하는 일이었다.

4부에서는 윤휴 사후 조선의 사상계에서 윤휴의 사상을 계승 혹은 평가하는 문제를 살폈다. 주제로 다룬 내용은 18~19세기 후손들의 수난과 가학(家學) 보존의 움직임, 서인의 윤휴 금제(禁制) 노력, 성호학파 내부에서의 윤휴 사상 독해와 계승, 학술사적 평가 등이다. 이를 이어 20세기 근현대 한국 학계의 윤휴 사상 평가는 어떻게 되는지도 검토했다.

윤휴 사후, 한때 그의 정치적 복권이 이루어지기도 했지만, 윤휴의 후손들은 엄청난 압박을 받았다. 1728년의 정치 변란은 결정타를 안겼다. 이 사건을 주동한 이인좌가 윤휴의 손녀사위였던 까닭에 조선 정부에서는 윤휴의 자손이 반란에 연루되었다는 혐의를 두고 오랜 시간 탄압을 가하였다. 막내아들인 윤경제와 세 아들은 유배지에서 죽임을 당하기도 했다. 사회적으로나 정치적으로 아무 일도 할 수 없는 상태에서 후손들이 가학을 계승하거나 발전시키기는 쉽지 않았다. 윤휴의 문집을 일부 정리하기도 했으나 이를 간행할 처지도 아니었다.

이인좌 반란 이후 서인-노론들 가운데 일부는 그 반란이 윤휴의 사상 활동의 맥락에서 만들어진 것이라고 여기기도 했다. 주희의 가르침을 따르지 않는 행위가 결국은 국가 질서를 뒤흔드는 반란으로 연결되었다는 인식이었다. 윤휴가 '성현을 모욕하고 주희를 훼손했다'는 송시열의 규정은 18~19세기 내내 서인-노론 학계 내부에서 강한 생명력을 가지고 윤휴를 금제하는 힘으로 작용했다.

18~19세기, 윤휴의 사상은 남인 내 성호학파의 몇 학자들에게 주목되었다. 안정복의 경우, 윤휴가 남긴 자료를 읽고 차록(箚錄)하며 그의 사상을 접했다. 그가 작성한 『조선성리설』에는 윤휴의 글이 다수 실려 있다.

다만 그가 윤휴의 생각에 얼마만큼 영향을 받았는지는 뚜렷이 드러나지 않는다.

안정복과는 다른 양상으로 권철신, 이헌길, 이기양과 같은 학자는 윤휴의 『만필』, '대학설'의 내용을 수용하고 이로부터 사유의 자양분을 구하였다. 정약용 또한 고본 『대학』을 긍정하고 명덕을 효·제·자(孝悌慈)로 이해하여 윤휴 생각에 일부 동조하기도 했다.

이들 학자들 가운데 윤휴의 학문에 특히 영향 받은 인물은 권철신이었다. 그는 윤휴를 조선 사상계의 큰 학자로 존숭하여, 이황 → 윤휴 → 이익으로 이어지는 학문의 흐름 속에 윤휴를 위치 지웠다. 윤휴의 학문은 본말(本末)을 갖추었다고도 평가했다.

윤휴에 대해 가진 권철신의 시각은 그의 저술을 읽은 결과일 것이다. 학문의 방법과 목표 또한 권철신은 윤휴와 유사했다. '하늘을 담론하고 천성에 관한 논의를 펼치는[談天說性]' 학문 풍토를 비판하고 지양하려 했던 윤휴와 마찬가지로 권철신 또한 담론에 빠져 이기(理氣)와 정성(情性)만을 논할 뿐 실행에 소홀한 후세의 학문과 달리, 효제(孝悌) 충신(忠信)을 한결같이 종지(宗旨)로 삼아 부모를 따르고 봉양하며, 친구와 형제를 한 몸처럼 아끼는 데에 힘을 썼다.

성호학파 내에서 윤휴의 사상을 대하는 또 다른 모습은 기해예송에서의 예설에 대한 평가였다. 이익과 정약용은 자의대비가 삼년복을 입어야 한다는 점은 긍정하면서도 '신모설(臣母說)'과 결부된 참최삼년복은 인정하지 않았다. 이들은 '신모설'이 만들어내는 정치적 위험을 예민하게 검토하고 있었다.

18세기 후반 이래, 성호학파 내부에서의 윤휴 저술의 독서와 평가 작업은 조용하게 이루어지면서도 수용 방식에서 뚜렷하게 나누어지는 양상을 보였다. 안정복과 같이 윤휴의 저술을 열심히 읽고 차록하며 관심을 기울이는 수준에서 그를 접하는 움직임이 있는가 하면 권철신이나 이헌길, 이기양처럼 그의 학술을 적극적으로 평가하고 받아들이던 활동도 있었다. 후자는 공론의 장에서는 대체로 드러나지 않던 윤휴·윤휴 사상에 대한 지지이자 수용의 움직임이었다.

권철신이 이황과 이익 사이에 윤휴를 위치 지우던 의식은 그 가운데서도 특별했다. 이는 채제공이 윤휴를 배제한 채 이황 학문의 계승에 허목이 중요한 역할을 했다고 이야기하던 양상과는 많이 달랐다.

정치론의 측면에서 이익과 정약용은 윤휴의 생각을 일부 긍정하면서도 군주 독존의 지위를 강조하는 사유가 가진 위험성을 포착하고 이를 비판했다. 이러한 모습은 윤휴 사상을 배척하지 않되 그 가진 위험성을 제거하며 사상의 영역을 확장하는 노력으로 이해할 수 있을 것이다.

성호학파 내부에서 형성된 18세기 윤휴 긍정과 수용의 움직임은 19세기 전반에 이르면 조선의 학술사 속에서 윤휴의 위상을 파악하는 작업으로도 나타났다. 안정복의 제자인 황덕길이 1810년에 마무리한 『도학원류찬언』 속편에서 윤휴의 학술과 사상을 소개한 일이 그것이다. 기자(箕子) 이래 조선 후기의 학자들에 이르기까지 '도학'의 흐름을 정리한 이 책에서 황덕길은 남인 혹은 북인계 남인 학자들과 함께 윤휴를 다루었다. 윤휴의 사상은 충분히 주목하고 음미할 수 있는 내용을 지니고 있음을 황덕길은 드러내려고 했다.

황덕길은 학문의 진보에 필요한 태도는 기존의 권위를 묵수하는 것이 아니라 끊임없이 의심하며 실제 자기 견해를 찾는 것이 필요하다는 윤휴의 발언을 거론하며 윤휴의 지향과 목표, 그의 학문적 장단점을 적절히 부각했다. 이와 더불어 황덕길은 송시열이 벌인 '이단' 공격의 부당함을 윤선거의 말을 빌려 강도 높게 비판했다.

황덕길의 조선 학술사 정리는 조선 도학(道學)의 전통이 이황을 거치고 이익에 이르며 크게 발전했다는 인식에 기반하여 이루어졌다. 이익이 이황의 학문을 사숙하여 그의 사상을 익혔다는 채제공의 견해를 그 또한 지지하는 모습이었다. 그런 황덕길에게 윤휴 평가의 한계는 분명했다. 그럼에도 윤휴가 가진 사상과 사유의 가치를 조선 학술사에서 드러내는 모습은 적지 않은 의의를 지니고 있었다.

윤휴에 대한 근·현대 한국에서의 사상사·학술사적 평가는 일제 때 저술된 장지연의 『조선유교연원(朝鮮儒敎淵源)』에서 최초로 확인할 수 있다. 신라 설총부터 조선 말까지 활동했던 유학자를 추려서 그들의 저술, 생각, 활동을 정리한 이 책에서 장지연은 17세기의 학자들과 함께 윤휴를 소개했다. 자신의 의견은 배제하고 자료를 제시하는 방식으로 윤휴의 활동을 거론하는 점이 특별했다.

장지연은 윤휴를 극단적으로 평가하는 자료는 싣지 않았다. 허목, 송시열이 윤휴를 언급하는 자료에서도 윤휴에 대한 비판을 볼 수 없다. 조선에서 윤휴를 이단시하거나 위험하게 생각하던 언설이 나타나지 않는 점은 이 책이 가진 주요한 특징 가운데 하나이다. 『대학』과 『중용』에 대한 윤휴의 의견을 소개하는 점도 흥미롭다.

윤휴를 한국 사상사의 흐름 위에서 본격적으로 다룬 저술은 1949년에 출간된 현상윤의 『조선유학사(朝鮮儒學史)』, 1959년에 나온 이병도의 『자료한국유학사초고(資料韓國儒學史草藁)』였다. 두 책 모두 대학의 강의 교재로 만들어진 점이 특징이다.

현상윤은 윤휴의 경전 주해를 중심으로 소개하고 평가하였다. 그는 윤휴의 학문 태도가 겸허하지 못한 약점이 있지만 경전의 주해 수준은 매우 높다고 긍정했다. 이 맥락에서 현상윤은 송시열이 윤휴를 '사문난적'으로 공격하고 배척한 사실은 학문적이라기보다는 정치적인 요인이 컸으며, 이로 말미암아 조선은 '사상의 자유'를 억압하고 봉쇄하게 되었다고 보았다.

현상윤의 윤휴에 대한 인식은 매우 특징적이다. 송시열의 윤휴 비판을 '정치적인 차원'에서 이해하려는 방식은 송시열의 사상적 특질과 윤휴의 경전 주해가 부딪혀 일어날 수 있는 충돌, 사상과 사상 간의 갈등과 대립에 대해 검토하고 이를 바탕으로 두 사람의 갈등이 갖는 사상사적 의미에 대해서는 주의를 기울이지 않은 결과로 보인다. 현상윤의 윤휴 이해는 윤휴와 송시열의 갈등을 정치적인 문제로 한정하여 이해하려는 후대 일각의 연구 방식에 어느 정도 영향을 끼친 점이 있을 것으로 판단된다.

윤휴의 경전 주해에 대한 송시열의 압박과 공격은 사상의 자유를 억압한 것이었다는 현상윤의 판단은 17세기 후반을 넘어서며 사회 일각에서 사상의 경화(更化) 현상이 일어나고 그에 따라 학술상의 다양한 의견, 사유가 통제되는 상황을 어느 정도 반영하고 있다. 그러나 역으로 사상과 사상 사이의 갈등과 정치적 충돌이 일어나게 되는 현상을 단지 '자유스러운 사상 활동'의 측면에서 파악하는 것이 적절한가라는 생각도 든다. 사상사의 경험으로 보자면, 다양한 요인에 의해 사상을 둘러싼 갈등이 일어나고 그것이 정치적인 충돌로 전화하는 일은 흔한 현상이었다. 사상에 대한 통제와 충돌은 인류 역사에서 상수와 같았다. 그렇다면 윤휴에 대한 송시열 배척의 역사성을 이해하기 위해서는, 그러한 움직임을 만든 기제는 무엇이었던가 하는 질문이 더 절실했다.

한국 사상사 속 윤휴에 대한 이병도의 평가는 앞선 연구들에 비해 구별되는 점이 있다. 특히 역사상의 여러 요소를 고려하며 사상사의 시기 구분을 엄밀하게 하고 윤휴의 위상을 설정하려고 한 점, 윤휴의 저술에 대한 다양한 접근과 이해를 시도한 점은 이 책의 큰 특징이었다. 이병도는 주희의 경서 해석을 따르지 않은 학술 활동을 '자주성'의 측면에서 긍정했다. 이것은 그가 이 시기 주자학의 활동을 '비자주적' 혹은 '모화적'이라고 평가하는 의식을 강하게 가지고 있었기 때문은 아닌가 생각하게 된다. 이는 일제 시기에 형성된 조선 역사상의 영향일 수도 있다.

장지연에서 현상윤·이병도까지 걸린 시간은 그렇게 길지 않았다. 그 사이에 한국은 일본 제국주의의 식민지 지배를 벗어나 신생 국가를 만드는 역사를 경험했다. 하지만 그 과정은 남북 분단 그리고 서로 다른 성격의 두 국가가 세워지는 정치적 격변과 맞물려 이루어졌기에, 한국인들은 짧은 시간 동안 여러 겹의 시간과 문명의 충돌, 새로운 국가의 건설을 둘러싼 첨예한 갈등을 경험해야 했다. 한국사, 한국 사상사에 대한 이해 방식도 이전에 비해 성숙해졌다. 윤휴에 대한 장지연과 현상윤·이병도의 평가 방식과 시각 또한 그러한 영향권 내에서 이루어진 측면이 있었다.

한국 학계의 본격적인 윤휴 연구는 1960년대 이래 펼쳐졌다. 다양한 주제가 검토되었으며 그 과정에서 그의 사상이 갖는 성격을 둘러싼 논점이 만들어졌다. 주희의 경서 해석을 문제 삼은 윤휴의 사상은 탈(반)주자학의 성격을 지니고 있으며 이는 실학(實學)으로 연결된다는 관점이 긴 시간 영향을 미쳤다. 근래에는 이를 비판하며 윤휴의 사상 활동은 주자학의 틀 내에서 이루어졌음을 강조하는 주장이 제출되었다. 이들 비판론자들은 윤휴 사상을 실학과 연결 짓는 태도 또한 긍정하지 않았다.

서로 다른 형태로 드러나는 윤휴 이해의 모습은 조선 후기의 역사에 대한 접근 방식과 궤를 같이하는 점이 있었다. 윤휴와 실학을 연관 짓는 시각은, 내재적 발전론의 시각 위에서 근대 사상의 자생적 발생과 전개를 살피려 했던 20세기 후반 한국 학계의 지향과 연결되는 점이 있다. 비판론자들은 조선 후기 사회가 자생적 근대 사상이 출현할 수 있는 여건이 충분하지 않았다고 보고 있었다. 윤휴가 사상의 획기적 변화를 일으킬 정도의 문제를 던졌다고 보는 것은 역사의 실제를 보지 못한다는 인식이었다.

필자는 윤휴 사상의 역사성은 17세기 정치사상계에 나타났던 여러 갈래의 움직임과 비교하며 그 특징을 살필 때 잘 드러난다는 관점에서 이 책을 집필했다. 양란을 거치며 직면한 전례 없는 파국 상황에서 조선의 여러 주체는 그 극복 방안을 마련했고 이는 정론가 개인 혹은 정파에 따라 다양하게 제시되는데, 윤휴의 활동 또한 그 가운데 하나였던 것이다. 이 시기 뚜렷하게 특징을 드러내는 정치적 의견은 다음과 같이 정리할 수 있다.

북인계 남인 학자 유형원은 『반계수록』을 통해 『경국대전』 체제와는 성격을 달리하는 새 국가를 제시했다. 공전제(公田制)를 기반으로 한 부국강병의 체제였다. 뒤집힌 세계질서를 바로잡고 청나라에 복수하기 위해서는 이러한 국가가 절대 필요하다는 것이 유형원의 생각이었다. 유형원은 그러면서도 복수설치를 위한 섣부른 군사 행동은 경계했다. 유형원의 방안은 이 시기에 제시된 것 가운데 가장 전면적이고 급진적이었다.

송시열과 서인-노론은 '조선중화주의(朝鮮中華主義)'를 통해 국가의 정체(整體)를 지켜가고자 했다. 조선이 문화적으로 '중화'의 정통을 계승했으므로 이를 더욱 발전시키면 '복수설치'의 미래를 기대할 수 있다고 보았다. 이들은 이를 위해서는 주자학의 가르침에 따라 국가를 운영하는 것이 필요하다고 강조했다. 주자학 절대주의(絶對主義), 주자학 일준주의(一遵主義)는 조선이 문화적으로 청을 배격하고 단절하며 자기 정체성을 만들어가는 주된 방법으로 기획되었다.

최석정(崔錫鼎), 박세당(朴世堂), 윤증(尹拯) 등의 서인-소론은 조선의 국체(國體)를 현실 그대로 인정하고 보존함에 최고의 가치를 두는 실용의 노선을 추구했다. 이들은 사라진 명나라를 추종하며 '중화'를 추구하는 노론의 의식을 허위라 배격하고 조선이 내부 갈등과 분열 없이 건강하게 유지되는 방책을 마련함에 진력했다. 이들이 조선의 역사와 전통, 조선의 언어와 문자에 많은 관심을 기울인 것도 같은 맥락이었다.

17세기 조선의 정치사상계를 이와 같이 조감한다면 윤휴의 위상은 어느 정도 선명해진다. 어느 경우나 윤휴와는 방법이 달랐다. 윤휴의 사상은 쉽게 찾을 수 없는 개성을 가지고 있었다. 그렇다면 그의 생애와 사상이 조선 사상사에 던진 문제 의식 나아가 새로운 기풍은 어떻게 정리할 수 있을까.

윤휴의 생애는 금기를 깨는 언어, 행동, 사상으로 일관했다. 그가 대상으로 삼은 것은 17세기 조선의 정치사상계에서 강력한 힘과 권위를 지닌 주자학이었다. 이 사상의 권위는 고려 말 이래 국가 공권과 민간할 것 없이 그 의미를 오랜 시간 확인하고 활용하면서 다져진 결과였다. 16세기를 넘기며 최대 학파를 이루던 이황과 이이의 후학들은 남인과 서인으로 분화하여 서로 대립했지만, 학문·사상 활동의 측면에서는 한결같이 주자학을 벗어나지 않았다. 이들에게 누군가 주자학을 비판하고 다른 학술·사상을 모색한다면 이는 그 자체로 이 학문의 권위에 대한 심대한 도전이었고, 금기를 깨는 행위였다.

윤휴는 부국강병의 언어를 적극 구사했다. 외적의 침략으로부터 조선을 지켜내고 또 그들에게 당한 굴욕을 씻어내려면 강한 군사력을 갖추고 나아가서는 전쟁까지 실행해야 함을 윤휴는 서슴없이 설파했다. 이런 모습은 문(文)과 무(武)를 두루 중시하여 국가의 운영이 문 일방으로 치우치지 말아야 함을 지속적으로 강조하는 것으로도 나타났다.

국가를 운영함에 강한 군사력을 갖추고 넉넉한 경제를 마련하는 것은 필수 전제였다. 안팎으로부터의 위협을 물리치며 오랜 시간 국가의 안정을 유지할 수 있는 힘은 주로 이로부터 나오기 때문이었다. 그러나 유교사상에서는 부국강병의 이념과 방책을 전면에 드러내지 않았다. 오히려 문치(文治)와 문명화(文明化)의 노력이 우선되어야 함을 강조했고 군사력은 이에 비하면 부차적인 문제로 간주되었다. 주자학 또한 이 점을 치밀하게 다루며 단단한 체계를 마련했다.

부국강병의 가치를 중시하고 문과 무의 병용이 필요하다고 여긴 윤휴의 사고는 문장과 경술(經術)에 기초한 과거제를 혁파하고, 지방에서 다양한 능력과 도덕성을 기초로 인재를 발굴하여 국가에 필요한 인력으로 활용하고자 하는 논의로도 연결되었다. 윤휴가 보기에 당시 과거제는 문·무의 균형성을 깨트려 국가 운영에 필요한 국방력을 약화시킬 뿐만 아니라 양반가문의 세습성·인재의 특정 능력 편중성·인재의 중앙 집중성과 같은 양상을 강화하는 폐단 많은 제도였다. 과거제는 집권체제를 만들고 유지함에 근본이 됨과 동시에 양반 사대부의 지위와 가치를 지속적으로 재생산하는 정치 기반인 셈이었다. 이 같은 사회에서 윤휴의 의견대로 과거제가 혁파되면 생겨날 사회적 변화와 파장은 엄청날 것이었다. 반발 또한 거세게 일어날 상황이었다.

윤휴가 도전했던 또 다른 금기는 학문을 통해 모든 인간의 성인화가 가능하다는 주자학의 믿음이었다. 이것은 천리의 탐구와 덕성의 완성을 통일적으로 파악하는 주자학의 학문 방법에 대한 도전이기도 했다. 주자학에서는 군주와 일반인을 막론하고 누구나 성인이 될 수 있다고 여겼다. 그 전제와 방법은 성인화를 가능하게 하는 학문 곧 성학을 충실히 익히고 실천하는 일이었고 그 성학은 천리(天理)의 완전한 체득, 덕성의 완성을 벗어나 있지 않았다. 주희는 광대한 지식의 학습과 획득을 통하여 인간의 성장과 변화가 가능하다고 여겼다. 그 과정이 도달하는 궁극의 경계는 성인이었다. 이 지점에서 군주의 성학은 일반인의 성학과 다를 게 없었다. 중국의 학술사에서 주자학이 가지는 혁신성, 그리고 사회적 장악력은 이 학문의 이런 면모에 힘입은 점이 컸다. 사족 사회의 전개도 이로부터 가능했다.

조선에서도 이 같은 사정은 마찬가지였다. 16세기 말 『격몽요결(擊蒙要訣)』의 첫 장에서 이이가 학문의 목표가 '성인 되기'에 있음을 명언(明言)한 것은 주자학의 근본 성격을 조선에 천명하는 일이었다. 학문의 목표를 성인에 둔다는 점을 조선 학자들은 이미 알고 있었지만 이를 대중 교재에서 널리 알린 점은 획기적이었다. 이이의 이러한 주장은 아마도 이 시기 사족들이 가장 크게 호응할 요소를 충분히 담고 있었다고 할 수 있다. 17세기 조선에서 사족의 급속한 성장과 그 문화의 확산이 빠르게 진전되는 사정과 주자학 영향력의 확대는 서로 연동했다.

윤휴는 이런 방식을 긍정하지 않았다. 모든 인간의 성인화는 경서의 가르침이 아니라는 것이 그의 생각이었다. 그러기에 누구나 성인의 학문 곧 성학(聖學)을 익힐 필요가 없었다. 성학이 필요한 존재는 군주였다. 군주와 일반인은 그 처한 입지와 정치적 역할이 다르기 때문에 학문의 목표가 동일할 수 없었다. 그는 군주와 일반인의 학문이 동일한 성격, 동일한 목표를 지닌다는 관점을 비판했다.

윤휴가 파악하기에 군주의 성학은 주자학에서의 성학과는 그 성격이 달랐다. 그에게서 군주는 존재 자체로 하늘·상제와 소통하며 정치를 수행해야 하는 지위에 있으므로 그 소통을 충실하게 수행할 수 있는 자질과 능력을 갖추어야 했으며 성학은 그것을 가능하게 하는 학문이었다. 윤휴가 여러 경서를 해석하며 끊임없이 거론한 사천(事天), 외천(畏天)의 개념은 그의 사고 속 성학과 연관하여 제시된 주요한 방법을 담고 있었다.

군주와 일반인의 학문을 분리하는 이러한 시각은 국가와 사가(私家)의 종법 적용이 달라야 한다고 여겼던 기해예송의 예설(禮說)과 맥락을 같이하는 점이 있었다. 이러한 사실은 윤휴가 계급과 신분의 강고한 계층적 격벽(隔壁)을 전제하며 정치체제를 이해하고 이로부터 국가·사회 운영을 모색하였음을 보여준다. 군주와 일반인의 성인화를 동등하게 강조하며 상호 간의 경계를 크게 두지 않는 사고나 윤휴와 같이 신분 간의 칸막이를 뚜렷하게 세워 삶의 방식과 목표를 다르게 설정해야 한다고 생각하는 경우나, 사회적 위계성을 전제하고 이를 긍정하는 점은 동일했다. 조선의 사족들은 신분제적 질서 위에서 자신들의 지위를 획득하고 유지하기 위해 동원할 수 있는 수단은 모두 탐색하고 실현했으므로 사회경제적 평등의 지평이 그들의 전망 속에 자리 잡고 있지는 않았다. 하지만 군주·국가와 일반인 특히 사족과의 관계에서 권력이 작동하는 방식을 생각해보면 양자의 사유에는 상당한 간극이 존재했다.

윤휴식 사고에 따른다면 군주가 사족의 영역을 축소하고 통제할 수 있는 여지가 넓었다. 형세와 힘의 측면에서 양자는 비교할 수 없을 정도로 차이가 났다. 이러한 이념 속에서 국가 권력이 사족을 억제하며 정치적 변화를 만들어낼 수 있는 힘 또한 무겁게 인정되었다.

반면 주자학에서 군주와 사족은, 상호 간의 정치적 위계 차이를 부정할 수 없었지만, 성인화의 목표를 가지는 점에서는 동등한 존재였다. 군주라고 하여 사족을 능가하는 것만은 아니었다. 특히 주자학의 종법에서 군주[제후]와 사족은 조선(祖先)에 대한 4대 봉사(奉祀)를 수행하는 주체인 점에서 차이가 없었다. 군주에게 시조 제사를 하는 특권은 주어졌지만, 시조를 제외하면 그가 설행하는 봉사는 4대에 한정되었다. 이와 같기에 군주와 국가가 사족이 가진 힘을 억제하거나 변형할 수 있는 여지를 확보하기 쉽지 않았다. 이와는 정반대의 측면에서 군주와 사족과의 관계를 규정한 윤휴의 생각과 행동은 금기에 대한 도전 그 자체였다.

윤휴는 과거로 회귀하며 당대 조선의 변화를 만들 수 있는 전범을 모색하고자 했다. 그가 본 과거의 시간은 『주례』를 근간으로 살필 수 있는 고제(古制)·고법(古法)에 담겨 있었다. 고제·고법이 붕괴하면서 아름다운 문명이 무너졌으므로 이를 회복하는 일은 반드시 필요하다는 것이 윤휴의 생각이었다. 과거를 아름답게 여기고 현재를 부정하는 퇴행성을 확인할 수 있는 사고였다. 그러기에 이 생각은 역설적으로 현재의 변화를 이끌어낼 수 있는 동력으로 작용할 수 있었다. 과거에 갇혀 한발도 앞으로 나갈 수 없는 것과 과거에서 힘을 얻는 것은 차이가 컸다. 윤휴는 과거로부터 변화의 힘을 찾으려 했다.

유교 사상에서 과거의 시간은 늘 중시되었다. 현재의 이상을 거기에서 발견하고 이를 현재화하려는 의식이 강렬했다. 주자학 또한 그러했다. 하지만 이 사상에서는 고제·고법의 법제보다 군주를 비롯한 치자(治者)의 역할이 이상 정치의 기반이 되며 그 핵심은 그들이 성인의 도덕성을 갖춤에 있다고 여겼다. 과거의 법제와 그 원용에 대한 관심은 상대적으로 적었다. 윤휴는 젊은 시절의 「주례설」 이래 덕성의 완성과 법제는 분리할 수 없다는 생각을 견지했다. 금기에 대한 도전이었다. 이런 의식은 유형원이 『반계수록』을 저술하며 "법제가 천리(天理)를 구현한다"는 원칙을 제시한 점과 상통했다.

윤휴는 『주자중용장구보록』을 완성하며 자기 생각을 바탕으로 누구나 경전 해석을 할 수 있으며 이로부터 남들이 주목하지 않던 경전의 깊은 생각[微意]을 넓혀갈 수 있다고 하였다. 기존의 권위에 사로잡혀 학문을 해서는 곤란하다는 이러한 발언은 학자가 가진 생각을 억제하고 배격하는 행동을 그 누구도 해서는 안 된다는 안타까운 호소이자 자기변호였다. 하지만 위에서 정리한 몇 가지 측면으로 보더라도 기존의 권위에 도전하며 금기를 깨는 언어와 사고는 정치적으로나 사회적으로 파문을 일으킬 여지가 많았다. 더군다나 북벌의 전쟁을 직접 준비하고 실행하려는 움직임은 자신의 입지를 고립시키기에 충분했다. 감당할 수 없는 일을 저지른 후 조선에 닥칠 후과(後果)를 전쟁 반대론자들은 심각하게 예상했다. 그리하여 윤휴가 가진 생각이 확산하며 후대에 이어지지 않기를 바라는 이들 반대론자들의 정치적 의지는 굳건했고 그 실행력은 강력했다. 윤휴의 좌절은 이를 넘어설 정도의 힘을 마련하지 못하고 자기 생각을 급진적으로 추진하는 데서 어느 정도 예견되어 있었다.

윤휴의 사상은 주자학이 만드는 강렬한 경계를 부수고 허무는 힘의 하나로 등장했다는 점에서 큰 의의를 가진다. 중국이나 조선할 것 없이, 주자학의 틀을 허무는 작업의 선봉은 양명학(陽明學)이었다. 외부에 존재하는 정리(定理)를 학습하고 이를 바탕으로 거기에 주체가 움직여가는 것이 아니라 주체 스스로 자율성과 판단을 통해 도덕성을 세우고 규범을 만들어 간다는 양명학의 명제는 주자학의 권위를 허물기에 더없이 강한 힘을 지니었다. 조선에서는 16세기 전반에 양명학 서적을 처음 접하고 여러 학자들이 주목했으나 16세기 후반 이후로 이 사상의 사회적 확산에 대한 금제가 작동하기 시작했다. 17세기를 넘어 정제두(鄭齊斗)와 그의 영향을 받은 일군의 인물들이 양명학에 깊이 몰두했지만 사회 전체로 본다면 소수에 머물렀다.

경서 해석을 통해 윤휴는 양명학과는 다른 내용과 방법으로 주자학에 구애받지 않는 사유 체계를 세우려 했다. 그리고 그 성과는 후대 성호학파의 여러 인물을 거치며, 권철신과 정약용에게서 볼 수 있듯 독특한 사유 활동으로 구현되었다. 윤휴를 본말을 갖춘 학자, 이황에서 이익으로 이어지는 흐름의 중심에 있는 인물로 보았던 권철신은 윤휴와 마찬가지로 '담천설성(談天說性)'의 학문 풍토를 벗어나려 했으며 종국에는 천주학의 세계로 다가갔다. 극단적인 주자학의 경계 넘기였다.

정약용은 성호학파의 선배들이 윤휴를 받아들이는 모습을 여러 기록으로 남겼다. 정약용의 노력이 없었다면 18세기 조선 사상계에서 윤휴의 학문이 살아 움직이는 모습을 오늘날 생생하게 확인하는 일은 어려웠을 것이다. 정약용의 경서 해석, 그에 기초한 새로운 사유 체계 구축은, 그 규모나 질의 측면에서 많은 차이를 보이지만, 윤휴가 시도했던 작업과 형태상 크게 다르지 않았다. 자신의 독자적 시각으로 경서를 새롭게 해석하고 이로부터 기존 사유가 가진 한계를 넘어서려는 경학자의 정체성을 두 학자는 공유하고 있었다. 조선 사상사에서 이는 희귀한 경험이자 가치였다. 정약용이 윤휴의 영향을 받는 점은 사상 내적으로도 확인된다. 정약용은 윤휴의 생각을 온전히 인정하지 않았으나 어느 측면에서는 윤휴와 공명(共鳴)하는 점이 많았다. 이를테면 『대학』을 군주를 비롯한 만인의 성학서(聖學書)가 아니라 군주학 이론서의 차원에서 이해하고, 『경세유표』에서 국가를 사회 변화를 주도하는 힘으로 설정함과 동시에 토지에 대한 국가의 지배력을 강화하여 공전(公田)을 확대하고 공전과 사전이 균형을 이루는 체제를 구상한 점 등에서 이를 읽을 수 있다. 윤휴와 정약용 사이에는 군주·국가의 역할을 강조하는 사고의 원형이 계통적으로 존재하고 있었다.

윤휴는 17세기 조선이 키운 학자이고 정치가였다. 그는 조선이 부국강병을 이루고 나아가 북벌까지 추진할 수 있는 국가로 거듭나기를 기대했다. 조선이 야만의 청나라에 당한 치욕을 설욕하고 국가의 주체성을 정상적으로 유지하기 위해서는 이것이 가장 현실적인 방안임을 그는 강조했다. 그의 생각은 실행하기 쉽지 않고 또 많은 문제를 낳을 소지가 컸지만, 적지 않은 조선인이 청나라에 대해 지녔던 분노와 적개심을 포괄했다. 윤휴의 정치활동은 그러나 큰 장벽에 가로막히며 좌절되었다. 조선의 정치 세력, 특히 서인들은 이러한 국가가 출현하는 것을 극력 반대했다. 그들의 눈에 윤휴의 활동은 위험하고 무모했다. 그들은 주자학을 보루로 삼아 야만의 세력을 제압하고 중화 문명이 정상적으로 회복될 수 있기를 기대했다. 그들에게 조선이 달리 택할 수 있는 방법은 없었다. 조선 내에서 주희의 경서 해석, 주희가 세워놓은 사상의 권위를 훼손하는 윤휴는 그런 점에서 위험하고 용납할 수 없는 존재였다.

윤휴가 조선 후기 사상계에 차지하는 비중은 적지 않다. 그의 사상은 이 시기 사상사를 조감함에 도움을 받을 수 있는 하나의 단서가 된다. 먼저, 서인들이 추구했던 주자학 절대주의의 성격이 어떠한 의미를 갖는지를 이해함에 윤휴가 모색했던 사상은 중요한 전거가 된다. 윤휴의 대척점에 그 반대편의 사상 활동이 자리 잡고 있었기에, 윤휴를 살피면 그들을 이해할 수 있는 방법 또한 어느 정도 쉽게 찾을 수 있을 것이다.

18~19세기 소론 양명학파의 사상적 성격을 해명함에도 윤휴는 도움이 된다. 양명학이 고본 『대학』을 근거로 학문의 방법을 마련했던 것과 마찬가지로 윤휴 또한 고본 『대학』에서 자기 학문의 방법을 발견했다. 그러나 윤휴는 『대학』을 『효경』의 효치론과 연관하여 이해하고, 수기·치인에 필요한 지식의 근거를 고대의 제도와 법제에서 구하고자 했다. 양명학에서 고본 『대학』을 중시하듯 윤휴 또한 그러했으나 그 구체적인 내용은 매우 달랐다. 양명학에 근거하여 학문 활동을 펼쳤던 소론 양명학파는 조선의 국가와 역사 전통을 중요하게 여기면서도, 부국강병의 국가를 만들거나 고대의 법제를 구현하는 문제에 대해서는 그다지 깊이 고민하지 않았다. 소론 양명학파의 개성은 윤휴와 대비하면 뚜렷이 드러났다.

18~19세기 성호학파 사상의 원류를 파악함에 윤휴의 사상은 또한 도움

을 준다. 윤휴의 학문 방법과 지향은 18~19세기 서울·경기 지역의 남인들에게 읽히고 재해석되며 그들 사상 속에서 되살아났다. 이들이 지니고 있던 삼대의 고법제를 현실화하는 방법에 대한 고민, 국가의 강력한 개입에 기초한 국가 경영의 모색, 사족 지배층의 이해를 반영한 정치 사회 질서에 대한 비판, 주희와는 다른 경서 해석의 방법론 모색과 같은 점은 윤휴의 사유와 직간접으로 연결되어 있었다. 물론 이들 성호학파의 사유에 미친 사상 요소는 너무나 복잡하여 윤휴를 부각하는 일은 사태를 단순화하고 왜곡할 가능성을 남기지만, 그렇다고 그 영향 관계를 부정할 수는 없다. 정약용의 기록, 정약용의 학문은 성호학파와 윤휴 사상과의 연관성에 대한 중요한 증언이다.

윤휴의 사상이 조선 사회에 던진 충격파는 적지 않았다. 그가 거둔 학술의 성취, 사유의 개성을 정리한다면 다음 세 가지를 주목할 수 있다. 그로 인하여 조선의 사상계는 한층 풍요로워질 수 있었다.

첫째, 윤휴의 경전 해석은 유교의 종교성을 전면에 드러내는 방식으로 전개되었다. 이는 사천(事天)·외천(畏天)을 핵심 내용으로 하는 수기치인론으로 나타난다. 하늘을 섬기는 종교성은 유교가 형성되고 발전하는 과정에서 자연스럽게 갖추어졌다. 그러나 송대 성리학에 이르러서는 이러한 특성이 크게 약화되었다. 그 극점에 있던 주자학 또한 예외는 아니었다. 윤휴는 이러한 종교성을 전제하며 경전을 새롭게 주해했다. 하늘 혹은 상제와 소통하며 살아가는 존재가 인간이며, 인간의 정치와 도덕 행위 또한 종교적 맥락에서 해석되고 실현되어야 한다는 것이 그의 생각이었다.

둘째, 학문의 목표를 어디에 둘 것인가라는 문제에 대해서도 윤휴는 새로운 관점을 제시했다. 주자학에서는 누구나 성인이 되는 것을 지향했다. 군주나 일반인 할 것 없이 본래 성인의 자질을 가지고 태어났으나, 여러 요인으로 말미암아 이를 발현하지 못하므로 학문과 수양을 통해 복원하고 완성해야 함을 내세웠다. 주자학은 성인의 학문, 곧 성학(聖學)이었다. 이

이가 『격몽요결』의 첫 장에서 공부의 목표가 '성인이 됨에 있다'고 명언한 것은 주자학의 핵심을 조선의 초학자들에게 천명하는 모습이었다. 윤휴는 이러한 목표를 학문 일반의 과제로 받아들이지 않았다. 정치를 이끄는 수장에게 성인의 경지에 이르는 과정이 필요했지만, 일반인에게 이러한 목표는 큰 의미가 없었다. 경전은 오륜(五倫)의 윤리와 규범을 익히고 실천하는 것이 최고의 삶임을 가르치므로, 이를 따라 실행할 수 있으면 된다는 것이 윤휴의 생각이었다.

셋째, 윤휴는 국가의 운영을 '가족 국가'와 연관하여 구상했다. 군주는 일가의 가부장(家父長)이며, 백성은 가족의 구성원이었다. 일가의 구성원에게서 군주와 국가에 대한 충성과 가부장에 대한 효도는 분리되지 않았고, '가족 관계를 지탱하는 '효제(孝悌)'의 감정은 가장 중요한 덕목으로 인정되었다. 국가와 그 구성원은 혈연적 친밀감 또는 일체감을 기반으로 맺어진 관계에 있었다. 여기에서 국가는 가족의 삶 전반을 안전하고 풍요롭게 책임져야 하는 책무를 지니며, 가족은 국가가 부여하는 임무와 역할에 최선을 다해 봉공해야 하는 존재로 인식되었다. 윤휴의 이러한 사고는 유교 사상에 자리 잡고 있던 '가족 국가'의 요소를 크게 드러내며, 국가와 사회 운영의 방식을 새로운 형태로 재규정하려는 시도였다.

윤휴가 모색하고 제기한 사상은 17세기 이후 조선 사상계에서 특별한 면모를 보인다. 그를 통해 이전에는 없던 선명한 색채의 논리와 방법이 조선 사회에 자리 잡아 가는 모습을 살필 수 있다. 이는 주자학을 기반으로 발전해 온 주류적 움직임과 대비된다. 그의 사유는 '사문난적'이라는 비판 속에 널리 확산되지는 못했지만, 성호학파 학자들 가운데 일부는 윤휴의 사상을 자양분으로 삼아 그로부터 많은 영감을 얻으며 새로운 활동을 펼쳤다. 이들 학파의 구성원들에게서 볼 수 있는 종교적 사유와 행위, '하늘을 담론하고 심성(心性)을 논의하는' 학문에 대한 비판적 회의, '효제' 덕목의 재발견과 이를 활용한 경전 해석, 국가가 구성원의 경제와 교육에 대해

가족과 같이 책임져야 한다는 의식은 윤휴 사상의 수용·해석과 직·간접적으로 관계가 있었다. 이 지점에서 살펴보면 윤휴의 학문과 사상은, 그 자신과는 무관하게 17세기의 틀을 벗어나 움직이고 있었다고 할 수 있다. 윤휴가 조선 후기 사상사에서 차지하는 위상은 바로 이 점과 연관하여 검토하고 논의되어야 할 것이다.

미주

1장 서론

1 여기에 대해서는 다음 참조. 金駿錫, 「朝鮮後期의 黨爭과 王權論의 推移」, 『朝鮮後期 黨爭의 綜合的 檢討』(한국정신문화연구원, 1992); 金駿錫, 『朝鮮後期 政治思想史硏究』(지식산업사, 2003).

2 17세기 조선 사회의 '중화주의'와 연관된 근래의 연구로는 다음 참조. 우경섭, 『조선중화주의의 성립과 동아시아』(유니스토리, 2013); 허태용, 『조선 후기 중화론과 역사인식』(아카넷, 2023); 허태구, 『병자호란과 예, 그리고 중화』(소명출판, 2019).

3 李丙燾, 『資料 韓國儒學史草藁』(서울문리대 국사연구실, 1959). 이병도의 이 연구가 갖는 사학사적 위상에 대해서는 다음 참조. 최영성, 「이병도(李丙燾), 『자료한국유학사초고(資料韓國儒學史草藁)』: 한국유학사의 근대적 출발」, 『한국사상사학』 61(한국사상사학회, 2019).

4 안병걸, 「17세기 조선조 유학의 경전해석에 관한 연구: 『중용』 해석을 둘러싼 주자학파와 반주자적 해석 간의 갈등을 중심으로」, 『동양철학연구』 12(동양철학연구회, 1991); 안병걸, 「白湖 尹鑴의 經學과 社會政治觀」, 『儒敎思想과 東西交涉: 道和柳茂相先生華甲紀念論文集』(심산문화사, 1996); 유영희, 「탈성리학의 변주: 미수 허목과 백호 윤휴를 중심으로」, 『민족문화연구』 33(고려대학교 민족문화연구원, 2000).

5 임재규, 「白湖 尹鑴의 『讀書記·中庸』에 나타난 '畏天'과 '恐懼'의 종교적 함의: 루돌프 옷토(Rudolf Otto)의 '위압성(majestas)'과 '두려움(tremendum)'과의 관련성을 중심으로」, 『한국실학연구』 37(한국실학학회, 2019); 서근식, 「백호(白湖) 윤휴(尹鑴) 대학(大學) 해석의 신연구」, 『율곡학연구』 41(율곡연구원, 2020).

6 김길락, 「백호 윤휴 철학사상의 육왕학적 조명」, 『유교사상문화연구』 10(한국유교학회, 1998); 송석준, 「白湖 尹鑴의 經學思想에 나타난 陽明學的 見解: 『大學』의 해석을 중심으로」, 『인문사회과학연구』 11(공주대학교 인문사회과학연구소, 1996).

7 강지은, 「17世紀 經學方法論 硏究: 獨創性 및 批判性을 尺度로 한 經學硏究를 대신하여」, 『퇴계학보』 128(퇴계학연구원, 2010); 강지은, 「尹鑴의 『讀書記』와 朴世堂의 『思辨錄』이 朱子學 批判을 위해 저술되었다는 주장의 타당성 검토(I): 『大學』의 '格物' 註釋에 대한 재고찰을 중심으로」, 『한국실학연구』 22(한국실학학회, 2011).

8 최석기, 「白湖 尹鑴의 중용 해석과 그 의미」, 『漢文學報』 40(우리한문학회, 2019).

9 이대근, 「(조선 후기 천주교 수용의 주체인) 近畿南人의 天觀 연구」, 『가톨릭신학』 13(한국가톨릭신학학회, 2008); 임재규, 「白湖 尹鑴의 『讀書記·中庸』에 나타난 '畏天'과 '恐懼'의 종교적 함의: 루돌프 옷토(Rudolf Otto)의 '위압성(majestas)'과 '두려움(tremendum)'과의 관련성을 중심으로」, 『한국실학연구』 37(한국실학학회, 2019);

조성산, 「16~17세기 北人 學風의 변화와 事天學으로의 전환」, 『조선시대사학보』 71(조선시대사학회, 2014).

10 김형찬, 「조선유학의 理 개념에 나타난 종교적 성격 연구: 退溪의 理發에서 茶山의 上帝까지」, 『철학연구』 39(고려대학교 철학연구소, 2010); 김형찬, 「天 개념의 이해와 事·物의 합리적 해석: 윤휴와 정약용의 天觀과 格物說을 중심으로」, 『동양철학』 34(한국동양철학회, 2010); 김형찬, 「합리적 이해와 경건한 섬김: 白湖 尹鑴의 退溪學 계승에 관한 고찰」, 『퇴계학보』 125(퇴계학연구원, 2009).

11 김현수, 「白湖 尹鑴의 禮敎思想 硏究」, 『동양철학연구』 54(동양철학연구회, 2008); 김현수, 「尹鑴의 禮論 형성과 그 배경」, 『한국철학논집』 17(한국철학사연구회, 2005).

12 북인계 남인은 북인의 계보에 속했으나 남인으로 전신하여 활동한 인물을 가리킨다. 이에 대해서는 다음 참조. 정호훈, 『朝鮮後期 政治思想 硏究』(혜안, 2004).

2장 북인의 학문·정치 연원과 학술 교류

1 이 책에서 사용하는 윤휴의 문집 자료는 『하헌집(夏軒集)』, 『백호집(白湖集)』, 『백호독서기(白湖讀書記)』, 『백호전서(白湖全書)』 등 모두 4종류이다. 각 자료마다 편집 혹은 간행 시간, 구성, 담고 있는 내용이 다르다.

『하헌집』은 현재 장서각(4-6636)에 남아 있는 24책 분량의 稿本이다. '夏軒'은 윤휴의 별호이다. 이 고본은 권의 구분 없이 책으로만 나뉘어 있다. 서문만 남아 있던(『백호전서』 권24, 「稽古編序」, 을미년) 『계고록(稽古錄)』이 실려 있는 등 새로운 자료와 사실을 풍부하게 확인할 수 있다. 최초로 편찬된 문집인 점에서 의미가 크다. 후손인 윤용진 경북대 명예교수는 『하헌집』 편찬이 윤휴의 둘째 아들인 윤하제의 집에서 이루어진 것으로 추정했다. 윤하제는 魚震說의 딸(초취), 蔡天漢의 딸(재취)과 결혼하였으며, 1680년(숙종 6) 이후 두 차례나 유배되었다. 1680년에 북쪽 변방으로 유배되었다가 기사환국으로 해배된 후 조정으로 돌아왔으며, 1695년(숙종 21) 먼 변방으로 유배되었다가(『숙종실록』, 21년(1695) 1월 17일) 1699년(숙종 25)에 放送되었다(『숙종실록』, 25년(1699) 2월 4일). 김성애는 『백호집』 해설에서, 사후 遺稿의 정리는 아들인 윤하제와 尹景濟에 의해 행해졌으며 그 시기는 저자의 伸寃과 追贈이 행해진 기사환국(1689년) 이후로 생각된다고 밝혔다(김성애, 한국문집총간 123집 『백호집』의 편찬 및 간행 설명, 1999). 윤용진 교수의 생각과는 조금 다르다.

『백호집』은 20세기 초반, 진주에서 목활자로 간행했다. 17책 분량으로 詩, 書, 上疏, 雜著 등 일반적인 문집 체재에 맞추어 자료를 실었다. 『대학』, 『중용』, 『효경』 주해서 등 경전 해석의 성과는 모두 빠져 있다. 이 판본은 교정이 부정확하여 오탈자가 많고, 원문을 節略하여 수록한 점 등 약점이 많다. 근대 시기에 윤휴의 글을 세상에 공개한 첫 책이다.

『백호독서기』는 『백호집』을 간행한 지 8년 뒤 서울에서 간행했으며 筆耕 謄寫本이다. 목판이나 新鉛活字로 출판할 여건이 아니었던 것으로 보인다. 『백호집』에 담겨 있는 자료에 독서기, 경전 해석 등을 포함, 상·중·하 3권 체재로 구성했다. 『하헌집』에서 확인되는 자료는 대부분 실려 있다. 그러나 『하헌집』 자료에서 볼 수 있는 중요한 정보는 빠져 있는 점이 특징이자 약점이다.

『백호전서』는 1974년 후손 윤용진 교수의 주도로 경북대학교 출판부에서 활자로 간행했다. 이 책은 家藏하고 있던 자료를 토대로 편찬, 간행한 점이 특징이다. 기존에 나와 있던 자료들을 포괄하면서 빠져 있던 글과 저술을 대거 포함했다. 전서로서의 면모를 확연히 느낄 수 있는 거질이다. 그렇다고 이 책이 윤휴가 남긴 모든 자료를 모은 것으로 보기에는 어려운 점이 있다. 『성학집요』에 대한 평가를 담은 「讀聖學輯要後序」가 빠져 있는 점은 그 한 사례다. 이 자료는 『아주잡록(鵝洲雜錄)』 권87에 「白湖集, 書聖學輯要序後」라는 제목으로 실려 있다. 엄밀한 자료 비판이 필요하지만, 잠정적으로 윤휴의 원고로 판단한다. 윤휴가 쓰고 지은 글이라 하더라도 집안에서 보관하고 있지 않다면, 별도로 수집하여 전서에 포함하는 일이 만만치 않을 것이다. 『계고록』과 같은 편서도 빠졌다. 이 책은 중국의 역사 자료를 모아 편집한 역사서의 성격이 강한데, 이 또한 후손가에서 보관하고 있지 않았을 가능성이 높다.

이상 네 종의 원문 자료 외 『백호전서』의 번역본 또한 중요한 자료이다. 이 번역본은 2001년, 한국고전번역원에서 완역하여 28책 규모로 세상에 내보였다. 꼼꼼한 번역이 특징이거니와, 번역자들은 번역 과정에서 『백호전서』의 오탈자 또한 많이 수정하여 윤휴 사상에 관심을 가진 연구자들이 큰 도움을 받을 수 있게 했다. 『백호전서』의 번역본의 출현으로 윤휴 사상의 실체에 많은 사람들이 보다 편하게 접근할 수 있게 되었다. 조선 후기 가장 오랫동안 극단적으로 배척받고 기피되던 인물이 남긴 대부분의 글을 국가 기관에서 주관하여 번역한 일은 그 사실 자체로 특별하다. 한국 근현대 사상사에서 수없이 많은 인물이 등장하고 그들이 당대 혹은 후대의 인물들에 의해 끊임없이 평가받았지만, 이만큼 극적인 일은 없을 것이다. 한국고전번역원에서의 완역 그 자체로 윤휴는 이미 새로운 평가의 대상으로 한국 학계에 화려하게 부상했다.

이 책은 『백호전서』를 주 자료로 이용하되 필요에 따라 『하헌집』, 『백호집』 등을 활용했다. 『백호전서』 번역본 또한 크게 참조했다. 각 문집 상호 간에는 상충되거나 혹은 누락된 곳이 다양하게 나타나므로, 검토를 충분하게 하면 내용을 풍부하게 확보할 수 있다. 각주에서 윤휴의 자료가 다양하게 활용되는 까닭도 여기에 있다.

2 『광해군일기[중초본]』, 9년(1617) 2월 25일.

3 『하헌집』 23책, 연보, '45년 丁巳(광해 12)'. 『광해군일기』에서는 처음에는 이이첨의 폐모 주장에 동조했다가 마음을 바꾸었고 이런 연유로 이이첨의 미움을 받아 외직으로 좌천되었다고 했다. 『광해군일기[중초본]』, 4년(1612) 6월 19일; 『광해군일기[중초본]』, 5년(1613) 6월 4일; 『광해군일기[중초본]』, 11년(1619) 2월 20일.

4 윤효전은 윤휴가 세 살 되던 때 이곳에서 세상을 떴다(『하헌집』 23책, 연보, '47년 己未(광해 12), 윤휴 3세'. 정구는 만시를 지어 그의 죽음을 애도했다(『한강집(寒岡集)』 권1, 「挽尹慶州 孝全○三首」; 『한강집』 권12, 「祭尹慶州孝全文」). 한편 장인 金德民은 정구를 찾아 윤효전의 葬地에 대해 의논하는 등 정구의 도움을 많이 받았다(『한강집』 권4, 「答金邦良德民」).

윤효전은 정구와 사승 관계를 맺었으며 이런 측면에서 그는 '寒旅學派'로 볼 수 있다는 견해도 있다(김학수, 「칠곡 광주이씨 이원정가의 정치적 위상과 학문적 성격」, 『계명대학교 한국학연구원 학술대회 자료집』, 계명대학교 한국학연구원, 2009). 윤효전이 경주부윤 시절, 경주를 찾아온 정구를 만나 극진히 대접하고 '親執弟子之禮'를 행했다는 李潤雨의 기록(『석담집(石潭集)』 권4, 「蓬山浴行錄」)을 근거로 한 의견이다. 정구와 윤효전 사이에 학술의 전승이 얼마나 있었는지는 명확하지 않지만, 윤효전과 정구 사이의 돈독한 교분은 충분히 인정할 수 있다. 윤휴 『연보』에서는 두 사람 관계를 두고 '交好'라고 표현했다.

5 윤광은은 金鍾瑞의 家臣으로 평가받았다(『단종실록』, 2년(1454) 8월 9일). 계유정난에 연루되어 杆城으로 귀양 갔다가(『단종실록』, 1년(1453) 10월 10일, 13일) 9년 만에 석방되었다(『세조실록』, 12년 4월 9일). 석방 후 儒城에 은거하였으며, 이후 이곳으로 그의 후손들이 자주 들어와 살았다(『월사집(月沙集)』 권46, 「忠翊府都事贈承政院左承旨尹公墓碣銘【并序】」).

6 벽단은 평안북도 碧潼郡을 말한다.

7 『월사집』 권46, 「忠翊府都事贈承政院左承旨尹公墓碣銘【并序】」.

8 『월사집』 권46, 「忠翊府都事贈承政院左承旨尹公墓碣銘【并序】」.

9 이원의 생애는 『기언별집(記言別集)』 권21, 「再思堂墓碣」 참조. 아버지는 현령을 지낸 李公麟, 어머니는 박팽년의 딸이다. 8남 중 3남으로, 좌랑 李鰲는 큰형이다.

이원의 문집은 후손 李寅燁이 후손가에 전하고 있던 『유금강록(遊金剛錄)』에 丁焰이 지은 「行錄」과 『동문선』 등에 전하는 詩賦 약간 편을 뽑아 편차하여, 1698년 『익재집(益齋集)』 간행 시에 附集으로 간행하였다(초간본). 이 간본은 현재 『익재집』에 합편되어 고려대학교 중앙도서관 등에 소장되어 있다. 그 뒤 후손들이 기존 원고와 새로 찾은 원고를 모아 1939년 『재사당일집(再思堂逸集)』이란 이름으로 간행했다.

10 『기언별집』 권21, 「再思堂墓碣」. 이 글은 뒷날 간행된 『재사당일집(再思堂逸集)』 권2, 부록에 수록되었다.

11 『재사당일집』 권2, 부록, 遺事.

12 『월사집』 권46, 「忠翊府都事贈承政院左承旨尹公墓碣銘【并序】」.

윤관이 조광조에게 배우고 교류한 흔적은 『정암집(靜菴集)』 등 문헌에서는 쉽게 확인되지 않는다. 『정암집』은 1681년 남원에서 초간본이 간행된 이래 여러 차례 간행되는데, 이들 간본에는 윤관과 관련된 기록이 나타나지 않는다. 그의 이름은 1935년에 간행된 『정암집』에 처음 나타난다. 윤관은 문생으로 등재되어 있다. 조광조의 門生錄은 1935년 간본에 처음 실리는데, 여기에는 成守琛, 趙昱, 白仁傑 등 모두 30명이 수록되어 있었다.

13 『월사집』 권46, 「忠翊府都事贈承政院左承旨尹公墓碣銘【幷序】」.

14 김안국은 최명창이 과거에 급제하고 이후 역임한 관직을 그의 묘비명에서 자세히 거론했다. 『모재집(慕齋集)』 권12, 「嘉善大夫禮曹參判崔公墓碑銘」 참조.

15 『중종실록』, 14년(1519) 12월 2일.
이정구는 최명창에 대해 "그 부친 예조참판 휘 명창은 학식과 행의로 기묘제현들 사이에서 추중을 받았고 학자들이 松石 선생이라 일컫는다"라고 썼다. 『월사집』 권46, 「忠翊府都事贈承政院左承旨尹公墓碣銘【幷序】」.

16 『월사집』 권46, 「忠翊府都事贈承政院左承旨尹公墓碣銘【幷序】」.

17 『월사집』 권46, 「忠翊府都事贈承政院左承旨尹公墓碣銘【幷序】」.
쌍계동의 삼휴정사는 19세기에 편찬된 『동국여지비고(東國輿地備考)』 권2(규장각, 古4790-10-v.1-2)에서 '윤관정사'라고 소개하고 있다. "尹寬精舍, 在雙溪洞. 尹搆三休精舍於洞中, 修藏以終老."

18 『백호전서(중)』 권19, 「成均館生員訥軒府君墓誌」.

19 『하헌집』 23책, 연보(상), '33년 庚子(현종 1), 윤휴 44세'.

20 『선조수정실록』, 23년(1590) 8월 1일.

21 『동원연보개략(東園年譜概略)』 권1, "二十七年壬辰, 先生十三歲. 受業于三休堂尹先生寬門下.【先生文學夙就, 氣節高尙, 尹先生甚鍾愛焉.】"

22 『동원연보개략』 권1, "三十二年丁酉, 先生十八歲. 聘夫人尹氏.【三休堂執義尹寬, 愛先生之才, 以女妻之.】". 김귀영은 윤관의 딸과 결혼한 이후 사별하고, 洪洽의 딸, 李繼亨의 딸과 결혼했다. 좌윤 金闓를 비롯한 김귀영의 자식은 모두 세 번째 부인 소생이다.

23 『동원집(東園集)』, 「東園先生世系之圖」.

24 『광해군일기[중초본]』, 10년(1618) 11월 3일.

25 『백호전서(중)』 권24, 箴, 「自警【辛巳 十月】」.

26 『백호전서(상)』 권19, 「成均館生員訥軒府君墓誌」. 윤눌은 아버지 윤관의 집 옆에 집을 짓고 살기도 하고, 湖西 青山縣의 山城村과 報恩縣의 水寒里에 땅을 사서 터를 닦아 藏修의 계책으로 삼았다. 세상을 떠난 곳은 청산현 西村의 처가였다.

27 『백호전서(상)』 권19, 「宣務郎靜齋府君墓誌」.

28 『백호전서(상)』 권19, 「宣務郎靜齋府君墓誌」. 尹喜孫이 태어난 곳은 어머니 육씨의 처가 湖西 青山縣의 馬場村이었다.

29 『백호전서(상)』 권19, 「成均館生員訥軒府君墓誌」.

30 본래 이름은 尹孝先이었다. 『광해군일기』에서는 柳孝先의 이름을 피하여 윤효전으로

개명했다고 했다. 『광해군일기[중초본]』, 5년(1613) 6월 4일.

유효선은 徐羊甲·朴致毅·鄭浹·朴宗仁·沈友英 등과 함께 1613년 5월 역모 혐의로 죽음을 당했다. 『광해군일기[중초본]』, 5년 5월 12일.

31 성운의 일대기는 성혼이 작성한 「堂叔大谷先生墓碣記」(『우계집(牛溪集)』 권6)에서 간단히 살필 수 있다. 성운의 삶과 학문에 대해서는 다음 참조. 朴文烈, 「大谷 〈成運誌石〉에 관한 硏究」, 『서지학연구』 69(한국서지학회, 2017); 박문열, 「大谷 成運의 著述과 逸文에 관한 硏究」, 『서지학연구』 76(한국서지학회, 2018).

32 『대곡집(大谷集)』, 「大谷集序【柳根】」.

33 『백호전서(중)』 권19, 「外祖僉知中樞府事金公墓誌銘」.

34 이 사정은 김덕민의 10대손인 金基天이 작성한 『대곡집』(국립중앙도서관, 古3648-36-46) 발문에 자세히 실려 있다.

35 고령 신씨의 생애는 李好閔이 작성한 묘갈명에서 확인할 수 있다. 李好閔, 『오봉집(五峯集)』 권15, 「烈婦生員金德民妻申氏墓碣銘【幷序】」; 李埈, 『창석집(蒼石集)』 권12, 「申氏行蹟」.

고령 신씨의 사연은 실록에도 상세하게 실렸다. 조정에서는 그를 열녀로 기려 旌門하고 復戶하는 상을 내렸다. 『선조실록』, 31년(1598) 3월 1일. 이 내용은 광해군대 편찬된 『동국신속삼강행실도』에도 수록되었다(『東國新續三綱行實 烈女圖』 권3, 「幼學金德民妻申氏」, 「申氏死敵」). 현재 충청북도 보은군 보은읍 鍾谷里에 신씨의 의열비가 세워져 있다.

36 『오봉집』, 「烈婦生員金德民妻申氏墓碣銘【幷序】」.

37 『백호전서(중)』 권19, 「外祖僉知中樞府事金公墓誌銘」.

38 이에 대해서는 다음 참조. 이동인, 「16세기 고청 서기 문인의 가계와 네트워크」, 『한국유교문화』 1(한국유교문화진흥원, 2023); 이동인, 『花潭學派의 학문 계보와 사상 전승』(한국학중앙연구원 한국학대학원 박사학위논문, 2024), 97쪽.

39 『선조실록』, 33년(1600) 5월 21일.

40 『선조실록』, 34년(1601) 2월 25일.

41 『선조실록』, 37년(1604) 10월 2일.

42 윤효전의 당색에 대한 국가의 기록은 일치하지 않는다. 大北系로 보기도 하고(『숙종실록』, 1년(1675) 4월 25일) 小北系로 파악하기도 한다(『숙종실록』, 2년(1676) 7월 8일).

43 『광해군일기[중초본]』, 5년(1613) 6월 4일.

44 임해군은 선조 말년에 선조의 엄중한 경고를 받거나(『선조실록』, 39년(1606) 8월 23일), 신료들의 비판을 받는(『선조실록』, 39년 8월 27일) 등 행동과 처신에 문제가 많았다. 광해군 즉위 후에는 異心을 품고 사병을 기른다는 혐의로 강화도 정배 명령을 받았으며(『광해군일기[중초본]』, 즉위년(1608) 2월 20일), 1609년 4월에 유배지에서 죽었다(『광해군일기[중초본]』, 1년(1609) 4월 29일).

그의 죽음에 대해 실록 찬자는 살해당했다고 보았고, 당시 예조에서는 스스로 하늘과 인연을 끊었다고 판단했다(『광해군일기[중초본]』, 1년(1609) 5월 5일).

45 『광해군일기[중초본]』, 즉위년(1608) 5월 27일. 윤효전의 행동에 대해 사관은 그의 卒記에서 "효전은 겉으로는 儒者같이 행동했지만 속으로는 음모와 술수가 있는 자였다. 임해군의 옥사에 柳希奮이 시키는 대로만 하여 제일 먼저 상소하더니 마침내 元勳의 반열에 들었다. 이로부터 자신의 뜻을 굽히고 남의 뜻만을 따름으로써 다시는 사대부로 자처하지 않았다"라고 혹평하였다. 『광해군일기[중초본]』, 11년(1619) 2월 20일.

46 『광해군일기[중초본]』, 4년(1612) 10월 15일; 『광해군일기[중초본]』, 5년(1613) 3월 12일.
익사공신으로의 표창은 임해군이 사망한 지 3년 뒤에 행해졌다. 이는 임해군의 역모사를 정치적으로 마무리해야 할 필요성이 이 시점에 대두했기 때문으로 보인다. 한편 1613년(광해군 5) 4월 이후 영창대군의 역모사가 일어나면서 그 처리를 둘러싸고 정국이 소용돌이쳤다. 당시 兩司에서는 광해군 즉위 후 6년 동안 유영경 → 李珒[임해군] → 김직재 → 李㼁[영창대군]와 같은 난신적자가 연달아 나타났다고 공방을 벌였다. 『광해군일기[중초본]』, 5년(1613) 4월 25일; 5월 4일; 7월 5일.

47 여기에 대해서는 2장 주 3)의 여러 실록 기사 참조. 광해군대 윤효전의 행적에 대한 사관의 평은 극도로 부정적이었다. 『광해군일기[중초본]』, 4년(1612) 6월 19일; 『광해군일기[중초본]』, 5년(1613) 6월 4일.

48 인조반정 후 정부에서는 임해군의 역모를 없던 일로 昭雪하고 익사공신들은 삭적했다. 그 뒤 삼사의 거듭된 요청에 따라 관작을 추탈했다. 이때 이 조치를 받은 사람은 許筬, 金信元, 柳希奮, 崔有源, 尹孝先 등이었다. 『인조실록』, 1년(1623) 9월 2일.
윤휴의 연보에는 윤휴가 13세 되던 1629년(인조 7)에 상언하여 아버지를 신원하고 관작의 복구를 청했다고 기록하고 있다. 『하헌집』 23책, 연보(상), "二年己巳【仁祖七年】先生年十三歲春, 上言訟沂川公之寃, 復其官爵."

49 『광해군일기[중초본]』, 5년(1613) 6월 4일, "尹孝全, 即孝先也, 避柳孝先, 改名.【早以儒學名】"

50 『선조실록』, 33년(1600) 5월 21일.

51 『광해군일기[중초본]』, 11년(1619) 3월 15일.

52 이때 『주역』 언해의 교정 작업에는 60명이 참여했는데 그 명단은 『악록집(岳麓集)』의 부록[摭遺]에 실려 있는 「周易校正廳宣醞圖座目」에서 확인할 수 있다. 이익은 여러 자료를 활용하여 교정 작업의 동기, 그 활동 시기 등을 정리해두어 참고가 된다(『성호전집(星湖全集)』 권53, 「周易校正廳宣醞圖記」).

53 『우복집(愚伏集)』 권18, 「通政大夫戶曹參議韓公墓碣銘【竝序】」; 『백호전서(하)』 부록, 행장.

54 『백호전서(중)』 권24, 「重刊花潭集序」.

55 홍가신(『기언(記言)』 권10, 人物, 「晩全先生遺卷序」, 8가), 한백겸(『우복집』 권38, 「通政大夫戶曹參議韓公墓碣銘幷序」)이 대표적이다. 한백겸의 아버지 韓孝胤 역시 서경덕의 제자인 朴民獻에게서 서경덕의 역학을 전수받은 인물이었다(『상촌집(象村集)』 권25, 「贈領議政韓公墓誌銘」).

56 『하헌집』 23책, 연보(상), '47년 己未(광해 12), 윤휴 3세'; 『광해군일기[중초본]』, 11년(1619) 2월 20일.

57 김덕민은 두 번 결혼했다. 첫 부인은 신숙주의 후손 申湜의 딸이고 두 번째 부인은 오희문의 딸이었다. 김덕민과 오윤겸은 처남 매부 사이였다. 윤휴와 오윤겸 가문의 관계에 대해서는 다음 참조. 김학수, 「해주오씨 楸灘 吳允謙家」, 『가의 실현: 사대부가의 존재 양상과 지식 문화적 嗜好』(태학사, 2024).

58 『하헌집』 23책, 연보(상), '6년 癸酉(인조 11) 윤휴 17세'; 『백호전서(중)』 권33, 잡저, 「庚辰日錄【先生二十四歲】」. '일록'에는 1634년(인조 12)에 있었던 일을 기억해서 기록해두었다.

59 『백호전서(중)』 권33, 「辛巳孟冬書」.

60 『하헌집』 23책, 연보(상), '8년 乙亥(인조 12) 3월, 윤휴 19세'.

61 권첩의 생애는 윤선거가 작성한 행장(『노서유고(魯西遺稿)』 권20, 「司導寺正月川權公行狀」), 俞棨가 작성한 신도비명에서 확인할 수 있다(『시남집(市南集)』 권23, 「刑曹參判權公神道碑銘」).

62 『노서유고』 권20, 「司導寺正月川權公行狀」.

63 『하헌집』 23책, 연보(상), '8년 丙申(효종 7), 윤휴 40세'. 윤의제는 2녀를 두었으며, 1680년(숙종 6)에 변방으로 유배되었다가 배소에서 숨을 거두었다. 權諰의 둘째 사위로 그의 첫째 사위인 윤증과는 동서지간이다. 『명재유고(明齋遺稿)』 권44, 「漢城府左尹贈議政府左參贊炭翁先生權公行狀【甲寅】」.

64 서경덕의 학문과 사상에 대해서는 다음 참조. 韓國哲學會 編, 「徐敬德의 哲學思想」, 『韓國哲學史(중)』(東明社, 1987); 李丙燾, 『韓國儒學史』(아세아문화사, 1987); 丁垣在, 「徐敬德과 그 학파의 先天學說」(서울대학교 석사학위논문, 1990); 황광욱, 『화담 서경덕의 철학사상: 화담 철학과 그 문인의 사상』(심산, 2003).

65 서경덕의 제자는 18세기에 간행된 4간본 『화담집』의 부록으로 실린 「文人錄」에서 주요 인물과 규모를 확인할 수 있다. 「문인록」에 등재된 문인의 수는 40여 명이다.

66 윤효전과 서경덕의 학문적 연결상은 윤효전이 1605년 『화담집』을 간행하려고 준비하던 움직임에서 확인된다. 윤효전은 발문에서 서경덕, 민순과 자신의 관계를 "小子足及於習齋閔氏之門, 閔是受業於先生者也."(『화담집』, 「花潭先生文集拔」. 2ㄱ, 2ㄴ)라고 하여 서경덕-민순-윤효전으로 이어지는 계통을 밝혔다. 윤휴 또한 이를 분명히 인식하여, 3간본 『화담집』을 간행하면서 "鑴之先人, 卽受學於閔習靜先生, 習靜又親炙於老先生者也."라고 밝혔다. 『백호전서(중)』 권24, 「重刊花潭集序【壬辰】」, 991쪽.

67 초간본의 간행 시점, 간행 장소는 분명하지 않다. 다만 윤효전이 "임진왜란 이후 서경덕의 저술을 볼 수 없게 된 사실을 가슴 아파하며 서경덕의 아들 龍潭公에게 유고를 구하자, 그가 박민헌과 허엽이 수집한 시문 1책을 보여주었다"는 기록에서 허엽과 박민헌이 이 책을 간행했음을 알 수 있다(『화담집』(5간본), 「花潭先生文集跋【尹孝先】」). 초간본의 善本으로는 서울대학교 규장각한국학연구원 소장본(古貴819.52-Se61s)을 들 수 있다.

68 『화담집』(5간본) 부록, 「花潭先生文集拔【尹孝先】」.

69 이 사정은 『백호전서(중)』 권24, 「重刊花潭集序【壬辰】」에 자세히 실려 있다. 윤효전의 발문이 처음 실린 간본은 3간본으로 추정되는데, 이는 일본 동양문고 소장본(청구기호: XI-4-B-45)에서 확인할 수 있다. 이와 연관해서는 다음 참조. 정호훈, 「조선 후기 『花潭集』 刊行의 推移와 徐敬德 學問」, 『한국문화』 84(서울대학교 규장각한국학연구원, 2018).

70 『화담집』(재간본), 「花潭先生文集重刊跋【洪霶】」.

71 『백호전서(중)』 권24, 「重刊花潭集序【壬辰】」.

72 『백호전서(중)』 권24, 「重刊花潭集序【壬辰】」, 991쪽; 『백호집』 권22, 「重刊徐花潭集序」.

73 「도죽장부」는 도죽(중국 사천성에서 나던 대의 일종)으로 만든 지팡이의 고마움을 의인화하여 읊은 부이다. 두보의 「桃竹杖引」을 원용한 작품으로 보인다. 16세기 전반 조선에서는 두보의 이 시에 많은 사람들이 영향을 받았다고 판단되는데, 그 흔적은 金麟厚의 「用工部桃竹詩韻謝申丈漆杖」(『하서전집』 권4), 周世鵬의 「烏竹杖贈申幼淸次杜工部韻」(『무릉잡고(武陵雜稿)』 권10)에서 확인할 수 있다.

74 정호훈, 「조선 후기 『花潭集』 刊行의 推移와 徐敬德 學問」, 『한국문화』 84(서울대학교 규장각한국학연구원, 2018).

75 『백호전서(중)』 권19, 「外祖僉知中樞府事金公墓誌銘」; 『백호전서(중)』 권24, 「書大谷先生言行錄後」.

76 성운은 曺植·成守琛 등과 교유했으며, 을사사화 이후 속리산에 은거하여 自得之學에 잠심해 현실 정치에는 깊이 관여하지 않았다(『동유사우록(東儒師友錄)』 권19, 414-418쪽). 현전하는 자료는 얼마 없는데, 그의 시문을 모은 『대곡집』, 조식과 주고받은 편지, 조식의 사상을 통해 그의 사상을 어느 정도 살필 수 있다.

성운과 조식과의 관계에 대해서는 다음 참조. 金忠烈, 「生涯를 통해 본 南冥의 爲人」, 『대동문화연구』 17(성균관대학교 대동문화연구원, 1983); 金允濟, 「南溟 曺植의 學問과 出仕觀」(서울대학교 석사학위논문, 1990); 강정화, 「大谷 成運의 「南溟先生墓碣」에 대한 小考」, 『남명학연구』 45(경상대학교 남명학연구소, 2015).

77 『대곡집』, 「大谷集序【柳根】」.

78 윤휴는 성운의 조카 成聞德이 편찬한 『대곡선생언행록(大谷先生言行錄)』의 발문인

「書大谷先生言行錄後」(『백호전서(중)』 권24)를 작성했다. '언행록'이 간행되었는지는 현재 확인되지 않는다.

79 『대곡집』, 「大谷集跋」.

80 윤휴가 성운에게 받은 영향은 「書大谷先生言行錄後」(『백호전서(중)』 권24)에 잘 나타난다. 윤휴는 성운이 공자가 말한바, "'독실히 믿고 배우기를 좋아하며 죽기로써 지키어 도를 선하게 함'으로써, '그 도로 인하여 숨거나 나타나는 그런 분'[篤信好學, 守死善道, 以道隱見者]"과 같은 존재로 존숭했다. 「書大谷先生言行錄後」에서 윤휴는 성운의 삶과 행적을 흠모하여 서술하는 한편으로 성운과 김가기-김덕민의 관계를 자세히 적어두었다. 필자는 윤휴의 학문이 성운을 매개로 曺植과 이어지는 점이 있다고 생각한다. 조식은 이황에게 보낸 편지에서 공부하는 사람들이 일상의 예절도 모르면서 천리나 담론하는 문제를 보인다고 비판한 적이 있다. 『남명집(南冥集)』 권4, 補遺, 「與退溪書」, "近見學者, 手不知洒掃之節, 而口談天理. 計欲盜名, 而用以欺人, 反爲人所中傷, 害及他人, 豈先生長老無有以呵止之故耶." 日用에 도움이 되지 않는 고원한 문제를 가르치고 배우는 풍토를 조식은 긍정하지 않았던 것이다. 이는 윤휴가 '談天說性'의 공부를 넘어서려고 했던 문제 의식의 한 근원이었다고 할 수 있다.

81 『백호전서(중)』 권24, 「老子道德經序」.

82 『백호전서(중)』 권24, 「黃石公三略跋」.

83 『백호전서(중)』 권22, 「大匡輔國崇祿大夫議政府領議政兼領經筵弘文館藝文館春秋館觀象監世子師李公諡狀」.

84 『백호전서(중)』 권24, 「書東洲司馬回年宴詩帖後」, "以鑴是東洲先生之門人也."

85 김영수, 「東州 李敏求의 『東游錄』 硏究」, 『민족문화연구』 68(고려대학교 민족문화연구원, 2015); 허윤진, 「동주 이민구 유배시 연구」, 『석당논총』 78(동아대학교 석당학술원, 2020).

86 『백호전서』 부록, 행장(상).

87 윤휴, 이동규의 관계를 중간에서 이어주던 친우로, 실력은 있어도 관직 생활을 하지 않으려 했던 韓堻라는 인물이 있었다. 세 사람의 관계는 이동규 사후 윤휴가 한기에게 보낸 편지에서 확인할 수 있다. 윤휴는 세 사람이 어울리던 모임을 '鼎坐'라는 단어로 표현했다. 『백호전서(상)』 권16, 「答韓仲澄」; 『백호전서(상)』 권16, 「答韓仲澄」.

88 『숙종실록』, 1년(1675) 1월 18일. 이때 김석주도 이동규의 탁용을 찬성하였다.

89 『숙종실록』, 1년(1675) 10월 22일.

이동규의 체부 설치 청원을 기록한 뒤, 실록 찬자는 윤휴가 병권을 장악하도록 하기 위해 이동규가 이 일을 했다고 평가했다. "이동규는 영광스러운 벼슬을 도모하기 위해 나왔는데, 復讐를 핑계 대어 겉으로 큰 소리를 하였다. 윤휴의 客이 윤휴에게 묻기를, '군상이 만약 군사를 이끌고 북벌을 하게 되면, 조정에 남겨 두어 뒷일을 맡길 자는 어떤 사람이오?' 하니, 윤휴가 말하기를, '이동규가 마땅한 사람이고, 그다음은 趙嗣基

이다'고 하였다. … 이동규가 체부를 설치할 것을 청한 것은 진실로 윤휴를 위해 兵權을 잡기를 도모한 것이었다."

90 『백호전서(중)』 권22, 「大匡輔國崇祿大夫議政府領議政兼領經筵弘文館藝文館春秋館觀象監世子師李公諡狀」. 이동규는 병자호란 때 어머니 권씨, 큰형 尙揆 부부, 두 여형제가 죽음을 당하는 참상을 겪었고, 瀋陽으로 잡혀가 고생했다. 이런 경험이 그가 북벌 의식을 강렬하게 갖게 된 주요 요인일 수 있다.

윤휴와 이동규 등의 북벌 주장에 남인들 다수가 걱정하며 이를 멈추기를 기대했다. 두 사람의 절친이었던 한기가 이동규에게 편지를 보내어 만류하는 장면이 안정복이 작성한 한기의 행장에 나온다. 『순암집(順菴集)』 권27, 「司憲府執義贈吏曹參議漫隱韓公行狀【庚戌】」. "백호 및 混泉 이공이 북벌 대의를 주도하자 공이 혼천에게 편지를 보내어 그럴 수 없음을 말했다. 경신년에 화변이 일어나 백호가 형장을 맞고 북쪽으로 유배를 가게 되자 공이 자제를 보내어 위문했다. 백호가 답서를 보내어 말하길, '세도가 이와 같이 되어 사방 사람들이 화변의 그물에 걸려드는데 형만 오직 문을 닫고 아픈 소리 내며 세상을 피했으니, 끝내 우리들로 하여금 절하게 합니다'고 하였다."

91 『숙종실록』, 1년(1675) 8월 15일.

92 『숙종실록』, 1년(1675) 6월. 4일.

93 『숙종실록』, 1년(1675) 9월 10일.

94 윤휴 가문의 혼맥도(표 3) 참조. 한편, 칠곡 출신의 주요 인물인 李聃命도 이석규의 사위가 되었음을 유의할 수 있다. 『정재집(靜齋集)』 권8, 家狀. 이담명의 아버지인 李元禎, 尹鑴, 李碩揆가 하나의 혼맥 속에서 연결되어 있었던 셈이다. 이원정과 이담명은 숙종 초 남인 정권에서 윤휴를 적극 도왔다. 이담명은 또 허목에게 수업하여 그의 문인이기도 했다. 『정재집』 권8, 家狀, "弱冠謁眉叟許先生於漣川, 聞君子之學, 自是常往來受業焉." 뒷날 윤휴의 아들 윤경제가 공주에서 칠곡으로 이사를 가는데, 이런 인연도 그곳으로 옮겨가게 되는 한 요인으로 작용했으리라 여겨진다.

95 『동주집』 권7, 「伯氏領議政分沙李公神道碑銘【幷序】」.

96 劉明鍾, 『韓國思想史』(以文出版社, 1981), 484-485쪽.

97 16세기 후반~17세기 전반의 정치사상계는 이황학파의 남인, 이이·성혼학파의 서인, 서경덕·조식학파의 북인계로 분화된 가운데 치열하게 대립하고 갈등했는데, 이러한 양상은 단순히 학설상의 문제에 그치지 않고 정치 운영 방식에서의 차이, 자파의 정치적 정통성의 확보와 밀접히 관련하여 전개되며, 선조대 중반부터는 정치투쟁, 사상 논쟁의 양상을 드러내었다. 특히 광해군대 북인 정권의 성립, 인조대 북인 축출과 西南 연합정권의 창출은 이 시기 각 학파·정파의 정국 운영을 둘러싼 첨예한 대립의 결과였다.

98 『하헌집』 23책, 연보(상).

99 『백호전서(중)』 권33, 「庚辰日錄」.

100 『백호전서(중)』 권33, 「庚辰日錄」. 『위료자』는 전국시대 중기에 출현했다. 『한비자』·『관자』와 동일 계보의 부국강병책에 관한 내용이 주를 이룬다. 순자·법가의 사상을 이어 예법에 의해 전 사회를 통제, 부국강병을 이룬다는 정치이념을 기반으로 하되, 상앙·한비자 등 법가의 우민적 시각과는 달리 民의 도덕적 자발성에 대한 신뢰를 인정하는 가운데 인위적 노력의 중요성을 강조하는 특징을 보인다. 송대 이후에는 僞書로 규정되어 그 내용이 배척되면서도, 兵書로서의 가치는 인정받고 있었다. 윤휴의 『위료자』에 대한 관심은 제1부 3장에서 살피듯, 부국강병을 중시하고 또 그 실현을 지향했던 그의 사상과 관련하여 이해할 수 있다. 『위료자』의 성립과 성격에 대해서는 다음 참조. 湯淺邦弘, 「『尉繚子』の富國强兵思想」, 『東方學』 69(東方學會, 1985).

101 金恒洙, 「16세기 士林의 性理學 이해」, 『한국사론』 7(서울대학교 국사학과, 1981).

102 오윤겸은 외조부 김덕민의 두 번째 부인의 오빠였다. 윤휴의 처지에서 보면 새 외조모의 오빠였으므로 그렇게 먼 사이가 아니었다. 윤휴는 집안의 대소사가 있으면 오윤겸과 상의하거나 그에게 부탁하여 일을 처리했다.

103 『백호전서(하)』 부록, 행장, "君子不重卽, 不威, 學則不固. 故養德有基. 而致遠可期. 賢其勉之." 이 대화는 윤휴의 뇌리에 강하게 남았던 모양이다. 24세 때 쓴 「경진일록」 3월 3일 기록에도 이를 회고하는 내용이 적혀 있다. 『백호전서(중)』 권33.

104 『백호전서(하)』 부록, 연보5, '12년 辛亥(현종 12) 윤휴 55세', "中庸大學後說成, 大學古本別錄成." 『하헌집』 23책의 연보에는 이 기록이 빠져 있다.

105 『백호전서(하)』 부록, 행장, "孔門之問仁也, 欲知所以行之. 後世之問仁也, 欲知仁字之意. 宜知戒也."

106 이때의 사정은 『백호집』 권22, 「白湖新居記」 참조.

107 이에 대해서는 앞의 〈표 2〉 참조. 송국시는 김덕민의 두 번째 부인인 해주 오씨가 낳은 첫째 딸과 결혼했다. 윤휴의 어머니는 김덕민의 첫 번째 부인 고령 신씨의 소생이었으므로 송국시의 부인과는 배다른 형제 사이였다.

108 송국시와 송시열은 13촌 사이였다. 송시열은 송국시의 조부 宋枏壽의 墓誌에서 송남수가 그의 증조부 宋龜壽와 8촌 간이라 했다(『송자대전』 권188, 「松潭宋公墓誌」, "公與余曾大父西皐公龜壽, 爲三從兄弟."). 이로부터 따져보면 송국시는 송시열의 아버지 宋甲祚와 12촌이었고 송시열과는 13촌이었다.

109 『송자대전(宋子大全)』 권19, 「論大義仍陳尹拯事疏【丁卯正月二十八日】」, "臣與鑴戚屬不遠, 且喜其有志於儒學, 始甚親愛, 動輒相隨, 而又稱道於師友間."

110 『하헌집』 23책, 연보(상), '11년 戊寅(인조 16), 윤휴 22세'. 이때 윤휴는 삼산에 머무르다가 어머니를 모시고 공주의 유천으로 거처를 옮겼다. 송시열은 윤휴가 유천으로 이거하기 전에 만났다. 송시열이 송준길에게 보냈다는 편지의 내용은 윤휴 측의 일방적 기록이라 액면 그대로 온전히 믿을 수는 없지만, 윤휴가 송시열과 어린 나이에 만났던 정황은 알려준다.

111 이에 대해서는 다음 자료 참고. 『송자대전』 권152, 「祭清陰金先生文」; 『송자대전』 권201, 「扶餘縣監宋君墓表」; 『동춘당집(同春堂集)』(속집) 권12, 부록7, 「門人錄」.

112 『동춘당집』(별집) 권9, 부록, 「遺事二十三條【黃世楨】」.

113 『명재유고(明齋遺稿)』 권2, 「宋伯興挽」.

114 송규정과 황세정은 모두 윤휴의 문하로 들어갔다가(『송자대전수차(宋子大全隨箚)』 권3) 기해년 예송 후 마음을 돌렸다고 한다(『송자대전』 권31, 「與宋明甫」). 1657년(효종 8), 송시열은 송규정과 황세정에게 편지를 보내어, "저 친구가 주 부자의 舊說을 무시하고 스스로 一說을 만들었으니, 이는 吳楚가 왕을 僭稱하고 중국을 어지럽힌 죄와 같은 것이어서 누구나 주멸해야 되는 것인데 제군들은 감히 공공연히 전하면서 천하의 正說로 정하려 하니, 이것이 바로 식견 있는 선비들이 깊이 근심하고 탄식하면서도 바로잡을 방도를 알지 못하는 것일세. 魯城(尹宣擧를 가리킴)은 그런 사실을 알면서도 도리어 다방면으로 그를 보호하여 사람들이 혹시라도 그를 해칠까 걱정하고, 심히 부득이한 경우에 이르면 곧 그 사람을 두려워할 것 없다는 말을 하여 그가 약하다는 것을 보여 공격을 늦추게 하는 술책을 썼으니, 그를 위한 계책은 매우 훌륭하지만 世道에는 어찌할 것인가?"(『송자대전』 권109, 「答宋伯興黃周卿【丁酉五月二十九日】」)라고 윤휴를 비판했다. 송규정과 황세정이 윤휴와 관계를 끊기를 바라는 강한 마음을 읽을 수 있다.

115 송시열에게 송규정은 윤휴의 저술을 접할 수 있는 주요 통로였다. 1683년(숙종 9) 조지겸에게 보낸 편지는 이 사실을 보여주는 귀한 자료다. 이를 보면 송시열은 윤휴의 『중용』 주석뿐만 아니라 다른 주석서도 볼 수 있었던 것으로 여겨진다.
"윤휴의 경우는 그 스스로, '내가 마땅히 주자의 의견을 엄폐하겠다' 하고는, 『중용』의 장구를 치워버리고 자기의 설을 내세워 하나의 책으로 만들어서 사람들에게 과시할 뿐 아니라 모든 다른 글의 註解도 마디마디 攻斥하였으니, 【일찍이 그의 姨弟 宋奎禎을 통하여 그가 읽었던 책을 빌려 보았더니 다 그러하였네】 고금 천하에 어찌 이처럼 悖戾한 자가 있을 수 있겠는가?" 『송자대전』 권77, 「答趙光甫【癸亥】」.

116 『하헌집』 23책, 연보(상), '8년 乙亥(인조 13) 3월, 윤휴 19세.'

117 『노서유고』 권20, 「司導寺正月川權公行狀」.

118 『노서유고』 권20, 「司導寺正月川權公行狀」.

119 윤황의 일대기는 송시열이 작성한 행장에 자세하다. 『송자대전』 권209, 「八松尹公行狀」. 윤황은 1638년 8월에 해배되어 尼山으로 돌아왔다가 그 이듬해 세상을 떠났다.

120 이이와 성혼의 연보는 송시열과 송준길이 함께 편찬했다. 이 연보의 편찬은 여러 의미를 가지고 있다. 1650년(효종 1)경부터 金集의 명에 따라 이이의 연보를 편찬하고 교정하였으며, 이를 바탕으로 이해부터는 이이와 성혼의 연보를 하나로 편찬하게 되었는데, 이 일에는 이미 성혼의 연보를 편찬한 바 있는 윤선거와 이유태도 참여하였다. 두 사람의 연보는 송시열의 서문을 붙여 이해 간성군수로 나간 鄭瀁이 강릉의 松潭書

院에서 간행하였다. 『송자대전』 권137, 「栗谷牛溪二先生年譜序」.

121 권준이 사망한 후 윤선거가 지은 만사는 두 사람이 어떤 사이로 지냈는지를 잘 보여준다. 윤선거는 첫머리에서 "형과 나는 같은 해에 태어나 56년이나 흘렀네. 내 머리는 이미 검은 털 남아 있지 않거니와 그대 귀밑머리는 아직도 희지 않으니, 그대가 나보다 먼저 갈 줄 누가 알았겠는가?… 그대는 나의 고집을 가련히 여겼고 나는 그대의 재주를 아꼈네. 불행하게도 난리를 만나 세상 나갈 생각 모두 재가 되어버렸지"라고 하며 두 사람의 인연을 기렸다. 『노서유고』 권2, 「挽權正秀夫」.

122 송시열도 윤휴와 윤선거가 교유하게 된 시점을 권첩의 딸과 혼례를 치른 무렵으로 추정했다. "윤선거가 윤휴와 서로 사귄 시기가 어느 때인지는 모르겠으나 대체로 휴가 권준의 매부가 된 때부터 서로 친해졌을 것이니, 권준은 윤선거의 매부이네. 내가 1635년(인조 13) 가을에 휴를 과거장에서 만나, '장가갈 때 혼례를 古禮로 치렀습니까?' 하고 묻자, 대답하기를, '처음에 세속의 풍습대로 치르려고 오윤겸 상공에게 圍繞를 부탁하자 오 상공이 '내가 갈 수는 있네. 그러나 위요는 세속의 풍습인데, 왜 고례로 행하려 하지 않는가' 하기에 '그 말을 따랐습니다' 하였네. 이에 의거하여 보면 윤휴가 권준의 집에 장가든 때가 당연히 갑술년(1634, 인조 12)에서 을해년(1635, 인조 13) 사이였을 것이며, 길보와 윤휴와의 사귐도 어쩌면 이때에 있었을 것이네." 『송자대전』 권89, 「與權致道【己巳四月二日】」

123 경기도의 석실에서 귀가하는 도중 지은 다음 시는 세 사람 사이의 친밀한 교류를 보이는 한 사례이다. 『노서유고』 권1, 「石室歸路偶吟, 寄權秀夫, 尹希仲鑴【戊子】」, "淸風石室洒心神, 城市金門訪隱淪. 君子經綸當險難, 聖人堅白莫緇磷. 行藏旣決毛公檄, 憂樂應同晉室民. 時義卽今蘭臭在, 懶夫歸臥石江春."

124 윤휴가 여러 아들을 윤선거에게 맡겨 공부를 시킨 사실은 지금까지는 주목받지 못했다. 이 사정은 『백호집』(규장각, 古3436)에 실린 편지 「與夏濟殷濟」에 註記된 내용에서 확인할 수 있다. 편지 제목 아래에 "당시 이산에 머무르면서 윤미촌에게 수학했다[時在尼山, 受學尹美村.]"고 적혀 있다. 미촌은 윤선거의 호이다. 연도는 미상인데, 『백호전서』에 실린 동일 편지(「寄夏濟殷濟」)에는 경자년 곧 1660년에 썼다고 적어두었다. 『백호전서』에는 『백호집』에 실린 주기가 없다.

125 권시에 대한 연구는 다음 참조. 권정안, 「炭翁 權諰의 儒學思想」, 『도산학보』 2(도산학회, 1993); 김태영, 「晩悔 炭翁의 王道政治論」, 『도산학보』 3(도산학회, 1994); 김영현, 「炭翁 權諰의 家系와 生涯」, 『도산학보』 3(도산학회, 1994); 이봉규, 「탄옹 권시의 철학적 입장과 사상사적 의미들」, 『도산학보』 4(도산학회, 1995); 송인창 외, 『기호유학의 융화정신』(다운샘, 2003) 등.

126 권준, 권시, 윤선거 등 젊은 학자들의 교류를 볼 수 있는 자료는 적지 않은 편이다. 그중의 하나를 들자면 윤선거가 지은 시 〈溫泉〉이 있다. "莫治難醫疾, 思湔已汚身. 仲尼云不試, 湯聖許能新. 孰有譏裎者, 非嫌在岸人. 振衣存至訣, 要學洗心眞." 이 시는

해설에 따르면 윤선거와 이유태, 권준이 온천욕을 같이 하고 권시를 내방했다가 헤어질 때 지었다고 한다. 『노서유고』 권1, 〈溫泉〉.

127 『송자대전』 권4, 「敬步諸賢韻【辛巳】」. 시의 번역은 한국고전번역원의 국역본(이기찬 역, 『(국역)송자대전』 권4, 〈삼가 제현의 시에 보운하다【신사년】[敬步諸賢韻【辛巳】]〉를 활용했다.

128 明甫, 思誠, 希仲, 英甫는 각기 송준길, 권시, 윤휴, 송시열의 字이다.

129 황왕과 제패의 일: 북송대 邵雍의 『황극경세서(皇極經世書)』에 나온다. 역사가 皇→王→帝→覇로 변화한다는 내용으로, 역사가 후대로 갈수록 쇠퇴한다는 역사 인식을 담고 있다.

130 『노서유고별집』, 〈止酒【癸巳】〉.

131 '사단칠정논쟁'은 16~17세기 조선 성리학계의 문제의식과 성격을 가늠할 수 있는 가장 비중 있는 토론의 하나로 이황과 이이를 비롯한 그 학파의 학자들이 이에 참여하였다. 반면 서경덕·조식계에서는 그다지 관심을 두지 않았다. 논쟁의 핵심은 理氣와 四端七情·人心道心과의 상관성에 관한 것이었다. 이에 대해서는 다음 참조. 尹絲淳, 「心性觀」, 『退溪哲學의 研究(중)』(高麗大學校 出版部, 1986); 裵宗鎬, 「退溪와 高峯의 四端七情論」, 『韓國儒學의 哲學的 展開(上)』(圓光大學校 出版局, 1985); 김용헌, 『조선 성리학, 지식권력의 탄생』(프로네시스, 2010); 이동희, 『조선조 주자학의 철학적 사유와 쟁점(속편)』(성균관대학교 출판부, 2010); 이상호, 『사단칠정 자세히 읽기』(글항아리, 2011); 유원기, 『조선 성리학 논쟁의 분석적 탐구』(역락, 2018); 홍원식 외, 『사단칠정론으로 본 조선 성리학의 전개』(예문서원, 2019).

132 『백호전서(중)』 권25, 「四端七情人心道心說」. 윤휴는 「사단칠정인심도심설」을 1638년(인조 16) 봄에 작성하였다. 이듬해 가을에는 다시 이를 확신한다는 내용의 발문을 작성하여 붙였다. 『하헌집』 8책의 「四端七情人心道心說」이 그것이다.

133 『송자대전』 권39, 「答權思誠【庚辰六月一日】」, "그의 이기설은 반드시 탁월하게도 일반적인 생각을 뛰어넘어 앞 시기 사람들이 도달하지 못한 곳을 살핀 점이 있을 것이네. 바라노니, 나에게도 보여주어 나의 어리석고 어긋남을 깨치게 해준다면 좋겠네. 어떠한가?"

134 『송자대전』 권39, 「答權思誠【庚辰七月二十日】」, "지난번 희중이 쓴 글에서 형이 문단에 맞추어 비정하는 것을 보고는, 그 의론이 올바르고 사람을 아끼는 마음이 깊은 것을 느끼며 탄복을 금치 못하였네. 다만 책을 들고 찾아가 그 나머지 이야기를 몸소 듣지 못한 것이 안타깝네."

135 『송자대전습유(宋子大全拾遺)』 권2, 「答李雲擧翔【○庚辰七月一日」】, "근래 이야기할 만한 것을 반드시 얻었을 것이니 아끼지 말고 보여주면 어떨까. 의리는 천하의 공변된 것이니 어찌 나와 너의 차이가 있겠는가. 근래 윤희중이 작성한 이기사단칠정설 만여 자는 의구심이 드는 점이 없지 않으니, 삼가 아뢰어 고명의 척정을 기다리네."

136 『송자대전』 권39, 「答權思誠【庚辰七月二十日】」, "희중의 견해에 대해, 나의 생각을 종이에 간략히 적어 형께 보이려고 했는데, 다 마치지도 못한 상태에서 명보가 가져가 버려 매우 안타깝네. 만약 보게 된다면 가르침을 주시면 고맙겠네. 도리는 천하의 공변된 것이니, 강설을 자세하게 하는 것을 어찌 꺼리겠는가. 희중에게 보여서 悔責하게 한다면 매우 좋을 것이네. 다만 여전히 억지로 어찌할 수 없는 것이 있을까 두렵네."
송시열과 윤휴의 학문에서의 대립은 『중용장구』 개정 이후 또는 예송 이후 정치성을 띠면서 본격적으로 전개되지만, 두 사람의 교분이 생기던 20대 초반에 이미 시작되었다고 봐야 할 것이다.

137 윤휴 '인심도심사단칠정설'에 대한 초기 및 중요 연구는 다음 참조. 한우근, 「白湖 尹鑴의 四端七情·人心道心說」, 『李相佰博士回甲紀念論叢』(을유문화사, 1964); 유영희, 『白湖 尹鑴思想 硏究』(고려대학교 박사학위논문, 1993).

138 『백호전서(중)』 권25, 「四端七情人心道心說」.

139 『백호전서(중)』 권25, 「四端七情人心道心說」. 주희의 인심도심설은 『상서(尙書)』 「大禹謨」의 이른바, '人心惟危, 道心惟微, 惟精惟一, 允執厥中.' 논리에 바탕하여 체계화한 것으로, 도심과 인심의 관계를 선과 악의 불평등한 주객 관계로 설정, 양자의 對待적이고 통일적인 관련성을 부정하는 구조였다. 마음에 대한 부단한 도덕적 규제를 중시하는 주자학의 학문 방법이 잘 드러난다. 張立文, 『朱熹思想硏究』(中國社會科學出版社, 1981), 496-506쪽.

140 李乙浩, 「白湖 尹鑴 人性論 硏究」, 『韓國改新儒學史試論』(박영사, 1980), 300쪽.

141 東京大 哲學敎室 編, 全南大 東洋哲學敎室 譯, 『中國哲學思想史』(전남대학교 출판부, 1986), 160쪽.

142 윤휴 사상과 주자학과의 상관성에 대해서는 제2부 〈경서 해석과 권위에의 도전〉에서 본격 검토하고자 한다.

143 『백호전서(중)』 권25, 「四端七情人心道心說」, "하지만 자네의 말을 추구해본다면 또한 순자의 악한 성품을 바로잡아야 한다는 말과 왕양명의 마음만을 다스리는 주장에 가까운 것이 아니겠는가?"

144 이 사실은 『백호전서』에 실린 「四端七情人心道心說」에서 알 수 있다. 본문 중간중간에 윤휴의 견해에 대한 송시열과 권시의 반응이 실려 있는데, 대체로 송시열은 비판·부정의 태도를 취했고 권시는 동조하는 모습을 보였다. 그런데 현존하는 「四端七情人心道心說」은 특별한 비밀을 안고 있다. 『하헌집』과 『백호전서』 두 책에 실려 있는 형태가 서로 다르기 때문이다. 『하헌집』(8책)에는 오직 윤휴의 글만 적혀 있다. 반면 『백호전서』(권25)에는 원문 중간에 송시열, 권시, 송준길, 윤휴의 의견이 細注로 제시되어 있다. 『백호전서』의 글은 형태상 여러 사람이 한자리에서 원문을 읽고 의견을 나눈 뒤 부기한 것처럼 보인다.
두 자료가 왜 각기 다른 형태로 실렸는지 그 이유는 분명하지 않다. 더 궁금한 사안은

『백호전서』 수록 자료가 언제 어떤 방식으로 작성되었는가 하는 점이다. 두 가지 가능성을 생각할 수 있다. 첫째, '백호전서본'은, 송시열과 권시 사이에 오고 간 편지를 참고하게 되면, 각자가 개진했던 의견을 윤휴가 언젠가 모아 자기의 발언을 넣은 뒤 적절히 편집한 자료로 판단할 수 있다. 윤휴 사후 그의 후손들이 이 작업을 했을 가능성도 배제할 수 없다. 둘째, 송시열과 권시가 「사단칠정인심도심설」을 돌려보고 생각을 정리한 뒤, 송준길 등 등장인물 모두가 한자리에 모여 의견을 교환하고 이를 세주로 정리했을 수 있다. 『송자대전』의 「연보」에는 1642년에 송시열이 '윤휴의 이기설을 논변했다[辨尹鑴理氣說]'는 사실이 적혀 있다. 권시에게 원문을 구해본 지 2년 뒤의 시점이다. 논변을 어떻게 누구랑 했는지 하는 정보는 없지만, 두 번째 가능성을 배제할 수 없다. 1642년에 윤휴는 공주 유천에 거주하고 있었으므로 같이 모였을 가능성이 있다. 사실이 그러하다면, 세주에 있는 '윤휴'의 발언은 이때의 모임에서 나왔을 것이다. 물론 윤휴의 연보나 기타 자료에 여러 학자가 모여 「사단칠정인심도심설」을 주제로 토론을 했다는 기록이 나오지는 않는다.

145 『하헌집』 23책, 연보(상), '11년 戊寅(인조 16), 윤휴 22세', "奉大夫人移居公州之柳川." 윤휴는 유천으로 이사한 지 3년 뒤에 새집을 짓고 사당에 고유했다. 『하헌집』 8책, 「柳川新居告家廟文【辛巳】」. 고묘문에는 개명 전의 이름인 鍞을 썼다. 개명 시점은 1643년 3월이다. 『하헌집』 8책, 「改名告家廟文【癸未三月日】」.

146 『백호전서(하)』 부록 5, 연보.

147 윤휴가 24세 되던 해 3월부터 5월까지 2달간 외가가 있던 三山과 거주하던 柳川에서의 독서 경험을 매일 기록한 「경진일록」에 이때 읽은 책과 소감이 자세히 기록되어 있다. 『백호전서(중)』 권33, 「庚辰日錄」.

148 『백호전서(중)』 권33, 「庚辰日錄」, 1346쪽. 1641년에 처음 기록한 「辛巳孟冬書」는 학문의 준칙으로 畏天, 親民, 尙志, 取善의 네 조목을 들고 있는바, 학문과 도덕 수양의 근원으로 주재적 天을 준거로 하고 있었음을 확인할 수 있다. 여기서 천은 "一則曰, 上帝. 二則曰, 上帝. 欽哉敬哉, 洋洋乎達于上下, 如在其左右." 하는 것으로, 삼대의 요·순·우 성인은 "堯舜禹勅天之心也"로 묘사되고 있다.

149 세 편 모두 『백호전서(하)』 부록, 연보의 해당 나이 조항 참조.

150 『백호전서(하)』 권41, 잡저, 「讀書記_洪範經傳通義」. 윤휴의 「홍범설」에 대해서는 다음 참조. 김성윤, 「백호 윤휴의 홍범관 연구」, 『역사와 현실』 34(한국역사연구회, 1999); 정호훈, 「尹鑴의 政治理念과 富國强兵策: 『洪範』 이해와 政治改革論을 중심으로」, 『민족문화』 26(한국고전번역원, 2003).

151 『백호전서(하)』 권42, 「讀周禮」, "德修而道成, 道成則制明, 制明則禮有經, 禮有經則道有倫."; "備制之謂盛德, 盛德而敎尊, 敎尊而民職修, 民職修而天下治, 天下治而王道得."

152 『중용』 해석을 담은 『하헌집』 21책에서 『중용』 관련 첫 번째 작업 자료는 「讀書記」,

「中庸」, 「讀中庸」의 세 내용으로 구성되어 있고, 「讀中庸」의 말미에는 작성 연기를 '閼逢涒灘之歲'[甲申-1644, 인조 22]로 적어두었다. 「독서기」에는 『중용』을 10년 동안 읽으며 사색한 내용을 정리해두었다고 하여 이 글이 그의 젊은 시절 작품임을 알려준다. 연보에는 28세 되던 해에 「中庸說」을 완성했다고 기록했는데, 이는 「讀書記」 외 2편을 이렇게 부른 것으로 판단된다.

153 『하헌집』 21책, 「讀書記_中庸」.

154 『백호전서(하)』 권36, 잡저, 「讀書記_中庸」, '序'.

155 『백호전서(중)』 권25, 잡저, 「四端七情人心道心說」.

156 『백호전서(하)』 권36, 잡저, 「讀書記_中庸」.

157 『송자대전』 부록 권2, 연보, 숭정 26년 계사 윤7월 甲午.

158 송시열이 윤휴의 『중용』 주석의 존재를 알게 된 시점은 분명하지 않다. 다만 1653년(효종 4) 황산서원에서 송시열이 윤휴를 '이단'으로 규정하며 윤선거를 압박했던 사실(『노서유고』, 연보, "26년 윤7월 계축일, 【市南(兪棨)을 비롯 여러 사람들과 황산서원에서 모였다. 懷川(송시열)이 시남을 방문하기로 하고 이에 여러 벗들을 불러 황산에서 모였는데, 선생은 龍西(윤원거) 공과 함께 가고 시남은 錦峽에서 되돌아 이르렀다. 화산에 배를 띄워 놀면서 술을 마시고 시를 지어 읊었다. 송이 윤휴를 이단으로 배척하자 선생은 '그대가 윤휴를 두려워하는 것은 지나치다' 하고 이어 주자가 陳同甫에게 쓴 답서를 인용하며 '스스로 쟁단을 만들어 卞莊子의 이용거리가 되게 할 것은 없다'고 했다. 송은 주자가 '겉으로는 배척하나 속으로는 몰래 돕는다'고 여동래를 비판한 말을 인용하며 선생을 나무랐다.】"로 보자면, 적어도 이 무렵에 송시열이 윤휴의 작업 사실을 알고 있었다고 추정할 수 있다.
송시열이 윤휴에 대해 했던 발언은 실제 윤선거의 일기에서 볼 수 있다. 윤선거는 "황산의 모임에서 英甫(송시열 자)는 希仲(윤휴 자)이 망령되이 주자를 의난하는 잘못을 저질렀다고 크게 말하고 이단으로 여기기에 이르렀다. 내가 말하길, '王魯齋(王柏)도 이미 그런 적이 있거늘, 하필 희중을 공격하는가. 하물며 적지 않은 세상 사람들이 그를 공격한다고 해도, 그대는 그렇게 해서는 안 된다'고 했다. 영보가 나에게 도리어 '희중을 낮추어 보라'고 한 것은 윤휴가 주자에 대해 반대하는 기치를 세우는 것을 영보가 실제 걱정해서였다. 지금 金令(金益熙)의 말을 들으니, 희중은 세상의 구설을 피하지 못하고 영보의 말은 사람들이 혹 주장할 경우 해로움이 있지 않을까 여겨진다. 나를 두고 그를 비호한다고 하는 것은 또한 좋은 소식이 아니다. 이는 실제 영보와 희중, 그리고 우리들이 깊이 경계해야만 한다. '오직 생각을 숨기고 서로 힘쓴다면 거의 좋을 것이다'고 했다"라고 정리하여 실었다(『노서유고』 권15, 雜著○日記, 癸巳, 3월 26일).
다만 황산의 모임이 일어났던 시간은 윤선거의 연보와 일기에서 다르게 표기되어 있다. 송시열의 연보와 비교해보면 일기의 시간 표기가 오류로 여겨지는데, 이는 문집

편찬 과정에서 생긴 착오일 수 있다.

159 『송자대전』의 연보에는 황산 모임에서 사문난적이라고 했다고 한다. 『송자대전』 부록 권2, 연보, 숭정 26년 계사 윤7월【甲午】 甲寅, "鑴, 實斯文之亂賊也." 그러나 이 말이 실제 황산 모임에서 나왔는지는 분명하지 않은 점이 있다. 연보를 작성하며 어떤 자료를 참고했는지가 문제가 되는데, 황산 모임 직후 송시열이 직접 남긴 기록은 아닌 것으로 판단된다. 윤선거의 연보와 일기에는 송시열이 윤휴를 두고 '이단'으로 지칭했다는 기록이 나온다. '이단'과 '사문난적'의 용어에서 비판의 강도는 후자가 훨씬 강하다고 할 수 있는데, 시간상으로 두 용어가 같은 시점에 나오지는 않은 것으로 보인다.
정약용은 이조판서이던 송시열이 1658년(효종 9)에 윤휴를 進善으로 의망한 사실을 들어, 송시열이 황산 모임에서 윤휴를 이단·사문난적으로 공격한 것은 사리에 맞지 않다고 보고, 두 사람 사이에 틈이 벌어진 것은 '기해예론' 이후였다고 했다. 『다산시문집(茶山詩文集)』 권20, 「與李汝弘」.

160 그 대표적인 인물이 윤선거였다. 이에 대한 기존 연구는 다음 참조. 金駿錫, 「17세기 畿湖朱子學의 動向」, 『孫寶基敎授停年紀念論叢』(지식산업사, 1988), 351-383쪽; 李銀順, 『朝鮮後期黨爭史硏究』(一潮閣, 1988), 48-66쪽.

161 『송자대전』 권109, 「答宋伯興奎禎黃周卿【丁酉 5月 29日】」.

162 『백호전서(하)』 부록 2, 행장(상).

163 윤휴는 11세 되던 해 일어난 정묘호란과 21세 때 일어난 병자호란 등 두 번의 대란을 겪었다. 특히 병자호란은 윤휴의 생애에 결정적인 영향을 미쳤던 것으로 보인다. 그는 "오늘 이후로 다시는 과거에 응시하지 않겠다. 혹 때를 만나 정치에 종사하더라도 오늘의 치욕을 잊지 않을 것이다"라고 하여, 청의 조선 침략에 대한 분노와 좌절을 과거를 보지 않겠다는 의지로 표현하고 있었다. 『백호전서(하)』 부록 2, 행장 상.

164 그는 19세 때 어머니의 분부로 과거를 치렀으나 불합격했다. 『하헌집』 23책, 연보(상), '8년 乙亥(인조 13), 윤휴 19세'.

165 『인조실록』, 1년(1623) 11월 15일.

166 송시열의 북벌에 대한 생각은 그가 정리한 다음 글과 같이 간명하다. "'내 힘의 강약을 살피고 저들 내분의 깊고 얕음을 보아 서서히 일을 도모한다면, 중원의 옛 땅이 우리 소유가 되지 않고 장차 어디로 가겠습니까?'라고 한 주자의 말을 의지하여 효종에게도 건의했다. 그러나 윤선거가 '句踐은 속임수를 썼다'고 했다." 『송자대전』 권132, 「瑣錄」.

167 이 시기 서인의 정국 운영에 대해서는 다음 참조. 李永春, 「尤庵 宋時烈의 尊周思想」, 『청계사학』 2(청계사학회, 1985); 李景燦, 「朝鮮 孝宗祖의 北伐運動」, 『청계사학』 5(청계사학회, 1988); 禹仁秀, 「朝鮮 孝宗代 北伐政策과 山林」, 『역사교육논집』 15(역사교육학회, 1989); 吳恒寧, 「朝鮮 孝宗代의 政局變動과 그 性格」(고려대학교 석사학위논문, 1991). 그리고 주자학의 군주성학론과 송시열의 정치사상에 대해서는

다음 참조. 金駿錫, 『朝鮮後期 政治思想史硏究』(지식산업사, 2003), 244-301쪽.

168 윤휴의 정국 운영의 기본 사고는 '罷朋黨'에 있었다. 이는 북인계로서의 소외되었던 정치적 위치와 연관되는 점도 있지만, 절대 전제적인 군주를 정점으로 하는 통일적 정국 운영을 지향하는 사고에서 연원했다. 이에 대해서는 제3부에서 다룰 것이다.

169 『백호전서(하)』 부록 2, 행장(상), "上之嚮用導上學問, 講太極圖說近思錄等書. 凡諸修揚之事, 蔑蔑無聞, 汲汲斥和, 擬議無漸…公…以爲人主之學, 異於凡庶, 欽思建極, 施於爲政."

170 『효종실록』, 3년(1652) 4월 26일. 민정중이 효종에게 아뢰기를 "현재 윤휴, 尹宣擧와 같은 사람은 모두 儒學으로 당대의 촉망을 받습니다. 전하께서 특명으로 白衣를 소견하기를 古事처럼 하시어 제각기 가진 생각을 진달하게 하여 그들의 재주가 쓸 만하면 채용하고 그렇지 않으면 돌려보내는 것이 옳습니다"라고 하였다.

171 『효종실록』, 6년(1655) 3월 8일. 이때 허목 또한 윤휴와 함께 "힘써 공부하여 재주가 많고 행위가 다른 사람을 능가"하는 인물로 평가받고 천거되었다.

172 심지원의 천거 이전에 윤휴는 이미 사직 참봉에 임명되었다. 『승정원일기』, 효종 4년(1653) 1월 17일. 1656년 초에 諮議를 제수받았다. 『승정원일기』, 효종 7년(1656) 1월 16일.

3장 기해예송의 예론과 경학 연구

1 『효종실록』, 10년(1659) 5월 4일.

2 예송에 관한 연구로는 다음 참조. 黃元九, 「所謂 己亥服制에 대하여」, 『延世論叢』 2(연세대학교 대학원, 1963); 黃元九, 「李朝禮學의 形成過程」, 『동방학지』 6(연세대학교 국학연구원, 1963); 鄭玉子, 「眉叟許穆硏究」, 『한국사론』 5(서울대학교 국사학과, 1979); 金駿錫, 「許穆의 禮樂論과 君主論」, 『동방학지』 54·55·56(연세대학교 국학연구원, 1987); 鄭玉子, 「17세기 思想界의 再編과 禮論」, 『한국문화』 10(서울대학교 규장각한국학연구원, 1989); 李永春, 「朝鮮後期 禮學의 發達과 禮訟의 展開」, 『朝鮮後期 思想界의 動向』(국사편찬위원회, 1990); 이영춘, 『조선 후기 왕위계승연구』(집문당, 1998) 등.

예송에 대한 연구사 정리는 다음 참조. 李迎春, 「17세기 禮訟 연구의 現況과 反省」, 『韓國의 哲學』 22(경북대학교 퇴계연구소, 1994); 이봉규, 「禮訟의 철학적 분석에 대한 재검토」, 『대동문화연구』 31(성균관대학교 대동문화연구원, 1996).

3 효종이 세상을 떠난 다음 날 자의대비의 복제를 기년복으로 정했다. 『현종실록』, 즉위년(1659) 5월 5일.

4 이에 대해서는 윤휴의 다음 생각을 참조할 수 있다. "우리나라에서 준행하는 것은 『오례의』이다. 『오례의』는 실제로 『주례』의 '임금을 위해 참최복을 입는다'는 문구를 따

른 것이므로 왕대비, 왕후, 공주, 내명부의 복제를 모두 참최복으로 단정한 것이다. 그러나 유독 모후가 嗣君을 위한 복제의 조항은 없는데 이것은 아마도 붓을 잡은 신하가 미처 써넣지 못한 것이거나 아니면 왕대비 조항에 같이 넣은 것이지 이것을 가지고 모후만 참최복을 입지 않는 것이 아닐 것이다. 그렇지 않다면 자최복의 조항에도 모후를 말하지 않은 것은 무엇 때문이겠는가. 그 뜻을 단연히 알 수 있는 것인데, 지금 『오례의』를 놔두고 『대명률』과 『경국대전』을 말하는 것은 또한 너무도 허술한 것이다." 『백호집』 권26, 「書宋貳相小說後」.

5 『현종실록』, 즉위년(1659) 5월 5일.

6 『경국대전(經國大典)』 권3, 예전(禮典), 「五服」.

7 이들이 이러한 위상을 차지하고 있었던 것은 효종대 이들의 역할과 상관이 있다. 金萬英은 이를 두고 "효종대왕이 유학에 뜻을 기울여 진심으로 현자를 예대하였다. 당시 사류 가운데 재주 있다고 이름난 자 가운데 관직을 받지 않은 사람이 없었는데, 그 가운데 선왕의 股肱과 心腹이 되어 동서 兩銓을 전적으로 믿고 맡긴 사람은 송시열과 송준길 두 사람이었다"라고 했다. 『남포집(南圃集)』 권15, 『남교일기(南郊日記)(하)』, 「日記後錄」. 효종 사후 이들은 이조판서, 우참찬의 지위를 여전히 유지한 상태에서 복제 전례를 이끌었다.

8 국상이 일어난 이후, 복제를 결정하는 과정은 『현종실록』의 즉위년(1659) 5월 5일 기사에 정리되어 있다. 이에 따르면, 전 지평 윤휴가 참최삼년복을 주장하자, 연양 부원군 이시백이 그 소식을 듣고는 영의정 정태화에게 즉시 서한을 보내어 그 사실을 알렸다. 정태화가 다시 송시열의 의견을 묻자, 송시열은 '體而不正說'을 근거로 삼년복이 불가하다는 논리를 제시했다. 이러한 과정을 거쳐 복제는 기년복으로 결정되었다.

9 『백호집』 권23, 「書宋貳相小說後」.

10 윤휴의 참최삼년설은 효종과 자의대비의 관계를 母-子가 아닌 君-臣 관계로 보는 요소가 있었다. 서인들은 윤휴의 견해를 臣母說로 규정하며 그 패륜성을 비판했다. 송시열과 송준길의 문인 宋尙敏이 1679년(숙종 5)에 올린 상소는, 사실 관계에서 약간의 오류가 있지만, 윤휴의 예설이 가진 성격을 극명하게 보여준다. "아! 윤휴의 변화무쌍한 태도는 이루 다 말할 수 없습니다. 처음엔 長子라는 설을 내세워 齊衰三年이 마땅하다고 하더니 끝내는 臣母之說을 만들어내어 斬衰三年을 주장했습니다." 『숙종실록』, 5년(1679) 3월 12일.

11 『현종실록』, 즉위년(1659) 5월 5일.

12 『의례주소』, 「喪服」, "참최, 아버지가 맏아들을 위하여 입는다.【승중해도 삼년복을 입을 수 없는 경우는 네 가지가 있다. 첫째, '正體不得傳重'이니 嫡子가 폐질이 있어 종묘의 주재를 감당할 수 없음을 말한다. 둘째, '傳重非正體'이니, 庶孫이 계후가 된 경우이다. 셋째, '體而不正'이니 庶子를 계후로 세우는 것을 말한다. 넷째, '正而不體'이니 嫡孫이 계후가 됨을 말한다.】"

13 『송자대전』 권71, 「與李擇之【丙午二月】」.

14 『현종실록』, 1년(1660) 3월 16일.

15 『현종실록』, 1년(1660) 3월 16일.

16 『기언(記言)』 권64, 습유(拾遺), 「追正喪服失禮疏 庚子三月」.

17 윤휴가 작성한 「書宋貳相小說後」(『백호집』 권23, 잡저)에서 재인용했다.

18 『백호집』 권23, 「與李承旨惟泰書」.

19 『백호집』 권23, 「典禮私議」.

20 『백호집』 권6, 「引黃世楨疏辭職疏 正月二十日」. 이 상소는 1675년(숙종 1)에 작성되었다. 윤휴와 친밀하게 지냈던 황세정이 윤휴의 예론을 비판하며 그가 '卑主貳宗' 논의의 장본이라고 주장한 것에 대한 대응이었다. 『숙종실록』, 1년(1675) 1월 18일, "경자년 봄에 이르러 또 허목과 服制를 강론하였는데, 임금을 낮추어 貳宗으로 한다는 설을 윤휴가 실로 주장하여 드디어 윤선도가 구실로 삼을 밑거리를 만들었으니, 세상 사람이 누구인들 윤휴가 장차 화를 떠넘길 것이라고 생각하지 않았겠습니까마는, 신은 또한 윤휴와 벗하여 情義가 매우 도타왔으므로 그가 윤선도와 같은 데로 돌아가는 것을 민망히 여겨 여러 번 글로 책망하여 다시는 僞言하여 兇鋒을 돕지 말게 하였으나, 윤휴가 動念하지 않고 더욱 스스로 주장하였습니다. … 오늘에 이르러 사화가 크게 일어났으니, 윤휴의 도리로서는 驚懼하고 慚悔하여, 그 지위에 있지 않더라도 제 몸의 모발이 불에 타는 것을 돌보지 않고 가서 구제해야 할 것인데, 이제 윤휴는 知遇를 받는 것이 저렇듯 성대하고 陳章·賜對가 잦지 않은 것이 아닌데도 일언반구도 오늘의 일에 언급하지 않고 바야흐로 또한 빙그레 웃으며 방관하여 마치 마음에 달갑게 여기며 보복하려는 듯한 것이 있습니다."

21 『백호집』 권23, 「書宋貳相小說後」.

22 『송자대전』 권26, 「練服變改及許穆圖說辨破議【庚子四月】」.

23 金駿錫, 『朝鮮後期 政治思想史研究』(지식산업사, 2003), 39쪽.

24 이러한 입장은 송시열·송준길 등의 다음 발언을 통해 확인된다. ㄱ. "上下大夫나 士庶의 아들이 家統을 잇고 제사를 받드는 것은 천자와 제후가 大統을 전하고 나라를 전수받는 것과 차이가 없습니다. 이것이 바로 긴요한 곳입니다. … 이제 의논하는 자들은 오히려 私家와 국가가 동일하지 않다는 말을 하고 있으니 신은 감히 알지 못하는 바입니다." ㄴ. "송준길이 말했다. … 『의례』에서 말하고 있는 것은, 사대부 사이의 일뿐만이 아니고 제왕의 집까지 통틀어서 이야기한 것입니다." 『송자대전』 26, 獻議, 「練服變改及許穆圖說辨破議」; 『현종실록』, 1년(1660) 4월 2일.

25 『백호집』 권23, 「典禮私議」, "지존의 지위에 오른 사람에 있어서는 또한 장유의 차등과 적서를 따져서는 안 되며, 그의 친족이 되는 사람과 그와 군신이 되는 사람이 모두 참최복을 입어야 한다고 한 것은 하늘에 해가 둘이 있을 수 없는 뜻입니다."

26 『백호집』 권23, 「典禮私議」, "장자와 차자의 순서만을 고집하여 대통의 중대함을 모

르고, 사가의 예를 가지고 조정의 전례를 논하는 것은 옳지 않다."

27 여기서 절대적인 군권 강화론의 사고를 읽을 수 있다. 윤휴의 정치사상, 군주론에 대해서는 제2부와 제3부에서 검토하고자 한다.

28 『백호집』 권23, 「書宋貳相小說後」, "사가와 국가의 예가 같지 않은 것은 예의 원칙이다."

29 이 시기 종법의 추이에 대해서는 다음 참조. 정호훈, 『종법의 원리와 정착과정』(민속원, 2024).

30 『현종실록』, 1년(1660) 3월 16일.

31 『현종실록』, 1년(1660) 4월 18일.

32 『현종실록』, 1년(1660) 4월 18일.

33 『현종실록』, 1년(1660) 4월 20일.

34 『현종실록』, 1년(1660) 4월 20일.

35 『현종실록』, 1년(1660) 4월 20일.

36 『현종실록』, 1년(1660) 4월 18일. 이 이전에는 효종에 대한 자의대비의 복제에 대해 권시는 어떤 특별한 의견을 대외적으로 제시하지는 않고 있었다. 권시의 윤선도 지지는 윤선도의 상소를 최초로 옹호하는 개입이었다. 권시는 이때 송시열과 함께 송준길, 유계를 동시에 거론하며 비판했다. 권시는 윤선도를 비호한 혐의로 호된 공격을 받았으며, 결국 논란 끝에 파직되었다. 『현종실록』, 1년(1660) 5월 5일. 이때 권시의 상소를 문제 삼고 공격함에 큰 역할을 했던 인물이 兪棨, 李惟泰 등이었다. 특히 유계는 이때 부제학의 직책에 있었는데, 권시가 윤선도를 옹호한 상소의 내용이 터무니없다고 배척하고 또 송시열의 예설이 옳음을 극구 강조하였다. 『현종실록』, 1년(1660) 5월 5일. 복제 정국에서 권시의 참여에 대해서는 다음 참조. 정호훈, 「明齋 尹拯과 炭翁 權諰」, 『儒學硏究』 15(충남대학교 유학연구소, 2007).

37 유계의 주장에 따라 그의 상소도 불태워졌다. 『현종실록』, 1년(1660) 4월 20일; 4월 24일.

38 『현종실록』, 1년(1660) 5월 1일.

39 『현종실록』, 1년(1660) 5월 3일.

40 『현종실록』, 1년(1660) 5월 3일.

41 이 일이 있은 후 윤휴의 친구 김극형이 편지를 보내어 "收議 때 왜 명명백백하게 하고 싶은 말을 다 하지 않았느냐"고 질책하자(『백호전서(상)』 권17, 「金克亨元書」) 윤휴는 "대신들의 간청에 의해 현종이 으레 범범하게 질문한 것인데 여기에 터놓고 할 말을 다하면 자기 소견을 피력하기에 급급한 인상을 줄 염려가 있어 소극적으로 발언했다"고 답했다(『백호전서(상)』 권17, 「答金泰叔克亨【庚子】」). 정해진 복제가 바뀔 상황이 아니라고 판단하고 소극적으로 대응했음을 알 수 있다.

42 『백호집』 권23, 「典禮私議」.

43 권시의 이러한 견해는 곧 『통전』에 정리된 魏晉 시대의 전례를 가리키는 것으로, 윤

휴가 참최삼년설의 논거로 삼았던 사례이기도 했다. 이봉규, 「탄옹 권시의 철학적 입장과 사상사적 의미들」, 『도산학보』 4(도산학회, 1995), 108쪽. 이 점에서 권시와 윤휴의 견해는 비슷했다. 하지만 두 사람의 생각이 완전히 일치한 것은 아니었다. 윤휴는 '臣母說'을 견지하여 자의대비와 효종의 관계를 군신 관계로 이해하였고, 권시는 '子無臣父之理'라고 하여 윤휴와는 다르게 생각했다.

44 『백호집』 권23, 「典禮私議」, "애초에 闕下에서 내가 삼년복을 말하자 당시 여러 사람들이 모두 나의 말이 옳다고 하였다. 경자년에 이 논의가 다시 일어났을 때 판서 송준길, 부제학 兪棨, 우윤 권시가 모두 편지를 보내어 묻기에, 나는 대궐에서 말한 의견이 변함이 없다고 답하였는데 얼마 안 되어 국론이 마구 터지고 인심이 크게 변하였다. 대체로 기년복을 주장하여 삼년복을 攻斥하는 데 있어 비단 그 말을 공척할 뿐만 아니라 그 말을 한 사람까지 공척하여 평소에 친한 벗들도 모두 편지를 보내어 절교하고 논설을 지어 스스로 변명하기도 하여 여러 사람의 눈이 나를 흘겨보았다."

45 송준길은 閔鼎重에게 보낸 편지에서 '貳宗卑主'를 내용으로 하는 윤선도의 상소는 윤휴의 주장을 그대로 받아서 작성한 것인데, 이는 허목과 윤휴의 편지를 통해 확인할 수 있다고 했다. "평소 泮尹(역적 윤휴)에 대한 나의 기대가 범연하지 않았으므로 이번 일이 생긴 뒤에 사람들의 말이 매우 沸騰하다는 것을 듣고도 오히려 그 까닭을 모르고서, 마음속으로 항상 '이 사람이 평소에 사람들의 비방을 많이 듣는 데에는 약간의 원인이 있어서 쉽게 시끄러운 데 이르지만 어찌 사람들의 운운하는 바와 같겠는가'라고 생각하였습니다. 그래서 豚兒에게도 편지를 보내어 함부로 말하지 못하게 하였었습니다. 그런데 근자에 비로소 그가 許正(許穆)에게 보낸 편지를 보았는데, 그 편지 가운데서 쓴 '貳宗卑主, 누가 장자가 되느냐, 종통이 어디로 가느냐, 국가의 倫綱에 관계된다' 등의 많은 논설은 모두 海尹(尹善道)의 本文이고 해윤의 설은 그 注脚이 아님이 없었습니다. 그리고 허목은 그 견해가 옳으냐 옳지 않으냐는 논할 것 없이 단지 예제만을 논할 뿐, 다른 뜻이 없어야 하는데도, 지금 위험한 말로 꼬드기어 좋지 못한 일을 무한히 생기게 한 것은 또 무엇 때문입니까? 그 뜻의 소재를 참으로 헤아릴 수 없습니다." 『동춘당집(同春堂集)』 권13, 「答閔大受【庚子】」.

46 이러한 사실은 윤휴도 알고 있었다. 김극형에게 보낸 편지에서 윤휴는 김극형이 연좌의 벌을 받을 것이라는 농담을 하기도 했다. 『백호집』 권16, 「答泰叔【克亨】」, "요즘 와서는 또 무단한 말로 남의 입질에 오르게 되어 평소 서로 알고 지내던 사이들도 모두 창을 들고 대들고 있습니다. 심지어는, 海尹(윤선도 이름)보다도 더 독한 마음을 갖고 있다고도 하고, 남곤·심정의 신호탄이라고도 하면서 온 세상 사람들이 다 비난하고 있습니다. 그런데 형은 나와 막역지간인 것처럼 말하고 있으니, 당연히 收司連坐의 律에 걸릴 수밖에 없겠습니다."

47 『매산집(梅山集)』 권33, 「參判贈吏曹判書雙壺堂李公神道碑銘【幷序】」.

48 19세기 말에는 윤휴가 송시열의 견해가 정당함을 알면서도 복수하기 위해 일부러 예

송을 일으켰다는 견해가 서인 내부의 주요 학자에게서 나오기도 했다. "기해년 邦禮는 마땅히 기년복으로 해야 함을 윤휴의 학식으로 충분히 알았을 것이나, '주자를 배반했다'고 우옹의 배척을 받았기 때문에 참화를 일으킬 마음을 그는 가슴에 품고 있었다. 이에 3년복을 주장하고 '卑主貳宗'의 논리를 부르짖었다. 허목은 본래 文士였기에 예의 의미를 몰랐으며 믿고 의지하는 자는 오직 윤휴였다. 그러므로 윤휴의 주장이 나오자 따라서 화답하고 즐겨 鷹犬이 되었으며 마침내 그의 평생을 그르쳤지만 그는 이를 알지 못했다. 애석하고 애석하도다." 金平默, 『중암집(重菴集)』 권23, 「答尹雲瑞【乙酉八月二十三日】」.

49 『명재유고(明齋遺稿)』 권9, 「上炭翁【六月十九日】」.

50 『명재유고』 권9, 「上炭翁【(丙午)四月】」.

51 『명재유고』 권9, 「上炭翁【六月十九日】」.

52 이때 禮訟의 배후에 윤휴가 있다는 설이 널리 유포되어 있었다. 이는 『노서유고』 별집, 「答尹鑴書【庚子七月】」에서 확인할 수 있다.

53 『탄옹집(炭翁集)』 권6, 「答尹仁卿【庚子○二】」, "似聞白湖巨奸之斥, 其論之峻, 仁卿爲最云者, 爲一世之常言, 何以得此哉?"

54 『탄옹집』 권7, 「答尹仁卿【庚子○二】」, "希仲有何非議兩賢, 而驅入於袞·貞乎?"

55 송시열은 이 무렵, 윤휴를 '이단'이라 공격하던 데서 더 나아가, 남곤·심정과 같이 禍心을 품은 자라고 보고 그를 죽여야 하는 적으로까지 규정하고 있었다. 三浦國雄, 「17세기 조선에 있어서의 정통과 이단: 송시열과 윤휴」, 『민족문화』 8(한국고전번역원, 1982).

56 『탄옹집』 권7, 「答尹仁卿【庚子】」.

57 『백호집』 권23, 「典禮私議」.

58 金駿錫, 『朝鮮後期 政治思想史研究』(지식산업사, 2003), 38쪽.

59 鄭玉子, 「17세기 思想界의 再編과 禮論」, 『한국문화』 10(서울대학교 규장각한국학연구원, 1989), 123쪽.

60 『백호전서(상)』 권17, 「答金泰叔克亨【庚子】」.

61 『숙종실록』, 1년(1675) 1월 21일.

62 이때의 사정은 다음 자료 참조. 『하헌집』 23책, 연보(상), '17년 甲申(인조 22), 윤휴 28세'; 『백호집』 권22, 「白湖新居記」.

63 『하헌집』 23책, 연보(상), '33년 庚子(현종 1), 윤휴 44세'.

64 『하헌집』 23책, 연보(상), '35년 壬寅(현종 3), 윤휴 46세'.

65 윤휴가 형적을 감춘 일은 이 무렵 서인들에게 이야깃거리가 되었던 모양이다. 1664년(현종 5), 鄭瀁이 송시열에게 이 일을 입에 올리자 송시열은 '형적을 감추는 일은 그의 先世로부터 내려오는 본색'이므로 괴이하게 여길 게 없다고 답했다. 『송자대전』 권35, 「答鄭晏叔【甲辰二月十四日】」. 선대에 형적을 감춘 일은 무엇을 가리키는지 분

명하지 않다. 윤휴의 아버지 윤효전이 廢妃 문제로 정국이 시끄러워지자 경주 부윤을 구해 내려간 일을 두고 하는 말일 가능성이 높다. 윤효전은 1617년(광해군 9) 2월에 경주 부윤을 제수받고(『광해군일기[정초본]』, 9년(1617) 2월 25일), 1619년 2월에 경주에서 세상을 떠났다(『광해군일기[정초본]』, 11년(1619) 2월 20일).

66 『하헌집』 23책, 연보(상), '35년 壬寅(현종 3), 윤휴 46세'.

67 「七十老而傳人心不安說」, 「禪繼說」(56세) 등 종법에 관한 논설도 이 시기에 완성되었다. 두 논문 모두 적장자 상속을 기본 원리로 하는 종법에서 군주와 士庶의 종법 적용은 다르다는 요지로 작성되었다. 예송에서 표출된 자신과 서인계의 종법 이해의 차별성을 윤휴는 이들 논문을 통해서 정리해 드러내었다.

68 『하헌집』 23책, 연보(상), '35년 壬寅(현종 3), 윤휴 46세'.

69 이 저술에 대한 기존 연구는 다음 참조. 정호훈, 「朝鮮後期 새로운 政治論의 展開와 『孝經』: 尹鑴의 『孝經』 이해와 孝治論」, 『朱子思想과 朝鮮의 儒者』(혜안, 2003).

70 조선에서 『효경대의』가 간행되는 사정은 다음 참조. 『서애집(西厓集)』 권18, 「孝經大義跋【己丑】」.

71 『효경』에 대한 연구로는 다음 참조. 板野長八, 「孝經の成立」, 『史學雜誌』 64-3(東京史學會, 1972); 加地伸行, 「『孝經啓蒙』の諸問題」, 『中江藤樹』 日本思想大系 29(岩波書店, 1974); 到邊信一郎, 「孝經の製作とその背景」, 『史林』 69-1(史學研究會 京都大學文學部内, 1986).

72 黃幹 著·강호석 역, 『朱子行狀』(乙酉文化社, 1975), 154쪽. 이 책의 내용과 성격에 대해서는 다음 참조. 정호훈, 『朱子 『孝經刊誤』와 그 성격』, 『동방학지』 116(연세대학교 국학연구원, 2002).

73 佐野公治, 『四書學史の研究』(創文社), 1988.

74 여기에 대해서는 대표적으로 전국말기 설(板野長八, 「孝經の成立」, 『史學雜誌』 64-3,東京史學會, 1972), 한나라 초기 景帝 시기를 전후한 시기 설(渡辺信一郎, 『中國古代國家の思想構造』, 校倉書房, 1994), 기원전 3세기 중엽에 출현했으나 금문본은 기원전 2세기 중엽, 고문본은 기원전 1세기 초엽에 출현했다는 설(池澤優, 『孝思想の宗教學的研究』, 東京大學出版會, 2002) 등을 들 수 있다.

75 『백호전서(중)』 권27, 잡저, 「漫筆 下」, "孝經, 經一章以下, 朱子疑爲後儒僞竄, 爲之移其篇序, 削其誤謬, 而考論其是非. 然以今考之其間, 誠不無後人僞補者, 朱子刊之當矣." 후인의 위찬으로 만들어진 부분에 대해 윤휴는 장의 표제, 장의 잘못된 분절 등이라고 이해했다.

76 『백호전서(중)』 권27, 잡저, 「漫筆 下」.

77 『백호전서(하)』 권38, 잡저, 「讀書記_孝經章句」, '孝經章句考異目錄'.

78 『백호전서(상)』 권6, 疏箚, 「進孝經註解無逸立政圖疏【(乙卯)六月十七日】」, 224쪽.

79 『백호전서(상)』 권8, 疏箚, 「辭大司憲兼陳所懷疏【(丙辰)六月二十日】」, 310쪽.

80 『백호전서(중)』 권24, 「孝經章句考異序」.

81 윤휴는 숙종대 출사한 초기에 『효경주해』를 숙종에게 바쳤다. 『하헌집』 23책, 연보(상), '48년 乙卯(숙종 1), 윤휴 59세'. 『효경주해』는 『효경장구고이』로 보아 무방하다.

82 『효경외전』은 『백호전서(하)』 권39, 『효경외전속편』은 『백호전서(하)』 권40에 실려 있다. 『효경외전』은 '禮記_哀公問人道'·'西銘'·'家語_哀公問政'·'孟子_許行辨'(상)·'禮記大全'·'禮記_小記略'·'魯論_堯曰'(중)·'爾雅_親屬記'·'管子_弟子職'(하), 『효경외전속편』은 '皐陶謨'(상)·'孟子_萬章問'(중)·'論語_微子'(하) 등으로 편차가 구성되어 있다.

83 『하헌집』 23책, 연보(상), '40년 丁未(현종 8), 윤휴 51세'. 「대학설」은 『대학고본별록』 뒤에 제목이 없이 배치되어 있는 두 문장의 '按說'로 보인다. 문장 끝에 '崇禎後強圉協洽修月, 書于驪江之夏里'라고 적혀 있어 1667년(현종 8)에 지은 「대학설」로 추정할 수 있다.

이단상은 1665년(현종 6)경에 송준길에게 보낸 편지에서 자신이 편집한 『대학집람』이 윤휴가 『대학』을 개정하여 자기 마음대로 설을 세운 것과는 다르다고 했다. 이로 보면 윤휴의 『대학』 개정 작업은 이미 알려져 있었던 모양이다. 『정관재집(靜觀齋集)』 권8, 「上宋同春」.

84 『하헌집』 21책의 『대학고본별록』 말미에 '崇禎後重光大淵獻涂月甲午再書'라고 표기되어 있다. 『백호집』 수록 연보의 기록과 일치한다. 『백호집』 부록, 연보, '12년 신해(윤휴 55세)', "中庸大學後說成. 大學古本別錄成."

85 「대학후설」은 『대학고본별록』과 「대학설」 다음에 배치된 11조항의 글로 추정된다. 이 글은 제목도 작성 연대도 적혀 있지 않다. 11조항의 글에서 고본 『대학』과 연관하여 『대학』을 이해하고 있어, 『백호집』 수록 연보에 나오는(『백호집』 부록, 연보, '12년 신해(윤휴 55세)') 「대학후설」로 보아도 무방할 것이다.

86 윤휴의 『대학』 해석에 관한 연구로는 다음 참조. 安秉杰, 「大學古本을 통해 본 尹鑴의 經學思想研究」, 『민족문화』 11(한국고전번역원, 1985); 김유곤, 「윤휴의 『대학』 이해에 나타난 爲學觀」, 『한국사상사학』 41(한국사상사학회, 2012); 정호훈, 「윤휴(尹鑴)의 『대학』 해석과 그 정치적 성격」, 『다산과 현대』 7(연세대학교 강진다산실학연구원, 2014). 한편, 최석기는 조선 학자들의 『대학』 이해의 역사 속에서 윤휴의 『대학』 해석의 성격을 검토하기도 했다. 최석기, 『조선시대 『大學章句』 개정과 그에 관한 論辨』(보고사, 2011).

87 주희의 『대학장구』에 대한 연구로는 다음 참조. 李東熙, 「朱子의 大學章句에 대한 研究」, 『東洋哲學研究』 2(동양철학연구회, 1985); 梁大淵, 「大學 體系의 研究(上·下)」, 『成大論文集』 10·12(성균관대학교, 1965); 李東熙, 「朱子의 『大學章句』에 대한 辨證研究」, 『민족문화』 9(한국고전번역원, 1983); 佐野公治, 『四書學史の研究』(創文社, 1988); 李紀祥, 『兩宋以來大學改本之研究』(臺灣學生書局, 1988).

88 『대학장구』는 經 1장, 傳 10장의 체재를 갖추었다. 주희는 전문의 5장은 '격물치지전'인데 사라졌다고 하여 별도로 '補亡章'을 지어 붙였다.

89 『백호전서(하)』 권37, 잡저, 「讀書記_大學」, '大學古本別錄'.

90 여기에 대해서는 다음 참조. 왕양명 저, 정인재·한정길 역주, 『전습록(傳習錄)』 1·2(청계출판사, 2001).

91 『백호전서(하)』 권37, 「大學全篇大志按說」, 1520-1521쪽.

92 송·명대 『대학』의 이해를 잘 담고 있는 자료인 노수신의 『노재선생대학집록(穌齋先生大學集錄)』, 이 책을 간단히 정리한 『개정대학(改正大學)』이 17세기를 전후한 시점에 간행되어 유통되었다. 17세기 전반에는 이단상이 조선과 중국의 『대학』 자료를 집성한 『대학집람(大學輯覽)』을 편찬하여 많은 사람들이 참고했다. 앞의 두 책은 현존하여 그 실상을 직접 확인할 수 있고 뒤의 책은 이름만 전한다. 매우 아쉬운 일이다. 이들 책의 간행과 보급을 둘러싼 사정에 대해서는 다음 참조. 신향림, 「盧守愼의 心性論과 양명학」, 『유학연구』 16(충남대학교 유학연구소, 2007); 신향림, 「盧守愼의 초기 사상과 경세론」, 『태동고전연구』 25(한림대학교 태동고전연구소, 2009); 최재목, 「朝鮮에서 朱子 『大學章句』에 대한 한 挑戰: 盧守愼의 『大學集錄』을 中心으로」, 『양명학』 27(한국양명학회, 2010); 정호훈, 「소재 노수신(盧守愼)의 『대학집록(大學集錄)』의 지식 세계와 그 영향」, 『한국사상사학』 51(한국사상사학회, 2015).

93 『정관재집』 권8, 「上宋同春」.

94 여기에 대해서는 이 책의 제1부 2장 2절 2) 참조.

95 『하헌집』 23책, 연보(상), '41년 무신(현종 9), 윤휴 52세'.
흥미롭게도 『백호전서』 행장에서는 「中庸章句補錄序」를 비롯한 『중용』 관련 저술에 대해서는 일언반구 언급하지 않았다. 이는 행장 찬자의 의도적인 행동으로 보인다.

96 『중용주자장구보록』이 윤휴 55세 때 완성되는 사정은 『하헌집』 21책에 실린 『중용주자장구보록』에서 확인할 수 있다. 이 자료에서는 마지막 면에 '中庸終'이라 쓰고 이어 '崇禎後重光大淵獻八月再書'라고 마무리 시점을 표기해두었다. 『중용주자장구보록』의 완성 연도에 대한 정보는 윤휴의 연보나 행장, 『백호전서』에는 찾을 수 없으며, 『하헌집』에만 나와 있다.

97 「연보」나 「행장」에 따르면, 이후 윤휴는 경서 해석과 연관된 성과는 더 이상 내지 않았다. 2~3년 후, 그는 현실 정치에 깊숙이 개입하며 또 다른 색채의 삶을 살게 된다.

98 『하헌집』 21책, 「中庸朱子章句補錄」의 서문.

99 『하헌집』 21책, 「中庸朱子章句補錄」의 서문.

100 윤휴의 『中庸』에 대한 연구로는 다음 참조. 安秉杰, 「白湖 尹鑴의 實踐的 中庸觀」, 『安東大論文集』 9(안동대학교 퇴계학연구소, 1987); 劉英姬, 『白湖 尹鑴 사상연구』(고려대학교 박사학위논문, 1993); 김유곤, 「『중용』과 『대학』 해석에 나타난 윤휴의 사천지학(事天之學)의 구조와 성격」, 『東洋哲學硏究』 76(동양철학연구회, 2013); 최

석기, 「白湖 尹鑴의 『중용』 해석과 그 의미」, 『漢文學報』 40(우리한문학회, 2019).

101 윤휴에게 뒤집어씌운 '중용 개주'의 죄는 실제 이 주석과 관련이 있다. 이전에 작성된 『중용』 관련 글은 '개주'의 형식이 아니었다. 송시열은 『중용주자장구보록』을 그의 당질인 송기후를 통해 처음으로 접했던 것으로 보인다. 그런데 그 시점은 정확하게 언제인지 확인되지 않는다.

102 송시열이 1687년(숙종 13) 李喜朝에게 보낸 편지에서, 윤휴가 『중용장구』를 고친 책을 당질 송기후의 집에서 보고 깜짝 놀라면서 그를 책망했었다고 언급했는데, 여기서 말한 책이 『중용주자장구보록』일 가능성이 높다. 송기후는 이 책을 그의 지인으로부터 받았는데, 그 지인은 이 책이 『중용장구』보다 더 낫다고 하면서 필사한 뒤 읽기를 권했다고 한다. 『송자대전』 권96, 「答李同甫【丁卯五月三日】」.

송기후가 윤휴와 사귀며 교류하는 것에 대해 걱정하는 모습을 1667년(현종 8) 李翔에게 보낸 편지에서 확인할 수 있으므로(『송자대전』 권46, 「答李雲擧【丁未六月十九日】」), 송기후는 윤휴의 『중용장구』 개정본을 그 정리된 직후에 보았다고 할 수 있다. 송시열이 송기후의 집에서 그 책을 보고 화를 낸 시점도 이때였을 것으로 추정된다. 송시열은 윤휴와 친하게 지내던 송기후가 『중용장구』 개정본을 보고 기뻐하자 그 오류를 지적했는데, 그 이후로 송기후가 그 글을 보지 않았다고 했다(『송자대전』 권201, 「從姪掌令墓表」).

송기후는 본관이 恩津, 자는 誠伯, 호는 聞道齋이다. 아버지는 송시열의 사촌 宋時琰이며, 송시열과 송준길의 문인이다. 1674년(숙종 즉위)에 세상을 떠났다. 『송자대전』 권201, 「從姪掌令墓表」.

19세기에 이르면, 서인들에게서 윤휴와 송시열 사이에 일어났던 일의 시간 순서는, 윤휴가 '『중용』의 주를 개정하고 예송에서 송시열을 공격했다'는 것으로 확정된다. 『매산집』 권48, 「左贊成謚文敬黎湖朴先生行狀」.

103 四書의 해석에 기반한 주자학의 성격에 대해서는 다음 참조. 東京大學 中國哲學敎室 編·全南大 東洋哲學敎室 譯, 『中國哲學思想史』(전남대학교 출판부, 1976), 153-157쪽; 민병희, 「『사서장구집주(四書章句集注)』의 성립과 경전적 권위의 변화」, 『한국사상사학』 55(한국사상사학회, 2017).

104 金駿錫, 『조선 후기 정치사상사 연구』(지식산업사, 2003), 362-374쪽.

105 이를 보여주는 발언은 다음 글에서 확인할 수 있다. 『송자대전』 권139, 「朱子大全箚疑序」.

송시열의 주자학 옹호를 위한 학술적 노력과 그 정치적 의미에 대해서는 다음 참조. 金駿錫, 「17세기 畿湖朱子學의 動向」, 『孫寶基博士停年紀念韓國史學論叢』(지식산업사, 1988); 金駿錫, 「朝鮮後期 畿湖士林의 朱子認識」, 『百濟文化硏究』 17(충남대학교 백제연구소, 1989).

4장 관직 생활과 정치적 좌절

1 『현종실록』, 15년(1674) 2월 23일.

2 『현종실록』, 15년(1674) 2월 27일.

3 발단은 대구 유학 都愼徵의 상소였다. 『현종실록』, 15년(1674) 7월 6일. 도신징의 상소는 서인에서 남인으로서의 정국 변화를 이끈 도화선이 되었다고 할 수 있는데, 서인들은 이에 대해 李元禎이 상소문을 지어 후한 이익을 보장한 뒤 도신징에게 올리도록 한 것이라 비난하였다. 『숙종실록』, 1년(1675) 3월 28일; 4월 10일. 당시 도신징의 상소가 불러일으킨 파문에 대해서는 다음 참조. 李在喆, 「朝鮮後期 竹軒 都愼徵의 護禮疏와 國政變通論」, 『朝鮮時代史學報』 33(조선시대사학회, 2005).

4 『현종실록』, 15년(1674) 7월 17일; 8월 1일.

5 이 명령은 1674년(숙종 즉위) 9월 2일 이전에 내려졌다. 이날 송시열이 수원에 머물면서 상소하여 이 명령을 거두어주기를 청했다. 『숙종실록』, 즉위년(1674) 9월 2일.

6 『숙종실록』, 즉위년(1674) 9월 25일.

7 대사헌 민시중 등이 곽세건을 국문하고(『숙종실록』, 즉위년(1674) 9월 26일) 이어 원찬할 것을 요청한 뒤(『숙종실록』, 즉위년(1674) 9월 28일) 곽세건을 처벌하라는 서인의 논의가 지속되었다. 1674년 11월에 곽세건의 상소를 忠言과 至論이라 높이고 정거하라고 했던 벌을 풀었다. 『숙종실록』, 즉위년(1674) 11월 11일.

8 『현종실록』, 15년(1674) 7월 1일. 윤휴의 문집에는 「甲寅封事疏」(『백호집』 권5)라는 이름으로 실려 있다. 이하 본문에서 이 상소를 언급할 때에는 「甲寅封事疏」로 부른다.

9 『백호전서(상)』 권5, 「甲寅封事疏【(甲寅)七月初一日】」.

10 『현종개수실록』, 15년(1674) 3월 2일.

11 『현종개수실록』, 15년(1674) 3월 25일.

12 鄭經은 鄭錦을 말한다. 중국어로 經과 錦의 발음이 비슷하여 혼칭했다. 『현종개수실록』, 15년(1674) 8월 3일.

13 『현종개수실록』, 15년(1674) 5월 20일; 6월 19일.

14 『현종실록』, 15년(1674) 5월 16일.

15 북벌을 청하는 윤휴의 비밀 상소에 대한 현종의 반응을 실록에서는 기록하지 않았다. 『백호집』에 실린 「經筵講說」에서는 이 상소의 내용을 접한 정지화가 나라에 큰일을 일으킬 상소이므로 다시는 이런 상소를 올리지 못하도록 명령을 내려야 한다고 현종에게 요청했다가 허적의 반대로 그렇게 하지 않았음을 전하고 있다.

16 『백호전서(상)』 권5, 「甲寅封事疏【甲寅七月初一日】」, 160-161쪽. 이 비밀 상소에 대한 윤휴의 해설은 『백호전서(상)』 권12에 실린 「經筵講說」에 자세하다. 윤휴는 '爲天下請命'은 '천하를 위해 잔폭한 자들을 몰아내는 일', '爲帝室桓文矣'는 '이적을 몰아내고 周室을 높이는 일'이라고 설명했다.

17 『숙종실록』, 즉위년(1674) 12월 1일. 윤휴가 장령으로 나아가기 전에도 이미 윤휴를

기용하자는 움직임은 많았다. 1674년 9월에 도신징이 윤휴·허목을 서용하라는 상소(『숙종실록』, 즉위년 9월 25일)를 올렸으며, 같은 해 11월 정부에서는 그에게 예빈시 정을 제수했다. 『하헌집』 23책, 연보(상), '47년 甲寅(현종 15), 윤휴 58세'.

18 『숙종실록』, 1년(1675) 1월 6일. 주강에서 侍讀官 權愈, 特進官 權大運, 檢討官 李夏鎭이 윤휴의 힘을 빌리기를 청하고, 承旨 鄭維岳은 임금이 친히 別諭를 짓고 政院을 시켜 代草하지 않는 성의를 보이기를 청하였다. 숙종은 備忘記로 史官을 보내어 '幡然히 생각을 고치기를 내가 날마다 바란다'고 하였다. 실록의 찬자는 '윤휴는 바라는 것이 크고 그 붕당도 임금의 특별한 예우를 바라므로, 사관이 와서 별유하기를 기다려서 나오려 하였는데, 이때 이르러서야 비로소 조정에 나아갈 뜻을 결정하였다'고 기록했다.

19 『하헌집』 23책, 연보(상), '47년 甲寅(현종 15), 윤휴 58세'; 『숙종실록』, 즉위년(1674) 12월 1일.

20 『백호전서(상)』 권5, 「冊子疏」; 『백호집』 권12, 「經筵講說」, '乙卯, 正月'; 『숙종실록』, 1년(1675) 1월 10일.
상소문을 읽을 때 윤휴가 글 뜻을 풀이하겠다고 청하였다. 승지 정유악이 읽고 풀이하곤 하였고, 허적과 윤휴가 또 곁에서 변론하였으며, 임금은 단정히 손을 모으고 듣기만 하였다. 정오에 시작하여 晡時(해 질 무렵)가 되어서야 끝났다.

21 『숙종실록』, 1년(1675) 1월 9일.

22 유형원은 윤휴의 이러한 행동이 상황을 매우 위험하게 만들 것이라 예상하고, 윤휴에게 편지를 보내어 "경거망동하지 말라"고 경고하기도 했다.

23 『숙종실록』, 즉위년(1674) 12월 1일.

24 『숙종실록』, 1년(1675) 1월 9일; 1월 11일.

25 『백호집』 권12, 「經筵講說」.

26 『백호집』 권12, 「經筵講說【乙卯一月十日】」.

27 『숙종실록』, 즉위년(1674) 12월 1일. 권대운은 '경술환국'으로 정권 교체가 일어날 때까지 사사건건 윤휴와 대립했다. 남인 내에서 윤휴를 위험하다고 보았던 인물을 꼽자면 권대운이 대표적이다.

28 1675년 1월 12일에 유배를 명령하고(『숙종실록』, 1년(1675) 1월 12일) 그다음 날 덕원부로 유배했다(『숙종실록』, 1년(1675) 1월 13일).

29 남쪽의 熊川으로 배소를 옮기도록 했다가(『숙종실록』, 1년(1675) 윤5월 15일), 허적의 요청으로 瘴氣가 없는 곳으로 다시 옮겼다(『숙종실록』, 1년(1675) 윤5월 17일).

30 『숙종실록』, 1년(1675) 윤5월 21일.

31 송시열의 죄상을 告廟하자는 주장은 朴瀗이 처음 제기했다. 『숙종실록』, 1년(1675) 6월 14일. 본격 논의는 1677년(숙종 3) 5월부터 시작되었다. 『숙종실록』, 3년(1677) 5월 25일.

32 반대론자들은 고묘론이 나온 뒤에는 반드시 加律해야 한다는 논의가 나올 것이라 여겼다. 실상 송시열에 대한 처벌 논의는 처음 시작한 이래도 계속 가열되고 있는 중이었다. 허적이 "송시열이 付處되었다가 멀리 귀양하고 멀리 귀양갔다가 안치된 것은 모두 준엄한 의론이 격렬하게 발동하여 점차 증가되었기 때문이니 진실로 한 사람만의 의견이 아니다"(『숙종실록』, 3년(1677) 6월 17일)고 한 대로, 남인들의 의견은 갈수록 거세지고 있었다.

33 『숙종실록』, 3년(1677) 7월 26일.

34 『숙종실록』, 3년(1677) 5월 25일.

35 서인들은 이 시기 벌어지는 모든 일의 배후에 이원정이 있다고 공격하였다. 도신징의 상소에 대해서도 그러했거니와, 서인들은 송시열과 서인들을 공격하는 남인들의 배후에는 항시 이원정이 있다고 하였다. 이를테면 숙종 즉위 후, 서인들을 공격함에 선봉에 섰던 대사간 南天漢에 대해서도 서인들은 이원정의 사주를 받는다고 생각했다. 남천한은 박세채, 김수항, 송시열, 송준길, 이유태, 민정중, 민유중 등을 차례차례 비판하고 있었다. 서인들은 남천한이 지어 올리는 글이 이원정이나 李台瑞가 초안을 잡은 것이라고 비난했다. 『숙종실록』, 1년(1675) 4월 9일.

1675년 7월 5일, 우승지 張應一이 상소하여 송시열의 죄를 논하자 이것도 이원정이 초고를 만든 것일 것이라고 의심하였으며(『숙종실록』, 1년(1675) 7월 5일), 郭世楗이 올린 상소도 그가 지어 보낸 것이라 단정했다(『숙종실록』, 1년(1675) 9월 23일).

1677년 고묘 논의가 일어날 때, 영남 지역 유생들이 올린 고묘 주장에 대해서도 서인들은 이 역시 이원정의 사주에 의한 것이라고 하여 그에게 혐의를 씌웠다. 『숙종실록』, 3년(1677) 7월 26일.

36 1666년(현종 7) 유세철 등 영남의 유생 1,000여 명이 연명하여 기해예송의 '잘못'을 논변하고 고묘하자는 상소를 올리자, 서인들은 이것이 송시열을 극죄하기 위한 의도를 갖는다고 반대했다. 『현종실록』, 7년(1666) 3월 22일. 유세철 상소문의 원문은 다음 참조. 『현종실록』, 7년(1666) 3월 23일.

37 『숙종실록』, 1년(1675) 6월 4일.

38 청남·탁남에 관한 기사가 처음 나타나는 때는 1675년(숙종 1) 4월 20일(『숙종실록』)이다. 이해 6월 초 기사에는 청남과 탁남의 주요 인물들이 실려 있다. 『숙종실록』, 1년 6월 4일.

39 『숙종실록』, 1년(1675) 6월 4일.

40 『숙종실록』, 1년(1675) 6월 4일.

41 허적은 청남과 탁남이 정치적으로 峻論과 緩論의 차이를 보인다고 했다. 『숙종실록』, 5년(1679) 6월 13일.

42 실록에서는 남인이 청남과 탁남으로 나뉘어 결집할 때, 소북이 윤휴와 허목을 끼고 몰래 끼어들었다고 했다. 『숙종실록』, 1년(1675) 8월 3일. 북인의 후손으로서 남인으로

전신하여 활동하는 인물들을 필자는 '북인계 남인'으로 불러왔다. 정호훈, 『朝鮮後期 政治思想 硏究』(혜안, 2004). 북인계 남인에 대한 연구는 이후 한문학 영역에서도 활발히 이루어졌다.

43 북벌에 兵車를 활용한다는 이야기는 1674년(현종 15) 7월에 올린 상소에 이미 나온다. 이 상소문은 留中하고 있다가 숙종이 즉위한 이듬해에 召對에서 읽었다. 이 자리에는 윤휴와 허적이 입시하였다(『숙종실록』, 1년(1675) 1월 10일). 윤휴는 1675년 병거 제작 문제를 본격 거론하고(『숙종실록』, 1년(1675) 1월 23일) 전국에서 만들어 관리하도록 요청했다. 병거 제작은 그의 뜻대로 이루어지지는 않았지만, 숙종 초반 조정의 주된 화제 가운데 하나였다.

44 『숙종실록』, 1년(1675) 2월 21일; 3월 18일; 4월 4일. 병거는 이후 시험 제작을 거쳐(『숙종실록』, 1년(1675) 4월 10일) 황해도, 강화도에서 제작하다가 거센 반대에 부딪혀 결국 중단했다.

45 『숙종실록』, 1년(1675) 9월 6일; 9월 23일.

46 이에 대해서는 이 책 제1부 4장 1절 참조.

47 李泰鎭, 『朝鮮後期의 政治와 軍營制變遷』(韓國硏究院, 1985), 190쪽.

48 李泰鎭, 『朝鮮後期의 政治와 軍營制變遷』(韓國硏究院, 1985), 50-213쪽.

49 숙종 초년의 군권의 향배는 탁남인 柳赫然만이 훈련도감을 장악했을 뿐, 수어청·어영청·총융청의 군권은 서인 척신 세력이 장악하고 있었다. 洪順敏, 「肅宗初期의 政治構造와 '換局'」, 『한국사론』 15(서울대학교 국사학과, 1986), 165쪽.

50 『숙종실록』, 1년(1675) 9월 6일.

51 『숙종실록』, 1년(1675) 10월 22일. 이동규는 이수광의 손자이다. 사신의 평대로, 이동규는 윤휴가 趙嗣基와 더불어 가장 신임하던 인물이었다.

52 『숙종실록』, 1년(1675) 11월 8일.

53 『숙종실록』, 2년(1676) 4월 13일.

54 『숙종실록』, 3년(1677) 6월 2일.

55 해체와 관련된 공식 기록은 실록이나 『승정원일기』에 나타나지 않는다. 다만 1677년(숙종 3) 6월 4일 윤휴가 올린 상소를 보면 이 무렵 체부를 혁파했음을 알 수 있다. 윤휴는 자신이 건의하여 세운 체부를 혁파하니 이는 자신의 잘못이라고 했고, 숙종은 이에 대해 "지금의 체찰부 혁파는 진실로 어려운 사세에 따른 것이지 卿의 建白이 합당하지 않아서 그런 것이 아닌데, 경은 어찌하여 이처럼 너무도 지나치게 引責하는가?"라고 답했다. 『승정원일기』, 숙종 3년(1677) 6월 4일.

56 『숙종실록』, 4년(1678) 9월 25일; 12월 23일.

57 '삼복의 변'은 인평대군의 아들인 복창군 李楨, 복평군 李㮒, 복선군 李柟이 허적의 서자인 허견과 함께 역변을 모의했다는 이유로 처벌된 사건을 말한다. 『숙종실록』, 6년(1680) 4월 4일; 4월 16일.

58 영의정 김수항의 요청으로 혁파되었다. 『숙종실록』, 6년(1680) 4월 28일. 1684년의 기록에는 "체부를 管理廳으로 바꾸고 대흥산성에 소속시킨 뒤 김석주로 하여금 주관토록 했다"는 내용이 나온다. 『숙종실록』, 10년(1684) 10월 7일.

59 『숙종실록』, 4년(1678) 윤3월 16일.

60 이상식, 「숙종 초기의 왕권안정책과 경신환국」, 『조선시대사학보』 33(조선시대사학회, 2005), 137쪽.

61 『숙종실록』, 4년(1678) 9월 13일.

62 『숙종실록』, 4년(1678) 9월 15일.

63 『숙종실록』, 4년(1678) 12월 23일. 기사환국 후 아들 이담명의 말대로 "체찰부를 다시 설치하자는 것이 이원정 평생의 죄안"이 되었다. 『숙종실록』, 15년(1689) 2월 28일.

64 『숙종실록』, 4년(1678) 12월 23일.

65 『숙종실록』, 4년(1678) 12월 23일.

66 『숙종실록』, 5년(1679) 9월 25일.

67 『숙종실록』, 5년(1679) 11월 3일.

68 『숙종실록』, 5년(1679) 11월 28일.

69 김석주를 부체찰사로 뽑을 때 윤휴가 "김석주는 병조판서로서 어영대장을 겸하고 있는데, 이제 또 체찰사를 겸한다면 권한이 너무 무겁습니다"고 하자, 숙종이 화를 내며 "대신이 이미 경의 이름을 거론하였으니, 경의 이 말은 너무 혐의쩍은 것이 아닌가?"라고 말했다. 『숙종실록』, 5년(1679) 11월 3일. 이 무렵, 숙종도 서인들과 마찬가지로 윤휴를 내칠 생각을 하고 있었던 것으로 보인다.

70 『숙종실록』, 1년(1675) 1월 23일; 『백호전서(상)』 권6, 疏箚, 「應旨疏【乙卯 正月二十二日】」.

71 『숙종실록』, 1년(1675) 9월 26일. 이때의 事目은 윤휴가 제안한 '五家統法'을 원안으로, 허적이 김석주·유혁연 등과 함께 가감하여 만들었다. 사신은 '오가통법'의 실시에 대해, '백성의 원망이 가득한데, 윤휴의 무리는 이를 기뻐하며 춤춘다고 인식했다'라고 혹평했다.

72 『숙종실록』, 1년(1675) 11월 8일.

73 『숙종실록』, 2년(1676) 1월 19일. 호포법은 피역 행위를 봉쇄하고 규정을 개선함으로써 군역제를 이정하려는 방안과 더불어, 군정의 폐단이 시정될 필요가 있을 때마다 늘 거론되었던 군역제를 전면적 근본적으로 변혁하자는 방안이었다. 이 시기 호포법의 구조와 논의 과정에 대해서는 다음 참조. 金容燮, 『朝鮮後期農學史硏究』(일조각, 1988); 車文燮, 「壬亂以後의 良役과 均役法의 成立」, 『사학연구』 10·11(한국사학회, 1961); 鄭萬祚, 「朝鮮後期의 良役變通論議에 대한 檢討」, 『同德女大論文集』 7(동덕여자대학교, 1977); 姜萬吉, 「軍役改革論을 통해 본 實學의 性格」, 『東方學誌』 22(연세대학교 국학연구원, 1979); 池斗煥, 「朝鮮後期 戶布制 論議」, 『한국사론』

19(서울대학교 국사학과, 1988).

74 『백호전서(상)』 권12, 「進擬德音敎意」.

75 『백호전서(상)』 권6, 疏箚, 「應旨疏【乙卯 正月二十二日】」.

76 1680년(숙종 6) 2월, 윤휴는 비밀 상소를 올려 지금이 군사를 일으키기에 좋은 때라고 했다. 윤휴는 처벌되기 직전, 출사 초기 가지고 있던 생각을 한층 강화하고 있었음을 알 수 있다. "우찬성 윤휴가 密箚를 올렸다. '하늘이 악덕을 싫어하여 위엄을 움직여서 끊으면 민심이 두려워 무너져서 그 頭角이 허물어지듯 할 것이니, 이는 실로 하늘이 망하게 하는 때입니다. 오늘 일의 요점은 우리가 군사를 조련하고 수레를 수선하여 길을 나누어 번개같이 매진하여 天道와 人事의 모임에 달려가서 위로는 大義를 천하에 말하고, 다음으로는 살아남은 백성을 극심한 고통에서 弔慰하는 데 있습니다. 이는 천하 萬國의 기원하는 바이고, 祖宗 신령의 기대하는 바이므로, 반드시 하늘이 도와서 순조롭게 되고, 전 세계가 울림이 소리에 응하듯이 호응할 것입니다. 지금 일기도 장차 온화하여져서 군사를 일으키기에 유리하니, 天時에 순응해서 행하는 것이므로, 더욱 그만둘 수가 없습니다'." 『숙종실록』, 6년(1680) 2월 20일.

77 김포 유학 李萬亨이 상소하여 윤휴가 이정과 이남의 집에 드나들었다고 비판하였다. 『숙종실록』, 1년(1675) 4월 26일. 윤휴는 숙종에게 이를 해명했는데, 사관은 실제 윤휴가 이정·이남과 매일 밤 만나 비밀 모의를 했다고 기록했다. 『숙종실록』, 1년(1675) 5월 1일.

78 『숙종실록』, 5년(1679) 2월 10일.

79 『숙종실록』, 5년(1679) 3월 12일.

80 『숙종실록』, 6년(1680) 3월 28일.

81 『숙종실록』, 6년(1680) 3월 29일.

82 照管은 『宋朝名臣錄』과 『自警編』에 실려 있는 표현으로, '효자가 그의 아버지를 섬기는 것과 같이 일을 이어 照管하라[承事照管, 如孝子之事其父]'는 방식으로 쓰였다(『승정원일기』, 숙종 4년(1678) 윤3월 9일). 서인들은 윤휴가 '管束'으로 발언했지만 승지 이하진이 '照管'으로 바꾸어 기록했다고 여기기도 하고(『숙종실록』, 1년(1675) 4월 25일), 또 김수항이 '조관'으로 잘못 들었다고도 했다(『숙종실록』, 1년(1675) 7월 12일). 1680년(숙종 6) 윤휴의 죄를 거론할 때도 이 표현을 문제 삼았다(『승정원일기』, 숙종 6년(1680) 4월 27일).

83 『숙종실록』, 6년(1680) 4월 2일. 유배지는 갑산이었다. 『하헌집』 23책, 연보(상), '6년 경신(숙종 6, 윤휴 64세) 4월', "謫配甲山."

84 『숙종실록』, 1년(1675) 3월 14일.

85 실록에서는 당시 남인의 어려움을 다음 10가지로 제시했다. "慈殿의 뜻을 돌리기 어렵고, 청풍부원군은 제어하기 어렵고, 좌상 김수항은 제거하기 어렵고, 병조판서 김석주는 움직이기 어렵고, 영상은 믿기 어렵고, 소북은 단합하기 어렵고, 태학은 뺏기 어

렵고, 두 민씨는 제거하기 어렵고, 송시열의 명성은 가리기 어렵고, 문형은 얻기 어렵다." 『숙종실록』, 1년(1675) 4월 10일.

86 『숙종실록』, 1년(1675) 4월 1일.

87 윤휴가 '자전의 동정을 照管하라'고 한 시점이 언제인지는 분명하지 않다. 명성왕후가 3월 14일 夜對廳에 나와 대신과 비국의 宰臣들에게 복창군 李楨·복평군 李㮒과 나인 金尙業·貴禮 등의 罪犯을 낱낱이 이야기하고 다시 죽음의 벌을 내리지 말라는(『숙종실록』, 1년(1675) 3월 14일) 말을 한 이후, 허목과 함께 청대한 자리에서 이 말을 했다고 한다. 부제학 홍우원이 상소하여 명성왕후의 행동을 비판했던 때가 1675년 4월 1일이었으므로(『숙종실록』, 1년(1675) 4월 1일) 그 이전이라고 할 수 있다.

88 『숙종실록』, 1년(1675) 7월 12일.

89 『숙종실록』, 1년(1675) 7월 15일; 7월 18일. 김수항이 1680년 해배될 때는 배소가 철원이었다. 『숙종실록』, 6년(1680) 3월 29일.

90 『하헌집』 24책, 연보(하), '53년 庚申(숙종 6), 윤휴 64세'.

91 『숙종실록』, 6년(1680) 4월 5일.

92 이남은 1679년(숙종 5) 가을부터 1680년(숙종 6) 겨울 사이에 許堅과 鄭元老의 집에 모였을 때, 허견이 "주상의 춘추가 젊지만 옥체가 편찮고 또 세자가 없으니, 만약 불행한 일이 있으면 나랏일이 어느 지경에 이르겠는가? 나랏일의 폐해가 고질이 되었으나 바로잡을 만한 자가 없으니, 다른 날에 모름지기 잘해야 할 것이며, 또 당론을 타파하는 것이 마땅하다"고 하는 소리를 들었다고 자백했다. 『숙종실록』, 6년(1680) 4월 6일.

93 1689년, 사간 權愭는 허견의 역모 사건을 경신년의 무옥으로 규정하였다. 김석주[凶冑]가 군상의 명령을 도적질하고, 신범화·정원로로 하여금 허견을 종용한 뒤 이를 빌미로 醸成했다는 것이었다. 허견이 혹 불행한 말을 했다 하더라도 이는 漢法의 '不道律'로 죽여야 마땅하며, 이남은 허견의 말을 듣고도 이를 고하지 아니했으므로 『春秋』에 이른바 '반역의 마음만 먹어도 곧 주벌한다'에 해당할 뿐이라고 했다. 『숙종실록』, 15년(1689) 7월 11일. 권기의 생각은 기사환국 이후 남인들이 공유하고 있던 생각 중의 하나였다. 대신과 비국의 신하들을 인견한 자리에서 민암도 이런 내용으로 발언했다. 『숙종실록』, 15년(1689) 7월 18일.

94 『숙종실록』, 5년(1679) 4월 9일.

95 『숙종실록』, 5년(1679) 4월 8일. 익명서의 작성자는 이환이란 인물로 밝혀졌는데, 정부에서는 익명서 작성과 연관된 인물들은 모두 방면했다. 『숙종실록』, 5년(1679) 4월 19일. 이환은 환국이 일어난 이후 三水로 정배되었다. 『숙종실록』, 6년 4월 19일. 익명서의 내용은 1680년의 환국 이후 밝혀지는데, 다음 인물들을 죽여야 한다고 했다. 閔鼎重·金益勳·李翊相·李選·申琓·李行益·權道經·李益亨·具鎰, 어영청 초관 6명, 金部長·黃宣傳·李訓哨·尹·洪 등. 『숙종실록』, 6년(1680) 5월 12일.

96 『숙종실록』, 6년(1680) 5월 13일.

97 『숙종실록』, 6년(1680) 5월 14일.

98 이환에게 국문을 하며 윤휴도 이 사실을 알았던가 물었으나 이환은 모른다고 공초했다. 숙종은 이환을 교형에 처했다. 『숙종실록』, 6년(1680) 5월 14일.

99 『숙종실록』, 6년(1680) 5월 15일. 또한 윤휴의 범죄 사실을 中外에 알리도록 했다.

100 『숙종실록』, 6년(1680) 5월 15일.

101 『숙종실록』, 6년(1680) 5월 20일.

102 『숙종실록』, 6년(1680) 5월 15일.

103 『숙종실록』, 6년(1680) 5월 15일.

104 노론은 吳挺一 형제와 叔姪 간으로 매우 친밀했던 이원정이 이정·이남의 복심으로 그들의 후원을 받았으며, 사류를 무고하는 일은 그가 몰래 주도하였다고 보았다. 『숙종실록』, 6년(1680) 윤8월 21일.

105 『숙종실록』, 6년(1680) 6년 5월 25일.

106 『승정원일기』, 숙종 6년(1680) 5월 21일.

107 『백호전서(하)』 부록, 행장.

108 『승정원일기』, 숙종 15년(1689) 4월 4일; 『숙종실록』, 15년(1689) 5월 23일.

109 『숙종실록』, 15년(1689) 10월 5일, "대사헌 이현일이 말하기를, '윤휴는 대의를 천하에 밝히려고 하였는데, 간인이 얽어 무고하여 억울함을 품고 죽었으니, 復官·賜祭하는 것은 실로 성상의 덕에 빛납니다. 특별히 近侍를 보내어 褒贈하는 은혜를 베푸는 것이 마땅합니다' 하니, 임금이 말하기를, '내 뜻도 이와 같다. 議政을 추증하고, 근시를 보내어 제사지내게 하라' 하였다."

110 1908년 2월, 정부에서는 죄명 없애기[蕩滌]를 하고(『승정원일기』, 순종 2년(1908) 2월 19일), 2달 뒤에 관작 회복 조치를 내렸다(『승정원일기』, 순종 2년(1908) 4월 1일).

5장 경서와 권위에의 도전

1 예를 들어 張維가 주희 『중용장구』를 읽으면서 느낀 의문점이 그러하다. 장유는 『중용장구』에서 '修道之謂敎'의 '修'에 대해 왜 '禮樂刑政과 같은 것을 品節한다고 이해하는가?' 등 세 가지 점에 의문을 제기한 바 있다.

『계곡만필』(권1)에 「『중용장구』 가운데 의심스러운 점 세 가지[中庸章句中有疑者三]」라는 제목으로 실려 있다. 내용을 요약하면 다음과 같다.

① 제1절의 '도를 닦는 것을 교라고 한다[修道之謂敎]'의 '修'를 '등급에 맞게 절제하는 것[品節之]'으로 풀이하고 '敎'의 예로 예악·형정을 든 것은 옳지 않다. '修'는 '닦아 밝힘[修明]'·'닦아 다스림[修治]'의 뜻이고, 2절의 '남이 보지 않는 곳에서도 경계하고 삼가며 남이 듣지 않는 곳에서도 겁내고 두려워하는 것[戒愼乎其所不睹, 恐懼乎其所不聞]'과 3절의 '혼자 있을 때 조심하는 것[愼其獨]', 그리고 5절의 '中과 和의

경지를 이루는 것[致中和]'이 '教'의 내용이다.

② 『장구』에서는 여덟 장(13~20장)에서만 '제12장에 말한 費와 隱을 논했다'라고 설명했으나, 이는 실은 『중용』 전체에 적용되는 것이다.

③ 『중용』은 전체적으로 '글자-구절-章-篇'의 체재로 구성되었는데 『장구』의 제5장은 '도가 행해지지 않을 것이다[道其不行矣夫]'라는 하나의 구절에 불과하므로 전체 체재에 맞지 않다.

2 그 성과가 『대학보유』이다. 이 저술은 1575년(선조 8)에 경주부에서 초간되어 세상에 알려졌다. 초간본은 목판본으로 간행되었으며, '皇明萬曆三年(1575)歲在乙亥春慶州府開刊'의 간기가 실려 있다. 『大學補遺』, 『續大學或問』 두 책을 싣고 있는데, 이언적의 서문과 주희 서문 외는 별다른 서·발문이 없다. 초간본은 매우 귀하다. 동국대학교 경주캠퍼스 도서관에 소장된 것이 현재 확인된다(D151.52-이63).

3 노수신은 16세기 말, 송·명대 학자들의 『대학』에 대한 견해를 담은 자료를 모아 『大學集錄』을 편찬했다. 그가 세상을 떠난 지 얼마 안 되어 목판본으로 간행했다. 이 책에 대해서는 다음 참조. 신향림, 『조선 朱子學 陽明學을 만나다: 穌齋 盧守愼의 思想과 文學』(심산, 2015); 정호훈, 「穌齋 盧守愼 『대학집록(大學集錄)』의 지식 세계와 그 영향」, 『한국사상사학』 51(한국사상사학회, 2015).

4 『정관재집』 권8, 「上宋同春」.

5 『정관재집』 권8, 「上宋同春」.

6 『백호전서』 권24, 「洪範經傳通義序」.

7 여기에 대해서는 다음 참조. 정호훈, 「尹鑴의 經學思想과 國家權力 强化論」, 『한국사연구』 89(한국사연구회, 1995).

8 『백호전서(중)』 권27, 잡저, 「漫筆 下」, 1153쪽, "經傳互發, 首尾相應. 且所載皆聖人之言, 語意圓備, 文字灝噩, 與大中庸同一規摹, 而篇次章第之際, 綽有意義."

9 『백호전서(하)』 권38~40, 1537-1618쪽.

10 윤휴는 주희의 고증에서 금·고문 『효경』이 후인의 위찬으로 이루어진 부분이 있다는 견해는 인정될 수 있다고 하여 그 가치를 인정하면서도, 이를 이유로 금·고문 『효경』에서 제시된 주요 논리를 부정하거나 장절의 순서를 주희가 임의로 바꾼 것에 대해서는 추종하지 않았다. 聖人의 大訓과 經世의 彝範을 수록한, 後孺가 가탁하여 만들 내용은 아니라는 인식이었다(『백호전서(중)』 권27, 잡저, 『漫筆下』, 1153쪽). 윤휴와 주자의 『효경』 이해는 다음 참조. 정호훈, 「朝鮮後期 새로운 政治論의 전개와 孝經」, 『朱子의 思想과 朝鮮儒者』(혜안, 2003).

11 제1부 3장 주 82 참조.

12 『백호전서』 권43, 잡저, 「讀書記_內則外記上」; 『백호전서』 권45, 잡저, 「讀書記_內則外記下」.

13 『백호전서(하)』 권37, 잡저, 「讀書記_大學」, 1501-1536쪽.

14 『백호전서(하)』 권36, 잡저, 「讀書記_中庸」, 1447-1500쪽.

15 주자학의 경전적 근거는 『대학』, 『논어』, 『맹자』, 『중용』 등 4서이다. 윤휴는 『논어』와 『맹자』에 대해서는 주석을 남기지 않았다. 주자학의 4서 체계에서 始와 終을 이루는 『대학』과 『중용』의 해석에 집중한 점을 볼 수 있다. 그의 사후 『하헌집』을 편찬하면서 편집자들은 『용학독서기(庸學讀書記)』(『하헌집』 21책)라는 이름으로 『대학』과 『중용』의 주석을 별도로 묶었다.

16 『중용』에 대한 글로는, 『장구차제(章句次第)』, 『분장대지(分章大志)』, 『주자장구보록』 등이 있다. 『백호전서(하)』 권36, 잡저, 「讀書記_中庸」, 1447-1500쪽. 최석기는 윤휴의 『중용』 이해가 '고본 『중용』'을 바탕으로 한 것이라고 보았다. 최석기, 「白湖 尹鑴의 『중용』 해석과 그 의미」, 『漢文學報』 40(우리한문학회, 2019).

17 『백호전서(하)』 권41, 잡저, 「讀書記_古詩經攷」, 1619-1642쪽; 『백호전서(하)』 권41, 「讀書記_讀尙書」, 1641-1661쪽; 『백호전서(하)』 권42, 잡저, 「讀書記_讀周禮」, 1683-1687쪽; 『백호전서(하)』 권42, 「讀禮記」, 1687-1705쪽; 『백호전서(하)』 권42, 잡저, 「讀書記_讀春秋」, 1705-1724쪽에 실려 있다.

18 『백호전서(하)』 권41, 잡저, 「讀書記_讀尙書」에 수록된 『상서』 주해는 윤휴의 『상서』에 대한 전 이해를 싣고 있지 않다. 허목은 윤휴가 금문학파의 입장에서 『상서』를 주해한 것에 대해 신중치 못하다고 비판했으나(『기언』 권3, 상편, 學, 「答堯典洪範中庸考定之失書」), 「讀書記」 속에는 고문 『상서』를 위서로 파악했던 윤휴의 생각이 나타나지 않는다.

19 『백호전서(하)』 권41, 잡저, 「讀書記_洪範經傳通義」, 1681쪽, "其意有序, 其言鄭重, … 正與孔門中庸大學孝經, 經傳次第反覆之意, 相表裏者."

20 주희의 군주 이해는, 「洪範」의 皇極을 설명하는 데서 잘 드러난다. 주희는 "皇은 人君을 가리키고 極은 그 몸을 천하가 따르게 하는 것이니, 천하 사람으로 하여금 이 몸을 표준으로 삼음을 의미한다[皇是指人君, 極是使身爲天下做個樣子, 使天下是身以爲標準.]"라 하여 황극의 의미를 천하의 표준으로 이해했다. 표준의 형성이 "몸을 바르게 하여 백성의 준칙으로 삼음[正身而作民之準則]"이라는 이해에서 드러나듯, 군주의 위상을 도덕적 표상에 기준하여 구하는 사고였다. 『주자어류』 권79, 「洪範篇」. 반면, 윤휴는 五行·五事·八政·五紀·三德·稽疑·庶徵·福極의 8항목에 대한 군주의 실천을 황극의 체와 용으로 나누고, 이들 체용을 실천하는 것이 황극이라고 해석했다. 군주는 천신과 감응하는 가운데, 팔정·삼덕 등의 인간사를 제대로 수행하는 존재라는 인식이었는데, 황극이 포괄하는 범위가 극도로 확대됨을 알 수 있다. 『백호전서(하)』 권41, 잡저, 「讀書記_洪範經傳通義」, 1672쪽.

21 『백호전서(중)』 권27, 잡저, 「漫筆 中」, 1140쪽, "송나라 朱文公에 이르러 … 시를 지은 사람이 모두 생각이 사악하지 않은 것이 아니고, 또한 사악하고 음란한 자의 입에서 나온 시도 있다. … 성인이 취한 것은 단지 후대 사람을 경계하여 방탕한 마음을

징계하여 뉘우치고 독자들로 하여금 사악한 생각을 갖지 말고 읽게끔 한 것이니, 그 공이 또한 사람들에게 사악한 마음이 없게 하는 데에 있는 것이다[至宋朱文公…謂作詩者, 未必皆思無邪, 亦出於邪惡淫亂者之口. … 聖人取之, 特以戒後之人, 使懲創其逸志, 欲讀者, 以無邪之思讀之耳.]"라고 하였다.

22 이를테면, "『시경』에서 찬미한 것은 실로 훌륭한 것을 찬미한 것이다. 그러나 풍자한 것에 있어서도 윗사람에게 시로 풍자하여 자신의 심정을 알리고 은밀히 충성을 바치려고 한 것이다. … 옛날에 太師가 천자에게 시를 올려 그 나라 백성의 풍습을 살피고 정치의 잘하고 못한 것을 알게 한 것 역시 이를 위한 것이다. 그러므로 '천자는 정치의 잘하고 못한 사적을 환히 알고 인륜의 변고를 슬퍼하며 刑政의 가혹한 것을 슬퍼하고, 아랫사람은 자신의 性情을 시로 읊어 윗사람의 행위를 풍자하는 데 있어 사변에 대해서 말하고 옛 풍속을 그리워했다'고 말한다"(『백호전서(중)』 권27, 잡저, 「漫筆中」, 1140-1141쪽)라거나 또는 "시인이 시를 짓는 데 있어 그 뜻은 윗자리에 있는 사람의 행위를 풍자하기 위한 것이고 또는 다른 사람을 권장, 징계하기 위한 것이지, 실로 악한 짓을 행하는 자를 위하여 지은 것이 아니다. 이리하여 『시경』에는 찬미와 풍자가 있고 잘하고 못한 것을 살필 수 있으며, 단지 사람을 비평할 수 있을 뿐만 아니라, 또한 윗사람의 행위를 풍자하기도 하며, 찬미와 풍자, 권장과 징계가 당시에만 행해질 뿐만 아니라 후대 사람에게도 전해지게끔 하려고 하는 것이니, 이것이 바로 『시경』이 교훈이 될 수 있는 것이다"(『백호전서(중)』 권27, 잡저, 「漫筆 中」, 1142쪽)라는 표현은 『시경』을 풍자와 비판을 위주로 한 책으로 이해한 것이었다. 시를 '無邪'의 마음으로 읽기를 바랐던 주자식의 이해와는 다른 것임을 알 수 있다. 정약용에게서 극명히 드러나는 "풍자와 비판 기능을 주 목적으로 한 『시경』"이라는 경세적 이해의 단서가 윤휴에게 있었음을 알 수 있다. 이상 주희와 윤휴의 시경관에 대한 이해는 다음 참조. 金興圭, 『朝鮮後期의 詩經論과 詩意識』(고려대학교 민족문화연구원, 1982); 朴茂瑛, 「白湖 尹鑴의 詩經論 硏究」, 『韓國漢文學研究』 9·10(韓國漢文學會, 1985); 劉英姬, 『白湖 尹鑴 思想研究』(고려대학교 박사학위논문, 1993).

23 『백호전서』 권28, 「公孤職掌圖說 上」, 1199쪽. 「公孤職掌圖說」은 『주례』와 賈誼(기원전 200~168)의 『신서』, 순자의 政論을 기본으로 하여 국가 경영의 大綱을 제시한 글이다. 가의는 순자의 학문을 받아들여 전한 시기 한 제국 건설에 필요한 이념을 제기했던 인물이다. 重澤俊郎, 「賈誼新書の思想」, 『東洋史研究』 17-4(동양사연구회, 1949). 그런 점에서 윤휴 정치사상의 성격은 순자·가의의 사상과 관련하여 이해할 필요가 있다.

24 1679년(숙종 5) 3월에 숙종에게 제진하여 정무에 참고하기를 청원했다. 『승정원일기』, 숙종 5년(1679) 1월 21일.

25 『하헌집』 23책, 연보(상), '15년 壬午(인조 20), 윤휴 26세'.

26 『백호전서』 권41, 잡저, 「讀書記_洪範經傳通義」. 글의 말미에 "崇禎玄黓大律仲秋日,

書九峯先生洪範傳後"라고 써두었다. 『하헌집』에는 이 글이 실려 있지 않다.

27 『백호전서』 권41, 「讀書記_洪範經傳通義」, "橫艾攝提格 五月丙子書."

28 『하헌집』 23책, 연보(상), '35년 壬寅(현종 3), 윤휴 46세'.

29 『백호전서』 권41, 「洪範經傳通義序」, "余旣竊推前人說, 考論洪範餘意, 平原聖人之心法. 又次序孝經內外傳義, 以益闡敍倫之微言, 庶幾二經相須而明, 傳諸學者, 亦有以識余之樂道堯舜之道而願學者焉耳."

30 윤휴의 『書經』 및 「洪範」 이해에 대한 기존 연구는 다음 참조. 김성윤, 「백호 윤휴의 홍범관 연구」, 『역사와 현실』 34(한국역사연구회, 1999); 김만일, 『조선 17-18세기 尙書 解釋의 새로운 경향』(경인문화사, 2007); 소진형, 『조선후기 왕의 권위와 권력의 관계: 황극개념의 해석을 중심으로』(서울대학교 박사학위논문, 2016).

31 권민균, 「漢代 「洪範」의 재탄생과 班固의 「五行志」 저술 배경」, 『中國史研究』 121(중국사학회, 2019); 권민균, 「漢代 五行學說史에서 『洪範五行傳』의 문헌적 가치와 의미」, 『中國古中世史研究』 60(중국고중세사학회, 2021); 김한신, 「唐·宋代 災異論의 변화: 『舊唐書』 「五行志」 및 『新唐書』 「五行志」에 대한 분석을 중심으로」, 『中國古中世史研究』 60(중국고중세사학회, 2021).

32 『주희집(朱熹集)』 권81, 「皇極辨」.

33 李熙德, 『高麗儒敎 政治思想의 研究』(일조각, 1984).

34 이 시기 「홍범」 이해의 개략적인 모습과 그 특성을 알아볼 수 있는 글로는 다음 참조. 尹老彬, 「한국 고문헌에 나타난 범주(範疇)에 관한 연구」, 『釜山大學校論文集(人文·社會科學篇)』 19(부산대학교, 1975); 尹老彬, 「퇴계와 율곡의 황극관(皇極觀)과 심성론(心性論)」, 『韓國哲學研究』 5(부산대학교 인문학연구소, 1975).

35 장유의 「洪範六三德」(『계곡집』), 허목의 「洪範說」(『기언』), 유계의 「洪範」(『시남집』) 등을 들 수 있다.

36 李徽逸·李玄逸이 지은 『홍범연의(洪範衍義)』는 「홍범」을 경세서로 활용하고자 하는 의식과 노력을 잘 보여준다. 『홍범연의』에 대해서는 다음 참조. 宋贊植, 「洪範衍義解題」, 『韓國學論叢』 5(국민대학교 한국학연구소, 1985); 김성윤, 『홍범연의(洪範衍義)』의 토지개혁론과 상업론: 갈암 이현일의 경제사상과 그 성격」, 『退溪學報』 119(퇴계학연구원, 2006); 김홍수, 「『洪範衍義』의 편찬과 간행」, 『민족문화논총』 57(영남대학교 민족문화연구소, 2014); 이영호, 「『서경』 「홍범」 해석의 두 시각, 점복과 경세: 이휘일·이현일의 「홍범연의」 분석을 중심으로」, 『退溪學報』 143(퇴계학연구원, 2018); 정재훈, 「『홍범연의(洪範衍義)』와 제왕학(帝王學)」, 『국학연구』 35(한국국학진흥원, 2018); 이근호, 『홍범연의: 성리학적 이상국가론을 집대성한 200여 년의 여정』(은행나무 2023).

37 박세채의 『범학전편(範學全篇)』은 이 시기 「홍범」 이해의 한 수준을 전형적으로 보여주는 성과이다. 이에 대한 연구로는 다음 참조. 김정철, 『남계 박세채의 『범학전편(範

學全編)』 연구』(한국학중앙연구원 한국학대학원 박사학위논문, 2021).

38 『백호전서』 권41, 잡저, 「讀書記_洪範經傳通義」, 1678쪽.

39 여기서, 윤휴는 주희의 「洪範」 해석의 특징은 무엇인지, 그리고 채침이 주희의 어떤 점을 계승하고 있는지, 채침과 주희의 이해에서 차이는 무엇인지에 대해 명확한 언급을 피하고 있다. 그러나 전반적으로 윤휴는 주희의 해석과 채침의 해석을 긍정하지 않았다.

40 『백호전서』 권41, 잡저, 「讀書記_洪範經傳通義」, "敬也者, 所以畏天命而修人事者."

41 『백호전서』 권41, 잡저, 「讀書記_洪範經傳通義」, "以此事天饗帝."

42 『백호전서』 권41, 잡저, 「讀書記_洪範經傳通義」, "省己警心之謂也, 所以嚴天威而正厥事也."

43 윤휴 사상은 이 점에서 사천학적인 모습을 보인다. 이에 대해서는 7장에서 설명하기로 한다. 여기서는 사천학적인 사유를 간명히 보이는 언급을 제시한다. "『효경』은 事親의 道를 말했고 「內則」은 그 節文이다. 『중용』은 事天의 道를 말했고 『대학』은 그 條目이다." 『백호전서(중)』 권27, 잡저, 「漫筆 下」, 1154쪽.

44 『서경』, 「홍범」, "初一曰五行, 次二曰敬用五事, 次三曰農用八政, 次四曰協用五紀, 次五曰建用皇極, 次六曰乂用三德, 次七曰明用稽疑, 次八曰念用庶徵, 次九曰嚮用五福威用六極".

45 『백호전서』 권41, 잡저, 「讀書記_洪範經傳通義」, 1662쪽.

46 『백호전서』 권41, 잡저, 「讀書記_洪範經傳通義」, 1662쪽.
해당 내용을 표로 정리하면 다음과 같다.

九疇	五行	五事	八政	五紀	皇極	三德	稽疑	庶徵	五福六極
의미	天道	人事	王政	民時	人極	世變	鬼神	氣化	休祥·災禍
心法		敬	農	協	建	乂	明	念	嚮·威

47 『백호전서』 권41, 잡저, 「讀書記_洪範經傳通義」.

48 『백호전서』 권41, 잡저, 「讀書記_洪範經傳通義」, 1679쪽.

49 채침의 다음과 같은 언명에서 이를 확인할 수 있다. "2제 3왕의 정치는 도에 근본하고, 2제 3왕의 도는 마음에 근본하니, 그 마음을 얻으면 도와 정치에 대해 말할 수 있을 것이다. 무엇인가? '精一執中'이니, 이는 요순우 임금이 서로 전한 심법이다. '建中建極'이니 이는 상나라 탕왕과 주나라 무왕이 서로 전한 심법이다." 『송원학안(宋元學案)』 권67, 「九峰學案」.

50 주희가 고본 『대학』의 체계를 부정하여 독자적인 『대학장구』를 만들고, 윤휴는 이를 따르지 않고 고본 『대학』을 중심으로 『대학』을 이해하는 데서, 이러한 차이를 확인할 수 있다. 정호훈, 「朝鮮後期 새로운 經書解釋과 그 政治思想: 尹鑴의 『大學』 解釋과 君主學을 중심으로」, 『韓國史의 構造와 展開』(혜안, 2000)

51 『백호전서』 권41, 잡저, 「讀書記_洪範經傳通義」, 1674쪽.

52 『백호전서』 권41, 잡저, 「讀書記_洪範經傳通義」, 1673쪽, "皇極, 則立乎己者也."

53 『백호전서』 권41, 잡저, 「讀書記_洪範經傳通義」, 1696쪽, "體道惟庸, 而標準(極)立乎中矣."

54 『백호전서』 권41, 잡저, 「讀書記_洪範經傳通義」, 1672쪽.

55 『백호전서』 권41, 잡저, 「讀書記_洪範經傳通義」, 1672쪽.

56 『백호전서』 권41, 잡저, 「讀書記_洪範經傳通義」, 1675쪽.

57 『주희집』 권81, 「皇極辨」, "洛書九數而五居中, 洪範九疇而皇極居五. 故自孔氏傳訓皇極爲大中, 而諸儒皆祖其說. 余獨嘗以經之文義語脈求之, 而有以知其必不然也. 蓋皇者, 君之稱也, 極者, 至極之義, 標準之名, 常在物之中央而四外望之以取正焉者也 … 語其仁, 則極天下之仁而天下之爲仁者莫能加也. 語其孝, 則極天下之孝而天下之爲孝者, 莫能尙也. 是則所謂皇極者也."; 같은 곳, "'皇建其有極'云者, 則以言夫人君, 以其身而立至極之標準於天下也."

58 『백호전서』 권41, 잡저, 「讀書記_洪範經傳通義」, 1671쪽.

59 윤휴는 홍범을 彝倫·五倫이라고 파악하는 것은 잘못이며, 홍범은 오륜을 실현하기 위한 법임을 강조했다. 홍범을 이륜·오륜이라고 파악하는 사례는, 閔齊仁(1493~1549)의 "홍범은 기자의 도가 아니라 하늘의 도이다[洪範者非箕子之道, 乃天之道也.]"(『입암집(立巖集)』 追補, 「箕子爲武王陳洪範論」)라는 언급이나, 黃俊良(1517~1563)의 "禹는 이 법으로써 펼치니, 천지의 위대한 彝倫이 그 속에 모두 들어있다[禹以是法而陳之, 而天地之大彝大倫, 皆具其中.]"(『금계집(錦溪集)』 외집 권8, 「箕子爲武王陳洪範論」)와 같은 말에서 확인할 수 있다.

60 『백호전서』 권41, 잡저, 「讀書記_洪範經傳通義」, 1671쪽.

61 『백호전서』 권41, 잡저, 「讀書記_洪範經傳通義」, 1672쪽.

62 『백호전서』 권41, 잡저, 「讀書記_洪範經傳通義」, 1672쪽.

63 『백호전서』 권41, 잡저, 「讀書記_洪範經傳通義」, 1672쪽.

64 『백호전서』 권5, 疏箚, 「應旨疏」, 190쪽.

65 『백호전서』 권26, 「帝舜在璇璣玉衡以齊七政」, 1085쪽.

66 『백호전서(상)』 권4, 疏箚, 「擬上疏【丙子】」, 117쪽.

67 『백호전서』 권41, 잡저, 「讀書記_洪範經傳通義」, 1673-1674쪽.

68 『백호전서』 권41, 잡저, 「讀書記_洪範經傳通義」, 1672쪽.

69 『백호전서』 권41, 잡저, 「讀書記_洪範經傳通義」, 1665-1666쪽.

70 『백호전서』 권41, 잡저, 「讀書記_洪範經傳通義」, 1681쪽.

71 군주성학론의 논리와 구조에 대해서는 다음 연구 참고. 金駿錫, 『조선 후기 정치사상사 연구』(지식산업사, 2003), 제3장의 'I. 宋時烈의 世道政治論과 賦稅制度 釐正策'.

72 이를테면 다음과 같은 언급에서 이를 확인할 수 있다. "첫째, 이른바 강학하여 마음을

바르게 함. 신은 듣기로 천하의 일은 그 근본이 한 사람에게 있고, 한 사람의 몸은 그 주재가 한 마음에 있다고 했습니다. 그러므로 人主의 마음이 한번 바르게 되면 천하의 일이 바르지 않음이 없고, 인주의 마음이 한번 삿되게 되면 천하의 일이 삿되지 않음이 없습니다. … 이 때문에 천하에 그 덕을 밝히고자 했던 옛날의 哲王은 한결같이 마음을 바르게 함을 근본으로 삼지 않은 경우가 없었습니다." 『주희집』 권12, 封事, 「己酉擬上封事」.

73 그렇다고 하여 윤휴가 그 도덕적 표상을 확립하는 방법을 두고 주희의 견해를 인정한다는 것은 아니었다. 윤휴는 주희의 군주성학론에 비판적이었다. 정호훈, 「朝鮮後期 새로운 經書解釋과 그 政治思想: 尹鑴의 『大學』 解釋과 君主學을 중심으로」, 『韓國史의 構造와 展開』(혜안, 2000).

74 연보에 의하면 27세 때 이 글을 썼다. 현재 『백호전서』에 실려 있는 「讀書記_讀周禮」(『백호전서(하)』 권42, 잡저, 1683-1687쪽)가 이때의 「周禮說」로 추정된다.

75 이러한 생각을 대변하는 글은 15세기 말에 김종직이 간행한 『주례』의 발문이다. 김종직은 『주례』를 주공이 지었다고 하면서도 冬官이 완성되기 전에 주공이 세상을 떠났고 한유가 비루하게 『고공기(考工記)』로 이를 보완했다고 했다. 김종직은 이 글에서 주공이 『주례』를 짓지 않았다고 주장하는 사람도 있다고 소개했다. 『점필재집(佔畢齋集)』 권2, 「新刊周禮跋」.

76 『백호전서(하)』 권42, 「讀周禮」.

77 『백호전서(하)』 권42, 잡저, 「讀書記_讀周禮」.

78 「讀周禮」(『백호전서(하)』 권42)의 견해는 「漫筆 上(『백호전서(중)』 권27, 1112쪽)에도 실려 있다. "『周禮』의 六官에 冬官이 애초부터 빠진 것이 아니라 책장이 뒤섞여 地官에 들어 있는 것이다. 대체로 敎化와 禮樂은 地官司徒의 敎官의 직책이고, 水土와 農耕은 冬官司空의 事官의 임무이며, 鄕師 이하의 관직은 교관에 속한 것으로서 교화를 권장하고 예악을 익히게 하는 것이고, 遂師 이하의 관직은 사관에 속한 것으로서 수토를 다스리고 농경을 감독하는 것이다. 士·農·工·商이 나뉘어 거주하며 섞여 거주하지 않도록 하는 것이 실제로 先王들이 나라를 다스리는 원칙인 것인데, 후대에 이러한 뜻이 전해지지 않았고 여러 先儒들도 또한 『주례』의 뜻을 발명한 사람이 없었다."

79 『백호전서(하)』 권42, 잡저, 「讀書記_讀周禮」, 1686쪽.

80 『백호전서(하)』 권42, 잡저, 「讀書記_讀周禮」, 1683쪽.

81 『찬도호주주례(纂圖互註周禮)』 권1.

82 『백호전서(하)』 권42, 잡저, 「讀書記_讀周禮」.

83 『백호전서(하)』 권42, 잡저, 「讀書記_讀周禮」, "知而知之, 仁而行之, 勇而致之, 主敬而存之, 存誠而體之, 此所謂達道也." 여기서 '達道'는 '達德'의 오기로 보인다.

84 『백호전서(하)』 권42, 잡저, 「讀書記_讀周禮」, 1685쪽.

85 『백호전서(하)』 권42, 잡저, 「讀書記_讀周禮」.

86 『백호전서(하)』 권42, 잡저, 「讀書記_讀周禮」.

87 『백호전서(하)』 권42, 잡저, 「讀書記_讀周禮」.

88 『백호전서(하)』 권42, 잡저, 「讀書記_讀周禮」.

89 『백호전서(하)』 권42, 잡저, 「讀書記_讀周禮」, "德修而道成, 道成則制明, 制明則禮有經, 禮有經則道有倫, 道有倫則官有序, 官有序則制有備, 制有備謂德盛."

90 『백호전서(하)』 권42, 잡저, 「讀書記_讀周禮」, "盛德而教尊, 教尊而民職修, 民職修而天下治, 天下治而王道得, 王道得者, 聖德純也, 此之謂天下之大紀."

91 태종과 세종의 실록에서 중앙 정부가 『주례』를 참고하는 모습을 다양하게 확인할 수 있다. 이때 조정에서 이용한 『주례』가 중국본인지 아니면 중국에서 들여와 간행한 것인지 분명하지 않다.

92 1477년(성종 8)에 선산부사 김종직이 경상관찰사 윤효손의 도움을 받아 소장하던 활자본을 저본으로 목판으로 간행했다. 책의 출간 사정에 대해서는 『점필재집』 권2, 「新刊周禮跋」 참조. 이 간본의 구체적인 판식과 내용은 인조대 조경이 간행한 중간본(『용주유고(龍洲遺稿)』 권12, 「周禮重刊跋」)에서 확인할 수 있다.

93 책의 출간 사정은 『점필재집』 권2, 「新刊周禮跋」과 『용주유고』 권12, 「周禮重刊跋」 참조. 인조대 중간본의 실물은 고려대학교 한국학자료센터에서 이미지로 제공하는 미국 버클리대학교 동아시아도서관 소장본(청구기호 4.19)에서 볼 수 있다.

94 『점필재집』 권2, 「新刊周禮跋」.

95 『지봉유설(芝峯類說)』 권5, 經書部 1, 「周禮」.

96 『수우당실기(守愚堂實記)』 권2, 6나, "만력 15년(우리 선조대왕 20년)에 寒岡 鄭文穆公이 함안 군수로 재직 중 道洞으로 선생을 찾아와 『周禮』 여러 책을 읽고 토론하였다. 당시의 賢士들 가운데 뜻을 같이 하여 도를 구하려는 자가 한둘이 아니었으며 옷깃을 날리며 문하로 들어온 자 또한 많았다."

97 『인조실록』, 26년(1649) 7월 26일.

98 『찬도호주주례』(버클리대 동아시아도서관, 청구기호: 4.19), 跋文.

99 『용주유고(龍洲遺稿)』 권12, 「周禮重刊跋」.

100 『정관재속집(靜觀齋續集)』 권3, 「復讎說中」, '周禮之說'.

101 『정관재속집』 권7, 「五經傳授說」, '周禮'.

102 17세기 중엽, 『주례』에 관심을 기울이고 이 경전에서 사유의 단서를 마련한 또 다른 인물로 유형원을 들 수 있다. 윤휴와 동일하게 북인계 남인으로 분류할 수 있는 유형원은 『주례』의 이념과 방법을 활용하여 『반계수록』의 새로운 국가를 구상하고자 했다. 유형원이 『반계수록』을 저술하며 참고한 자료는 『주례』, 『의례』, 『예기』, 『서경』, 『춘추』 등을 비롯한 유가의 여러 경전과 『통전』, 『문헌통고』, 『대학연의보』 등의 중국의 정법서, 장재, 호굉, 주희, 이이, 조헌, 한백겸 등 중국·조선의 여러 유자들의 정치

론 등 다양했다. 『반계수록』을 지탱하는 전거와 사유는 하나둘이 아니었던 셈이다. 그런 점에서 『반계수록』이 어느 특정한 사상만의 영향을 받았다고 정리하는 것은 유형원의 경험과 『반계수록』의 배경을 축소할 가능성이 농후하다. 그러나 실제 여러 다양한 영향 속에서도 그 중심을 이루는 것은 『주례』와 『주례』의 정치이념이었다. 이는 토지·인민에 대한 국가적 관리를 중앙집권적인 체제 속에서 실현해가고자 하는 『반계수록』의 국가 구상에서 확인할 수 있다. 토지의 국유와 국가적 管理에 대한 구상, 병농일치의 군사제도, 상공업에 대한 국가적 차원에서의 계획과 운영 등과 같은 사회 운영 방식은 『주례』의 중심 이념을 원용한 것이었다. 물론, 세부적인 내용으로 들어가면, 『반계수록』은 조선의 역사 전통과 현실에 맞추어 실현 가능한 법제를 구상하고 있었기 때문에 『주례』에서 제시된 제도 법제를 그대로 모방하려 하지는 않았다. 이를테면, 공전제의 경우, 토지를 田字形으로 구획하고, 이를 기준으로 토지를 지급하고자 했던 방식으로 한백겸의 '箕田論'에서 정리된바, 箕子의 井田을 참고한 것이었다. 그러나 『반계수록』은 『주례』에서 제시된 국가 경영의 대원칙을 전적으로 수용하는 가운데 성립하였다.

103 윤휴는 삼대의 법을 建邦·設官·分民·經野·明刑·制軍의 6영역으로 구분하고 이들 삼대 법제를 강론하거나 전습하여 그 실행에 노력해야 하는 것은 학자·관료들의 본분이라고 여겼다. 『백호전서(중)』 권27, 잡저, 「漫筆 上」, 1115쪽. 이 관념은 『대학』과 『중용』의 이해에도 지속적으로 견지되었다.

104 북벌론, 북벌책은 그러한 부국강병 국가체제를 갖추는 문제와 직접 연관되어 있었다. 윤휴의 북벌론은, 요동을 비롯한 북방 지역으로 진출하고자 여러 차례 시도했던 한민족의 움직임과 역사적인 맥락을 같이했다. 이에 대해서는 제3부 참조.

6장 '효경관'과 정치

1 『백호전서(하)』 권38~40, 1537-1618쪽.

2 『효경』에 대한 연구가 이루어지는 과정은 제1부 참조.

3 『백호전서(중)』 권27, 잡저, 「漫筆 下」, 1153쪽.

4 윤휴는 "빛나고 밝기가 해와 별 같은 성인의 말씀은 인간 질서를 유지하고 만세에 교훈을 남기기에 충분한데, 학자들이 공연히 근본은 버리고 겉치레에 힘써 天命을 말하고 心性을 가리키면서 입과 귀에 올리고 지름길로만 가려고 하기 때문에 이 경은 마치 무용지물인 양 거들떠보지도 않아서 道가 쇠퇴한 것이다"고 하여 『효경』과는 배치되는 학문 풍토를 비판했다. 『백호전서(하)』 권38, 잡저, 「讀書記_孝經章句」, '孝經章句考異序', 1537쪽. 이러한 인식은 『대학』을 주해하면서도 가지고 있었다. 『백호전서(하)』 권37, 잡저, 「讀書記_大學」, '大學古本別錄', 1520-1521쪽, "이미 格致를 말하고 또 그 일에 대해 말한다면, 학자들로 하여금 知와 行을 다르게 보고 완급의 순서를

잃게 만들며 끝내는 '談天說性'하고 낮은 곳에 살면서도 높은 영역을 엿보며 가벼이 스스로를 위대하다고 여겨 끝내 얻는 것이 없는 폐단에 이르게 하지 않겠는가?"

5 『백호전서(상)』 권6, 疏箚, 「進孝經 註解無逸立政圖疏【6월 17일】」, 224쪽.

6 『백호전서(상)』 권8, 疏箚, 「辭大司憲兼陳所懷疏【6월 20일】」, 310쪽.

7 "堯舜之道, 孝悌"라는 표현은 『맹자』에 나온다. 曹交가 "요순이 될 수 있습니까?"라고 질문하자 맹자가 "그렇다"고 답하면서, "요순의 도는 효제일 뿐이다"라고 했다. 『맹자』, 「告子 下」.

8 『경국대전(經國大典)』 권3, 禮典, 諸科.

9 여기에 대해서는 다음 참조. 옥영정, 「『효경간오』, 『효경대의』, 『효경언해』의 간행본과 그 계통 연구」, 『한국학』 35-1(한국학중앙연구원, 2012); 이지영, 「『孝經諺解』 이본에 대한 비교 연구」, 『한국학』 35-1(한국학중앙연구원, 2012).

10 15~16세기 조선에서 『효경대의』가 얼마나 간행되어 읽혔는지는 현재 학계에서는 충분히 밝혀져 있지 않다. 1546년 옥과현에서 『효경간오』가 목판으로 간행된 적이 있다. 이 책은 1545년, 김인후가 옥과 현감으로 재직하던 중 유희춘에게서 구한 『효경간오』를 저본으로 간행을 준비했다. 이 사정은 『하서전집(河西全集)』 권11, 「孝經刊誤跋」에 자세하다.

11 이 사정은 유성룡의 『서애집(西厓集)』 권18, 「孝經大義跋【己丑】」에 자세히 실려 있다. 1589년(선조 22), 홍문관 대제학이었던 유성룡은 선조의 명을 받아 『효경언해』의 간행을 주관하고 그 과정을 발문으로 작성했다. 유성룡은 이 책이 주희의 『효경간오』를 저본으로 董鼎이 주석을 단 사정을 명료하게 밝혔다.

12 『선조실록』, 37년(1604) 5월 18일.

13 1742년(영조 18) 사도세자가 8세 되던 해에 쓴 '壬戌十月初七日'이란 글씨가 적혀 있는 『효경대의』에는 1589년 유성룡이 작성했던 「孝經大義跋【己丑】」이 실려 있다(미국 버클리대학 동아시아도서관; 고려대학교 해외한국학자료센터 이미지 자료). 이 책의 간행 연도는 미상이지만, 적어도 1742년(영조 18) 무렵에 이 발문을 실은 『효경대의』의 목판으로 재인출했거나 아니면 이전 간본을 활용하여 다시 간행한 것임을 유추할 수 있다. 이로써 보면 유성룡의 발문을 실은 한문본 『효경대의』가 오래전에 간행되어 유통되었다고 볼 수 있다.

14 『승정원일기』, 인조 9년(1631) 10월 10일.

15 이는 김해 신산서원 원장이던 趙任道의 활동에서 볼 수 있다. 조임도는 1634년 김해부사 柳時茂와 협력하여 安平君이 가지고 있던 『효경대의』를 빌려 서원의 재력을 동원하여 책판을 만들고 간행하려 했다. 아마도 이 일은 성공했던 것으로 보이는데, 그 이듬해 봄, 조임도는 신산서원에 들러 몇몇 사우들과 『효경대의』를 강독했다. 『간송집(澗松集)』(속집) 권3, 「答柳金海【時茂○甲戌】」; 『간송집』(별집) 권1, 「遊觀錄」.

16 『율곡전서(栗谷全書)』 권27, 『擊蒙要訣』, 「讀書章第四」.

17 『격몽요결』은 17세기 이이의 후학들이 학계·정계에서 큰 힘을 발휘하면서 초학자의 학습서로 많이 읽혔다. 17세기 후반, 박세채가 황해도와 같은 변방 지역에서 士族의 어린이들에게 반드시 이 책을 읽도록 해야 한다고 여기던 데서 이런 사정을 볼 수 있다. 박세채는 사족과 양민을 구별하여 양민들에게는 『경민편(警民編)』을 읽히도록 했다. 여기에 대해서는 다음 참조. 정호훈, 『교화와 형벌: 조선의 범죄대책과 경민편』(혜안, 2023).

18 17세기 기호 학통에서 이이의 학문을 계승하고 전파함에 큰 역할을 한 김장생·송시열에게서도 이 점을 확인할 수 있다. 김장생의 독서와 경학 사상을 담고 있는 자료는 『사계전서(沙溪全書)』 권11~16에 실린 「經書辨疑」이다. 여기에서 다루고 있는 책과 경전은 『소학』, 『대학』, 『논어』, 『맹자』, 『중용』, 『서전』, 『주역』, 『예기』이다. 『사계전서』 권17~20에는 「近思錄釋疑」가 실려 있다. 『효경』이 빠져 있음을 알 수 있다. 김장생은 다른 글에서도 『효경』에 대해서는 거의 다루지 않았다. 송시열 또한 『효경』을 읽고 연구한 글을 남기지 않았다. 그의 제자들이 남긴 '어록'에서도 『효경』과 관련된 문자는 거의 나타나지 않는다. 학문의 주된 관심사에 『효경』이 들어 있지 않았다고 할 수 있다.

19 삼국 사회를 거쳐 조선으로 오는 과정에 일어났던 『효경』의 경전으로서의 기능과 비중의 변화에 대해서는 다음 참조. 李熙德, 『高麗儒教 政治思想의 研究』(一潮閣, 1984).

20 『효경』 및 『효경』의 정치이념에 대한 연구로는 다음 참조. 板野長八, 「孝經の成立」, 『史學雜誌』 64-3(史學會, 1972); 加地伸行, 「『孝經啓蒙』の諸問題」, 『中江藤樹』(日本思想大系 29)(岩波書店, 1974); 到邊信一郎, 「孝經の製作とその背景」, 『史林』 69-1(史學研究會 京都大學文學部內, 1986); 池澤 優, 『孝思想の宗教學的研究』(東京大學出版會, 2002); 呂妙芬, 『孝治天下: 『孝經』與近世中國的政治與文化』(中央研究院, 2023).

21 한대의 『효경』을 주희가 『효경간오』로 재정리하는 사정에 대해서는 다음 참조. 정호훈, 「朱子 『孝經刊誤』와 그 성격」, 『동방학지』 116(연세대학교 국학연구원, 2002).

22 고문 『효경』의 17장이며, 통상 '閨門章'이라 한다.

23 栗原圭介, 『孝經』(新釋漢文大系 35)(明治書院, 1981), 6-10쪽.

24 금문 『효경』, 제1 '開宗名義章'.

25 금문 『효경』, 제7 '三才章'.

26 『논어』의 효에 관한 내용은 「學而」·「爲政」 편에서, 『맹자』의 효 인식은 「梁惠王」 편에서 구체적으로 살필 수 있다. 특히 『논어』에서는 효를 두고 "君子務本, 本立而道生, 孝弟也者, 其爲仁之本與!"(「學而」)라고 설명하여 효가 仁과 직접 연관됨을 밝히고 있다. 이 구절에 대한 여러 주석의 차이는 다음 참조. 이강재, 「論語 '其爲人也孝弟章'과 '子游問孝章'의 解釋에 대한 연구」, 『蓮崗中國學論叢』 1(蓮崗中國學會,

1999).

27 금문 『효경』, 제1 '開宗明義章'.

28 『효경』에서 제시하는 각 신분·계급별 효의 내용은 다음과 같다. 금문 『효경』 1장부터 6장에 해당 내용이 실려 있다. 아래 문장은 윤휴가 정리한 『효경고이장구』를 바탕으로 했다.

(ㄱ) 天子: 부모를 사랑하는 자는 타인을 미워하지 않으며, 부모를 공경하는 자는 타인을 깔보지 않는다. 부모를 섬김에 사랑과 공경을 극진히 한다면 그 덕성의 교화가 백성들에게 미칠 것이요 사해에 모범이 될 것이다.

(ㄴ) 諸侯: 윗자리에 자리 잡고 있으면서도 교만하지 아니하고, 높은 곳에 살면서도 위태롭게 하지 아니하며, 절제하고 제어하여 가득 차도 넘치지 아니한다. 높은 곳에 살면서도 위태롭지 아니하면 오래도록 고귀함을 유지하고, 가득 차도 넘치지 아니하면 오래도록 부유함을 유지할 수 있게 된다. 고귀함과 부유함이 그 몸을 떠나지 않은 연후에 그 사직을 보전할 수 있고 그 백성들을 화목하게 할 수 있다.

(ㄷ) 卿大夫: 선왕의 법복이 아니면 입지 아니하고, 선왕의 법언이 아니면 말하지 아니하고, 선왕의 덕행이 아니면 행하지 아니한다. 그러므로 법이 아니면 말하지 아니하고 도가 아니면 행하지 아니한다. 입으로는 가릴 말이 없고 몸으로는 가릴 행동이 없다. 말이 천하에 가득 퍼져도 입으로 짓는 허물이 없고 행동이 천하에 가득 퍼져도 원악이 없다. 세 가지가 충분히 갖추어진 연후에 그 종묘를 지킬 수 있다.

(ㄹ) 士: 아버지를 섬기는 것으로 어머니를 섬기니 그 사랑이 동일하고 아버지를 섬기는 것으로 임금을 섬기니 그 공경함이 동일하다. 그러므로 어머니는 그 사랑을 취하고 임금은 그 공경을 취하며 사랑과 공경을 겸하는 자는 아버지이다. 그러므로 효로써 임금을 섬기면 곧 충이고 공경함으로 윗사람을 섬기면 곧 공순함이다. 충순을 잃지 아니하고 그 윗사람을 섬긴 연후에 그 녹위를 보전하고 그 제사를 지킬 수 있다.

(ㅁ) 庶人: 하늘의 도를 활용하고 땅의 이로움에 인순하며, 몸을 부지런히 쓰고 재용을 절약하여 부모를 봉양한다.

29 금문 『효경』, 제2 '天子章'; 금문 『효경』, 제3 '諸侯章'; 금문 『효경』, 제4 '卿大夫章'.

30 금문 『효경』, 제5 '士章'.

31 금문 『효경』, 제6 '庶人章'.

32 『백호전서(하)』 권38, 잡저, 「讀書記_孝經章句」, '孝經章句考異目錄', 1540쪽.

33 『백호전서(하)』 권38, 잡저, 「讀書記_孝經章句」, '孝經章句考異目錄', 1540쪽, 『효경장구고이』 1장의 주해.

34 금문 『효경』, 제9 '聖治章'.

35 금문 『효경』, 제2 '天子'.

36 금문 『효경』, 제10 '紀孝行章'.

37 금문 『효경』, 제7 '聖治章'.

38 금문 『효경』, 제10 '廣至德章'.

39 금문 『효경』, 제8 '孝治章'.

40 '孝治'는 『효경』의 편장의 제목이지만, 『효경』 전체를 관통하는 정치론이었다. 板野長八, 池澤 優의 연구는 孝治와 연관하여 『효경』의 정치론을 파악하고 있어 많은 도움이 된다. 板野長八, 「孝經の成立」, 『史學雜誌』 64-3(史學會, 1972); 池澤 優, 『孝思想の宗教學的研究』(東京大學出版會, 2002).

41 금문 『효경』, 제16 '感應章'.

42 물론, 이미 송대에 들어와서 『효경』의 구성, 내용에 대한 의문이 제기되고 있었는데 사마광이나 범조우가 대표적인 인물이다. 사마광은 『고문효경지해(古文孝經指解)』를, 범조우는 『고문효경설(古文孝經說)』을 편찬했으며, 두 책은 『고문효경지해』(1권)란 이름으로 묶여, 『경해(經解)』, 『사고전서총목제요(四庫全書總目提要)』에 실려 있다. 주희는 이들의 의문을 입론의 근거로 삼으면서도 다른 사람들과는 질적으로 구별되는 새로운 『효경』 이해를 펼쳤다. 『주자대전』 권66, 잡저, 「孝經刊誤」.

43 그렇지만 한대 이후로 여러 유자들이 그 틀린 사실을 제대로 알지 못하였고, 심지어는 공자의 自著로 생각하는 가소로운 경우까지 있다는 것이 그의 생각이었다. 『주자대전』 권66, 잡저, 「孝經刊誤」.

44 『주자어류』 권82, 孝經.

45 삭제한 문장이다. "先王見教之可以化民也, 是故先之以博愛, 而民莫遺其親, 陳之德義, 而民興行. 先之以敬讓, 而民不爭. 導之以禮樂, 而民和睦. 示之以好惡, 而民知禁. 『詩』云, 赫赫師尹, 民具爾瞻."

46 삭제한 문장이다. "以順則逆, 民無則焉. 不在於善, 而皆在於凶德, 雖得之, 君子不貴也. 君子則不然, 言思可道, 行思可樂, 德義可尊, 作事可法, 容止可觀, 進退可度, 以臨其民. 是以其民畏而愛之, 則而象之. 故能成其德教, 而行其政令. 詩云, 淑人君子, 其儀不忒."

47 『주자대전』 권66, 「孝經刊誤」, 傳 5章의 章下 註, "此一節釋孝德之本之意, 傳之五章也. 但嚴父配天, 本因論武王周公之事而贊美其孝之詞, 非謂凡爲孝者, 皆欲如此也. 又况孝之所以爲大者, 本自有親切處, 而非此之謂乎. 若必如此而後爲孝, 則是使爲人臣子者, 皆有矜將之心而反陷於大不孝矣. 作傳者但見其論孝之大, 即以附此而不知其非所以爲天下之通訓, 讀者詳之."; 『주자어류』 권82, 孝經, "孝莫大於嚴父, 嚴父莫大於配天, 則其不害理. 儻如此, 則須是如武王周公方能盡孝道, 尋常人都無分盡孝道也, 豈不啓人僭亂之心."

48 加地伸行, 「『孝經啓蒙』の諸問題」, 『中江藤樹』(日本思想大系 29)(岩波書店, 1974).

49 정호훈, 「朱子 『孝經刊誤』와 그 성격」, 『동방학지』 116(연세대학교 국학연구원, 2002).

50 『주자어류』 권82, 孝經, "孝經, 疑非聖人之言."

51 『효경간오』는 주희가 57세 되던 해 완성된다(黃幹 著·강호석 역, 『朱子行狀』, 乙酉文化社, 1975, 154쪽). 이 책의 내용과 성격에 대해서는 다음 참조. 정호훈, 「朱子 『孝經刊誤』와 그 성격」, 『동방학지』 116(연세대학교 국학연구원, 2002).

52 이를테면 다음과 같은 언급에서 군주의 正心이 당면의 정치적 과제를 풀어감에 핵심이 된다고 여겼던 주희의 생각을 알 수 있다. 『주자대전』 권12, 封事, 「己酉擬上封事」, "첫째, 이른바 강학하여 마음을 바르게 함. 신은 듣기로 천하의 일은 그 근본이 한 사람에게 있고, 한 사람의 몸은 그 주재가 한 마음에 있다고 했습니다. 그러므로 人主의 마음이 한번 바르게 되면 천하의 일이 바르지 않음이 없고, 인주의 마음이 한번 삿되게 되면 천하의 일이 삿되지 않음이 없습니다. … 이 때문에 천하에 그 덕을 밝히고자 했던 옛날의 哲王은 한결같이 마음을 바르게 함을 근본으로 삼지 않은 경우가 없었습니다."

53 군주성학론의 논리와 구조에 대해서는 다음 참조. 金駿錫, 『조선 후기 정치사상사 연구』(지식산업사, 2003), 제3장의 'Ⅰ. 宋時烈의 世道政治論과 賦稅制度 釐正策'.

54 주희의 『대학』 이해에 대해서는 다음 참조. 李東熙, 「朱子의 大學章句에 대한 硏究」, 『東洋哲學硏究』 2(동양철학연구회, 1985); 李東熙, 「朱子의 『大學章句』에 대한 辨證硏究」, 『민족문화』 9(한국고전번역원, 1983); 佐野公治, 『四書學史の硏究』(創文社, 1988); 정호훈, 「朝鮮後期 새로운 經書解釋과 그 政治思想: 尹鑴의 『大學』 解釋과 君主學을 중심으로」, 『韓國史의 構造와 展開』(혜안, 2000).

55 板野長八, 「孝經の成立」, 『史學雜誌』 64-3(史學會, 1972).

56 주희는 理는 하나이지만 또 각 사물마다 그 리는 달리 나타난다는 전제하에, 부자간의 리, 군신 간의 리가 각기 다르게 존재한다고 이해했다. 『주자대전』 권14, 「光宗紹熙五年甲寅 行宮便殿奏箚 二」. 이것은 군-관-민으로 이어지는 공적 국가적 질서와 지주-전호까지 의제적으로 포괄하는 가부장적 질서를 구분하는 것으로 이해할 수 있다. 곧 충과 효[弟]의 덕목은 서로 다른 관계 위에서 성립·기능하는 것이었다. 戶川芳郎 외 저·조성을 외 역, 『유교사』(이론과 실천, 1990), 277쪽.

57 송대 이후 정치체제에서 나타나는 가장 큰 변화는 중앙집권체제의 강화이다. 여기에 대해서는 다음 참조. 申採湜, 「宋 以後의 皇帝權」, 『東亞史上의 王權』(한울, 1993).

58 여기에 대해서는 다음 참조. 정호훈, 「朱子 『孝經刊誤』와 그 성격」, 『동방학지』 116(연세대학교 국학연구원, 2002).

59 여기에 대해서는 다음 참조. 피터 K. 볼 저, 김영민 역, 『역사 속의 성리학』(예문서원, 2010).

60 후인의 위찬으로 만들어진 부분에 대해 윤휴는 장의 표제, 장의 잘못된 분절 등이 해당한다고 이해했다, 『백호전서(중)』 권27, 잡저, 1153쪽, "孝經, 經一章以下, 朱子疑爲後儒僞竄, 爲之移其篇序, 削其誤謬, 而考論其是非. 然以今考之其間, 誠不無後人僞補者, 朱子刊之當矣."

61 『백호전서(중)』 권27, 잡저, 「漫筆 下」, 1153쪽.

62 『백호전서(중)』 권38, 잡저, 「讀書記_孝經章句」, '孝經章句考異目錄', 1539쪽.

63 『백호전서(중)』 권38, 잡저, 「讀書記_孝經章句」, '孝經章句考異目錄', 1539쪽.

64 '經字 삭제자'는 다음과 같은 사례이다. 1장의 "子曰, 愛親者不敢惡於人, 敬親者不敢慢於人. 愛敬盡於事親, 而德教加於百姓, 刑于四海, 蓋天子之孝也."에 대해 『효경간오』에서는 '子曰' 두 글자는 연문이라고 삭제했는데, 윤휴는 이를 복원하고 『효경간오』의 사정을 註記했다.

65 『백호전서(중)』 권38, 잡저, 「讀書記_孝經章句」, '孝經章句考異目錄', 1539쪽, "經文이 모두 1661자인데, 그중에서 고문에 잔결된 24자와 금문으로 옛 경에서 삭제된 부분을 보충한 163자와 장의 표제에서 삭제된 41자와 삭제된 經 자를 모두 본문의 구절 아래 고문과 간오의 장구에 註로 달았다."

66 『백호전서(하)』 권38, 잡저, 「讀書記_孝經章句」, '孝經章句今古文考異', 1545-1546쪽, "이상(제7장)은 전의 전편이 되고, 이 이하는 전의 후편이 된다. 이는 대학에서 경을 전장과 후장으로 구성한 것과 같다. 전편에서는 경문을 순차적으로 설명하고 후편에서는 경문을 역으로 펼쳤다."

67 윤휴가 설정한 『효경』의 經은 開宗明義章, 天子-庶人章 등 금문 『효경』의 6개 장을 포괄하고 있다. 원문은 다음과 같으며, 윤휴는 줄친 내용의 순서에 따라 전이 설정되어 있다고 보았다. "仲尼閒居, 曾子侍坐. 子曰: 參, ①先王有至德要道, 以順天下. ②民用和睦, 上下無怨. 女知之乎? 曾子避席曰: 參, 不敏, 何足以知之? 子曰: 夫③孝德之本也. ④教之所由生也. 復坐. 吾語女. 身體髮膚受之父母, 不敢毁傷, 孝之始也. 立身行道, 揚名於後世, 以顯父母, 孝之終也. 夫孝始於事親, 中於事君, 終於立身. 「大雅」云: '無念爾祖, 聿脩厥德'. 子曰: 愛親者, 不敢惡於人; 敬親者, 不敢慢於人. 愛敬盡於事親, 而德教加於百姓, 刑于四海, 蓋天子之孝也. … 用天之道, 因地之利, 謹身節用, 以養父母, 此庶人之孝也. 故⑤自天子已下至於庶人, 孝無終始而⑥患不及者, 未之有也." 『백호전서(하)』 권38, 잡저, 「讀書記_孝經章句」, '孝經章句今古文考異', 1540-1542쪽.

68 1장의 章下 註에서 윤휴는 "주자가 이르기를, '이 1절은 부자와 증자가 문답한 말을 증자의 문인이 기록해놓은 것으로 아마 『효경』의 본문은 이것뿐이고, 이 아래는 누군가가 傳記 여기저기에서 인용하여 경문을 해석한 것으로 바로 『효경』의 傳에 해당한다' 하였다"고 하여, 주희의 발언을 명기했다.

69 『백호전서』 권38, 잡저, 「讀書記_孝經章句」, '孝經章句考異目錄', 1539쪽.

70 『백호전서(하)』 권38, 잡저, 「讀書記_孝經章句」, '孝經章句考異目錄', 1545쪽.

71 『백호전서(하)』 권38, 잡저, 「讀書記_孝經章句」, '孝經章句考異目錄', 1544쪽. 『효경간오』에서는 '嚴父配天說'을 일반인의 효에 대한 의미로 확대함으로써 비판의 근거를 구했으나, 윤휴는 이를 군주의 효 행위로 이해하고 긍정했다. 여기서 주희와 윤휴의

『효경』 이해의 차이가 군주·군주정치에 대한 이해의 상이함에서도 비롯한 것임을 확인한다.

72 『백호전서(하)』 권38, 잡저, 「讀書記_孝經章句」, '孝經章句考異目錄', 1541쪽, "王者父天母地 故曰 天子."

73 『백호전서(하)』 권38, 잡저, 「讀書記_孝經章句」, '孝經章句今古文考異', 1543쪽, 「孝經章句考異」 3장의 주.

74 고본 『대학』에 대한 해석에서도 동일한 생각을 확인할 수 있다. 『백호전서(하)』 권37, 잡저, 「讀書記_大學」, '大學古本別錄', 1510쪽, "所謂平天下-有絜矩之道也"의 주, "백성들 모두가 효제의 마음을 가지고 있으니, 이것이 바로 明德인 것이다. 윗사람이 그렇게 하면 아랫사람은 반응을 보이기 마련이다. 가령, 자기 아버지를 존경하면 그의 아들이 기뻐할 것이고, 자기 형을 존경하면 그 아우가 기뻐할 것 아닌가. 누구나 다 그 마음이 있음을 군자는 알기 때문에 자기 마음을 척도로 삼아 다른 사람에게 이를 공평하게 실시하여 그들 모두가 각기 자기들 소원대로 되게 만드는 것이다. 명덕을 천하에 밝힌다는 것은 바로 이것을 이른 것이다. 平이라는 것은 均平하고 가지런하여 이 세상 어느 누구도 자기 소원을 이루지 못한 사람이 없게 하는 것이다." 이에 대한 구체적인 분석은 제2부 7장 참조.

75 『백호전서(하)』 권38, 잡저, 「讀書記_孝經章句」, '孝經章句今古文考異', 1544쪽.

76 전에 이르기를, "배운 다음 일정한 자리에 있는 이를 士라고 한다."

77 금문 『효경』, 제5 '士章'.

78 『백호전서(하)』 권38, 잡저, 「讀書記_孝經章句」, '孝經章句今古文考異', 1541쪽.

79 『백호전서(하)』 권38, 잡저, 「讀書記_孝經章句」, '孝經章句今古文考異'.

80 『백호전서(하)』 권38, 잡저, 「讀書記_孝經章句」, '孝經章句今古文考異', 1545쪽.

81 『맹자』, 「萬章 下」. 제 선왕이 맹자에게 군주와 卿의 관계에 대해 질문했다. 貴戚의 경에 대해 맹자가 "군주가 큰 허물이 있으면 간언하는데 여러 차례 간언해도 듣지 않으면 군주를 바꾼다[君有大過則諫, 反覆之而不聽則易位]"고 대답했다가 異姓의 경에 대해서는 "군주가 허물이 있으면 간언하는데 여러 번 반복해도 듣지 않으면 떠난다[君有過則諫, 反覆之而不聽則去]"라고 다르게 답했다. 이에 주희는 "君臣義合, 不合則去"라고 주석을 달았다. 주희는 혈연으로 맺어지지 않은 군-신의 관계를 묶는 규범은 '義理'라고 해석했다.

82 『백호전서(하)』 권38, 잡저, 「讀書記_孝經章句」, '孝經章句今古文考異', 제8장, 1546쪽.

83 금문 『효경』, 제13 '廣至德'; 『백호전서(하)』 권38, 잡저, 「讀書記_孝經章句」, '孝經章句今古文考異', 제9장, 1546쪽.

84 윤휴는 『효경장구고이』 9장에서 '教以孝', '教以悌', '教以臣'이라고 하여 '반드시 教를 말한 것'은 몸으로 손수 가르치면 천하에서 다 따르기 때문이라고 주를 달았다. 『백호전서(하)』 권38, 잡저, 「讀書記_孝經章句」, 1546쪽.

85 『백호전서(하)』 권38, 잡저, 「讀書記_孝經章句」, '孝經章句今古文考異', 1549쪽.

86 『백호전서(하)』 권38, 잡저, 「讀書記_孝經章句」, '孝經章句今古文考異', 1549쪽.

87 "이런 관념은 曺植의 생각과 통하는 점이 많다. 조식은 이황에게 보낸 편지에서 '근래의 학자들이 灑掃의 절도도 모르면서 입으로 天理나 담론하고 이름을 도둑질하려 한다'고 못마땅해하며, 심성 상의 문제에 몰두하는 당시의 학문 방식을 비판했다(『남명집』 권4, 與退溪書). 이런 점은 성운과 김덕민을 통하여 윤휴에게로 이어지는 요소로 판단된다.

88 『백호전서(상)』 권4, 疏箚, 「擬上疏【丙子】」.

89 『백호전서(하)』 권41, 잡저, 「讀書記_讀尙書」, '大禹謨', 1644쪽.

90 『백호전서(하)』 권37, 잡저, 「讀書記_大學」, '大學後說', 1532쪽.

91 정호훈, 「朝鮮後期 새로운 經書解釋과 그 政治思想: 尹鑴의 『大學』 解釋과 君主學을 중심으로」, 『韓國史의 構造와 展開』(혜안, 2000), 694-695쪽.

92 『백호전서(하)』 권37, 잡저, 「讀書記_大學」, '大學古本別錄', 1509쪽.

93 『백호전서(하)』 권38, 잡저, 「讀書記_孝經章句」, 1541쪽. 한편 윤휴는 "此與上章(1장-인용자) 未必一時之言, 而作經者, 以文相續如此."(『백호전서(하)』 권38, 잡저, 「讀書記_孝經章句」, 1543쪽)라 하여 이 구절이 『효경장구고이』 2장에서 다시 설명되는 것으로 보았다. 주희의 이 구절에 대한 문제 제기의 부정이었다.

94 『백호전서(하)』 권38, 잡저, 「讀書記_孝經章句」, 1543쪽; 『효경장구고이』 3장의 주, "以孝治天下者, 老吾老以及人之孝也. 推好惡之心, 而與民同之, 所以得萬國之歡心, 此大學所謂絜矩之道也."

95 『백호전서(하)』 권38, 잡저, 「讀書記_孝經章句」, 1540쪽, "因其本心之所有, 而以己[正]道之, 非有所强拂也." 『하헌집』, 『백호독서기』에서는 '己'로 표기했고, 『백호전서』에서는 '正'으로 표기했다. 문맥상 '己'가 맞는 것으로 판단된다.

96 『백호전서(하)』 권38, 잡저, 「讀書記_孝經章句」, 1540쪽; 『효경장구고이』 1장의 章下註, "各得其分, 而天下平."

97 『백호전서(하)』 권38, 잡저, 「讀書記_孝經章句」, 1543쪽; 『효경장구고이』 3장의 주, "民用和睦, 上下無怨."

98 『백호전서』 권28, 「公孤職掌圖說 上」, 1199쪽, "行於古今, 達于上下, 德非此不立, 道非此不行."

99 『백호전서(하)』 권37, 「讀書記_大學」, '大學古本別錄', 1510쪽, "民皆有孝弟之心 所謂明德也".

100 유교에서의 親親과 尊尊의 관념에 대해서는 다음 참조. 이봉규, 「규범의 근거로서 혈연적 연대와 신분의 구분에 대한 古代儒家의 인식」, 『태동고전연구』 10(한림대학교 태동고전연구소, 1993); 이봉규, 「王權에 대한 禮治의 문제의식: 宗法과 君子 개념을 중심으로」, 『철학』 72(한국철학회, 2002).

101 주자학에서 가족 윤리, 곧 효가 천리로서의 인의 기본이 되지만, 그것은 군신 윤리의 충과는 엄격히 구분되었다. 中國孔子基金會 編, 『中國儒學百科全書』(儒家倫理思想, 2000), 115쪽. 그런 점에서 윤휴의 이러한 생각은 당시 확산되던 가족 윤리의 효를 국가 윤리의 측면에서, 한편으로는 간섭하고 한편으로는 적극 활용하는 의미를 지니고 있었다고 할 수 있다.

16~17세기, 조선에서 가족 윤리가 확산되는 양상은 『주자가례』의 확산, 종법 문화의 확산에서 볼 수 있다. 이에 대해서는 다음 참조. 장동우, 「『주자가례』의 수용과 보급 과정: 東傳 版本 문제를 중심으로」, 『국학연구』 16(한국국학진흥원, 2010); 정긍식, 『조선시대 제사승계의 법제와 현실』(한국학중앙연구원 출판부, 2021); 정호훈, 『종법의 원리와 정착과정』(민속원, 2024).

102 이 같은 요소가 명대의 사상에서 발전하였음을 확인할 수 있다. 岩間一雄, 「民衆の思想と呪術の園」, 『中國の封建的世界像』(未來社, 1982), 107-111쪽.

103 여기에 대해서는 다음 참조. 정호훈, 「白湖 尹鑴의 現實認識과 君權强化論」, 『학림』 16(연세사학연구회, 1994).

104 『백호전서(하)』 권40, 「孝經外傳續篇 中」, 萬章問, 1602쪽. 윤휴가 생각했던바 '국가=일가' 정치론은, 존존 관계를 친친 관계보다 우위에 두었던 선조·광해조 북인의 국가 중심의 정치론과 일맥상통하였다. 『효경』, 『대학』, 『중용』의 事天·事親學에 주목하는 윤휴의 의도는 아마도 북인의 정치론을 經學上으로 확인하자는 것이었을 것이다. 실제 윤휴는 『효경』의 해석에서 그 근본 이념, 親親과 尊尊의 문제에 대해 상호 간에 아무런 마찰이 없다고 이해하였다. "병행하여 서로 방해하지 않는다[竝行而不相妨奪]." 그러면서도 한편으로는 친친을 존존으로 수렴하고 있었다. 군주는 王母에게는 항상 天의 절대적 위치에 서는 존재(『백호전서(하)』 권42, 「讀春秋」, 1705쪽, "子爲君, 則亦母之所天也")라는 것이 윤휴의 생각이었다.

105 『백호전서(하)』 권38, 잡저, 「讀書記_孝經章句」, 1541쪽; 『백호전서(하)』 권37, 잡저, 「讀書記_大學」, '大學後說', 1532쪽.

106 『백호전서(하)』 권38, 잡저, 「讀書記_孝經章句」, 1543-1544쪽.

107 『백호전서(상)』 권7, 「謝下示親製舟水圖說疏」, 262쪽.

108 『백호전서(상)』 권4, 疏箚, 「擬上疏【丙子】」, 117쪽.

109 『백호전서(상)』 권4, 疏箚, 「擬上疏【丙子】」, 117쪽.

110 『백호전서(중)』 권26, 「帝舜在璇璣玉衡以齊七政」, 1085쪽.

111 『백호전서(하)』 권40, 잡저, 「讀書記_孝經外傳續篇 上」, 1594쪽.

112 『백호전서(하)』 권36, 잡저, 「讀書記_中庸」, '中庸朱子章句補錄', 1485쪽.

113 金駿錫, 『조선 후기 정치사상사 연구』(지식산업사, 2003), 2쪽.

114 金駿錫, 『조선 후기 정치사상사 연구』(지식산업사, 2003), 246-250쪽; 金駿錫, 「朝鮮後期 黨爭과 王權論의 推移」, 『朝鮮後期 黨爭의 綜合的 檢討』(한국정신문화연구원,

1992), 402-406쪽.

115 守本順一郎, 『東洋政治思想史硏究』(未來社, 1967).

116 윤휴는 숙종 즉위 직후 초의로서의 생활을 청산하고 출사하였다. 1674년 12월 사헌부 장령을 제수받은 이래 중앙의 요직을 두루 거쳐 1679년에 우찬성에 이르렀다. 『숙종실록』, 즉위년(1674) 12월 1일; 『숙종실록』, 5년(1679) 9월 5일.

117 『백호전서』 권6, 「進孝經註解無逸立政圖疏【六月十七日】」.

118 『백호전서』 권6, 「進孝經註解無逸立政圖疏【六月十七日】」; 『백호집』 권6, 「進孝經註解無逸立政圖疏【六月十七日】」. 이 상소문은 실록과 『승정원일기』에는 실려 있지 않다.

7장 『대학』 해석과 군주학의 수기치인론

1 윤휴는 유교의 원리를 事天과 事親의 개념을 축으로 이해하려고 했는데, 『대학』과 『중용』은 사천 이념을, 『효경』은 사친의 이념을 대표하며, 사친과 사천은 상통하므로 『중용』, 『대학』, 『효경』은 동일한 비중을 갖는 경전이라고 파악했다. 이에 대해서는 다음 참조. 정호훈, 「尹鑴의 經學思想과 國家權力 强化論」, 『한국사연구』 89(한국사연구회, 1995).

2 『정관재집』 권8, 「上宋同春」.

3 『백호전서(하)』 권37, 잡저, 「讀書記_大學」, 1501-1536쪽.

4 尹鑴의 經書硏究와 著述에 대해서는 다음 참조. 정호훈, 「尹鑴의 經學思想과 國家權力 强化論」, 『한국사연구』 89(한국사연구회, 1995).

5 『백호전서(하)』 권37, 잡저, 「讀書記_大學」, '大學古本別錄', 1501쪽.

6 東京大學 中國哲學敎室 編, 全南大 東洋哲學敎室 역, 『中國哲學思想史』(전남대학교 출판부, 1976), 153-157쪽.

7 주희의 『대학장구』에 대한 연구로는 다음 참조. 李東熙, 「朱子의 大學章句에 대한 硏究」, 『東洋哲學硏究』 2(동양철학연구회, 1985); 梁大淵, 「大學 體系의 硏究(上·下)」, 『成大論文集』 10(성균관대학교, 1965); 李東熙, 「朱子의 『大學章句』에 대한 辨證硏究」, 『민족문화』 9(한국고전번역원, 1983); 佐野公治, 『四書學史の硏究』(創文社, 1988); 李紀祥, 『兩宋以來大學改本之硏究』(臺灣學生書局, 1988); 최석기, 『조선시대 大學章句 改定과 그에 관한 論辨』(보고사, 2011).

8 『대학장구』 '新民' 주희 주, "新者革其舊之謂也. 言其自明其明德, 又當推以及人, 使之亦有以去其舊染之汚也."

9 『백호전서(하)』 권37, 잡저, 「讀書記_大學」, '大學古本別錄'.

10 『백호전서(하)』 권37, 잡저, 「讀書記_大學」, '大學古本別錄', 1508쪽; 『백호전서(하)』 권37, 잡저, 「讀書記_大學」, '大學古本別錄', 1518쪽.

11 『백호전서(하)』 권37, 잡저, 「讀書記_大學」, '大學古本別錄', 1508쪽.

12 왕양명이 남긴 고본 『대학』 주석은 다음 글에서 확인할 수 있다. 『왕양명전집(王陽明全集)』 권7, 「大學古本序」; 『왕양명전집』 권32, 「大學古本傍釋」.

13 山井湧, 「中國思想と藤樹」, 『(日本思想大系29) 中江藤樹』(岩波書店, 1974), 405쪽.

14 후술하는 제2부 7장 2절 참조.

15 주자학에서 理란 天人間을 규정하는 원리이며, 인륜·사회 윤리의 객관 타당한 '所以然', '所當然'으로 이해되고 있었으므로, 豁然貫通하여 이를 완벽하게 체인하는 일이야말로 인식·실천에서 근본이 되는 일이었다.

16 『대학장구』, "大學之道, 在明明德, 在親民, 在至於至善."의 주희 주.

17 본래 『대학』에서는 수기치인의 과정을 誠意, 正心, 修身, 齊家, 治國, 平天下의 단계로 계서적으로 이루어진다고 파악하고, 이의 출발점을 치지와 격물로부터 설정하고 있었다. 치지와 격물은 성의, 정심, 수신, 제가, 치국, 평천하를 이루기 위한 기초였다. 따라서 치지와 격물을 수행하는 방식을 어떻게 설정하느냐에 따라 학문론의 성격, 방향이 결정될 것이었다.

18 『대학장구』 '致知在格物條'의 주희 주, "致推極也, 知猶識也, 推極吾之知識. 欲其所知. 無不盡也. 格至也, 物猶事也, 窮至事物之理, 欲其極處, 無不到也."

19 이를테면 『중용장구』 26장의 '知天', '知人'에 대한 주희의 해석은 이를 극명히 보여준다. 주희는 지천 → 지인 → 知身의 구도를 설정하고, 지천, 곧 理의 체인이 이루어지면("知天是物格知至, 得箇自然道理."), 지인·修身의 리를 자연 얻을 수 있다고 본다("知天是起頭處, 能知天, 則知人事親修身, 皆得其理矣."). 이는 『대학』의 이해에서 格物·致知가 窮理로 해석되는 것과 통한다.

20 주희의 이러한 방법론은 현 존재를 氣質, 氣稟에 좌우되는 존재로 파악하여 일단 부정한 이후에, 인간이 가진 선천의 도덕성을 회복한다는 구조를 지니고 있다. 절대 理를 규준으로 인간을 부정하고 규율하는 성격이 여기서 드러나는 것으로 볼 수 있다. 그때 그 부정과 규율이란 상하의 관계론을 견지해나가는 과정에서 아주 중요한 의미를 지닐 것이다.

21 『백호전서(하)』 권37, 잡저, 「讀書記_大學」, '大學古本別錄', 1520-1521쪽.

22 『백호전서(하)』 권37, 잡저, 「讀書記_大學」, '大學古本別錄', 1501쪽; 『백호전서(하)』 권37, 「大學後說」, 1525쪽.

23 『백호전서(하)』 권37, 잡저, 「讀書記_大學」, '大學古本別錄', 1501쪽, '格物'의 주, "詩之昭格·曰奏格, 書之格于文祖·于上帝, 易之王格有家·有廟, 皆誠敬感通之義也."

24 『백호전서(하)』 권37, 잡저, 「讀書記_大學」, '大學古本別錄', 1502쪽; 『백호전서(하)』 권37, 「古本大學別錄」, 1519쪽.

25 『백호전서』 권37, 잡저, 「讀書記_大學」, '大學古本別錄', '致知在格物'의 윤휴 주, "言在物不言先者, 物格於彼而知達於此也."

26 『백호전서(하)』 권37, 잡저, 「讀書記_大學」, '大學古本別錄', 1520쪽.

27 여기서 윤휴는 왕양명 학문의 기본 방법인 '致良知'라는 개념을 일절 사용하지 않는다. 하지만 내용상으로는 왕양명의 치양지설과 동일한 측면이 있다. 왕양명의 치양지설에 대해서는 다음 참조. 楊國榮, 김형찬 외 역, 『양명학』(예문서원, 1994), 2장.

28 『대학장구』, 經 1장, 明德의 주희 주.

29 明德에 대한 윤휴의 언급은 다음과 같이 다양한데, 주희가 "明德者, 人之所得乎天而虛靈不昧, 以具衆理, 而應萬事者也."라고 정의한 것을 포괄하면서도 확장하여 효제로 파악하는 특성을 보인다. 명덕을 이해하는 사례 몇 가지를 들면 다음과 같다. 『백호전서(하)』 권37, 잡저, 「讀書記_大學」, '大學古本別錄', 1501쪽, "其得於天而光明正大者, 謂之明德. 蓋指人心之靈明洞察, 管乎萬理者而言之."; 『백호전서(하)』 권37, 잡저, 「讀書記_大學」, '大學古本別錄', 1508쪽, "明德者, 心之本體也."; 『백호전서(하)』 권37, 잡저, 「讀書記_大學」, '大學古本別錄', 1510쪽, "民皆有孝悌之心, 所謂明德也."

30 『백호전서(하)』 권37, 잡저, 「讀書記_大學」, '大學古本別錄', 1518쪽.

31 『백호전서(하)』 권37, 잡저, 「讀書記_大學」, '大學古本別錄', 1518쪽, 1519쪽.

32 윤휴는 다음과 같이, 격물은 두 가지 형태로 이루어지면서 결국에는 한 가지 일로 수렴된다고 파악했다. 『백호전서(하)』 권37, 「讀書記_大學」, '大學古本別錄', 1517쪽, "격물은 그 방법이 두 가지이다. 하나는 마음을 챙겨 간직하며 엄숙하고 고요하고 전일한 상태를 유지하여, 本原이 명백 광대하여 사물이 닥쳐왔을 때 앎이 자연히 이르게 하는 것이고, 다른 하나는 따져 묻고 깊이 생각하고 연구에 연구를 거듭하여 참으로 오랫동안 힘을 쌓은 끝에 신화의 경지에 들어가게 하는 것인데, 이 모두가 사물의 이치를 感通하는 도이다. 그렇다면 이 두 방법이야말로 이치를 연구하고 선을 밝히는 일에 있어 큰 방법이 되는 것이다."

33 『백호전서(하)』 권37, 잡저, 「讀書記_大學」, '大學古本別錄', 1519쪽.

34 『백호전서(하)』 권37, 잡저, 「讀書記_大學」, '大學古本別錄', 1504쪽, 誠意傳의 "所謂, 誠其意者, 無自欺也. 如惡惡臭, 如好好色, 此之謂自謙. 故君子, 必愼其獨也."의 주.

35 『백호전서(하)』 권37, 잡저, 「讀書記_大學」, '大學古本別錄', 1505쪽.

36 윤휴는 『효경』의 경전으로서의 의의가 『대학』, 『중용』에 버금간다고 보고 이의 내용과 외연을 확대하는 데 많은 노력을 기울였다. 『효경장구고이』, 『효경외전』, 『효경외전속편』 등 여러 편의 글은 그러한 작업의 성과였다. 『백호전서』 권38~40. 『효경장구고이』는 금·고문 『효경』, 주희의 『효경간오』를 참고하여 체재를 재구성하되, 금·고문 『효경』의 이념을 그대로 수용한 『효경』 자체에 대한 주석서이며, 뒤의 두 편은 『효경』과 관련되는 경전의 편목, 논설을 찬집한 책이다.

37 양명학의 역사적 특질을 효제 관념과 연관하여 파악하는 시각은 守本順一郎, 岩間一雄의 연구에서 확인할 수 있다. 守本順一郎, 『東洋政治思想史研究』(未來社, 1967);

岩間一雄, 『中國政治思想史硏究』(未來社, 1990). 王艮은 매일 『효경』을 읽었으며, 「孝箴」, 「孝悌箴」 등을 지었다. 山井湧, 「中國思想と藤樹」, 『(日本思想大系 29) 中江藤樹』(岩波書店, 1974), 404-405쪽. 羅汝芳도 明德을 '효제'라 규정하고, 효제의 실천을 양지의 배양에서 가장 중요한 공부로 생각했다. 배영동, 『明末淸初思想』(1992, 민음사), 95-100쪽.

38 『백호전서(중)』 권27, 잡저, 「漫筆 下」, 1154쪽.

39 『백호전서(하)』 권37, 잡저, 「讀書記_大學」, '大學古本別錄', 1515쪽, "二書實相表裏."

40 『백호전서(하)』 권36, 잡저, 「讀書記_中庸」, '中庸朱子章句補錄', 1463쪽, 1499쪽.

41 『백호전서(하)』 권33, 잡저, 「辛巳孟冬書」.

42 이 점은 3절에서 후술한다.

43 『백호전서(하)』 권36, 잡저, 「讀書記_中庸」, '中庸朱子章句補錄', 1485쪽, "聖人之所謂道者, 五倫九經之外, 無他道也, 此所謂天下之達道也." 그런데 여기서 '九經'은 "禮者, 下文所謂九經, 是也."(『백호전서(하)』 권36, 잡저, 「讀書記_中庸」, '中庸朱子章句補錄', 1480쪽) 하는 바대로 禮를 의미했다.

44 『백호전서(하)』 권36, 잡저, 「讀書記_中庸」, '中庸朱子章句補錄', 1478쪽, "성인이 모든 사물의 회합과 변통을 관찰하여 그에 맞게 전례를 행하면서, 예법도 인간 고유의 마음에 맞게 만들어서, 저마다 자기 뜻을 펴되 병행하여 어그러지지 않게 한 것이니 이것이 천하의 達道가 되는 소이이다." 다음 자료도 이를 잘 보여준다. "達은 통한다는 뜻인데, 사람 마음은 다 같은 것이기 때문에 그 마음에 맞게 예와 법을 만들어… 상하, 귀천 할 것 없이 제각기 자기 분수에 따라 자기에게 맞는 예를 행할 수 있었으니, 이것이 이른바 천하의 달도이다."(『백호전서(하)』 권36, 잡저, 「讀書記_中庸」, '中庸朱子章句補錄', 1476쪽).

45 『백호전서(하)』 권36, 잡저, 「讀書記_中庸」, '中庸朱子章句補錄', 1480쪽.

46 『백호전서(하)』 권40, 잡저, 「讀書記_孝經外傳續篇 上」, '皐陶謨', 1596쪽.

47 예법주의 이념은 이 시기 북인계 남인 학자 일반이 공유하는 정치론이라 할 수 있다. 허목이나, 유형원, 윤휴 모두 학문의 중심을 예법의 실천에 두고 있었다. 이에 대해서는 다음 연구 참조. 金駿錫, 「許穆의 禮樂論과 君主觀」, 『동방학지』 54·55·56(연세대학교 국학연구원, 1987); 金駿錫, 「柳馨遠의 變法觀과 實理論」, 『동방학지』 75(연세대학교 국학연구원, 1992); 정호훈, 『朝鮮後期 政治思想硏究』(혜안, 2004).

48 『백호전서(하)』 권37, 잡저, 「讀書記_大學」, '大學古本別錄', 1482쪽.

49 『백호전서(하)』 권40, 잡저, 「讀書記_孝經外傳屬編 上」, '皐陶謨', 1595쪽.

50 정호훈, 「백호 윤휴의 현실인식과 정치경제 개혁론」, 『학림』 16(연세사학연구회, 1996).

51 윤휴의 학문이 천인합일론이라기보다는 천인분리론의 성격을 지니는 것도 여기서 생각해볼 수 있겠다.

52 윤휴의 당색은 남인이었지만, 정치 학문적 뿌리는 북인이었다. 이수광 등 북인계 학인의 사상을 공유하고 있었던 것으로 보인다. 필자는 이들을 '북인계 남인'으로 범주화하여 살핀 바 있다. 정호훈, 『朝鮮後期 政治思想 硏究』(혜안, 2004).
허균, 한백겸, 이수광의 사상에 대해서는 다음 논고가 참고된다. 尹熙勉, 「韓百謙의 학문과 東國地理志 저술 동기」, 『진단학보』 63(진단학회, 1987); 鄭求福, 「韓百謙의 史學과 그 영향」, 『진단학보』 63(진단학회, 1987); 임영택, 「蛟山 許筠: 허균 사상에서의 인간화의 인식과 저항성」, 『李乙浩 정년기념 實學論叢』(전남대학교 출판부, 1975); 姜周鎭, 「芝峯과 政治思想」, 『韓國學』 20(한국학연구소, 1979); 潘允弘, 「芝峯 李睟光의 政治經濟思想」, 『사학연구』 25(한국사학회, 1975); 李萬烈, 「芝峯 李睟光 硏究(2): 그의 社會思想을 중심으로」, 『숙명여자대학교논문집』 15(숙명여자대학교, 1975); 정호훈, 「許筠의 學風과 政治理念」, 『한국사상사학』 21(한국사상사학회, 2003).

53 『대학장구』, 序.

54 『백호전서(하)』 권37, 잡저, 「讀書記_大學」, '大學古本別錄', 1501쪽.

55 『백호전서(하)』 권37, 잡저, 「讀書記_大學」, '大學全篇大旨按說', 1516쪽.

56 『백호전서(하)』 권37, 잡저, 「讀書記_大學」, '大學全篇大旨按說', 1516쪽.

57 『백호전서(하)』 권37, 잡저, 「讀書記_大學」, '大學古本別錄', 1502쪽.

58 『백호전서(하)』 권37, 잡저, 「讀書記_大學」, '大學古本別錄', 1516쪽.

59 이를테면, "誠意·正心之方"에서 '本忠信', '崇敬畏', '戒逸欲' 등 5항목을 들고, '戒逸欲'으로는 '명예를 좋아함에 대한 경계[好名之戒], 태만과 황망에 대한 경계[怠荒之戒], 방종과 횡포에 대한 경계[縱暴之戒], 사특하고 미혹함에 대한 경계[邪惑之戒]'를 거론했다. 그리고 '명예를 좋아함에 대한 경계'는 선을 한다고 하면서 사실은 악을 하고, 공로를 따지고 이익을 추구하고, 자기 자랑만 하고 남을 이기려고 하는 따위[若爲善實惡, 計功謀利, 自伐克人之類], '태만과 황망에 대한 경계'에 대해서는 "宮室·臺池·貨財·珍怪·聲樂·酒色·倡優·狗馬·花石·禽荒·游蕩·逸豫 같은 부류"(『백호전서』 권37, 「大學後說」, 1526)를 거론했다. 윤휴는 국왕이 경계해야 할 점들을 잘 지켜내고, "마음속으로 늘 삼가고 조심하면, 천하가 그 복을 받게 됨[致愼於方寸之間, 而天下蒙其福]"에 이를 것이라 여겼다.

60 조선 사회에서 주자학이 사대부학이면서도 군주학의 복합적 성격을 가지며 기능하는 사정에 대해서는 다음 연구에 자세하다. 金駿錫, 「朝鮮後期의 黨爭과 王權論의 推移」, 『朝鮮後期 黨爭의 綜合的 檢討』(한국정신문화연구원, 1992).

61 『숙종실록』, 1년(1675) 1월 18일.

62 군주를 보좌하여 인민을 다스리는 그들의 책무를 가장 훌륭하게 수행할 수 있는 지식과 교양을 쌓는 일이라 볼 수 있을 것이다. 이는 그의 과거제 개혁론-공거제 시행론과 궤를 같이하는 것이라 볼 수 있다. 정호훈, 「白湖 尹鑴의 現實認識과 君權强化論」,

『학림』 16(연세사학연구회, 1994).

63 윤휴가 이 같은 생각을 갖는 데에는 서양에 대한 지식도 작용했던 것으로 보인다. 윤휴는 서양 학문이 道科·治科·理科·醫科·文科 등 모두 5개 분야로 나뉘어져 있다고 알고 있었는데(『백호전서』 권33, 잡저, 「辛巳孟冬書」), 학문이 그 영역과 대상에 따라 방법과 지향을 달리한다는 점에 대한 최소한의 지식은 갖고 있었던 셈이라 할 것이다.

64 여기에 대해서는 제3부에서 다루었다.

65 군주학의 경학적 바탕은 『대학』뿐만 아니라, 『효경』, 『중용』에도 있었다. 윤휴의 경학은 『대학』, 『중용』, 『효경』, 『주례』 등 전 경서 해석을 통관하는 것이었으며, 이 점에서는 윤휴의 경서 해석-경학사상의 특성을 군주학의 위학체계-학문체계로 정리해야 할 것이다. 군주학과 사대부학의 독자적 영역을 설정했던 윤휴의 생각이 갖는 의미는 무엇일까? 이를 중세적 학문체계가 분해되고 해체되는 양상의 일단으로 이해해볼 수 있지 않을까? 이와 연관하여, 정약용도 『대학』의 학습 주체를 군주학 차원에서 이해하는 것을 주목할 수 있다. 정약용은 명확하게, 『대학』은 군주의 큰아들, 곧 왕위를 계승할 존재가 익힐 내용을 담고 있는 책으로 이해하였다(『대학공의(大學公義)』 권1). 이로 보면 정약용은 윤휴를 계승하는 선에서 『대학』을 이해하고 그의 학문관을 마련했다고도 할 수 있을 터인데, 조선 후기 實學의 학문론이 가지는 성격, 의미를 이와 같이 군주학의 독립이란 측면에서도 충분히 살필 수 있겠다."

66 『백호전서(하)』 권37, 「大學後說」, 1532쪽, "王者는 하늘을 아버지로 땅을 어머니로 섬기고, 仁者는 중국 전체를 한 집안으로, 온 천하를 한 집안으로 여긴다."

67 『백호전서(하)』 권41, 잡저, 「讀書記_讀尙書」, '大禹謨', 1644쪽, "신은 그 類가 아닌 제사에는 흠향하지 않는다고 하지 않았던가. 천하를 가진 사람은 천하를 집으로 삼고 일국을 가진 사람은 일국을 집으로 삼고 일가를 가진 사람은 일가를 집으로 삼는다. 그러므로 천자는 百神에게 제후는 四境에 사대부는 父祖께 제사를 올리니, 이것이 이른바 '유'이다."

고대 사회에서 보이는 이러한 일가의 혈통 의식은 제사와 밀접한 관계에 있었다. '類가 아니면 흠향하지 않는다[非類不歆]'라는 제사의 명제는 천하, 일국, 일가의 정치 단위가 혈연적 결속임을 전제하고 또 그 결속을 강화하는 주요 근거였다.

68 『백호전서(하)』 권37, 잡저, 「讀書記_大學」, '大學古本別錄', 1509쪽.

69 『논어』, 「學而」, "君子務本, 本立而道生, 孝弟也者, 其爲仁之本與."

70 주자학과 양명학의 성격을 이 같은 점을 중심으로 파악하는 학자는 일본의 守本順一郎, 岩間一雄이다. 두 사람은 주자학에서 양명학으로의 사상 전환이 갖는 정치적 역사적 의미를 봉건사상 해체의 1단계(2단계는 청대 고증학으로 봄)라는 측면에서 파악하려고 했는데, 양명학에서 효제를 강조한 의미를 주목하고 거기로부터 문제 해결의 실마리를 풀어내려고 하였다. 守本順一郎, 『東洋政治思想史硏究』(未來社, 1967); 岩間一雄, 『中國政治思想史硏究』(未來社, 1990). 필자의 연구는 이들의 논리를 완전히

긍정하지는 않지만 많은 시사를 받았다.

71 岩間一雄, 「民衆の思想と呪術の園」, 『中國の封建的世界像』(未來社, 1982), 107-110쪽.

72 『대학장구』, '新民' 주희 주, "新者革其舊之謂也, 言其自明其明德, 又當推以及人, 使之亦有以去其舊染之汚也."

73 『대학장구』, '平天下傳' 주희 주, "無不獲一夫."

74 『대학장구』, '平天下傳'의 "所謂平天下, 在治其國者, 上老老而民興孝, 上長長而民興弟, 上恤孤而民不倍, 是以, 君子有絜矩之道也."에 대한 주희 주, "絜은 헤아림이다. 矩는 네모진 것을 만드는 도구이다. 이 세 가지는 위에서 행하면 아래에서 본받는 것이 그림자와 메아리보다 빠르니, 이른바 '집안이 가지런해짐에 나라가 다스려진다'인 것이다. 또한 사람의 마음이 똑 같아 한 지아비라도 제대로 살 곳을 얻지 못하면 안 됨을 알 수 있다. 그러므로 군자가 반드시 그 동일한 것에 바탕하여 타인을 미루어 헤아리고 피아가 각기 그 分願을 얻게 하는 것이니, 이렇게 하면 상하 사방이 한결같이 고르게 방정해지고 천하가 평안해질 것이다."

75 『백호전서(하)』 권37, 잡저, 「讀書記_大學」, '大學古本別錄', 1510쪽, "所謂平天下-有絜矩之道也"에 대한 주.
윤휴의 해석에서 주목할 점은 명덕의 의미에 대해 『효경』 '廣要道章'에 나오는 "敬其父則子悅, 敬其兄則弟悅也." 구절을 활용하여 이해한 사실이다. 윤휴가 '平天下'의 '平'에 대해 "한결같이 고르게 베풀어 어떤 사람도 자기 자리를 얻지 못함이 없는 것[謂之平者, 平均齊一, 無一物不得其所也.]"이라고 이해한 점도 유의할 수 있다.

76 『백호전서』 권37, 잡저, 「讀書記_大學」, '大學古本別錄', 1521쪽.

77 『대학장구』, '平天下傳'. 다음과 같이 번역할 수 있다. "그러므로 군자는 먼저 덕을 삼가니, 덕이 있으면 사람이 모이고, 사람이 모이면 토지가 있다. 토지가 있으면 재물이 있고, 재물이 있으면 쓰임이 있다."

78 이 구절에 대한 주희의 주는 다음과 같다. "덕은 곧 이른바 명덕이다. '有人'은 민중을 이름을 말하고 '有土'는 나라를 얻음을 말한다. 나라를 얻으면 재용이 없음을 걱정하지 않을 것이다.[德卽所謂明德. 有人, 謂得衆; 有土, 謂得國. 有國則不患無財用矣.]"

79 『백호전서(하)』 권37, 잡저, 「讀書記_大學」, '大學古本別錄', 1520쪽.

80 『춘추좌씨전』이나 『한비자』, 『장자』나 『관자』 등의 책에서 이와 같이 덕을 시혜 혹은 은혜를 베푸는 일과 연관하여 해석한 것을 자주 볼 수 있다. 小野澤精一, 「德論」, 『中國思想槪論』(高文堂, 1986).

81 『백호전서(하)』 권37, 잡저, 「讀書記_大學」, '大學古本別錄', 1510쪽, "所謂平天下 ~ 有絜矩之道也"의 주.

82 『백호전서(하)』 권37, 잡저, 「讀書記_大學」, '大學古本別錄', 1502쪽, "國治而後 天下平"의 주, "평은 고름이다. 백성의 삶이 평안하고 그들이 원하는 것을 얻어 각기 늙은이를 늙은이로 대우하고 어린이를 자애롭게 키우는 마음을 실현할 수 있게 한다면,

임금의 明德이 천하에 미칠 뿐만 아니라 천하 사람들 또한 그들의 明德을 밝힐 것이니, 이것이 이른바 '平均'이다."

83 윤휴는 어쩌면 양명학자들이 추구했던 '大同社會'의 영향을 이와 같이 받았을 수도 있다. 양명학의 대동사회론에 대해서는 다음 참조. 金守中, 『陽明學의 '大同' 社會意識에 관한 硏究: 王守仁·王艮·何心隱을 중심으로』(서울대학교 박사학위논문, 1991).

84 『백호전서(하)』 권37, 잡저, 「讀書記_大學」, '大學全篇大旨按說', 1519쪽, "'格'은 바로 학문의 일이니, 이로써 誠敬·存養·學問·思辨을 통해서 고대의 명덕을 밝힌 자의 일을 본받아 따르는 것이다."

85 이에 대해서는 金駿錫, 『조선 후기 정치사상사 연구』(지식산업사, 2003)에 자세히 분석되어 있어 참고할 수 있다.

86 정호훈, 「白湖 尹鑴의 現實認識과 君權强化論」, 『학림』 16(연세사학연구회, 1994).

8장 『중용』 해석과 정치 인식

1 윤휴의 『중용』에 대한 연구로는 다음 참조. 安秉杰, 「白湖 尹鑴의 實踐的 中庸觀」, 『安東大論文集』 9(안동대학교 퇴계학연구소, 1987); 劉英姬, 『白湖 尹鑴 사상연구』(고려대학교 박사학위논문, 1993); 김유곤, 「『중용』과 『대학』 해석에 나타난 윤휴의 사천지학(事天之學)의 구조와 성격」, 『東洋哲學硏究』 76(동양철학연구회, 2013); 최석기, 「白湖 尹鑴의 중용 해석과 그 의미」, 『漢文學報』 40(우리한문학회, 2019); 정호훈, 「백호(白湖) 윤휴(尹鑴)의 『중용(中庸)』 해석과 그 성격」, 『한국사상사학』 79(한국사상사학회, 2025) 등. 윤휴 『중용』의 성격을 반(탈)주자학의 관점에서 보는 연구(안병걸, 유영희, 김유곤), 주자학의 틀 내에서의 주석 작업으로 이해하는 방식(최석기)이 있다. 전자의 경우도 이해 방식이 조금씩 차이가 나지만, 윤휴의 『중용』 해석이 갖는 '실천성'에 주목하는 점은 동일하다. 다만 그 '실천성'을 주자학의 실천성과 어떻게 대비해서 이해해야 할 것인가 하는 점은 연구의 과제가 된다.

2 『중용』 해석을 담은 『하헌집』 21책에서 『중용』 관련 첫 번째 작업 자료는 「讀書記」, 「中庸」, 「讀中庸」의 세 이름으로 구성되어 있고, 「讀中庸」의 말미에는 작성 연기를 '閼逢涒灘之歲'[甲申: 1644, 인조 22]로 적어두었다. 「독서기」에는 『중용』을 10년 동안 읽으며 사색한 내용을 정리해두었다고 하여 이 글이 그의 젊은 시절 작품임을 알려준다. 연보에는 28세 되던 해에 「中庸說」을 완성했다고 기록했는데(『백호집』 부록, 연보, "十七年甲申.【先生二十八歲.】 春, 奉大夫人還驪州, 卜居于白湖.【宋時烈聞先生將歸驪上, 來致繾綣曰, 今將闊別, 情自有不能已者.】 中庸說成."), 「독서기」 이래 3편을 이렇게 부른 것으로 판단된다.

3 『하헌집』 21책, 「讀書記_中庸」.

4 『하헌집』 21책에 「중용설」 다음으로 제목 없이 『중용』 수장의 내용을 그림으로 그리고 간단하게 설명을 붙인 글이 실려 있다. 「중용도설」이라고 할 수 있는데, 작성 연도는 1656년('柔兆涒灘')[丙申: 1656, 효종 7]으로 적혀 있다. 연보에는 이 글에 대한 정보가 실리지 않았으며, 『백호전서』 권35에는 「帝舜人心道心之圖」 등 여러 도설과 함께 실려 있지만 작성 연도는 기록되어 있지 않다.

5 여기에 대해서는 제1부 2장 2절의 2) 참조.

6 『하헌집』 21책, 「中庸朱子章句補錄」, "내가 어린 시절부터 읽고 연구해온 지가 지금에 어언 30여 년이 되었다. 매양 이 책을 읽다 보면 황홀하게 마음에 와닿는 것이 있어, 시대의 古今과 지역의 遠近을 느끼지 못하곤 하였다. 그러나 글로는 할 말을 다 못하고 말로는 뜻을 다 표현하지 못하는 법이니, 章句와 文字를 통하여 前聖들이 주고받은 뜻을 그나마 이해할 수는 있지만 先儒들이 남김없이 말해내지는 못한 것이 아닌가 한다."

7 『하헌집』 23책, 연보(상), "四十一年戊申【顯宗八年】. 先生五十二歲, 中庸章句補錄序成." 흥미롭게도 『백호전서』에 실려 있는 행장에서는 「중용장구보록서」를 비롯한 『중용』 관련 저술에 대해서는 일언반구 언급하지 않았다. 이는 행장 찬자의 의도적인 행동일 수도 있다.

8 『중용주자장구보록』이 윤휴 55세 때 완성되는 사정은 『하헌집』 21책에 실린 『중용주자장구보록』에서 확인할 수 있다. 이 자료에서는 마지막 면에 '中庸終'이라 쓰고 이어 '崇禎後重光大淵獻八月再書'라고 마무리 시점을 표기해두었다. 『중용주자장구보록』의 완성 연도에 대한 정보는 윤휴의 연보나 행장, 『백호전서』에는 찾을 수 없다. 『하헌집』이 의미 있는 자료인 이유를 여기서도 볼 수 있다.

연보에는 52세 때 「中庸章句補錄序」를 짓고 55세 때 「中庸大學後說」과 『古本大學別錄』을 완성했다고만 적어두었다. 『백호전서(하)』 부록5, 연보, '9년 戊申(윤휴 44세)', '12년 辛亥(윤휴 55세)'.

9 연보나 행장에 따르면, 이후 윤휴는 경서 해석과 연관된 성과는 더 이상 내지 않았다. 다만 이때의 지식과 이념을 현실 정치에 적극 활용하려고 했다. 『대학』과 『중용』 연구가 마무리되고 2~3년이 지난 뒤 그는 정계에 진출하여 또 다른 색채의 삶을 살게 되는데, 이때 윤휴는 국왕에게 자신의 지식을 전수하려고 끊임없이 노력했고 또 정책으로도 실현하려 했다. 經學에 대한 소양을 정치 현실에서 접맥하려고 노력한 그의 움직임은 당시 정치사상계에서는 예외적이었다.

비슷한 사례로는 숙종대 소론으로 활동했던 崔錫鼎을 꼽을 수 있다. 1709년(숙종 35) 초, 최석정은 『예기유편(禮記類編)』을 편찬·간행하고 숙종의 경연 자료로 쓰려다가 노론으로부터 탄핵을 당하는 고초를 겪기도 했다. 최석정과 『예기유편』에 대해서는 다음 참조. 양기정, 「『禮記類編』의 編纂과 刊行에 대한 연구」, 『書誌學報』 38(한국서지학회, 2011); 양기정, 「『禮記類編』의 毁板과 火書에 관한 연구」, 『민족문화』 39(한국고전번역원, 2012); 정호훈, 「焚書와 毁板의 정치학: 최석정의 『예기유편』 편간과 政爭」, 『규장각』 61(서울대학교 규장각한국학연구원, 2022).

10 이러한 이해 방식은 앞에서도 살폈지만 『효경』, 『대학』에서도 나타난다. 윤휴는 각 경전의 핵심 내용이 1장에서 제시되고, 이하의 여러 장에서는 1장에서 다룬 여러 주제가 순차적으로 설명된다고 생각했다.

11 『중용장구』의 제3장은 다음과 같이 간단하다, "子曰, 中庸, 其至矣乎! 民鮮能, 久矣."

12 이 점은 최석기가 이미 거론한 바 있다. 최석기, 「白湖 尹鑴의 중용 해석과 그 의미」, 『漢文學報』 40(우리한문학회, 2019). 주희의 문인 및 윤휴 이전의 조선 학자들에게서도 이러한 견해가 있었음을 알 수 있다. 이 점에서 『중용장구』 20장의 변화는 윤휴만의 독창이라 볼 수는 없다. 그러나 윤휴의 이 장에 대한 재조정은 그의 '修道之謂敎'에 대한 해석, '哀公 問政'에 대한 공자의 답변을 이해하는 방식과 연관되어 있음을 유의할 수 있다.

13 모두 687자의 긴 문장이다. 천하의 達道, 천하의 達德, 九經, 誠者, 誠之者, 博學·審問·愼思·明辨·篤行 등을 다루고 있다.

14 『중용장구』 20장의 후반부, "博學之, 審問之, 愼思之, 明辨之, 篤行之. 有弗學, 學之弗能弗措也; 有弗問, 問之弗知弗措也; 有弗思, 思之弗得弗措也; 有弗辨, 辨之弗明弗措也; 有弗行, 行之弗篤弗措也. 人一能之, 己百之; 人十能之, 己千之. 果能此道矣, 雖愚必明, 雖柔必强."

15 『중용장구』 20장의 중간 문장은 다음과 같다. "㉮ 仁者, 人也, 親親爲大. 義者, 宜也, 尊賢爲大. 親親之殺, 尊賢之等, 禮所生也. ㉯ 在下位, 不獲乎上, 民不可得而治矣. ㉰ 故君子, 不可以不修身, 思修身, 不可以不事親, 思事親, 不可以不知人, 思知人, 不可以不知天." 주희는 ㉯ 문장에 대해 중복되었다고 보았다.

16 『백호전서(하)』 권36, 잡저, 「讀書記_中庸」, '中庸朱子章句補錄', 1480쪽, '在下-治矣'【十四字】의 주, "鄭氏曰, 此句在下, 誤重在此."

17 『중용장구』 20장, "天下之達道五, 所以行之者三. 曰君臣也, 父子也, 夫婦也, 昆弟也, 朋友之交也. 五者, 天下之達道也. 知仁勇三者, 天下之達德也, 所以行之者, 一也."

18 『중용장구』 20장, "或生而知之, 或學而知之, 或困而知之, 及其知之, 一也. 或安而行之, 或利而行之, 或勉强而行之, 及其成功, 一也."

19 『중용장구』 20장, "子曰, 好學近乎知, 力行近乎仁, 知恥近乎勇."

20 『중용장구』 20장, 章下註, "又按孔子家語, 亦載此章, 而其文尤詳. 成功一也之下, 有公曰子之言美矣至矣, 寡人實固不足以成之也. 故其下復以子曰起答辭. 今無此問辭, 而猶有子曰二字, 蓋子思刪其繁文以附于篇, 而所刪有不盡者. 今當爲衍文也."

21 조선에서는 '子曰'을 별도로 읽고 해석하지 않았다. 이는 『중용언해』에서 확인할 수 있다. '子曰'은 통상 '子ᄌᆞㅣ 曰왈'이라고 읽고 '子ᄌᆞㅣ ᄀᆞᆯᄋᆞ샤ᄃᆡ'로 번역하지만, 이 구절에서는 '子曰'이라고 적어두었으나 읽지 않았고, 번역 또한 '자왈'은 빼고 뒷구절

로 바로 가서 '學혹을 됴히 너김은 知디예 갓갑고'라고만 했다(『중용언해』 26나, 규장각, 奎3763).

22 『백호전서(하)』 권36, 잡저, 「讀書記_中庸」, '中庸朱子章句補錄', 1481쪽, "按家語, 哀公旣聞夫子之言, 又有子之言美矣至矣, 寡人實固不足以成之之語. 故夫子又進之以此. 更標子曰者, 見其更端也."

23 『중용장구』 3장, 주희 주, "初無難事, 但世教衰, 民不興行. 故鮮能之, 今已久矣."

24 『중용장구』 7장, 주희 주, "然亦人所同得, 初無難事. 但世教衰, 民不興行, 故鮮能之, 今已久矣."

25 『백호전서(하)』 권36, 잡저, 「讀書記_中庸」, '中庸朱子章句補錄', 1465쪽, "程子曰, 中庸之德, 不可須臾離, 民鮮有久行其道者也.【鮮能久, 與下文鮮能知味, 同一文義, 應下不見知而不悔.】"

26 『백호전서(하)』 권36, 잡저, 「讀書記_中庸」, '中庸朱子章句補錄', 1465쪽, "程子曰, 中庸之德, 不可須臾離, 民鮮有久行其道者也."

27 이 장의 2절에서 살피겠지만 윤휴는 천성의 회복은 품부 받은 기질의 극복을 통해 가능하며, 이를 위해서는 초인적인 노력이 필요하다고 여겼다. 중용의 덕을 완성하기 위해 오랜 시간 지속적으로 노력해야 한다는 생각도 같은 맥락에서 나온 것이라 할 수 있다.

28 『중용장구』 7장, 주희 주, "言知禍而不知辟, 以況能擇而不能守, 皆不得爲知也."

29 『중용언해』 5가. 참고한 『중용언해』는 규장각 소장본이며(奎3763), 1612년에 목판으로 간행했다.

30 『백호전서(하)』 권36, 잡저, 「讀書記_中庸」, '中庸朱子章句補錄', 1466쪽, '子曰-守也'【三十九字】의 주.

31 『백호전서(하)』 권36, 잡저, 「讀書記_中庸」, '中庸朱子章句補錄', 1466쪽.

32 『백호전서(하)』 권36, 잡저, 「讀書記_中庸」, '中庸朱子章句補錄', 1462쪽.

33 『백호전서(하)』 권36, 잡저, 「讀書記_中庸」, '中庸朱子章句補錄', 1463쪽.

34 『중용장구』 1장, "道也者, 不可須臾離也, 可離非道也. 是故君子戒愼乎其所不睹, 恐懼乎其所不聞."

35 『백호전서(하)』 권36, 잡저, 「讀書記_中庸」, '中庸朱子章句補錄', 1469쪽.

36 『중용장구』 1장, '修道之謂教'의 주희 주, "修, 品節之也. 性道雖同, 而氣禀或異, 故不能無過不及之差. 聖人因人物之所當行者而品節之, 以爲法於天下, 則謂之教. 若禮樂刑政之屬, 是也."

37 『백호전서(하)』 권36, 잡저, 「讀書記_中庸」, '中庸朱子章句補錄', 1462-1463쪽, '天命-謂教'【十五字】의 주, 이 주를 보면, '修道之謂教'에 관한 윤휴의 생각은 程子의 사유에서 영향 받은 점이 컸던 것으로 보인다.

38 『백호전서(하)』 권36, 잡저, 「讀書記_中庸」, '中庸朱子章句補錄', 1464쪽, '致中-育

焉'【十一字】의 주.

39 『백호전서(하)』 권36, 잡저, 「讀書記_中庸」, '中庸朱子章句補錄', 1460쪽. 27세에 작성한 「중용설」에서도 8장에 대한 요지는 비슷하나, 『중용주자장구보록』에서의 설명이 더 구체적이고 논리적이다. 「중용설」 8장의 내용은 다음과 같다.

"만물을 발육하는 것이 천지가 제자리를 잡고 교화가 행해지는 것이고, 德性을 높이고 問學을 말미암는 것이 중화를 이루고 도를 닦는 일이다. 덕이 확립되면 도가 닦여지고, 도가 닦여지면 교화가 행해지고, 교화가 행해지면 천지의 和가 응하게 된다. 마음을 보존하고 지식을 확충하는 것은 도를 응집시키는 일이고, 위에서 일을 하고 아래에서는 걱정이 없는 것은 교화를 세우는 일이다. 이로써 아래 있었던 것은 공자가 周의 禮를 따랐던 것이고, 이로써 윗자리에 있었던 것은 三王이 천하의 왕이 되었던 것이다. 아래 있으면서는 몸을 보전하였고, 위에 있으면서는 명예를 보존했으니, 이것이 바로 성인이 시대에 순응하고 교화를 행한 일인 것이다."

40 한상인, 「『중용(中庸)』 수도지교(修道之教)에 대한 주희(朱熹)의 이해 변화 연구」, 『한국교육사학』 36-4(한국교육사학회, 2014). 주희의 『중용』 이해의 성격을 『중용』에 대한 그의 이해 변화 과정을 통해 밝혔다. 기존 『중용』 연구에서는 볼 수 없는 전혀 새로운 내용을 가지고 있다. 이하, 이 주제에 관한 주희 생각의 변화에 대해서는 이 글을 주로 참고했다.

41 주희의 '修道之謂教'에 대한 초기 해석은 「中庸首章說」(『주희집』 권66)에서 확인할 수 있다. 주희는 "修道之謂教는 극기복례의 일용 공부이다. 전체를 안 연후에 세세한 조목을 찾을 수 있고 공부에 차서가 있게 된다. 그러나 그것을 아는 것은 또 일용 공부의 하학상달에 있을 뿐이다.[修道之謂教, 克己復禮, 日用工夫也. 知全體, 然後條貫可尋而工夫有序. 然求所以知之又在日用工夫, 下學上達而已矣.]"라고 이해했다.

42 『백호전서(하)』 권36, 잡저, 「讀書記_中庸」, '中庸朱子章句補錄', 1462쪽, '天命-謂教'【十五字】의 주.

43 『중용장구』, '修道之謂教'의 주희 주, "修, 品節之也. 性道雖同, 而氣禀或異, 故不能無過不及之差. 聖人因人物之所當行者而品節之, 以爲法於天下, 則謂之教. 若禮樂刑政之屬, 是也."

44 『백호전서(하)』 권36, 잡저, 「讀書記_中庸」, '中庸朱子章句補錄', 1462쪽, '天命-謂教'【十五字】의 주.

45 『백호전서(하)』 권36, 잡저, 「讀書記_中庸」, '分章大旨', 1458쪽.

46 『백호전서(하)』 권36, 잡저, 「讀書記_中庸」, '分章大旨', 1458쪽.

47 『백호전서(하)』 권36, 잡저, 「讀書記_中庸」, '中庸朱子章句補錄', 1468쪽, '故君-强哉矯'【三八字】의 주.

48 『백호전서(하)』 권36, 잡저, 「讀書記_中庸」, '分章大志', 1457쪽.

49 『백호전서(하)』 권36, 잡저, 「讀書記_中庸」, '中庸朱子章句補錄', 1462쪽, '道也-不

聞'【三十二字】의 주.

50 『중용장구』 1장, '天命之謂性, 率性之謂道, 修道之謂敎'에 대한 주희의 주, "命, 猶令也. 性, 卽理也. 天以陰陽五行化生萬物, 氣以成形, 而理亦賦焉. 猶命令也. 於是人物之生, 因各得其所賦之理, 以爲健順五常之德, 所謂性也."

51 김형찬은 이러한 모습을 퇴계학의 전통과 연관하여 이해했다. 이에 대해서는 다음 참조. 김형찬, 「조선유학의 理 개념에 나타난 종교적 성격 연구: 退溪의 理發에서 茶山의 上帝까지」, 『철학연구』 39(고려대학교 철학연구소, 2010); 김형찬, 「天 개념의 이해와 事·物의 합리적 해석: 윤휴와 정약용의 天觀과 格物說을 중심으로」, 『동양철학』 34(한국동양철학회, 2010); 김형찬, 「합리적 이해와 경건한 섬김: 白湖 尹鑴의 退溪學 계승에 관한 고찰」, 『퇴계학보』 125(퇴계학연구원, 2009).

52 『백호전서(하)』 권36, 잡저, 「讀書記_中庸」, '中庸朱子章句補錄', 1464쪽, '致中-育焉'【十一字】의 주.

53 『중용장구』, 20장 후반부, "誠者, 天之道也; 誠之者, 人之道也. 誠者, 不勉而中, 不思而得, 從容中道, 聖人也; 誠之者, 擇善而固執之者也. 博學之, 審問之, 愼思之, 明辨之, 篤行之. 有弗學, 學之弗能弗措也; 有弗問, 問之弗知弗措也; 有弗思, 思之弗得弗措也; 有弗辨, 辨之弗明弗措也; 有弗行, 行之弗篤弗措也. 人一能之, 己百之; 人十能之, 己千之. 果能此道矣, 雖愚必明, 雖柔必强." 주희는 "誠者, 眞實無妄之謂, 天理之本然也. 誠之者, 未能眞實無妄而欲其眞實無妄之謂, 人事之當然也."로 구분하고, 博學, 審問, 愼思, 明辨, 篤行은 '誠之'의 항목이며, '學問思辨'은 선을 택하여 아는 것이고 '篤行'은 굳게 잡아서 仁을 행하는 것이라고 설명했다.

54 윤휴의 『중용』 분장과 주희 『중용장구』의 분장을 다룬 표에서 제시한 대로 윤휴는 『중용장구』 20장의 후반부['博學之-雖柔必强']로 분속하여 6장으로 만들고 이 장이 '致中和'를 논한다고 보았다.

55 『백호전서(하)』 권36, 잡저, 「讀書記_中庸」, '中庸朱子章句補錄', 1486쪽, '有弗-千之'【六十四字】의 주.

56 『백호전서(하)』 권36, 잡저, 「讀書記_中庸」, '分章大志', 1459쪽.

57 『백호전서(하)』 권36, 잡저, 「讀書記_中庸」, '中庸朱子章句補錄', 1487쪽.

58 윤휴는 『중용장구』 20장의 "果能此道矣, 雖愚必明, 雖柔必强" 구절에 대해, 知·行의 공력이 기질을 변화시키고 誠·明에 이른다고 주석을 달았다(『백호전서』(下) 권36, 잡저, 「讀書記_中庸」, '中庸朱子章句補錄', 1486쪽, '果能-必强'【十三字】의 주).
윤휴는 '致中和'를 논한 6장에서 설명되는 이러한 변화는 『대학』의 '格物致知', 『맹자』의 '擴而充之之'·'達之於其所爲'와 동일한 것이라고 이해했다. 『백호전서(하)』 권36, 잡저, 「讀書記_中庸」, '分章大志', 1487쪽, "제6장에서는 치중화를 논했다. '曲能有誠'은 정성이 지극하면 자기 도리를 다하고 상대의 도리까지 다하여 천지와 같아질 수 있다는 것이고, '誠則明矣'는 밝음이 극에 달하면 은미한 것도 드러난 것도 다 알게 되어 귀신과 똑같아진다는 것이다. 이는 군자가 도에 들어가는 길이요 마음을 다하고 천성을 되찾는 일이다. 『대학』에 이른바 格物致知, 『맹자』에 이른바 '나에게 있는 四端을 확충함[擴而充之]', '차마 하지 못하는 바를 하는 바에까지 달함[達之於其所爲]'이 모두 이것이다."

59 『백호전서(하)』 권36, 잡저, 「讀書記_中庸」, '中庸朱子章句補錄', 1487쪽, '其次-能化'【三十四字】의 주.

60 『백호전서(하)』 권36, 잡저, 「讀書記_中庸」, '中庸朱子章句補錄', 1486쪽, '果能-必强'【十三字】의 주.

61 『백호전서(하)』 권36, 잡저, 「讀書記_中庸」, '中庸朱子章句補錄', 1479쪽.

62 『中庸章句』 20장, "文武之政, 布在方策. 其人存, 則其政擧. 其人亡, 則其政息."

63 윤휴의 『중용』 분장에서는 5장에 해당한다.

64 『중용장구』, 20장, '哀公問政-政息' 구절의 주희 주, "方, 版也. 策, 簡也. 有是君有是臣則有是政矣."

65 윤휴의 『중용』 분장에서는 8장에 해당한다.

66 『중용장구』, 29장, "王天下有三重焉, 其寡過矣乎! 上焉者, 雖善無徵, 無徵不信, 不信民弗從. 下焉者, 雖善不尊, 不尊不信, 不信民弗從. 故君子之道, 本諸身, 徵諸庶民, 考諸三王而不謬, 建諸天地而不悖, 質諸鬼神而無疑, 百世以俟聖人而不惑. 質諸鬼神而無疑, 知天也; 百世以俟聖人而不惑, 知人也. 是故, 君子動而世爲天下道, 行而世爲天下法, 言而世爲天下則; 遠之則有望, 近之則不厭."

67 『백호전서(하)』 권36, 잡저, 「讀書記_中庸」, '中庸朱子章句補錄', 1492쪽, '王天-矣乎'【十二字】의 주.

68 『백호전서(하)』 권36, 잡저, 「讀書記_中庸」, '中庸朱子章句補錄', 1492쪽, '王天-矣乎'【十二字】의 주.

69 『백호전서(하)』 권36, 잡저, 「讀書記_中庸」, '中庸朱子章句補錄', 1492쪽, '王天-矣乎'【十二字】의 주.

70 『백호전서(하)』 권36, 잡저, 「讀書記_中庸」, '中庸朱子章句補錄', 1493쪽, '上焉-不從'【三十二字】의 주.

71 『백호전서(하)』 권36, 잡저, 「讀書記_中庸」, '中庸朱子章句補錄', 1493쪽, '上焉-不從'【三十二字】의 주.

72 『백호전서(하)』 권36, 잡저, 「讀書記_中庸」, '中庸朱子章句補錄', 1494쪽, '上焉-不從'【三十二字】의 주.

73 『중용장구』, 29장, '王天-矣乎' 구절의 주, "呂氏曰, 三重謂議禮制度考文. 惟天子得以行之, 則國不異政, 家不殊俗, 而人得寡過矣."

74 『중용장구』, 29장, '上焉-不從' 구절의 주, "上焉者, 謂時王以前, 如夏商之禮, 雖善而皆不可考. 下焉者, 謂聖人在下, 如孔子雖善於禮, 而不在尊位也."

75 王先謙 校勘, 『순자집해(荀子集解)』 제8, 儒效, "法後王, 一制度, 隆禮義而殺詩書, 其言行已有大法矣. 然而明不能齊, 法敎之所不及, 聞見之所未至, 則知不能類也. … 法先【後】王, 統禮義, 一制度, 以淺持博, 以古【今】持今【古】, 以一持萬."; 王先謙 校勘, 『荀子集解』 제9, 王制, "王者之制. 道不過三代, 法不貳後王, 道過三代謂之蕩, 法貳後王謂之不雅. … 復三代故事, 則是復古, 不必遠擧也."

76 대표적으로는 楊倞의 주를 들 수 있다. 『荀子集解』 제9, 王制의 "道不過三代, 法不貳後王"에 대해 楊倞은 "論王道不過夏殷周之事, 過則久遠難信. 法不貳後王, 言以當世之王爲法, 不離貳而遠取之."라고 주해했다.

77 『백호전서(중)』 권24, 「纂言大略序」, 995쪽. 「大略」편은 순자의 자작이 아닌 순자 후학의 작품이긴 했으나, 예법론을 주제로 한 글로서 순자 사상의 핵심을 담고 있다. 윤휴의 「纂言大略」은 현재 원문이 남아 있지 않아 구체적인 내용 검토는 불가능하다.

78 윤휴와 순자와의 관련성은 이 외에도 「公孤職掌圖說」에서의 순자의 인용, 순자의 '君舟民水論'을 활용한 「御製舟水圖說」의 설명 등에서 확인할 수 있다. 특히 후자의 글에서 윤휴는 군주는 舟이며, 서민은 水라는 전제 위에 군주 정치는 항시 '水則載舟, 水則覆舟'의 위험을 잘 살펴야 한다는 논리를 개진하였다. 『백호전서(중)』 권24, 「御製舟水圖說後小識」, 1009쪽.

79 『백호전서(중)』 권24, 「纂言大略序」, 995쪽.

80 『맹자』, 「離婁(下)」, "孟子曰: 規矩, 方員之至也; 聖人, 人倫之至也. 欲爲君, 盡君道; 欲爲臣, 盡臣道, 二者, 皆法堯舜而已矣. 不以舜之所以事堯, 事君, 不敬其君者也, 不以堯之所以治民, 治民, 賊其民者也."

81 『논어집주』, 「泰伯」, "子曰, 大哉堯之爲君也. 巍巍乎唯天爲大, 唯堯則之. 蕩蕩乎民無能名焉. 巍巍乎其有成功也."에 대한 주에서 이를 볼 수 있다. "尹氏曰, 天道之大, 無爲而成, 唯堯則之, 以治天下, 故民無得而名焉."

82 『논어집주』의 堯가 舜에게 전한 "咨爾舜. 天之曆數在爾躬, 允執厥中. 四海困窮, 天祿永終.", 『서경』 '大禹謨'의 舜이 禹에게 전한 "人心惟危, 道心惟微, 惟精惟一, 允执厥中."의 가르침은 주희 심성론의 핵심 근거를 이룬다. 주희의 『중용』 이해도 이를 벗어나지 않는데, 『중용장구』의 서문은 그 중요한 언명이었다.

83 『맹자』, 「公孫丑 上」, "孟子曰, 人皆有不忍人之心. 先王有不忍人之心, 斯有不忍人之政矣. 以不忍人之心, 行不忍人之政, 治天下可運之掌上."; 『맹자』, 「離婁 上」, "孟子曰, 離婁之明公輸子之巧, 不以規矩, 不能成方員. 師曠之聰, 不以六律, 不能正五音. 堯舜之道, 不以仁政, 不能平治天下. 今有仁心仁聞, 而民不被其澤, 不可法於後世者, 不行先王之道也."

84 『백호전서』 권28, 「公孤職掌圖說 上」, 1199쪽.

85 李範鶴, 「王安石의 改革論의 形成과 性格」, 『東洋史研究』 31(동양사연구회, 1982), 276쪽.

86 이에 대해서는 다음 참조. 金容燮, 「朱子의 土地論과 朝鮮後期 儒者」, 『延世論叢』 21(연세대학교 대학원, 1985); 金容燮, 『朝鮮後期農學史研究』(지식산업사, 1988), 150-186쪽; 崔潤晤, 「肅宗朝 方田法 施行의 歷史的 性格」, 『국사관논총』 38(국사편찬위원회, 1991).

87 17세기 조선 현실에서 주자학자들의 정치사회 운영론의 기본 논리가 綱常 名分의 유지를 우선하는 가운데, 현실 질서의 부분 개량에 멈추고 있었던 것은 결국 주자학의 이 같은 현실 긍정적 사고 속에서 나온 필연적 귀결이었다. 金駿錫, 『조선 후기 정치사상사 연구』(지식산업사, 2003), 301-340쪽.

88 『백호전서』 권28, 「公孤職掌圖說 上」, 1199쪽.

89 『백호전서(중)』 권27, 잡저, 「漫筆 上」, 1115쪽.

90 『백호전서(중)』 권27, 잡저, 「漫筆 中」, 1133쪽.

91 『백호전서(중)』 권36, 잡저, 「讀書記_中庸」, '中庸朱子章句補錄', 1493쪽.

92 『백호전서(중)』 권27, 잡저, 「漫筆 上」, 1115쪽.

93 『백호전서(중)』 권27, 잡저, 「漫筆 上」, 1115쪽.

94 『백호전서(중)』 권27, 잡저, 「漫筆 下」, 1172-1173쪽.

95 『백호전서(하)』 권36, 잡저, 「讀書記_中庸」, '中庸朱子章句補錄', 1493쪽.

96 『백호전서(중)』 권27, 잡저, 「漫筆 下」, 1172-1173쪽.

97 윤휴는 삼대 법제에 근거한 상세한 제도개혁론은 남기지 않았다. 그러나 윤휴는 建邦-明刑의 6분야로 구성된 삼대의 법제가 경전을 해석하고 정치개혁을 모색하는 과정에서 하나의 전범으로 이해, 실천되어야 한다고 보았다. 「大學後說」에서는 이를 "治國平天下之道"의 大綱으로(『백호전서(하)』 권37, 잡저, 「讀書記_大學」, '大學後說', 1527-1536쪽), 또한 「公孤職掌圖說」 속에서는 군주 개혁정치의 지침으로 정리했다(『백호전서』 권28, 「公孤職掌圖說 上」, 1199쪽). 나아가 1679년(숙종 5) 5월에는 숙종이 이 '도설'을 政務에 참고하도록 진상했다(『백호전서(하)』, 부록 5, 연보, 2164쪽).

98 여기에 대해서는 다음 참조. 한상인, 「『중용(中庸)』 수도지교(修道之教)에 대한 주희(朱熹)의 이해 변화 연구」, 『한국교육사학』 36-4(한국교육사학회, 2014).

9장 현실 인식과 정치이념

1 『백호전서(중)』 권27, 잡저, 「漫筆 下」, 1154쪽, "孝經言事親之道, 內則實其節文也. 中庸言事天之道, 大學是其條目也."

2 『백호전서(하)』 권36, 잡저, 「讀書記_中庸」, '中庸章句次第', 1459쪽.

3 『중용』, 『대학』을 『효경』과 관련지어 해석한 점이 윤휴 사상의 가장 큰 특색으로 보인다. 이는, 『중용』이나 『대학』에 있는 孝와 관련한 내용을 『효경』과 적극 연결지우고자 한 것이었다. 중국이나 일본의 양명학들은 효를 전체적으로 강조하는 양상을 보이는

데, 윤휴의 효, 『효경』에 대한 강조도 이 점과 연관하여 생각해볼 수 있을 것이다. 이에 대해서는 제2부 참조.

4 천인감응론에 기초한 윤휴의 세계관에 대해서는 다음 참조. 정호훈, 「尹鑴의 經學思想과 國家權力 强化論」, 『한국사연구』 89(한국사연구회, 1995).

5 堀地信夫, 『漢魏思想史硏究』(明治書院, 1988), '第一章 前漢期の思想'.

6 17세기 북인계 남인들을 지배하는 세계관으로 천인감응론을 꼽을 수 있을 것이다. 그것은 天과 인간의 관계를 종교적인 차원에서 이해하고자 하는 것인데, 한백겸의 殷代에 대한 긍정, 이수광의 事天學, 허목의 천인감응론 등에서 이를 확인할 수 있다. 18~19세기 이익이나 그의 후학들, 정약용에서 나타나는 종교적인 세계관은 이와 직접 연결된다 하겠다.

7 『백호전서(상)』 권4, 疏箚, 「擬上疏【丙子】」, 117쪽.

8 『백호전서(상)』 권4, 疏箚, 「擬上疏【丙子】」, 117쪽.

9 군주 또한 '積誠致敬, 以對越于上帝'하는 至高·至尊의 존재였다. 『백호전서(하)』 권38, 잡저, 「讀書記_孝經章句」, 1543-1544쪽.

10 『백호전서(중)』 권26, 「帝舜在璇璣玉衡以齊七政」, 1085쪽.

11 『백호전서(상)』 권6, 疏箚, 「應旨疏【乙卯 丁月 22日】」, 190쪽.

12 『백호전서(중)』 권27, 잡저, 「漫筆 下」, 1172-1173쪽.

13 『백호전서(중)』 권27, 잡저, 「漫筆 上」, 1115쪽.

14 윤휴는 『중용』 수장에서 '天命之謂性'으로 규정된 性을 未發의 大本, 仁義禮智信의 五常으로 파악하면서도, 이는 言說로서는 얻을 수 없으며[有不可得而言者] 達道를 통해서만 이해할 수 있다고 보았다. 곧 天의 섭리[上天之載]인 性은 이성적으로 인식 불가능한 것이며, 반대로 달도는 천명과 體用 一源임으로 이의 실천을 통해 천명의 理를 이해, 도덕성을 확립할 수 있다는 논리였다. 그는 이를 "用行而體有以立也"라 하여 달도의 실행을 강조했다. 『백호전서(하)』 권36, 잡저, 「讀書記_中庸」, '中庸朱子章句補錄', 1485쪽.

15 『백호전서』 권28, 「公孤職掌圖說 上」, 1199쪽.

16 윤휴는 군주를 '天의 子'로서 의정, 천의 절대성·주재성으로부터 군주의 절대성을 보증하였다. 郊祀와 明堂의 配天禮는 이를 확인하는 의식이었는데, 배천례란 군주의 祖先과 主宰天을 결합하는 방식이었으므로, 군주는 주재천과 결합하는, 이를테면 '積誠致敬, 以對越于上帝'하는 지고·지존의 존재였다. 『백호전서(하)』 권38, 잡저, 「讀書記_孝經章句」, 1543-1544쪽.

17 윤휴는 『대학』의 해석에서 愼獨의 방법을 강조한 「誠意傳」이 傳의 첫머리에 와야 한다고 하였으며(『백호전서(하)』 권37, 잡저, 「讀書記_大學」, 1504쪽), 『중용』의 해석에서도 經文에 나오는 "修道之謂敎"의 '修道'를 '戒愼恐懼'의 의미로 이해했다(『백호전서(하)』 권36, 잡저, 「讀書記_中庸」, 1463쪽). 이러한 해석은 주희가 『대학』의 傳

首章을 '格物致知傳'으로 설정한 것, 『중용』의 修道를 氣稟이 서로 다른 사람들을 다스리기 위하여 제정한 예법 규범, 곧 '禮樂刑政'으로 이해한 것과는 크게 다르다. 윤휴는 戒愼恐懼, 愼獨의 방법이 수기·수신의 근본이라고 강조하였다.

18 『백호전서(하)』 권36, 잡저, 「讀書記_中庸」, 1463쪽.

19 『백호전서(하)』 권36, 잡저, 「讀書記_中庸」, 1464쪽.

20 『백호전서(하)』 권37, 잡저, 「讀書記_大學」, 1502쪽. 윤휴는 고본 『대학』을 긍정하여 '誠意傳'을 전의 첫 장으로 이해하고, '格物致知傳'을 따로 설정하지 않았다. 주희의 『대학장구』와 전혀 다른 이해였다. 윤휴는 격물을 정의하여, '明德·新民에 관한 사항을 精意로 感通'하는 일로 파악하였다. 物은 '명덕·신민의 일'을 가리키고, 格은 '誠敬으로 感通' 혹은 '精意로 감통함'의 의미를 지닌다는 것이었다. 이때의 격이란, 학문하는 처음에 성경과 思辨의 공력을 기울여 사물의 物理를 마음속에 감통하는 것으로, 마치 제사에서 神明과 감통[格]하는 것과 동일한 성격을 지니고 있는 것으로 이해되었다. 『백호전서(하)』 권37, 잡저, 「讀書記_大學」, '大學後說', 1525쪽. 『시경』과 『서경』에서 언급되는 '格'도 이 의미와 상통하였다. 그것은 이를테면, 天人感通, 神人交際라 할 때의 감통과 같은 의미라 할 것이다. 『백호전서(하)』 권37, 古本大學別錄, 잡저, 「讀書記_大學」, '大學古本別錄', 1501쪽, '格物'의 주.

21 군주의 수신은 천과의 관계 속에서 행하는 것이라는 윤휴의 생각이 갖는 특성은 다음의 언급에서 살필 수 있다. 『백호전서(상)』 권4, 疏箚, 「擬上疏【丙子】」, 127쪽, "옛날 高宗이 삼가 침묵을 지키며 나라 다스리는 방법을 생각하자 하늘이 그에게 훌륭한 보필자를 주셨는데, 그것은 바로 그 성의가 신명을 감동시키고 뜻이 하늘과 통하여 그렇게 된 것입니다."; 『백호전서(상)』 권6, 疏箚, 「應旨疏【乙卯 一月二十二日】」, 197쪽, "전하께서 오늘날에 스스로 경계하시고 크게 진작하시어, 위로 하늘의 노여움을 두려워하시고 아래로 백성들의 어려움을 걱정하시며, 항상 두려워하고 공경하는 마음으로 하늘의 上帝가 위에 계시고 宗社의 神靈이 곁에 있는 것처럼 여기소서."

22 『백호전서(하)』 권40, 잡저, 「讀書記_孝經外傳續篇 上」, 1594쪽.

23 『백호전서(하)』 권36, 잡저, 「讀書記_中庸」, '中庸朱子章句補錄', 1485쪽. 윤휴는 『중용』 5장이 經의 '大本達道'를 설명한 傳이며 대지는 "武王의 예는 효에 말미암고 仲尼의 도는 인간을 근본으로 했다. 인간을 근본으로 하고 효에 말미암으니, 도가 천하에 행해지지 않음이 없을 것이다"라고 이해했다. 곧 天理로서의 大本·達道가 事親·事天의 孝를 통해 실현된다는 논리였다.

24 『백호전서』 권28, 「公孤職掌圖說 上」, 1199쪽, "先聖이 이미 법제를 만들었다. 後王의 길은 반드시 稽古한 이후 거론할 수 있는 것이다."

25 『백호전서(중)』 권27, 잡저, 「漫筆 上」, 1115쪽.

26 『백호전서』 권28, 「公孤職掌圖說 上」, 1199쪽.

27 여기에 대해서는 다음 참조. 金駿錫, 『조선 후기 정치사상사 연구』(지식산업사,

2003), 5장.

28 이를테면 다음과 같은 언급에서 이를 확인할 수 있다. "첫째, 학문을 익혀 마음을 바로 잡는 일. 신은 천하의 일은 그 근본이 1인에게 있고 1인의 몸을 주재하는 것은 1심에 있다고 들었습니다. 그러므로 인주의 마음이 한번 바르게 되면 천하의 일이 바르지 않는 경우가 없고, 인주의 마음이 한번 삿되게 되면 천하의 일이 삿되게 되지 않는 경우가 없습니다. … 이 때문에 천하에 그 덕을 밝히고자 했던 哲王은 한결같이 마음을 바르게 하는 것을 근본으로 삼지 않은 적이 없었습니다." 『주희집』 권12, 封事, 「己酉擬上封事」.

29 윤휴의 성학에 대한 생각은, 주자학에서 聖學을 군주·사대부학으로 일원적으로, 군주와 사대부 구별 없이 성취할 수 있는 것이라 여기던 사고를 벗어나, 군주학과 사대부학으로 학문의 영역을 분리시키고 성학의 주체를 군주에게로 한정시킨, '군주학'의 독립화에 있다고 정리할 수 있다. 정호훈, 「朝鮮後期 새로운 經書解釋과 그 政治思想」, 『韓國史의 構造와 展開』(혜안, 2000).

30 『백호전서(하)』 권36, 잡저, 「讀書記_中庸」, '中庸朱子章句補錄', 1485쪽, "성인의 이른바 도라는 것은 5倫 9經 외에 다른 도가 없다. 이것이 이른바 천하의 達道이다[聖人之所謂道者, 五倫九經之外, 無他道也. 此所謂天下之達道也.]." 그런데 여기서 '九經'은 "禮는 아래 문단에 나오는 이른바 '구경'이다[禮者, 下文所謂九經是也.]"(『백호전서(하)』 권36, 잡저, 「讀書記_中庸」, '中庸朱子章句補錄', 1480쪽)하는 바대로 禮를 의미했다.

31 『백호전서(하)』 권36, 잡저, 「讀書記_中庸」, '中庸朱子章句補錄', 1478쪽, "성인이 모든 사물의 회합과 변통을 관찰하여 그에 맞게 典禮를 행하면서, 인간 마음속 사라지지 않는 秉彝에 따라 예법을 만들어, 저마다 자기 뜻을 펴되 병행하여 어그러지지 않게 한 것이니 이것이 천하의 達道가 되는 까닭이다."; 『백호전서(하)』 권36, 잡저, 「讀書記_中庸」, '中庸朱子章句補錄', 1476쪽, "達은 통한다는 뜻이다. 사람이 가진 같은 마음에 근거하여 예와 법을 만들어 천하 사람들이 모두 報本反始의 마음을 이룰 수 있도록 했다. 그래서 상하 귀천할 것 없이 제각기 자기 분수에 따라 자기에게 맞는 예를 행할 수 있었으니, 이것이 이른바 천하의 달도이다."

32 『백호전서(하)』 권36, 잡저, 「讀書記_中庸」, '中庸朱子章句補錄', 1480쪽.

33 『백호전서(하)』 권40, 잡저, 「讀書記_孝經外傳續篇 上」, '皐陶謨', 1596쪽.

34 『백호전서(하)』 권37, 잡저, 「讀書記_大學」, '大學古本別錄', 1482쪽.

35 『백호전서(하)』 권40, 잡저, 「讀書記_孝經外傳屬編 上」, '皐陶謨', 1595쪽. 이 문장은 『서경』 「皐陶謨」의 "하늘이 차례로 펴서 법을 두시니 우리 五典을 바로잡아 다섯 가지를 후하게 하시며… 하늘이 죄가 있는 이를 토벌하시거든 다섯 가지 형벌로 다섯 가지 등급을 써서 징계하시어, 정사를 힘쓰고 힘쓰소서"에 대한 金履祥의 주에서 왔다. 윤휴는 『孝經外傳屬編 上』을 皐陶謨로 꾸리면서 본문의 각 구절을 蔡沈, 金履

祥, 陸象山, 眞德秀 등의 주석을 취사선택하여 설명했다.

36 『백호전서(하)』 권37, 잡저, 「讀書記_大學」, '大學後說', 1525-1536쪽.

37 『백호전서』 권28, 「公孤職掌圖說 上」, 1199쪽. 「공고직장도설」은 1679년(숙종 5) 5월, 숙종이 이를 정무에 참고하도록 진헌했다. 『하헌집』 23책, 연보(하), '52년 기미(숙종 5), 윤휴 63세'.

38 『백호전서(상)』 권7, 「謝下示親製舟水圖說疏【(乙卯)十一月十四日】」, 262쪽, "심신을 수습하여 昭明廣大한 도를 관찰하고 정신을 모아 백관들을 대하며, 정성과 공경을 다하여 上帝를 대하고 인애하는 마음을 미루어 백성들에게 명령을 내리십시오. 학문을 배우고 행실을 닦음으로써 성현의 경지에 이를 수 있다는 것을 깨달으시고, 백성들을 무마하고 大義를 부지하며 인륜을 밝히는 것이 하늘에 영원한 명을 기원하는 것임을 아소서. … 옛사람이 이른바 '상제와 귀신이 노여움을 도로 거두고 백성들이 모두 기뻐하게 된다.'고 한 것이 실로 이러한 데에 있는 것입니다."

39 그렇다고 하여 윤휴가 그 도덕적 표상을 확립하는 방법을 두고 주희의 견해를 인정한다는 것은 아니었다. 윤휴는 주희의 군주성학론을 인정하지 않고 있었다. 정호훈, 「朝鮮後期 새로운 經書解釋과 그 政治思想: 尹鑴의 『大學』 解釋과 君主學을 중심으로」, 『韓國史의 構造와 展開』(혜안, 2000).

40 윤휴가 파악했던 三代의 古制·古法은 구체적으로 建邦·明刑의 6분야로 구성된 周代의 文武之道·文武之法이었다. 윤휴는 이를 『대학』의 치국평천하의 요강으로 확인하고(『백호전서』 권37, 잡저, 「讀書記_大學」, '大學後說', 1527-1536쪽), 현실의 군주정치를 위한 전범으로 정리하여 1679년(숙종 5) 5월 숙종에게 바쳤다. 『백호전서』 권28, 「公孤職掌圖說 上」, 1199쪽; 『하헌집』 23책, 연보(하), '52년 기미(숙종 5), 윤휴 63세'. 전술한 바와 같은 윤휴의 독자적인 경학 이해는 삼대 사회를 그가 처한 현실 상황 속에서 재확인하는 작업이었다.

41 『백호전서(상)』 권5, 疏箚, 「擬上疏【丙子】」, 120쪽.

42 『백호전서(상)』 권5, 疏箚, 「甲寅封事疏」, 157쪽.

43 『숙종실록』, 즉위년(1674) 12월 1일.

44 金駿錫, 『조선 후기 정치사상사 연구』(지식산업사, 2003), 225쪽.

45 『백호전서(상)』 권5, 疏箚, 「冊子疏」, 167쪽.

46 『백호전서(상)』 권8, 疏箚, 「擬辭大司憲兼陳所懷疏【丙辰六月一日】」, 297쪽, "생각건대, 華夷의 분별, 군신의 의리는 그야말로 사람이 사람 노릇할 수 있는 것이고 나라가 나라꼴이 될 수 있는 것입니다. 이것이 존재하면 보존하고 이것이 없으면 망합니다. 그런데 오늘날 중화를 버리고 이적이 되기를 좋아하는 것이 나라를 보전하는 방도가 되고 스스로 편안할 수 있는 계모가 되는 것인지 알 수 없습니다."

47 『백호전서(상)』 권4, 疏箚, 「擬上疏【丙子】」, 128쪽.

48 『백호전서(상)』 권11, 疏箚, 「辭職兼陳所懷疏【(戊午)六月初十日】」, 433쪽, "禮·義·

廉·恥는 나라의 네 가지 기강[四維]으로 군신 상하가 이로써 서로 보전할 수 있는 것인데, 이 네 가지가 없어진 뒤에는 어떠한 지경엔들 이르지 않겠습니까. … 우리나라와 명나라는 군신의 의리에 있어서는 말할 여지도 없는 것이거니와 재조의 은혜는 실제 부모와 같은 것입니다."

49 윤휴는 정치 군사적인 대책을 마련한 뒤 틈을 타서 청나라를 공격하여 그들을 궤멸하는 것은 이륜을 지키는 일, 수천리 강토를 지닌 당당한 나라로서 오랑캐의 사역을 벗어나는 일임을 늘 강조했다. 1678년(숙종 4)에 숙종에게 올린 상소에서 윤휴는 이 점을 강렬한 언어로 표현했다.
『백호전서(상)』 권11, 疏箚, 「陳所懷疏【(戊午)八月二十七日】」, 436쪽, "天時가 이미 변하였고 오랑캐의 운이 이미 다하였습니다. … 우리로서는 의당 뛰어난 인재를 기용하고 刑政을 밝히고 甲兵을 수리하여 기회를 틈타 분발하여 우리 조종의 울분을 풀어버리고 우리나라 백세의 치욕을 씻어버릴 것을 생각하여 천하·후세 사람들에게 할 말이 있게 해야 합니다. 그리고 한결같이 굴복만 하고 한결같이 좌절당하며, 명나라의 恩義를 생각하지 않고 彝倫이 상실되는 것을 걱정하지 않고서 수천 리의 강토를 지닌 당당한 나라로서 늘 원수의 使役 노릇만 하여 천하 사람의 비웃음거리가 되는 것은 옳지 않습니다. 우리나라의 형세는 산과 바다가 안팎으로 둘러 있어 천연의 요해지인 데다가 士卒이 강하고 정예로우며 무기가 튼튼하고 예리합니다. 위로 북소리를 울리어 대의를 천하에 알리고 북쪽으로 쳐들어가 저들의 심장부를 궤멸시켜 만대의 위대한 공적을 세울 수 있는 것이고, 다음으로 국경을 봉쇄하고 백성을 보호하며 저들의 뿔과 발톱을 자르고 우리의 옛 강토를 개척하여, 남의 침범을 받지 않을뿐더러 우리의 難攻不拔의 기초를 튼튼히 할 수 있을 것입니다."

50 『백호전서(상)』 권4, 疏箚, 「擬上疏【丙子】」, 118쪽.

51 『백호전서(상)』 권4, 疏箚, 「擬上疏【丙子】」, 118쪽.

52 『백호전서(상)』 권4, 疏箚, 「擬上疏【丙子】」, 128쪽.

53 『백호전서(상)』 권5, 疏箚, 「冊子疏」, 169쪽.

54 이 사실은 실록과 『국조보감(國朝寶鑑)』에서 확인할 수 있다. 실록을 따라 그 과정을 정리하면 다음과 같다. 황엄이 태종에게 예불을 올리도록 한 銅佛은 제주도 法華寺에 있었다. 애초 사신으로 왔던 황엄이 제주도로 들어가 이 불상 3좌를 가져오려고 했으나, 조정에서는 그에게 제주도의 형세를 직접 살피도록 해서는 안 된다고 하여 사람을 보내어 나주로 옮겼다(『태종실록』, 6년(1406) 4월 20일). 그 뒤 황엄이 나주에 가서 불상을 가져온 뒤 태종에게 예불하도록 했으나 태종은 이를 따르지 않았다(『태종실록』, 6년(1406) 7월 18일). 황엄은 이 불상을 중국으로 가져갔다(『태종실록』, 6년(1406) 7월 22일).
실록에는 하륜·조영무의 발언이 기록되어 있지 않다. 『국조보감』에는 "權道에 입각하여 동불에 예배하기를 바란다"는 두 사람의 권유와 "나의 신하들은 의리를 지키는 자가 한 사람도 없다. 황엄을 이렇게 무서워하니 어떻게 임금을 어려움에서 구제할 수 있겠는가"라는 태종의 발언이 실려 있다(『국조보감』 권3, 太宗朝一 , 丙戌六年).
두 기록은 자세함과 간략함에서 차이가 나는데, 윤휴는 『국조보감』을 통해 이 사실을 알았을 것으로 판단된다. 조선에서 『국조보감』은 역대 왕조에 있었던 사실 확인에 많이 활용하는 도서였다.

55 『백호전서(상)』 권5, 疏箚, 「冊子疏」, 169-170쪽.

56 『백호전서(중)』 권27, 雜著, 「漫筆 下」, 1152쪽.

57 '此事之關係, 非細, 恥辱不輕, 利斯懸.'(『백호전서(상)』 권4, 疏箚, 「擬上疏【丙子】」, 128쪽). 이 점은 1674년(현종 15)경부터 제기되는 윤휴의 북벌론이 이 무렵의 청의 내정 혼란, 중국·일본 등지에서의 명조 재건운동으로 불안한 국제 형세에 대한 대응으로서 제기되는 점에서 확인된다. 윤휴는 吳三桂와 鄭錦이 일본과 교통하여 청을 공격할 발판을 먼저 조선 침략에서 구할 것이란 인식하에 역으로 청을 먼저 공격해야 한다고 생각했다(『숙종실록』, 4년(1678) 9월 10일). 윤휴의 사고 속에 이러한 북벌은 명분과 실리를 동시에 구하는 방법이었다. 이 시기 동북아 정세와 윤휴의 북벌론에 대해서는 다음 참조. 洪鍾必, 「三藩亂을 前後한 顯宗·숙종 年間의 北伐論: 특히 儒林과 윤휴를 중심으로」, 『사학연구』 27(한국사학회, 1977); 이재경, 「삼번(三藩)의 난(亂) 전후(1674~1684) 조선의 정보수집과 정세 인식」, 『한국사론』 60(서울대학교 국사학과, 2014); 윤정, 「肅宗代 明史辨誣의 정치사적 의미: 三藩의 반란에 대한 조선 정부의 대응」, 『역사와 실학』 70(역사실학회, 2019); 임경준, 「삼번(三藩)의 난(亂) 이후 청조(淸朝)의 성경지역(盛京地域) 재건정책」, 『中國學報』 95(한국중국학회, 2021).

58 『백호전서(상)』 권4, 疏箚, 「擬上疏【丙子】」, 127쪽.

59 『백호전서(상)』 권5, 疏箚, 「冊子疏」, 175쪽.

60 『백호전서(상)』 권4, 疏箚, 「擬上疏【丙子】」, 128쪽, "현재 북녘 오랑캐가 저들 멋대로 놀아나 국경지대가 날로 시끄럽고, 쌓인 폐단은 제거되지 않아 백성들 힘은 바닥이 나 있으며, 군정은 기율이 없어 사졸들이 뿔뿔이 흩어지고 있고, 국가 정책은 갈피를 못 잡아 백성들 마음이 이리저리 갈리고 있는 등 이러한 위급한 상황을 지적하자면 한두 가지가 아닙니다."

61 『백호전서(상)』 권4, 「擬上疏【丙子】」, 118-119쪽.

62 여기에 대해서는 제2부 윤휴의 『중용』 해석을 다룬 제2부 8장 참조.

63 허목은 북벌을 천하의 大事·大義로 인식하면서도, 군비 확장과 같은 구체적인 북벌운동에는 지극히 비판적이었다. 양란으로 인한 파괴의 복구, 사회 기강의 확립, 곧 內修와 養民이 이 시기 가장 시급한 과제라는 인식 위에서였다. 金駿錫, 『조선 후기 정치사상사 연구』(지식산업사, 2003), 58-67쪽.

64 이에 대한 윤휴의 구상에 대해서는 아래 제3부 11장 참조.

65 『기언(속집)』 권51, 「論政弊箚」.

66 이 시기 정통 주자학의 대변자이며 최대의 정치가였던 송시열은 주희의 복수설치론을 근거로 북벌론의 이념과 논리를 마련하고 있었다. 이상에서 다룬 송시열의 '先內修後外攘論'에 대해서는 다음 참조. 金駿錫, 『조선 후기 정치사상사 연구』(지식산업사, 2003), 227-243쪽.

67 이 점은 윤휴의 주자학 인식에서도 명확히 나타나고 있었다. 주희는 남송의 정치적 과제 중 하나를 중원의 회복에서 구하고 이를 '복수설치론'으로 이론화하고 있었다. 윤휴는 주희의 이러한 대금 항쟁의식을 높이 평가하면서도 한편으로는 군주의 도덕 수양을 중심으로 두는 변화에 대해서는 극히 비판적이었다. 다음의 기사는 이를 잘 보여준다. "대사헌 윤휴가 상소하기를, 신은 듣건대, 송나라 朱文公이 賊을 토벌하여 국토를 恢復하는 大義로써 그 임금에게 권하였는데, 뒤에 大計가 어긋나고 國事가 점점 허물어짐에 미쳐서는 다시 언급하지 아니하고, 다만 임금이 誠正의 학문에 힘쓰고 조정이 賢邪를 黜陟할 것만을 반복해 말하였습니다."(『숙종실록』, 2년(1676) 6월 21일). 윤휴가 심성론적 수양에 치중하는 주자학을 비판했던 한 요인이 이런 인식과 연관되어 있는 것으로 파악된다. 주희의 화이관, 복수설치론에 대해서는 다음 참조. 宋晞, 「朱子の政治論」, 『(朱子學大系 第1巻) 朱子學入門』(明德出版社, 1974), 570-573쪽.

10장 정치구조 개혁과 국가권력 강화책

1 17세기 정치사, 나아가 조선 후기 정치사에 대한 지금까지의 연구는 크게 '당쟁'과 '붕당정치'란 두 개념을 축으로 이루어져왔다고 볼 수 있다. '붕당정치'는 일제하 石井壽夫가 처음 제시한 것을 해방 후 李泰鎭이 재복원하여 발전시킨 개념으로, 그는 '붕당정치란 사림에 의해 구성된 붕당 상호 간의 비판과 견제를 바탕으로 공존하는 구조'를 가지고 있었으며, 이는 선조대에 성립된 후, 17세기 전반의 성숙기·17세기 중엽의 대립기를 거쳐 숙종대에 가면 파탄을 맞는다고 이해했다. 18세기 영·정조 대의 탕평기, 19세기 세도정치기는 그런 점에서 붕당정치기와 구별된다는 시각이다.

이에 대해 金容德은 이러한 붕당정치 개념은 선조 초년에서 영조대에 이르기까지 150여 년간의 당쟁을 포괄하지 못하는 개념이란 논지의 비판을 가했고 이후 이 관점 또한 많은 영향을 미쳤다. 이 책에서는 '상호 비판과 견제에 바탕하여 공존하는 정치 구조'란 개념을 떠나, 상이한 정치이념과 현실 인식으로 인해 대립·갈등했던 신료 내부의 분열 현상이란 차원에 국한하여 이 개념을 사용하였다.

이 시기 정치사 연구에 대한 이해는 다음 참조. 李泰鎭, 「朝鮮時代의 政治的 葛藤과 그 解決」, 『朝鮮時代 政治史의 再照明』(汎潮社, 1985); 金容德, 「朋黨政治論 批判: 朝鮮時代 黨爭의 性格」, 『정신문화연구』 여름(한국학중앙연구원, 1986); 吳洙彰, 「朝鮮後期 政治運營 研究의 現況과 課題」, 『韓國中世社會 解體期의 諸問題(上)』(한

울, 1987); 李成茂, 「朝鮮後期 黨爭史 硏究의 方向」, 『朝鮮後期 黨爭의 綜合的 檢討』(한국정신문화연구원, 1992).

2 『백호전서(상)』 권6, 疏箚, 「引嫌辭職疏【(乙卯)7月 15日】」, 232쪽, "시대가 내려올수록 풍속이 변하여 邪說이 유행하고 黨論이 일어나 인심을 陷溺시키고 世道를 퇴폐시키는 일이 洪水와 猛獸의 재해보다 더 심한 것이 있습니다. 사람들이 각자 자기의 감정만을 좋아하고 士子들은 자기의 편당만을 생각하여 사건의 시비와 인물의 邪正을 따지지 않고 오직 당론만을 일삼고 있는데 그 화단이 자신의 목숨을 잃고 나라를 망하게 하는 경지에 이르지 않고서는 그만두지 않을 것입니다."

3 이들은 인조조 중앙 정계에 등장하는데, 김육이 이끄는 漢黨과 대비되어 山黨으로 불리었다. 이때의 산당은 頭山(김상헌·김집), 山腹(조석윤·유계), 山足(이후원·홍명하), 山人(송시열·이유태·송준길) 등으로 구성되어 있었다. 李厚源, 『迂齊紀年』; 姜周鎭, 『李朝黨爭史硏究』(서울대학교 출판부, 1971), 303-313쪽.

4 鄭萬祚, 「17세기 중엽 山林勢力의 政治運營論」, 『擇窩許善道先生停年記念 韓國史學論叢』(一潮閣, 1992); 吳恒寧, 「朝鮮 孝宗代 政局變動과 그 性格」, 『태동고전연구』 9(한림대학교 태동고전연구소, 1993).

5 유형원 정치개혁론의 골자는 붕당정치 구조 혁파를 통한 군주권의 강화와 관료제의 정비였던바, 유형원은 의정부 복원, 三司 등 臺諫 활동의 폐지가 그 핵심이 된다고 보았다. 金駿錫, 『조선 후기 정치사상사 연구』(지식산업사, 2003), 199-202쪽.

6 『숙종실록』, 1년(1675) 1월 23일.

7 『백호전서(중)』 권27, 잡저, 「漫筆 中」, 1125쪽.

8 『백호전서』 권28, 「公孤職掌圖說 上」, 1199쪽, "그리고 備局이란 官司를 혁파하여 公府의 직임을 전일하게 하고, 의정부의 관원은 반드시 한 시대의 명망이 있는 사람을 선발하여 임명하고 諫院의 직을 겸임하게 하여야 합니다."

9 『백호전서(상)』, 疏箚, 「乞退疏【己未 7月 晦間】」, 492쪽.

10 『반계수록』 권16, 職官之制 下, 「職官因革私議」, 4ㄴ-5ㄱ.

11 이 시기 비변사에 관한 연구는 다음 참조. 鄭夏明, 「備邊司의 胎動과 軍政의 變動」, 『韓國軍制史: 近世朝鮮前期篇』(陸軍本部, 1968); 李載浩, 「朝鮮備邊司考: 特히 그 機能의 變遷에 對하여」, 『역사학보』 50·51(역사학회, 1971); 洪奕基, 「備邊司의 組織과 役割에 대하여」, 『軍史』 6(국방부군사편찬연구소, 1983); 潘允洪, 「朝鮮後期 備邊司의 政治的 機能에 관한 硏究: 備邊司의 廢置를 중심으로」, 『傳統文化硏究』 1(조선대학교 전통문화연구소, 1990); 李在喆, 「光海君代 備邊司의 組織과 機能」, 『大邱史學』 41(대구사학회, 1991).

12 『백호전서(상)』 권10, 疏箚, 「辭恩賜兼陳所懷箚」, 395쪽.

13 『숙종실록』, 3년(1677) 10월 12일.

14 윤휴는 대변통은 군주의 독단에 의할 때 가능하며(『숙종실록』, 3년(1677) 12월 11일)

또한 군주는 구래의 법제, 관행을 초월하는 존재라고 주장(『숙종실록』, 3년(1677) 10월 12일)하여 대개혁의 주체가 군주임을 끊임없이 확인하고 있었다.

15 『백호전서』 권11, 疏箚, 「辭職兼陳所懷疏【十一月十一日】」, 451쪽; 『백호집』 권10, 疏, 「辭職兼陳所懷疏【戊午十一月十一日】」.

16 『백호전서(상)』 권8, 疏箚, 「擬疏」, 313쪽.

17 『백호전서(상)』 권8, 疏箚, 「擬疏」, 313쪽.

18 『백호전서(중)』 권27, 잡저, 「漫筆 上」, 1111쪽, "임금의 총명이 아무리 뛰어나다 하더라도 하루에 수만 가지의 機務를 혼자 처리할 수 없고 그의 총명과 정신을 대신 맡아야 할 사람이 있어야 하는데, 이것이 바로 천하를 다스리는 데 있어 輔相을 폐지할 수 없는 이유이다." 그런 점에서 군주의 가장 중요한 책무는 재상 적임자를 찾는 일, 곧 '論相'에 있었다. 『백호전서』 권28, 「公孤職掌圖說 上」, 1199쪽.

19 윤휴가 이해하는 바의 조선 초기 '三公兼六卿 六卿攝三公制'는 1036년(정종 2) 도평의사사를 혁파하고 의정부 직제를 마련할 때 시행되었다. 이후 1414년(태종 14)의 육조 直啓制 시행으로 의정부 기능이 크게 약화되었던 때를 제외하고, 『경국대전』이 제정되기까지 세종-세조 연간에는 이 제도가 실시되고 있었다. 『경국대전』에는 의정부 재상과 육경의 역할이 분리되는 방향으로 정리되었다. 이에 대해서는 다음 참조. 末松保和, 「朝鮮議政府考」, 『朝鮮學報』 9(朝鮮學會, 1956); 韓忠熙, 「朝鮮初期 議政府研究」, 『한국사연구』 31·31(한국사연구회, 1980).

20 『백호전서』 권28, 「公孤職掌圖說 上」, 1199쪽.

21 이는 『주례』의 '공고제'를 바탕으로 군주 정치의 대략을 정리한 「公孤職掌圖說」에서 확인된다. 『백호전서』 권28~30, 「公孤職掌圖說 上·中·下」.

22 『백호전서』 권28, 「公孤職掌圖說 上」, 1199쪽, "以事必揆諸道, 而道固以事行."

23 여기에 대해서는 이 책 제2부 5장 참조.

24 『백호전서』 권28, 「公孤職掌圖說 上」, 1199쪽.

25 『백호전서(중)』 권27, 잡저, 「漫筆 上」, 1114쪽, "옛날에 한 사람의 재상에게 정치를 전담시켰어도 천하가 잘 다스려졌으니, 이에 정권은 한 사람에게서 나와야 하고 그 사람을 신임하지 않을 수 없는 것임을 알 수 있다. 그런데 漢나라 말엽에 三公을 설치한 것이 이미 옛사람의 뜻을 상실한 것이고, 唐나라 때 同平章事는 날마다 붓을 잡고 기록하기만 하였고, 宋나라 때 三省長官 및 좌복야·우복야는 번갈아 가며 정권을 독차지하여 賢者들로 하여금 직무를 전담할 수 없게끔 했을뿐더러 단지 간악한 자들이 현자를 모해하고 금고시킬 마음만을 갖게 하였으니 또한 잘못된 것이다."

26 『백호전서(중)』 권27, 잡저, 「漫筆 中」, 1123쪽.

27 『백호전서(중)』 권27, 잡저, 「漫筆 中」, 1123쪽, "이 간관 제도는 실로 포악스러운 秦나라 때 商鞅·李斯의 무리가 하늘을 거스르고 人心에 위배되는 정치를 시행하며 사람들의 비난을 듣기 싫어하여 이 기관을 설치하여 남몰래 천하 사람의 입을 막으려고

했던 것으로서, 『시경』·『서경』을 불태우고 비방하는 사람을 멸족시킨 행위와 똑같은 방법이라 여긴다. 그런데 후대 사람이 그러한 것을 깨닫지 못하고 말하기를 '爭臣 및 간관은 국가를 소유한 임금들의 기강이 되고 이목과 같은 것으로서 버릴 수 없는 것이다'라고 하는데, 그렇다면 이사와 趙高의 술책이 단지 그 당시 사람들만 우매한 자로 만들었을 뿐만 아니라 또한 후대 사람을 우매한 자로 만들었다고 할 만한 것이다."

28 『백호전서(중)』 권27, 잡저, 「漫筆 中」, 1121쪽.

29 『백호전서(중)』 권27, 잡저, 「漫筆 中」, 1122쪽, "三代 이전에는 백관들이 각자 자신들의 직책으로 간하였는데, 秦·漢 이후 처음으로 諫議大夫를 두어 논의를 맡도록 하였고, 당나라 무후와 송나라 眞宗은 또다시 糾劾을 전담시키는 데 있어 뜬소문을 가지고 논핵할 수 있도록 하여 재상의 권력을 분산시켰다."

30 『백호전서(중)』 권27, 잡저, 「漫筆 中」, 1121쪽, "대신과 간관들이 서로 조정에서 승부를 겨루어 천하에 많은 일들이 발생하였고, 송나라가 망할 무렵에는 놀라운 사건이 마구 발생하고 온갖 사단이 함께 일어나 천하의 환란이 이루 다 말할 수 없는 경지에 이르렀다. 이리하여 당시에 훌륭한 대신으로서 … 장상의 지위를 차지하여 훌륭한 정치를 할 수 있었으나, 이들이 한 번 손을 놀리자 시비가 마구 일어나 앉은 자리가 채 따스해지지도 않아서 떠나가게 하여 자신을 구제하기에도 겨를이 없었는데, 어떻게 천하의 일에 대해서 언급할 수 있었겠는가."

31 『백호전서(중)』 권27, 잡저, 「漫筆 中」, 1120쪽.

32 이 시기 삼사를 중심으로 한 언관·간관의 활동에 대해서는 다음 참조. 宋贊植, 「朝鮮朝 士林政治의 權力構造: 銓朗과 三司를 중심으로」, 『경제사학』 2(경제사학회, 1978); 鄭斗熙, 「朝鮮後期 實學者들의 臺諫論」, 『東亞研究』 17(西江大學校 東亞研究所, 1989).

33 『백호전서(중)』 권27, 잡저, 「漫筆 中」, 1123쪽, "간관을 설치하지 않으면 임금이 어떻게 자신의 과오를 들을 수 있으며 대신들의 죄악을 어느 누가 규탄하겠겠는가? 사방의 눈을 밝게 하고 사방의 귀를 통하게 하며, 백관들에게 자문하여 각자 맡은 직책으로 간하게 하고 백성들에게 물어 각자 자신의 의견을 말하게 하며, 관리들은 조정에서 논의하도록 하고 상인들은 시장에서 비평하도록 하며, 士子들은 충직한 말을 올리도록 하고 樂師는 詩를 외우게 하며, 보필하는 신하는 임금의 잘못을 타이르고 친척들은 임금의 행동을 살피게 하며, 誹謗木을 세워 온 천하 사람이 자신의 과오를 공척하게 하고 進善旌을 세워 온 천하 사람이 할 말을 다하도록 하였는데, 이러한 것이 바로 옛 先王의 제도이다. 孔子가 '帝堯·帝舜도 자신의 몸을 낮추어 천하 사람의 말을 살펴 들었다'라고 하였는데, 간관을 두는 것이 대단한 것이 아니며 간언을 받아들이는 것이 넓은 것이 아니겠는가?"

윤휴가 보기에 간관제는 삼대에는 없었으나 후대에 생긴 제도였다. 『백호전서(중)』 권27, 잡저, 「漫筆 中」, 1122쪽.

34 『백호전서(중)』 권27, 잡저, 「漫筆 中」, 1124쪽.

35 요임금 시절, 사통팔달의 네거리에 깃발을 단 깃대를 세워놓고, 정사에 유익한 말을 할 사람은 그 아래에 서 있게 하였다. 『사기』 권10, 「孝文本紀」의 기록 "古之治天下, 朝有進善之旌"은 이 사실을 잘 보여준다.

36 17세기 이러한 의정부 복구와 간관 혁파를 통한 붕당정치의 해체, 이에 근거한 군주권·관료제 강화 논의는 소론의 박세채, 남인의 유형원 등에게도 나타나고 있었다. 특히 변법적 개혁론자였던 유형원의 경우, 이러한 논의는 토지공유제 위에 구축된 강력한 절대군주 국가상을 전제로 하여 총체적으로 이루어지는 특징을 가지고 있었다. 金駿錫, 『조선 후기 정치사상사 연구』(지식산업사, 2003), 199-202쪽.

37 이에 대해서는 다음 참조. 金駿錫, 『조선 후기 정치사상사 연구』(지식산업사, 2003), 244-291쪽.

38 윤휴는 병자호란을 겪은 직후, 대경장을 위한 계책을 정리하여 인조에게 상소하려다가 중도에 그만두었다. 이때 그가 제시한 대책 가운데 하나가 과거제도의 혁파였다. "지금 성상께서 大命을 선포하셨으니 한번 더 생각하시어, 과거제도를 개혁하고 인재 취하는 법을 바르게 정하십시오. 주나라 때의 賓興의 제도를 되살리고 천하 절의의 대범에 힘쓰며 천고를 얽매어온 굴레를 벗어버리십시오. 그리하여 그것을 두고두고 백왕들이 준수할 법으로 정하여 이 세상 모두가 그 큰길로 나가게 되기를 이 신 크게 원해 마지않는 바입니다." 『백호전서(상)』 권4, 疏箚, 「擬上疏【丙子】」, 124쪽.

39 『백호전서(상)』 권4, 疏箚, 「擬上疏【丙子】」, 125쪽.

40 『백호전서(상)』 권4, 疏箚, 「擬上疏【丙子】」, 122쪽.

41 『백호전서(상)』 권4, 疏箚, 「擬上疏【丙子】」, 121쪽.

42 『백호전서(중)』 권27, 잡저, 「漫筆 上」, 1101쪽.

43 『백호전서(중)』 권27, 잡저, 「漫筆 上」, 1105쪽.

44 『백호전서(중)』 권27, 잡저, 「漫筆 上」, 1105쪽.

45 조선의 과거제는 문과의 경우 製述 영역에서 四書·五經, 賦·頌·銘·箴·記, 表·箋, 對策 등을 시험했다. 전자는 明經, 후자는 詞章에 속한다고 할 수 있다. 『경국대전(經國大典)』 권3, 禮典, 「諸科」.

46 윤휴가 여기서 거론한 사장의 폐해는 당나라의 사례였다. 윤휴는 이백, 두보, 한유, 백낙천과 같은 특별한 재주를 가진 사람들이 하찮은 사장에 빠져 위로 성현을 본받고 아래로 유속을 바로잡으며 천하의 중책을 맡을 능력을 키우지 못했다고 한탄했다. "風化의 趨向과 習尙이 사람을 다르게 하는 것이 이와 같다"는 것이 그 결론이었다. 『백호전서(중)』 권27, 잡저, 「漫筆 上」, 1102쪽.

47 『백호전서(중)』 권27, 잡저, 「漫筆 上」, 1106쪽.

48 『백호전서(중)』 권27, 잡저, 「漫筆 上」, 1106쪽.

49 『백호전서(상)』 권4, 疏箚, 「擬上疏【丙子】」, 121쪽, "과거제도로 사람을 뽑고, 익힌다

는 것이 詞章이어서 인재 교육이라고 해보아야 기껏 雕蟲篆刻을 벗어나지 못하고 죽을 때까지 거기에 매달려 있을 뿐입니다. 늘 하는 일이라곤 소리와 韻을 고르는 것이니, 그들에게 天工을 맡기고 경제를 맡겼을 때 인재가 어디에서 나올 것이며 국가사업이 어찌 실패하지 않겠습니까. 사장을 익히고 과거제도로 사람 고르는 일은 陳·隋와 같은 말세에 나온 제도인데 역대로 그 제도를 반복하면서 오늘까지 왔으니 그것은 바로 有土者의 책임인 것입니다."

50 홍도는 한대 門의 이름인데 그 안에서 학생들을 공부하게 하고 이름은 홍도문 학사라 하였다. 주로 尺牘과 詞賦로 시험을 치르고 평가했다(『후한서』 권8, 靈帝紀). 樂買는 누군지 미상이다.

51 『백호전서(중)』 권27, 잡저, 「漫筆 上」, 1105쪽.

52 『백호전서(중)』 권27, 잡저, 「漫筆 下」, 1167쪽, "옛날 士子들에게 활을 쏘게 하였는데 활을 제대로 쏘지 못할 경우 병이 있다고 핑계 대었다. 대개 사자로서 활을 쏘지 못하는 것은 사자의 수치였기 때문이다. 또한 활 쏘는 것에 대해서 감히 다른 사람에게 핑계 대어 말하지 않았다. 그런데 후대에 와서는 先王의 道가 땅에 떨어져 사자들이 활 쏘는 법을 알지 못했다. … 당나라 때에는 詞章의 학문이 성행하여 한 구절의 문장으로 천하에 장원이 되기도 하였다. 이러하니 山岳이 어떻게 어두운 불길에 휩싸이지 않을 수 있으며, 江淮 지방에 어떻게 반역이 일어나지 않을 수 있으며, 太阿劍의 자루를 어떻게 다른 사람에게 주지 않을 수 있고 강한 兵馬를 거느린 자가 어떻게 천자가 되지 않을 수 있겠는가."

53 『백호전서(중)』 권27, 잡저, 「漫筆 上」, 1099쪽, "당나라는 실속이 없는 형식만을 숭상하여 軍事를 거칠고 사나운 武夫의 직무로 보아, 사대부들은 할 만한 가치가 없는 것처럼 여겼고, 임금들도 국가의 운명이 군사에 달려 있는 것으로서 충성스럽고 현명한 인재를 구하여 맡길 줄을 알지 못했다. 이리하여 병권이 番將, 宦官, 債帥들에게 돌아가 끝내 中原이 도탄에 빠지고 짐승 같은 무리가 사람을 해치게 하여 50년 동안 혼란한 시대가 되게 하였으니 또한 자초한 재앙인 것이다."

54 『백호전서(상)』 권11, 疏箚, 「陳所懷箚【五月十二日】」, 425쪽.

55 『백호전서(중)』 권27, 잡저, 「漫筆 上」, 1098쪽.

56 『백호전서(중)』 권27, 잡저, 「漫筆 下」, 1169쪽.

57 『백호전서(중)』 권27, 잡저, 「漫筆 下」, 1151쪽.

58 윤휴의 과거제 비판은 다음과 같이 집약된다. 곧 "科擧의 폐습은 백성들의 삶을 해치고 사람의 마음을 고혹하고 사람의 행실을 그르치는 데 있어 楊朱·墨翟의 해보다 더 심하고 홍수와 맹수의 재앙보다 더 혹심한 것인데도 세상 사람들이 그 길로 달려가며 깨닫지 못하고 있다. 大禹, 周公, 孟子와 같은 분이 구제하지 않는다면, 어떻게 연이어 오랑캐가 되지 않을 수 있겠으며 짐승을 몰아 사람을 잡아먹게 하지 않을 수 있겠는가"(『백호전서(중)』 권27, 잡저, 「漫筆 下」, 1150쪽)라고 하는 바처럼, 과거제는 楊

墨의 이단, 홍수, 맹수보다 더 큰 해악을 끼치는 법제였다.

59 『반계수록(磻溪隨錄)』 권10, 「教選之制 下」, 貢擧事目, 25ㄴ-26ㄱ 참조.

60 『백호전서(중)』 권27, 잡저, 「漫筆 上」, 1100쪽.

61 『백호전서(상)』 권10, 疏箚, 「辨戶賦箚【(丁巳)十二月十九日】」, 397쪽, "經術은 어디에 사용하는 것이며 世務는 무엇에 장차 근본합니까. 세무가 경술에 근본하지 않으면 쓸모없는 것이 되니, 이것은 신하가 임금을 합단한 도리로 인도하는 말이 아닙니다."

62 『백호전서(상)』 권14, 啓辭, 「上殿奏事【(乙卯)七月初九日】」, 564-565쪽, "옛날에 인재를 기용함에 내직과 외직을 출입하게 하여 똑같이 수고롭게 하는 법이 있었습니다. 대체로 외직에 있는 사람은 백성들의 休戚은 알 수 있으나 조정의 典章은 알지 못하고, 내직에 있는 사람은 조정의 전장은 알 수 있으나 백성들의 휴척은 알지 못하기 때문입니다. … 청컨대 지금부터는 외임을 거쳐 성적을 거두지 못한 자는 淸選에 들지 못하게 하고, 宰臣의 반열에 있는 자들도 수령으로 내보내게 하소서. … 바라건대, 지금 이후로 銓曹가 외직·내직이 똑같이 수고하고 문신·무신을 교대로 차출하는 법을 만들어 定式으로 삼게 하는 것이 어떻겠습니까?"

63 『백호전서(중)』 권27, 잡저, 「漫筆 上」, 1104쪽.

64 『숙종실록』, 1년(1675) 1월 23일.

65 『백호전서(상)』 권7, 疏箚, 「擬上箚」, 277쪽.

66 『숙종실록』, 1년(1675) 9월 27일.

67 『백호전서(상)』 권6, 疏箚, 「應旨疏【乙卯 正月二十二日】」, 194쪽.

68 윤휴는 주대와 한대의 관료 등용법을 대체로 다음과 같이 이해하고 또 실행할 수 있을 것으로 보았다. ①"周나라에서 士子를 뽑을 때는 鄕黨에서 양성하여 세 가지 일[三物]로 나라에 천거하였는데 대체로 본말을 모두 살펴서 거론했던 것이다. 漢나라 때에는 향당에서 양성하여 천거하는 일이 없었으나 孝廉으로 선발하고 薦辟을 거행하여 천하의 훌륭한 인재와 뛰어난 덕행을 지닌 사람들이 관리가 될 수 있었다. 그런데 후대에 와서 학교에 통합시키고 科擧로써 뽑으며, 자격 제한을 두고 選部에서 주관하게 하여 천하에 비로소 폐단이 생겨 날로 쇠퇴해지고 온 세상에 훌륭한 인재가 없다는 탄식이 있게 되었다."(『백호전서(중)』 권27, 잡저, 「漫筆 上」, 1100쪽) ②"주나라 때 학교제도를 유의하여, 고을에는 塾을 두고 마을에는 學을 두어 학문과 도덕이 있는 자를 골라 스승을 정하고 사대부의 아들들 또는 시골의 준수한 자들을 선발해서 날마다 수업을 하게 합니다. 그들에게 성현의 글을 가르치고 충신과 행검으로 지도하면서 날과 달로 끊임없이 연마가 되게 하고, 그중에서 덕행이 순수한 자가 있으면 선발해서 禮部를 거쳐 大學에 오르게 합니다. 그리하여 大司成이 그를 훈도하고 아침저녁으로 강마하여 성취할 수 있도록 합니다."(『백호전서(상)』 권4, 疏箚, 「擬上疏【丙子】」, 125쪽).

69 『백호전서(상)』 권14, 啓辭, 「上進奏事」, 553쪽.

70 『백호전서(중)』 권27, 잡저, 「漫筆 上」, 1114쪽.

71 『백호전서(중)』 권27, 잡저, 「漫筆 上」, 1114쪽.

72 『백호전서(중)』 권27, 잡저, 「漫筆 上」, 1114쪽.

73 윤휴는 周代의 鄕遂制를 바탕으로 한 鄕政은 진대 이후 소멸되었지만, 이러한 향정이야말로 세도를 정돈하며 反本修古하는 방법으로 인식, 향수제의 회복을 강구할 것을 주장했다. "옛날 先王의 정치는 鄕遂에서 시작되어 조정에 통하여 천하에 미쳤는데 秦나라 때 商鞅이 옛 제도를 변경하고 학문을 폐지하고서 일체 구차하고 간략한 정치를 하자 鄕政이 먼저 무너지게 되었다. 漢나라, 唐나라 때에는 당시 임금과 재상들이 世道를 정돈하려는 뜻을 갖기도 하였으나 그들도 또한 옛날 제도를 회복시키는 도리가 향정에 근본해야 하는 것임을 알지 못했다. 이리하여 인륜이 상실되고 백성들이 곤궁해지며 뛰어난 인재가 기용되지 못하여 옛날 선왕의 정치가 천하에 시행되는 것을 끝내 다시 보지 못하게 되었다."(『백호전서(중)』 권27, 잡저, 「漫筆 上」, 1114쪽). 한편, 이러한 향정·향수제는 제3부 11장 1절에서 서술하는 대로, 윤휴가 齊民編制의 방안으로 제안했던 五家統法의 이념적, 법제적 근거였다. 이렇게 보면 윤휴의 향정론은 향촌 사회 향촌민에 대한 통제·파악과 인재 선발의 양면을 통일적으로 결합한 방안이었다. 이에 관해서는 다음 참조. 吳永教, 『朝鮮後期 鄕村支配政策 硏究』(혜안, 2002), 54-74쪽.

74 이에 대해서는 제3부 11장 참조.

75 17세기 향촌 실정과 정부의 대향촌 정책의 전개 양상에 대해서는 다음 참조. 吳永教, 『朝鮮後期 鄕村支配政策 硏究』(혜안, 2002).

76 『백호전서(상)』 권8, 疏箚, 「密疏【戊午九月初十日】」, 342쪽.

77 『숙종실록』, 4년(1678) 9월 10일, "도로의 傳言을 들으니, '鄭人錦이 吳帥三桂와 연합하여 모의하고 장차 舟師로서 왼쪽 바다를 둘러서 山東으로 나온다' 하고, 또 '日本과도 通行한 형적이 있다'고 합니다. 이와 같다면 진실로 그 계책에서 나오는 것은 그 군사가 우리를 침략하고 우리를 협박하여 北人의 왼쪽 팔을 끊어서 凌駕하는 형세를 벌이려는 것입니다."

78 밀소의 내용은 강화도 방비 강화책 등 많은 내용을 담고 있었다. 이 상소에 대해 許積과 權大運은 "大意則好, 而其志太高云云"이라고 하여 그 뜻을 높이 사면서도 구체적인 방안에 대해서는 반대했다. 『승정원일기』, 숙종 4년(1678) 9월 28일. 이에 윤휴는 자신을 침척했다고 하여 "狂言亂政之罪"를 다스리라는 사퇴 상소문을 올렸다. 『승정원일기』, 숙종 4년(1678) 9월 25일.

79 『백호전서(상)』 권4, 疏箚, 「擬上疏【丙子】」, 120쪽.

80 이를테면, 윤휴는 이 시기 과거제와 조정·사대부 일반의 화의를 중심한 외적 대응은 불가분리의 관계에 있다고 보았다. "삼대 이전에는 성현만 있고 호걸이 없었으며, 삼대 이후에는 호걸만 있고 성현이 없었는데, 오늘날에 와서는 학사만 있고 호걸이 없

으니, 이것은 王者의 시대가 떨어져 覇者의 시대가 되고 패자의 시대가 떨어져 夷狄의 시대가 되었기 때문이다. 나는 '이 세상에 과거제도를 폐지할 경우 한두 명의 성현이 나올 것이고, 조정에서 오랑캐와의 和議를 단절할 경우 아홉 내지 열 명의 호걸이 나올 것이다'라고 말한다." 『백호전서(중)』 권27, 잡저, 「漫筆 下」, 1169쪽. 말하자면, 윤휴에게서 과거제 혁파는 북벌의 대경장 실현에 필요한 제반 개혁을 추진할 수 있는 인물을 직접적으로 선발하기 위한 방법이었다.

11장 사회경제구조의 개혁과 부국강병의 제도 기반

1 이 시기 국가적 위기를 규정하는 기본 요인은 지주전호제의 확대, 신분제 변동이었다. 그 결과로 民의 국역 부담의 과중, 불균형의 심화와 재생산 기반의 붕괴, 그리고 국가의 물적 기반의 약화 현상 등이 나타나고 있었다. 뿐만 아니라 지주전호제의 확대로 양반 사대부의 민에 대한 사적 지배가 보다 강화·확대됨으로써, 국가의 대민 통제는 전쟁 전에 비해 훨씬 약화되어 있는 실정이었다. 이러한 문제를 첨예하게 반영하는 것이 군역제였다. 이 시기 군역제는 신분제적 원리를 기저로 총액제 형태로 운영되고 있었던 까닭으로, 양반 사대부·노비층은 군역에서 면제되어 있는 반면에 良民은 이를 전적으로 부담하였다. 그러나 전란을 전후하여 양민들은 양반으로의 신분 상승이나 私募屬, 私賤으로의 投屬 등 여러 가지 避役 방법을 통해 사회적 천대와 경제적 핍박을 벗어나는 길을 모색하게 되고, 이로 인해 향촌 내부에서는 '軍多民少'의 현상이 나타나며 잔여 빈농층은 이중 삼중의 과중한 부담을 지고 있었다. 金容燮, 『韓國近代農業史研究 上』(增補版)(일조각, 1984), 206-227쪽. 국가로서는 양민의 '漏籍'·'漏丁' 현상 때문에 군역 부담자가 줄어드는 반면에 그 부담자인 양민들로서는 재생산의 기반이 철저히 파괴당하는 실정이었다. 그런 점에서 봉건국가가 사회적 생산력을 철저하게 장악, 운용할 수 있는 정치체제의 수립은 이 시기 국가적 위기의 극복에 크게 유용한 방안이었다.

2 『숙종실록』, 1년(1675) 1월 23일; 『백호전서(상)』 권6, 疏箚, 「應旨疏【乙卯 正月二十二日】」, 195쪽.

3 『숙종실록』, 1년(1675) 9월 26일. 실록은 사목을 소개한 뒤 말미에 "紙牌를 작은 주머니를 만들어 차니, 이때 사람들이 말하기를, '작은 주머니에 큰 狼狽를 찬다'고 하였다"고 지패법에 대해 혹평하고, 오가통법에 대해서는 "백성이 饑荒에 괴로워하는데 誅求를 더하고, 密束을 보태어 怨聲이 길에 가득하였으나, 윤휴의 무리는 이를 '기뻐하여 춤춘다'고 일컬었다"고 적었다.

4 『숙종실록』, 1년(1675) 9월 26일, "처음에 尹鑴가 『管子』를 모방하여 五家統의 제도를 만들었으나, 일을 행하기에 어려움이 많았다. 許積이 金錫冑·柳赫然 등과 더불어 윤휴의 법에 따라 보태고 줄인 것이다."

5 이때 제정된 오가통사목의 성격을 가장 잘 드러내는 것은 지패법으로, 다음과 같이 규정되어 있다. “통 안의 사람으로서 남자 16세 이상인 자는 또 반드시 身上戶口書를 갖되 아무 도, 아무 현읍, 아무 면, 아무 리, 아무 역, 아무 성명, 나이를 하나의 두꺼운 종이에 써서 里正과 里有司가 서명하고 관사에서 도장을 찍으며 출입할 때마다 주머니에 찬다. 이것이 없는 경우에는 官門에 들어가거나 訟庭(재판정)에 나갈 수 없으며, 이를 身符(신분증)로 삼는다. 잃어버린 경우에는 이유서를 관에 제출하고 종이 1장을 바치면 관에서 다시 발급한다. 만약 본래 이를 갖지 아니한 자는 制書有違律을 적용하여 처벌한다.” 『숙종실록』, 1년(1675) 9월 26일. 지패법은 기록상 효종대에 처음 언급되는데(『승정원일기』, 효종 10년(1659) 윤3월 3일), 윤휴는 이것이 현종 말년에 논의되다가 시행되지 못한 것으로 보았다. 『백호전서』 권11, 疏箚, 「陳所懷箚【五月 十二日】」, 423쪽, “우리 顯宗 大王께서 민심과 物情이 편리하게 여기는 것을 깊이 생각하여 紙牌의 제도를 창출했는데 미처 시행하지 못했습니다.”

6 오가작통법과 호패법에 대해서는 다음 참조. 李光麟, 「戶牌考: 그 實施 變遷을 중심으로」, 『庸齋白樂濬博士華甲紀念國學論叢』(思想界社, 1955); 申正熙, 「五家作統法小考」, 『大邱史學』 12·13(대구사학회, 1977); 吳永教, 「朝鮮後期 五家作統制의 構造와 展開」, 『東方學誌』 73(연세대학교 국학연구원, 1991); 吳永教, 「19세기 五家作統制의 構造와 展開」, 『학림』(연세사학연구회, 1991); 吳永教, 『朝鮮後期 鄕村支配政策 研究』(혜안, 2002).

7 『백호전서(상)』 권6, 「應旨疏【乙卯 正月二十二日】」, 195쪽.

8 윤휴는 1675년(숙종 1) 5월 9일 식년에 따른 한성부의 호적 작성 추진에 대해 五家統을 먼저 실시하면 뒤에 실시하는 호적 또한 호구가 빠지거나 소멸되는 폐가 없을 것이라 하여 오가통의 先行을 강력히 주장했다. 『숙종실록』, 1년(1675) 5월 9일.

9 『숙종실록』, 1년(1675) 9월 26일.

10 『숙종실록』, 1년(1675) 9월 26일.

11 윤휴는 이들 都尹·副尹의 역할을 ‘풍속을 바로잡고, 농상을 권장하여 맡기며, 隣保를 단결하여, 그들이 거주지를 오고 가는 폐단을 없앰’으로 규정, 향촌 사회에서의 지위를 보장하고, 한편으로 수령들이 이들을 소홀히 대하거나 업무 수행 시 笞辱 등의 처벌을 가하지 말도록 하였다. 『백호집』 권13, 啓辭, 「上殿奏事【己未九月二十六日 書講入侍時】」; 『백호전서(상)』, 啓辭, 「上殿奏事【九月二十六日 右贊成時】」, 588쪽. 이것은 이들이 면리제에 참여하는 명분을 살리는 가운데, 이들을 직접 공적 사회조직인 면리제·오가통제에 참여시킴으로써 기존 신분제와 경제력에 기반하여 향촌을 지배하였던 재지 세력의 반발을 무마, 궁극적으로 원활한 향촌 장악을 이루고자 하는 사고와 맞물려 있었다.

12 17세기 향촌 통치제도 정비의 실상과 의미에 대해서는 다음 참조. 金武鎭, 「朝鮮中期의 鄕村社會와 鄕約의 性格」, 『朝鮮初期 鄕村支配體制 研究』(연세대학교 박사학위

논문, 1991); 吳永敎, 『朝鮮後期 鄕村支配政策 硏究』(혜안, 2002).

13 『숙종실록』, 1년(1675) 9월 26일.

14 『숙종실록』, 1년(1675) 9월 26일. 다만 이 규정은 1678년(숙종 4)에 폐기된다. 전라도 영암의 私奴 맛생(㐎生)이 世男을 죽였는데, 세남의 이름이 호적에 실려 있지 않은 까닭에 「오가통사목」의 규정에 따라 그의 죄를 묻지 말아야 하는가 하는 점이 논란이 되었다. 『비변사등록』, 숙종 4년(1678) 6월 25일. 이에 정부에서는 논의 끝에 허적의 의견을 따라 살인죄를 적용하기로 하고 규정의 '死無殺罪' 4자를 삭제하는 조치를 내렸다. 『비변사등록』, 숙종 4년(1678) 7월 4일.

15 『백호전서(상)』 권5, 疏箚, 「冊子疏」, 174쪽, "신이 생각하기에, 지금 士大夫들은 마음속에는 이해가 엇갈리고 보고 들은 것만 앞세우기 때문에 하는 말이나 하는 짓들이 본심에 어긋나는 경우가 있습니다. 서민들은 비록 무식하고 멍청하기는 해도 천부의 성품만은 그대로 가지고 있어 지극히 어리석은 듯하면서도 신령하고 고지식한 속에도 신의가 있습니다."

16 『숙종실록』, 1년(1675) 1월 24일.

17 『숙종실록』, 1년(1675) 1월 23일; 『백호전서(상)』 권6, 「應旨疏」, 196쪽.

18 『숙종실록』, 1년(1675) 1월 24일. 『효경』, 『대학』, 司馬, 孫武 등의 책을 배우고 弓馬, 車乘 등의 무예를 익히는 내용이다.

19 『숙종실록』, 1년(1675) 1월 24일.

20 결국 이 같은 의견은 허적·김석주·권대운 등 대신들의 반대로 실행되지 못했는데, 허적은 대변통이라는 점, 권대운은 사대부 자제와 서얼을 摠簿에 함께 기록하기 때문에 강상 윤리를 붕괴시킬 가능성이 있다는 점을 그 이유로 들었다. 『숙종실록』, 1년(1675) 1월 24일.

21 吳始壽가 제안했으며, 서울은 3월부터, 外方은 5월부터 시행한다는 결정을 내렸다. 『숙종실록』, 3년(1677) 1월 7일.

22 허적의 경우, 지패법은 사대부가 常漢 統首하에 들어가 신분 질서를 어지럽히는 폐단이 생길 수 있다 하여, 호패법으로의 전환할 필요성을 제기했다. 통수가 상한이고 양반이 統員일 경우, 지패의 첫째 줄에 상한으로 통수를, 그 아래에 아무 宰相, 아무 京士라고 기록하기 때문이라는 이유였다. 『숙종실록』 3년(1677) 3월 1일; 『백호전서(상)』 권11, 疏箚, 「陳所懷箚【五月十二日】」, 423쪽.

23 『백호전서(상)』 권11, 疏箚, 「陳所懷箚【五月十二日】」, 423쪽.

24 이러한 인식은 윤휴가 전면적인 신분제·토지제도의 개혁에 대해 구체적인 방안을 강구하지 않았기 때문에 당시 신분제 사회 구조에 미치는 영향은 제한적인 것일 수밖에 없었으나, 고정불변의 절대적 신분관을 부분적으로 부정하고 조정한다는 의미를 갖고 있었다. 이는 능동적·자발적 도덕성을 보다 중시하는 인간 이해와도 관련하여, 뒷 시기의 중세적 신분관 부정에 일정한 영향을 미쳤을 것으로 보인다.

25 『백호전서(상)』 권7, 疏箚, 「陳所懷箚【丙辰 正月二十九日】」, 279쪽.

26 『백호전서(상)』 권7, 疏箚, 「陳所懷箚【丙辰 正月二十九日】」, 279쪽.

27 『백호전서(상)』 권8, 疏箚, 「辭大司憲兼陳所懷疏【(丙辰) 六月二十日】」, 307쪽.

28 『백호전서(상)』 권7, 疏箚, 「陳所懷箚【丙辰 正月二十九日】」, 279쪽.

29 윤휴는 단순히 添丁·闕額 充定 정도의 수준에 그치는 오가통법을 격렬히 비판하여, 1680년(숙종 6) 경신대출척이 일어나기까지 끊임없이 均賦法을 속히 시행할 것을 촉구했다. 『백호전서(상)』 권7, 疏箚, 「陳所懷箚【丙辰 正月二十九日】」, 279쪽.

30 호포법은 피역 행위를 봉쇄하고 규정을 개선함으로서 군역제를 이정하려는 방안과 더불어, 군정의 폐단이 시정될 필요가 있을 때마다 늘 거론되었던 군역제를 전면적, 근본적으로 변혁하자는 방안이었다. 金容燮, 『韓國近代農業史硏究 上』(增補版)(일조각, 1984), 252-253쪽. 이 시기 호포법의 구조와 논의 과정에 대해서는 다음 참조. 金容燮, 『韓國近代農業史硏究 上』(增補版)(일조각, 1984); 車文燮, 「壬亂以後의 良役과 均役法의 成立」, 『사학연구』 10·11(한국사학회, 1961); 鄭萬祚, 「朝鮮後期의 良役變通論議에 대한 檢討」, 『同德女大論文集』 7(동덕여자대학교, 1977); 姜萬吉, 「軍役改革論을 통해 본 實學의 性格」, 『東方學誌』 22(연세대학교 국학연구원, 1979); 池斗煥, 「朝鮮後期 戶布制 論議」, 『한국사론』 19(서울대학교 국사학과, 1988) 등.

31 『백호전서(상)』 권12, 疏箚, 「進擬德音教意」, 509쪽.

32 『백호전서(상)』 권6, 疏箚, 「應旨疏【乙卯 正月二十二日】」, 195쪽.

33 『백호전서(상)』 권10, 疏箚, 「辭職兼進所懷疏【(丁巳) 九月 二十五日】」, 386쪽, "대체로 백성들이 곤궁하고 피폐한 것은 그들의 신역이 무겁고, 도망·물고를 제명시키지 않는 데에서 연유한 것이고, 도망·물고를 제명시키지 않는 것은 수령들의 虐害에 연유한 것이고, 수령들의 학해는 상급 관아에서 독책하는 데에서 연유한 것이며, 상급 관아에서 이토록 독책하는 것도 또한 이유가 있는데, 그것은 국가에서 백성들에게 부역시키는 것이 균등하지 못하고 나라의 녹봉을 먹고 있는 冗兵·遊手들에 대해서 적절한 조처가 없기 때문입니다."

34 『숙종실록』, 3년(1677) 12월 19일.

35 『숙종실록』, 3년(1677) 12월 5일.

36 윤휴는 이 문제를 두 번에 걸쳐 제안하였다. 『숙종실록』, 2년(1676) 1월 19일; 『숙종실록』, 3년(1677) 12월 5일. 특히 1677년의 제안은 그해 12월과 이듬해 1월 초에 대신과 비국 대신들 사이에 집중적으로 논의되었으나, '閑丁搜括'로 대신하자는 것으로 결정이 났다. 『숙종실록』, 3년(1677) 12월 5일·11일·19일·25일; 『숙종실록』, 4년(1678) 1월 3일·22일

이때 호포법을 지지했던 인물은 부제학 李堂揆 등 극소수로, 이당규는 1677년 12월 25일에 호포법 실시를 촉구하는 상소를 올렸다. 『숙종실록』, 3년(1677) 12월 25일. 윤휴의 호포론 반대론자들에 대한 비판의 요지는 '민심의 향배와 천명의 거취가 민의

편·불편 여부에 있지 豪佑·侼民의 그것에 달려 있지 않다'는 것이었다. 『숙종실록』, 3년(1677) 12월 19일.

37 金容燮, 『韓國近代農業史研究 上』(增補版)(일조각, 1984), 206-227쪽.

38 吳永敎, 『朝鮮後期 鄕村支配政策 硏究』(혜안, 2002), 54-74쪽.

39 吳永敎, 『朝鮮後期 鄕村支配政策 硏究』(혜안, 2002), 115-157쪽.

40 『숙종실록』, 2년(1676) 1월 19일, "尹鑴請罷諸軍門, 諸衙門屯田."

41 이 시기 농지 개간을 위한 陣田 折受, 이에 의한 궁방전·아문 둔전의 확대와 그 경영, 수취 방식에 대해서는 다음 참조. 鄭昌烈, 「朝鮮後期의 屯田에 대하여」, 『李海南博士華甲紀念史學論叢』(一潮閣, 1970); 李景植, 「17세기 農地開墾과 地主制의 展開」, 『한국사연구』 9(한국사연구회, 1973); 李景植, 「17세기 土地折受制와 職田復舊論」, 『東方學誌』 54·55·56(연세대학교 국학연구원, 1987); 李泰鎭, 『朝鮮後期 政治와 軍營制 變遷』(한국연구원, 1985).

42 李景植, 「17세기 土地折受制와 職田復舊論」, 『東方學誌』 54·55·56(연세대학교 국학연구원, 1987).

43 『승정원일기』, 숙종 1년(1675) 윤5월 10일.
이 기사는 『백호전서(상)』 권14에는 「上殿奏事【大司憲時 閏五月十二日】」로, 『백호집』 권13에는 '乙卯六月十一日書講入侍時'의 啓辭로 잘못 실려 있다.

44 『백호전서(상)』 권14, 啓辭, 「上殿奏事【丙辰 正月二十一日】」, 574쪽; 『백호집』 권13, 啓辭, 「上殿奏事【丙辰 正月二十一日 晝講時】」.

45 『승정원일기』, 숙종 1년(1675) 윤5월 10일, "土地人民所宜, 悉歸之守令, 關之地部. 今以各項折受之處, 許民耕食, 收其租稅, 一依常式. 且分付戶曹, 以其平日所收之數, 依前分給於諸宮家各衙門, 則可無別將·道掌自專其利之弊, 各衙門諸宮家需用, 亦必有賴, 此實革弊便民之大計也."
『승정원일기』의 이 기사는 『백호전서』의 기록과 조금 차이가 난다. 『백호전서(상)』 권14, 疏箚, 「上殿奏事【大司憲時 閏五月十二日】」, 560쪽, "土地人民所宜, 實歸之守令, 關之地部. 今日各項折受之處, 許民耕食, 收其租稅 一依常式. 且分付戶曹, 以其平日所收之數, 依前分給於諸宮家各衙門, 則可無導掌別將輩自專其利之弊, 各衙門諸宮家旣無失其所有, 國家需用亦必有賴, 此實革弊便民之大計也."

46 『백호전서(상)』 권9, 疏箚, 「擬疏」, 343쪽; 『숙종실록』, 3년(1677) 2월 15일.

47 李泰鎭, 『朝鮮後期 政治와 軍營制 變遷』(한국연구원, 1985), 50-213쪽.

48 숙종 초반 남인 정권기의 둔전 혁파는 淸·濁南을 불문하고 동의하는 과제였다. 이를테면 1677년(숙종 3) 4월의 玉堂의 상소나 허목·권대운 등의 진언은 군문의 둔전 경영 문제를 집중적으로 거론하고 그 혁파를 주장한 예였다(『숙종실록』, 3년 4월 1일). 이러한 남인들의 군문 둔전 혁파 주장은 총융·수어청 등을 김만기·김석주 등 서인이 장악하고 있던 사정과 관련하여 서인의 정치적 기반을 박탈하기 위한 것이라는 의

미도 있었으나(洪順敏, 「肅宗初期의 政治構造와 '換局'」, 『한국사론』 15, 서울대학교 국사학과, 1986, 168-180쪽) 당파적 입장을 넘어 위축된 국왕권을 강화하고 권력의 일원화를 도모하는 윤휴의 입장에서는 단순한 군권 장악과는 거리가 있었다.

49 『기언(속집)』 권53, 「論政弊疏」.

50 『기언(속집)』 권53, 「時弊箚」.

51 『백호전서』 권27, 잡저, 「漫筆 下」, 1171쪽.

52 『숙종실록』, 1년(1675) 2월 26일. 이때 수리사업을 추진하기로 결정되었으나, 그 후 얼마 안 가서 폐지되었다.

53 『백호전서(상)』 권14, 啓辭, 「上進奏事【乙卯 正月九日】」, 552쪽.

54 『숙종실록』, 2년(1676) 2월 3일.

55 『백호전서(상)』 권11, 疏箚, 「再箚【己未 正月二十四日】」, 467쪽.

56 『숙종실록』, 1년(1675) 2월 26일; 『비변사등록』 31책, 숙종 1년(1675) 2월 27일.

57 『숙종실록』, 1년(1675) 3월 18일. 허적은 이에 대해 "백성과 사고파는 것은 나라에 이로우면 백성이 원망할 것이고, 백성에게 이로우면 곡식이 줄 것이니, 결코 해서는 안 됩니다"라고 반대했다.

58 『백호전서(상)』 권12, 疏箚, 「進擬德音教意」, 510쪽.

59 『숙종실록』, 3년(1677) 12월 11일.

60 『숙종실록』, 3년(1677) 12월 11일.

61 『백호전서(상)』 권9, 疏箚, 「論事辭職疏」, 339-340쪽.

62 그의 정전제적 토지 소유 구조에 대한 인식은 다음 글을 통해 알 수 있다. "정전법이 폐지되면서 백성들의 본업이 발전하지 않음.【秦이 정전법을 없애면서부터 백성들이 모여 함께 일하는 제도가 없어졌다.】"(『백호전서』 권28, 「公孤職掌圖說 上」, 1199쪽).

63 『백호전서(하)』 권37, 잡저, 「讀書記_大學」, '大學後說', 1553쪽.

64 윤휴는 한백겸이 평양에서 확인한 기자 정전의 유지를 적극 긍정하고(『백호전서』 권27, 잡저, 「漫筆 下」, 1171쪽), "여기에 그 事迹이 환히 드러나고 증거가 명백하다. '예법이 사라지면 들에서 구한다'고 했으니, 먼 변방에서 나왔다고 하여 소홀히 할 수 없는 것이다. 더구나 성인인 기자의 遺蹟임에랴"라 하여 이를 三代禮의 증거로 인정하고 있었다. 한백겸의 기전설은 17세기, 지주전호제 유지론인 주희의 토지론에 대응하여, 토지공유제 개혁론의 논리적, 이념적 기반으로 기능하고 있었던바(金容燮, 「朱子의 土地論과 朝鮮後期 儒者」, 『朝鮮後期農業史硏究 II』(증보판), 일조각, 412쪽), 윤휴의 이 같은 시각은 그의 국가개혁론 구상이 지주전호제의 변화에 대한 문제의식과 연관되어 있었음을 알려준다.

65 윤휴는 균전제의 붕괴에 의한 병농 분리의 복원을 과거제 혁파, 문무 일치, 간관 혁파 등과 함께 '通廢政'의 대상으로 설정하고 있었다. 『백호전서』 권30, 「公孤職掌圖說 下」, 1261-1266쪽; 『백호전서(하)』 권37, 잡저, 「讀書記_大學」, '大學後說', 1533쪽.

66 1675년 10월에 玉果의 土豪 鄭昌後·鄭演 등이 현령 申汝植이 적곡 독촉에 괴로운 나머지, 營長이 點閱하고 習操하는 날에 읍민들을 선동하여 그 일을 방해한 사건이 있었다. 備局에서는 이 일로 정창후를 효시할 것과, '作變은 死地에서 도망할 곳을 찾는 것'이라는 호소 때문에 신여식을 조사하는 것은 사체를 손상시키므로 問罪하지 말아야 한다는 조치를 내렸다. 윤휴는 이에 '小民의 원통을 풀어주어야 한다'는 상소를 올려 이를 크게 비판했는데, 이러한 태도는 윤휴의 부세제도와 관련된 주장에 일관하고 있었다. 『숙종실록』, 1년(1675) 10월 18일, 20일.

67 『백호전서(상)』 권11, 疏箚, 「辭職兼進所懷疏【(戊午) 十一月十一日】」, 449쪽.

12장 후손들의 몰락과 서인의 폄하 작업

1 『숙종실록』, 15년(1689) 5월 23일. 「擊錚原情書」는 『백호집』에 부록으로 실려 있어 원문을 확인할 수 있다. 『백호집』 권30, 부록, 「擊錚原情書【子夏濟】」.

2 이에 대한 개략적인 내용은 이인좌의 공초에서 확인할 수 있다. 『영조실록』, 4년(1728) 3월 26일.

3 조선 조정에서는 안음이 逆魁가 나온 곳이라 하여 혁파했다. 안음은 나중에 안의로 다시 복구되었다. 이 과정에서 영조는 먼저 현의 혁파를 주장했고 박문수·조문명 등은 서두르지 말 것을 요청했다. 『승정원일기』, 영조 4년(1728) 7월 25일.

4 『영조실록』, 4년(1728) 3월 25일.

5 『승정원일기』, 영조 4년(1728) 4월 22일.

6 이인좌가 체포당하는 과정은 『영조실록』, 4년(1728) 3월 24일 참조.

7 1728년의 반역 사건에 대한 연구는 풍부하다. 그간의 연구 성과와 연구 경향에 대한 검토는 다음 참조. 고수연, 「영조대 무신란 연구의 현황과 과제」, 『호서사학』 39(호서사학회, 2004); 문경득, 『전라도 지역 무신란(戊申亂) 연구』(전주대학교 박사학위논문, 2017).

8 이 표현은 1733년에 박문수와 조현명이 올린 상소에 나온다. 『영조실록』, 9년(1733) 3월 6일.

9 『경종실록』, 1년(1721) 4월 30일.

10 도성 방어체제의 수립, 영장제의 강화, 속오군절목의 釐正과 지방 군제의 재편 등 변란을 제압할 수 있는 치안유지책을 마련하는 일은 그 구체적인 작업이었다. 徐台源, 「營將制를 통한 18세기 地方의 治安維持」, 『軍史』 32(국방부군사편찬연구소, 1996).

11 『영조실록』, 4년(1728) 3월 25일.

12 『영조실록』, 4년(1728) 4월 9일; 6월 17일.

13 『무오식년사마방목(戊午式年司馬榜目)』(한국학중앙연구원 장서각[B13LB-24]). 관련 내용은 한국역대인물종합정보시스템에서 확인할 수 있다.

14 정약용은 1680년의 남-서 정권교체를 두고 '士禍'라고 불렀다. 역모가 있었다 하더라도, 죄를 직접 짓지 않은 사람이 다수 연루되어 억울한 처벌을 받았다고 지칭되는 사건은 '사화'로 봐야 한다는 것이 그의 생각이었다. 그리하여 정약용은 '기축옥사'와 '경신옥사'를 '사화'라고 했다. 1680년(숙종 6)의 '경신환국'과 이후의 정치 사태의 전개에 대한 남인들의 불만을 대변하는 견해라 생각한다. 『여유당전서』 제1집, 詩文集 권15, 「茯菴李基讓墓誌銘」, "정여립이 역적이 아닌 것이 아니나 사람들이 기축옥사를 冤獄이라 하는 것은 崔永慶·鄭彦信 등 죄없이 죽은 이가 많기 때문이고, 許堅이 역적이 아닌 것이 아니나 경신옥사를 원옥이라 하는 것은 李元楨·柳赫然 등 죄없이 죽은 이가 많기 때문이다. 그렇다면 비록 역적과 관련된 사람을 다스리는 옥사라 할지라도 억울하게 죄를 받은 사람이 있으면 士禍인 것이다."

15 연보에는 "기사환국 후, 정부에서는 영의정에 추증하고 두 아들을 녹용했다"고 적혀 있다. 『하헌집』 24책, 연보(하), "六十二年己巳【今上十五年】, 三月命贈議政府領議政, 遣承旨賜祭.【…右承旨姜鋧奉命致祭, 仍錄用先生兩子.】". 그 두 아들은 정랑과 별검을 지낸 윤하제, 윤경제로 추정된다.

16 윤경제의 字는 大幼이며, 1659년(효종 10)에 태어났다(『무오식년사마방목』, 한국학중앙연구원 장서각[B13LB-24]). 1728년 반란이 일어났을 때는 69세였다.

17 『숙종실록』, 2년(1676) 12월 27일.

18 『숙종실록』, 20년(1694) 4월 5일. 이운징의 형 이의징도 권세를 탐내고 화를 만들기를 좋아했다는 이유로 원변 정배되었다.

19 『숙종실록』, 36년(1710) 2월 16일. 이때 이운징과 함께 방송된 인물은 李玄紀, 李玄逸, 睦來善 등 남인의 주요 정치인들이었다. 당시 그의 정치적 비중이 어떠했는지 짐작할 수 있다.

20 『숙종실록』, 43년(1717) 3월 1일.

21 『숙종실록』, 16년(1690) 2월 25일.

22 『숙종실록』, 17년(1691) 5월 9일.

23 실록의 찬자는 이의징이 권력의 실세와 깊이 연결되어 있었다고 평가했다. 『숙종실록』, 17년(1691) 9월 12일, "睦林一을 승지로, 洪重鉉을 정언으로, 許潁을 교리로, 金一夔를 사간으로 삼고, 李義徵을 공조판서로 특별히 올렸다. 이의징은 白徒로서 起身하여 兩局의 대장을 번갈아 지내고 갑자기 八座에 발탁되었는데, 은밀하게 후원하는 자와 깊이 결탁한 힘이었다."

24 『숙종실록』, 21년(1695) 1월 23일, "죄인 李義徵을 서소문 밖에서 사사하였다.【史臣은 말한다. "이의징은 白徒로서 외람되게 국가의 병권을 장악하고, 자기의 졸병을 포치하여 군비를 이리저리 탕진하며, 광범위하게 염탐을 위한 계략을 마련하여 일망타진의 흉계를 실현하려고 하였다. 기사년의 초기에 이르러 張希載와 결탁하여 宮掖을 염탐하고, 閔宗道에게 들러붙어 은밀히 私徑을 열어서 끝내 엄청난 화를 빚어내기에

이르렀다."】".

25 『숙종실록』, 21년(1695) 1월 17일. 윤하제는 1699년에 풀려났다. 『숙종실록』, 25년(1699) 2월 4일.

26 『승정원일기』, 영조 4년(1728) 6월 2일; 『영조실록』, 4년(1728) 6월 17일.

27 『승정원일기』, 영조 2년(1726) 2월 10일.

28 이인좌는 반란을 일으키기 2년 전에는 상주로 이사와 있었고(『영조실록』, 4년(1728) 3월 26일), 반란 당시에는 청주에 살았다(『승정원일기』, 영조 4년(1728) 3월 27일). 權㮖의 공초에는 문경에 살았다는 말이 나온다(『영조실록』, 4년(1728) 4월 11일).

29 『영조실록』, 4년(1728) 3월 15일.

30 『강한집(江漢集)』 권9, 「安義縣社稷記」, "4년 5월에 왕이 교시하기를, 역적 정희량이 안의에서 일어나 거창을 함락하고 또 함양을 함락하고는 사람들을 모아 종묘사직을 위태롭게 할 것을 꾀하여 한밤중에 우두산을 넘다가 사로잡혔으니 이는 괴수이다. 금년부터는 안의현을 혁파하고 사직을 폐해 제사를 지내지 말라고 했다."

31 『영조실록』, 4년(1728) 3월 24일.

32 『영조실록』, 4년(1728) 3월 27일.

33 『승정원일기』, 영조 4년(1728) 4월 10일.

34 持平 趙宗溥의 글에 나온다. 『승정원일기』, 영조 30년(1754) 11월 20일, "지평 조종부의 글에서 말하길, 신의 아버지 언신이 무신란이 일어나자 청주목사가 되었습니다. 이인좌의 처 자정을 영남에서 체포해 온 뒤 엄하게 심문하여 극적을 다수 찾아내고 자정은 교형에 처했습니다. 신의 아버지가 살아 있을 때 매양 통탄하였는데 자정이 문장에 능하고 똑똑하여 供辭가 분명하고 흐트러지지 않았기 때문입니다."

35 『영조실록』, 4년(1728) 4월 9일. 청주에서 심문을 한 뒤 작성했다.

36 『영조실록』, 4년(1728) 4월 9일.

37 『승정원일기』, 영조 4년(1728) 4월 16일.

38 조세추는 李麟佐의 表從弟로, 1728년 3월 7일 경기도 광주에서 문경으로 들어갔다. 충주목사 金在魯가 체포하여 取招한 다음 서울로 올려보냈다. 정부에서는 斬刑에 처하고 법대로 孥籍하였다. 『영조실록』, 4년(1728) 4월 16일.

39 윤휴의 큰아들 義濟는 후사가 없어 삼남 殷濟의 차남 相鼎을 입후했다(『백호전서』 부록 4, 행장). 相定은 相鼎의 오기일 수 있다. 『승정원일기』의 기록에 따르면 윤상정은 역모 참가 혐의로 심문을 받다가 죽었다. 『승정원일기』, 영조 5년(1729) 4월 30일, "上曰, 尹哥多置絶島, 果何如? 旣有疑慮之心, 則固當使之永不爲西班, 不然則可以放送矣. 此尹哥出於逆招, 而正法者有之乎? 寅明曰, 三人出於逆招, 尹相鼎卽賊鑴之孫, 而杖斃矣."

40 『영조실록』, 4년(1728) 4월 24일.

41 『승정원일기』, 영조 4년(1728) 4월 24일.

42 『승정원일기』, 영조 4년(1728) 6월 2일; 『영조실록』, 4년(1728) 6월 17일.

43 『영조실록』, 4년(1728) 3월 26일.

44 『승정원일기』, 영조 4년(1728) 6월 25일. 이호는 윤경제의 사위로 잘못 알려지기도 했다. 『영조실록』, 4년(1728) 6월 22일

45 『승정원일기』, 영조 4년(1728) 6월 2일; 『영조실록』, 4년(1728) 6월 17일.

46 『영조실록』, 4년(1728) 6월 17일.

47 민암은 서인들에게 송시열의 賜死를 주도한 인물로 인식되어 서인-노론들에게 극도로 배척받았으며 1693년에 세상을 떠났다. 1694년, 서인들은 송시열을 죽인 사람들을 조사하여 등급을 나누었는데, 민암에 대해서는 송시열을 사사할 때 '국문 없이도 그 죄를 알 수 있다'는 발언을 했다고 지목받았다. 『숙종실록』, 20년(1694) 4월 22일.

48 『승정원일기』, 영조 4년(1728) 4월 28일.

49 『영조실록』, 5년(1729) 4월 30일.

50 이 기록은 대전 유천의 보문산에 있는 윤경제의 묘비에서 확인할 수 있다.

51 『영조실록』, 8년(1732), 6월 9일.

52 『영조실록』, 8년(1732) 8월 20일, "정배된 죄인 尹鼎相 4부자를 옮겨 한 고을에 같이 정배시키게 하였는데, 윤정상은 윤휴의 자손이다. 이에 앞서 각 고을에 흩어져 정배되어 있었는데, 좌의정 조문명이 아뢰기를, '역적에 관계된 일일지라도 緣坐된 경우는 각기 따로 보내는 법이 없습니다' 하였다. 임금이 그들 부자가 떨어져 있다는 말을 듣고 이 명이 있었던 것이다.[命移定配罪人尹鼎相四父子同配於一邑. 鼎相鑴之子孫也. 先是, 散配各邑, 左議政趙文命曰: "雖逆賊, 緣坐元無各送之法矣." 上聞其父子分離, 遂有是命.]" 尹鼎相은 윤경제의 아들 尹相靖의 오기로 보인다. 윤의제의 양자인 尹相鼎의 오기로 볼 수도 있으나 그는 이미 1729년(영조 5)에 심문을 받다가 죽었다. 『승정원일기』, 영조 5년(1729) 4월 30일.

53 『영조실록』, 11년(1735) 1월 28일. 『승정원일기』의 같은 날 기록에는 이 사정이 보다 자세하게 나와 있다. 이 결정은 경연에서 내려졌는데, 경연에 참가했던 행판부사 李宜顯, 우의정 金興慶, 이조판서 宋寅明, 병조판서 趙尙絅, 부응교 吳瑗, 헌납 徐命珩 등이 온 가족을 編配하는 것은 불법이라고 의견을 내자 영조가 따랐다.

54 『승정원일기』, 영조 12년(1736) 3월 20일.

55 윤경제의 묘비 기록에 의하면, 그는 제주도로 유배 가는 도중 강진에서 세상을 떠났다고 한다. 『승정원일기』, 영조 19년(1743) 6월 13일 기사를 통해 그가 이미 이때 세상을 떠난 상태였음을 알 수 있다.

56 『승정원일기』, 고종 1년(1864) 7월 11일. 이들은 '유배지에서 석방되지 못하고 죽은 사람[在謫未蒙放身死人]'으로 분류되었는데, 정부에서는 이들의 죄명을 지웠다.

57 『성재속집(性齋續集)』 권6, 「尹公墓碣陰記」.

58 이 시기 칠곡 石田의 광주 이씨 가문은 전국적으로 유명했다. 가계는 李潤雨-李道長-

李元禎-李聃命으로 이어지는데, 이윤우는 鄭逑의 문인이었으며 이도장·이원정은 모두 남인으로 활동했다. 이원정·이담명 가문에 대한 연구는 다음 참조. 김학수, 「칠곡 광주이씨 이원정가의 정치적 위상과 학문적 성격: 이원정·이담명·이만운을 중심으로」, 『계명대학교 한국학연구원 학술대회 자료집』(계명대학교 한국학연구원, 2009); 이근호, 「石田 廣州李氏 家門과 近畿 南人의 提携」, 『한국학논집』 57(한국학연구원, 2014).

59 『졸은유고(拙隱遺稿)』 권6, 「先祖考贈吏曹參判行戶曹佐郎府君行狀」.

60 『성재속집』 권6, 「尹公墓碣陰記」.

61 尹景濟의 유배 및 유배지에서 사망한 사실은 다음 기사에서 확인할 수 있다. 『영조실록』, 8년(1732) 6월 9일; 『승정원일기』, 영조 19년(1743) 6월 13일.

62 『백호전서(하)』, 부록, 행장, "有遺文四十餘卷, 藏于家."

63 『백호전서』에 실린 행장에는 윤하제를 正郎이라고 표기했는데 그가 이 관직을 맡았을 때는 1693년이었다. 『승정원일기』, 숙종 19년(1693) 6월 24일. 윤하제는 1694년 4월에 '효종을 무함하는 말[誣及聖祖之語]'의 혐의로 체포되어 심문을 받고(『승정원일기』, 숙종 20년(1694) 4월 26일) 유배되었다가 1699년(숙종 25)에 풀려났다(『승정원일기』, 숙종 25년(1699) 2월 4일). '정랑'으로 표기한 것으로 보면 1693년 혹은 그 이후에 행장이 작성되었다고 할 수 있다.

하한은 1711년이다. 『백호전서』에 실린 행장의 경우 막내아들 윤경제의 자녀를 2녀 3남이라 하고 그의 장남인 尹相靖은 權以鉉의 딸과, 장녀는 李世瑢과 결혼했음을 밝힌 뒤 나머지는 모두 어리다고 했다. 1711년 李漢輔가 작성한 이석규의 행장에는 그의 사위인 윤경제의 자녀에 대해 모두 3남 1녀이며, 장남은 尹相靖, 차남은 尹相德이고 그다음 아들은 어리며 1녀는 李世瑢과 결혼했다고 했다. 『졸은유고』 권6, 「先祖考贈吏曹參判行戶曹佐郎府君行狀」. 윤휴 행장과 이석규 행장의 기록을 비교하면, 딸이 한 명 빠지고 아들의 수는 동일하다. 빠진 딸은 이인좌의 부인 紫貞으로 보인다. 문집 간행 시(1788년) 삭제하여 기록에서 사라졌다고 할 수 있다. 1711년 글을 작성할 시점에는 아마 기록되어 있었을 것이다. 아들의 경우 첫 번째 행장에는 2명이 어리다고 했다가 두 번째 행장에는 1명이 어리다고 했다. 이로 보면 첫 번째 행장이 먼저 작성되었다고 할 수 있다. 세 아들은 尹相靖, 尹相悳, 尹相憲으로 1728년, 이인좌 반란이 일어난 이후 이들은 모두 절도 정배되는 곤욕을 치렀다. 『승정원일기』, 영조 4년(1728) 7월 13일.

64 『성재속집』 권6, 「尹公墓碣陰記」.

65 『성재속집』 권6, 「尹公墓碣陰記」.

66 현재 한국학중앙연구원에서 소장하고 있다(K4-6636).

67 20세기 후반에 간행되는 『백호전서』에 실린 글과 비교하면 빠진 자료가 적지 않다.

68 『하헌집』 24책, 연보(下), '62년 己巳(今上 15) 3월', "命贈議政府領議政, 遣承旨致祭."

69 후손인 윤용진 경북대학교 명예교수는 『하헌집』을 윤휴의 둘째 아들인 윤하제 집에서 편찬한 것으로 추정했다. 윤하제는 魚震說의 딸, 蔡天漢의 딸과 결혼하였으며, 음사로 공조정랑까지 지냈다. 1680년에 북쪽 변방으로 유배되었다가 기사환국으로 해배된 후 조정으로 돌아왔으며, 1695년 먼 변방으로 유배되었다가(『숙종실록』, 21년(1695) 1월 17일) 1699년에 放送되었다(『숙종실록』, 25년(1699) 2월 4일).

70 여기에 대해서는 이 장의 2절 참조.

71 『극재집(克齋集)』 권3, 「士儀考誤增註」, '考證篇'.

72 19세기 중엽 홍직필이 작성한 李端錫의 신도비명에서도 이런 인식을 찾을 수 있다. 『매산집(梅山集)』 권33, 「參判贈吏曹判書雙壺堂李公神道碑銘【幷序】」, "이보다 앞서 기해년에 예송이 있었다. 효종대왕이 次適子로 승통했다가 승하하자 송시열·송준길 두 先正이 대비의 복제를 의론하며 예경의 '次子 期年' 규정 및 명나라와 국조의 제도에 근거하였는데, 모두 의심할 바가 없었다. 하지만 윤휴·윤선도 등이 '군주를 낮추고 종통을 둘로 나눈다'는 견해를 창도하여 화변을 양성하여 일망타진하려는 계책을 세웠으며, 그를 뒤좇는 여론은 들끓으며 그치지 않았다."

73 송시열의 죄상을 告廟하자는 주장은 '無賴子' 朴瀗이 처음 제기했다(『숙종실록』, 1년(1675) 6월). 본격 논의는 1677년 5월부터 시작되었다(『숙종실록』, 3년(1677) 5월).

74 행판중추부사 鄭知和의 졸기를 작성하며, 실록의 찬자는 윤휴와 허목의 무리가 고묘론을 발의하여 송시열을 죽이려고 할 때에 정지화가 차자를 올려 극구 반대했고 그로 인해 고묘론이 조금 좌절되었다고 적었다. 고묘론의 주도자를 윤휴와 허목으로, 고묘론의 목적을 송시열 죽이기로 보는 이러한 인식은 당시 서인들이 고묘론에 대해 가지고 있었던 일반적 견해였다. 『숙종실록』, 14년(1688) 3월 23일.

75 송시열은 기사환국이 일어난 뒤 제주도로 유배되었다가 賜死의 처벌을 받았다. 송시열 최후의 모습은 다음 기사 참조. 『숙종실록』, 15년(1689) 6월 3일.

76 『숙종실록』, 13년(1687) 2월 4일.

77 『송자대전』 권78, 「答韓汝碩【戊辰二月】」.

78 여기에 대해서는 제1부 2장의 주159 참조.

79 이에 대한 연구는 다음 참조. 李銀順, 「懷尼是非의 論點과 名分論」, 『한국사연구』 48(한국사연구회, 1985); 김용흠, 「전쟁의 기억과 정치: 병자호란과 회니시비」, 『한국사상사학』 47(한국사상사학회, 2014); 김용흠, 「'당론서(黨論書)'를 통해서 본 회니시비(懷尼是非)」, 『역사와 현실』 85(한국역사연구회, 2012); 김용흠, 「肅宗代 前半 懷尼是非와 蕩平論」, 『한국사연구』 148(한국사연구회, 2010); 우경섭, 「송시열의 회니시비(懷尼是非) 인식과 대응」, 『한국학연구』 77(인하대학교 한국학연구소, 2025).

80 이 편지는 윤증 문집에 다음과 같이 실려 있다. 『명재유고(明齋遺稿)』(별집) 권3, 「擬與懷川書【辛酉夏〇辛酉以後往復】」.

81 『송자대전』 권112, 「答李子邵【戊辰七月十四日】」.

82 『송자대전』 권46, 「與李雲擧」.

83 『숙종실록』, 14년(1688) 5월 15일; 『연려실기술(燃藜室記述)』 권34, 肅宗朝故事本末, 「劾朴泰遜」. 시제의 구체 내용은 '杏壇漁父答孔子'였다(『송자대전수차(宋子大全隨箚)』 권9). 漁父와 공자의 대화는 『장자』 제31편 어부에 나온다. 어부는 공자를 두고 '妙道를 같이할 수 없는 자'라고 비판했다. 공자의 학문에 대해 어부가 모독했다고 볼 수 있는 내용이다.

84 1689년 윤3월 26일, 승지로 재직 중 洪致祥의 옥사에 연루되어 극변 원찬되었다가(『숙종실록』, 15년(1689) 윤3월 26일) 사망했다. 1694년에 복작되었다(『숙종실록』, 20년(1694) 4월 4일).

85 박태손의 당색은 소론이다. 송시열은 박태손을 윤선거를 가장 존모하는 자이며, 윤선거를 통하여 주희와 공자를 무시하는 윤휴의 생각과 행동이 연결된다고 보았다. 『송자대전』 권43, 「與趙士達【戊辰九月一日】」.

86 송시열은 자신과 가까운 사람들에게 박태손의 행동은 윤선거와 윤휴에서 유래했다는 점을 끊임없이 거론했다. 『송자대전』 권85, 「與金君平【戊辰六月】」; 『송자대전』 권89, 「與權致道【戊辰六月十八日】」; 『송자대전』 권43, 「與趙士達【戊辰九月一日】」; 『송자대전』 권96, 「答李同甫【戊辰十二月二十二日】」; 『송자대전』 권112, 「答李子邵【戊辰七月十四日】」.

노론 중에서도 송시열의 의견에 동조하지 않는 사람이 있었다. 김창협은 "그 사람의 죄는 그래도 가벼운 편이고, 그를 변호하려는 자들의 죄가 도리어 그 사람보다 무겁습니다. 그들은 자신의 당파를 지키기에 급급하여 이 일에 관계된 바가 작지 않음을 돌아보지 않고 도리어 그 일을 무방한 듯이 여기니, 이는 성인을 경시하고 자신의 당파만을 중시하는 태도에 가깝습니다. 그러나 이 역시 時輩들이 자신의 당파만을 편파적으로 감싸는 습관일 뿐이고, 그 본심을 따져보자면 역시 윤씨(윤증)의 세력을 확장하고 주희를 공격하고 저 위로 성인까지 공격한 윤휴를 본뜨려는 데에 뜻이 있지는 않은 듯합니다. 만약 무턱대고 이 문제를 가지고 논단한다면, 이는 그의 본심이 아닐 듯합니다"라고 하여 박태손의 일을 윤휴와 연관 짓는 것에 대해 비판했다. 『농암집(農巖集)』 권12, 「答權致道【尙夏○戊辰】」.

87 송시열의 주자학 옹호를 위한 학술적 노력에 대해서는 다음 참조. 金駿錫, 「17세기 畿湖朱子學의 動向」, 『孫寶基博士停年紀念韓國史學論叢』(지식산업사, 1988); 金駿錫, 「朝鮮後期 畿湖士林의 朱子認識」, 『百濟文化硏究』 17(충남대학교 백제연구소, 1989).

88 1689년(숙종 15) 1월에 쓴 서문에서 송시열은 누군가 이어서 완성해주기를 바랐는데(『송자대전』 권130, 「朱子言論同異攷」) 한원진이 이를 실현했다. 『남당집(南塘集)』 권16, 書一 同門往復, 「答曹雲擧 【世鵬○壬戌正月】」. 한원진은 그 스스로 자신의 작업이 송시열의 뜻을 계승한 것임을 자부했다. 『남당집』 권31, 「朱書同異攷序」.

89 『송자대전』 권139, 「朱子大全箚疑序」.

90 '黑水'라는 용어는 송시열의 후학들 사이에서도 쓰였다. 권상하가 정호에게 보낸 편지에서 이 표현을 확인할 수 있다. 『한수재집(寒水齋集)』 권5, 「答鄭仲淳【澔 ○己丑三月】」, "先師께서 黑水에 대해서는 말년에 尹宣擧의 일을 논변하는 일로 인해 그가 『중용』의 주를 고친 죄를 언급했지만, 효종과 현종 당시 조정의 논의에 참여하신 때가 많았으나 일찍이 한마디도 임금께 아뢴 일은 없었으니, 어찌 또한 가슴속에 뭔가 헤아리신 점이 없어서 그러하였겠습니까."

91 『승정원일기』, 숙종 29년(1703) 4월 18일.

92 『숙종실록』, 8년(1682) 5월 21일.

93 『숙종실록』 찬자는 이 과정을 다음과 같이 정리했다. "兩臣을 從享하자는 의논은 仁祖朝로부터 일어나서 세 聖朝를 거치며 50년이 되었는데, 세 성조께서도 끝내 윤허하지 않으셨다. 章·疏가 公車에 쌓이고, 議論이 儒林에 遍滿하였으나, 선비의 歸趨가 한결같지 않고 國論이 정하여지지 않아 詆誣하고 慢侮하는 말과 투기하고 이간하는 계책이 이르지 않는 곳이 없어, 人心은 괴멸되고 世敎는 패만하여 진실로 근심할 만하였다." 『숙종실록』, 15년(1689) 3월 18일.

94 환국 후 이이·성혼의 문묘 종사 청원은 1680년 8월 26일, 황해도의 생원 尹夏柱 등이 상소를 올리면서 시작되었다. 『숙종실록』, 6년(1680) 8월 26일.

95 문묘에 종사된 중국 학자로서 출향 대상은 許衡으로, 송시열이 이를 주장했다. 『숙종실록』, 7년(1681) 12월 14일.

96 관학 8도 유생 500여 명이 이이 성혼의 종사와 함께 龜山 楊時·豫章 羅從彦·延平 李侗 등 송대 학자 3인(『숙종실록』, 7년(1681) 9월 18일)을, 그리고 송시열이 勉齋 黃幹의 문묘종사를 청원한 뒤(『숙종실록』, 7년(1681) 12월 14일), 1682년에 대신·유신의 논의를 거쳐 이들의 문묘종사를 결정했다. 이때 논의에서 송시열이 거론했던 許衡의 출향은 보류되었다(『숙종실록』, 8년(1682) 4월 22일).

문묘 종사의 陞黜을 세상에 알린 1682년 5월 21일의 중외 반교는 최종 마무리 행사였다. 이때의 변동은 다음과 같다. 黜享: 荀況, 賈逵, 馬融, 王肅, 杜預, 何休, 王弼, 吳澄/ 疊享去黨: 申棖, 申黨/ 改定位置: 胡安國, 張栻, 眞德秀, 蔡沈/ 新從享於東西廡: 楊時, 羅從彦, 李侗, 黃幹, 李珥, 成渾.

97 반교문에서 정리된 이이와 성혼을 문묘에 종사하는 이유는 다음과 같다. "文成公의 造詣가 高明한 것은 날 때에 三光·五岳의 정기를 타고났으며, 文簡公의 품행이 돈독한 것은 학문이 가정에서 근본한 것이니, 함께 洙泗의 연원을 거슬러 올라가서 우뚝하게 海東의 山斗가 되었다. 理氣와 性情에 대한 분별은 이미 지극하게 정밀하였고, 規模와 事業의 융성함은 더욱 광대한 지경에 이르렀다. 웅대한 말과 숭고한 의론은 성실한 군주에 대하는 정성이요, 탁월한 지식과 완전한 재능은 용감한 道를 맡은 용기였다." 『숙종실록』, 8년(1682) 5월 21일.

98 이러한 방식의 문묘 종사에 대해 반교문에서는 다음과 같이 언명했다. "先哲에 융성함을 더하였으니 이에 祀典에 빠진 것을 보완하였으며, 두 신하를 表彰했으니 선비들이 눈으로 보고 감동함이 더욱 절실하겠다." 『숙종실록』, 8년(1682) 5월 21일.

99 인조대 尹昉이 거론한 문묘 종사의 의미이다. 이이와 성혼의 문묘 종사 청원에 대해 인조가 따르지 않자 윤방이 이 논리로 인조를 압박했다. 『인조실록』, 13년(1635) 8월 9일.

100 『숙종실록』, 15년(1689) 3월 18일.

101 서인들이 이이와 성혼의 문묘 종사를 본격 공론화한 시점은 인조반정 직후였다(『인조실록』, 1년(1623) 3월 27일). 이후 1635년에 관학 유생 宋時瑩 등 270여 명이 성혼과 이이의 문묘 종사를 건의하고, 이에 동학 유생 蔡振後 등이 반대 상소를 올리며(『인조실록』, 13년(1635) 5월 11일) 문묘 종사를 둘러싼 남인과 서인의 대립이 구체적으로 표출되었다. 송시형은 서인, 채진후는 남인의 의견을 대변했다.

102 두 학자의 문묘 종사가 진행되는 것을 남인들은 속수무책으로 지켜봐야 했다. 정권을 잃은 이들이 할 수 있는 일은 아무것도 없었다. 문묘 종사 의례를 시행하는 날, 이들이 소극적으로 저항하는 모습을 실록은 다음과 같이 전한다.

"이때 장차 종사하는 禮를 거행하려 하는데, 조정에 있는 여러 관원 가운데 다른 의견을 가진 자는 혹은 휴가원을 내고서 물러가 들어가기도 하고, 혹은 말미를 청하여 밖으로 나가기도 해서 그 일을 시행하는 것을 피하였다. 군읍의 수령들 가운데 다른 의견을 가진 자들 역시 향학에서 陞配하던 날 대부분 직접 나아와 일을 시행하지 않고서 피하였다." 『숙종실록』, 8년(1682) 5월 21일.

103 『숙종실록』, 15년(1689) 3월 18일.

104 『숙종실록』, 6년(1680) 5월 18일; 『숙종실록』, 7년(1682) 5월 21일.

105 『숙종실록』, 15년(1689) 7월 25일.

106 이이와 성혼의 문묘 출향 논의는 환국 직후 原城의 幼學 安王殿의 상소로 시작되었다. 『숙종실록』, 15년(1689) 2월 22일.

107 『숙종실록』, 15년(1689) 6월 3일.

108 이이와 성혼의 문묘 출향이 결정된 이후, 서인들은 숙종에 대한 실망감을 감추지 못했다. 이들은 "문묘 종사라는 것은 국왕에게는 성대한 의절이고 그 당사자에게는 도덕에 빼고 더할 것이 없기에 가능한 일인데, 이들을 출향하는 것은 국왕이 애초 이를 확신하지 못하고 한때 그들을 추종하는 사람들에게 허례만을 베푼 것에 불과하니, 이는 그 당사자에게는 영화가 아니고 임금에게는 참된 덕이 아니다"고 했다. 『숙종실록』, 15년(1689) 3월 18일.

109 『송자대전』 권131, 「看書雜錄」.

110 이이와 성혼 문묘 종사 논의는 처음 인조반정 직후 서인들에 의해 공론화된다. 이때에는 이이만 거론되었다. 『인조실록』, 1년(1623) 3월 27일. 이후 1635년에 관학 유생 송

시형 등 270여 명이 성혼과 이이의 문묘 종사를 건의하고 이에 동학 유생 蔡振後 등이 반대 상소를 올리며 문묘 종사를 둘러싼 남인과 서인의 대립이 본격화되었다. 송시형은 서인, 채진후는 남인의 의견을 대변했다. 『인조실록』, 13년(1635) 5월 11일.

111 황경원의 생애, 그리고 당대의 그의 학문에 대한 평가에 대해서는 다음 자료 참조. 『풍서집(豊墅集)』 권14, 「江漢黃公神道碑銘」; 『정조실록』, 11년(1787) 2월 25일. 실록의 찬자는 그의 졸기에서 "古文을 힘써 배워 吳瑗·李天輔·南有容과 서로 推引하였고, 한 시대에서 일제히 宗匠으로 일컬었다"고 평가했다. 또한 그가 춘추의 대의를 자신의 임무로 삼아서, 홍광 원년을 기점으로 하고 영력 16년에서 끝을 맺은 『南明書』를 짓고, 숭정 이래로 조선에서 명나라를 위해서 절의를 세운 신하들을 정리한 『배신전』을 지은 사실을 소개했다.

112 『논어』, 「季氏」, "孔子曰, 君子有三畏, 畏天命, 畏大人, 畏聖人之言,"

113 『강한집(江漢集)』 권9, 「安義縣學記」.

114 『한강집』 권9, 「安義縣學記」.

115 『연재집(淵齋集)』 권17, 「隨聞雜識」, "陽明一傳爲王畿, 再傳爲周汝登陶望齡, 三傳爲陶奭齡."

116 조선 후기 사회에서 안산농과 하심은 두 사람은 늘 묶이어 거론되었다. 『오주연문장전산고(五洲衍文長箋散稿)』, 經史篇 5, 論史類 2, 人物, 「顔山農何心隱辨證說【僞學】」.

117 金昌翕은 왕양명의 학문을 이은 안산농이 '慾'을 학문의 종지로 삼았고, 그 주장을 허균이 받아들였다고 한다. 허균의 상궤를 벗어난 학문과 '역모' 행위가 결국은 왕양명-안산농의 그릇된 학문에서 왔다는 판단이 느껴지는 발언이다. 김창흡의 생각은 다음 참조. 『삼연집』 권22, 「與李德壽」. 안정복은 말류의 폐단은 이미 원두에서 결정된다는 견지에서 '원두의 변별과 말류에 대한 관찰'을 중요한 문제로 주목했다. 『순암집』 권17, 「天學問答」.

118 『강한집』 권9, 「安義縣學記」.

119 『강한집』 권9, 「安義縣學記」.

120 『강한집』 권9, 「安義縣學記」. 安義는 1767년 安陰에서 바뀐 이름이다. 이곳에서 淫婦 사건이 일어난 이후 영조의 명으로 현의 이름을 이와 같이 바꾸었다(『영조실록』, 43년(1767) 윤7월 30일). 그런데 「안의현학기(安義縣學記)」를 작성한 시점은 안음현을 復置하고 얼마 지나지 않은 때였다. 처음에는 「안음현학기」로 글을 지었다가 문집을 간행하면서 수정한 것으로 보인다. 『강한집』은 1790년에 간행되었다.

121 『승정원일기』, 영조 4년(1728) 7월 25일. 이때 안음현의 혁파를 두고 여러 논의가 있었다. 박문수는 이곳에 監務官이나 營將을 두어 반란의 무리를 다스릴 필요가 있다고 했고, 조문명 또한 박문수의 주장을 이어 이곳이 嶺底 奧區로 空曠處가 많아 적도들이 쉽게 몸을 숨길 수 있으니 반드시 置官해야 한다고 했다. 이에 영조는 오늘 혁파하

고 다음 날 다시 복구하더라도 지금 혁파하지 않으면 안 된다고 하여 이를 관철했다.

122 『영조실록』, 12년(1736) 1월 15일.

123 『오주연문장전산고』, 經史篇, 經傳類, 中庸, 「中庸辨證說」.

124 『오주연문장전산고』, 經史篇, 經傳類, 中庸, 「中庸辨證說」.

125 『오주연문장전산고』, 經史篇, 經傳類, 中庸, 「中庸辨證說」.

126 『오주연문장전산고』, 經史篇, 經傳類, 中庸, 「中庸辨證說」.

127 『규장총목(奎章叢目)』 권3, 「朱子晩年全論 三本, 淸 臨川 李紱編」.

128 이덕무에 관한 근래의 연구로는 다음 참조. 안대회 외, 『청장관 이덕무 연구』(학자원, 2019).

129 『청비록』은 4권으로 구성된 책인데, 『청장관전서(靑莊館全書)』에도 실렸다. 『청비록』에 대해서는 다음 참조. 김영, 「청비록의 시비평양상」, 『이조후기 한문학의 재조명』(창작과 비평사, 1983); 전영실, 「李德懋 『淸脾錄』에 나타난 中國詩와 詩人에 대한 批評樣相 考察」, 『한중언어문화연구』 25(한국중국언어문화연구회, 2011); 권정원, 「李德懋 耳目口心書의 구성과 淸脾錄에의 활용 양상」, 『東方漢文學』 86(동방한문학회, 2021); 장진엽, 「청비록 에 나타나는 '情/眞情' 개념의 함의 및 그 비평의 양상」, 『동양학』 88(단국대학교 동양학연구원, 2022).

130 『청장관전서』 권32, 『淸脾錄』 1, 「李烓·尹鑴」. 이덕무는 李烓와 윤휴를 묶어 난류로 소개했다. 李烓는 효령대군의 후예로, 1640년(인조 20) '나라를 팔아 제 목숨을 구하려 한 인물'이라는 죄목으로 청나라 황제의 명으로 죽음을 당했다(『인조실록』, 20년(1640) 11월 12일). 이덕무는 그를 "賣國伏誅"되었다고 서술하고, 그가 난류이지만 시는 매우 기이하다고 평가하며 윤휴의 시 한 수를 소개했다. 『백호집』 권2, 「偶吟」.

의관 갖춘 명철한 선비의 몸이라면	明哲衣冠士子身
단표누항 그 가난도 걱정할 것이 없지	簞瓢陋巷不憂貧
구름 걷힌 하늘의 달 만국과 함께 보고	雲開萬國同看月
꽃 피면 뉘 집 없이 모두가 다 봄이라네	花發千家共得春
소자는 그 기상의 시를 많이 읊조렸고	邵子吟中多氣像
주렴계는 넘치는 천진에 취했다네	濂溪醉裏足天眞
참으로 은자들은 성시에서 다 살았지	從來大隱皆城市
물가에서 낚시질을 꼭 해야만 한다던가	何必投竿寂寞濱

131 『백호전서(하)』, 부록 4, 행장; 『백호전서(하)』 권30, 부록 1, 「擊錚原情書【子夏濟】」.

132 『백호전서(하)』, 부록 4, 행장.

133 『중암집(重菴集)』 권23, 「答尹雲瑞【乙酉八月二十三日】」.

134 『중암집』 권23, 「答尹雲瑞【乙酉八月二十三日】」.

135 『중암집』 권23, 「答尹雲瑞【乙酉八月二十三日】」.

136 김평묵이 가지고 있던 견해는 그가 배웠던 홍직필에게서도 발견된다. 홍직필은 정제

된 문장으로 『중용』을 改註했던 윤휴가 禮訟에서 宗統說을 꾸며내어 송시열을 해치려고 했다고 믿고 이를 黎湖 朴弼周의 행장에서 드러내었다. 윤휴가 복수심에 사로잡혀 의도적으로 그와 같이 행동했었다는 판단을 읽을 수 있다. 『매산집』 권48, 「左贊成諡文敬黎湖朴先生行狀」.

13장 한국 사상사 속 윤휴

1 성호학파의 학술 활동, 정치사상 등에 대해서는 많은 연구가 축적되어 있다. 성호학파에 관한 연구 경향과 성과에 관한 근래의 연구로는 다음 참조. 정호훈, 「성호학파의 정치사상 연구 성과와 과제」, 『星湖學硏究』 11(성호학회, 2015).

2 『백호전서(중)』 권25, 잡저, 「四端七情人心道心說」. 이를테면 송시열과 權諰, 李翔은 이 자료에 대해 서로 공유하기도 하고 의견을 나누기도 했다. 이 글을 지은 1640년(인조 18) 무렵, 기호 지역의 젊은 학자들을 중심으로 이 글은 널리 읽혔을 것으로 보인다. 이 상황을 잘 볼 수 있는 자료로는 다음을 들 수 있다. 송시열이 이 글에 대해 가졌던 속마음은 이상에게 보낸 편지에서 확인할 수 있다. 그는 '그 설은 의심하지 않을 수 없다[其說不能无疑]'라 하며 이상의 동의를 기대했다.

㉮ 『송자대전』 권39, 「答權思誠【庚辰六月一日】」, "그의 이기설은 반드시 월등히 뛰어나서 앞 사람들이 이르지 못한 곳을 엿볼 수 있을 것입니다. 돌려서 보여주시어 어두움을 깨트려주신다면 어떻겠습니까?"

㉯ 『송자대전』 권39, 「答權思誠【庚辰七月二十日】」, "지난번 희중의 문자에서 형이 문단을 따라 批正하는 것을 보았는데, 의론의 올바름과 사람을 깊이 아끼는 마음을 엿보고는 감탄과 존경하는 마음을 이길 수 없었습니다. 다만 책을 가지고 가서 나머지 이야기를 몸소 묻지 못하는 점이 한스럽습니다."

㉰ 『송자대전습유』 권2, 「答李雲擧翔【○庚辰七月一日】」, "근래 얻은 내용은 반드시 알려줄 수 있는 점이 있을 것이니 아끼지 말고 가르침을 주신다면 어떻겠습니까. 의리는 천하의 공변된 것이니 어찌 피아의 간격이 있겠습니까. 근래 윤희중이 이기, 사단, 칠정 등에 관해 1만여 자나 서술했는데, 그 견해는 의심하지 않을 수 없습니다. 삼가 절하고 바치며 高明의 지적을 기다립니다."

3 『기언』 권3, 상편, 學.

4 『백호전서(중)』 권26, 「書宋貳相小說後」; 『백호전서(중)』 권26, 「典禮私議」.

5 『승정원일기』, 숙종 1년(1675) 6월 17일.

6 『하헌집』 24책, 연보(하), '52년 己未(숙종 5), 윤휴 63세'.

7 규장각한국학연구원(古1360-55). 상·중·하 3권의 필사본으로 안정복 친필본이다. 필사 시기는 분명하지 않으며, 윤휴의 글은 하권의 후반부에 실려 있다.

8 『백호전서(하)』 권42, 잡저, 「讀書記_讀喪服傳」의 말미에 '深衣制考'라는 제목으로

실려 있다. 『하헌집』에는 이 자료가 없다.

9 『만필』에서 필사한 글은 '諫官說' 등 제목을 붙여두었다. 그런데 『하헌집』이나 『백호전서』의 『만필』에는 내용만 실려 있지 제목은 따로 없다. 안정복이 필사하면서 그 주제에 맞추어 '설'이란 형태로 임의로 제목을 단 것으로 보인다. 안정복은 이들 글을 베끼면서 제목 뒤에 '出漫筆' 혹은 '漫筆'이라고 적어 출처가 『만필』이었음을 알게 했다. 『만필』은 윤휴가 공부하는 과정에서 보고 느낀 일들을 정리한 글인데, 참신하면서도 깊은 사유를 느낄 수 있는 내용이 많다. 경서 이해, 중국의 역사, 중국 고대 문명, 과거제·간관제 등의 폐단 등을 다룬 주제는 윤휴의 생각을 살피고 이해함에 많은 도움을 받을 수 있다. 분량이 적은 편은 아니지만, 읽거나 필사하거나 그렇게 부담스러운 분량은 아니었다. 이 자료는 조선 사회에서 윤휴의 글 가운데 비교적 많이 읽힌 것으로 보이는데, 이러한 개성이 많은 사람들이 찾게 한 요인이었을 것이다. 안정복의 『만필』 차록은 이 자료에 대한 당대인들의 독서의 한 모습을 보여준다.

10 한영우, 「18세기 후반 남인 안정복의 사상과 『동사강목』」, 『朝鮮後期史學史硏究』(일지사, 1998, 3쇄).

11 『순암집』 권27, 「司憲府執義贈吏曹參議漫隱韓公行狀【庚戌】」.

12 『백호전서』 권16, 「答韓仲澄」. 윤휴는 李同揆와 더불어 한기와 아주 가깝게 지냈다. 이동규가 세상을 떠났을 때, 윤휴가 한기에게 보낸 편지에서 세 사람의 두터운 情誼를 읽을 수 있다. 이동규는 1677년(숙종 3) 7월에 세상을 떠났다. 『숙종실록』, 3년(1677) 7월 16일.

13 『백호전서』 권16, 「答韓仲澄巠【丙辰】」.

14 『숙종실록』의 찬자는 한기가 과거를 치를 수 있는 능력이 없었으며, 윤휴 등이 隱士라며 그를 이끌어 쓰려고 하자 한기는 이를 부끄러워하며 출사하지 않았다고 기록했다. 『숙종실록』, 1년(1675) 8월 10일.

15 권철신(1736~1801)은 본관이 안동으로 자는 旣明, 호는 鹿庵이다. 1801년 천주교를 믿은 혐의로 죽음을 당하였다. 권철신의 생애와 학문은 정약용이 작성한 「鹿菴權哲身墓誌銘」(『여유당전서』 제1집, 詩文集 권15)에 자세하다.

16 권일신을 사위로 맞은 해는 1758년이다. 『순암집연보』, '十六年庚申. 先生二十九歲', "十月 女子子生【戊寅, 適權日身】". 이때 작성한 『혼례작의(婚禮酌宜)』가 문집에 실려 있다. 『순암집』 권14, 「婚禮酌宜【戊寅, 迎女壻權日身時所定】」.

17 이우성은 이익의 제자를 우파와 좌파로 나누고 권철신은 좌파, 안정복은 우파라 평가했다. 그가 좌·우파를 나눔에 기준으로 삼았던 점은 경전 해석과 서양 문물의 수용 태도였다. 이우성, 「韓國儒學思想史上退溪學派之形成及其展開」, 『退溪學報』 28(퇴계학연구원, 1980), 11쪽.

18 『순암집』 권17, 「天學考【乙巳】」; 『순암집』 권17, 「天學問答」.

19 이에 대해서는 다음 참조. 이우성, 「鹿庵 權哲身의 思想과 그 經典批判: 近畿學派에

있어서의 퇴계학의 계승과 전개」, 『退溪學報』 36(퇴계학연구원, 1982).

20 『여유당전서』 제1집, 詩文集 권15, 「鹿菴權哲身墓誌銘」.

21 권철신은 정약전과 같은 후학들을 가르쳤을 뿐만 아니라 정신적 지도자 역할까지 했다. 이를테면 天眞菴·走魚寺에서 李檗을 비롯한 여러 사람들과 모여 강학회를 연 것은 그 한 모습이다. 『여유당전서』 제1집, 詩文集 권15, 「鹿菴權哲身墓誌銘」.

22 처음에는 『도동록(道東錄)』이라 했다가 1753년에 완성하면서 『이자수어』로 고쳤다. 『순암집』 권18, 「李子粹語序」.

23 『성호전집』 권49, 「李先生禮說類編序」.

24 『번암집(樊巖集)』 권51, 「星湖李先生墓碣銘」.

25 『하려집(下廬集)』 권16, 「順菴安先生行狀」.

26 『성재집』 권27, 「下廬黃先生行狀」.

27 『여유당전서』 제1집, 詩文集 권15, 「鹿菴權哲身墓誌銘」.

28 『여유당전서』 제1집, 詩文集 권15, 「鹿菴權哲身墓誌銘」.

29 이 책은 『백호전서(하)』 권37, 잡저, 「讀書記_大學」, 1501-1536쪽에 실려 있다. 윤휴의 고본 『대학』에 대한 이해는 제2부 7장의 『대학』을 둘러싼 그의 해석에서 확인할 수 있다.

30 明德에 대한 윤휴의 언급은 다양한데, 주희가 "明德者, 人之所得乎天而虛靈不昧, 以具衆理, 而應萬事者也."라고 정의한 것을 포괄하면서도 확장하여 효제로 파악하는 특성을 보인다. 명덕을 이해하는 사례 몇 가지를 들면 다음과 같다. 『백호전서(하)』 권37, 잡저, 「讀書記_大學」, '大學古本別錄', 1501쪽, "其得於天而光明正大者, 謂之明德. 蓋指人心之靈明洞察, 管乎萬理者而言之."; 1508쪽, "明德者, 心之本體也."; 1510쪽, "民皆有孝悌之心, 所謂明德也."

31 이때의 '物'은 다른 식으로는 '明德新民'에 관한 物로 설명되는데, '사사물물'의 物과는 구별되었다.

32 이 문제에 대해서는 제2부의 경학 연구에서 다루었다.

33 『여유당전서』 제1집, 詩文集 권15, 「鹿菴權哲身墓誌銘」.

34 이헌길은 본관이 전주로, 자는 蒙叟·夢叟이다. 그의 생애에 대해서는 정약용이 작성한 「蒙首傳」(『여유당전서』 제1집, 詩文集 권17) 참고.

35 이철환(1722~1779)은 李廣休의 장남이고, 李夏鎭의 長曾孫이다. 막냇동생인 木齋 李森煥과 함께 이익에게 수학하며 여러 경전과 제자백가의 글을 두루 읽어 학자로서 일가를 이루었다. 이익의 從孫이자 문인인 셈이다. 詩, 書, 畫에 모두 뛰어났는데, 특히 그림은 당시에 豹菴 姜世晃과 쌍벽을 이루었다고 한다. 저술로 『物譜』와 『剡社錄』이 전한다. 李嘉煥의 생평은 다음 자료에서 간략하게나마 볼 수 있다. 『소미산방장(少眉山房藏)』 권3, 祭文, 「祭伯兄例軒公文」. 이철환의 생애와 학문에 대해서는 다음 연구 참조. 이문종, 「禮山 古德의 驪州李氏 一門과 實學의 地域化」, 『문화역

사지리』 16-2(한국문화역사지리학회, 2004); 김동준, 「李嘉煥의 『剡社篇』에 대한 재고: 18세기 안산지역 詩會의 맥락 검토를 겸하여」, 『한국한시연구』 19(한국한시학회, 2011).

36 『여유당전서』 제1집, 詩文集 권17, 「蒙首傳」.

37 이기양(1744~1802)은 본관이 廣州로, 자는 士興, 호는 伏菴이다. 1801년에 천주교도라는 죄명으로 단천에 유배되었다가 1802년 그곳에서 세상을 떠났다. 벼슬은 義州府尹·병조와 예조의 참판·좌승지·漢城府右尹을 지냈다. 그의 생애에 대해서는 정약용의 「茯菴李基讓墓誌銘」(『여유당전서』 제1집, 詩文集 권15) 참조.

38 『여유당전서』 제1집, 詩文集 권15, 「茯菴李基讓墓誌銘」.

39 『여유당전서』 제1집, 詩文集 권15, 「茯菴李基讓墓誌銘」.
정약용의 『대학공의(大學公議)』에도 이때의 사정이 적혀 있지만 내용은 조금 다르다. 정약용은 채제공이 2등으로 낮춘 이유를 '정약용이 명덕의 의미를 주희의 『대학장구』와 다르게 설명했기 때문'이라 말했다고 기록했다. 『여유당전서』 제2집 제1권, 經集, 「大學公議」.

40 정약용은 『대학공의』에서 윤휴가 '明德'을 '孝悌'로 이해했음을 언급했다. 『여유당전서』 제2집 제1권, 經集, 『大學公議 1』, '在明明德', "近世夏軒尹氏, 以孝弟爲明德, 東園亟稱之." 『대학공의』는 정약용이 강진 유배 시절 편찬했으므로, 이 기록으로는 정약용이 정조대 대책을 지을 때 윤휴의 글을 보았는지 여부를 분명히 알 수 없다.

41 정약용이 「녹암 권철신 묘지명(鹿菴權哲身墓誌銘)」에서 '이황-윤휴-이익'의 학문적 계통을 기록한 것에 대해, 정약용 스스로가 이러한 계통을 인정했다는 시각도 있다. 김형찬, 「근기실학의 학문 연원과 퇴계학의 학문정신」, 『퇴계학파와 근기실학』(경인문화사, 2024), 36-38쪽.

42 『여유당전서』 제1집, 詩文集 권15, 「茯菴李基讓墓誌銘」.

43 『여유당전서』 제1집, 詩文集 권12, 「己亥邦禮辨長鬐作」; 『여유당전서』 제3집, 禮集 2, 喪禮外編 권3, 「正體傳重辨 2」.

44 『여유당전서』 제2집 經集 권1, 「大學公議 1」, '在明明德', "明은 환하게 밝힘이다. 明德은 孝悌慈이다. … 〔考訂〕 근세에 夏軒 尹氏가 효제를 명덕으로 이해했는데, 東園이 이를 매우 칭찬했다.['明者. 昭顯之也. 明德也, 孝弟慈.'… 〔考訂〕近世夏軒尹氏, 以孝弟爲明德, 東園亟稱之.]" 정약용이 거론한 '東園'이 누구인지는 분명하지 않다. 『여유당전서』 정본을 편찬하며 해제자는 東園을 尹拯의 제자 李德欽(1667~1746)으로 보기도 하나 그는 정약용 생전의 인물이므로 적절하지 않다.

45 황덕길의 생애는 허전이 쓴 행장에 자세하다. 『성재집』 권27, 「下廬黃先生行狀」. 황덕길은 1750년에 태어나 1827년에 세상을 떠났다. 본관은 창원, 자는 耳吉, 호는 下廬, 아버지는 黃以坤이며, 어머니는 백천 조씨로 趙景采의 딸이다. 형 황덕일과 함께 안정복에게서 배웠다. 『방언(放言)』, 『일용집요(日用輯要)』, 『동현학칙(東賢學則)』,

『삼자실기(三子實記)』, 『사례요의(四禮要儀)』, 『가례익(家禮翼)』, 『동유예설(東儒禮說)』, 『경훈사교록(經訓四敎錄)』, 『사서집록(四書輯錄)』 등을 지었다.

46 규장각한국학연구원(想白古920.6-H991d).

47 5편으로 구성하고 각 편당 상·하 체재를 갖추었다. 수록 인물의 수는 편마다 다르며, 조선의 인물은 대체로 학연과 지연을 고려하여 같은 편 속에 묶었다. 제5편 하의 마지막 인물은 안정복이지만, 그에 대해서는 이름만 거론하여 실제로는 이익이 본문의 끝에 자리 잡았다. 각 편 인물의 처음과 끝은 다음과 같다.

제1편: 상-箕子, 하-崔文昌侯(崔致遠), 薛弘儒侯(薛聰)-崔文憲公(崔沖), 李陶隱(李崇仁)

제2편: 상-金寒暄堂(金宏弼)-(李長吉), 하-徐花潭(徐敬德)-(曺元之)

제3편: 상-李晦齋(李彦迪)-李芝峯(李晬光), 하-曺南冥(曺植)-(鄭仁弘)

제4편: 상-李子(李滉)-(柳孤山), 하-李栗谷(李珥)-李草廬(李惟泰)

제5편: 상-張旅軒(張顯光)-金霽山(金聖鐸), 하-許遯溪(許厚)-李星湖(李瀷).

48 이 책이 마무리된 때는 1810년(순조 10)이다. 저술의 동기와 대체적인 내용을 적은 「道學源流纂言續後記」가 1810년에 작성된 사실에서 이를 유추할 수 있다. 이 후기는 『하려집(下廬集)』 권10에는 「道學源流纂言續後序」라는 이름으로 실렸다.

49 이익은 통상의 서술과 달리 '李星湖先生'이라고 적었다. 이로부터 편자 황덕길이 이황과 이익을 조선 학술의 중심에 두고 있었음을 알 수 있다.

50 서술 내용은 다음과 같다. "名鼎福, 字, 廣州人. 官翊贊." 본문은 서술하지 않고 공란으로 비워두었다.

51 이정호는 이색의 6세손으로 1578년(선조 11)에 태어났다. 고조는 사헌집의 季町, 증조는 홍문관부제학 均, 아버지는 충무위 부사과 習이다. 守庵 朴枝華에게 배웠다. 『기언별집』 권21, 「晩覺李先生墓銘」.

52 신무는 鮮于浹, 許厚 등에게 배웠다. 관직 생활은 하지 않았으며 1688년(숙종 14)에 『보민편(保民篇)』과 『보민도(保民圖)』를 지어 숙종에게 올렸다. 『성호전집』 권68, 「晩湖愼先生傳」.

53 문인 상황은 다음과 같다.

鄭逑 문인: 許厚·黃宗海·沈大孚·許穆/ 閔純 문인: 姜鶴年/ 朴枝華 문인: 李挺豪/ 朴知誡 문인: 權諰/ 허후 문인: 愼懋/ 허목 문인: 鄭東稷/ 정시한 문인: 李栻.

허후는 許磁의 증손으로, 정구의 문인으로 기록되어 있다. 허목의 『기언』에 실린 내용과는 조금 차이가 난다. 허목은 허후가 처음 履素齋의 문인인 權用中에게 배우고 그 뒤 李鸞壽에게 『역』과 『대학』을 배웠으며, 광해조 때 남쪽으로 내려가 정구와 정경세를 만났다고 했다. 『기언』 권44, 「觀雪先生墓誌銘」.

54 『도학원류찬언속(道學源流纂言續)』 제5편 하, 「尹白湖」.

55 『백호전서(중)』 권28, 「漫筆 下」.

56 『도학원류찬언속』 제5편 하, 「尹白湖」.

57 『기언』 권3, 上篇, 學, 「答希仲」.

58 『도학원류찬언속』 제5편 하, 「尹白湖」.

59 왕백(1197~1274)은 北山 何基에게서 배웠다. 何基, 許謙, 金履祥 등과 함께 金華朱學의 주요 인물이다.

60 『도학원류찬언속』 제5편 하, 「尹白湖」.

61 『노서유고』 권15, 「日記【癸巳】」. 송시열은 1653년(효종 4)에 열린 黃山書院의 모임에서 이 말을 했다.

62 1687년 2월, 송시열이 윤증과의 갈등이 정치적으로 비화하자 이를 변명하는 상소를 숙종에게 올리는데, 이 상소문에서 송시열은 윤선거를 윤휴의 당여로 공격했던 상황에 대해 일목요연하게 정리했다.

"신이 처음에는 자신을 망각하고 윤휴를 배척하다가 이제 와서는 또한 윤휴를 놓아두고 윤선거를 배척했습니다. 성내 다투는 신의 성질로 그 말이 맞지 않으면 어찌 과격하게만 되었을 뿐이겠습니까? '윤휴는 곧 사문난적이고, 공은 곧 黨與로서 주희를 배반한 사람이다. 춘추의 법에 난신적자를 다스리려면 반드시 먼저 당여부터 다스렸으니, 왕자가 나오게 된다면 마땅히 공이 윤휴보다 먼저 법에 걸리게 될 것이다' 했었습니다." 『숙종실록』, 13년(1687) 2월 4일.

63 『성호전집』 부록 권1, 「家狀[從子秉休]」; 『성호전집』 부록 권1, 「行狀[門人尹東奎]」.

64 『번암집』 권51, 「星湖李先生墓碣銘」.

65 『성재집』 권27, 「下廬黃先生行狀」.

66 『성재집』 권27, 「下廬黃先生行狀」.

67 『승정원일기』, 순종 2년(1908) 2월 19일.

68 『숙종실록』, 20년(1694) 7월 8일.

69 『영조실록』, 31년(1755) 5월 21일; 5월 25일.

70 『승정원일기』, 순종 2년(1908) 4월 1일.

71 張志淵, 『朝鮮儒教淵源』, 匯東書館, 1922(국립중앙도서관 소장본, 古1250-43-47-1); 장지연, 『(번역)조선유교연원』(솔, 1998).

72 1917년 4월 5일부터 12월 11일까지, 『매일신보』에 모두 125회에 걸쳐 연재되었다.

73 張志淵, 『朝鮮儒教淵源』 2, '尹鑴', 90-94쪽.

74 張志淵, 『朝鮮儒教淵源』 2, '尹鑴', 92쪽, "又作中庸序說曰: '氣之始生曰太極…太極爲氣, 氣生性. 性有二焉, 利害分焉, 兩儀之性, 利害合一.'"; 장지연, 『(번역)조선유교연원』 2(솔, 1998), 41쪽. 태극을 氣로 파악하고, 기가 性을 낳는다는 주장은 19세기의 학자 沈大允이 지은 『福利全書』, 『中庸訓義』에서 확인할 수 있다. 장지연이 이 자료를 윤휴의 저술과 혼동했을 가능성이 높다.

75 윤휴의 『중용』 연구 자료에 대해서는 제2부 8장 참조.

76 태극은 만물의 근원['自太極至萬物化生…但是一個大源'(黎靖德 編, 『주자어류』 권94; 中華書局 刊行本)]으로서, 理의 별명이었다['太極非是一物, 卽陰陽而在陰陽, 卽五行而在五行, 卽萬物而在萬物, 只是一箇道理而已.'](『주자어류』 권94). 이러한 理는 '至於天下之物, 則必各有所以然之故, 與其所當然之則, 所謂理也.'(『대학혹문』 1)라 하듯이 존재 원리이자 가치의 근거였다. 주자학의 구조에 대해서는 다음을 참고하여 정리하였다. 守本順一郞, 『東洋政治思想史研究』(未來社, 1967); 友枝龍太郞, 『朱子の思想形成』(弗咸文化社, 1969); 張立文, 『朱熹思想研究』(中國社會科學出版社, 1981); 李範鶴, 「宋代 朱子學의 成立과 發展」, 『講座 中國史 Ⅲ』(지식산업사, 1989).

77 '註'는 '註'의 오자로 보인다.

78 張志淵, 『朝鮮儒敎淵源』 2, '尹鑴', 94쪽, "又作論語註解 孟子源安針砭…又著尊堯錄有遺稿若干卷."

79 李丙燾, 『자료한국유학사초고(資料韓國儒學史草藁)』(서울대학교 문리과대학 국사연구실, 1959). 이병도의 이 연구가 갖는 사학사적 위상에 대해서는 다음 참조. 최영성, 「이병도(李丙燾), 『자료한국유학사초고(資料韓國儒學史草藁)』: 한국유학사의 근대적 출발」, 『한국사상사학』 61(한국사상사학회, 2019).

80 현상윤, 「序」, 『朝鮮儒學史』(민중서관, 1949; 玄音社, 1982), "내가 『조선유학사』를 쓰기 위하여 用力하고 준비한 것은 오래고 또 不少하였으나 아직 그 成果를 보지 못하였더니, 근년 高麗大學校에서 이것을 朝鮮思想史의 일부로 하여 강의를 하게 된 관계로, 이 기회를 이용하여 비로소 그 成就를 보게 되었다."

81 현상윤, 「序」, 『朝鮮儒學史』(민중서관, 1949; 玄音社, 1982), 208쪽.

82 현상윤, 「序」, 『朝鮮儒學史』(민중서관, 1949; 玄音社, 1982), 209쪽.

83 현상윤, 「序」, 『朝鮮儒學史』(민중서관, 1949; 玄音社, 1982), 211쪽.

84 현상윤이 본 윤휴의 저술의 내용은 장지연의 『조선유교연원』에서 온 것으로 보인다. 현상윤은 제9장 '당쟁시대의 유학' 6절 '당쟁시대의 著名한 諸儒'에서도 윤휴를 다루었다. 여기서 윤휴의 저술 내용을 많이 소개했는데, 대부분 『조선유교연원』의 내용과 겹친다. 출처를 제시하지 않았지만, 장지연의 저술에 크게 의존한 것으로 판단된다.

85 현상윤의 '사상의 자유'를 중시하는 시각은 1945년 이후 한반도에서 펼쳐진 국가 건설의 시대적 과제를 반영한 모습으로 이해할 수 있는 측면이 있다. 이 책이 간행된 시점은 '자유 대한민국' 건설이 초미의 문제로 대두되는 정치 상황과 겹친다.

86 李丙燾, 『資料韓國儒學史草藁』(서울대학교 문리과대학 국사연구실, 1959), 290쪽. 허목과 윤휴를 사승 관계로 파악하는 연구는 이병도가 처음이다. 학계에서는 대체로 이 점을 받아들이지는 않고 있다. 허목이나 윤휴 스스로도 사승의 측면에서 서로의 관계를 생각하지는 않았던 것으로 보인다. 어릴 적 윤휴의 학습에 도움을 준 인물로는 李敏求, 金德民 등을 꼽을 수 있다. 청장년기에 들며, 허목이나 기호 지역의 젊은 학자들에게서 윤휴는 연구와 저술에 많은 도움을 받았다. 여기에 대해서는 이 책 제1부

참조.

87 李丙燾, 『資料韓國儒學史草藁』(서울대학교 문리과대학 국사연구실, 1959), 294쪽.

88 본문 30권, 부록 연보 1권이다. 본문은 목활자, 부록의 연보는 목판으로 간행했다. 저자의 후손들은 경상도 운문산에 유고를 깊이 간직해오다가 1924년 즈음에야 유고를 내놓았고 초기에 경주를 중심으로 문집을 간행하자는 논의가 시작되었다. 이에 金宇顒의 후손 金大林과 李泰文의 주관하에 영호남 유림의 考訂을 거쳐 30권 17책으로 편차한 뒤 진주에서 활자로 출간하고, 연보는 저자의 문인 李三達이 편찬해두었던 2책을 목판으로 간행하였다. 『백호독서기』에 실린 「白湖先生略歷」에 의하면, 문집 18책이 지난 병인년(1926) 4월에 진주에서 간행되었다고 하였는데, 이 책의 印紙에는 간행년이 昭和 2년(1927)으로 되어 있다. 이 책에 대한 기본 정보는 한국고전번역원의 『백호집』 해제(김성애 작성)를 참고할 수 있다.

89 경상우도는 조선시기 낙동강을 경계로 서쪽에 자리 잡은 경상도 지역을 지칭하는 용어이다. 서울에서 보았을 때, 낙동강 오른편이다. 성주, 고령, 합천, 진주 등이 여기에 속한다. 경상우도의 반대는 경상좌도이다.

90 『백호전서』 부록5, 「跋」[尹臣煥]. 간행한 곳은 진주 용강서당으로, 이태문, 安有商, 李熏浩, 宋浚弼, 申鴻雨, 李秉株 등이 교정에 참여하였다.

91 조선 후기에 나온 『하헌집』, 그리고 1970년대에 간행된 『백호전서』에 실린 「白鹿洞規釋義」 서문에는 주자 감흥시 20편으로 끝맺음을 했다고 적어두었다. 『백호전서』 권24, 「白鹿洞規釋義序」. 그러므로 『백호집』에서 주자 감흥시를 뺀 까닭은 「백록동규석의」에 실린 여러 글의 내용이 충돌하기 때문은 아니었던 것으로 보인다. 참고로 주자 감흥시에 대해 윤휴가 각 장마다 '金華 四先生'으로 불렸던 何基와 金履祥의 논평을 요약하여 적어둔 점을 주목할 수 있다.

92 1935년, 경성 鴻文園에서 간행했으며 洪承均, 黃義敦, 安藤幽乾이 교열과 편집을 맡았다.

93 韓㳓劤, 「白湖 尹鑴 硏究(一)·(二)·(三)」, 『역사학보』 15·16·19(역사학회, 1961·1962); 韓㳓劤, 「白湖 尹鑴의 四端七情·人心道心說」, 『李相伯博士回甲紀念論叢』(을유문화사, 1964). 김용섭 교수의 회고에 따르면, 한우근 교수는 서울대 사학과 학생 윤용진을 통하여 종가에 전해지던 가장 자료의 소재를 알게 되고 이를 인연으로 이상의 연구를 진행했다고 한다.

94 이 시기의 주요 성과이다. 宋兢燮, 「白湖 尹鑴傳: 그 學問的 立場을 中心하여」, 『實學論叢』(전남대학교 출판부, 1975); 李乙浩, 「白湖의 人性論」, 『學術院論文集』 16(대한민국학술원, 1977); 劉明鍾, 「尹白湖와 丁茶山」, 『哲學硏究』 27(대한철학회, 1979); 洪鍾必, 「三藩亂을 前後한 顯宗·肅宗 年間의 北伐論: 특히 儒林과 尹鑴를 중심으로」, 『사학연구』 27(한국사학회, 1977); 鄭仁在, 「尹白湖의 禮論과 倫理思想」, 『現代社會와 倫理』(한국정신문화연구원, 1982); 金基鉉, 「白湖 尹鑴의 理氣性情 및

人心道心論」, 『민족문화연구』 17(고려대학교 민족문화연구원, 1983); 柳英姬, 「尹白湖의 庸學觀」(고려대학교 석사학위논문, 1985); 安秉杰, 「大學古本을 통해 본 尹鑴의 經學思想硏究」, 『민족문화』 11(한국고전번역원, 1985); 安秉杰, 「白湖 尹鑴의 實踐的 中庸觀」, 『安東大論文集』 9(안동대학교 퇴계학연구소, 1987); 柳英姬, 『白湖 尹鑴 사상연구』(고려대학교 박사학위논문, 1993).

95 이병도, 『韓國儒學史』(아세아문화사, 1987).

96 이병도가 윤휴와 박세당의 사상을 정리하며 이들을 다룬 장절의 제목을 '자주적 사상'으로 붙인 것은 의미심장하다. 여기에는 이들과 대척점에 서 있던 17세기 조선의 주자학 절대주의자들의 학문 활동을 '비자주적'이라고 이해하려던 인식이 자리 잡고 있었다. 이는 좀 더 확대하면, 조선의 사상과 학술을 '사대주의'의 틀 속에서 평가하려던 일제 식민지 시기의 일부 역사관과도 통하는 점이 있다.

97 이병도, 『韓國儒學史』(아세아문화사, 1987), 334쪽, 336쪽.

98 이병도, 『韓國儒學史』(아세아문화사, 1987), 325쪽.

99 안병걸, 「17세기 조선조 유학의 경전해석에 관한 연구: 『중용』 해석을 둘러싼 주자학파와 반주자적 해석 간의 갈등을 중심으로」, 『東洋哲學硏究』 12(동양철학연구회, 1991); 안병걸, 「白湖 尹鑴의 經學과 社會政治觀」, 『東洋學國際學術會議論文集』 5(成均館大學校大東文化硏究院, 1995); 유영희, 「탈성리학의 변주: 미수 허목과 백호 윤휴를 중심으로」, 『민족문화연구』 33(고려대학교 민족문화연구원, 2000).

100 강지은, 「17세기(世紀) 경학방법론(經學方法論) 연구(硏究): 독창성(獨創性) 및 비판성(批判性)을 척도(尺度)로 한 경학연구(經學硏究)를 대신하여」, 『退溪學報』 128(퇴계학연구원, 2010); 강지은, 「尹鑴의 『讀書記』와 朴世堂의 『思辨錄』이 朱子學 批判을 위해 저술되었다는 주장의 타당성 검토(I): 『大學』의 '格物' 註釋에 대한 재고찰을 중심으로」, 『한국실학연구』 22(한국실학학회, 2011); 姜智恩, 『朝鮮儒學史の再定位: 十七世紀東アジアから考える』(東京大學出版會, 2017).

101 최석기, 「白湖 尹鑴의 중용 해석과 그 의미」, 『漢文學報』 40(우리한문학회, 2019). 2025년에 간행된 『금기된 이름 윤휴』(대전광역시)는 윤휴에 관한 최근의 연구 성과이다. 이 책은 2025년 6월 27일, 대전에서 열린 윤휴 학술대회의 성과를 묶었다.

참고문헌

1. 사료

1) 연대기류

『조선왕조실록(朝鮮王朝實錄)』.

『승정원일기(承政院日記)』.

『비변사등록(備邊司謄錄)』.

2) 문집류

권시(權諰), 『탄옹집(炭翁集)』.

김귀영(金貴榮), 『동원집(東園集)』.

김세렴(金世濂), 『동명집(東溟集)』.

김우옹(金宇顒), 『동강집(東岡集)』.

김인후(金麟厚), 『하서전집(河西全集)』.

김종직(金宗直), 『점필재집(佔畢齋集)』.

김창흡(金昌翕), 『삼연집(三淵集)』.

김평묵(金平默), 『중암집(重菴集)』.

노필연(盧佖淵), 『극재집(克齋集)』.

민제인(閔齊仁), 『입암집(立巖集)』.

박지계(朴知誡), 『잠야집(潛冶集)』.

서경덕(徐敬德), 『화담집(花潭集)』[初刊-五刊].

성운(成運), 『대곡집(大谷集)』.

송병선(宋秉璿), 『연재집(淵齋集)』.

송시열(宋時烈), 『송자대전(宋子大全)』.

송준길(宋浚吉), 『동춘당집(同春堂集)』.

신흠(申欽), 『상촌집(象村集)』.

심대윤(沈大允), 『복리전서(福利全書)』(규장각, 奎12496).

심대윤(沈大允), 『중용훈의(中庸訓義)』(규장각, 古1332-5).

안정복(安鼎福), 『순암집(順菴集)』.

오광운(吳光運), 『약산만고(藥山漫稿)』.

유계(兪棨), 『시남집(市南集)』.

유근(柳根), 『서경집(西坰集)』.

유몽인(柳夢寅), 『묵호고(默好稿)』.

유몽인(柳夢寅), 『어우집(於于集)』.

유성룡(柳成龍), 『서애집(西厓集)』.
유형원(柳馨遠), 『반계수록(磻溪隨錄)』.
유형원(柳馨遠), 『반계잡고(磻溪雜藁)』.
윤선거(尹宣擧), 『노서유고(魯西遺稿)』.
윤선도(尹善道), 『고산유고(孤山遺稿)』.
윤증(尹拯), 『명재유고(明齋遺稿)』.
윤휴(尹鑴), 『백호독서기(白湖讀書記)』.
윤휴(尹鑴), 『백호전서(白湖全書)』.
윤휴(尹鑴), 『백호집(白湖集)』(규장각, 古3436).
윤휴(尹鑴), 『백호집(白湖集)』.
윤휴(尹鑴), 『하헌집(夏軒集)』(한국학중앙연구원).
이가환(李家煥), 『금대집(錦帶集)』.
이단상(李端相), 『정관재집(靜觀齋集)』.
이담명(李聃命), 『정재집(靜齋集)』.
이덕무(李德懋), 『청장관전서(靑莊館全書)』.
이동규(尹東奎), 『소남집(邵南集)』.
이만부(李萬敷), 『식산집(息山集)』.
이민구(李敏求), 『동주집(東州集)』.
이민보(李敏輔), 『풍서집(豊墅集)』.
이병휴(李秉休), 『정산고(貞山稿)』.
이병휴(李秉休), 『정산잡저(貞山雜著)』.
이산해(李山海), 『아계유고(鵝溪遺稿)』.
이수광(李睟光), 『지봉유설(芝峯類說)』.
이수광(李睟光), 『지봉집(芝峯集)』.
이식(李植), 『택당집(澤堂集)』.
이언적(李彦迪), 『대학유보(大學補遺)』.
이원(李黿), 『재사당일집(再思堂逸集)』.
이원익(李元翼), 『오리집(梧里集)』.
이이(李珥), 『율곡전서(栗谷全書)』.
이익(李瀷), 『성호사설(星湖僿說)』.
이익(李瀷), 『성호전집(星湖全集)』.
이익(李瀷), 『성호전서(星湖全書)』.

이정귀(李廷龜), 『월사집(月沙集)』.

이준(李埈), 『창석집(蒼石集)』.

이지함(李之菡), 『토정집(土亭集)』.

이한보(李漢輔), 『졸은유고(拙隱遺稿)』.

이현일(李玄逸), 『갈암집(葛菴集)』.

이호민(李好閔), 『오봉집(五峯集)』.

이황(李滉), 『퇴계전서(退溪全書)』.

이후원(李厚源), 『우제기년(迂齊紀年)』.

장가순(張可順), 『인사심서목(人事尋緖目)』.

장유(張維), 『계곡만필(谿谷漫筆)』.

장유(張維), 『계곡집(谿谷集)』.

장지연(張志淵), 『조선유교연원(朝鮮儒敎淵源)』(국립중앙도서관, 古1250-43-47-1).

정개청(鄭介淸), 『우득록(愚得錄)』.

정경세(鄭經世), 『우복집(愚伏集)』.

정구(鄭逑), 『한강집(寒岡集)』.

정약용(丁若鏞), 『다산시문집(茶山詩文集)』.

정약용(丁若鏞), 『여유당전서(與猶堂全書)』.

정인홍(鄭仁弘), 『내암집(來庵集)』.

조경(趙絅), 『용주유고(龍洲遺稿)』.

조식(曺植), 『남명집(南冥集)』.

조임도(趙任道), 『간송집(澗松集)』.

채제공(蔡濟恭), 『번암집(樊巖集)』.

최영경(崔永慶), 『수우당실기(守愚堂實記)』.

한백겸(韓百謙), 『구암유고(久庵遺稿)』.

허균(許筠), 『성소부부고(惺所覆瓿藁)』.

허목(許穆), 『기언(記言)』.

허봉(許篈), 『악록집(岳麓集)』.

허전(許傳), 『성재속집(性齋續集)』.

허전(許傳), 『성재집(性齋集)』.

홍가신(洪可新), 『만전집(晩全集)』.

홍직필(洪直弼), 『매산집(梅山集)』.

황경원(黃景源), 『강한집(江漢集)』.

황덕길(黃德吉), 『하려집(下廬集)』.

『성리대전(性理大全)』.
왕수인(王守仁), 『왕양명전집(王陽明全集)』.
『주자어류(朱子語類)』.
주희(朱熹), 『주자대전(朱子大全)』.
주희(朱熹), 『주희집(朱熹集)』.

3) 역사 자료

『경국대전(經國大典)』.
『규장총목(奎章叢目)』.
노수신(盧守愼), 『개정대학(改正大學)』.
노수신(盧守愼), 『소재선생대학집록(穌齋先生大學集錄)』.
『도학원류찬언속(道學源流纂言續)』(규장각, 想白古920.6-H991d).
『동국신속삼강행실도(東國新續三綱行實圖)』.
『동국여지비고(東國輿地備考)』(규장각, 古4790-10-v.1-2).
『동원연보개략(東園年譜槪略)』.
『동유사우록(東儒師友錄)』.
『무오식년사마방목(戊午式年司馬榜目)』(장서각, B13LB-24).
박세채(朴世采), 『범학전편(範學全篇)』.
『예기유편(禮記類編)』.
王先謙 校勘, 『순자집해(荀子集解)』(上·下).
왕양명 지음, 정인재·한정길 역주, 『전습록(傳習錄)』 1·2(청계출판사, 2001).
이규경(李圭景), 『오주연문장전산고(五洲衍文長箋散稿)』.
『조선성리설(朝鮮性理說)』(규장각, 古1360-55).
『중용언해(中庸諺解)』(규장각, 奎3763).
『홍범연의(洪範衍義)』.
『효경간오(孝經刊誤)』.
『효경대의(孝經大義)』.
『후한서(後漢書)』.
『사기(史記)』.
『찬도호주주례(纂圖互註周禮)』.

2. 저서

1) 한국어

姜周鎭, 『李朝黨爭史硏究』(서울대학교 출판부, 1971).

高橋進, 안병주 외 역, 『李退溪와 敬의 哲學』(新丘文化社, 1986).

고영진, 『조선중기 예학사상사』(한길사, 1995).

近代史硏究會 編, 『朝鮮 中世社會 解體期의 諸問題』(한울, 1987).

금장태, 『儒敎와 韓國思想』(成均館大學校 出版部, 1980).

金度亨, 『大韓帝國期의 政治思想 硏究』(지식산업사, 1994).

金燉, 『朝鮮前期 君臣權力關係 硏究』(서울대학교 출판부, 1997).

김만일, 『조선 17~18세기 尙書 解釋의 새로운 경향』(경인문화사, 2007).

金文植, 『朝鮮後期 經學思想硏究』(一潮閣, 1998).

김문식, 『정조의 제왕학』(태학사, 2007).

김백철, 『조선 후기 영조의 탕평정치』(태학사, 2010).

金聖甫, 『남북한 경제구조의 기원과 전개』(역사비평사, 2000).

金容燮, 『韓國近代農業史硏究 上』(增補版)(일조각, 1984).

金容燮, 『韓國近代農業史硏究 下』(增補版)(일조각, 1986).

金容燮, 『朝鮮後期農學史硏究』(일조각, 1988).

金容燮, 『朝鮮後期農業史硏究 I』(增補版)(일조각, 1995).

金容燮, 『韓國近現代農業史硏究』(增補版)(일조각, 2000).

김용헌, 『조선 성리학, 지식권력의 탄생』(프로네시스, 2010).

金仁昊, 『高麗後期 士大夫의 經世論 硏究』(혜안, 1999).

金駿錫, 『朝鮮後期政治思想史硏究』(지식산업사, 2003).

金泰永, 『實學의 國家論』(서울대학교 출판부, 1998).

김학수, 『가의 실현: 사대부가의 존재 양상과 지식 문화적 嗜好』(태학사, 2024).

金興圭, 『朝鮮後期의 詩經論과 詩意識』(고려대학교 민족문화연구원, 1982).

都賢喆, 『高麗末 士大夫의 政治思想硏究』(일조각, 1999).

東京大 哲學敎室 編, 全南大 東洋哲學敎室 역, 『中國哲學思想史』(전남대학교 출판부, 1986).

劉明鍾, 『韓國思想史』(以文出版社, 1981).

미우라 쿠니오 저, 김영식·이승연 역, 『인간 주자』(창작과 비평, 1996).

박병련 외, 『해주 오씨 추탄 가문을 통해 본 조선 후기 소론의 존재양상』(태학사, 2012).

朴秉濠, 『韓國法制史攷』(한국법사학회, 1974).

朴忠錫, 『韓國政治思想史』(三英社, 1982).

朴忠錫·柳根浩, 『朝鮮朝의 政治思想』(평화출판사, 1980).

배영동, 『明末淸初思想』(민음사, 1992).

裵宗鎬, 『韓國儒學史』(연세대학교 출판부, 1974).

백승철, 『朝鮮後期 商業史 硏究』(혜안, 2000).

徐台源, 『朝鮮後期 地方軍制硏究』(혜안, 1999).

宋永培, 『中國社會思想史』(한길사, 1986).

송인창 외, 『기호유학의 융화정신』(다운샘, 2003).

신병주, 『南冥學派와 花潭學派의 硏究』(일지사, 2000).

신향림, 『조선 朱子學 陽明學을 만나다: 穌齋 盧守愼의 思想과 文學』(심산, 2015).

안대회 외, 『청장관 이덕무 연구』(학자원, 2019).

楊國榮, 김형찬 외 역, 『양명학』(예문서원, 1994).

吳永敎, 『朝鮮後期 鄕村支配政策 硏究』(혜안, 2002).

우경섭, 『조선중화주의의 성립과 동아시아』(유니스토리, 201).

禹仁秀, 『朝鮮後期 山林勢力 硏究』(一潮閣, 1999).

劉明鍾, 『韓國思想史』(以文出版社, 1981).

劉明鍾, 『朝鮮後期性理學』(以文出版社, 1985).

劉明鍾, 『韓國儒學硏究』(以文出版社, 1988).

劉蔚華 외, 곽신환 역, 『직하철학』(철학과 현실사, 1995).

유원기, 『조선 성리학 논쟁의 분석적 탐구』(역락, 2018).

柳仁熙, 『朱子哲學과 中國哲學』(汎學社, 1980).

尹南漢, 『朝鮮時代의 陽明學硏究』(集文堂, 1986).

尹絲淳, 『退溪哲學의 硏究』(高麗大學校 出版部, 1986).

尹絲淳, 『韓國儒學論究』(현암사, 1985).

윤정분, 『中國近世 經世思想硏究』(혜안, 2002).

李景植, 『朝鮮前期土地制度硏究』(지식산업사, 1986).

이근호, 『홍범연의: 성리학적 이상국가론을 집대성한 200여 년의 여정』(은행나무, 2023).

이동희, 『조선조 주자학의 철학적 사유와 쟁점(속편)』(성균관대학교 출판부, 2010).

李範稷, 『朝鮮中世禮思想硏究』(일조각, 1991).

李丙燾, 『자료 한국유학사초고(資料 韓國儒學史草藁)』(서울대학교 문리과대학 국사연구실, 1959).

李丙燾, 『韓國儒學史』(한국민족문화추진회, 1987).

李丙燾, 『韓國儒學史略』(아세아문화사, 1987).
이상호, 『사단칠정 자세히 읽기』(글항아리, 2011).
이선아, 『윤휴의 학문 세계와 정치사상』(한국학술정보, 2008).
李成茂 외, 『朝鮮後期黨爭의 綜合的 檢討』(한국정신문화연구원, 1991).
李樹健, 『嶺南學派의 形成과 展開』(일조각, 1995).
李迎春, 『朝鮮後期 王位繼承 硏究』(집문당, 1998).
李佑成, 『韓國의 歷史像』(창작과 비평, 1982).
李銀順, 『朝鮮後期黨爭史硏究』(일조각, 1988).
李乙浩 外, 『丁茶山의 經學』(민음사, 1989).
李乙浩, 『茶山經學思想硏究』(乙酉文化社, 1966).
李乙浩, 『韓國改新儒學史試論』(박영사, 1980).
李在喆, 『朝鮮後期 備邊司 硏究』(집문당, 2001).
李泰鎭 編, 『朝鮮時代 政治史의 再照明』(汎潮社, 1985).
李泰鎭, 『朝鮮後期 政治와 軍營制 變遷』(한국연구원, 1985).
李泰鎭, 『韓國儒敎社會史論』(지식산업사, 1989).
李熙德, 『高麗儒敎 政治思想의 硏究』(一潮閣, 1984).
任繼愈 編著, 『中國哲學史』(1973; 전택원 옮김, 까치, 1990).
鄭求先, 『朝鮮時代 薦擧制度 硏究』(집문당, 1995).
정긍식, 『조선시대 제사승계의 법제와 현실』(한국학중앙연구원 출판부, 2021).
鄭萬祚, 『朝鮮時代 書院硏究』(집문당, 1997).
鄭奭鍾, 『朝鮮後期社會變動硏究』(일조각, 1984).
정성철, 『조선철학사』 2(이성과 현실, 1987).
정성철, 『실학파의 철학사상과 사회정치적 견해』(백의, 1989(1974)).
정호훈, 『교화와 형벌: 조선의 범죄대책과 경민편』(혜안, 2023).
정호훈, 『朝鮮後期 政治思想硏究』(혜안, 2004).
정호훈, 『종법의 원리와 정착과정』(민속원, 2024).
朱伯崑, 전명용 외 역, 『中國古代倫理學』(이론과 실천, 1990).
朱子思想硏究會, 『朱子의 思想과 朝鮮의 儒者』(혜안, 2003).
蔡茂松, 『退溪·栗谷 哲學의 比較 硏究』(성균관대학교 출판부, 1985).
千寬宇, 『近世朝鮮史硏究』(일조각, 1979).
최석기, 『星湖 李瀷의 學問精神과 詩經學』(중문, 1994).
최석기, 『조선시대 『大學章句』 개정과 그에 관한 論辨』(보고사, 2011).

崔異敦, 『朝鮮中期 士林政治構造研究』(일조각, 1994).
피터 K. 볼 지음·김영민 역, 『역사 속의 성리학』(예문서원, 2010).
한명기, 『임진왜란과 한중관계』(역사비평사, 1999).
韓永愚, 『鄭道傳 思想의 研究』(서울대학교 출판부, 1973/1983).
韓永愚, 『朝鮮前期 史學史研究』(서울대학교 출판부, 1983).
韓永愚, 『朝鮮後期 史學史研究』(일지사, 1989).
韓沽劤, 『朝鮮後期의 社會와 思想』(乙酉文化社, 1961).
韓沽劤, 『星湖 李瀷 研究』(서울대학교 출판부, 1983).
허태구, 『병자호란과 예, 그리고 중화』(소명출판, 2019).
허태용, 『조선 후기 중화론과 역사인식』(아카넷, 2023).
현상윤, 『朝鮮儒學史』(민중서관, 1949; 玄音社, 1982).
湖南文化研究所 편, 『實學論叢』(이을호박사정년기념)(전남대학교 출판부, 1975).
戶川芳郞 외, 조성을 역, 『儒敎史』(이론과 실천, 1989).
홍원식 외, 『사단칠정론으로 본 조선 성리학의 전개』(예문서원, 2019).
黃幹 외, 강호석 역, 『朱子行狀』(乙酉文化社, 1975).
황광욱, 『화담 서경덕의 철학사상: 화담 철학과 그 문인의 사상』(심산, 2003).
候外廬 외, 박완식 역, 『송명이학사』 1(이론과 실천, 1993).

2) 일본어

岡田武彦, 『王陽明と明末の儒學』(明德出版社, 1980).
堀地信夫, 『漢魏思想史研究』(明治書院, 1988).
渡辺信一郎, 『中國古代國家の思想構造』(校倉書房, 1994).
武內義雄, 『武內義雄全集』(角川書店, 1979).
松本雅明, 『春秋戰國における尙書の展開』(風間書房, 1967).
宋晞, 『(朱子學大系 第1巻) 朱子學入門』(明德出版社, 1974).
守本順一郎, 『東洋政治思想史研究』(未來社, 1967).
狩野直喜, 『中國哲學史』(岩波書店, 1953).
安居香山 編, 『讖緯思想の綜合的研究』(國書刊行會, 1984).
岩間一雄, 『中國政治思想史研究』(未來社, 1990).
友枝龍太郎, 『朱子の思想形成』(弗咸文化社, 1969).
栗原圭介, 『孝經』(新釋漢文大系 35)(明治書院, 1981).
日元利國, 『春秋公羊傳の研究』(創文社, 1976).

日原利國,『漢代思想の研究』(研文出版, 1986).

町田三郎,『秦漢思想史の研究』(九州大學中國哲學研究會, 1985).

佐野公治,『四書學史の研究』(創文社, 1988).

池澤 優,『孝思想の宗教學的研究』(東京大學出版會, 2002).

板野長八,『中國古代における人間觀の展開』(岩波書店, 1990).

3) 중국어

呂妙芬,『孝治天下:『孝經』與近世中國的政治與文化』(中央研究院, 2023).

武樹臣,『中國傳統法律文化』(北京大學出版社, 1994).

法律思想史編寫組 編,『中國法律思想史資料選編』(法律出版社, 1996).

謝松齡,『天人像: 陰陽五行學說史導論』(山東文藝出版社, 1989).

余敦康,『內聖外王的貫通』(學林出版社, 1997).

汪漢卿,『中國法律思想史』(中國科學技術大學出版社, 1993).

兪榮根,『儒家法思想通論』(廣西人民出版社, 1992).

劉澤華,『中國古代政治思想反思』(天津人民出版社, 1987).

李紀祥,『兩宋以來大學改本之研究』(臺灣學生書局, 1988).

李普國,『周禮的經濟制度與經濟思想』(中州古籍出版社, 1987).

張國華,『中國法律思想史新編』(北京大學出版社, 1991).

張立文,『朱熹思想研究』(中國社會科學出版社, 1981).

中國孔子基金會 編,『中國儒學百科全書』(儒家倫理思想, 2000).

蔡仁厚,『孔孟荀哲學』(台灣學生書局, 1988).

湯志鈞 外,『近代經學與政治』(中華書局, 1994).

彭林,『周禮主體思想與成書年代研究』(中國社會科學出版社, 1990).

馮寓,『天人關係論』(신지서원, 1993).

馮友蘭,『中國哲學史(上·下)』(民國60, 三聯書店, 1992).

皮錫瑞,『中國經學史』(同和出版公社, 1972).

侯家駒,『周禮研究』(聯經出版公司, 1986).

3. 논문

1) 한국어

葛榮晉, 「明代의 朱子學과 元氣實體論」, 『韓中實學史硏究』(한국실학연구회, 1998).

姜萬吉, 「軍役改革論을 통해 본 實學의 性格」, 『동방학지』 22(연세대학교 국학연구원, 1972).

姜文植, 「宋時烈의 『朱子大全』 연구와 편찬: 『朱子大全箚疑』·『節酌通編』을 중심으로」, 『한국문화』 43(서울대학교 규장각한국학연구원, 2008).

姜尙雲, 「禮訟과 老少分黨」, 『亞細亞學報』 5(亞細亞學術硏究會, 1968).

강정화, 「大谷 成運의 「南溟先生墓碣」에 대한 小考」, 『남명학연구』 45(경상대학교 남명학연구소, 2015).

姜周鎭, 「朝鮮朝 前期 性理學者의 政治思想」, 『韓國思想』 13(한국사상연구회, 1975).

姜周鎭, 「禮訟과 禮論(政治思想)」, 『韓國思想大系』 3(성균관대학교 대동문화연구院, 1979).

姜周鎭, 「芝峯과 政治思想」, 『韓國學』 20(한국학연구소, 1979).

강지은, 「17세기 經學方法論 硏究: 獨創性 및 批判性을 척도로 한 경학연구를 대신하여」, 『退溪學報』 128(퇴계학연구원, 2010)

강지은, 「尹鑴의 『讀書記』와 朴世堂의 『思辨錄』이 朱子學 批判을 위해 저술되었다는 주장의 타당성 검토(I): 『大學』의 '格物' 註釋에 대한 재고찰을 중심으로」, 『한국실학연구』 22(한국실학학회, 2011).

高錫珪, 「16·7세기 貢納制 改革의 方向」, 『한국사론』 12(서울대학교 국사학과, 1985).

고석규, 「鄭仁弘의 義兵活動과 山林 기반」, 『한국학보』 51(일지사, 1988).

고수연, 「영조대 무신란 연구의 현황과 과제」 『호서사학』 39(호서사학회, 2004).

高英津, 「15, 6세기 朱子家禮의 시행과 그 의의」, 『한국사론』 21(서울대학교 국사학과, 1989).

高英津, 「16세기 후반 喪祭禮書의 發展과 그 意義」, 『규장각』 14(서울대학교 규장각한국학연구원, 1991).

고영진, 「17세기 후반 近畿南人學者의 사상: 윤휴 · 허목 · 허적을 중심으로」, 『역사와 현실』 13(한국역사연구회, 1994).

具德會, 「宣祖代 후반(1594~1608) 政治體制의 再編과 政局의 動向」, 『한국사론』 20(서울대학교 국사학과, 1988).

구만옥, 「16세기말~17세기초 朱子學的 宇宙論의 變化易學的 宇宙論과 心學的 天觀을 중심으로」, 『한국사상사학』 13(한국사상사학회, 1999).

구만옥, 「朝鮮後期 '地球'說 수용의 思想史的 의의」, 『하현강교수정년기념논총 韓國史의 構造와 展開』(혜안, 2000).

구만옥, 「朝鮮後期 時憲曆 도입 과정의 대립과 갈등」, 『한국과학사연구 40년과 한국근대과학 100년』(한국과학사학회 학술대회 논문집, 2000).
권민균, 「漢代 「洪範」의 재탄생과 班固의 「五行志」 저술 배경」, 『中國史硏究』 121(중국사학회, 2019).
권민균, 「漢代 五行學說史에서 『洪範五行傳』의 문헌적 가치와 의미」, 『中國古中世史硏究』 60(중국고중세사학회, 2021).
權延雄, 「朝鮮 英祖代의 經筵」, 『東亞硏究』 17(西江大學校 東亞硏究所, 1989).
권정안, 「炭翁 權諰의 儒學思想」, 『도산학보』 2(도산학회, 1993).
권정원, 「李德懋 耳目口心書의 구성과 淸脾錄에의 활용 양상」, 『東方漢文學』 86(동방한문학회, 2021).
金燉, 「朝鮮後期 黨爭史 硏究의 現況과 '국사'敎科書의 敍述」, 『歷史敎育』 39(역사교육연구회, 1986).
김동준, 「李嘉煥의 『剡社篇』에 대한 재고: 18세기 안산지역 詩會의 맥락 검토를 겸하여」, 『한국한시연구』 19(한국한시학회, 2011).
金駿錫, 「주서백선 해제」, 『주서백선』(혜안, 2001).
金光哲, 「靜菴 趙光祖의 政治思想」, 『釜山史學』 7(釜山史學會, 1983).
김교빈, 「徐花潭의 氣哲學에 대한 고찰: 氣에 내재한 時間性을 중심으로」, 『東洋哲學硏究』 5(동양철학연구회, 1984).
김구진, 「大明律과 『經國大典』의 비교: 그 성격과 編纂過程에 대하여」, 『白山學報』 29(백산학회, 1984).
金基鉉, 「趙靜庵의 道學觀」, 『민족문화연구』 14(고려대학교 민족문화연구원, 1979).
金基鉉, 「白湖 尹鑴의 理氣性情 및 人心道心論」, 『민족문화연구』 17(고려대학교 민족문화연구원, 1983).
김길락, 「백호 윤휴 철학사상의 육왕학적 조명」, 『유교사상문화연구』 10(한국유교학회, 1998).
金東洙, 「16~17세기 湖南 士林의 존재형태에 대한 일고찰」, 『歷史學硏究』 7(호남사학회, 1977).
金萬圭, 「西溪 朴世堂의 政治思想」, 『國學紀要』 1(연세대학교 국학연구원, 1978).
金武鎭, 「磻溪 柳馨遠의 郡縣制論」, 『한국사연구』 45(한국사연구회, 1985).
金武鎭, 「朝鮮中期 士族層의 動向과 鄕約의 性格」, 『한국사연구』 55(한국사연구회, 1986).
金武鎭, 『朝鮮初期 鄕村支配體制 硏究』(연세대학교 박사학위논문, 1991).
金文澤, 「16~7세기 나주지방의 士族 動向과 書院鄕戰」, 『청계사학』 11(청계사학회, 1999).
金仙卿, 『朝鮮後期 山林川澤의 私占에 관한 硏究』(경희대학교 박사학위논문, 1999).
김성윤, 『백호 윤휴의 홍범관 연구』, 『역사와 현실』 34(한국역사연구회, 1999).
김성윤, 『홍범연의(洪範衍義)』의 토지개혁론과 상업론: 갈암 이현일의 경제사상과 그 성격」, 『退溪學報』 119(퇴계학연구원, 2006).

金守中, 『陽明學의 '大同' 社會意識에 관한 硏究: 王守仁·王艮·何心隱을 중심으로』(서울대학교 박사학위논문, 1991).
金泳謨, 「朝鮮後期의 身分構造와 그 變動」, 『동방학지』 26(연세대학교 국학연구원, 1981).
김영수, 「東州 李敏求 『東游錄』 硏究」, 『민족문화연구』 68(고려대학교 민족문화연구원, 2015).
김영현, 「炭翁 權諰의 家系와 生涯」, 『도산학보』 3(도산학회, 1994).
金容德, 「朋黨政治論 批判: 朝鮮時代 黨爭의 性格」, 『정신문화연구』 여름(한국학중앙연구원, 1986).
金龍德, 「鄭汝立硏究」, 『한국학보』 4(일지사, 1976).
金容燮, 「朱子의 土地論과 朝鮮後期 儒者」, 『延世論叢』 21(연세대학교 대학원, 1985).
金容燮, 「朝鮮後期의 社會變動과 實學」, 『동방학지』 58(연세대학교 국학연구원, 1988).
金容欽, 「朝鮮後期 老·少論 分黨의 사상기반: 朴世堂의 "思辨錄"是非를 중심으로」, 『학림』 17(연세사학연구회, 1996).
金容欽, 「朝鮮後期 肅宗代 老少論 대립의 논리: 甲戌換局 직후를 중심으로」, 『하현강교수정년기념논총 韓國史의 構造와 展開』(혜안, 2000).
金容欽, 「肅宗代 후반의 정치 쟁점과 少論의 內紛: '己巳義理'와 관련하여」, 『동방학지』 111(연세대학교 국학연구원, 2001).
김용흠, 「肅宗代 前半 懷尼是非와 蕩平論」, 『한국사연구』 148(한국사연구회, 2010).
김용흠, 「'당론서(黨論書)'를 통해서 본 회니시비(懷尼是非)」, 『역사와 현실』 85(한국역사연구회, 2012).
김용흠, 「전쟁의 기억과 정치: 병자호란과 회니시비」, 『한국사상사학』 47(한국사상사학회, 2014).
김운태, 「『經國大典』을 통해서 본 조선왕조의 정치결정 과정에 관한 연구」, 『한국고전심포지움』(일조각, 1980).
김유곤, 「『중용』과 『대학』 해석에 나타난 윤휴의 사천지학(事天之學)의 구조와 성격」, 『東洋哲學研究』 76(동양철학연구회, 2013).
김유곤, 「윤휴의 『대학』 이해에 나타난 爲學觀」, 『한국사상사학』 41(한국사상사학회, 2012).
金允濟, 「南冥 曺植의 學問과 出仕觀」, 『한국사론』 24(서울대학교 국사학과, 1991).
金貞信, 「16세기말 性理學 理解와 現實認識: 對日外交를 둘러싼 許筬과 金誠一의 갈등을 중심으로」, 『朝鮮時代史學報』 13(조선시대사학회, 2000).
김정철, 『남계 박세채의 『범학전편(範學全編)』 연구』(한국학중앙연구원 한국학대학원 박사학위논문, 2021).
金鍾洙, 「17세기 軍役制의 推移와 改革論」, 『한국사론』 22(서울대학교 국사학과, 1990).
金駿錫, 「朝鮮前期의 社會思想: 小學의 社會的 機能 分析을 중심으로」, 『동방학지』 29(연세대학교 국학연구원, 1981).

金駿錫, 「畏齋 李端夏의 時國觀과 社倉論」, 『한남대논문집』 16(한남대학교, 1986).
金駿錫, 「조선 후기 畿湖士林의 朱子認識: 朱子文集 語錄 硏究의 전개과정」 『百濟硏究』 18(충남대학교 백제연구소, 1987).
金駿錫, 「許穆의 禮樂論과 君主觀, 『동방학지』 54·55·56(연세대학교 국학연구원, 1987).
金駿錫, 「17세기 畿湖朱子學의 동향宋時烈의 '道統'계승 運動」, 『손보기박사정년기념 韓國史學論叢』(지식산업사, 1988).
金駿錫, 「朝鮮後期 黨爭과 王權論의 推移」, 『朝鮮後期 黨爭의 綜合的 檢討』(한국정신문화연구원, 1991).
金駿錫, 「柳馨遠의 變法觀과 實理論」, 『동방학지』 75(연세대학교 국학연구원, 1992).
金駿錫, 「柳馨遠의 政治 國防體制 改革論」, 『동방학지』 77·78·79(연세대학교 국학연구원, 1994).
金駿錫, 「柳馨遠의 公田制 理念과 流通經濟 育成論」, 『人文科學』 74(연세대학교 인문학연구원, 1996).
金駿錫, 「實學의 胎動, 『한국사』 31(국사편찬위원회, 1998).
金駿錫, 「兩亂期의 國家再造 문제」, 『한국사연구』 101(한국사연구회, 1998).
金俊亨, 「朝鮮後期面里制의 性格」(서울대학교 석사학위논문, 1982).
金忠烈, 「生涯를 통해 본 南冥의 爲人」, 『대동문화연구』 17(성균관대학교 대동문화연구, 1983).
金泰永, 「初期 士林派의 성격에 대하여: 金宗直을 중심으로」, 『慶熙史學』 6·7·8(경희대학교사학회, 1980).
김태영, 「晩悔 炭翁의 王道政治論」, 『도산학보』 3(도산학회, 1994).
김학수, 「칠곡 광주이씨 이원정가의 정치적 위상과 학문적 성격: 이원정·이담명·이만운을 중심으로」, 『계명대학교 한국학연구원 학술대회 자료집』(2009).
김한신, 「唐·宋代 災異論의 변화: 『舊唐書』 「五行志」 및 『新唐書』 「五行志」에 대한 분석을 중심으로」, 『中國古中世史硏究』 60(중국고중세사학회, 2021).
金恒洙, 「16세기 士林의 性理學 理解」, 『한국사론』 7(서울대학교 국사학과, 1981).
金恒洙, 「寒岡 鄭逑의 學問과 歷代紀年」, 『한국학보』 45(일지사, 1986).
김항수, 「朝鮮後期 儒學思想 硏究現況」, 『韓國中世社會 解體期의 諸問題(上)』(한울, 1987).
김현수, 「尹鑴의 禮論 형성과 그 배경」, 『한국철학논집』 17(한국철학사연구회, 2005).
김현수, 「白湖 尹鑴의 禮敎思想 硏究」, 『동양철학연구』 54(동양철학연구회, 2008).
김형찬, 「합리적 이해와 경건한 섬김: 白湖 尹鑴의 退溪學 계승에 관한 고찰」, 『퇴계학보』 125(퇴계학연구원, 2009).
김형찬, 「조선유학의 理 개념에 나타난 종교적 성격 연구: 退溪의 理發에서 茶山의 上帝까지」, 『철학연구』 39(고려대학교 철학연구소, 2010).
김형찬, 「天 개념의 이해와 事·物의 합리적 해석: 윤휴와 정약용의 天觀과 格物說을 중심으로」, 『동양철학』 34(한국동양철학회, 2010).

김형찬, 「근기실학의 학문연원과 퇴계학의 학문정신」, 『퇴계학파와 근기실학』(경인문화사, 2024).
김형효, 「花潭 徐敬德의 自然哲學에 대하여」, 『한국학보』 13(일지사, 1978).
金昊鍾, 「西厓 柳成龍의 國防思想」, 『退溪學』 2(안동대학교 퇴계학연구소, 1990).
김홍수, 「『洪範衍義』의 편찬과 간행」, 『민족문화논총』 57(영남대학교 민족문화연구소, 2014).
金興圭, 「西溪 朴世堂의 詩經論朝鮮後期 詩經論의 展開에 있어 詩經思辨錄의 위치」, 『한국학보』 20(일지사, 1980).
도현철, 「정도전의 정치체제론과 재상정치론」, 『한국사학보』 9(고려사학회, 2000).
문경득, 『전라도 지역 무신란(戊申亂) 연구』(전주대학교 박사학위논문, 2017).
민병희, 「『사서장구집주(四書章句集注)』의 성립과 경전적 권위의 변화」, 『한국사상사학』 55(한국사상사학회, 2017).
박광용, 「蕩平論과 政局의 變化」, 『한국사론』 10(서울대학교 국사학과, 1983).
朴茂瑛, 「白湖 尹鑴의 詩經論 硏究」, 『韓國漢文學硏究』 9·10(韓國漢文學會, 1985).
朴文烈, 「大谷 〈成運誌石〉에 관한 硏究」, 『서지학연구』 69(한국서지학회, 2017).
박문열, 「大谷 成運의 著述과 逸文에 관한 硏究」, 『서지학연구』 76(한국서지학회, 2018).
朴秉濠, 「『經國大典』의 편찬·頒行」, 『韓國史』 9(국사편찬위원회, 1972).
朴秉濠, 「『經國大典』의 法思想的 性格」, 『진단학보』 48(진단학회, 1979).
박병호, 「조선시대의 王과 法」, 『애산학보』 2(애산학회, 1982).
朴秉濠, 「茶山의 法思想」, 『丁茶山 硏究의 現況』(민음사, 1985).
박석무, 「다산 정약용의 법사상」(전남대학교 석사학위논문, 1971).
朴錫武, 「茶山의 法律觀부패방지를 위한 茶山의 法制 改革」, 『민족문화』 19(한국고전번역원, 1996).
박연호, 「조선전기 士大夫禮의 變化樣相」, 『청계사학』 7(청계사학회, 1990).
朴仁鎬, 『朝鮮後期 歷史地理學硏究』(한국정신문화연구원 한국학대학원 박사학위논문, 1996).
朴準成, 「17·8세기 宮房田의 擴大와 所有形態의 變化」, 『한국사론』 9(서울대학교 국사학과, 1984).
朴鎭愚, 「朝鮮前期 面里制와 村落支配의 强化」, 『한국사론』 20(서울대학교 국사학과, 1988).
박희병, 「申欽의 學問과 그 思想史的 位置」, 『민족문화』 20(한국고전번역원, 1997).
潘允洪, 「朝鮮後期 備邊司의 政治的 機能에 관한 硏究: 備邊司의 廢置를 중심으로」, 『傳統文化硏究』 1(조선대학교 전통문화연구소, 1990).
潘允洪, 「芝峯 李睟光의 政治經濟思想」, 『사학연구』 25(한국사학회, 1975).
裵相賢, 『朝鮮朝 畿湖學派의 禮學思想에 관한 硏究』(고려대학교 박사학위논문, 1991).
裵宗鎬, 「李珥의 哲學思想」, 『韓國哲學硏究(중)』(韓國哲學會, 1978).
裵宗鎬, 「退溪와 高峯의 四端七情論」, 『韓國儒學의 哲學的 展開(上)』(圓光大學校出版局, 1985).
白承哲, 「16·7세기 새로운 商業觀의 대두와 商業政策論」, 『국사관논총』 69(국사편찬위원회, 1996).

白承哲, 「磻溪 柳馨遠의 商業觀과 商業政策論」, 『한국문화』 22(서울대학교 규장각한국학연구원, 1998).
三浦國雄, 『17세기 조선에 있어서의 정통과 이단: 송시열과 윤휴』, 『민족문화』 8(한국고전번역원, 1982).
서근식, 「백호(白湖) 윤휴(尹鑴) 대학(大學) 해석의 신연구」, 『율곡학연구』 41(율곡연구원, 2020).
徐鍾泰, 『星湖學派의 陽明學과 西學』(서강대학교 박사학위논문, 1995).
徐台源, 「營將制를 통한 18세기 地方의 治安維持」, 『軍史』 32(국방부군사편찬연구소, 1996).
薛錫圭, 「光海朝 儒疏動向과 大北政權의 社會的 基盤」, 『朝鮮史研究』 2(조선사연구회, 1993).
소진형, 『조선 후기 왕의 권위와 권력의 관계: 황극개념의 해석을 중심으로』(서울대학교 박사학위논문, 2016).
宋兢燮, 「白湖 尹鑴傳: 그 學問的 立場을 中心하여」, 『實學論叢』(전남대학교 출판부, 1975).
송석준, 「白湖 尹鑴의 經學思想에 나타난 陽明學的 見解: 『大學』의 해석을 중심으로」, 『人文社會科學研究』 11(공주대학교 인문사회과학연구소, 1996).
宋贊燮, 「17·8세기 新田開墾의 확대와 經營形態」, 『한국사론』 12(서울대학교 국사학과, 1985).
宋贊植, 「朝鮮後期 農業에 있어서의 廣作運動」, 『李海南博士華甲紀念史學論叢』(일조각, 1970).
宋贊植, 「朝鮮朝 士林政治의 權力構造: 銓朗과 三司를 중심으로」, 『경제사학』 2(경제사학회, 1978).
宋贊植, 「洪範衍義解題」, 『韓國學論叢』 5(국민대학교 한국학연구소, 1985).
宋恒龍, 「西溪 朴世堂의 老莊研究와 道家哲學思想」, 『대동문화연구』 16(성균관대학교 대동문화연구, 1982).
申明鎬, 「宣祖末·光海君初의 政局과 外戚」, 『청계사학』 10(청계사학회, 1993).
신병주, 「南冥曺植의 學問傾向과 現實認識」, 『한국학보』 58(일지사, 1990).
신병주, 「17세기 전반 北人官僚의 思想」, 『역사와 현실』 8(한국역사연구회, 1992).
申翼澈, 「柳夢寅의 文章觀과 散文의 특징」, 『태동고전연구』 11(한림대학교 태동고전연구소, 1995).
申正熙, 「五家作統法小考」, 『大邱史學』 12·13(대구사학회, 1977).
申採湜, 「宋 以後의 皇帝權」, 『東亞史上의 王權』(한울, 1993).
신향림, 「盧守愼의 心性論과 양명학」, 『유학연구』 16(충남대학교 유학연구소, 2007).
신향림, 「盧守愼의 초기 사상과 경세론」, 『태동고전연구』 25(한림대학교 태동고전연구소, 2009).
沈羲基, 「欽欽新書의 法學史的 解剖」, 『社會科學研究』 5-2(영남대학교, 1985).
安秉杰, 「大學古本을 통해 본 尹鑴의 經學思想研究」, 『민족문화』 11(한국고전번역원, 1985).
安秉杰, 「白湖 尹鑴의 實踐的 中庸觀」, 『安東大論文集』 9(안동대학교 퇴계학연구소, 1987).
安秉杰, 「經學史를 통해 본 『中庸』 解釋의 檢討」, 『東洋哲學研究』 8(동양철학연구회, 1988).

安秉杰, 『17세기 朝鮮朝 儒學의 經傳 解釋에 관한 硏究』(성균관대학교 박사학위논문, 1990).
안병걸, 「17세기 조선조 유학의 경전해석에 관한 연구: 『중용』 해석을 둘러싼 주자학파와 반주자적 해석 간의 갈등을 중심으로」, 『東洋哲學硏究』 12(동양철학연구회, 1991).
安秉杰, 「西溪 朴世堂의 中庸解釋과 朱子學 批判」, 『태동고전연구』 10(한림대학교 태동고전연구소, 1991).
안병걸, 「白湖 尹鑴의 經學과 社會政治觀」, 『東洋學國際學術會議論文集』 5(成均館大學校 大東文化硏究院, 1995).
安在淳, 「李星湖의 『大學疾書』에 관한 고찰」, 『동양철학연구』 2(동양철학연구회, 1981).
양기정, 「『禮記類編』의 編纂과 刊行에 대한 연구」, 『書誌學報』 38(한국서지학회, 2011).
양기정, 「『禮記類編』의 毁板과 火書에 관한 연구」, 『민족문화』 39(한국고전번역원, 2012).
梁大淵, 「大學 體系의 硏究 上·下」, 『成大論文集』 10·12(성균관대학교, 1965).
吳洙彰, 「仁祖代 政治勢力의 動向」, 『한국사론』 13(서울대학교 국사학과, 1985).
吳洙彰, 「朝鮮後期 政治運營 硏究의 現況과 課題」, 『韓國中世社會 解體期의 諸問題(上)』(한울, 1987).
吳永教, 「19세기 五家作統制의 構造와 展開」, 『학림』(연세사학연구회, 1991).
吳永教, 「朝鮮後期 五家作統制의 構造와 展開」, 『동방학지』 73(연세대학교 국학연구원, 1991).
吳恒寧, 「朝鮮 孝宗代 政局變動과 그 性格」, 『태동고전연구』 9(한림대학교 태동고전연구소, 1993).
吳永教, 「17세기 地方制度 改革論의 전개」, 『동방학지』 77·78·79(연세대학교 국학연구원, 1993).
옥영정, 「『효경간오』, 『효경대의』, 『효경언해』의 간행본과 그 계통 연구」, 『한국학』 35-1(한국학중앙연구원, 2012).
왕현종, 『甲午改革 硏究: 改革官僚의 近代國家論과 制度改革을 중심으로』(연세대학교 박사학위논문, 1999).
우경섭 , 「영조 前半期의 書籍政策」, 『규장각』 24(서울대학교 규장각한국학연구원, 2001).
우경섭, 「朴世采의 朱子學 연구와 『朱子大全拾遺』」, 『한국문화』 39(서울대학교 규장각한국학연구원, 2007).
우경섭, 「송시열의 회니시비(懷尼是非) 인식과 대응」, 『한국학연구』 77(인하대학교 한국학연구소, 2025).
禹仁秀, 「鄭汝立 謀逆事件의 진상과 己丑獄의 性格」, 『역사교육논집』 12(역사교육학회, 1988).
禹仁秀, 「朝鮮 孝宗代 北伐政策과 山林」, 『역사교육논집』 15(역사교육학회, 1989).
禹仁秀, 「朝鮮 顯宗代 政局의 動向과 山林의 役割」, 『朝鮮史硏究』 1(伏賢朝鮮史硏究會, 1992).
禹仁秀, 「朝鮮 肅宗朝 南溪 朴世采의 老少 仲裁와 皇極蕩平論」, 『역사교육논집』 19(역사교육학회, 1994).
우현구, 「來菴 鄭仁弘과 光海朝 政局主圖 勢力」, 『嶠南史學』 4(영남대학교 국사학과, 1989).

元在麟, 「星湖 李瀷의 人間觀과 政治改革論」, 『학림』 18(연세사학연구회, 1997).
元在麟, 「星湖 李瀷의 刑政觀과 '漢法' 受容論」, 『龜泉元裕漢教授 定年紀念論叢(下)』(2001).
元在麟, 「英·正祖代 星湖學派의 學風과 政治 志向」, 『동방학지』 111(연세대학교 국학연구원, 2001).
劉明鍾, 「尹白湖와 丁茶山」, 『哲學硏究』 27(대한철학회, 1979).
劉明鍾, 「陽明學의 韓國的 展開」, 『韓國思想大系』 Ⅳ(성균관대학교 대동문화연구원, 1984).
유봉학, 『18-19세기 燕巖一派 北學思想의 硏究』(서울대학교 박사학위논문, 1992).
柳英姬, 「尹白湖의 庸學觀」(고려대학교 석사학위논문, 1985).
柳英姬, 『白湖 尹鑴 사상연구』(고려대학교 박사학위논문, 1993).
유영희, 「탈성리학의 변주: 미수 허목과 백호 윤휴를 중심으로」, 『민족문화연구』 33(고려대학교 민족문화연구원, 2000).
柳仁熙, 「實學의 哲學的 方法論柳磻溪, 朴西溪, 李星湖를 중심으로」, 『동방학지』 35(연세대학교 국학연구원, 1983).
柳仁熙, 「星湖僿說의 哲學思想」, 『진단학보』 59(진단학회, 1985).
柳一之, 『宣祖朝 己丑獄事에 관한 고찰』, 『青邱大學論文集』 2(청구대학교, 1959).
柳正東, 「禮論의 諸學派와 그 論爭」, 『韓國哲學硏究(중)』(1978).
柳鐸一, 「『朱子書節要』의 編纂 流通과 朴光前의 位置」, 『退溪學과 韓國文化』 32(경북대학교퇴계연구소, 2003).
尹南漢, 「中宗代의 道學과 心學化運動」, 『史叢』 21·22(고려대학교 역사연구소, 1977).
尹老彬, 「퇴계와 율곡의 황극관(皇極觀)과 심성론(心性論)」, 『韓國哲學硏究』 5(부산대학교 인문학연구소, 1975).
尹老彬, 「한국 고문헌에 나타난 범주(範疇)에 관한 연구」, 『釜山大學校論文集(人文·社會科學篇)』 19(부산대학교, 1975).
尹絲淳, 「朴世堂의 實學思想에 관한 硏究」, 『아세아연구』 15-2(고려대학교 아세아문제연구원, 1972).
尹絲淳, 「心性觀」, 『退溪哲學의 硏究(중)』(高麗大學校 出版部, 1986).
윤정, 「正祖의 『大學類義』 편찬과 『聖學輯要』」, 『南冥學硏究』 23(경상대학교 경남문화연구소, 2007).
윤정, 『18세기 국왕의 文治사상 연구: 祖宗事蹟의 재인식과 繼志述事의 실현』(서울대학교 박사학위논문, 2007).
윤정, 「肅宗代 明史辨誣의 정치사적 의미: 三藩의 반란에 대한 조선 정부의 대응」, 『역사와 실학』 70(역사실학회, 2019).
尹貞粉, 『大學衍義補 硏究』(연세대학교 박사학위논문, 1992).
尹熙勉, 「韓百謙의 學問과 『東國地理誌』 저술 동기」, 『진단학보』 63(진단학회, 1987).
이강수, 「花潭의 氣論」, 『韓國思想』 20(한국사상학회, 1985).

李景植,「17세기 農地開墾과 地主制의 展開」,『한국사연구』 9(한국사연구회, 1973).

李景植,「17세기 土地折受制와 職田復舊論」,『동방학지』 54·55·56(연세대학교 국학연구원, 1987).

李景植,「朝鮮前期의 土地改革論議」,『한국사연구』 61·62(한국사연구회, 1990).

李景燦,「朝鮮 孝宗祖의 北伐運動」,『청계사학』 5(청계사학회, 1988).

李光麟,「戶牌考: 그 實施 變遷을 중심으로」,『庸齋白樂濬博士華甲紀念國學論叢』(思想界社, 1955).

이근호,「石田 廣州李氏 家門과 近畿 南人의 提携」,『한국학논집』 57(한국학연구원, 2014).

이기남,「光海朝 政治勢力의 構造와 變動」,『北岳史論』 2(北岳史學會, 1990).

李楠永,「宋代 新儒家 思想의 天人觀」,『哲學』 5(한국철학회, 1971).

李楠永,「徐敬德의 哲學思想」『韓國哲學史(중)』(東明社, 1987).

이대근,「(조선 후기 천주교 수용의 주체인) 近畿南人의 天觀 연구」,『가톨릭신학』 13(한국가톨릭신학학회, 2008).

李東歡,「南冥 退溪 兩 學派의 思想 특성에 관한 몇 가지 문제 제기」,『南冥學研究』 9(경상대학교 경남문화연구소, 1999).

李東熙,「朱子의『大學章句』에 대한 辨證研究」,『민족문화』 9(한국고전번역원, 1983).

李東熙,「朱子의 大學章句에 대한 研究」,『東洋哲學研究』 2(동양철학연구회, 1985).

李東熙,「明初 朱子學과 朝鮮前期의 朱子學」,『東西文化』 9(인문과학연구소, 1986).

李萬烈,「芝峯 李睟光 研究(2): 그의 社會思想을 중심으로」,『숙명여자대학교논문집』 15(1975).

이문종,「禮山 古德의 驪州李氏 一門과 實學의 地域化」,『문화역사지리』 16-2(한국문화역사지리학회, 2004).

李範鶴,「王安石의 改革論의 形成과 性格」,『東洋史研究』 31(동양사연구회, 1982).

李範鶴,「宋代 朱子學의 成立과 發展」,『講座 中國史 Ⅲ』(지식산업사, 1989).

李範稷,「朝鮮前期의 家禮와 五禮」,『한국사연구』 71(한국사연구회, 1991).

李丙燾,「朴西溪와 反朱子學的 思想」,『대동문화연구』 3(성균관대학교 대동문화연구, 1960).

이봉규,「규범의 근거로서 혈연적 연대와 신분의 구분에 대한 古代儒家의 인식」,『태동고전연구』 10(한림대학교 태동고전연구소, 1993).

이봉규,「탄옹 권시의 철학적 입장과 사상사적 의미들」,『도산학보』 4(도산학회, 1995).

이봉규,「禮訟의 철학적 분석에 대한 재검토」,『대동문화연구』 31(성균관대학교 대동문화연구, 1996).

이봉규,「王權에 대한 禮治의 문제의식: 宗法과 君子 개념을 중심으로」,『철학』 72(한국철학회, 2002).

李成茂,「『經國大典』의 편찬과 大明律」,『역사학보』 125(역사학회, 1990).

李成茂,「朝鮮後期 黨爭史 研究의 方向」,『朝鮮後期 黨爭의 綜合的 檢討』(한국정신문화연구원, 1992).

李樹健,「西厓 柳成龍의 社會經濟觀」,『大邱史學』 12·13(대구사학회, 1977).

李樹建,「南冥 曺植과 南冥學派」,『民族文化論叢』 2·3(民族文化社, 1982).
이수건,「晩學堂 裵尙瑜 연구: 磻溪 및 葛庵과의 관계를 중심으로」,『嶠南史學』 5(영남대학교 국사학과, 1990).
李樹健,「朝鮮後期 嶺南學派와 '京南'의 提携」,『嶺南學派의 形成과 展開』(일조각, 1995).
李勝洙,「西溪의『思辨錄』저술 태도와 是非論議」,『韓國漢文學研究』 16(韓國漢文學會, 1993).
李迎春,「尤庵 宋時烈의 尊周思想」,『청계사학』 2(청계사학회, 1985).
李迎春,「第一次 禮訟과 尹善道의 禮論」,『청계사학』 6(청계사학회, 1989).
李迎春,「朝鮮後期 禮學의 發達과 禮訟의 展開」,『朝鮮後期 思想界의 動向』(국사편찬위원회, 1990).
李迎春,「服制禮訟과 政局變動第二次 禮訟을 中心으로」,『국사관논총』 22(국사편찬위원회, 1991).
李迎春,「禮訟의 黨爭的 性格에 대한 再檢討」,『朝鮮後期 黨爭의 綜合的 檢討』(한국정신문화연구원, 1991).
李迎春,「17세기 禮訟 연구의 現況과 反省」,『韓國의 哲學』 22집(경북대학교 퇴계연구소, 1994).
이영호,「『서경』「홍범」 해석의 두 시각, 점복과 경세: 이휘일·이현일의「홍범연의」 분석을 중심으로」,『退溪學報』 143(퇴계학연구원, 2018).
李佑成,「李朝後期 近畿學派에 있어서의 정통론의 전개」,『역사학보』 16(역사학회, 1966).
이우성,「韓國儒學思想史上退溪學派之形成及其展開」,『退溪學報』 28,(퇴계학연구원, 1980).
이우성,「鹿庵 權哲身의 思想과 그 經典批判: 近畿學派에 있어서의 퇴계학의 계승과 전개」,『退溪學報』 36(퇴계학연구원, 1982).
李佑成,「초기 실학과 성리학과의 관계磻溪 柳馨遠의 경우」,『동방학지』 58(연세대학교 국학연구원, 1988).
李元淳,「星湖 李瀷의 西學世界」,『교회사연구』 1(한국교회사연구소, 1977).
李銀順,「懷尼是非의 論點과 名分論」,『한국사연구』 48(한국사연구회, 1985).
李銀順,「老少黨爭의 論點과 名分論」,『朝鮮後期 黨爭史研究』(일조각, 1988).
李乙浩,「己亥禮論의 反論」,『韓國哲學研究(중)』(韓國哲學會, 1977).
李乙浩,「白湖의 人性論」,『學術院論文集』 16(대한민국학술원, 1977).
李乙浩,「白湖 尹鑴 人性論 研究」,『韓國改新儒學史試論』(박영사, 1980).
李離和,「許筠의 改革思想」,『한국의 사상』(열음사, 1984).
李離和,「朝鮮朝 黨論의 展開過程과 그 系譜」,『한국사학』 8(한국정신문화연구원, 1986).
이재경,「삼번(三藩)의 난(亂) 전후(1674~1684) 조선의 정보수집과 정세 인식」,『한국사론』 60(서울대학교 국사학과, 2014).
李在龍,「三峰 鄭道傳의 法思想」,『민족문화연구』 23(고려대학교 민족문화연구원, 1990).
李在喆,「光海君代 備邊司의 組織과 機能」,『大邱史學』 41(대구사학회, 1991).

李在喆, 「朝鮮後期 竹軒 都愼徵의 護禮疏와 國政變通論」, 『朝鮮時代史學報』 33(조선시대사학회, 2005).
李載浩, 「朝鮮備邊司考: 特히 그 機能의 變遷에 對하여」, 『역사학보』 51(역사학회, 1971).
이지영, 「『孝經諺解』 이본에 대한 비교 연구」, 『한국학』 35-1(한국학중앙연구원, 2012).
李篪衡, 「星湖經學의 實學的 展開」, 『成大論文集』(성균관대학교, 1973).
李泰鎭, 「朝鮮時代의 政治的 葛藤과 그 解決」, 『朝鮮時代 政治史의 再照明』(汎潮社, 1985).
이희권, 「鄭汝立 謀叛事件에 대한 고찰」, 『창작과 비평』 10-3(창비, 1975).
李熙鳳, 「茶山의 經學과 政法三篇」, 『茶山學報』 1(茶山學研究院, 1978).
임경준, 「삼번(三藩)의 난(亂) 이후 청조(淸朝)의 성경지역(盛京地域) 재건정책」, 『中國學報』 95(한국중국학회, 2021).
임재규, 「白湖 尹鑴의 『讀書記·中庸』에 나타난 '畏天'과 '恐懼'의 종교적 함의: 루돌프 옷토(Rudolf Otto)의 '위압성(majestas)'과 '두려움(tremendum)'과의 관련성을 중심으로」, 『한국실학연구』 37(한국실학학회, 2019).
임형택, 「蛟山 許筠: 허균 사상에서의 인간화의 인식과 저항성」, 『李乙浩정년기념 實學論叢』(전남대학교 출판부, 1975).
張東宇, 『茶山 禮學의 研究』(연세대학교 박사학위논문, 1997).
장동우, 「『주자가례』의 수용과 보급 과정: 東傳 版本 문제를 중심으로」, 『국학연구』 16(한국국학진흥원, 2010).
장진엽, 「『청비록』에 나타나는 '情/眞情' 개념의 함의 및 그 비평의 양상」, 『동양학』 88(단국대학교 동양학연구원, 2022).
全鳳德, 「조선왕조의 法과 法典 編纂의 고찰」, 『韓國學文獻研究의 現況과 展望』(아세아문화사, 1983).
전영실, 「李德懋 『淸脾錄』에 나타난 中國詩와 詩人에 대한 批評樣相 考察」, 『한중언어문화연구』 25(한국중국언어문화연구회, 2011).
鄭求福, 「磻溪 柳馨遠의 社會改革思想」, 『역사학보』 45(역사학회, 1970).
鄭求福, 「韓百謙의 東國地理誌에 관한 일고: 歷史地理學派의 성립을 중심으로」, 『전북사학』 2(전북사학회, 1978).
鄭求福, 「韓百謙의 史學과 그 影響」, 『진단학보』 63(진단학회, 1987).
鄭斗熙, 「朝鮮後期 實學者들의 臺諫論」, 『東亞研究』 17(西江大學校 東亞研究所, 1989).
鄭萬祚, 「朝鮮後期의 良役變通論議에 대한 檢討」, 『同德女大論文集』 7(동덕여자대학교, 1977).
鄭萬祚, 「英祖代 初半의 蕩平策과 蕩平派의 活動: 蕩平基盤의 成立에 이르기까지」, 『진단학보』 56(진단학회, 1983).
鄭萬祚, 「英祖代 中半의 政局과 蕩平策의 再定立: 少論蕩平에서 老論蕩平으로의 전환」, 『역사학보』 111(역사학회, 1986).

鄭萬祚, 「肅宗朝 良役變通論의 展開와 良役對策」, 『국사관논총』 17(국사편찬위원회, 1990).
鄭萬祚, 「朝鮮時代 朋黨論의 展開와 그 性格」, 『朝鮮後期 黨爭의 綜合的 檢討』(한국정신문화연구원, 1992).
鄭萬祚, 「17세기 중엽 山林勢力의 政治運營論」, 『擇窩許善道先生停年記念 韓國史學論叢』(일조각, 1992).
鄭奭鍾, 「肅宗代 甲戌換局과 政變 參與階層 分析」, 『한국사학』 5(한국정신문화연구원, 1983).
鄭奭鍾, 「朝鮮後期 政治史硏究의 課題」, 『韓國近代社會經濟史硏究』(魯山劉元東博士華甲紀念論叢)(정음문화사, 1985).
鄭演植, 『조선 후기 '役摠'의 운영과 良役 變通』(서울대학교 박사학위논문, 1993).
鄭玉子, 「眉叟 許穆硏究」, 『한국사론』 5(서울대학교 국사학과, 1979).
鄭玉子, 「17世紀 思想界의 再編과 禮論」, 『한국문화』 10(서울대학교 규장각한국학연구원, 1989).
鄭玉子, 「17세기 전반 禮書의 성립 과정金長生을 중심으로」, 『한국문화』 11(서울대학교 규장각한국학연구원, 1990).
丁垣在, 「徐敬德과 그 학파의 先天學說」(서울대학교 석사학위논문, 1990).
鄭仁在, 「尹白湖의 禮論과 倫理思想」, 『現代社會와 倫理』(한국정신문화연구원, 1982).
정재훈, 「『홍범연의(洪範衍義)』와 제왕학(帝王學)」, 『국학연구』 35(한국국학진흥원, 2018).
鄭昌烈, 「朝鮮後期의 屯田에 대하여」, 『李海南博士華甲紀念史學論叢』(一潮閣, 1970).
鄭昌烈, 「實學의 歷史觀」, 『茶山의 政治經濟 思想』(민음사, 1990).
鄭夏明, 「備邊司의 胎動과 軍政의 變動」, 『韓國軍制史: 近世朝鮮前期片』(陸軍本部, 1968).
鄭豪薰, 「尹鑴의 經學思想과 國家權力 强化論」, 『한국사연구』 89(한국사연구회, 1995).
정호훈, 「백호 윤휴의 현실인식과 정치경제 개혁론」, 『학림』 16(연세사학연구회, 1996).
鄭豪薰, 「18세기 政治變亂과 蕩平策의 전개」, 『韓國 古代·中世의 支配體制와 農民』(知識產業社, 1997).
정호훈, 「朝鮮後期 새로운 經書解釋과 그 政治思想」, 『韓國史의 構造와 展開』(혜안, 2000).
鄭豪薰, 「朝鮮後期 '異端' 論爭과 그 政治思想的 意味」, 『한국사학보』 10(고려사학회, 2001).
정호훈, 『17세기 전반 京畿南人의 世界觀과 政治論』, 『동방학지』 111(연세대학교 국학연구원, 2001).
정호훈, 「朱子 『孝經刊誤』와 그 성격」, 『동방학지』 116(연세대학교 국학연구원, 2002).
정호훈, 「尹鑴의 政治理念과 富國强兵策: 『洪範』 이해와 政治改革論을 중심으로」, 『민족문화』 26(한국고전번역원, 2003).
정호훈, 「朝鮮後期 새로운 政治論의 전개와 孝經」, 『朱子의 思想과 朝鮮儒者』(혜안, 2003).
정호훈, 「許筠의 學風과 政治理念」, 『한국사상사학』 21(한국사상사학회, 2003).

정호훈, 「명재(明齋) 윤증(尹拯)과 탄옹(炭翁) 권시(權諰)」, 『儒學研究』 15(충남대학교 유학연구소, 2007).
정호훈, 「윤휴(尹鑴)의 『대학』 해석과 그 정치적 성격」, 『다산과 현대』 7(연세대학교 강진다산실학연구원, 2014).
정호훈, 「성호학파의 정치사상 연구 성과와 과제」, 『성호학연구』 11(성호학회, 2015).
정호훈, 「穌齋 盧守愼 『대학집록(大學集錄)』의 지식 세계와 그 영향」, 『한국사상사학』 51(한국사상사학회, 2015).
정호훈, 「조선 후기 『花潭集』 刊行의 推移와 徐敬德 學問」, 『한국문화』 84(서울대학교 규장각한국학연구원, 2018).
정호훈, 「焚書와 毁板의 정치학: 최석정의 『예기유편』 편간과 政爭」, 『규장각』 61(서울대학교 규장각한국학연구원, 2022).
정호훈, 「백호(白湖) 윤휴(尹鑴)의 『중용(中庸)』 해석과 그 성격」, 『한국사상사학』 79(한국사상사학회, 2025).
趙珖, 「朝鮮後期 實學思想의 研究動向과 展望」, 『金昌洙教授 華甲紀念 史學論叢』(汎友社, 1991).
조광, 「실학과 개화사상」, 『조선 후기사 연구의 현황과 과제』(창작과 비평사, 2000).
趙東元, 「邵雍의 歷史觀」, 『부대사학』 6(부산대학교 사학회, 1983).
조성산, 「16~17세기 北人 學風의 변화와 事天學으로의 전환」, 『조선시대사학보』 71(조선시대사학회, 2014).
조성산, 「조선 후기 성리학 연구의 현황과 전망」, 『조선 후기사 연구의 현황과 과제』(창작과 비평사, 2000).
趙誠乙, 『丁若鏞의 政治經濟 改革思想 研究』(연세대학교 박사학위논문, 1991).
池斗煥, 「조선 후기 실학 연구의 문제점과 방향」, 『태동고전연구』 3(한림대학교 태동고전연구소, 1987).
池斗煥, 「朝鮮後期 禮訟研究」, 『부대사학』 11(부산대학교 사학회, 1987).
池斗煥, 「朝鮮後期 戶布制 論議」, 『한국사론』 19(서울대학교 국사학과, 1988).
陳芳明, 「宋代 正統論의 형성과 그 내용」, 『中國의 歷史認識(下)』(창작과 비평사, 1985).
車基眞, 「鹿菴 權哲身의 學問과 西學」, 『청계사학』 10(청계사학회, 1993).
車文燮, 「壬亂以後의 良役과 均役法의 成立」, 『사학연구』 10·11(한국사학회, 1961).
崔鳳永, 「星湖學派의 朱子大學章句 批判論」, 『동양학』 17(단국대학교 동양학연구소, 1987).
최석기, 「白湖 尹鑴의 『중용』 해석과 그 의미」, 『漢文學報』 40(우리한문학회, 2019).
崔信曄, 「朝鮮後期 南溪 朴世采의 禮治論」, 『慶州史學』 9(경주사학회, 1990).

최영성, 「이병도(李丙燾), 『자료한국유학사초고(資料韓國儒學史草藁)』: 한국유학사의 근대적 출발」, 『한국사상사학』 61(한국사상사학회, 2019).
崔完基, 「英祖 蕩平策의 贊反論 檢討」, 『진단학보』 56(진단학회, 1983).
崔完基, 「18세기 朋黨의 政治的 力學關係」, 『정신문화연구』 여름(한국학중앙연구원, 1986).
崔潤晤, 「肅宗朝 方田法 施行의 歷史的 性格」, 『국사관논총』 38(국사편찬위원회, 1991).
崔異敦, 「16세기 郎官權의 成長과 朋黨政治」, 『규장각』 12(서울대학교 규장각한국학연구원, 1989).
최재목, 「朝鮮에서 朱子 『大學章句』에 대한 한 挑戰: 盧守愼의 『大學集錄』을 中心으로」, 『양명학』 27(한국양명학회, 2010).
한국역사연구회 17세기 유학사상사반, 「조선시기 유학사상 연구: 쟁점과 과제」, 『역사와 현실』 7(한국역사연구회, 1992).
韓國哲學會 編, 「徐敬德의 哲學思想」, 『韓國哲學史(중)』(東明社, 1987).
韓基範, 『沙溪 金長生과 愼獨齋 金集의 禮學思想硏究』(충남대학교 박사학위논문, 1991).
韓明基, 「光海君代의 大北勢力과 政局의 動向」, 『한국사론』 20(서울대학교 국사학과, 1988).
韓明基, 「柳夢寅의 經世論 硏究」, 『한국학보』 67(일지사, 1992).
한상인, 「『중용(中庸)』 수도지교(修道之敎)에 대한 주희(朱熹)의 이해 변화 연구」, 『한국교육사학』 36-4(한국교육사학회, 2014).
韓永愚, 「李睟光의 學問과 思想」, 『한국문화』 13(서울대학교 규장각한국학연구원, 1992).
한영우, 「18세기 후반 남인 안정복의 사상과 『동사강목』」, 『朝鮮後期史學史硏究』(일지사, 1998(3쇄).
韓㳓劤, 「明齋 尹拯의 '實學'觀」, 『동국사학』 6(동국대학교 사학과, 1960).
韓㳓劤, 「白湖 尹鑴 硏究 (一)·(二)·(三)」, 『역사학보』 15·16·17(역사학회, 1961·1962).
한우근, 「白湖 尹鑴의 四端七情·人心道心說」, 『李相佰博士回甲紀念論叢』(을유문화사, 1964).
韓忠熙, 「朝鮮初期 議政府硏究」, 『한국사연구』 31·31(한국사연구회, 1980).
허윤진, 「동주 이민구 유배시 연구」, 『석당논총』 78(동아대학교 석당학술원, 2020).
洪順敏, 「肅宗初期의 政治構造와 '換局'」, 『한국사론』 15(서울대학교 국사학과, 1986).
洪以燮, 「實學에 있어서 南人學派의 思想的 系譜」, 『人文科學』 10(연세대학교 인문학연구원, 1966).
洪鍾必, 「三藩亂을 前後한 顯宗·肅宗 年間의 北伐論: 특히 儒林과 尹鑴를 중심으로」, 『사학연구』 27(한국사학회, 1977).
洪奕基, 「備邊司의 組織과 役割에 대하여」, 『軍史』 6(국방부군사편찬연구소, 1983).
黃雲龍, 「『經國大典』 성립배경에 대한 연구」, 『동국사학』 15·16(동국역사문화연구소, 1981).
黃元九, 「所謂 己亥服制 問題에 대하여」, 『연세논총』 2(연세대학교 대학원, 1963).
黃元九, 「李朝禮學의 形成過程」, 『동방학지』 6(연세대학교 국학연구원, 1963).

2) 일본어

加地伸行,「『孝經啓蒙』の諸問題」,『中江藤樹』(岩波書店, 1977).

大島晃,「邵康節の觀物」,『東方學』51(東方學會, 1976).

到邊信一郎,「孝經の製作とその背景」,『史林』69-1(史學硏究會 京都大學 文學部内, 1986).

末松保和,「朝鮮議政府考」,『朝鮮學報』9(朝鮮學會, 1956).

富谷至,「西漢後半期の政治と春秋學: 左氏春秋と公羊春秋の對立と展開」,『東洋史硏究』36-4(東洋史硏究會, 1978).

山井湧,「中國思想と藤樹」,『(日本思想大系 29)中江藤樹』(岩波書店, 1974).

三浦國雄,「伊川擊壤集の世界」,『東方學報』47(京都大學人文科學硏究所, 1974).

常山春平,「朱子の『家禮』と『儀禮經傳通解』」,『東方學報』54(京都大學人文科學硏究所, 1982).

小島毅,「郊祀制度の變遷」,『東洋文化硏究所紀要』108(東京大學東洋文化硏究所, 1989).

小野澤精一,「德論」,『中國思想槪論』(高文堂, 1986).

岩間一雄,「民衆の思想と呪術の園」,『中國の封建的世界像』(未來社, 1982).

重澤俊郎,「賈誼新書の思想」,『東洋史硏究』17-4(東洋史硏究會, 1949).

湯淺邦弘,「『尉繚子』の富國强兵思想」,『東方學』69(東方學會, 1985).

板野長八,「孝經の成立」,『史學雜誌』64-3(史學會, 1972).

찾아보기

ㄱ

ㅇ

ㅈ

ㅊ

사유의
한국사 는 한국 사상가의 발자취와
철학적 개념을 탐구하는 여정입니다.
이로써 우리 안에 있는 사유와 문화의 근원을 이해합니다.

지은이 | 정호훈 鄭豪薰

한국 중세 사상사 전공, 서울대학교 규장각한국학연구원 교수.
연세대학교 사학과를 졸업하고, 같은 대학원에서 『白湖 尹鑴의 經學 思想과 정치사회 개혁론』으로 문학석사학위를, 『17세기 北人系 南人學者의 政治思想』으로 문학박사학위를 받았다.
조선의 유교 사상과 정치를 주제로 연구하고 있다.
주요 논저로 『조선후기 정치사상 연구』(2004), 『조선의 소학: 주석과 번역』(2014), 『교화와 형벌: 조선의 범죄 대책과 《경민편》』(2023), 『종법의 원리와 정착과정』(2024) 등이 있고, 『경민편』(2012), 『선각』(2013), 『大學衍義』(공역, 2018) 등을 번역했다.

사유의
한국사

윤휴 尹鑴

지은이 정호훈 | **제1판 1쇄 발행일** 2025년 12월 30일
발행인 김낙년 | **발행처** 한국학중앙연구원 출판부
등록번호 제1979-000002호(1979년 3월 31일)
주소 경기도 성남시 분당구 하오개로 323 | **전화번호** 031-730-8773 | **팩스** 031-730-8775
이메일 akspress@aks.ac.kr | **홈페이지** www.aks.ac.kr

ISBN 979-11-5866-831-0 94150
979-11-5866-748-1 (세트)

• 이 책은 2021년 한국학중앙연구원 신집현전사업의 지원을 받아 집필·발간했습니다.